Marie-Christine Gay
**Le théâtre « de l'absurde » en RFA**

# Mimesis

Romanische Literaturen der Welt

Herausgegeben von
Ottmar Ette

# Band 70

Marie-Christine Gay

# Le théâtre « de l'absurde » en RFA

Les œuvres d'Adamov, Beckett, Genet et Ionesco outre-Rhin

DE GRUYTER

ISBN 978-3-11-070969-8
e-ISBN [PDF] 978-3-11-058918-4
e-ISBN [EPUB] 978-3-11-058697-8
ISSN 0178-7489

**Library of Congress Cataloging-in-Publication Data:**
Names: Gay, Marie-Christine, 1987- author.
Title: Le théâtre « de l'absurde » en RFA : les oeuvres d'Adamov, Beckett, Genet et Ionesco outre-Rhin / Marie-Christine Gay.
Description: Berlin ; Boston : De Gruyter, 2018. | Series: Mimesis ; Band 70 | Includes bibliographical references and index.
Identifiers: LCCN 2018020474 (print) | LCCN 2018020957 (ebook) | ISBN 9783110589184 (electronic Portable Document Format (pdf) | ISBN 9783110585391 (print : alk. paper) | ISBN 9783110589184 (e-book pdf) | ISBN 9783110586978 (e-book epub)
Subjects: LCSH: French drama--20th century--History and criticism. | French drama--Appreciation--Germany (West) | Theater of the absurd--History. | Adamov, Arthur--Criticism and interpretation. | Beckett, Samuel, 1906-1989--Criticism and interpretation. | Genet, Jean, 1910-1986--Criticism and interpretation. | Ionesco, Eugene--Criticism and interpretation.
Classification: LCC PQ558 (ebook) | LCC PQ558 .G39 2018 (print) | DDC 842.009--dc23
LC record available at https://lccn.loc.gov/2018020474

**Bibliografische Information der Deutschen Nationalbibliothek**
Die Deutsche Nationalbibliothek verzeichnet diese Publikation in der Deutschen Nationalbibliografie; detaillierte bibliografische Daten sind im Internet über http://dnb.dnb.de abrufbar.

© 2020 Walter de Gruyter GmbH, Berlin/München/Boston
Dieser Band ist text- und seitenidentisch mit der 2018 erschienenen gebundenen Ausgabe.
Satz: Meta Systems Publishing & Printservices GmbH, Wustermark
Druck und Bindung: CPI books GmbH, Leck

www.degruyter.com

# Avant propos

« Et quel doctorat voulez vous passer ? Sciences matérielles ou philosophie normale ? », demande le Professeur à l'Élève dans *La Leçon*. Cet ouvrage trouve effectivement son origine dans une thèse de doctorat dont le dénouement fut plus heureux que celui de la pièce de Ionesco. Cette thèse a été réalisée en cotutelle entre l'Université Paris Nanterre en Arts du spectacle, sous la direction de Marielle Silhouette, et l'Université de Cologne en Études culturelles, médiatiques et théâtrales (Universität zu Köln, Medienkulturwissenschaften und Theater) sous la direction de Peter W. Marx. Mon travail s'appuie essentiellement sur un corpus de documents originaux et pour la plupart inédits que j'ai pu consulter, notamment parmi les sources de collections d'archives (vingt-cinq au total) ainsi que les documents personnels de témoins d'époque (Andreas J. Meyer, Christine Razum, Daniel Stauffacher, Eva Stroux, Stephan Stroux et Erika Tophoven).

Je tiens à remercier d'une part les institutions archivistiques et témoins d'époque, d'autre part mes directeurs de thèse et interlocuteurs aux éditions De Gruyter. Je dédie cet ouvrage à Eva Stroux qui m'a permis de saisir une époque révolue et de revivre des mises en scènes d'antan à travers ses récits tout en couleurs et émotions. Enfin, je n'oublierai pas *les chaises* de la Stabi, *les paravents* du Kabuki, *le balcon* de la WG, *les retrouvailles* rue Rollin, *les salutations* de Dudu, les *délires à deux* avec les doctorants, les *vinocéros*, *le mac de l'air* de Mano, *le Professeur Tartaresi*, *la dernière* relecture des Titis, le soutien de mes proches lors des *comédies* et *catastrophes* et enfin *les beaux jours* à Tempelhof. À vous tous et bien d'autres, merci.

Les citations en allemand respectent les normes orthographiques des originaux et ont toutes été traduites en français par l'auteure.

# Table des matières

**Avant propos** —— V

**Liste des abréviations** —— XI

| | | |
|---|---|---|
| **1** | **Introduction** —— **3** | |
| 1.1 | Une dénomination problématique : le théâtre « de l'absurde » —— **6** | |
| 1.2 | Un corpus, quatre auteurs —— **16** | |
| 1.3 | Quatre auteurs, un pays —— **24** | |
| 1.4 | Le théâtre « de l'absurde », objet d'un transfert culturel —— **31** | |
| **2** | **Le théâtre en reconstruction : l'après-guerre et les années 1950** —— **39** | |
| 2.1 | Paysage culturel de l'après-guerre —— **43** | |
| 2.1.1 | L'immédiat après-guerre —— **43** | |
| 2.1.2 | La politique culturelle franco-allemande —— **50** | |
| 2.1.3 | Les premiers médiateurs —— **54** | |
| 2.2 | Édition et traduction des œuvres —— **65** | |
| 2.2.1 | L'engagement des éditeurs allemands et suisses —— **65** | |
| 2.2.2 | Les traducteurs des pièces vers l'allemand —— **73** | |
| 2.3 | Créations du théâtre « de l'absurde » sur les petites scènes —— **78** | |
| 2.3.1 | Adamov à Pforzheim —— **78** | |
| 2.3.2 | Ionesco à Bochum et Mayence —— **84** | |
| 2.3.3 | Genet à Bonn —— **91** | |
| 2.4 | Créations du théâtre « de l'absurde » sur les grandes scènes —— **94** | |
| 2.4.1 | Adamov à Berlin-Ouest, Celle et Hanovre —— **94** | |
| 2.4.2 | Ionesco à Darmstadt —— **100** | |
| 2.4.3 | Genet à Berlin-Ouest —— **103** | |
| 2.4.4 | Beckett à Berlin-Ouest, Munich et ailleurs —— **107** | |
| **3** | **La décennie du succès : les années 1960** —— **121** | |
| 3.1 | Créations mondiales du théâtre « de l'absurde » en RFA —— **124** | |
| 3.1.1 | *Les Âmes mortes* d'Adamov à Stuttgart —— **125** | |
| 3.1.2 | *Les Paravents* de Genet à Berlin-Ouest —— **126** | |
| 3.1.3 | *Comédie* de Beckett à Ulm —— **130** | |

| | | |
|---|---|---|
| 3.1.4 | *Tueur sans gages* de Ionesco à Darmstadt —— **133** | |
| 3.1.5 | *Rhinocéros, Le Piéton de l'air, La Soif et la Faim, Jeux de massacre* de Ionesco à Düsseldorf —— **135** | |
| 3.2 | Grandes créations ouest-allemandes des années 1960 —— **147** | |
| 3.2.1 | Concurrence de créations ouest-allemandes —— **147** | |
| 3.2.2 | Débat autour de trois créations de Genet —— **158** | |
| 3.2.3 | Beckett metteur en scène au Schiller-Theater —— **168** | |
| 3.3 | Vers d'autres médias : la chaîne SDR à Stuttgart —— **180** | |
| 3.3.1 | L'émission culturelle « Radio-Essay » —— **181** | |
| 3.3.2 | Adamov écrivain pour le média radiophonique —— **189** | |
| 3.3.3 | Beckett écrivain pour le média télévisuel —— **192** | |
| 3.4 | *Excursus* : Adamov joué en RDA (1959–1967) —— **196** | |
| 3.4.1 | Du théâtre « de l'absurde » vers un théâtre engagé —— **196** | |
| 3.4.2 | Créations est-allemandes de *Paolo Paoli* —— **198** | |
| 3.4.3 | Publications dans des revues est-allemandes —— **203** | |
| **4** | **La nouvelle génération : les années 1970 et 1980 —— 207** | |
| 4.1 | Lectures métaphoriques —— **209** | |
| 4.1.1 | *Off Limits* d'Adamov par Grüber —— **210** | |
| 4.1.2 | *Le Balcon* de Genet par Neuenfels —— **214** | |
| 4.2 | Lectures réalistes —— **217** | |
| 4.2.1 | *Le Balcon* de Genet par Wendt —— **218** | |
| 4.2.2 | *La Dernière Bande* de Beckett par Grüber —— **221** | |
| 4.2.3 | *Les Nègres* de Genet par Stein —— **225** | |
| 4.3 | Entre métaphore et réalisme : *En attendant Godot* par Tabori —— **230** | |
| 4.3.1 | Genèse —— **230** | |
| 4.3.2 | Partis pris scéniques —— **231** | |
| 4.3.3 | Réception de la création —— **234** | |
| 4.3.4 | Étude de la captation filmique —— **236** | |
| 4.4 | Et Ionesco ? —— **242** | |
| 4.4.1 | Ionesco par Ionesco en 1970 —— **242** | |
| 4.4.2 | Ionesco dans les années 1970 et 1980 —— **244** | |
| **5** | **Études de cas —— 247** | |
| 5.1 | Support textuel : les traductions des *Paravents* de Genet (1960 ; 1968) —— **248** | |
| 5.1.1 | Difficultés de transposition du style de Genet —— **248** | |
| 5.1.2 | Première traduction de Brenner (1960) —— **251** | |
| 5.1.3 | Seconde traduction de Sander (1968) —— **253** | |

| | | |
|---|---|---|
| 5.1.4 | Étude comparée de trois extraits —— **254** | |
| 5.1.5 | Étude d'autres répliques exemplaires —— **278** | |
| 5.2 | Scène théâtrale : Ionesco par Stroux à Düsseldorf (1959–1970) —— **283** | |
| 5.2.1 | Parcours et conception théâtrale de Stroux —— **284** | |
| 5.2.2 | Principaux leitmotivs des pièces de Ionesco —— **286** | |
| 5.2.3 | Esthétique scénique des pièces « oniriques » (*Le Piéton de l'air* ; *La Soif et la Faim*) —— **292** | |
| 5.2.4 | Esthétique scénique des pièces « réveillées » (*Rhinocéros* ; *Jeux de massacre*) —— **302** | |
| 5.3 | Univers radiophonique : Adamov à la chaîne SDR (1951–1964) —— **316** | |
| 5.3.1 | Accès limité aux œuvres radiophoniques d'Adamov —— **316** | |
| 5.3.2 | Du média théâtral au média radiophonique : analyse du *Professeur Taranne* (1956) —— **318** | |
| 5.4 | Espace télévisuel : Beckett à la chaîne SDR (1966–1986) —— **336** | |
| 5.4.1 | L'intérêt de Beckett pour le média télévisuel —— **336** | |
| 5.4.2 | Leitmotiv de l'expérience sensorielle —— **338** | |
| 6 | **Conclusion** —— **349** | |
| 7 | **Bibliographie** —— **359** | |
| 7.1 | Sources —— **359** | |
| 7.1.1 | Collections archivistiques —— **359** | |
| 7.1.2 | Documents inédits —— **361** | |
| 7.2 | Littérature critique —— **375** | |

**Annexe 1 : Statistiques de créations ouest-allemandes —— 387**

**Annexe 2 : Photographies de mises en scène —— 489**

**Index des noms et des pièces du corpus —— 511**

# Liste des abréviations

Les noms des archives consultées sont abrégés de la façon suivante :

| | |
|---|---|
| ADK | Akademie der Künste Berlin, Archiv Darstellende Kunst |
| CP Stroux | Collection privée de Madame Eva Stroux |
| CP Tophoven | Collection privée de Madame Erika Tophoven |
| CP Stauffacher | Collection privée de Monsieur Daniel Stauffacher |
| IMEC | Institut Mémoires de l'Édition Contemporaine |
| SA Bielefeld | Stadtarchiv Bielefeld |
| SA Bochum | Stadtarchiv Bochum |
| SA Bonn | Stadtarchiv Bonn |
| SA Celle | Stadtarchiv Celle |
| SA Essen | Stadtarchiv Essen / Haus der Essener Geschichte |
| SA F/Main | Stadtarchiv / Institut für Stadtgeschichte Frankfurt am Main |
| SA Leipzig | Stadtarchiv Leipzig |
| SA Pforzheim | Stadtarchiv Pforzheim |
| SAPA Bern | Schweizer Archiv der Darstellenden Künste, Bern |
| SWR | Südwestrundfunk Historisches Archiv |
| TS Darmstadt | Theatersammlung der Universitäts- und Landesbibliothek Darmstadt |
| TS F/Main | Theatersammlung der Universitätsbibliothek J. C. Senckenberg Frankfurt am Main |
| TWS Wahn | Theaterwissenschaftliche Sammlung Schloß Wahn, Institut für Medienkulturwissenschaften und Theater, Universität zu Köln |
| T Celle | Schloßtheater Celle |
| T Essen | Bühnen der Stadt Essen |
| T Pforzheim | Theater Pforzheim |
| TM Düsseldorf | Theatermuseum der Landeshauptstadt Düsseldorf |
| TM Hannover | Theatermuseum Hannover |
| TM München | Deutsches Theatermuseum München |
| V Desch | Theater-Verlag Desch GmbH |

*Vivre, c'est faire vivre l'absurde.*
*Le faire vivre, c'est avant tout le regarder.*

Albert Camus, *Le Mythe de Sisyphe*

# 1 Introduction

PIERRE
*Je peux simplement vous dire ceci : tout ce que j'ai tiré de l'ombre,
ordonné, retrouvé, reste désespérément sans relief. Plat.*

TRADEL
*Mais vous êtes fou ! Vous en êtes arrivé maintenant
à insulter Jean dans le style des ... critiques.*

PIERRE
*Je n'aurai pas la paix tant que les choses
n'auront pas retrouvé leur relief.*

Arthur Adamov, *L'Invasion*[1]

Dans l'immédiat après-guerre apparut en France une écriture dramatique novatrice qui parvint à s'imposer face au public français et international au cours des années 1950 : le théâtre « de l'absurde », selon le concept forgé en 1961 par le critique dramatique anglais Martin Esslin.[2] Le succès de cette avant-garde théâtrale dépassa rapidement les frontières françaises. Outre-Rhin, le public se montrait réceptif à ces pièces écrites en français, issues de divers héritages théâtraux et de multiples brassages linguistiques. Les œuvres de l'Irlandais Samuel Beckett, du Franco-Roumain Eugène Ionesco, du Russo-Arménien Arthur Adamov et du Français Jean Genet furent reçues avec enthousiasme à l'orée des années 1950 et durablement ensuite jusqu'à la chute du Mur de Berlin en 1989. Après une première phase de réception dans les années 1950, le théâtre « de l'absurde » connut sa pleine expansion au cours des années 1960, parvenant à soutenir la forte concurrence du théâtre documentaire jusque dans les années 1970 puis à occuper une place durable dans les répertoires des théâtres ouest-allemands des années 1980. En Allemagne de l'Est en revanche, les pièces de ce mouvement ne furent pas jouées avant la seconde moitié des années 1980. Seule l'œuvre d'Adamov passa la frontière dans les années 1950 et se trouva de ce fait écartée par la suite en République Fédérale.

Le présent travail vise à mettre au jour les modalités de ce transfert et de la réception du théâtre français « de l'absurde » en RFA et propose ainsi un nouvel éclairage sur l'histoire théâtrale et les relations culturelles franco-

---

[1] Arthur Adamov : *L'Invasion*. In : *Théâtre I : La Parodie, L'Invasion, La Grande et la Petite Manœuvre, Le Professeur Taranne, Tous contre Tous*. Paris : Gallimard 1953, p. 55–99, p. 86.
[2] Martin Esslin : *The Theater of the Absurd*. New York : Doubleday 1961.

allemandes de 1949 à 1989. Il sollicite des metteurs en scène, des éditeurs et des traducteurs allemands, venus d'horizons culturels et linguistiques divers, et étudie leur relation à une nouvelle avant-garde théâtrale par nature cosmopolite. Il engage plus largement tous les médiateurs, hommes de théâtre et de lettres qui tissèrent des liens entre la France et l'Allemagne, et parvinrent ainsi à combattre l'image de l'ennemi héréditaire. La coopération théâtrale entre la France et la RFA dans ces années ne fut pas toujours le résultat d'une politique volontaire de rapprochement, mais elle fut surtout le fruit d'intuitions et de décisions personnelles d'hommes de théâtre, un enchevêtrement de destins personnels que cet ouvrage cherche à retracer et reconstruire.

Dans son ouvrage paru en 2011 en Allemagne, *Le Théâtre allemand en France après 1945. La conscience artistique comme transfert culturel*, Nicole Colin note qu' « il n'[existe] pas encore d'études approfondies sur la présence d'auteurs dramatiques français en Allemagne après 1945 »,[3] et elle déplore une telle carence, notamment pour les œuvres de Beckett et de Ionesco.[4] Si les analyses sur le théâtre « de l'absurde » en Allemagne existent de part et d'autre du Rhin, elles s'avèrent en effet partielles ou lacunaires. Ainsi Uschi Quint-Wegemund ne s'intéresse qu'à la marge aux créations scéniques ou à leur réception dans son étude sur le théâtre de Beckett et de Ionesco au travers des critiques parues en Allemagne entre 1956 et 1978.[5] Plus récemment, l'ouvrage de Günther Rühle publié en 2014, *Le Théâtre en Allemagne 1945–1966. Ses événements, ses hommes*,[6] par ailleurs extrêmement riche, ne traite la question du répertoire « absurde » que de façon sommaire. Enfin, les publications françaises, à l'instar des œuvres complètes des auteurs aux éditions de la Pléiade,

---

[3] Nicole Colin : *Deutsche Dramatik im französischen Theater nach 1945 : Künstlerisches Selbstverständnis als Kulturtransfer*. Bielefeld : Transcript Verlag 2011, p. 175. (« [Z]ur Zeit [liegen] genauere Analysen zur Präsenz der französischen Dramatik in Deutschland nach 1945 noch nicht [vor] »).

[4] Ibid., p. 177 : « Die Bedeutung dieser raschen Institutionalisierung und der damit verbundenen Konsekration der Autoren im deutschen Theaterfeld [ist] wissenschaftlich bisher noch nicht analysiert worden ». « L'importance de cette rapide institutionalisation et de la consécration des auteurs dans le paysage théâtral allemand, deux facteurs liés, n'a jusqu'à présent pas encore fait l'objet d'analyses universitaires ».

[5] Uschi Quint-Wegemund : *Das Theater des Absurden auf der Bühne und im Spiegel der literaturwissenschaftlichen Kritik : Eine Untersuchung zur Rezeption und Wirkung Becketts und Ionescos in der Bundesrepublik Deutschland*. Frankfurt am Main : Fischer Verlag 1983.

[6] Günther Rühle : *Theater in Deutschland 1945–1966 : Seine Ereignisse – seine Menschen*. Frankfurt am Main : S. Fischer 2014. On se reportera aux chapitres « Die französische Schwemme » et « Die Revolte der Absurden » (p. 480–484), « Der Ionesco-Schock » (p. 690–694), « Der Schock-Genet » (p. 741–745), « Nashörner in Düsseldorf » (p. 775–779), « Ionescos dunkle Gesichte » (p. 1004–1008).

font apparaître des erreurs ou des omissions, les dates de créations allemandes ou de créations mondiales en RFA étant souvent passées sous silence.[7]

Plus largement, l'étude des échanges culturels théâtraux de la France vers l'Allemagne durant la seconde moitié du XXe siècle s'inscrit dans un champ de recherche relativement méconnu. Depuis le XVIIe siècle pourtant, le théâtre français a joué un rôle dominant en Europe, comme l'illustre l'exemple célèbre de Gotthold Ephraim Lessing.[8] L'ouvrage collectif *Le Théâtre français à l'étranger au XIXe siècle. Histoire d'une suprématie culturelle*,[9] publié sous la direction de Jean-Claude Yon, examine la diffusion en dehors de ses frontières de toute la production théâtrale française du XIXe siècle, de l'opérette à la tragédie, du ballet au mélodrame. Dans une perspective recentrée sur le monde germanophone, la thèse de doctorat de Claire Leich-Galland, *La Réception du théâtre français en Allemagne 1918–1933*,[10] s'intéresse à la présence de la dramaturgie française pendant la République de Weimar et fournit des éléments d'analyse précieux par un corpus essentiellement fondé sur les critiques dramatiques de l'époque. Les études allemandes sur la diffusion de l'œuvre d'un auteur en particulier, Molière,[11] Racine[12] ou encore Eugène Scribe,[13] enrichissent également la perspective comme, du côté français, la récente thèse de doctorat de Christoph Wolter, *Jean Cocteau et l'Allemagne. Mythes et réalité de la réception de son théâtre*.[14] Consacrée à la réception allemande de son œuvre (pièces de théâtre, opéras et ballets), cette étude s'appuie à la fois sur des comptes rendus de critiques et sur les écrits personnels, les journaux intimes et la correspondance de l'écrivain. Par la place accordée à l'auteur et à la genèse de certaines créations, elle a influencé mon travail de façon non négligeable.

---

7 Cf. l'état de la recherche ci-dessous consacré à Ionesco et Genet.
8 On se reportera à l'article de Jacques Lacant : Lessing als Kritiker des französischen Theaters und seiner Rezeption in Deutschland. In : Lothar Jordan/Bernd Kortländer/Fritz Nies (éds.) : *Interferenzen, Deutschland und Frankreich, Literatur, Wissenschaft und Sprache*. Düsseldorf : Droste 1983, p. 52–62.
9 Jean-Claude Yon (éd.) : *Le théâtre français à l'étranger au XIXe siècle. Histoire d'une suprématie culturelle*. Versailles Saint-Quentin-en-Yvelines : Nouveau Monde éditions 2008.
10 Claire Leich-Galland : *La Réception du théâtre français en Allemagne 1918–1933*. Paris : Honoré Champion 1998.
11 Jörg Joost : *Molière-Rezeption in Deutschland, 1900–1930, Carl Sternheim, Franz Blei*. Frankfurt am Main/New York/Bern : Peter Lang 1980.
12 Peter Bürger : « Racine und der Anstand » : Zur Aufnahme Racines in Deutschland. In : *Neue Deutsche Hefte* n° 11 (juillet-août 1964), p. 58–77.
13 Hans-George Ruprecht : *Theaterpublikum und Theaterauffassung : Eine testsoziologische Studie zur Aufnahme und Wirkung Eugène Scribes Theaterstücken im deutschen Sprachraum*. Bern : Peter Lang 1976.
14 Christoph Wolter : *Jean Cocteau et l'Allemagne : Mythes et réalité de la réception de son théâtre*. Paris : L'Harmattan 2007.

## 1.1 Une dénomination problématique : le théâtre « de l'absurde »

Le premier écueil auquel se trouve confronté tout chercheur qui travaille sur le théâtre « de l'absurde » est le choix même de ce qualificatif. Ce travail le reprend malgré toutes les apories, réductions et malentendus qui lui sont liés, mais il le place entre guillemets pour souligner son historicité. Cette dénomination permet en effet de mettre en avant l'ancrage du théâtre « de l'absurde » dans le cercle culturel et littéraire français de l'après-guerre et ses liens de cousinage – et non son héritage – avec la philosophie camusienne de « l'homme absurde ». On peut ainsi se placer au cœur du débat critique et proposer une autre acception, fondée sur le dépassement des frontières.

Face aux multiples définitions données à l'avant-garde théâtrale française des années 1950 et aux discussions qui ont alimenté la critique au fil des décennies, une mise au point terminologique s'impose. L'origine étymologique du terme « absurde » renvoie en premier lieu à une perception sonore déplaisante, l'adjectif « absurdus » signifiant « qui a un son faux, qui détonne »[15] et qui fait songer à un phénomène « choquant, désagréable, déplaisant ».[16] On retrouve dans la notion d'absurde l'idée première de dissonance, puisqu'elle ne décrit pas seulement une sensation désagréable mais également une réaction de l'esprit face à une situation qui n'est pas de l'ordre de la logique habituelle : l'univers qui s'offre à l'individu n'est pas celui qu'il présumait, à l'image de la fausse note venue remplacer celle qui devait assurer l'harmonie de la phrase musicale.[17]

Les articles et ouvrages consacrés à ce nouveau théâtre commencent à paraître à partir de 1959 seulement, soit une dizaine d'années après l'écriture des premières pièces. Il faudra attendre le « Discours sur l'avant-garde » prononcé par Ionesco en juin 1959 en guise d'ouverture des *Entretiens d'Helsinki sur le théâtre d'avant-garde*[18] pour que les critiques dramatiques et les chercheurs examinent de plus près ce mouvement théâtral, qui dans un premier temps suscite un intérêt plus vif à l'étranger qu'en France. En février 1959, Rosette

---

15 Félix Gaffiot : *Dictionnaire Latin-Français*. Paris : Hachette 1934, p. 13.
16 Ibid.
17 La notion d'absurde n'a pas toujours été connotée négativement. Pour la religion chrétienne, l'absurdité était le critère garantissant la foi puisque le mystère divin était inexplicable, comme en rend toujours compte l'adage « credo quia absurdum » (« je crois parce que c'est absurde »).
18 P.-L. Mignon (éd.) : *Entretiens d'Helsinki sur le théâtre d'avant-garde*. Paris : Michel Brient 1961.

Lamont qualifie le théâtre de Beckett et de Ionesco de « farce métaphysique », et d'« anti-pièce », soulignant le mélange des genres dans ces pièces où la pensée philosophique et la critique politique sont montrées au travers de ressorts comiques tels que la farce, la parodie, le grotesque et l'irrationnel.[19] En 1961, Georges Steiner fait paraître un essai sur « La désaffection du mot » dans lequel il décrit le mouvement progressif de retrait du langage, sans toutefois axer son analyse uniquement sur la littérature contemporaine.[20] En 1966, il revient une nouvelle fois sur l'écriture dramatique de Beckett et l'importance du silence dans son œuvre.[21]

En 1961, le critique Martin Esslin, connu pour diriger les émissions théâtrales de la BBC, fait paraître à New York son célèbre ouvrage *Le Théâtre de l'absurde*,[22] traduit en français en 1963 et une année plus tard en allemand. Dans les deux éditions ultérieures, Esslin tente de compléter la liste des auteurs dramatiques qu'il entend regrouper sous cette appellation et il propose une synthèse des œuvres dramatiques de dix-neuf auteurs du XXe siècle de différentes nationalités, parmi lesquels Beckett, Adamov, Ionesco et Genet sont désignés comme des représentants majeurs. Après avoir esquissé leurs biographies ainsi que les principales caractéristiques stylistiques et thématiques de leurs œuvres, Esslin analyse ces auteurs à la lumière d'une longue tradition théâtrale : mimes antiques, *Commedia dell'arte*, bouffonneries médiévales, personnages comiques de Shakespeare, « littérature de non-sens verbal », surréalisme, music-hall anglo-américain, films muets (Laurel et Hardy, Charlie Chaplin, Buster Keaton, Marx Brothers) et finalement le théâtre de Jarry, Vitrac, Dada et Artaud. La mise à mal des notions d'action, de personnage et de dialogue, de temps et de lieu, les effets de distanciation à travers un comique ou des mimiques exagérés, le démantèlement de la langue et la déconstruction de

---

**19** Rosette Lamont : The metaphysical farce : Beckett and Ionesco. In : *The French Review*, n° 4, vol. 32, février 1959, p. 319–328, p. 319.

**20** George Steiner : The Retreat from the Word. In : *Language and Silence : Essays 1958–1966*. London : Pengouin Books 1969, p. 12–36.

**21** George Steiner : Silence and the Poet. In : *Language and Silence : Essays 1958–1966*. London : Pengouin Books 1969, p. 57–77, p. 74 : « The writer, who is by definition master and servant of language, states that the living truth is no longer sayable. The theater of Beckett is haunted by this insight. Developing Chekhov's notion of the near-impossibility of effective verbal interchange, it strains towards silence, towards an *Act Without Words*. Soon there will be plays in which absolutely nothing is said ». « L'écrivain, qui est, par définition, le maître et l'esclave du langage, prétend que la vérité vraie n'est plus prononçable. Le théâtre de Beckett est hanté par ce constat. Développant l'idée tchékhovienne qu'un véritable échange verbal est quasiment impossible, son théâtre tend vers le silence, vers un *Acte sans paroles*. Bientôt il existera des pièces où plus un seul mot ne sera prononcé [...] ».

**22** Martin Esslin : *The Theater of the Absurd*.

la logique de la représentation sont autant de critères formels qui à ses yeux justifient l'appartenance des écrivains au mouvement de « l'absurde ». Selon Esslin, la forme de ces pièces, marquées par l'éclatement et la dissolution, correspond parfaitement à leur contenu, autrement dit à la représentation de la peur métaphysique de l'homme au regard de l'absurdité de son existence. Renonçant à toute explication logique et rationnelle, les écrivains de cette mouvance théâtrale vont donc, toujours selon Esslin, plus loin dans la transposition scénique de l'absurde que ne le font Sartre, Camus, Anouilh, Giraudoux ou encore Salacrou, des écrivains cités à titre de comparaison. La critique a souvent reproché un manque de méthode et l'absence d'une véritable théorie dramatique à Esslin,[23] lequel est d'ailleurs conscient de ne pas faire justice à ces auteurs dramatiques : dix années plus tard, il explique dans un article avoir proposé cette notion par souci de clarté, les œuvres de ces auteurs n'étant bien entendu aucunement similaires.[24] Malgré tout, cette « étiquette commode et [non] entièrement fausse »,[25] a fini par s'imposer.

La notion d'« absurde » chez Esslin renvoie à la philosophie existentialiste de Jean-Paul Sartre et d'Albert Camus, plus particulièrement à l'essai de ce dernier *Le Mythe de Sisyphe* (1942). En suggérant cette filiation entre écrivains, Esslin occulte un fait majeur, à savoir qu'ils n'ont pas tous partagé la même vision de l'absurde. Si le désespoir premier est similaire, il en résulte pourtant

---

**23** Damian parle à ce propos de « points d'accroche non méthodiques pour des interprétations individuelles » (« unmethodische Anhaltspunkte für individuelle Interpretationen »). Michael Damian : *Zur Geschichtlichkeit des Theater des Absurden : Versuch einer materialistischen Analyse von Dramen Becketts und Pinters unter der Berücksichtigung ihrer Entstehungsbedingungen, Rezeption und Wirkungsgeschichte*. Frankfurt am Main : Haag und Herchen 1977, p. 21.
**24** Martin Esslin : Das Theater des Absurden : Nachträgliche Überlegungen. In : Martin Esslin : *Jenseits des Absurden : Aufsätze zum modernen Drama*. Wien : Europa-Verlag 1972, p. 190–197, p. 191 : « Viel wichtiger für den Begriff des Theaters des Absurden ist es, in welcher Form das Gefühl, die Welt sei mit rationalen Mitteln nicht zu erklären, rätselhaft, vielleicht sinnlos, Ausdruck findet : in der Abwertung oder Auflösung der Sprache, dem Zerfall von Elementen des traditionellen Dramas, wie Intrige, Charakterzeichnung und säuberliche Endlösung und deren Ersetzung durch neue formale Elemente – konkrete Bildhaftigkeit des Geschehens auf der Bühne, Wiederholung oder Intensivierung, ein neues Vokabular theatralischer Mittel ». « Il est beaucoup plus important pour la terminologie de théâtre de l'absurde de savoir comment s'exprime le sentiment que le monde ne peut être expliqué par des moyens rationnels et qu'il est mystérieux, si ce n'est insensé : par la dévalorisation ou la dissolution de la langue, la dégradation d'éléments du théâtre traditionnel comme l'action, la description des caractères, une fin soignée et leur remplacement par de nouveaux éléments formels – la transposition imagée de l'action sur scène, répétition ou intensification, un nouveau vocabulaire de moyens théâtraux ».
**25** Emmanuel Jacquart : *Le Théâtre de dérision : Beckett, Ionesco, Adamov*. Paris : Gallimard 1974, p. 34.

un comportement tout autre chez « l'homme absurde » de Camus et les personnages du théâtre « de l'absurde ».[26] Esslin ne se fonde en effet que sur un bref passage du premier chapitre du *Mythe de Sisyphe*, dont la célèbre phrase « ce divorce entre l'homme de sa vie, l'acteur et son décor, c'est proprement le sentiment de l'absurdité »,[27] et il bâtit tout son argumentaire sur cette référence. Effectivement, dans les œuvres de Beckett, Ionesco ou encore Adamov, l'homme fait figure d'étranger sur terre et semble illustrer la proposition de Camus selon laquelle « l'absurde naît de cette confrontation entre l'appel humain et le silence déraisonnable du monde ».[28] Toutefois, ce constat est chez Camus le point de départ d'une trajectoire en trois étapes, la lucidité, la révolte, et enfin la joie, toutes choses que les personnages du théâtre « de l'absurde » ne connaissent pas. L'homme absurde ne recule devant nulle vérité, aussi sombre soit-elle,[29] il est donc toujours aussi un homme révolté. À l'image de Sisyphe qui se fortifie en roulant son rocher sans but ni fin, l'homme sensible à l'absurde ne se complaît pas dans la misère existentielle mais, conscient de sa situation, lutte et se révolte, sans jamais reculer devant l'effort ou l'abîme, pour en ressortir grandi et libéré, pris d'une véritable fureur de vivre, décidé à « tout épuiser »[30] et à « vivre sans appel ».[31] Or, les personnages des pièces « absurdes », à de rares exceptions près, sont tous pris dans l'inaction, la lassitude et le renoncement. Leur immobilité, leur mutisme se doublent souvent d'un phénomène fatal de réitération. De plus, l'espoir de temps meilleurs enferme les personnages dans des postures nostalgiques et les prive de toute initiative. La vision de l'absurde qui domine dans ces pièces, ce sentiment d'étrangeté ressenti par des individus impuissants, diffère donc radicalement de celle de Camus.

Dans son essai *Mythe et réalité du théâtre*, Sartre résume l'inadéquation de cette terminologie : « On les a appelés les auteurs du ‹ théâtre de l'absurde ›. Cette appellation est elle-même absurde, parce qu'aucun d'eux ne considère la

---

[26] On se reportera à Marie-Christine Gay : D'une *reductio ad absurdum* à la *catharsis* dramatique : Généalogie et réception du théâtre français « de l'absurde » en France et en Allemagne. In : *Implications philosophiques* [en ligne], juillet 2015. http://www.implications-philosophiques.org/

[27] Albert Camus : *Le Mythe de Sisyphe : Essai sur l'absurde*. Paris : Gallimard 2001, p. 20.

[28] Ibid., p. 46.

[29] Ibid., p. 85 : « L'homme absurde entrevoit ainsi un univers brûlant et glacé, transparent et limité, où rien n'est possible mais tout est donné, passé lequel c'est l'effondrement et le néant. Il peut alors décider d'accepter de vivre dans un tel univers et d'en tirer ses forces, son refus d'espérer et le témoignage obstiné d'une vie sans consolation ».

[30] Ibid., p. 80.

[31] Ibid., p. 78.

vie humaine et le monde comme une absurdité ».[32] De fait, pour les contemporains, les pièces avant-gardistes des années 1950 sont en rupture avec les drames existentialistes des années 1940 et c'est à ces derniers, par exemple au *Caligula* (1944) de Camus ou encore au *Huis clos* (1944) de Sartre, que revient la fonction de représenter avec sérieux la condition humaine. De tous les auteurs regroupés dans ce mouvement, Ionesco est celui qui a réfléchi le plus à cette désignation. Il l'a réfutée dès 1953, expliquant qu'« on [avait] dit qu'[il était] un écrivain de l'absurde ; il y a des mots comme ça qui courent les rues, c'est un mot à la mode qui ne le sera plus. En tout cas, il est dès maintenant assez vague pour ne plus rien vouloir dire et pour tout définir partiellement ».[33] À ses yeux, l'absurde, une « notion très imprécise »,[34] représente non pas l'état du monde en général, mais se manifeste lorsque l'homme est confronté à une situation particulière qu'il n'est pas à même de maîtriser ou de comprendre.[35] Ionesco propose quant à lui le terme de « théâtre de la dérision »[36] et précise avoir intitulé « [s]es comédies ‹anti-pièces›, ‹drames comiques›, et [s]es drames ‹pseudo-drames›, ou ‹farces tragiques› ».[37] Des années plus tard, lors d'une conférence de presse tenue à Rimini en 1988 pour la création de *Maximilian Kolbe*, il réaffirme l'inadéquation de ce qualificatif d'absurde.[38] Adamov, de son côté, nomme les œuvres de sa première phase créatrice des « pièces métaphysiques et supra-temporelles »[39] et en 1954, il se prononce avec violence contre ce label réducteur.[40] Beckett enfin, d'ordinaire si silencieux sur son

---

[32] Jean-Paul Sartre : *Un théâtre de situation*. Paris : Gallimard 1973, p. 167.
[33] Eugène Ionesco : *Notes et contre-notes*. Paris : Gallimard 1966, p. 293.
[34] Ibid., p. 137.
[35] Ibid., p. 144–145 : « Il y a plusieurs sortes de choses ou de faits ‹absurdes›. Parfois, j'appelle absurde ce que je ne comprends pas, parce que c'est moi-même qui ne peux comprendre ou parce que c'est la chose qui est essentiellement incompréhensible, impénétrable, fermée [...]. J'appelle aussi absurde l'homme qui erre sans but, l'oubli du but, l'homme coupé de ses racines essentielles, transcendantales (l'errance sans but c'est l'absurde de Kafka) [...]. Puis, il y a l'absurde qui est la déraison, la contradiction, l'expression de mon désaccord avec le monde, de mon profond désaccord avec moi-même, du désaccord entre le monde et lui-même. L'absurde, c'est encore simplement l'illogique, la déraison ».
[36] Ibid., p. 190 : « Je puis dire que mon théâtre est un théâtre de la dérision. Ce n'est pas une certaine société qui paraît dérisoire. C'est l'homme ».
[37] Ibid., p. 61.
[38] Dominique Probst : Archives du compositeur, enregistrement vidéo diffusé à l'occasion de l'exposition *Ionesco* présentée par la BnF, du 6 octobre 2009 au 3 janvier 2010 : « Je n'ai jamais dit que je faisais du théâtre de l'absurde. [...] C'est une bêtise le théâtre de l'absurde ».
[39] Arthur Adamov : *Ici et maintenant*. Paris : Gallimard 1964, p. 93.
[40] Arthur Adamov : *L'homme et l'enfant*. Paris : Gallimard 1968, p. 117 : « Je voyais déjà dans ‹l'avant-garde› une échappatoire facile, une diversion aux problèmes réels, le mot ‹théâtre

œuvre, confie à l'écrivain Charles Juliet qu'il récuse ce terme en raison du jugement de valeur implicite.[41] Ainsi tous trois ont refusé de se reconnaître comme écrivains « de l'absurde » et seul Genet ne s'est pas intéressé à la question.

À la suite d'Esslin, une série d'ouvrages a paru, fondés sur cette terminologie ou la réfutant. Du côté allemand, Walter Mönch reprend en 1965 la définition donnée par Esslin dans son *Théâtre français au XX$^e$ siècle. Aperçus et horizons*,[42] ainsi que cinq ans plus tard, Konrad Schoell dans le second tome du *Théâtre français depuis la Seconde Guerre mondiale* (1970)[43] et enfin Ronald Daus en 1977 dans *Le Théâtre absurde en France*.[44] Ce dernier affirme que le concept proposé par Esslin permet de fixer ce théâtre dans une époque et un lieu précis, la France de l'après-guerre, le terme faisant écho au *Mythe de Sisyphe* de Camus paru en 1942 et à la discussion qui s'ensuivit. Selon Daus, il est possible d'appréhender cette notion sous un angle pragmatique : « Cette dénomination rassemble certaines œuvres apparemment semblables et permet une comparaison analytique ; elle n'a en aucun cas un caractère exclusif. On devrait supposer que ces œuvres vont de pair uniquement d'après une certaine gamme de ressemblances, de points communs et de parentés ».[45] Daus nomme en particulier les œuvres de Beckett et de Ionesco, les seuls écrivains qui, selon lui, font indiscutablement partie de ce mouvement, tandis qu'Adamov se situe à mi-chemin entre l'existentialisme et le théâtre « de l'absurde », ses pièces ayant été écrites pendant la même période que celles de ses confrères (*La Parodie* est écrite entre 1944 et 1947 et créée en 1950 ; *L'Invasion* est achevée en 1949 et *La Grande et la petite manœuvre* en 1950). Genet est quant à lui exclu de ce mouvement, Daus le place tantôt dans la catégorie de la « littérature non engagée » (« nichtengagierte Literatur »),[46] tantôt dans un théâtre de « révolte

---

absurde› m'irritait déjà. La vie n'est pas absurde, difficile, très difficile seulement. Rien qui ne demandât des efforts immenses, disproportionnés ».
41 Charles Juliet : *Rencontre avec Samuel Beckett*. Montpellier : Fata Morgana 1986, p. 27–28 : « Les valeurs morales ne sont pas accessibles. Et on ne peut pas les définir. Pour les définir, il faudrait prononcer un jugement de valeur, ce qui ne se peut. C'est pourquoi je n'ai jamais été d'accord avec cette notion de théâtre de l'absurde, car il y a là un jugement de valeur ».
42 Walter Mönch : *Französisches Theater im 20. Jahrhundert : Querschnitte und Horizonte*. Stuttgart : W. Kohlhammer Verlag 1965.
43 Konrad Schoell : *Das französische Drama seit dem Zweiten Weltkrieg : Zweiter Teil*. Göttingen : Vandenhoeck & Ruprecht 1970.
44 Ronald Daus : *Das Theater des Absurden in Frankreich*. Stuttgart : Metzler 1977.
45 Ibid., p. 2. (« Diese Bezeichnung faßt einige anscheinend ähnliche Werke zusammen und erlaubt einen analytischen Vergleich ; sie hat keineswegs aufgrund einer a-priori Definition Ausschlußcharakter. Man sollte davon ausgehen, daß diese Werke nur durch eine bestimmte Skala von Ähnlichkeiten, Entsprechungen und Verwandtschaften zusammengehören »).
46 Ibid., p. 33.

métaphysique » (« metaphysische Revolte »).⁴⁷ Dans l'ouvrage français plus récent *Les Théâtres de l'absurde* (2003), Michel Pruner défend également cette dénomination, mais du fait de l'utilisation du pluriel, il souligne les différences et spécificités de ces œuvres.⁴⁸ Dans son avant-propos, il énumère les caractéristiques suivantes : l'omniprésence de « thématique[s] profondément pessimiste[s] » qui « révèle[nt] les angoisses d'une époque », les structures et dialogues qui permettent aux pièces de « jou[er] de leur incohérence formelle », et enfin, le refus de donner des réponses aux spectateurs : « Brisant le système d'attente du spectateur en le confrontant à un double non-sens, celui du monde et celui du langage qui voudrait l'exprimer, ils se caractérisent par un même rejet des catégories dramaturgiques traditionnelles et des procédés rhétoriques sur lesquels reposait jusque-là l'écriture dramatique ».⁴⁹ Pruner fait à son tour de Ionesco, Beckett, Adamov et Genet les « pères fondateurs » de cette dramaturgie.⁵⁰

D'autres termes ont également été employés pour qualifier ce théâtre. En 1961, Roland Barthes publie un article intitulé « Le Théâtre français d'avant-garde », dans lequel il dresse les caractéristiques langagières des pièces et esquisse leurs conditions d'apparition : « La société doit réunir deux conditions historiques : un art régnant de nature passablement conformiste, un régime de structure libérale ; autrement dit, il faut que la provocation trouve à la fois sa raison et sa liberté ».⁵¹ Barthes souligne le paradoxe sur lequel repose l'avant-garde⁵² avec, d'une part, le rejet de l'esthétisme académique de la classe d'origine de l'écrivain et, d'autre part, la nécessité de cette classe d'où sont issus les spectateurs, c'est-à-dire « contester le public dont elle a pourtant un besoin

---

47 Ibid., p. 120.
48 Michel Pruner : *Les Théâtres de l'absurde*. Paris : Nathan 2003, avant-propos : « Quand il s'agit d'analyser les dramaturgies qui ont sapé les bases de la communication théâtrale, force est de constater, en effet, qu'à tous les niveaux l'absurde y est présent ».
49 Ibid.
50 Ibid., p. 26.
51 Roland Barthes : Le Théâtre français d'avant-garde. In : *Écrits sur le théâtre*. Paris : Seuil 2002, p. 297–305, p. 297.
52 L'emploi littéraire du mot « avant-garde », à l'origine un terme militaire employé pour désigner la partie des troupes qui précède le corps principal d'une armée et prépare le terrain, remonte à la fin du XIXᵉ siècle. Son usage devient populaire au milieu de la seconde décade du XXᵉ siècle et désigne alors les bons vivants de la Belle Époque qui scandalisaient le bourgeois de la classe moyenne et amenèrent la révolution dans les arts. Une conduite excentrique, le désir de choquer et la recherche de nouveauté en sont les caractéristiques principales, comme le décrit Roger Shattuck dans *Les Années de banquet*. Roger Shattuck : *The Banquet Years*. New York : Vintage 1968.

vital ».⁵³ Ce conflit étouffé crée alors un « art du malaise »,⁵⁴ dont le public et notamment la bourgeoisie finit cependant par s'accommoder : en 1961 il existe déjà selon Barthes une « légende de l'avant-garde », signe que l'avant-garde théâtrale des années 1950 est devenue historique, et de ce fait n'en est plus une. Dès 1961, cette proposition sur l'avant-garde est reprise en RFA dans un recueil regroupant des traductions allemandes de pièces de Beckett, Ionesco, Adamov, Genet, Tardieu, Schéhadé, Arrabal et Vian, sous le titre *Théâtre français de l'avant-garde*.⁵⁵ Dans son ouvrage paru en 1962 aux États-Unis et traduit dès 1963 en français, Leonard C. Pronko propose la double appellation de théâtre expérimental et de théâtre d'avant-garde.⁵⁶ Selon lui, Beckett et Ionesco « se détachent nettement comme les dramaturges les plus importants – et les plus populaires – de l'avant-garde », Adamov sert d'illustration à « l'antithéâtre » et Genet au « théâtre rituel ».⁵⁷

En 1997, soit plus de trente ans plus tard, Tom Bishop engage aux États-Unis des réflexions sur le théâtre et le roman français modernes, revenant alors sur le paradoxe inhérent au phénomène d'avant-garde : « Une avant-garde ne peut jamais longtemps rester une avant-garde puisqu'elle se définit elle-même par rapport aux normes actuelles qui changent elles-mêmes constamment ».⁵⁸ Il divise l'avant-garde des années 1950 en deux groupes principaux, « celui qui a eu le plus d'influence, le théâtre ‹ de l'absurde › ou l'antithéâtre de Ionesco, Beckett, Adamov, Genet, Pinget, Arrabal, etc. ; et l'avant-garde poétique, celle de dramaturges tels que George Schéhadé, Jean Vauthier, Henri Pichette et Jacques Audiberti, qui ne sont pas directement concernés par l'absurde ».⁵⁹

---

**53** Roland Barthes : Le Théâtre français d'avant-garde, p. 299.
**54** Ibid., p. 298.
**55** Joachim Schondorff (éd.) : *Französisches Theater der Avantgarde*. München : Albert Langen/Georg Müller 1961.
**56** Léonard C. Pronko : *Théâtre d'avant-garde : Beckett, Ionesco et le théâtre expérimental en France*. Vienne : Denoël 1963, p. 11 : « Quand nous parlons de Beckett, Ionesco, Adamov ou Genet en tant que membres de l'avant-garde, c'est en partie par facilité, en partie par déférence pour l'usage commun qui a trouvé cette étiquette particulière à appliquer au théâtre expérimental en France de 1950 à 1960 ».
**57** Ibid., p. 34.
**58** Tom Bishop : *From the Left Bank : Reflections on the Modern French Theater and Novel*. New York/London : New York University Press 1997, p. 18. (« An avant-garde can never long remain an avant-garde since it defines itself in relationship to the current establishment which, itself, changes constantly »).
**59** Ibid., p. 22. (« The more influential theater of the absurd or antitheater of Ionesco, Beckett, Adamov, Genet, Pinget, Arrabal, and so on ; and the poetic avant-garde of playwrights such as George Schéhadé, Jean Vauthier, Henri Pichette, and Jacques Audiberti, not principally concerned with the absurd »).

Une autre appellation courante est celle de « théâtre nouveau » ou de « nouveau théâtre ». En 1963, Michel Corvin pose dès l'introduction de son ouvrage *Le Théâtre nouveau en France* le problème de la catégorisation des formes artistiques[60] et rejette le terme d'avant-garde jugé insatisfaisant par les auteurs eux-mêmes.[61] Corvin présente les lignes de force de cette nouvelle dramaturgie, l'usage du langage et de la parodie, puis élabore trois catégories pour les différents écrivains : le « théâtre poétique », le « théâtre de dérision » et le « théâtre réaliste et politique ». Recourant au même terme, Geneviève Serreau publie en 1966 une *Histoire du « Nouveau Théâtre »*,[62] un ouvrage consacré à Beckett, Ionesco, Adamov, Genet, Vauthier et Schéhadé ainsi qu'à « la relève de l'avant-garde », des auteurs influencés par les premiers. Deux décennies plus tard, des ouvrages parus aux États-Unis reprennent eux aussi ce qualificatif. En 1984 paraît *Le Théâtre français moderne 1940–1980*[63] de David Bradby, qui classe Adamov, Beckett et Ionesco dans le « nouveau théâtre » (« new theater ») et Genet dans le « théâtre total » (« total theater ») aux côtés de Vauthier, Audiberti et Arrabal. En 1987, Michael E. Rutenberg publie un ouvrage consacré à Edward Albee, intitulé *Edward Albee. Un dramaturge proteste*,[64] dans lequel il qualifie Beckett, Ionesco et Genet d'écrivains du « nouveau théâtre » (« new theater »). Enfin, l'ouvrage récent de Marie-Claude Hubert *Le Nouveau Théâtre 1950–1968*,[65] publié en 2008, propose une classification différenciée. Après avoir présenté ceux qu'elle nomme « les aînés » (Montherlant, Claudel, Valéry), elle définit la catégorie des « poètes de la scène » (Audiberti, Vauthier, Schéhadé, Char, Pichette, Patrice de la Tour du Pin, Limbour). Ionesco apparaît dans le théâtre du « grotesque et de l'onirisme » (avec Ghelderode, Vian, Arrabal, Tardieu, Billetdoux, Dubillard, Weingarten, Obaldia), Beckett est qualifié de « romancier au théâtre » (ainsi que Pinget et Sarraute) et l'on retrouve enfin Adamov et Genet parmi les auteurs du « théâtre politique » (avec Gatti, Vinaver, Guilloux, Grumberg).

---

60 Michel Corvin : *Le Théâtre nouveau en France*. Paris : PUF 1963, p. 5 : « Comment aussi prétendre ramener à un tout cohérent, à une synthèse claire ce qui est mouvant sous nos yeux, disparate et même contradictoire ? »
61 Ibid., p. 6–7 : « En fait, c'est par un avant-gardisme exacerbé qu'Obaldia et Ionesco refusent l'avant-garde. Ils veulent rester en état permanent d'opposition, de rupture, de dénonciation ».
62 Geneviève Serreau : *Histoire du « Nouveau Théâtre »*. Paris : Gallimard 1966.
63 David Bradby : *Modern French Drama 1940–1980*. Cambridge : Cambridge University Press 1984.
64 Michael E. Rutenberg : *Edward Albee : Playwright in Protest*. Columbia : University of South Carolina Press 1987.
65 Marie-Claude Hubert : *Le Nouveau Théâtre 1950–1968*. Paris : Honoré Champion 2008.

Il existe encore d'autres ouvrages et concepts, dont ne sont nommés ci-dessous que les principaux. En 1962 paraissent trois ouvrages majeurs en langue anglaise. Dans *Quatre dramaturges et une postface*,[66] David Grossvogel prétend que Beckett, Genet, Ionesco et Brecht sont en rébellion contre la société et la condition humaine et analyse les formes de protestation de ces écrivains. Dans *La Comédie sombre : le développement de la tragicomédie moderne*,[67] J. L. Styan affirme que Beckett et Ionesco ont participé à l'invention d'une nouvelle technique dramatique, la «comédie sombre», ou «tragédie comique», qui relève aussi d'une posture philosophique. L'ouvrage de Robert Brustein *Le Théâtre de la révolte. Une approche du drame moderne*[68] est, comme l'indique son titre, également consacré au refus des usages courants et des normes théâtrales imposées. Brustein inclut le théâtre «de l'absurde» dans cet état d'esprit de révolte et cite Beckett, Ionesco et Genet, tout en consacrant à ce dernier un chapitre à part dans lequel il étudie également Adamov. Un an plus tard, en 1963, paraît à New York *Méta-théâtre. Une nouvelle approche de la forme dramatique*[69] de Lionel Abel. L'auteur, qui exclut Ionesco et Adamov de son analyse, s'efforce de définir un nouveau genre, celui du «méta-théâtre» : après Shakespeare et Calderón, Beckett, Brecht et Genet se font porteur de la vision que le monde est un théâtre et la vie un songe. À la suite de Grossvogel, George Wellwarth affirme dans *Le Théâtre de l'opposition et du paradoxe*[70] que la protestation contre la condition humaine et l'ordre social est reflétée sur le plan formel par la technique du paradoxe. Cet ouvrage publié en 1966 réunit des écrivains germanophones et anglophones en plus des francophones Jarry, Artaud, Audiberti, Ghelderode, Tardieu, Adamov, Beckett, Genet et Ionesco. Dans la lignée de l'analyse de Styan, l'ouvrage de Karl S. Guthke *Tragicomédie moderne. Une enquête de la nature du genre*,[71] publié également en 1966, redéfinit le genre de la tragicomédie et ne mentionne ni Adamov ni Genet.

---

[66] David Grossvogel : *Four playwrights and a Postscript : Brecht, Ionesco, Beckett, Genet.* New York : Cornell University Press 1962.
[67] J. L. Styan : *The Dark Comedy : The Development of Modern Comic Tragedy.* Cambridge : Cambridge University Press 1962.
[68] Robert Brustein : *The Theater of Revolt : An Approach to the Modern Dram.* Boston : Little Brown 1962.
[69] Lionel Abel : *Metatheatre : A New View of Dramatic Form.* Clinton Mass. : The Colonial Press 1963.
[70] George Wellwarth : *The Theater of Protest and Paradox.* New York : New York University Press 1964.
[71] Karl S. Guthke : *Modern Tragicomedie : An investigation into the Nature of the Genre.* New York : Random House 1966.

Après cette longue série d'ouvrages anglophones paraît en 1974 en langue française *Le Théâtre de dérision. Beckett, Ionesco, Adamov*[72] d'Emmanuel Jacquart. Il s'agit d'une analyse littéraire complète et détaillée du style, des thèmes, des personnages, des techniques de compositions et enfin des situations et des métamorphoses du dialogue présents au sein des œuvres de ces auteurs dramatiques. Les écrivains Beckett, Ionesco et Adamov font à nouveau l'objet d'une analyse précise en 1982 dans le recueil *Théâtre français moderne. Adamov-Beckett-Ionesco*,[73] édité en RFA par Karl Alfred Blüher. Dans sa préface, l'auteur qualifie les œuvres de ces écrivains de « théâtre mythique moderne » (« modernes Mythentheater ») et s'efforce de retracer leurs influences en se fondant sur les domaines de la psychanalyse. En 2010, enfin, paraît la thèse de Mine Krause intitulée *Le Théâtre du scandale et de la peur au XX$^e$ siècle : Edward Albee, Harold Pinter, Eugène Ionesco, Jean Genet*,[74] une analyse poussée des réactions d'angoisse des personnages. Selon Krause, ceux-ci sont dotés d'un comportement anxieux, né de la prise de conscience de l'omniprésence du « scandale métaphysique » que représente la mort.

En somme, la littérature critique a inventé un grand nombre d'appellations consacrées à ce théâtre. Pour compléter cette liste, on pourrait encore citer les termes de « théâtre critique », « théâtre protestataire », « théâtre métaphysique », « farces métaphysiques », « théâtre sans étiquette », et même « l'École de Paris » et « la génération de 1950 ». Jacquard précise également que l'on « pourrait parler en effet de théâtre de la condition humaine (puisque c'est l'archi-thème sur lequel repose tout l'édifice), de théâtre apocalyptique (en raison de l'atmosphère qui y règne), d'Athéâtre (comme Claude Mauriac parle d' ‹ Alittérature ›[75]), de théâtre de choc (puisque le choc émotionnel et moral en est l'un des ressorts essentiels), et de théâtre de *misfits* puisque les auteurs envisagés sont tous des inadaptés ».[76]

## 1.2 Un corpus, quatre auteurs

Un second écueil majeur est le traitement, dans un même mouvement, de quatre auteurs très différents. Alors que la postérité a tenté de les faire dialoguer

---

[72] Emmanuel Jacquart : *Le Théâtre de dérision*.
[73] Karl Alfred Blüher (éd.) : *Modernes französisches Theater : Adamov-Beckett-Ionesco*. Darmstadt : Wissenschaftliche Buchgesellschaft 1982.
[74] Mine Krause : *Drama des Skandals und der Angst im 20. Jahrhundert : Edward Albee, Harold Pinter, Eugène Ionesco, Jean Genet*. Frankfurt am Main : Peter Lang, 2010.
[75] Claude Mauriac : *L'Alittérature contemporaine*. Paris : Albin Michel 1958.
[76] Emmanuel Jacquart : *Le Théâtre de dérision*, p. 38.

entre eux, comme dans l'ouvrage de Tahar Ben Jelloun *Beckett et Genet, un thé à Tanger*,[77] leur regroupement au sein d'une même école théâtrale leur a été imposé par les critiques. Le caractère unique de leur œuvre et leur succès divers en RFA rend, *a priori*, ces auteurs inconciliables entre eux. Il est par exemple difficile de placer côte à côte des auteurs tels que Adamov et Beckett. D'une part, Adamov a modifié son style d'écriture au fil des changements socio-politiques auxquels il a assisté et a fini par tomber dans l'oubli de son vivant déjà, ses nombreuses pièces n'étant que très peu jouées. D'autre part, Beckett a maintenu un style rigoureusement personnel et a été couronné d'un succès constant, ses premières et dernières œuvres étant régulièrement montées.

Si Beckett et Ionesco sont reconnus comme les principaux représentants du répertoire « absurde » et si les premières pièces d'Adamov sont souvent également mentionnées, le choix de Genet comme quatrième auteur est loin d'être une évidence. Dans *Le Théâtre de dérision*, Emmanuel Jacquart va jusqu'à placer Genet à l'écart puisque celui-ci, selon l'auteur, « ne souscrit pas aux caractéristiques fondamentales de ses trois confrères : vision tragi-comique, hantise de l'‹ absurde › et de la métaphysique, suspicion à l'égard du langage ; au contraire, il accorde à ce dernier un pouvoir incantatoire et quasi-magique ».[78] Cette déclaration semble problématique. La vision tragi-comique de la vie est représentée dans des pièces comme *Les Nègres* ou *Le Balcon*, qui, tantôt clownerie tantôt mascarade, dévoilent le monde comme une farce tragique. En outre, le leitmotiv de l'illusion et de la désillusion permet à Genet de symboliser la conscience du néant et la hantise qu'elle déclenche auprès des individus. Enfin, ni Beckett, ni Ionesco, ni Adamov ne sont particulièrement suspicieux à l'égard du langage mais en reconnaissent les limites, l'homme ne parvenant pas ou ne voulant pas en faire un usage qui lui permette de correctement communiquer. Ceci vaut également pour Genet, qui, tout en célébrant la beauté de la langue, n'offre jamais à ses personnages la possibilité d'être sauvés par elle. Son théâtre ne tourne certes pas le langage en dérision comme les premières pièces de Ionesco (il en existe pourtant des exemples ponctuels, notamment dans *Les Paravents*), ni ne sombre dans le silence comme les œuvres plus tardives de Beckett. Genet, néanmoins, manie la langue d'une manière similaire à Adamov : tous deux ont recours à des dialogues entiers et construits, qui s'avèrent pourtant souvent être des dialogues de sourds ou de faux dialogues, dans lesquels ne transparaît qu'un semblant de communication. Il s'agit alors d'un échange verbal défectueux, simulé, et, notamment chez Genet, d'un jeu constant avec la langue au sens littéral et qui n'a pas un effet salvateur sur les

---

77 Tahar Ben Jelloun : *Beckett et Genet, un thé à Tanger*. Paris : Gallimard 2010.
78 Emmanuel Jacquart : *Le Théâtre de dérision*, p. 18.

personnages : il n'est pas porteur de miracles, la transformation définitive n'a jamais lieu et les masques finissent toujours par tomber. À l'instar des trois autres écrivains, Genet illustre la vaine quête du salut à travers le langage.

Un second aspect, moins important mais qui mérite d'être mentionné, différencie Genet de ses confrères : la dimension rituelle ou cérémonielle de son théâtre, qualifié par les critiques Esslin, Daus et Pronko de « théâtre rituel »[79] ou « drame rituel ».[80] Cette caractéristique ne semble pourtant pas suffisante pour exclure Genet des écrivains « de l'absurde » car elle peut également être appliquée aux autres auteurs. Beckett soumet son personnage de Winnie dans *Oh les beaux jours* à un rituel fait de paroles et de gestes très précis, et la cérémonie finale des faux-moines dans *La Soif et la Faim* de Ionesco inflige au personnage Jean un rituel démoniaque duquel il ne peut s'échapper. Michel Corvin avance en ce sens un argument majeur pour placer Genet aux côtés de Beckett et de Ionesco : les personnages théâtraux de Genet évoluent dans un monde qui, grâce aux multiples possibilités du langage, est bâti sur l'illusion, le mensonge et la supercherie.[81]

Un état de la recherche des quatre auteurs du corpus, consacré aux travaux qui étudient le rapport des écrivains à la langue et la culture allemandes ou les mises en scène de leurs œuvres en République Fédérale, permet de souligner les écueils et les carences que ce travail entend combler.

Les travaux réalisés sur le rapport de Beckett avec l'Allemagne sont nombreux et il ne saurait être question d'en proposer une présentation exhaustive.[82] En 1982 paraît un court article de Jack Zipes dans la revue *New German Critique*, « Beckett en Allemagne/L'Allemagne chez Beckett »,[83] qui s'interroge sur la réception de Beckett en RFA ainsi que sur son influence sur les auteurs germanophones. Un an plus tard est publié l'un des premiers ouvrages universitaires consacré à Beckett en Allemagne de l'Ouest : *Le Théâtre de l'absurde sur scène et à travers la critique littéraire*[84] de Uschi Quint-Wegemund. Bien

---

[79] Cette dénomination a été retenue par Pronko et Esslin. Léonard C. Pronko : *Théâtre d'avant-garde* ; Martin Esslin : *The Theater of the Absurd*.
[80] Ronald Daus : *Das Theater des Absurden in Frankreich*.
[81] Michel Corvin : *Le Théâtre nouveau en France*, p. 71 : « Mais le pire n'étant jamais sûr, et le mal vécu risquant d'être entaché de quelque résidu de bonté ou de sentimentalisme, Genet préfère au monde réel un monde second, monde de l'apparence et du mensonge, plus pur et plus vrai que l'autre. C'est par là que le théâtre de Genet est un théâtre de dérision ».
[82] Cf. bibliographie en annexe.
[83] Jack Zipes : Beckett in Germany/Germany in Beckett. In : *New German Critique* n° 26, Cornell University, Spring 1982, p. 151–158.
[84] Uschi Quint-Wegemund : *Das Theater des Absurden auf der Bühne und im Spiegel der literaturwissenschaftlichen Kritik*.

qu'elle tienne compte des critiques dramatiques, la chercheuse ne s'intéresse que sur un mode mineur à la réception des mises en scène en République Fédérale et privilégie un examen littéraire des œuvres. La période d'analyse est limitée aux années 1956–1978 et toute étude de créations ou de traductions est laissée de côté. En revanche, l'article de Gaby Hartel, Klaus Völker et Thomas Irmer sur « La Réception du théâtre et des pièces télévisuelles de Beckett en Allemagne de l'Ouest et de l'Est »,[85] publié en 2009, examine en détail la réception de l'œuvre théâtrale et télévisuelle de Beckett en RFA et RDA, et propose des pistes fructueuses pour l'analyse.

La place notable qu'a occupée l'Allemagne dans la vie de Beckett est devenue un nouvel objet d'étude, notamment du côté de la recherche allemande, à la suite de la biographie *Beckett*[86] de James Knowlson. En 2005 ont paru deux ouvrages consacrés à ce sujet, *Le Berlin de Beckett*[87] écrit par Erika Tophoven, la traductrice de ses textes vers l'allemand, ainsi que le recueil d'articles *Beckett l'inconnu : Samuel Beckett et la culture allemande*[88] édité par Therese Fischer-Seidel et Marion Fries-Dieckmann. Ce dernier ouvrage inclut des études sur l'apprentissage par Beckett de la langue allemande, ses voyages en Allemagne et l'influence de l'art allemand sur son œuvre, son rapport avec son éditeur Siegfried Unseld et ses traducteurs Elmar et Erika Tophoven de même que sur ses pièces télévisuelles tournées à la chaîne Süddeutscher Rundfunk (SDR) à Stuttgart. En 2011 ont finalement été publiés les journaux intimes tenus par Beckett lors de son long séjour en Allemagne.[89] Les mises en scène de Beckett au Schiller-Theater de Berlin ont donné lieu en 1986 à un ouvrage édité par Klaus Völker, conçu comme une forme d'hommage à l'occasion du quatre-vingtième anniversaire du dramaturge.[90] Dans un article paru en 2000, Julian A. Garforth s'intéresse à la réception des mises en scène de Beckett,[91]

---

[85] Gaby Hartel/Klaus Völker/Thomas Irmer : The Reception of Beckett's Theatre and Television Pieces in West and East Germany. In : Mark Nixon/Matthew Feldman (éds.) : *The International Reception of Samuel Beckett*. London : Continuum 2009, p. 75–97.

[86] James Knowlson : *Damned to Fame : The Life of Samuel Beckett*. London/Berlin/New York : Bloomsbury 1996.

[87] Erika Tophoven : *Becketts Berlin*. Berlin : Nicolai 2005.

[88] Therese Fischer-Seidel/Marion Fries-Dieckmann (éds.) : *Der unbekannte Beckett : Samuel Beckett und die deutsche Kultur*. Frankfurt am Main : Suhrkamp 2005.

[89] Mark Nixon : *Samuel Beckett's German Diaries 1936–1937*. London/New York : Continuum 2011.

[90] Klaus Völker (éd.) : *Beckett in Berlin : Zum 80. Geburtstag*. Berlin : Hentrich/Frölich & Kaufmann 1986.

[91] Julian A. Garforth : « Beckett, Unser Hausheiliger ? » : Changing Critical reactions to Beckett's Directorial Work in Berlin. In : Marius Buning/Matthijs Engelberts/Onno Kosters (éds.) : *Beckett and religion : Beckett/Aesthetics/Politics. Beckett et la religion : Beckett/L'esthétique/La*

mais n'offre pas de vue d'ensemble synthétique sur l'évolution de l'accueil de ces productions. On retiendra aussi une étude parue en 1988 et consacrée au travail de mise en scène de Beckett en Grande-Bretagne et en République Fédérale.[92] Les ouvrages essentiels concernant les mises en scène de l'écrivain au Schiller-Theater restent les carnets de régie (« theatrical notebooks »),[93] publiés et commentés par son biographe James Knowlson en quatre volumes entre 1985 et 1999.

L'œuvre télévisuelle de Beckett a, quant à elle, beaucoup occupé la critique, que ce soit dans l'article « L'œuvre télévisuelle de Samuel Beckett » (1995)[94] de Jean-Paul Gavard-Perret ou dans les nombreux articles publiés dans la collection « Beckett Today/Beckett Aujourd'hui » aux éditions Rodopi : le quatrième volume de la série, *The savage eye/L'œil fauve*[95] lui est entièrement consacré. De même, l'ensemble d'articles regroupés dans l'ouvrage *L'Œil aux aguets*[96] traite aussi de l'œuvre télévisuelle de l'écrivain. L'essai « Souvenirs de Samuel Beckett à la SDR »[97] de Reinhart Müller-Freienfels, l'ancien directeur de la SDR, témoigne également des travaux de Beckett à Stuttgart. Enfin, il existe des articles divers sur des créations ouest et est-allemandes de pièces de Beckett. L'article « Godot, Gorba, et Glasnost : Beckett en Allemagne de l'Est »[98] de Werner Huber analyse les quatre phases de la réception de Beckett en RDA. Par ailleurs, les créations allemandes de ses pièces sont étudiées par

---

*politique*. Amsterdam/Atlanta : Rodopi 2000 (Samuel Beckett Today/Aujourd'hui, vol. 9), p. 309–329.

[92] Dougald McMillan/Martha Fehsenfeld : *Beckett in the Theatre : The Author as Practical Playwright and Director. Vol. 1 : From Waiting for Godot to Krapp's Last Tape*. London/New York : John Calder/Riverrun Press 1988.

[93] James Knowlson : *The Theatrical Notebooks of Samuel Beckett. Vol. 1 : Waiting for Godot (1993) ; Vol. 2 : Endgame (1992) ; Vol. 3 : Krapp's Last Tape (1992) ; Vol. 4 : The Shorter Plays (1999)*. London : Faber and Faber. La mise en scène de *Oh les beaux jours* donna lieu à une publication antérieure : James Knowlson : (éd.) : *Happy Days : Samuel Beckett's Production Notebook*. London : Faber and Faber 1985.

[94] Jean-Paul Gavard-Perret : L'œuvre télévisuelle de Samuel Beckett. In : *Communication et langages* n° 105, 3ᵉ trimestre 1995, p. 13–28.

[95] Catharina Wulf (éd.) : *The savage eye/L'œil fauve : New essays on Samuel Beckett's Television Plays*. Amsterdam/Atlanta : Rodopi (Samuel Beckett Today/Aujourd'hui, vol. 4), 1995.

[96] Gaby Hartel/Michael Glasmeier (éds.) : *The Eye of Prey : Becketts Film-, Fernseh- und Videoarbeiten*. Berlin : Suhrkamp 2011.

[97] Reinhart Müller-Freienfels : Erinnerung an Samuel Beckett beim SDR. In : Hermann Fünfgeld (éd.) : *Von außen besehen. Markenzeichen des Süddeutschen Rundfunks*. Stuttgart : Südfunkhefte 25 1998, p. 403–425.

[98] Werner Huber : Godot, Gorba, and Glasnost : Beckett in East Germany. In : Marius Buning/Lois Oppenheim (éds.) : *Beckett in the 1990s*. Amsterdam/New York : Rodopi 1993 (Samuel Beckett Today/Aujourd'hui, vol. 2), p. 49–58.

Julian A. Garforth dans « ‹ Notre plus importante découverte pour la scène allemande ? › Réactions critiques face aux premières allemandes des pièces de théâtre de Samuel Beckett ».[99] En outre, diverses mises en scène d'*En attendant Godot* ont donné lieu à des articles : la première allemande de Stroux dans le texte de Wilhelm Füger « Le premier *Godot* de Berlin : le début de Beckett sur les scènes allemandes »,[100] article incomplet et qui d'ailleurs contient plusieurs erreurs majeures ; la création par Beckett lui-même dans « *Godot* par Beckett à Berlin : nouvelles coordonnées du néant »[101] de Ciaran Ross ; et enfin la création par George Tabori dans l'article de Antje Dietrich, « La Performance comme une répétition : les créations par George Tabori d'*En attendant Godot* et de *Fin de partie* ».[102] Malgré ces nombreuses études sur l'œuvre de Beckett, il manque à ce jour un ouvrage qui fasse état de sa réception ouest-allemande durant toute la période de la partition allemande, et qui ne sépare pas le corpus des pièces théâtrales et télévisuelles. Il faudra ainsi trouver un juste équilibre entre ces deux écritures scéniques et veiller à ce que l'étude inclue l'analyse de créations pour chaque décennie.

Les mises en scène d'œuvres de Ionesco en Allemagne de l'Ouest, et spécialement les créations mondiales par Stroux à Düsseldorf, ont fait l'objet de mon mémoire de recherche de Master ainsi que d'un article,[103] des travaux nécessaires au regard d'importantes lacunes. L'étude de Uschi Quint-

---

**99** Julian A. Garforth : « Unsere wichtigste Entdeckung für die deutsche Bühne ? » : Critical Reactions to the German Premieres of Samuel Beckett's Stage Plays. In : *Forum Modernes Theater* n° 12, 1997, p. 75–90.
**100** Wilhelm Füger : The first Berlin *Godot* : Beckett's Debut on German Stage. In : Angela Moorjani/Carola Veit (éds.) : *Samuel Beckett : Endlessness in the year 2000/Samuel Beckett : Fin sans fin en l'an 2000*. Amsterdam/New York : Rodopi 2001 (Samuel Beckett Today/ Aujourd'hui, vol. 11), p. 57–63.
**101** Ciaran Ross : Beckett's *Godot* in Berlin : New Coordinates of the Void. In : Angela Moorjani/Carola Veit (éds.) : *Samuel Beckett : Endlessness in the year 2000/Samuel Beckett : Fin sans fin en l'an 2000*. Amsterdam/New York : Rodopi 2001 (Samuel Beckett Today/ Aujourd'hui, vol. 11), p. 64–73.
**102** Antje Dietrich : Performance as rehearsal : George Tabori's Staging of Beckett's *Waiting for Godot* and *Endgame*. In : Marius Buning/Matthijs Engelberts/Sjef Houppermans/Dirk van Hulle/Danièle de Ruyter (éds.) : *Historicising Beckett/Beckett dans l'Histoire : Issues of performance/En jouant Beckett*. Amsterdam/New York : Rodopi 2005 (Samuel Beckett Today/ Aujourd'hui, vol. 15), p. 147–160.
**103** Mémoire de recherche de Master de l'École Normale Supérieure de Lyon, soutenu en juin 2010 sous la direction de Marielle Silhouette. On se reportera également à l'article : Marie-Christine Gay : « Nous ne parlions pas la même langue, mais nous parlions le même langage ». Ionesco et Karl Heinz Stroux. In : *Trajectoires* [en ligne], Travaux des jeunes chercheurs du CIERA n° 7, 2013. https://trajectoires.revues.org/1214

Wegemund[104] mentionnée auparavant ne propose en effet aucune analyse de la réception de créations scéniques. En revanche, l'ouvrage de Joseph Bessen *Ionesco et la farce*[105] traite de la réception des pièces en France et dans les deux Allemagnes, mais l'auteur étudie avant tout les raisons de ce succès dans le contexte politique et social des années 1950 sans tenir compte des mises en scène. De plus, les quatre créations mondiales à Düsseldorf ont souvent été passées sous silence par la critique française. Le catalogue de l'exposition « Ionesco »[106] tenue à la Bibliothèque nationale de France du 6 octobre 2009 au 3 janvier 2010 pour le centième anniversaire de la naissance de l'écrivain mentionne Karl Heinz Stroux, le metteur en scène des créations mondiales, uniquement dans la chronologie, alors qu'on aurait pu attendre qu'un article lui soit consacré. Il en est de même dans l'édition de la Pléiade[107] où seule la chronologie fait apparaître ces quatre créations mondiales. D'ailleurs, la date indiquée par la Pléiade pour la première mondiale de *Rhinocéros*, le 6 novembre 1959, est fausse : il s'agit en réalité du 31 octobre 1959.[108] De surcroît, dans la Pléiade et le catalogue de la BnF a été commise une erreur concernant la première mondiale de *Tueur sans gages* : la mise en scène de José Quaglio du 27 février 1959 au Théâtre Récamier est donnée comme seule référence alors que le mérite en revient à Gustav Rudolf Sellner qui l'a donnée le 14 avril 1958 au théâtre de Darmstadt.

Le même phénomène peut être constaté pour les créations ouest-allemandes de pièces de Genet, dont les principales ont été répertoriées au sein de la chronologie des « créations et représentations majeures » de l'édition de la Pléiade.[109] Celle-ci commet des erreurs de datation : la date indiquée pour la première allemande de *Haute surveillance* à la Studiobühne du Schauspielhaus Kiel est le 11 juin 1960, alors que la pièce fut en vérité donnée le 6 janvier 1960 ; la création de *'adame Miroir* au Städtische Bühnen Münster eut lieu le 12, et non le 18 décembre 1964 ; la création allemande des *Nègres* au Landestheater Darmstadt eut en réalité lieu le 31 mai 1964 et non le 30 mai 1966.

---

**104** Uschi Quint-Wegemund : *Das Theater des Absurden auf der Bühne und im Spiegel der literaturwissenschaftlichen Kritik.*
**105** Josef Bessen : *Ionesco und die Farce : Rezeptionsbedingungen avantgardistischer Literatur.* Wiesbaden : Akademische Verlagsgesellschaft Athenaion 1978.
**106** Noëlle Giret (éd.) : *Ionesco*. Paris : Gallimard/Éditions de la BnF 2009.
**107** Eugène Ionesco : *Théâtre complet*. Édité par Emmanuel Jacquart. Paris : Gallimard 2002 (Bibliothèque de la Pléiade).
**108** Cette erreur de la Pléiade se retrouve dans d'autres ouvrages français d'importance. Cf. Marie-Claude Hubert : *Le Nouveau Théâtre 1950–1968*, p. 195.
**109** Jean Genet : *Théâtre complet*. Édité par Michel Corvin et Albert Dichy. Paris : Gallimard 2002 (Bibliothèque de la Pléiade), p. 1395–1407.

Enfin, seul le mois de novembre 1967 et non la date précise – le 18 novembre 1967 – de la mise en scène des *Paravents* par Roger Blin à Essen figure dans la chronologie. Il manque par ailleurs à ce jour un travail approfondi sur le transfert dans sa globalité de l'œuvre théâtrale de Genet en République Fédérale. En 1972 est parue l'étude d'Odette Aslan « *Les Paravents* de Jean Genet »,[110] consacrée à une comparaison entre la mise en scène parisienne de Roger Blin (1966) et la création munichoise de Hans Lietzau (1968). Une publication d'importance est celle de l'ouvrage *Jean Genet et l'Allemagne* paru au Merlin Verlag en 2014, qui rassemble les actes du colloque du même nom qui s'est tenu en 2010 à l'Université libre de Berlin.[111] Les articles de cet ouvrage couvrent des thématiques aussi variées que la réception précise de certains textes de l'écrivain, la fascination de Genet pour le fascisme, son homosexualité, les genres du théâtre, du cinéma et de l'essai, ainsi que des considérations théoriques. Deux articles sont particulièrement intéressants au regard du présent travail, celui de Nicole Colin sur la réception des *Paravents*[112] et celui de Nike Thurn sur la réception des *Nègres*.[113] Enfin, dans le *Dictionnaire Jean Genet*, paru en 2014 sous la direction de Marie-Claude Hubert, l'article de Urs Urban sur la réception de Genet en Allemagne de l'Ouest offre un aperçu synthétique de l'accueil de l'écrivain, tous genres confondus.[114]

Enfin, les mises en scène de pièces d'Adamov en Allemagne de l'Ouest sont, jusqu'à présent, passées inaperçues dans la recherche. Lors d'un colloque à Wurtzbourg en 1981, les chercheurs se sont avant tout intéressés à son œuvre, mais non aux réalisations scéniques en République Fédérale. L'article de Ernstpeter Ruhe, intitulé « Cet art bizarre. Les adaptations d'Adamov pour le théâtre, la radio et la télévision »[115] tient en partie compte du travail de l'au-

---

[110] Odette Aslan : Les Paravents de Jean Genet. In : Denis Bablet/Jean Jacquot (éds.) : *Les Voies de la création théâtrale, vol. 3*. Paris : CNRS 1972, p. 13–107.
[111] Mathias Lorenz/Oliver Lubrich (éds.) : *Jean Genet und Deutschland*. Gifkendorf : Merlin Verlag 2014.
[112] Nicole Colin : Taktische Kürzungen : Jean Genets Paravents auf deutschen Bühnen. In : Mathias Lorenz/Oliver Lubrich (éds.) : *Jean Genet und Deutschland*. Gifkendorf : Merlin Verlag 2014, p. 259–277.
[113] Nike Thurn : « Dieses Stück Genets wird jede deutsche Bühne überfordern ». Zur Rezeption von Jean Genets Les Nègres in Deutschland. In : Mathias Lorenz/Oliver Lubrich (éds.) : *Jean Genet und Deutschland*. Gifkendorf : Merlin Verlag 2014, p. 277–301.
[114] Urs Urban : Réception allemande. In : Marie-Claude Hubert (éd.) : *Dictionnaire Jean Genet*. Paris : Honoré Champion 2014, p. 543–547.
[115] Ernstpeter Ruhe : Cet art bizarre : Adamovs Adaptationen für Theater, Rundfunk und Fernsehen. In : Robert Abirached/Ernstpeter Ruhe/Richard Schwaderer (éds.) : *Lectures d'Adamov : Actes du colloque international de Würzburg 1981*. Tübingen/Paris : Gunter Narr/Éditions Jean-Michel Place 1983, p. 74–87.

teur pour la chaîne radiophonique Süddeutscher Rundfunk, sans néanmoins entrer dans le détail des enregistrements. Il est de plus étonnant que l'ouvrage *Adamov* de David Bradby, qui recense toutes les pièces de l'écrivain, leurs créations théâtrales, radiophoniques et télévisuelles ainsi que les articles et entretiens avec l'auteur, fasse une impasse totale sur les pièces radiophoniques écrites spécialement pour la SDR.[116] La situation est la même pour les autres biographies ou ouvrages consacrés à l'écrivain. L'étude des travaux d'Adamov à la SDR est donc un oubli important à réparer. En revanche, le travail de traducteur d'Adamov d'œuvres de la littérature germanophone ou scandinave a été étudié par Patrice Ruellan dans sa communication « Adamov, traducteur »[117] tenue à l'occasion du colloque « Onirisme et engagement chez Arthur Adamov » en 2008.

Il est donc nécessaire de faire sortir de l'oubli le transfert de ces écrivains vers la culture d'accueil ouest-allemande et de répondre à de nombreuses questions qui restent en suspens. L'extension réussie de leurs pièces vers l'aire culturelle germanique, si elle peut étonner à première vue, a orienté de manière fondamentale la carrière de ces auteurs qui, loin de se contenter d'un succès centré sur la France, recherchaient activement le contact avec la langue et la culture allemande.

## 1.3 Quatre auteurs, un pays

La relation spécifique qu'Adamov, Beckett, Genet et Ionesco entretenaient chacun à leur manière avec l'Allemagne contribua à leur intégration et à leur réception dans ce pays frontalier de la France. Un bref aperçu du lien entre les écrivains et l'aire culturelle allemande accentue le refus des auteurs de se limiter à un seul espace théâtral ainsi que leur volonté de dépasser les frontières nationales, permettant à leurs œuvres d'être déplacées à travers des systèmes référentiels et des frontières géographiques, linguistiques et culturelles.

Des quatre écrivains étudiés, Adamov est le seul à avoir habité en Allemagne. Il fait la découverte de ce pays durant sa jeunesse dans les années 1920, et sa passion pour certains écrivains, sa curiosité pour le travail d'hommes de théâtre allemands, puisent leur source dans cette époque de sa vie. À l'aube de la Première Guerre mondiale, la famille Adamov, originaire du

---

116 David Bradby : *Adamov*. London : Grant & Cutler Ltd 1975.
117 Patrice Ruellan : Adamov, traducteur. In : Marie-Claude Hubert/Michel Bertrand (éds.) : *Onirisme et engagement chez Arthur Adamov*. Aix-en-Provence : Publications de l'Université de Provence 2009, p. 105–120.

Caucase, se trouve déjà en Allemagne : « Juin 1914. Nous partons pour l'Allemagne. [...] Août 1914. La guerre nous surprend dans un hôtel de la Forêt-Noire »,[118] note Adamov dans son autobiographie *L'Homme et l'enfant*. La famille rejoint Constance puis, lorsque l'Allemagne déclare la guerre à la Russie le 1er août, se réfugie à Genève où elle reste jusqu'en 1922. En 1918, le régime soviétique confisque les puits de pétrole du Caucase, qui fondaient la richesse des Adamov. L'écrivain retient de cet épisode douloureux que les membres de sa famille « [n'avaient] presque plus d'argent » et qu'ils étaient « obligés de [se] replier sur l'Allemagne, paradis des miséreux ».[119] Avant de rejoindre Paris en 1924, la famille demeure pendant deux ans à Wiesbaden et le jeune Adamov se trouve « inscrit au lycée français de Mayence ».[120] Alors âgé de quatorze ans, il est marqué par cette Allemagne de Weimar, « cette Allemagne de Piscator, de Brecht, de Murnau, l'Allemagne de l'expressionisme, l'Allemagne inquiétante du vampire de Düsseldorf, qui cache en elle d'autres vampires, plus terrifiants encore ».[121] Plus de trente ans plus tard, l'auteur travaillera sur deux projets différents avec Piscator, en 1952 et 1962. Il continuera à nourrir sa vie durant un intérêt pour la littérature allemande, particulièrement sensible à Kafka et Büchner, des noms souvent évoqués dans le souvenir de metteurs en scène français[122] et dont Adamov traduira lui-même certaines œuvres vers le français.

L'attachement de Beckett à la langue et à la culture allemandes remonte à la fin des années 1920. Beckett apprend l'allemand en autodidacte jusqu'à le maîtriser complètement, au même titre que le français et l'italien. Tombé éperdument amoureux de sa cousine Peggy Sinclair, l'héroïne aux yeux verts de ses premiers récits, le jeune Beckett se rend régulièrement dans sa famille à Kassel entre 1928 et 1932, des visites qui prennent fin lorsque sa cousine meurt subitement en 1933. Trois années plus tard, Beckett entreprend un voyage de huit mois à travers l'Allemagne. Aux dires de la traductrice Erika Tophoven,[123] l'écri-

---

[118] Arthur Adamov : *L'Homme et l'enfant*, p. 16.
[119] Ibid., p. 22.
[120] Ibid., p. 23.
[121] René Gaudy : *Arthur Adamov : Essai et document*. Paris : Stock 1971, p. 85.
[122] Roger Planchon, cité in : ibid., p. 67 : « Une autre image. En 1953, Adamov parle, au théâtre de la Comédie, de Flaubert, de Büchner, etc. Nous sommes trente pour l'entendre. Il est là à chaque instant présent dans ce qu'il dit, et lentement les ombres tremblantes des poètes qu'il aime surgissent devant nous. [...] Kafka, Büchner étaient là, saisis au bord du vide. Ils ressemblaient un peu aux personnages de son théâtre, qui disparaissent toujours dans un désastre total ».
[123] Erika Tophoven : Entretien réalisé le 9 janvier 2014, Berlin. Concernant les pérégrinations de Beckett à Berlin, nous renvoyons à Erika Tophoven : *Becketts Berlin*.

vain ne mentionna jamais ce périple en Allemagne lors des nombreuses rencontres avec le couple Tophoven, et ce n'est qu'après son décès et la découverte de ses journaux connus sous le nom de *German diaries* que ces faits furent révélés. Fin septembre 1936, Beckett s'embarque à Cork pour rejoindre Hambourg et jusqu'au 1er avril 1937 il visite toutes les grandes villes allemandes, Hambourg, Hanovre, Brunswick, Berlin, Halle, Weimar, Naumbourg, Erfurt, Leipzig, Dresde, Fribourg, Bamberg, Wurtzbourg, Nuremberg, Ratisbonne et Munich. Son premier sentiment de rejet – «l'Allemagne est horrible»[124] – se métamorphose quelques semaines plus tard en «atmosphère de fièvre pour l'Allemagne».[125] Durant ses journées solitaires, Beckett parle peu mais marche beaucoup, à travers les villes, les cimetières, les zoos. Il se rend au cinéma, à des concerts et, avant tout, à la recherche d'inspiration pour un livre sur la peinture, dans des musées, s'attardant devant des œuvres d'art contemporaines n'ayant pas encore été décrochées, confisquées ou détruites par les nationaux-socialistes. À Dresde, dans la Galerie des Nouveaux Maîtres («Gemäldegalerie Neue Meister»), Beckett observe longuement le tableau *Deux hommes contemplant la lune* (*Zwei Männer in Betrachtung des Mondes*, 1819–1820) de Caspar David Friedrich et consigne dans son carnet avoir «une légère préférence pour deux petits hommes langoureux, comme dans les petits paysages avec la lune, voilà la seule forme de romantisme encore accepté, le romantisme bémolisé».[126] Ces silhouettes qui se détachent sur un horizon baigné de clair de lune deviendront plus tard sous la plume de l'écrivain le duo le plus célèbre du théâtre d'après-guerre, Vladimir et Estragon.

Beckett est initié à l'allemand dès son plus jeune âge. L'institutrice avec laquelle il apprend le français, Fräulein Elsner, lui parle par moments dans sa langue maternelle. À la suite de ses séjours à Kassel, Beckett poursuit son apprentissage autodidacte de l'allemand et en novembre 1932 il écrit à son ami irlandais Thomas MacGreevy qu'il «[lit] en allemand et [que] cela [lui permet] d'en apprendre un peu».[127] Beckett étudie l'ouvrage *History of German Literature* de J. G. Robertson et lit dans le texte F. S. Grillparzer, mais aussi Goethe, en commençant par *Les Souffrances du jeune Werther* – 5 ans plus tard il lira

---

**124** James Knowlson : *Damned to Fame*, p. 243. («Germany is horrible»).
**125** Lettre du 21 novembre 1932 à Thomas MacGreewy. Cité in : Therese Fischer-Seidel/Marion Fries-Dieckmann (éds.) : *Der unbekannte Beckett*, p. 9. («German fever»).
**126** Samuel Beckett, cité in : James Knowlson : *Damned to Fame*, p. 254. («A pleasant predilection for two tiny languid men in his [Friedrich's] landscapes, as in the little moonlandscape, that is the only kind of romantic still tolerable, the bémolisé»).
**127** Samuel Beckett, cité in : Marion Fries-Dieckmann : Beckett lernt Deutsch : The Exercise Books. In : Therese Fischer-Seidel/Marion Fries-Dieckmann (éds.) : *Der unbekannte Beckett*, p. 208–224, p. 209. («I am reading German and learning a little that way»).

*Faust* –, de même que les philosophes Arthur Schopenhauer, Fritz Mauthner et Immanuel Kant.[128] Ses réflexions sur la littérature et la philosophie allemande sont consignées dans son journal intitulé *Whoroscope Notebook*. Il échange des lettres avec son cousin Morris Sinclair et se livre à des exercices de traduction et de rédaction, s'aventurant à écrire un pastiche d'*Orlando Furioso* et à traduire vers l'allemand, dès l'été 1936, son poème *Cascando*. Ces écrits regroupés dans les *Exercise Books* permettent à Beckett d'approfondir l'usage d'une autre langue.[129] Durant son séjour en Allemagne, l'approche de la langue parlée s'avère pourtant difficile. Le 18 octobre 1936, Beckett note dans son journal que « même écouter me demande un effort, et il est exclu – ausgeschlossen – de parler ».[130] Ses journaux allemands, composés de six carnets, soit cinq cent pages, sont pourtant remplis de notes, de citations et d'impressions personnelles dans un mélange d'anglais, de français et d'allemand.[131] À son retour en Irlande, l'auteur maîtrise finalement parfaitement l'allemand comme en témoigne sa correspondance avec le libraire berlinois Axel Kaun et particulièrement la célèbre « lettre allemande de 1937 » (« German Letter of 1937 ») du 9 juillet 1937.[132]

Pour Genet, l'Allemagne n'a rien d'étranger. Son biographe Edmund White relève à juste titre que « Jean sans terre »[133] eût été un surnom bien choisi pour Genet, lui qui connut avant sa carrière d'écrivain une vie partagée entre l'enfermement – dans des maisons de correction ou de réclusion – et l'errance, le vagabondage et les voyages. Après avoir déserté à Aix-en-Provence du Régiment d'Infanterie coloniale du Maroc (R.I.C.M.), où il avait signé un engagement le 15 octobre 1935, Genet est contraint d'errer en Europe pour échapper aux autorités militaires françaises.[134] Entre juillet 1936 et juillet 1937, il effectue à pied un périple qui l'amène tour à tour dans le sud de la France, l'Italie, l'Albanie, la Yougoslavie, l'Autriche, la Tchécoslovaquie, la Pologne, l'Allemagne et enfin la Belgique.[135] Il atteint Vienne au début de l'hiver 1936, se

---

**128** James Knowlson : *Damned to Fame*, p. 226.
**129** Marion Fries-Dieckmann : Beckett lernt Deutsch : The Exercise Books, p. 208–217.
**130** Samuel Beckett, cité in : ibid, p. 215. (« Even to listen is an effort, and to speak ausgeschlossen »).
**131** On se reportera à Mark Nixon : The German Diaries 1936/37 : Beckett und die moderne deutsche Literatur. In : Therese Fischer-Seidel/Marion Fries-Dieckmann (éds.) : *Der unbekannte Beckett*, p. 139–156.
**132** Une reproduction de la lettre figure dans Erika Tophoven : *Becketts Berlin*, p. 119–121.
**133** Edmund White : *Jean Genet*. Paris : Gallimard 1993, p. 247.
**134** On se reportera également à : Albert Dichy/Pascal Fouché : *Jean Genet matricule 192.102 : Chronique des années 1910–1944*. Paris : Gallimard 2010.
**135** Ibid., p. 127.

souvenant plusieurs années plus tard qu'il avait « vingt ans quand [il était] ici à Vienne », alors « un vagabond » qui « [rêvait] d'habiter l'hôtel *Impérial* ».[136] En raison de ses faux papiers, Genet est rapidement expulsé d'Autriche et se dirige alors vers Brno (Brünn), l'ancienne capitale de Moravie, où il arrive « en haillons et couvert de vermine », comme l'explique son biographe.[137] La police tchèque l'arrête et l'envoie auprès de la Ligue des droits de l'Homme, dont plusieurs membres lui viennent en aide pendant les cinq mois qu'il passe à Brno : Otto Schütz, le responsable de la Ligue de Brno ; Lily Pringsheim, journaliste et politicienne franco-allemande réfugiée à Brno ; Erwin Bloch, industriel juif allemand ; et enfin l'épouse de ce dernier, Ann Bloch, à laquelle Genet donne chaque mardi des leçons de langue française et avec laquelle il va entretenir une correspondance après avoir quitté le pays.[138] Genet se rend ensuite à Katowice, où il est une fois de plus arrêté, puis gagne Berlin à pied. Selon ses propres dires, il reste « quelques mois » en Allemagne, vivant « quelques jours »[139] de la prostitution à Berlin, les détails de son long séjour n'étant pourtant nulle part consignés. Si Genet a effectivement passé plusieurs mois en Allemagne, le parallèle avec le voyage entrepris par Beckett à la même époque est frappant et semble augurer de la réception analogue en Allemagne de ces deux futurs écrivains.

Un passage du roman autobiographique *Journal du voleur* (1949) est consacré à l'Allemagne de la fin des années 1930 et au sentiment étrange qui s'est alors emparé du voleur Genet.[140] Dans un pays tombé aux mains des nationaux-socialistes, les délits commis par Genet, des petits vols sans importance, la désertion de l'armée et l'errance clandestine, font pâle figure, d'autant que son séjour est marqué par une action méritoire. À Berlin, Genet délivre secrètement un message que la Ligue des droits de l'Homme voulait faire parvenir au résistant Wilhelm Leuschner.[141] Lily Pringsheim relate ainsi des années plus

---

**136** Jean Genet : *L'ennemi déclaré, textes et entretiens*. Édité par Albert Dichy. Paris : Gallimard 1991. Cité in : Edmund White : *Jean Genet*, p. 130. Genet retourna à Vienne en décembre 1983, invité pour y témoigner du massacre du camp de réfugiés palestiniens de Chatila : Jean Genet/Rüdiger Wischenbart/Leila Chahid Barrada : *Jean Genets Haus : Ein Gespräch*. Gifkendorf : Merlin Verlag 1991.
**137** Edmund White : *Jean Genet*, p. 132.
**138** Selon Edmund White, Ann Bloch sauva sa correspondance avec Genet durant sa fuite face aux nationaux-socialistes. Edmund White : *Jean Genet*, p. 135. Les lettres de Genet à Ann Bloch sont consultables dans l'édition suivante : Jean Genet : *Chère Madame ... Sechs Briefe nach Brünn*. Gifkendorf : Merlin Verlag 1989.
**139** Jean Genet : *Journal du voleur*. Paris : Gallimard 1982, p. 138.
**140** Ibid.
**141** Leuschner fut par la suite exécuté pour sa participation au « complot des généraux » du 20 juillet 1944.

tard lors d'une conférence tenue à Darmstadt : « Genet s'est effectivement aventuré en secret jusqu'à Berlin et a bien rencontré Leuschner, muni de multiples recommandations de notre part, qu'il avait apprises par cœur pour ne pas avoir de message écrit sur lui quand il franchissait clandestinement les frontières ».[142] De la part de Genet, il s'agit d'un premier acte d'engagement politique et d'un important signe de reconnaissance envers ses amis de la Ligue des droits de l'Homme.

Le second séjour de Genet en Allemagne a lieu après la guerre, à la fin des années 1940. White découvrit dans une lettre non datée de Genet à Paul Morihien, le secrétaire de Jean Cocteau, que Genet avait pour projet de publier un journal de bord consacré à cette Allemagne qui se relevait encore de ses ruines. Ce projet, non abouti, était sans doute inspiré par l'essai *L'Amérique au jour le jour* publié par Simone de Beauvoir en 1948. Ainsi Genet confie à Morihien : « Il y a près de trois semaines que je suis dans ce pays où tout relève du cauchemar. Mais comme un cauchemar vu avec des yeux ouverts fait sourire, je crois que c'est un livre comique que j'aimerais écrire », et il termine en soulignant son intérêt croissant pour l'Allemagne : « Je me passionne pour l'Allemagne, pays de plus en plus attachant ».[143] L'écrivain retourne par la suite régulièrement en République Fédérale. En 1984, il vient à Berlin-Ouest pour assister aux répétitions de la mise en scène des *Nègres* par Peter Stein et déclare à cette occasion au journal *Libération* : « C'est une ville que j'aime bien, le peuple, je veux dire les Berlinois qui ont beaucoup d'humour, beaucoup plus qu'à Munich par exemple ».[144] Genet semble apprécier l'Allemagne du Nord et la compagnie – également intime – de ses habitants, comme il en fait part non sans humour à Roger Blin en 1966 : « À dire vrai, j'ai une grande amitié pour vous, mais j'ai aussi une grande envie de traînasser à travers la Poméranie. Et j'en profite juste avant qu'ils ne soient à nouveau caporalisés. Après, quel boulot, pour les déboutonner – ou les défermeture-éclairer – ! »[145]

Par ailleurs, l'attachement de Genet pour l'Allemagne va de pair avec une curiosité pour sa langue et sa culture. Après son séjour en Tchécoslovaquie, Genet continue à lire des journaux allemands en Pologne, comme il l'explique à Ann Bloch, s'exclamant : « Dieu que j'écris un mauvais français [,] [m]ais je

---

142 Lily Pringsheim : « Toward the End of 1937 ». In : Richard N. Coe : *The Theater of Jean Genet : A casebook*. New York : Grove Press 1970, p. 25.
143 Lettre non datée de Genet à Paul Morihien, archives de l'IMEC. Cité in : Edmund White : *Jean Genet*, p. 325.
144 Genet au journal *Libération*, 16 octobre 1984. Cité in : Edmund White : *Jean Genet*, p. 143.
145 Jean Genet : Lettre à Roger Blin (1966), envoyée depuis l'Atlantic Hotel de Hambourg. IMEC, BLN 4.2.

comprends l'allemand de mieux en mieux. Je réussis presque à lire le journal sans lacune !».[146] Témoignage précieux, ces quelques lignes illustrent le fait que Genet maîtrisait correctement la langue allemande, suffisamment du moins pour pouvoir lire des articles de journaux. L'ancien éditeur allemand Andreas J. Meyer a déclaré lors d'un entretien que Genet parlait « un peu allemand »,[147] un fait non mentionné par les biographes de l'écrivain. Seul White dénombre ses connaissances en langues étrangères, sans pourtant citer de sources qui puissent en témoigner.[148] De plus, White souligne que Genet « connaissait assez bien l'allemand pour corriger la traduction d'un de ses livres »,[149] une affirmation qu'il n'a pas été possible de confirmer et qui semble étonnante, puisqu'il laissait à son éditeur allemand le soin de superviser toutes les traductions et n'intervenait guère en matière de corrections. Enfin, un exemple isolé montre que Genet a occasionnellement recours à des termes allemands dans des ébauches de poèmes, menant au déploiement d'associations d'images ou de pensées. Dans une lettre envoyée de prison le 19 juin 1943 à son ami François Sentein, Genet explique qu'il « sort d'un long poème [qu'il] intitule *L'Enfant Soudain* (‹ *Das Kind Plötzlich* ›) », qualifié d'« amusette ».[150] Ce poème n'a malheureusement pas été conservé.

Contrairement à ses trois collègues, Ionesco n'a pas entretenu de lien particulier avec l'Allemagne avant que son œuvre y soit jouée. Il ne parle pas non plus allemand, et ses correspondances avec son éditeur suisse, ses traducteurs ou ses metteurs en scène s'effectuent toutes en français. À la fin des années 1960, Ionesco ne connaît que quelques mots d'allemand, comme il l'explique dans un article paru dans le numéro 61 des *Cahiers Renaud-Barrault* de mai 1967 : « Je ne sais pas l'Allemand [sic], je ne sais pas l'Anglais [sic], je ne sais pas le Français [sic] [...] je ne sais que ia [sic], nein, night [sic], Ahtung [sic], Ich habbe [sic], Ich bin, Ich liebe ».[151] Néanmoins, l'écrivain se rend régulièrement en République Fédérale, en Suisse et en Autriche pour assister aux répétitions et aux

---

**146** Jean Genet : *Chère Madame ... Sechs Briefe nach Brünn*, sans indication de numéro de page. Cité in : Edmund White : *Jean Genet*, p. 138.
**147** Andreas J. Meyer : Entretien réalisé le 9 septembre 2013, Gumpendorf. (« Ein bisschen deutsch »).
**148** Edmund White : *Jean Genet*, p. 169 : « Par la suite, après ses années de voyage, [Genet] [pouvait] mener une conversation simple en italien, allemand, arabe et grec, et baragouiner quelques phrases d'anglais ».
**149** Edmund White : *Jean Genet*, p. 143.
**150** Jean Genet : *Lettres au petit Franz*. Édité par Claire Degans et François Sentein. Mayenne : Gallimard 2000, p. 56.
**151** Eugène Ionesco : Stroux. In : *Cahiers Renaud-Barrault* n° 61 (mai 1967). CP Stroux.

premières de ses pièces, donner des interviews ou des conférences, inaugurer des festivals, recevoir des prix et, à partir de 1981, y exposer ses peintures.

## 1.4 Le théâtre « de l'absurde », objet d'un transfert culturel

Le présent ouvrage se situe dans la lignée de la perspective interculturelle adoptée par les historiens et germanistes Michel Espagne et Michael Werner. Leurs travaux sur les transferts entre les espaces français et germanophones[152] offrent des outils méthodologiques particulièrement adaptés pour une étude située au croisement des études théâtrales, germaniques et d'histoire culturelle. Comme l'indique Michel Espagne dans *Les Transferts culturels franco-allemands*, un transfert culturel est un processus qui implique deux systèmes simultanément.[153] Le choix d'importer une œuvre théâtrale semble pourtant davantage conditionné par la culture d'accueil que par les disponibilités du pays d'origine :

> Un transfert culturel n'est pas déterminé principalement par un souci d'exportation. Au contraire c'est la conjoncture du contexte d'accueil qui définit largement ce qui peut être importé ou encore ce qui, déjà présent dans une mémoire nationale latente, doit être réactivé pour servir les débats de l'heure.[154]

Les mécanismes d'importation ou d'exportation d'objets culturels sont accompagnés de nouvelles interprétations dans le pays d'arrivée, ce qui présente un problème d'ordre herméneutique. Michel Espagne affirme ainsi qu'il s'agit « d'interpréter un objet étranger, de l'intégrer à un nouveau système de références qui souvent sont pour commencer de nouvelles références linguistiques, de traduire ».[155] Les fondations du présent travail sont fournies par ces trois éléments évoqués par Espagne : la traduction et ses référents linguistiques, l'intégration et ses référents culturels, et enfin la réactivation de référents présents dans la mémoire latente.

De plus, si la traduction ou l'adaptation d'une œuvre dramatique forment les premières étapes du transfert, suivies de près par le travail d'édition, elles

---

[152] Michel Espagne/Michael Werner (éds.) : *Transferts : Les relations interculturelles dans l'espace franco-allemand (XVIII*e *et XIX*e *siècles)*. Paris : Éditions Recherche sur les Civilisations 1988.
[153] Michel Espagne : *Les Transferts culturels franco-allemands*. Paris : PUF 1999, p. 32 : « Lorsqu'un objet passant la frontière transite d'un système culturel à un autre, ce sont les deux systèmes culturels qui sont engagés dans ce processus de resémantisation ».
[154] Ibid., p. 21.
[155] Ibid., p. 20.

sont pourtant précédées par l'instant de la découverte de l'œuvre. Analyser un transfert culturel exige donc que l'on s'intéresse à la globalité du processus d'importation d'un pays à l'autre. Cette approche n'est cependant guère répandue et fait encore défaut, comme le résume Erika Fischer-Lichte dans son article intitulé « La mise en scène de la traduction comme processus de transformation culturelle ».[156] L'analyse d'un transfert qui tienne compte à la fois de la traduction, de la mise en scène et de la réception par la critique dramatique et le public relève donc d'un domaine de recherche jusqu'à présent laissé en friche. Cet ouvrage se propose d'illustrer un tel transfert culturel, ce qui suppose d'appliquer une méthode jusque-là non fournie par la théorie. D'un point de vue méthodologique, le problème majeur réside dans la nécessité de partir en éclaireur sur un terrain de recherche nouveau en pratique. Sans modèles de référence, il faut forger une méthode expérimentale dont la solidité ne peut être éprouvée qu'à travers une expérimentation qui est celle du travail d'archives et qui consiste à devoir retracer les faits avant de les analyser. La méthode employée est fondée sur cinq facteurs :
1. Cette étude se situe au croisement de plusieurs disciplines. Aucune étape dans le parcours des œuvres théâtrales d'un pays à l'autre n'a été laissée de côté. Les analyses portent sur la découverte, les traductions, l'édition, les créations et la réception des œuvres. Alors que l'analyse de mises en scène tient du ressort des études théâtrales et que l'étude des traductions

---

**156** Erika Fischer-Lichte : Die Inszenierung der Übersetzung als kulturelle Transformation. In : Erika Fischer-Lichte/Fritz Paul/Brigitte Schultze/Horst Turk (éds.) : *Soziale und theatralische Konventionen als Problem der Dramenübersetzung*. Tübingen : Gunter Narr 1988, p. 143–144 : « Wenn man herausfinden will, aus welchem Grund, zu welchem Zweck und mit welchen Folgen ein Drama einer fremden Kultur in Szene gesetzt wird, reicht es daher nicht aus, die verwendete Übersetzung zu untersuchen noch auch die spezielle gesellschaftliche Situation, in der die Inszenierung vorgenommen wird. Vielmehr muss der gesamte Prozess der kulturellen Transformation zum Gegenstand der Untersuchung gemacht werden : Es sind also auch die konkrete Aufführung hinsichtlich ihres Einsatzes der theatralischen Zeichensysteme sowie Dokumente ihrer Rezeption durch das Publikum zu analysieren. Hier öffnet sich der vergleichenden Literatur- und Theaterwissenschaft ein weites Forschungsfeld, das bisher noch kaum versuchsweise betreten, geschweige denn beackert worden ist ». « Si l'on veut découvrir pour quelles raisons, dans quels buts et avec quelles conséquences une pièce d'une culture étrangère est portée sur scène, il ne suffit pas d'étudier la traduction utilisée ni même l'état spécifique de la société dans laquelle a lieu la mise en scène. Bien au-delà, l'ensemble du processus de transformation culturelle doit faire l'objet de l'analyse : il faut donc également examiner la création concrète au regard de l'utilisation des codes théâtraux ainsi que des documents qui témoignent de sa réception par le public. Ici s'ouvre à la littérature et aux études théâtrales comparées un vaste champ de recherche, jusqu'à présent à peine défriché à titre expérimental, et encore moins exploité ».

trouve sa place dans les études germaniques, l'examen du processus de découverte et de réception des œuvres s'inscrit dans le champ disciplinaire de l'histoire culturelle.
2. Le choix s'est porté sur une démarche chronologique et non thématique ou géographique. Procéder par une étude en parallèle des quatre écrivains du corpus a permis de définir des rapprochements ou, au contraire, des différences dans l'évolution des carrières ouest-allemandes de ces auteurs au fil des décennies. Ce travail s'articule en quatre temps, dont les trois premiers sont consacrés au transfert des pièces « absurdes » en République Fédérale sur quatre décennies. Sont tout d'abord examinées les années d'après-guerre et les années 1950, qui rendent compte de l'instauration d'un terrain fertile, puis de la découverte du mouvement théâtral. L'analyse porte ensuite sur les années 1960, la décennie des grandes créations. Enfin, les années 1970 et 1980 sont regroupées puisque marquées par des tendances similaires dans la lecture des pièces du répertoire « absurde ». Viennent pour finir les quatre études de cas.
3. Il a fallu définir un cadre temporel qui puisse fournir une perspective globale qui n'introduise pas de périodisation factice dans l'évolution du paysage théâtral ouest-allemand. Malgré les difficultés posées par le niveau de détail d'un tel cadre historique, par désir de cohérence et par ambition scientifique la période analysée comprend les quatre décennies de la partition allemande et s'étend donc de la création des deux États en 1949 jusqu'à la chute du Mur de Berlin en 1989.
4. Seules les études de cas ont donné lieu à des chapitres distincts par auteur, car le degré de précision et l'hétérogénéité des objets d'analyse rendent les comparaisons trop délicates ou artificielles. Toutes les études de cas sont fondées sur un auteur et un média différent : le support textuel (les traductions allemandes des *Paravents* de Genet), la scène théâtrale (les mises en scène de créations mondiales de pièces de Ionesco par Stroux), et enfin l'univers radiophonique et l'espace télévisuel (les travaux d'Adamov et de Beckett à la chaîne radiophonique SDR).
5. Le choix des pièces et des mises en scène examinées n'est pas le fait d'un choix personnel, mais relève de la disponibilité, souvent aléatoire, des documents d'archives pour certains détruits ou jamais préservés.

De nombreuses difficultés liées à la dimension inédite du sujet de recherche sont venues renforcer le caractère expérimental de la méthode appliquée. Chemin faisant, il a fallu s'efforcer de ne pas perdre de vue l'ensemble de la période analysée, avec sa profusion de productions scéniques, son nombre important de metteurs en scène et la diversité de leurs approches artistiques, tout en s'intéressant aux détails de nombreuses créations. Une nécessité fondamentale de l'analyse a été de retracer avec une grande précision la nature des mises en scène et leur réception, parfois même leur genèse. Les comptes rendus détaillés du déroulement des mises en scène, de la scénographie ou d'éléments acoustiques, du jeu des acteurs et d'autres facteurs encore ont été élaborés grâce à la combinaison d'éléments hétérogènes. Concernant l'accueil des productions par les critiques dramatiques, l'abondance des articles de presse exigeait que l'on privilégie certains aspects de la réception plutôt que d'autres. Ce regroupement de témoignages, récits et correspondances était en soi un examen et une interprétation des événements et a finalement donné naissance à une certaine image des faits, une reconstruction subjective et nécessairement lacunaire mais qui s'efforce d'être scientifique.

Dans l'introduction à l'ouvrage collectif *Figures du texte scientifique*, Jean-Michel Berthelot explique, renouant ainsi avec les travaux de Bruno Latour et Steve Woolgar,[157] que la seule recombinaison de diverses traces forme un texte scientifique. Il décrit le «processus historique par lequel une multitude de comptes rendus, datés et signés, d'expériences et de formules partielles se transforme progressivement en résultats synthétiques anonymes et stabilisés».[158] Afin de pouvoir reconstruire ce mouvement complexe, il a été nécessaire de retracer des faits, de reparcourir des trajectoires, d'en esquisser de nouvelles, de forcer le trait de certains éléments ou d'en gommer d'autres. Des points ont été rendus saillants, des lignes de fuites et perspectives ont été plus dégagées que d'autres. L'usage de filtres, nécessairement subjectifs, a donc eu pour conséquence que des aspects furent placés au second plan ou nullement abordés. La priorité n'a par exemple pas été donnée à l'analyse détaillée des éléments scénographiques, un choix qui résulte entre autres de l'absence dans les archives ou les collections privées de maquettes, d'éléments du décor, de costumes ou d'accessoires. Berthelot souligne enfin le statut paradoxal des textes scientifiques, à la fois «supports irréductibles de la connaissance» et «objets d'un processus ininterrompu d'obsolescence et de relégation».[159] Le contrat de lecture qu'il présente au lecteur est celui d'un «contrat de connaissance»[160] dans lequel le chercheur apporte des éléments nouveaux tout en donnant la preuve de leur validité. En appliquant la méthode expérimentale décrite ci-dessus, ce travail reprend les critères énoncés par Berthelot et propose à son tour un tel «contrat de connaissance» au lecteur.

---

[157] Bruno Latour/Steve Woolgar : *Laboratory Life : The social construction of scientific facts*. Beverly Hills : Sage Publications 1979.
[158] Jean-Michel Berthelot (éd.) : *Figures du texte scientifique*. Paris : PUF 2003, p. 29.
[159] Ibid.
[160] Ibid., p. 49.

Le choix du corpus des créations a été le fruit d'un long travail de recherche en amont. La première étape a été l'élaboration d'une chronologie de la totalité des productions ouest-allemandes existantes puisque, comme le souligne à juste titre Nicole Colin, l'examen de la programmation des théâtres constitue « un des moyens majeurs pour la reconstitution du processus de réception d'un auteur ».[161] Tout en ayant conscience du caractère lacunaire d'une telle entreprise, quarante années de revues de statistiques de représentations théâtrales ont été déchiffrées.[162] À la suite de l'établissement de cette chronologie, le choix des créations à examiner, maintes fois reconfiguré, s'est fondé sur deux critères : il a été tributaire d'une part du matériel disponible en archives, et d'autre part de la volonté d'offrir la présentation la plus complète possible des créations outre-Rhin.

Une vue d'ensemble de l'œuvre de Ionesco a permis de présenter aussi bien les premiers succès de l'auteur que les grands événements comme les premières mondiales par Stroux à Düsseldorf ou d'autres grandes créations des metteurs en scène Sellner ou Lietzau. L'analyse proposée puise donc aussi bien dans les premières pièces en un acte de Ionesco que dans ses pièces en plusieurs actes, de même que parmi celles qui sont restées moins connues par la suite et celles qui ont fait leur entrée dans un répertoire devenu classique. Les choix relatifs à Beckett se sont avérés plus restreints au regard du nombre élevé d'études qui existent déjà. L'accent a été placé sur le travail de mise en scène de Beckett au Schiller-Theater de Berlin entre 1967 et 1978 et à la chaîne SDR à Stuttgart entre 1966 et 1986. En outre, *En attendant Godot* a donné lieu à deux examens plus approfondis : la première allemande par Stroux au Schloßpark-Theater de Berlin en 1953 et la dernière grande production de cette pièce avant 1989, celle de Tabori aux Münchner Kammerspiele en 1984. Le problème inverse s'est présenté dans le cas d'Adamov, puisque la création et la réception de son œuvre en République Fédérale n'ont fait à ce jour l'objet d'aucune étude. Une place centrale a été conférée à ses pièces radiophoniques, écrites spécialement pour la SDR à Stuttgart, et un chapitre est par ailleurs consacré à sa réception en République Démocratique Allemande. Le matériel découvert

---

**161** Nicole Colin : *Deutsche Dramatik im französischen Theater nach 1945*, p. 78. (« Eines der wichtigsten Mittel für die Aufarbeitung der Rezeptionsgeschichte eines Autors »).
**162** Les données sur le nombre de mises en scène sont issues des périodiques de statistiques suivants : *Die deutsche Bühne. Monatsschrift des Deutschen Bühnenvereins*. Köln : Deutscher Bühnenverein 1909–1935 und seit 1956 (parution mensuelle entre 1909–1935 et depuis 1956). *Der Spielplan der deutschen Bühnen. Die monatliche Theatervorschau*. Kassel : Bärenreiter 1954–1964 (parution mensuelle entre 1954 et 1964). *Der Spielplan. Die monatliche Theatervorschau*. Braunschweig : Löwendruck seit 1965 (parution mensuelle depuis 1965). Cf. tableaux de statistiques de créations ouest-allemandes en annexe.

s'est pourtant avéré lacunaire, raison pour laquelle il n'est pas possible de prétendre ici à l'exhaustivité. Enfin, les choix des créations de pièces de Genet présentent une particularité. Contrairement à celles des trois autres écrivains, ses pièces, à l'exception des *Bonnes*, n'ont pas été montées un très grand nombre de fois en RFA, mais ont été redécouvertes chaque décennie à travers une ou deux grandes créations, provoquant à chaque reprise de nouveaux esclandres plus ou moins importants. Chaque auteur suit donc sa propre logique, un premier indice qui rend compte de leurs diverses réceptions.

Cette étude, enfin, n'aurait pu être réalisée sans le recours à des documents inédits issus de nombreuses archives, nationales, municipales ou privées. Toutes les pistes permettant de retrouver et de regrouper du matériel ont été suivies en Allemagne, en France et en Suisse. Le contact a été établi avec quarante-cinq institutions archivistiques, certaines recherches s'avérant fructueuses, d'autres non. Vingt-cinq collections d'archives ont donné des résultats : dix-sept collections ont été directement consultées, dont trois privées, et huit institutions ont eu l'amabilité d'envoyer des documents. Vingt autres collections ne disposaient pas de matériau sur le sujet ou n'ont, malgré des efforts réitérés, jamais répondu. Parmi les archives directement consultées figurent :

- Les collections nationales de l'Académie des Arts de Berlin (Stiftung Akademie der Künste Berlin, Archiv Darstellende Kunst) et de l'IMEC (Institut Mémoires de l'édition contemporaine) à l'Abbaye d'Ardenne.
- Les collections régionales et municipales des villes de Essen (Haus der Essener Geschichte / Stadtarchiv), Francfort-sur-le-Main (Stadtarchiv Frankfurt am Main), Pforzheim (Stadtarchiv Pforzheim), Bochum (Stadtarchiv Bochum) et Leipzig (Stadtarchiv Leipzig).
- Les collections universitaires de l'Université de Cologne (Theaterwissenschaftliche Sammlung der Universität zu Köln), de l'Université de Francfort-sur-le-Main (Universitätsarchiv Frankfurt am Main) et de l'Université de Darmstadt (Theatersammlung der Universitäts- und Landesbibliothek Darmstadt).
- Les collections des musées de théâtre des villes de Düsseldorf (Theatermuseum der Landeshauptstadt Düsseldorf), de Munich (Deutsches Theatermuseum München) et de Berne (Schweizer Archiv der Darstellenden Künste).
- Les archives historiques de la chaîne radiophonique Südwestrundfunk de Stuttgart (SWR Historisches Archiv Stuttgart).
- Certains documents sont issus des collections privées de Eva Stroux, Erika Tophoven et Daniel Stauffacher.
- Parmi les institutions ayant eu l'amabilité d'envoyer des documents figurent les archives municipales des villes de Bonn (Stadtarchiv Bonn), de

Bielefeld (Stadtarchiv Bielefeld) et de Celle (Stadtarchiv Celle), le théâtre de Essen (Bühnen der Stadt Essen), de Pforzheim (Theater Pforzheim) et de Celle (Schloßtheater Celle), le musée de théâtre de la ville de Hanovre (Theatermuseum Hannover) ainsi que la maison d'édition Theater-Verlag Desch GmbH.
- À cette recherche et exploitation de documents, pour beaucoup inédits, s'ajoutent des entretiens avec des témoins d'époque : Eva Stroux, Stephan Stroux, Erika Tophoven, Daniel Stauffacher et Andreas J. Meyer ont été rencontrés personnellement, et un échange épistolaire a eu lieu avec Christine Razum.[163]

La répartition des archives dans trois pays différents – l'Allemagne, la France et la Suisse – montre bien le caractère complexe du transfert de ces pièces et de leurs créations : à l'image des médiateurs et passeurs, les documents qui peuvent témoigner du résultat de ces coopérations et les matériaux qui permettent de redonner vie à ces créations scéniques ont à leur tour été dispersés au-delà des frontières allemandes.

Les difficultés rencontrées au cours des recherches en archives résident non seulement dans la disponibilité des documents, mais également dans leur localisation puisque pour chaque élément analysé, le matériel était éparpillé entre plusieurs collections et archives. Il a donc fallu reconstruire le chemin qu'avaient pu emprunter ces documents vers leur destination finale.[164] Les re-

---

[163] Eva Stroux : Entretiens réalisés le 19 février 2010, le 23 novembre 2013 et le 2 avril 2014 à Düsseldorf. Andreas J. Meyer : Entretien réalisé le 9 septembre 2013 à Gumpendorf. Stephan Stroux : Entretien réalisé le 12 décembre 2013 à Berlin. Erika Tophoven : Entretien réalisé le 9 janvier 2014 à Berlin. Daniel Stauffacher : Entretien réalisé le 6 mai 2014 à Zurich. Christine Razum : Correspondance entre le 13 avril et le 15 mai 2014.
[164] Dans un ouvrage consacré à la réception de la littérature est-allemande en France, Karin R. Gürttler souligne combien les méthodes de recherche employées relèvent de celles d'une enquête criminelle. Karin R. Gürttler : *Die Rezeption der DDR-Literatur in Frankreich (1945–1990) : Autoren und Werke im Spiegel der Kritik*. Bern : Peter Lang 2001, p. 17. Cité in : Nicole Colin : *Deutsche Dramatik im französischen Theater nach 1945*, p. 52 : « [E]ine Reihe von Faktoren personeller, institutioneller, politischer und kommerzieller Art, die aufzudecken fast kriminalistische Untersuchungsmethoden erfordert, denn hier geht es um Insider-Informationen, die in keinem bibliothekswissenschaftlichen Handbuch, in keiner offiziellen Statistik erscheinen und die bestenfalls durch persönliche Interviews in Erfahrung zu bringen sind ». « Une somme de facteurs de nature personnelle, institutionnelle, politique et commerciale, dont la découverte nécessite des méthodes d'analyse relevant presque d'enquêtes criminelles, car il s'agit ici d'informations exclusives qui ne figurent dans aucun ouvrage universitaire de bibliothèque, qui n'apparaissent dans aucune statistique officielle et qui dans le meilleur des cas ne peuvent être connues que par le biais d'interviews personnelles ».

cherches ont été effectuées à six niveaux : dans les archives municipales et les théâtres des villes allemandes où les créations avaient eu lieu ; dans le fonds archivistique des auteurs en France ; dans les divers fonds d'archives des metteurs en scène ; dans les institutions possédant d'importantes collections de critiques dramatiques ; dans d'autres institutions comme les chaînes radiophoniques et maisons d'édition ; auprès de témoins d'époque. Pour la création mondiale des *Paravents* de Genet en 1961, il a fallu, par exemple, rassembler des documents issus du fonds Jean Genet à l'IMEC, du fonds Hans Lietzau à l'Académie des arts de Berlin, du musée de théâtre de Munich, de la Theaterwissenschaftliche Sammlung de l'université de Cologne ainsi que trier les informations issues d'un entretien personnel avec l'éditeur Meyer. Il s'est également avéré que certains documents étaient disponibles, mais insuffisamment annotés, par exemple les carnets de régie de metteurs en scène. Dans d'autres cas, le hasard a permis de retrouver des éléments dans des archives où l'on ne les attendait pas : ainsi le manuscrit du second enregistrement de la SDR (1961) de la pièce radiophonique d'Adamov *La Fête de l'indépendance* ne se trouvait-il ni aux archives de la SDR, ni dans le fonds Adamov de l'IMEC, mais dans le fonds des pièces radiophoniques (« Hörspiele ») de l'Académie des Arts de Berlin.

Ainsi, face à l'ampleur d'un champ de recherche en grande partie inexploité et malgré toutes les pratiques tâtonnantes qu'une telle démarche pionnière implique, ce travail entend ouvrir de nouvelles voies. En articulant sur différents niveaux les événements « tiré[s] de l'ombre », les matériaux « ordonné[s] » et « retrouvé[s] »,[165] en plaçant sur un même axe temporel à la fois les œuvres d'Adamov, de Beckett, de Ionesco, de Genet, les petits théâtres expérimentaux comme les grands établissements, sans pour autant perdre de vue les origines internationales de ces pièces et leur ancrage dans la culture et la langue française, cette étude espère redonner son « relief »[166] au succès du transfert et de l'accueil des œuvres de ces quatre auteurs dramatiques outre-Rhin.

---

**165** Arthur Adamov : *L'Invasion*, p. 86.
**166** Ibid.

## 2 Le théâtre en reconstruction : l'après-guerre et les années 1950

Jusqu'à la fin des années 1950, le théâtre allemand comme l'Allemagne tout entière fut traversé par les enjeux de la guerre froide et leurs répercussions à la fois idéologiques et matérielles. La division en quatre secteurs alliés, puis la séparation en deux États allemands en 1949 entraînèrent, au-delà des implications politiques et économiques, une partition culturelle de plus en plus nette. En République Fédérale, le théâtre profita de la politique de reconstruction économique menée jusqu'en 1963 par le chancelier Konrad Adenauer (CDU, Parti chrétien-démocrate). Avec la réception forte d'auteurs étrangers en provenance de France, il participa aussi d'une certaine façon au processus d'intégration de l'Allemagne en Europe. L'entrée au sein de l'OTAN (1955), la construction de la Communauté Économique Européenne (1957) avaient en effet été précédées du rapprochement avec la France et de la signature d'un traité culturel en 1954, qui ne mena pourtant pas aux résultats escomptés. Une commission mixte permanente, au rôle consultatif uniquement, devait discuter des avancées et des objectifs en matière de coopération culturelle entre les deux pays. La première réunion fut pourtant tenue en 1957 seulement, date à laquelle les initiatives d'hommes de théâtre français et allemands avaient déjà mené à des projets fructueux.

Dans l'immédiat après-guerre, les structures du théâtre ouest-allemand restèrent marquées par la permanence des institutions et des cadres issus du national-socialisme. Le système ancien des théâtres subventionnés par l'État, la ville ou le Land (« Staats, Stadt- und Landestheater ») fut maintenu au sein des quatre zones d'occupation. Ces dernières menaient de façon autonome leur propre processus de dénazification, et l'ampleur des licenciements et des interdictions de travail variait donc selon les secteurs.[1] La plupart des comédiens, metteurs en scène et techniciens restèrent toutefois en poste, et les directeurs, démis de leur fonction dans un premier temps, la retrouvèrent rapidement.

Dans les jours qui suivirent la capitulation, une véritable frénésie théâtrale s'empara du pays malgré la misère matérielle. Les artistes, souvent sous-alimentés et épuisés, jouaient sur des scènes improvisées dans les écoles, les fermes, ou les cafés épargnés par les bombardements. Les spectateurs participaient à la reconstruction du bâtiment et du spectacle en fournissant les éléments indispensables comme du bois, des clous ou des morceaux d'étoffes

---

[1] Pour un exposé précis sur la dénazification dans le milieu théâtral on se reportera à Günther Rühle : *Theater in Deutschland 1945–1966*, p. 89–93 (chapitre « Die große Säuberung »).

pour les costumes. L'accès à la culture avait une valeur identitaire forte pour une population dépossédée de la sienne.

La réforme monétaire, instaurée le 20 juin 1948 dans les zones occidentales et trois jours plus tard dans la zone soviétique, mit toutefois un terme abrupt à cet engouement artistique. Au-delà de la scission économique entre l'Ouest et l'Est – les Allemands de l'Ouest allèrent même jusqu'à se nommer « indigènes de Trizonésie »[2] –, elle entraîna pour les théâtres une chute de 10 % à 15 % du taux de fréquentation. Avec la relance économique, l'assouvissement des besoins matériels prit pendant un temps le pas sur la valeur identitaire attachée à la culture.[3] De nombreux théâtres durent fermer et si l'on en comptait 419 sur le territoire allemand durant la saison théâtrale 1947–1948, il n'en restait plus que 49 après la réforme monétaire.[4] Simultanément, de multiples salles détruites ou endommagées furent reconstruites, parfois dans des villes qui n'en disposaient pas avant la guerre.[5] Au cours des années 1950, l'affluence reprit et entre les saisons théâtrales 1956–1957 et 1966–1967, le nombre de spectateurs, qui était d'environ onze millions en 1949–1950, passa à près de vingt millions. La reprise du système des abonnements, en grande partie imputable à la force retrouvée des organisations de spectateurs (« Besucherorganisationen und Besucherringe »), contribua pour plus de la moitié (entre 55 % et 60 %) à ce retour du public dans les salles.

Cette restructuration du paysage théâtral ne remit pas en question l'organisation hiérarchique des établissements. En 1949, l'association des théâtres allemands (« Deutscher Bühnenverein ») présentait ainsi un « contrat-type des directeurs » (« Intendanten-Mustervertrag ») par lequel leur place centrale au sein de l'institution était réaffirmée. L'engagement du personnel technique et des artistes, le choix de la programmation dépendaient entièrement de lui. À l'automne 1955, le tribunal des prud'hommes de Cologne précisait les termes de ce contrat : le directeur se voyait qualifié de « porteur de l'autorité supérieure », ses décisions n'étaient pas « assujetties aux instructions d'un tiers ».[6] Il portait

---

[2] Ibid., p. 162. (« Bald sangen die Westdeutschen fröhlich, sie seien die ‹ Eingeborenen von Trizonesien › »).

[3] Hans Daiber : *Deutsches Theater seit 1945 : Bundesrepublik Deutschland, Deutsche Demokratische Republik, Österreich, Schweiz.* Stuttgart : Reclam 1976, p. 90 : « Aber auch als die dringendsten Bedürfnisse gestillt waren, gingen die Verbraucher noch an den Theatern vorbei ».

[4] Günther Rühle : *Theater in Deutschland 1945–1966*, p. 298 : « In der Spielzeit 1949–1950 waren von den 419 Theatern noch 49 Theater übrig ».

[5] Pour une description détaillée de la reconstruction des théâtres, on se reportera à Hans Daiber : *Deutsches Theater seit 1945*, p. 97–104 (années 1950) et p. 181–198 (années 1960).

[6] Peter Mertz : *Das gerettete Theater : Die deutsche Bühne im Wiederaufbau.* Weinheim/Berlin : Quadriga Verlag 1990, p. 276. (« Träger der obersten Befehlsgewalt » ; « nicht den Anweisungen einer anderen Stelle unterworfen »).

de ce fait l'identité même du théâtre, son nom figurait sur les brochures, les affiches et même les camions transportant des matériaux ou le décor. Durant la longue direction de Karl Heinz Stroux (1954–1972), le théâtre de Düsseldorf était ainsi appelé « Düsseldorfer Schauspielhaus Karl Heinz Stroux ». Malgré cette position de force, le directeur entrait souvent au quotidien en concurrence avec le metteur en scène dans la distribution des rôles, la durée des répétitions ou le coût des décors.

L'entreprise de reconstruction du théâtre allemand après-guerre fut profondément marquée par le retour des artistes émigrés qui avaient fui l'Allemagne après 1933 et qui œuvrèrent après 1945 à une production ambitieuse au-delà des simples divertissements proposés. Pour eux – Bertolt Brecht, Erwin Piscator, Fritz Kortner, Friedrich Wolf, Wolfgang Langhoff, Berthold Viertel, Ernst Deutsch ou encore Carl Zuckmayer –, la reconstruction ne pouvait faire abstraction de l'Histoire, autrement dit faire silence sur la période national-socialiste et poursuivre sur les mêmes voies sans une remise en question radicale des moyens et des effets. Cela concernait particulièrement le jeu de l'acteur dans lequel Bertolt Brecht voyait un héritage de « la ‹ brillante › technique du théâtre de Göring »[7] et que Berthold Viertel qualifiait à son tour de « style de la Chancellerie du Reich (Reichskanzlei) ».[8] Cette absence complète de remise en question du passé se trouvait, de surcroît, augmentée par la partition idéologique forte induite par la séparation. À son retour en 1951, Piscator parlait du « sentiment d'aliénation » qui s'était emparé de lui devant ces « deux mondes, [ces] deux façons de penser et d'agir ».[9]

Enfin, comme dans d'autres domaines artistiques et la société allemande tout entière, le retour des émigrés ouvrait le débat sur ceux qui étaient restés durant la période national-socialiste, leur action et leur éventuelle implication pendant ces années. Tous faisaient partie d'une même génération, née entre 1895 et 1908, tous avaient fait leurs débuts pendant la République de Weimar et avaient connu, comme ceux qui avaient dû fuir, les mouvements de l'avant-garde théâtrale. Mais ces metteurs en scène restés au pays sous le IIIe Reich – Boleslaw Barlog, Harry Buckwitz, Gustaf Gründgens, Gerhard Friedrich Hering, Jürgen Fehling, Heinrich Georg Koch, Hans Schalla, Oscar Fritz Schuh, Hans

---

7 Bertolt Brecht, cité in : Hans Daiber : *Deutsches Theater seit 1945*, p. 117. (« Glänzend[e] Technik der Göringtheater »).
8 Berthold Viertel, cité in : ibid. (« ‹ Reichskanzleistil › »).
9 Erwin Piscator, « Erinnerungen » (ADK Berlin, Erwin-Piscator-Archiv), cité in : Günther Rühle : *Theater in Deutschland 1945–1966*, p. 50. (« Das Gefühl der Entfremdung lässt sich kaum beschreiben. Tatsächlich waren so etwas wie zwei Welten entstanden, zwei Denk-, zwei Handlungsformen »).

Schweikart, Gustav Rudolf Sellner et Karl Heinz Stroux – recommencèrent à travailler après une interdiction graduée en fonction de leurs degrés divers de compromission.

Ces hommes de théâtre, anciens exilés ou « suiveurs » (« Mitläufer ») du régime hitlérien, étaient conscients de la nécessité de « modifier et de renouveler la façon de penser ».[10] Les propositions en provenance de l'École de Francfort et la dénonciation de l'industrie de la culture par Theodor W. Adorno et Max Horkheimer dans la *Dialectique de la raison* (*Dialektik der Aufklärung*, 1947) furent ainsi au centre des débats lors de la rencontre organisée à Darmstadt au printemps 1955 par Gustav Rudolf Sellner, alors directeur du théâtre de la ville. Les metteurs en scène, directeurs, acteurs, comédiens, critiques et théoriciens de théâtre soulignèrent lors des tables rondes la dichotomie entre le nombre important de productions théâtrales et l'absence totale de conviction politique : l'époque actuelle était selon eux marquée par une « saturation » et une « hystérie de la production ».[11]

L'absence d'auteurs contemporains allemands faisait également débat. Après les « pièces historiques » (« Zeitstücke ») qui, dans l'immédiat après-guerre, avaient poursuivi la tradition du théâtre d'actualité (« Zeittheater ») des années 1920, il fallut attendre les années 1960 pour voir apparaître une nouvelle génération d'écrivains ouest-allemands. Dans les années 1950, l'Allemagne de l'Ouest refusait encore le théâtre de Brecht, ses grandes pièces écrites durant l'exil comme ses adaptations du répertoire classique après-guerre. Seuls les écrivains suisses Max Frisch et Friedrich Dürrenmatt jouissaient dans ces années d'un succès grandissant. La programmation des théâtres était donc un sujet sensible. En 1952, le dramaturge en chef du théâtre de chambre de Munich (Münchner Kammerspiele), Werner Bergold, déplorait le manque de « ligne directrice ».[12] Enfin, la sécurité matérielle et la croissance apportées par le miracle économique avaient fait du confort une « vision du monde »,[13] pour reprendre les termes d'Arnold Schönberg.

La réception du théâtre français « de l'absurde » dans les années 1950 peut donc être envisagée sous ce quadruple aspect de la remise en question radicale de l'héritage national-socialiste dans les structures et les modalités du spec-

---

10 Günther Rühle : *Theater in Deutschland 1945–1966*, p. 354. (« Um- und Neudenken »).
11 Heinz Dietrich Kenter (directeur du théâtre de Essen), cité in : Hans Daiber : *Deutsches Theater seit 1945*, p. 165. (« Heute sind wir saturiert. Wir streben nach Erfolg und kommen [...] in eine Betriebshysterie hinein »).
12 Werner Bergold, cité in : ibid. : « Eine Linie gibt es heutzutage überhaupt nicht ».
13 Arnold Schönberg, cité in : ibid., p. 170 : « Komfort als Weltanschauung ».

tacle, du manque de ligne directrice dans la programmation, de l'absence de répertoire en langue allemande et de la lutte contre une industrie de la culture, expression du seul bien-être matériel.

## 2.1 Paysage culturel de l'après-guerre

Après les années de reconstruction, les théâtres en RFA procédèrent à l'intégration de la nouvelle avant-garde théâtrale française dans le cadre plus général des relations culturelles franco-allemandes, alors en plein déploiement. Les personnes et structures à l'origine de cette médiation, les agents et traducteurs, les metteurs en scène et écrivains, les festivals de théâtre et les maisons d'édition, jouèrent un rôle décisif en la matière.

### 2.1.1 L'immédiat après-guerre

En février 1946, le critique dramatique Friedrich Luft parcourait ce qui restait des rues de Berlin et remarquait d'innombrables affiches de théâtre, d'opéra et de salles de concert collées sur des colonnes Morris, se rendant alors compte que « du théâtre [était] joué dans près de 200 endroits. Effectivement. Partout. Dans tous les arrondissements. Chaque jour [avait] lieu au minimum une demi-douzaine de concerts. Dans tous les arrondissements », signe selon lui d'une véritable frénésie artistique.[14]

Au sortir de la Seconde Guerre mondiale, l'ancienne métropole culturelle d'Europe ressemblait à un champ de ruines, comme l'écrivait Bertolt Brecht dans son *Journal de travail* à la date du 27 octobre 1948.[15] Quatre-vingts millions de mètres cubes de débris recouvraient la ville, qui ne comptait plus que 2,8 millions d'habitants, alors qu'en 1939 on en recensait 4,3 millions. La possibilité de créer à nouveau des théâtres dotés d'une troupe et d'un personnel fixes semblait à maints égards illusoire. Après l'ordre de fermeture des édifices promulgué le 1er septembre 1944 par Goebbels, les artistes, les techniciens et

---

[14] Friedrich Luft : *Stimme der Kritik I : Berliner Theater 1945–1965*. Frankfurt am Main/Berlin/Wien : Ullstein 1982, p. 16. (« An fast 200 Stellen wird Theater gespielt. Tatsächlich. Überall. In allen Bezirken. Täglich finden mindestens ein halbes Dutzend Konzerte statt. In allen Bezirken »).

[15] Bertolt Brecht, *Arbeitsjournal*, note du 27 octobre 1945. Cité in : Hans Daiber : *Deutsches Theater seit 1945*, p. 11 : « berlin, eine radierung churchills, nach einer idee hitlers. berlin, der schutthaufen bei potsdam [sic] ». « Berlin, une eau-forte de Churchill, d'après une idée de Hitler. Berlin, le tas de décombres près de Potsdam ».

le personnel administratif s'étaient en effet dispersés sur tout le territoire. Dans la population, l'idée que les forces d'occupation allaient contrecarrer tout effort de reconstruction des théâtres était communément partagée. Ainsi Leonard Steckel, directeur du théâtre de Zurich (Schauspielhaus Zürich) notait le 6 mai 1945 qu'à son sens, il n'y aurait pas de théâtres fixes en Allemagne dans les premières années de l'après-guerre, il imaginait plutôt des troupes en tournée jouer dans les localités sur des scènes improvisées.[16]

Il en fut tout autrement. Le 28 avril 1945, le général de l'armée soviétique Nikolaï Berzarine avait autorisé les représentations théâtrales à Berlin jusqu'à 21 heures. Durant les derniers combats, une troupe théâtrale jouait au nord de Berlin à Weißensee et le 9 mai 1945 un cabaret révolutionnaire ouvrit ses portes dans le quartier de Neukölln. Le 16 mai 1945, l'Administration militaire soviétique en Allemagne (« Sowjetische Militäradministration für Deutschland », SMAD) autorisa l'ouverture des théâtres, ce qui engendra une importante demande de licences jusqu'à l'automne 1945, quatre cents pour des théâtres et plus de mille pour des cabarets. Le 27 mai 1945 eut lieu la première représentation théâtrale autorisée, la pièce de Paul et Franz von Schönthan *L'Enlèvement des Sabines* (*Der Raub der Sabinerinnen*, 1884) montée dans les ruines du Renaissance-Theater dans le quartier de Charlottenburg.

Le 5 juin 1945, les commandements suprêmes des quatre zones d'occupation se regroupèrent en un conseil du contrôle allié dont dépendaient les théâtres, leur nature et leur fonction. Les Soviétiques, installés au centre de la ville, se virent attribuer les théâtres du cœur de Berlin : les bâtiments partiellement détruits du Théâtre allemand (Deutsches Theater), du Palais de l'Amiral (Admiralpalast) et du Théâtre au Schiffbauerdamm (Theater am Schiffbauerdamm). Ils obtinrent aussi les ruines des édifices de l'Opéra National Unter den Linden (Staatsoper Unter den Linden), du Théâtre National du Gendarmenmarkt (Staatliches Schauspielhaus am Gendarmenmarkt) ainsi que de l'Opéra comique (Komische Oper). La force d'occupation soviétique fonda également une maison de la culture soviétique (Haus der Kulturen der Sowjetunion). Cet édifice théâtral fut inauguré le 10 mai 1947 et devint le forum du théâtre russe et soviétique à Berlin ; en octobre 1952, Maxim Vallentin en fut nommé directeur et changea le nom du théâtre en Théâtre Maxime Gorki (Maxim-Gorki-Theater). Dans le secteur britannique se trouvaient un grand

---

16 Leonard Steckel : *Notizen zum ideellen Neuaufbau des Theaterwesens im freien Deutschland*, note du 6 mai 1945. Cité in : Hans Daiber : *Deutsches Theater seit 1945*, p. 8 : « Es wird aller Wahrscheinlichkeit nach in Deutschland in der ersten Nachkriegszeit keine ständigen Theater geben. Gastspieltruppen, zum Teil von den Besatzungsmächten zusammengestellt und umhergeschickt, werden in den Ortschaften auf improvisierten Bühnen spielen ».

nombre de théâtres de Boulevard sur le Kurfürstendamm ainsi que les ruines de l'Opéra allemand (Deutsche Oper), du Théâtre de l'Ouest (Theater des Westens) et du Théâtre de la Renaissance (Renaissance-Theater). Le Théâtre de Hebbel (Hebbel-Theater) était situé dans le secteur américain. Quant aux Français, aucun édifice théâtral de renom ne figurait sur la carte de leur secteur.

Le nombre d'habitants dans chaque secteur augmenta rapidement et avec lui, la demande culturelle. L'immense succès du théâtre au lendemain de la Seconde Guerre mondiale se vérifie dans le chiffre croissant du personnel théâtral, autrement dit artistique, technique et administratif. Lors de la saison théâtrale 1932–1933, il était de 22 000 personnes, en 1937–1938, il passa à 30 700, puis à 36 500 en 1938–1939, à 45 000 en 1943–1944 et en 1947–1948, il retomba à 37 000, à un niveau légèrement plus élevé qu'à la veille de la guerre.[17]

Certains critiques reconnurent très tôt le rôle dévolu au théâtre d'après-guerre pour assurer l'éducation de la jeunesse allemande. Un article du metteur en scène Falk Harnack, au titre programmatique « Les devoirs du théâtre allemand de nos jours », rend compte du débat sur les possibles orientations du théâtre de la première heure :

> Zwei Meinungsgruppen haben sich [in Deutschland] gebildet. Die eine Gruppe ist der Ansicht, man solle mit der Vergangenheit Abrechnung halten, man solle die Wunde, die der Nationalsozialismus der Welt und Deutschland geschlagen hat, nicht vernarben lassen, ehe sie nicht gründlich gereinigt ist. [...] Die andere Gruppe verlangt im Gegenteil, man solle nach all dem Grauen, das die Welt überkommen hat, endlich dem Menschen Freude schenken, Entspannung, Ablenkung von der harten Wirklichkeit des Tages.[18]

Les critiques Paul Rilla, Fritz Erpenbeck ou Herbert Ihering, d'anciens émigrés revenus de Moscou, représentaient le premier groupe et plaidaient pour un théâtre « antifasciste » à visée éducative, au centre du programme culturel du secteur soviétique. Cette tendance peina à s'imposer dans les secteurs occidentaux où, durant les premiers mois de l'après-guerre, le répertoire classique ou

---

17 On se reportera à Hans Daiber : *Deutsches Theater seit 1945*, p. 26.
18 Falk Harnack : « Aufgaben des deutschen Theaters in der Gegenwart ». In : *Theater der Zeit*, novembre 1946, p. 10. Cité in : Matthias Elsdörfer : *Ein tiefer Blick in « leere » Schubladen : Deutsches im Nachkriegstheater 1945–1948*. Frankfurt am Main : Peter Lang 2007, p. 21. « Deux groupes d'opinion se sont formés [en Allemagne]. Le premier groupe pense qu'il faut faire le compte avec le passé, qu'on ne doit pas laisser se cicatriser la plaie que le national-socialisme a infligée au monde et à l'Allemagne avant qu'elle ne soit totalement nettoyée. [...] L'autre groupe exige au contraire qu'après toute l'horreur qui s'est répandue à travers le monde, on offre enfin aux hommes de la joie, de la détente et de la distraction par rapport à la dure réalité quotidienne ».

de divertissement occupait une grande partie de la programmation. Malgré tout, les deux groupes étaient portés par une même volonté de renouer avec la grande tradition théâtrale allemande et le souvenir de l'époque glorieuse du théâtre avait plus de poids encore que les ruines.[19]

L'absence de censure et la liberté d'expression qui marquait les mises en scènes de l'après-guerre encouragèrent la réappropriation des œuvres classiques. Le public allemand avait certes pu continuer à les voir durant le régime national-socialiste, même si certaines œuvres comme *Nathan le Sage* (*Nathan der Weise*, 1779) de Lessing, *Les Brigands* (*Die Räuber*, 1781) de Schiller ou encore *Judith* (1841) de Hebbel avaient été entièrement interdites, et d'autres, de Schiller et de Kleist notamment, détournées en partie à des fins politiques.

Les directeurs et metteurs en scène qui n'avaient pas quitté l'Allemagne après 1933 s'emparèrent des classiques, et lors des réouvertures officielles des théâtres étaient notamment montées des œuvres de Goethe,[20] Shakespeare,[21] Schiller,[22] Lessing[23] et Kleist.[24] Lors de la réouverture du Deutsches Theater le 26 juin 1945 avec *Le Parasite* de Schiller (*Der Parasit. Ein Lustspiel nach dem Französischen*, 1803), on reprit exactement la mise en scène réalisée par Karl Heinz Stroux en novembre 1942 au Staatstheater am Gendarmenmarkt, une production que Goebbels avait voulu interdire, mais que Göring avait fait maintenir à l'affiche. En 1942, la création avait provoqué des réactions « politiquement incorrectes », le public applaudissant durant de longues minutes, par exemple à la dernière réplique du personnage Narbonne « La justice n'existe que sur scène » (« Die Gerechtigkeit ist nur auf der Bühne »).

Ce n'est qu'au début de l'année 1946 que certains directeurs et metteurs en scène se risquèrent à monter des pièces d'actualité historique (« Zeitstücke »). Ils devaient rapidement constater que le public montrait davantage d'intérêt pour le divertissement et les œuvres classiques. Ainsi Gustav von Wangenheim, directeur du Deutsches Theater, dut laisser sa place à Wolfgang Langhoff à l'été 1946 car, après une création de *Nathan le Sage*, il avait choisi

---

**19** Günther Rühle : *Theater in Deutschland 1945–1966*, p. 33–34 : « Nach Wiederaufbau riefen nicht zuerst die Ruinen, sondern die Erinnerung daran, was das deutsche Theater einmal gewesen war ».

**20** Des scènes de *Faust* le 13 juillet 1945 à Bonn ; *Les Complices* le 29 août 1945 à Essen ; *Clavigo* le 8 septembre 1945 à Kiel ; *Iphigénie* le 10 octobre 1945 à Nuremberg, le 16 novembre 1945 à Brême et le 15 décembre 1945 à Darmstadt.

**21** *Roméo et Juliette* le 1er août 1945 à Tübingen ; *Macbeth* le 12 octobre 1945 à Munich.

**22** *Intrigue et amour* le 7 septembre 1945 à Mayence.

**23** *Nathan le Sage* le 7 décembre 1945 au Deutsches Theater à Berlin et le 5 octobre 1945 à Fribourg.

**24** *La Cruche cassée* le 10 octobre 1945 à Augsbourg.

de monter des pièces d'actualité et le théâtre menaçait de fermer ses portes en raison d'une forte baisse de fréquentation. Les pièces d'actualité traitaient principalement des thèmes directement liés à l'actualité récente, la guerre, la faible résistance allemande contre la dictature hitlérienne, le retour des soldats au pays et la reconstruction de l'Allemagne. Mais comme les Alliés avaient interdit les scènes de tir ou l'usage d'armes sur scène, les pièces exposaient moins directement le conflit qu'elles ne montraient les conséquences des actions militaires sur la population. Ainsi était représentée sur scène la responsabilité des Allemands dans les souffrances infligées aux peuples voisins, comme dans le drame de Carl Zuckmayer *Le Chant dans la fournaise* (*Der Gesang im Feuerofen*, 1949), inspiré par le massacre de la population d'un village de résistants en Savoie par la Gestapo. Par ailleurs, un grand nombre de pièces sur la résistance allemande contre le national-socialisme fut écrit après la guerre, à l'instar des *Illégaux* (*Die Illegalen*, 1946) de l'ancien résistant Günther Weisenborn, une pièce jouée dans cent quatre théâtres et diffusée par cinq stations radiophoniques.[25]

Si l'on fait abstraction de la pièce de Carl Zuckmayer *Le Général du diable* (*Des Teufels General*, 1945), représentée à 3 238 reprises entre 1947 et 1950 – le plus grand succès théâtral en Allemagne au XX$^e$ siècle –, les œuvres d'auteurs allemands ne rencontraient pas de réel succès. La pièce *Professeur Mamlock* (*Professor Mamlock*, 1933) de Friedrich Wolf fut certes mise en scène seize fois durant les deux premières saisons théâtrales d'après-guerre, mais elle fut par la suite interdite dans les secteurs occidentaux en raison surtout du communisme de son auteur. En avril 1947, Friedrich Wolf écrivait ainsi à Erwin Piscator, alors à New York, que ses œuvres à l'actualité la plus brûlante étaient absentes des théâtres :

> Friedrich Wolf wird wie eine ägyptische Mumie von Archäologen ausgegraben ; zur Zeit läuft *Cyankali*, am Hebbeltheater/Volksbühne, *Die Matrosen von Cattaro* mit Ernst Busch am Schiffbauerdamm, *Mamlock* war hier mit Walter Franck über 90mal und ist seltsamerweise – das Kassenstück an den Kammerspielen München, aber meine besseren Sachen *Was der Mensch säet …*, *Patrioten* (*Kampf der Maquis*) und *Doktor Wanner* sowie *Die letzte Probe*, dazu fehlt den Rampenwarten der nötige Mut. Grund : in diesen Stücken wird die Schuldfrage unserer Landsleute aufgeworfen, und das ist zur Zeit unerwünscht.[26]

---

**25** On se reportera à Marie-Christine Gay : Catharsis et rééducation : La résistance allemande contre le Nazisme dans le théâtre d'après-guerre en Allemagne (1945–1949). In : Elise Petit (éd.) : *La Création artistique en Allemagne occupée (1945–1949)*. Sampzon : Édition Delatour France 2015, p. 161–183.

**26** Hans Daiber : *Deutsches Theater seit 1945*, p. 6–7. « Friedrich Wolf est déterré comme une momie égyptienne par des archéologues ; actuellement sont représentées *Cyankali* au Hebbeltheater et à la Volksbühne, *Les marins de Cattaro* avec Ernst Busch au Schiffbauerdamm ;

Le fait s'expliquait facilement par le désir de la population d'échapper aux soucis du quotidien. Lors du congrès littéraire de mars 1947 à Berlin, l'ancien émigré Johannes R. Becher pointait ce refus grandissant, imputable selon lui à un « considérable processus de refoulement [...] qui repoussait hors de la conscience toute responsabilité dans la faute capitale des années passées ».[27] La difficulté d'affronter le passé ne faisait alors que commencer, et l'évolution de la scène théâtrale allemande reflétait ce phénomène : après la partition du pays, la création de pièces d'actualité se fit de plus en plus rare, les œuvres classiques continuèrent à former le répertoire des metteurs en scène et le succès des écrivains étrangers d'avant-garde élimina définitivement les pièces qui thématisaient le passé national-socialiste. Cette thématique allait refaire son apparition une quinzaine d'années plus tard seulement, dans les années 1960.

Par ailleurs, aucune pièce ne pouvait être représentée sans l'autorisation de la force alliée du secteur où elle devait être montée. Les divergences entre les programmations théâtrales des quatre secteurs reflétaient d'ores et déjà les tensions idéologiques qui allaient s'accentuer par la suite. Le premier scandale qui annonçait la « guerre froide au théâtre », selon l'expression de Friedrich Luft,[28] fut provoqué par la pièce *La Question russe* (1946) de Constantin Simonov, montée le 3 mai 1947 au Deutsches Theater, au cœur de la zone d'occupation soviétique. Les forces alliées américaines étaient offusquées par le contenu de la pièce qui propageait à leurs yeux un violent antiaméricanisme et l'interdirent, alors qu'elle fut montée dans 25 mises en scène différentes en zone soviétique. Dès lors, la divergence de programmation s'accentua entre les secteurs Ouest et Est, en raison notamment du désir des alliés d'apporter au peuple allemand leur propre culture théâtrale. Partout à Berlin dominait une « curiosité pour l'inconnu et l'étranger »,[29] ce qui favorisa la diffusion d'auteurs

---

*Mamlock* y fut jouée avec Walter Franck plus de quatre-vingt-dix fois et se trouve être, curieusement, le succès des Kammerspiele de Munich. Pourtant les défenseurs de la rampe n'ont pas le courage nécessaire pour monter mes meilleurs morceaux, *Ce que l'homme sème* ..., *Patriotes (Guerre des maquis)* et *Docteur Wanner* ainsi que *La Dernière Épreuve*. La raison : dans ces pièces se pose la question, actuellement indésirable, de la culpabilité de nos compatriotes ».

**27** Gerd Dietrich : *Politik und Kultur in der SBZ 1945–1949*. Bern : Peter Lang 1993, p. 87. (« Ein gewaltiger Verdrängungsprozeß hat eingesetzt, der alles aus dem Bewußtsein verdrängt, was einen mitverantwortlich machen könnte an der Blutschuld der vergangenen Jahre »).

**28** Henning Rischbieter (éd.) : *Durch den eisernen Vorhang : Theater im geteilten Deutschland 1945 bis 1990*. Berlin : Propyläen Verlag 1999, p. 14. (« Kalter Krieg auf dem Theater »).

**29** Lothar Schirmer : Kunst – kein Nippes auf dem Vertigo. In : Stiftung Stadtmuseum Berlin (éd.) : *« Suche Nägel, biete gutes Theater ! » Theater in Berlin nach 1945 – Nachkriegszeit*. Berlin : Selbstverl. 2001, p. 10–16, p. 12. (« Eine Neugier auf Unbekanntes und Fremdes artikulierten sich »).

dont la nationalité correspondait à chaque secteur. En zone soviétique, la population pouvait profiter d'une abondante offre culturelle grâce au nombre important d'anciens édifices théâtraux. Le public redécouvrait ainsi les écrivains Nicolas Gogol, Nicolas Ostrowski, Alexandre Gribojedow, Anton Tchekhov et Maxime Gorki, et les Soviétiques veillaient aussi à ce que soient représentés des auteurs méconnus jusque-là. En zone britannique, le théâtre n'eut qu'une faible résonance bien que les Anglais encourageaient le développement d'une vie culturelle intense. Le succès des écrivains Harold Pinter, John Arden et John Osborne devait se faire attendre une dizaine d'années et seul T. S. Eliot était joué durant l'immédiat après-guerre. Sa pièce *Meurtre dans la cathédrale* (*Murder in the Cathedral*, 1935), qui traitait de l'assassinat de l'évêque de Canterbury Thomas Becket en 1170, connut un succès respectable. La force d'occupation américaine acheta quant à elle les droits et administra les licences d'environ soixante pièces d'auteurs américains contemporains, dont quarante-cinq furent finalement créées. Entre 1945 et 1949 il y eut dans les secteurs occidentaux de l'Allemagne pas moins de quinze mises en scènes de la pièce de Thornton Wilder *La Peau de nos dents* (*The Skin Of Our Teeth*, 1943), dont la première allemande avait eu lieu le 31 mars 1946 au Landestheater Darmstadt dans une mise en scène de Karl Heinz Stroux. Ce dernier assura également le 12 avril 1947 à Francfort-sur-le-Main la première allemande de *Le Deuil sied à Électre* (*Mourning becomes Electra*, 1931), drame d'Eugene O'Neill dont les œuvres à caractère expressionniste avaient été jouées en Allemagne avant 1933. *Des Souris et des hommes* (*Of Mice and Men*, 1937) de John Steinbeck fut créée pour la première fois en Allemagne le 14 septembre 1948 au Staatstheater Wiesbaden, une fois de plus par Karl Heinz Stroux. D'autres œuvres d'auteurs américains connurent de nombreuses créations, par exemple *La Tour d'ivoire* (*Thunder Rock*, 1943) de Robert Ardrey, montée trente fois à l'Ouest entre 1945 et 1949 mais également à six reprises dans le secteur soviétique. Ces pièces de Wilder, O'Neill et Ardrey furent proposées par les officiers responsables du théâtre de l'armée américaine, souvent des Juifs allemands émigrés et des auteurs ou connaisseurs du théâtre, comme Carl Zuckmayer.[30] Le théâtre contemporain venu de France eut néanmoins l'impact le plus notable dans l'Allemagne d'après-guerre. Qu'il s'agisse des comédies légères de Marcel Pagnol, des drames historiques de Romain Rolland, des pièces d'auteurs d'avant-guerre tels Jean Cocteau, Armand Salacrou ou Paul Claudel, des œuvres des auteurs existentialistes Jean-Paul Sartre et Albert Camus, ou des

---

30 Ces trois pièces avaient déjà été jouées durant la guerre à Zurich, dans le plus important théâtre libre de langue allemande (Schauspielhaus Zürich) : *La Peau de nos dents* en 1944, *Le Deuil sied à Électre* en 1943 et *La Tour d'ivoire* en 1941.

adaptations mythologiques de Jean Giraudoux ou Jean Anouilh, les pièces du répertoire français furent jouées dans les quatre secteurs et ne furent pas reléguées en coulisses après 1949. Le succès le plus retentissant revenait à Anouilh, dont dix pièces furent créées à soixante-et-onze reprises entre 1945 et 1949, parmi elles *Antigone* (1944) vingt-neuf fois et *Eurydice* (1942) vingt fois. Les pièces de Giraudoux furent montées à trente-quatre reprises, dont dix-huit fois *La Guerre de Troie n'aura pas lieu* (1935). Les pièces de Sartre eurent bien moins de succès que celles de ses contemporains. Quatre de ses pièces (*Les Mouches* 1943, *Les Mains sales* 1948, *Huis clos* 1944 et *Morts sans sépulture* 1946) furent montées dix-sept fois seulement entre 1945 et 1949, et uniquement dans les secteurs occidentaux. La première allemande du *Diable et le Bon Dieu* (1951) eut lieu rapidement après la première française – le 7 juin 1951 au Théâtre Antoine par Louis Jouvet –, le 30 octobre 1951 au Schiller-Theater Berlin, une fois de plus par Karl Heinz Stroux. La rapide propagation des pièces contemporaines françaises annonçait un intérêt grandissant pour le théâtre français, intérêt semblable à celui des années 1920. Face à l'afflux de pièces étrangères, metteurs en scène et comédiens furent obligés de se réorienter, de changer leur manière d'appréhender le monde et de s'ouvrir à lui. Les répétitions prenaient ainsi l'aspect de « processus de réapprentissage » dont les nouveaux mots d'ordre étaient la « minimisation » et la « désinvolture ».[31]

### 2.1.2 La politique culturelle franco-allemande

Les sujets de recherche axés sur la politique culturelle franco-allemande rencontrent régulièrement des difficultés matérielles d'envergure. Les fonds d'archives n'ont souvent pas été conservés ou n'ont jamais été établis, ce qui représente un « sérieux obstacle » aux recherches.[32] Dans les archives publiques, la primauté est donnée aux domaines politique et économique et les documents en rapport avec le domaine culturel sont quasiment inexistants. La culture n'est souvent qu'une « catégorie résiduelle »[33] indirectement représentée par les organismes de presse, et une telle déficience exige donc que l'on remonte des pistes cachées dans des actes diplomatiques ou dans des collections pri-

---

**31** Günther Rühle : *Theater in Deutschland 1945–1966*, p. 144–145. (« Umlernprozess » ; « Untertreiben und Lässigkeit »).
**32** Hans Manfred Bock : Transnationale Kulturbeziehungen und Auswärtige Kulturpolitik : Die deutsch-französischen Institutionen als Beispiel. In : Ulrich Pfeil (éd.) : *Deutsch-französische Kultur- und Wissenschaftsbeziehungen im 20. Jahrhundert : Ein institutionsgeschichtlicher Ansatz*. München : Oldenbourg 2007, p. 9–31, p. 17. (« Ernsthaftes Hindernis »).
**33** Ibid. (« Residualkategorie »).

vées,³⁴ travail qui n'a pas été entrepris ici personnellement. Le discours sur la politique d'occupation française en Allemagne a pourtant grandement évolué depuis les années 1980 et un nouveau débat a été rendu possible grâce à l'ouverture des archives de la Sarre.³⁵ Un rapide état de la recherche permet de résumer l'approche actuelle des relations culturelles entre la France et la République Fédérale après 1945.

Au sortir de la Seconde Guerre mondiale, l'attitude de la France envers l'Allemagne était foncièrement différente de celle de la fin de la Première Guerre, où l'image de l'ennemi héréditaire s'était consolidée de part et d'autre du Rhin, les intellectuels des deux pays tentant alors vainement de contrer ces stéréotypes.³⁶ En 1945, les efforts convergèrent vers une normalisation des rapports et un rapprochement des deux pays. La France fit preuve d'une politique culturelle efficace et s'efforça de laisser rapidement la parole aux Allemands, tout en finançant et en supervisant de près les manifestations artistiques. L'attitude de la France était guidée par trois soucis majeurs : la gestion des régions de la Rhénanie, de la Sarre et de la Ruhr ; l'anéantissement de l'ancienne puissance du Reich et de la Prusse ; la sécurité collective avec la Grande-Bretagne et l'Union Soviétique.³⁷ Durant les deux premières années de l'après-guerre, la France poursuivit une politique de confrontation avant de changer d'attitude à partir de 1947 : il était nécessaire d'œuvrer en commun sur le plan économique pour que soit relancée l'économie de la France et pour empêcher que l'Allemagne ne se tourne vers l'Union Soviétique, ressentie comme la nouvelle menace. Des personnalités politiques françaises comme André François-Poncet, Jean Monnet, François Seydoux et Robert Schuman, nommé ministre des affaires étrangères au cours de l'été 1948, s'engagèrent activement pour le rap-

---

**34** Ibid. : « Einen besonderen Spürsinn für verdeckte Pisten in den diplomatischen Akten » ; « Auf die Auswertung erhaltener Privatarchive oder Nachlässe angewiesen ».
**35** On se reportera à l'article de Rainer Hudemann : Kulturpolitik in der französischen Besatzungszone – Sicherheitspolitik oder Völkerverständigung ? Notizen zu einer wissenschaftlichen Diskussion. In : Gabriele Clemens (éd.) : *Kulturpolitik im besetzten Deutschland 1945–1949*. Stuttgart : Franz Steiner Verlag 1994, p. 185–200.
**36** Concernant l'image de la France sous la République de Weimar on se reportera à l'article de Gilbert Badia : Das Frankreichbild der Weimarer Zeit : Faszination und Ablehnung in der deutschen Literatur. In : Franz Knipping/Ernst Weisenfeld (éds.) : *Eine ungewöhnliche Geschichte : Deutschland – Frankreich seit 1870*. Bonn : Europa Union Verlag 1988, p. 112–123.
**37** On se reportera à l'article de Franz Knipping : Que faire de l'Allemagne ? Die französische Deutschlandpolitik 1945–1950. In : Franz Knipping/Ernst Weisenfeld (éds.) : *Eine ungewöhnliche Geschichte : Deutschland – Frankreich seit 1870*. Bonn : Europa Union Verlag 1988, p. 141–156.

prochement avec le voisin allemand. D'autres personnalités jouèrent également un rôle prépondérant, parmi lesquelles le politologue et historien Alfred Grosser, le père Du Riveau (fondateur du journal *Documents und Dokumente*), le sociologue Edgar Morin, le philosophe Emmanuel Mounier, les germanistes Robert d'Harcourt et Robert Minder ou encore Raymond Schmittlein, directeur général des affaires culturelles dans la zone d'occupation française.[38] En octobre 1949, la France soutint la création de la République Fédérale, une évolution bien trop rapide aux yeux de nombreux Français. Le 18 avril 1951, la signature du traité de Paris, après de longs et délicats débats, permit la mise en place de la CECA entre six États européens. La coopération culturelle entre la France et la RFA fut engagée en 1954 avec la signature de l'Accord culturel franco-allemand, suivie en 1963 par celle du traité de l'Élysée. Selon Rainer Hudemann, la politique culturelle menée par les Français était devenue indispensable car considérée comme partie intégrante de la politique sécuritaire.[39]

Pendant la période d'occupation, la responsabilité pour les activités culturelles revenait à la Direction de l'Éducation publique et à la Direction de l'Information, des unités du gouvernement militaire français situé à Baden-Baden. À partir de 1946 vinrent s'ajouter des instituts indépendants du gouvernement militaire, par exemple l'Institut Français de Fribourg. Après la création de la République Fédérale, la Direction Générale des Affaires Culturelles (DGAC) du Haut-Commissariat au Ministère des affaires étrangères, située à Mayence, fut chargée jusqu'en 1955 de la responsabilité du domaine culturel. Jusqu'en 1952 furent créés dix-huit Instituts Français ou Centres d'Études Françaises et plus de 130 lecteurs ou assistants de français travaillaient dans des universités ou des lycées.[40] Outre la DGAC, des structures non gouvernementales comme les

---

[38] On se reportera à l'article de Joseph Rovan : Die Grundlagen des Neubeginns. Eindrücke aus Jahren der Wirrnis und der Klärung (1945–1955). In : Franz Knipping/Ernst Weisenfeld (éds.) : *Eine ungewöhnliche Geschichte : Deutschland – Frankreich seit 1870*. Bonn : Europa Union Verlag 1988, p. 156–164.

[39] Rainer Hudemann : Kulturpolitik in der französischen Besatzungszone, p. 199 : « In einer Zeit, in der Deutschland – das wusste auch ein General de Gaulle – militärisch keine große Gefahr darstellen konnte, erhielt Kulturpolitik innerhalb dieser zukunftsorientierten Sicherheitspolitik einen um so größeren Stellenwert. Im Kern der Deutschlandpolitik war die Kulturpolitik bei den Franzosen damit auch fester verankert als bei den anderen Alliierten ». « À une époque où l'Allemagne – et ça le Général de Gaulle en était bien conscient – ne pouvait pas représenter une grande menace militaire, la politique culturelle avait davantage d'importance encore au sein de la politique sécuritaire, orientée vers l'avenir. La politique culturelle était ainsi ancrée au cœur de la politique de l'Allemagne bien plus profondément chez les Français que chez les autres Alliés ».

[40] On se reportera à l'article de Margarete Mehdorn : Deutsch-Französische Gesellschaften in Deutschland (1947–1955) : Schnittstellen zwischen Zivilgesellschaft und amtlicher französi-

organisations de la société civile œuvraient pour ces échanges.[41] Cette politique culturelle était également efficace dans le domaine cinématographique et théâtral.[42] En février 1955, le Haut-Commissaire André François-Poncet établissait un bilan positif des dix dernières années :

> On a beaucoup travaillé en dix ans à l'approfondissement des relations culturelles entre la France et l'Allemagne ... Il existe dans presque toutes les grandes villes allemandes des sociétés d'amis de la culture française, des centres culturels et des bibliothèques françaises.[43]

Un an auparavant, l'Accord culturel franco-allemand du 23 octobre 1954 devait consolider cette voie, mais il ne permit pas d'atteindre les résultats escomptés. D'un point de vue structurel, une commission mixte permanente devait se réunir régulièrement pour discuter des avancées et des objectifs, mais cette commission avait uniquement un rôle consultatif et tint sa première réunion en 1957 seulement. Pourtant, selon le chercheur Ansbert Baumann, « l'importance de cet accord est [...] soulignée par le fait que le traité de l'Élysée reprend dans sa partie C – qui traite de ‹ l'éducation et de la jeunesse › – presque à l'identique certaines formulations empruntées au texte de 1954 ».[44] En effet, le traité de l'Élysée du 22 janvier 1963 ne considérait pas le domaine culturel,[45] mais

---

scher Kulturpolitik. In : Corine Defrance/Michael Kißener/Pia Nordblom (éds.) : *Wege der Verständigung zwischen Deutschen und Franzosen nach 1945 : Zivilgesellschaftliche Annäherung*. Tübingen : Narr Verlag 2010, p. 159–175, p. 166.

41 On se reportera à l'article de Corine Defrance : Les relations culturelles franco-allemandes dans les années cinquante : Acteurs et structures des échanges. In : Hélène Miard-Delacroix/Rainer Hudemann (éds.) : *Wandel und Integration : Deutsch-französische Annäherung der fünfziger Jahre/Mutations et intégration : Les rapprochements franco-allemands dans les années cinquante*. München : Oldenbourg 2005, p. 241–257.

42 Rainer Hudemann : Kulturpolitik in der französischen Besatzungszone, p. 188. « Auch in weiteren und bislang noch unzureichend bekannten Bereichen wie Film und Theater wurde im Südwesten eine außerordentlich interessante Politik betrieben ». Concernant le cinéma, Hudemann renvoie à Gabriele Scherer, *Kino- und Filmpolitik in der französischen Besatzungszone und im Saarland in der Nachkriegszeit*, Magisterarbeit Saarbrücken, 1990. Hudemann ne mentionne pas d'ouvrages traitant spécifiquement de théâtre, qui font effectivement défaut à l'heure actuelle.

43 Margarete Mehdorn : Deutsch-Französische Gesellschaften in Deutschland (1947–1955), p. 159.

44 Ansbert Baumann : Entre valeurs communes, traditions d'échanges et différences irréductibles : la coopération culturelle franco-allemande depuis les années 1960. In : Hélène Miard-Delacroix/Reiner Marcowitz (éds.) : *50 ans de relations franco-allemandes*. Paris : Nouveau Monde 2012, p. 173–198, p. 175.

45 Corine Defrance : Pourquoi la culture n'est-elle pas l'objet du traité de l'Élysée ? In : Corine Defrance/Ulrich Pfeil (éds.) : *Le traité de l'Élysée et les relations franco-allemandes 1945–1963–*

donnait néanmoins une impulsion pour que soient créées des coopérations entre la France et la République Fédérale, notamment entre les offices de radio et de télévision ou encore le cinéma. La volonté d'un rapprochement par les gouvernements des deux pays fournissait donc un cadre favorable aux échanges et aux coopérations artistiques, mais ces gouvernements n'en étaient pas pour autant les principaux instigateurs. Dans le domaine théâtral, le mérite du rapprochement revenait donc en premier lieu aux initiatives personnelles de passeurs et médiateurs, et ainsi Corine Defrance en vient à résumer : « L'État, en France comme en Allemagne, ne prétendait pas être le principal acteur culturel sur la scène internationale ; il entendait plutôt établir le cadre de la coopération, inciter, aider et orienter cette coopération ».[46]

### 2.1.3 Les premiers médiateurs

Les premiers médiateurs de l'échange interculturel entre la France et la République Fédérale vécurent des expériences divergentes au sein des régimes totalitaires des années 1930 et 1940, des épreuves souvent rudes qui vinrent alimenter l'écriture puis les transpositions scéniques du théâtre français « de l'absurde » outre-Rhin.[47] Ionesco échappa à la garde de fer en Roumanie et rejoignit la France en 1942, travaillant au service de presse de la légation roumaine de Vichy jusqu'en 1944. Adamov fut interné de mai à novembre 1941 au camp de concentration d'Argelès-sur-Mer, condamné pour propos hostiles envers le régime de Vichy. Beckett, installé en France depuis 1937, combattit l'occupant allemand au sein d'un réseau de résistance, le réseau Gloria SMH, démantelé par la Gestapo en 1942. Il échappa de justesse à une arrestation et se réfugia dans le Vaucluse en Zone libre, à Roussillon. Seul Genet ne se montra pas concerné outre mesure par les événements historiques et passa les années de guerre en prison, enchaînant de 1937 à 1944 les condamnations pour de multiples petits larcins et cambriolages. Du côté allemand, la diversité des destins éclata au grand jour durant l'après-guerre, puisque se côtoyèrent alors d'anciens metteurs en scène émigrés revenus d'un exil en terre étrangère et

---

*2003*. Paris : CNRS Éditions 2005, p. 175–191, p. 176 : « Les échanges artistiques et littéraires et aussi la coopération audiovisuelle (radio, télévision, cinéma), [ne sont] pas évoqué[s] dans le texte du traité ».

**46** Ibid., p. 186. Le gouvernement français est intervenu par le biais de subventions financières « pour pallier le manque de moyens (en matière théâtrale, conditions financières souvent insuffisantes proposées par les directeurs de théâtre allemands) ».

**47** Les événements évoqués sont extraits des biographies des écrivains. Cf. bibliographie en annexe.

qui participèrent à la reconstruction du pays, comme Erwin Piscator ou Fritz Kortner, et ceux restés en Allemagne de 1933 à 1945, tels Karl Heinz Stroux, Gustav Rudolf Sellner ou Hans Schalla, sans oublier ceux qui avaient combattu le régime national-socialiste de l'intérieur, comme l'éditeur Peter Suhrkamp.

À la fin des années 1940, des hommes de théâtre venus d'horizons différents partageaient la même vision d'un théâtre qui permettait d'entrer en contact avec l'art dramatique des autres pays européens afin de dépasser les frontières nationales et d'œuvrer pour la réconciliation entre les nations, comme l'expliquait Günther Rühle :

> Zum ersten Mal entstand die Vision eines europäischen Theaters. Jenseits der nationalen Kulturen halfen die großen Theater, einen europäischen Kulturbegriff zu bilden und anschaulich zu machen. In der Geschichte des deutschen, aber auch des europäischen Theaters war dieses Mit- und Ineinander ein neuer Vorgang, der die internationalen Rezeptionsvorgänge von 1890 (Aufnahme Ibsens, Hauptmanns) oder des frühen 20. Jahrhunderts (Shaw) übertraf.[48]

Furent ainsi créés plusieurs grands festivals de théâtre dans l'Europe entière, comme le Festival d'Édimbourg, le Festival d'Avignon, le Festival du Théâtre des Nations à Paris ou encore le Festival d'Erlangen qui s'adressait à la jeunesse. La réception d'auteurs étrangers, l'observation mutuelle et l'échange de procédés artistiques ouvraient de nouvelles perspectives. À cette aspiration s'ajoutait en République Fédérale l'intention de rendre ce phénomène accessible au plus grand nombre, et le format des festivals semblait adapté à une telle volonté de diffusion. De nombreux festivals de théâtre furent créés ou rouverts outre-Rhin, dont le succès permettait de consolider la vie culturelle de la jeune République. Le Festival de la Ruhr de Recklinghausen, créé en 1948, fut officiellement inauguré avec *Faust* de Goethe, dans une mise en scène de Karl Pempelfort ; par la suite Karl Heinz Stroux allait devenir un metteur en scène indispensable de ce festival. En 1950 rouvrirent le Festival de mai de Wiesbaden et le Festival de Munich, et en 1951 on assista à la création du Festival de Bad Hersfeld, en Hesse, de même que des semaines festivalières de Berlin-Ouest. C'est également en 1951 que le Festival de Bayreuth ouvrit à nou-

---

**48** Günther Rühle : *Theater in Deutschland 1945–1966*, p. 826–827. « Pour la première fois naquit la vision d'un théâtre européen. Au-delà des cultures nationales les grands théâtres aidèrent à créer et à illustrer la notion de culture européenne. Dans l'histoire du théâtre allemand, mais aussi européen, cette coopération et cet emmêlement étaient des processus nouveaux qui dépassaient les processus internationaux de réception de 1890 (réception d'Ibsen, de Hauptmann) ou de l'aube du vingtième siècle (Shaw) ».

veau ses portes. Le monde du théâtre et de l'opéra retrouvait sa stabilité et se tournait alors vers la nouvelle génération, comme le montre la création à la fin des années 1940 des festivals d'Erlangen et de la Loreley qui encourageaient le rapprochement entre jeunes Français et Allemands.[49]

La première apparition en Allemagne de l'Ouest d'un écrivain de la nouvelle avant-garde théâtrale française eut lieu dans le cadre de ces festivals : au cours de l'été 1951, Adamov se rendit au Festival d'Erlangen.[50] Il retrouvait un pays qu'il avait quitté, encore adolescent, en 1924, et notait dans son écrit autobiographique *L'Homme et l'enfant* que son épouse et lui avaient été « invités au Festival d'Erlangen » durant lequel il fit la connaissance de deux personnalités artistiques qu'il allait retrouver au cours de sa carrière ouest-allemande : « Apparitions d'Enzensberger. Le metteur en scène Razum, qui lève le doigt dès qu'il parle en public ; la vie est sérieuse, le théâtre doit l'être aussi ».[51] La mention est d'importance, car Hans Magnus Enzensberger allait devenir un interlocuteur majeur d'Adamov durant son travail à la radio de Stuttgart en 1956, et Hannes Razum devait mettre en scène *La Parodie* à Celle en 1958. La veuve du metteur en scène, Christine Razum, décrivit dans une lettre la genèse de ce festival : alors qu'elle était jeune étudiante à l'université d'Erlangen entre 1946 et 1949 et membre de la troupe étudiante, elle entra en contact avec le metteur en scène et directeur du théâtre de la ville (alors appelé Théâtre du comte électeur, « Markgrafentheater »), lequel apporta son soutien aux jeunes comédiens et entreprit les démarches nécessaires auprès des autorités de la zone d'occupation américaine pour le financement de leur troupe. L'accord fut obtenu mais à la condition d'organiser des semaines internationales du théâtre étudiant, le futur Festival d'Erlangen.[52]

Adamov détailla les préparatifs de son voyage à Erlangen au comédien allemand Karl Regnier dit Charles Regnier – le gendre de l'écrivain Frank We-

---

[49] Dans ses mémoires, le chancelier Adenauer se souvient du caractère indispensable des échanges entre jeunes français et allemands après la guerre. Konrad Adenauer : *Erinnerungen 1953–1955*. Stuttgart : DVA 1966, p. 370–371.

[50] La présence d'Adamov au festival d'Erlangen a été confirmée par Erika Tophoven, l'épouse du traducteur Elmar Tophoven, et par Christine Razum, l'épouse du metteur en scène Hannes Razum qui monta certaines pièces d'Adamov à partir de 1958. Erika Tophoven : Entretien réalisé le 9 janvier 2014 à Berlin. Christine Razum : Lettre à Marie-Christine Gay (18 avril 2014).

[51] Arthur Adamov : *L'Homme et l'enfant*, p. 103.

[52] Christine Razum : Lettre à Marie-Christine Gay (18 avril 2014) : « Ja, in Erlangen, wo ich von 1946–1949 studierte, haben wir 1946 eine Studentenbühne gegründet. Dr. Hannes Razum, zu dieser Zeit künstlerischer Leiter des Markgrafentheaters, unterstützte uns und erbat bei der amerikanischen Besatzungsmacht finanzielle Unterstützung. Wir bekamen sie, mit der Auflage, daß es ‹internationale Studentenbühnenwochen› sein sollten. So waren sie auch, bis 1968 ».

dekind –, dans une lettre du 23 juin 1951. Adamov y déclarait vouloir donner des interviews ou des conférences sur divers sujets, comme «‹ Le théâtre moderne et ses exigences › ; ‹ la dernière saison théâtrale à Paris › ; ‹ l'œuvre d'Antonin Artaud › ; ‹ l'influence de Kafka en France et en Angleterre et le malentendu qu'a scucité [sic] son œuvre › et enfin ‹ l'influence de Georg Büchner sur les milieux de théâtre à Paris › »[53] et ne cachait pas sa joie à l'idée de retourner enfin en Allemagne. En proposant des conférences sur les créations scéniques et les auteurs contemporains parisiens, ou sur la réception des auteurs allemands en France, l'auteur se posait d'emblée comme un acteur clé du dialogue théâtral entre les deux pays. Adamov se rendit par la suite à un second festival : « Maintenant invités au Festival de la Lorelei »,[54] notait l'écrivain dans *L'Homme et l'enfant* après avoir mentionné le Festival d'Erlangen. Le Festival de la Lorelei, aussi appelé « Rencontres de la Jeunesse Européenne » avait lieu chaque année de 1951 à 1956 et était organisé du côté allemand par Franz-Josef Strauß, secrétaire général du parti de l'Union chrétienne-sociale de Bavière (CSU), et du côté français par Maurice Schumann, secrétaire d'État aux affaires étrangères. Ces rencontres axées autour de débats politiques étaient accompagnées de représentations théâtrales et d'expositions artistiques. Les circonstances dans lesquelles Adamov fut convié en 1951 au premier Festival de la Lorelei sont esquissées par Michel Bataillon dans une conférence prononcée en 1981, où il explique qu'« Adamov était venu à la Loreley grâce à un des ces esprits inventifs, actifs qui ne sont ni metteurs en scène, ni auteur, ni comédien et qui jouent parfois dans la vie théâtrale concrète des rôles décisifs. Ce personnage s'appelle Jean-Marie Boëglin ».[55] Boëglin était au début des années 1950 « secrétaire général adjoint du ‹ Libertaire › aux côtés de Benjamin Péret, instructeur national aux Auberges de jeunesse et instructeur d'art dramatique à la ‹ Jeunesse et aux sports › ».[56] Il rencontra Adamov à Paris dans l'entourage d'Artaud et lui proposa de tenir des conférences dans son centre d'études et de

---

[53] Arthur Adamov : Lettre à Charles Regnier (23 juin 1951). ADK Berlin, Charles-Regnier-Archiv 338.
[54] Arthur Adamov : *L'Homme et l'enfant*, p. 103.
[55] Michel Bataillon : Arthur Adamov et Roger Planchon : Un metteur en scène et son « prodigieux professeur sauvage ». In : Robert Abirached/Ernstpeter Ruhe/Richard Schwaderer (éds.) : *Lectures d'Adamov : Actes du colloque international de Würzburg 1981*. Tübingen/Paris : Gunter Narr/Éditions Jean-Michel Place 1983, p. 43–54, p. 47.
[56] Tatsiana Kuchyts Challier : Jean-Marie Boëglin, le passeur sans (ba)gages. *Les Chantiers de la création* [en ligne], mai 2012. http://lcc.revues.org/439. Par ailleurs, Boëglin participa activement à certaines mises en scènes françaises de pièces d'Adamov : en 1957, il joua le rôle de Robert Marpeaux dans *Paolo Paoli* lors de la création française par Roger Planchon au Théâtre de la Comédie. Arthur Adamov : *Théâtre III : Paolo Paoli, La Politique des restes, Sainte Europe*. Paris : Gallimard 1966, p. 12.

recherches théâtrales de Reims, créé en 1950. Après deux ou trois conférences à Reims, Adamov accompagna Boëglin au Festival de la Lorelei et y retrouva la troupe du TNP de Jean Vilar de même que le Théâtre de la Comédie de Lyon, dirigé par Roger Planchon : la rencontre avec ce dernier fut essentielle, car Planchon allait devenir l'un des principaux metteurs en scène d'Adamov en France. Le Festival de la Lorelei permit à Adamov de faire connaître son travail et son œuvre en Allemagne de l'Ouest, puisqu'il y tint « deux conférences, trois ou quatre émissions de radio, une dizaine de jours aux frais de Schumann et de Franz-Josef Strauß ».[57]

Outre les festivals, des projets individuels menés par des personnalités connues faisaient également office de premières médiations théâtrales franco-allemandes. En 1952, un grand metteur en scène français fit ainsi appel à un confrère allemand non moins connu pour un projet d'envergure : Jean Vilar invita Erwin Piscator pour une adaptation de *Guerre et paix* (1869) de Tolstoï au Théâtre National Populaire (TNP), que Vilar dirigeait depuis un an, et Adamov intervint dans ce projet comme traducteur et médiateur. Piscator était rentré en Allemagne en 1951 après vingt années d'exil en URSS, en France et aux États-Unis où il avait grandement contribué au développement d'un nouvel art dramatique avec la création à New-York de l'école d'acteur « Dramatic Workshop ». Son retour avait été précipité par la montée du maccarthysme, Piscator étant sommé de comparaître à Washington. À son arrivée en République Fédérale pourtant, personne ne songeait à offrir un contrat fixe à un metteur en scène qui avait des sympathies pour le communisme.[58] Piscator, « partisan de gauche privé de patrie »,[59] se voyait donc obligé d'accepter des invitations éparses, condamné à errer de théâtre en théâtre, une situation pénible et injuste à ses yeux comme il en ressort des lignes suivantes écrites en 1953 : « L'émigré, envoyé ‹ en pérégrination › par Hitler, a le droit de continuer son errance, de vivre au milieu de valises, il n'y a pas de place pour lui, elles sont toutes occupées par ceux qui sont restés ».[60] Ce n'est que le 1er mai 1963, trois ans avant sa mort, qu'on offrit à Piscator la direction du nouveau bâtiment de

---

[57] Michel Bataillon : Arthur Adamov et Roger Planchon : Un metteur en scène et son « prodigieux professeur sauvage », p. 47.
[58] En RDA les autorités refusèrent également d'accueillir Piscator, le soupçonnant d'être trotskiste. Que Brecht et l'écrivain Friedrich Wolf plaident en sa faveur n'y changea rien.
[59] Henning Rischbieter (éd.) : *Durch den eisernen Vorhang*, p. 141 : « heimatloser Linker ».
[60] Erwin Piscator, « Erinnerungen » (Piscator-Archiv Berlin), cité in : Günther Rühle : *Theater in Deutschland 1945–1966*, p. 526. (« Der Emigrant, einmal von Hitler auf die ‹ Wanderschaft › geschickt, darf weiterwandern – aus Koffern leben – es gibt keinen Platz für ihn – die sind besetzt, von denen, die dageblieben waren »).

la Freie Volksbühne dans la Schaperstraße à Berlin-Ouest. Que Vilar fasse appel à Piscator peu de temps après son retour en Europe montre que lui n'avait pas oublié que Piscator avait été l'un des metteurs en scène et théoriciens majeurs de sa génération. Révolutionnant la technique de la scène, Piscator avait eu la vision d'un « théâtre total » qui devait effacer les barrières entre la scène et le public et où la scénographie, par le recours à d'autres médias comme la projection cinématographique, avait une importance notable. Ardent défenseur du théâtre prolétarien, Piscator semblait être l'invité idéal pour le rapprochement, dans un théâtre populaire parisien, des univers dramatiques français et allemands.

La mise en place de l'adaptation du roman de Tolstoï s'avérait toutefois plus longue et difficile que prévue. Piscator voulait lui-même procéder à l'adaptation avec l'aide de son collègue Guntram Prüfer, mais Adamov insista pour y prendre part. Piscator, d'abord conciliant,[61] rejeta finalement cette collaboration, ne voyant dans l'apport d'Adamov qu'une « vision critique du roman » et une attention tout entière portée sur des « détails ».[62] Adamov restait pourtant un interlocuteur décisif pour Piscator puisqu'il était le maillon qui le reliait à Vilar. Après un rendez-vous de travail en août 1952, Adamov envoya une lettre en allemand à Piscator dans laquelle il soulignait sa volonté de travailler avec lui et espérait pouvoir se rendre en Hesse pour y assister aux mises en scène de Piscator de pièces de Büchner[63] – *Leonce et Lena* fut créée à Gießen en octobre 1952 et *La Mort de Danton* à Marbourg en novembre 1952. Dans sa réponse, Piscator exposait à Adamov sa conception de l'adaptation du roman de Tolstoï, tout en expliquant ne pas pouvoir lui envoyer le texte avant que celui-ci ne soit définitivement terminé.[64] Deux jours plus tard, Prüfer fit parvenir à Adamov le premier acte de cette pièce et y ajouta une esquisse du plateau de théâtre telle que l'adaptation l'exigeait.[65] Piscator, abattu après la mort de son collègue et ami Alfred Neumann, dut confier à Prüfer l'élaboration de la première partie du manuscrit, mais fut déçu du travail de ce dernier. La suite du projet s'annonçait difficile pour Piscator, qui ne savait comment

---

**61** Erwin Piscator : *Briefe : Bundesrepublik Deutschland (1951–1954)*. Berlin : Siebenhaar 2011, p. 171. Lettre du 22 août 1952 à Colin.
**62** Ibid. « Seine Vorschläge, die er bereits machte, entstanden zum Teil aus einer negativen Kritik des Romans, andererseits erschöpften sie sich in Kleinigkeiten ».
**63** Arthur Adamov : Lettre à Erwin Piscator (24 août 1952). ADK Berlin, Erwin-Piscator-Center 703.
**64** Erwin Piscator : Lettre à Arthur Adamov (2 octobre 1952). ADK Berlin, Erwin-Piscator-Center 703.
**65** Guntram Prüfer : Lettre à Arthur Adamov (4 octobre 1952). ADK Berlin, Erwin-Piscator-Center 2065.

continuer et demanda à son agent Saul C. Colin s'il était encore possible de « trouver une autre pièce » ou si l'on devait « abandonner l'idée de Paris ? ».[66] Il poursuivit néanmoins le travail d'adaptation, les trois derniers actes lui semblant plus réussis que les deux premiers. Piscator voulut ensuite confier la traduction à un ami de Colin, Alain Bosquet, et contrecarrer ainsi le manque d'enthousiasme d'Adamov en la matière qui, selon lui, aurait même compromis le projet en dénigrant la pièce auprès de Vilar.[67] Une lettre de Prüfer à Piscator témoigne des relations difficiles entre les trois hommes, imputables selon lui à l'influence néfaste d'Adamov. Ils auraient dû, écrivait-il, se débarrasser plus tôt de cette « mygale », car Adamov risquait dans son agacement de faire capoter l'affaire.[68] Le ton acerbe de la lettre témoigne de la colère de Prüfer, et comme le montre la réponse de Piscator, celui-ci partageait ses craintes.[69]

La correspondance entre Piscator, Prüfer, Colin et Adamov faisait donc état d'un dialogue difficile et tendu. Adamov se félicitait pourtant dans son recueil de textes *Ici et maintenant* de cet échange, aussi inabouti qu'il fût et malgré son scepticisme face à l'adaptation de Piscator.[70] La situation devait se répéter dix ans plus tard pour la préface française de l'ouvrage de Piscator, *Théâtre politique*, où là encore l'attitude paradoxale d'Adamov allait compliquer la mise en application du projet. Le 21 novembre 1952, Piscator annonça finalement à Vilar que le manuscrit était enfin terminé et qu'il l'espérait toujours intéressé par leur collaboration.[71] Mais Vilar se trouvait alors sous les feux croisés de la presse française, car il montait, selon elle, trop d'auteurs allemands. « La lettre de Vilar laisse entendre que notre retard et ses difficultés viennent se compléter », remarquait Piscator le 10 décembre 1952.[72] Il semblerait que même Brecht se soit mêlé de l'affaire, essayant de faire changer Vilar d'avis lors d'une ren-

---

[66] Erwin Piscator : *Briefe : Bundesrepublik Deutschland (1951–1954)*, p. 182. Lettre de Piscator à Colin du 19 octobre 1952. (« Kann man noch ein andres Stück finden, oder soll man Paris ganz aufgeben ? »).

[67] Ibid., p. 186. Lettre de Piscator à Maria Ley-Piscator du 10 novembre 1952 : « Ich bin sicher, daß Adamov das Stück so schlecht wie möglich gemacht hat ».

[68] Ibid., p. 197. Lettre de Piscator à Prüfer du 13 novembre 1952. (« Giftspinne »). La lettre d'Adamov à Piscator qui explique son désistement du projet n'a pas été conservée.

[69] Ibid., p. 197-198. Lettre de Piscator à Prüfer du 13 novembre 1952.

[70] Arthur Adamov : *Ici et maintenant*, p. 221 : « À deux reprises j'avais failli collaborer avec lui [Piscator] – il y avait eu, d'abord, le projet d'une présentation de *Guerre et Paix* au T.N.P., pour laquelle on m'aurait chargé de l'adaptation ».

[71] Erwin Piscator : *Briefe : Bundesrepublik Deutschland (1951–1954)*, p. 206. Lettre de Piscator à Vilar du 21 novembre 1952.

[72] Ibid., p. 213. (« [Vilars] Brief läßt erkennen, daß unsere Unpünktlichkeit und seine Schwierigkeiten einander ergänzen »).

contre à Berlin, mais en vain.[73] Le projet de création de *Guerre et paix* au TNP, qui témoignait d'une volonté commune de rassembler des grands noms du théâtre français et allemand, ne vit donc malheureusement pas le jour. La méfiance de la presse française envers l'enthousiasme que Vilar portait au théâtre allemand indiquait que la France, sept ans après la fin de la guerre, ne se montrait pas encore conciliante envers l'ancien ennemi. Pourtant, ce projet aurait été l'occasion de présenter un visage oublié du théâtre allemand, celui d'un représentant d'un théâtre antifasciste, ancien exilé et combattant du régime hitlérien. Le manuscrit et la traduction de la pièce par Bosquet furent entièrement achevés deux années plus tard, en novembre 1954, comme cela apparaît dans la correspondance entre Prüfer et Piscator, qui demanda loyalement à ce qu'on envoie un exemplaire à Vilar.[74] Celui-ci s'était finalement attelé à *La Mort de Danton* de Büchner, dans la traduction d'Adamov, une mise en scène en tournée au Schiller-Theater de Berlin-Ouest au printemps 1955 sur une invitation de Boleslaw Barlog.[75]

Adamov joua par ailleurs un rôle notable dans les premiers moments de la diffusion d'auteurs allemands en France. Au début des années 1950, la culture allemande était appréhendée avec méfiance dans une France qui se remettait encore des ravages de la guerre, le souvenir de salles de cinéma et de théâtre réquisitionnées par l'occupant était présent aux esprits et les metteurs en scène qui, comme Vilar, souhaitaient monter des auteurs allemands se voyaient critiqués pour ces choix,[76] et de nombreux écrivains allemands étaient méconnus car non encore traduits en français. Adamov, traducteur d'éminents écrivains

---

[73] Günther Rühle : *Theater in Deutschland 1945–1966*, p. 530 : « Brecht, schon teilnehmend an Piscators Projekt, redete Vilar zu, als er ihn in Berlin besuchte ». La participation de Brecht au projet n'est pas mentionnée par Piscator dans ses lettres.

[74] Ibid., p. 635.

[75] Herbert Ihering : Literatur oder Unterhaltung ? In : *Der Sonntag* (25 décembre 1955). TWS Wahn. Ihering mentionna la tournée de *La Mort de Danton* par Vilar dans son article sur la première allemande du *Ping-Pong* d'Adamov au Schloßpark-Theater de Berlin en décembre 1955. Boleslaw Barlog allait par la suite devenir un médiateur indispensable pour le transfert du répertoire « absurde » en RFA, réagissant rapidement lorsque les pièces circulaient dans les théâtres ouest-allemands pour être l'un des premiers à les monter. Il assura ainsi de nombreuses créations allemandes et mondiales, surtout d'œuvres de Beckett et Genet, et ce fut également lui qui allait inviter à partir des années 1960 Beckett à mettre en scène ses pièces dans son théâtre.

[76] Michel Bataillon : Arthur Adamov et Roger Planchon : Un metteur en scène et son « prodigieux professeur sauvage », p. 54 : « Il faut dire qu'à ce moment-là ces auteurs étaient très, très peu connus en France. Quand Vilar a annoncé qu'il montait *Le Prince de Hombourg* pour le Festival d'Avignon en 1951, les gens étaient stupéfiés. Ils ne savaient absolument pas qui était Kleist. Même le théâtre de Büchner – il y avait à L'Arche la traduction de Marthe Robert –

russes (Tchekhov, Gorki, Gogol, Dostoïevski et Gontcharov), suédois (Strindberg)[77] et anglais (Marlowe),[78] transposa alors six auteurs de langue allemande vers le français.

En 1938, il traduisit l'essai de psychologie *Le Moi et l'Inconscient* de Carl Gustav Jung[79] et trois années plus tard parut le recueil de poésie *Le Livre de la pauvreté et de la mort* de Rainer Maria Rilke.[80] Puis il se tourna en 1948 vers le théâtre avec *La Mort de Danton* de Georg Büchner[81] que Vilar présenta la même année, le 15 juillet 1948, au deuxième Festival d'Avignon. Dans un entretien accordé à René Gaudy, Vilar se souvenait qu'il avait été « le premier à avoir permis qu'un texte d'Adamov soit joué sur une scène. [Adamov] [avait] vu les transformations que [pouvait] subir un texte lorsqu'il [devenait] théâtre » et il félicitait l'écrivain pour son « remarquable travail » d'adaptation de *La Mort de Danton*, Büchner étant « un auteur très difficile à traduire ».[82] La création de cette œuvre lors d'un festival de théâtre français témoigne de l'importance de la traduction d'Adamov. Il existe aux archives de l'IMEC deux exemplaires du texte annotés par l'écrivain dans le cadre de sa collaboration artistique avec Vilar : des passages entièrement barrés, ou rayés dans un premier temps, puis rétablis, ainsi que des indications scéniques de gestuelles des personnages attestent la présence d'Adamov lors des répétitions de ce spectacle et rendent compte de son souci du détail puisqu'il corrigeait sa traduction au fur et à mesure que le texte prenait vie sur scène.[83] Adamov poursuivit son travail sur Büchner et en 1953 le premier numéro de la revue *Théâtre Populaire* publia sa nouvelle traduction de *Woyzeck*.[84] Enfin, les textes suivants parurent dans sa

---

était très peu connu. En plus on sortait de la guerre ; les Allemands étaient quand même un peu mal considérés, et en plus Kleist était prussien ... ».

77 Adamov écrivit par exemple un ouvrage sur Strindberg. Arthur Adamov : *August Strindberg, dramaturge*. Paris : L'Arche 1955.

78 La pièce *Edouard II* de Marlowe fut traduite et adaptée par Adamov pour un spectacle de Roger Planchon. Cette mise en scène ne connut que deux représentations et le texte d'Adamov a disparu. Pour la liste complète des parutions des auteurs russes, anglais ou suédois, on se reportera à David Bradby : *Adamov*, p. 19–21.

79 Carl Gustav Jung : *Le Moi et l'Insconscient*. Trad. Arthur Adamov. Paris : Gallimard 1938.

80 Rainer Maria Rilke : *Le Livre de la pauvreté et de la mort*. Trad. Arthur Adamov. Alger : Charlot 1941.

81 Georg Büchner : *La Mort de Danton*. Trad. Arthur Adamov. In : *Le Monde illustré, théâtral et littéraire* n° 35, 13 novembre 1948.

82 Jean Vilar, cité in : René Gaudy : *Arthur Adamov*, p. 34.

83 IMEC, ADM 6.5. Adamov rédigea également une pièce radiophonique en hommage à Büchner : Arthur Adamov : Script de sa pièce radiophonique sur Büchner (non titrée), diffusée le 22 janvier 1962 dans l'émission « Galerie romantique ». IMEC, ADM 7.11.

84 Georg Büchner : *Woyzeck*. Trad. Arthur Adamov. In : *Théâtre Populaire* n° 1, mai–juin 1953.

traduction : *La Cruche cassée* de Kleist[85] en 1954, l'essai de Piscator *Le Théâtre politique*[86] en 1962 et *La Grande Muraille* de Max Frisch[87] en 1969, l'année du décès d'Adamov.

La traduction du *Théâtre politique* de Piscator semble avoir été à l'initiative de Robert Voisin, le directeur des Éditions de l'Arche. Publié en Allemagne en 1929, cet essai n'avait toujours pas vu le jour en France, et en 1960 Voisin se décida à prendre contact avec Piscator. La récente traduction italienne du *Théâtre politique* venait de lui assurer une notoriété nouvelle à l'étranger, et Piscator se réjouissait d'une publication française.[88] Il proposa de rédiger une préface à partir de conversations qu'il avait eues avec Brecht, portant sur des considérations théoriques et pratiques sur le théâtre et leurs méthodes de travail respectives.[89] Ce projet de préface se solda pourtant par un échec car elle ne convenait pas aux exigences du côté français. En juillet 1961, Voisin fit paraître, dans la revue *Théâtre Populaire*, le premier chapitre du *Théâtre politique* dans la traduction d'Adamov et Claude Sebisch. Au mois de septembre de la même année, Piscator envoya sa préface à Felix Gasbarra, chargé de la nouvelle édition de l'essai au Rowohlt Verlag.[90] Voisin et Adamov, en revanche, choisirent de ne pas publier ce texte, dont les raisons furent communiquées à Piscator par écrit par Adamov.[91] Celui-ci s'opposait à une préface qui contenait les souvenirs de Piscator de l'Allemagne des années 1920. Or, sans de telles informations le lecteur se trouvait confronté seul à un texte difficile à saisir,

---

85 Heinrich von Kleist : *La Cruche cassée*. Trad. Arthur Adamov. In : *Théâtre Populaire* n° 6, mars–avril 1954. Ce texte fut porté à la scène par André Steiger durant la saison théâtrale 1955–1956 à la Comédie du Centre-Ouest à Bellac. On se reportera à René Gaudy : *Arthur Adamov*, p. 88. Un an plus tard, Roger Planchon créa également un spectacle avec *La Cruche cassée* de Kleist suivie du *Professeur Taranne* d'Adamov.
86 Erwin Piscator : *Le Théâtre politique*. Trad. Arthur Adamov avec la collaboration de Claude Sebisch. Paris : L'Arche 1962.
87 Max Frisch : *La Grande muraille*. Trad. Arthur Adamov et Jacqueline Autrusseau. Paris : Gallimard 1969.
88 Erwin Piscator : *Briefe : Bundesrepublik Deutschland (1960–1966)*. Berlin : Siebenhaar 2011, p. 138. Lettre de Piscator à Voisin du 17 novembre 1960 : « Ich bin natürlich, ebenso wie Sie, sehr daran interessiert, daß das Buch in Frankreich herauskommt ». « Tout comme vous, je porte naturellement un grand intérêt à ce que le livre paraisse en France ».
89 Ibid. : « Es gibt eine Anzahl von Brecht-Briefen, die ich – zusammen mit einem Artikel von Brecht, in dem er über meine Methoden der Arbeit und über den Wunsch einer gemeinsamen Arbeit mit mir schreibt, – gerne in einem neuen Vorwort zusammenfassen würde ».
90 Erwin Piscator : *Das Politische Theater*. Neubearbeitet von Felix Gasbarra. Mit einem Vorwort von Wolfgang Drews. Reinbek bei Hamburg : Rowohlt Verlag 1963.
91 Arthur Adamov : Lettre à Erwin Piscator (19 février 1962). ADK Berlin, Erwin-Piscator-Center 703.

car inscrit dans une période lointaine dans le temps et de surcroît issu d'un pays méconnu, l'Allemagne de la République de Weimar. Qui plus est, Adamov voyait d'un regard critique que le texte de Piscator contienne des lacunes historiques, une accusation qui pouvait sembler déplacée car il aurait suffit de combler ces manques ou de laisser le texte sous une forme fragmentaire, puisque la préface à un ouvrage écrit plus de trente ans auparavant se trouvait naturellement soumise à des incertitudes. En outre, Adamov proposait de faire publier des extraits de la préface dans la revue théâtrale *Théâtre Populaire*, une offre maladroite : Piscator, et non Adamov, aurait dû décider de l'emplacement de son texte. Sans doute eût-il été plus judicieux de la part d'Adamov de s'en tenir à sa fonction de traducteur au lieu de se poser en tant que critique de son aîné. En effet, la réponse de Piscator, virulente et tout entièrement dédiée à la défense de sa préface, ne se fit pas attendre.[92] Pour contrer la déception du metteur en scène, Adamov réitéra sa proposition de faire paraître des extraits de la préface dans la revue *Théâtre Populaire*, écrivant quelque peu embarrassé au metteur en scène que « quoi qu'il en soit, il y aura, si vous le voulez bien, dans *Théâtre Populaire*, un article contenant de très larges citations de votre préface ».[93] Le numéro avec le texte de Piscator fut finalement publié sous forme d'article à la fin de l'année 1962 avec pour titre « Supplément au théâtre politique 1930–1960 ».[94]

En 1981, Bernard Dort se souvint qu'Adamov « disait qu'il savait assez mal l'allemand, et qu'il le traduisait avec beaucoup de problèmes … ».[95] En dépit de ces propos, Adamov semble avoir fait preuve de sensibilité linguistique pour cette langue, ce dont témoignent la qualité de ses traductions et la diversité des auteurs choisis. Dans son article « Adamov, traducteur », Patrice Ruellan estime par ailleurs que l'écrivain avait un « profond respect de la langue d'arrivée, le français qu'il maîtrise parfaitement », et souligne qu'il recherchait toujours « une théâtralité du texte », agissant comme un traducteur-auteur : « L'œuvre théâtrale traduite, en particulier, est tout à fait concomitante de l'œuvre personnelle, tout au moins de 1947 à 1960 »,[96] conclut à juste titre Ruellan. Adamov, passeur précoce entre les aires culturelles françaises et alle-

---

[92] Erwin Piscator : Lettre à Arthur Adamov (1962). ADK Berlin, Erwin-Piscator-Center 703.
[93] Arthur Adamov : Lettre à Erwin Piscator (5 mars 1962). ADK Berlin, Erwin-Piscator-Center 703.
[94] Erwin Piscator : Supplément au théâtre politique 1930–1960. In : *Théâtre Populaire* n° 47 (1962).
[95] Bernard Dort, cité in : Robert Abirached/Ernstpeter Ruhe/Richard Schwaderer (éds.) : *Lectures d'Adamov : Actes du colloque international de Würzburg 1981*, p. 40.
[96] Patrice Ruellan : Adamov, traducteur, p. 106.

mandes, fut le seul des auteurs du théâtre « de l'absurde » à avoir activement participé au brassage culturel avant que ses pièces ne soient transférées et jouées en RFA. Son activité de traducteur, exercée du début des années 1940 jusqu'à sa mort en 1969, le plaçait au centre d'un mouvement de circulation d'objets littéraires de l'Allemagne vers la France. Le mouvement inverse eut lieu avec le passage du théâtre français de l'« absurde » vers la culture d'accueil ouest-allemande. À ce moment, la volonté déterminée dont fit preuve Adamov pour entrer en contact avec des théâtres et y promouvoir ses pièces comme son activité intense à la radio de Stuttgart, servirent également de moteur aux échanges artistiques. Adamov était donc une véritable figure de proue des échanges interculturels franco-allemands.

## 2.2 Édition et traduction des œuvres

Le processus de transfert des pièces d'Adamov, Beckett, Genet et Ionesco fut initié par des éditeurs germanophones. Ces passeurs de frontières œuvraient à une intégration rapide et étendue des pièces françaises dans la culture d'accueil ouest-allemande. Ils s'assuraient également du bon déroulement de la transposition des œuvres vers la langue allemande, une tâche souvent ardue pour des traducteurs qui devaient maîtriser et jongler avec les référents linguistiques de deux cultures qui, peu d'années auparavant, étaient encore considérées comme ennemies et inconciliables.

### 2.2.1 L'engagement des éditeurs allemands et suisses

La maison d'édition munichoise fondée par Kurt Desch en 1946 publia les pièces d'Adamov en allemand. Sous la dictature hitlérienne, Desch avait été contraint de travailler dans une usine et, exempt de tout soupçon de collaboration après 1945 en zone d'occupation américaine, on lui confia la reconstruction du secteur de l'édition. Les archives du Verlag Kurt Desch ont en grande partie disparu, notamment en raison de la vente de la maison d'édition en 1973.[97] La correspondance qui traite des premières représentations de pièces d'Adamov n'a pas été conservée, et seules ont été archivées les listes manuscrites des dates de représentations de ses pièces en RFA.[98]

---

[97] La riche collection théâtrale a été maintenue sous le nom de « Theater-Verlag Desch GmbH », dirigée par Rainer Witzenbacher et incorporée en 2014 à la maison d'édition « Felix-Bloch-Erben ».
[98] Verlag Kurt Desch : Listes des lieux de représentation des pièces d'Adamov dans l'espace germanophone, tenues par la maison d'édition.

Adamov était en relation avec le lecteur Herbert Greuèl [sic], chargé de la promotion des pièces, de leur parution dans des revues spécialisées, de la supervision des traductions et du contact avec les théâtres. Certaines lettres que Greuèl envoya à l'écrivain se trouvent dans le fonds Adamov des archives de l'IMEC. Elles témoignent de problèmes posés par la longueur des pièces et de questions ponctuelles de traduction, Adamov ne se montrant pas toujours coopérant comme en attestent certains exemples. En mai 1959, Greuèl joignait dans une lettre à Adamov une copie de la version raccourcie de la pièce *Paolo Paoli* telle qu'elle allait être montée à Hanovre à l'automne de la même année, expliquant que « notamment pour les scènes petites et moyennes c'est un grand soulagement si on leur permet de monter une version raccourcie de la pièce ».[99] Adamov accepta d'abréger *Paolo Paoli*, mais lorsque le Maxim-Gorki-Theater de Berlin-Est demanda une version raccourcie du *Printemps 71* en janvier 1961,[100] l'auteur se montra récalcitrant et la création n'aboutit pas. En outre, profitant des connaissances linguistiques d'Adamov, Greuèl pria celui-ci de lui venir en aide pour la traduction du titre allemand de *La Politique des restes*,[101] mais sans proposition alternative de la part d'Adamov, le titre *Die Politik der Reste* fut finalement maintenu. Enfin, Greuèl fit en sorte que des textes d'Adamov soient publiés dans des revues de théâtre allemandes, à l'instar de *Paolo Paoli* dans *Welt des Theaters*, une publication qui fit le bonheur de l'écrivain[102] et qui montre combien Adamov était attaché à la diffusion de son œuvre en Allemagne.

Il existe de nombreux documents d'archives et recherches sur la publication de Beckett en RFA.[103] En prise à un litige qui opposait les maisons d'édition Suhrkamp et Fischer, l'œuvre de Beckett fut finalement publiée par le Suhr-

---

**99** Herbert Greuèl : Lettre à Arthur Adamov (6 mai 1959). IMEC, ADM 10.7. (« Gerade für die mittleren und kleinen Bühnen ist es eine wesentliche Erleichterung, wenn man ihnen die Aufführungsmöglichkeit einer gekürzten Fassung gibt »).
**100** Herbert Greuèl : Lettre à Arthur Adamov (16 juillet 1962). IMEC, ADM 10.7 : « Sie hüllen sich in Schweigen. […] Das Stück ist auch jetzt entschieden zu lang ». « Vous restez silencieux. […] La pièce est toujours bien trop longue ».
**101** Ibid. : « Vielleicht ließe sich ein schlagkräftiger deutscher Titel finden. ‹ *Politik der Reste* › besagt für uns zu wenig. Machen Sie uns doch bitte einen Vorschlag ». « Peut-être pourrait-on trouver un titre plus emblématique. ‹ Politique des restes › ne nous dit pas grand-chose ici. Proposez-nous donc s'il vous plaît quelque chose ».
**102** Arthur Adamov : Lettre à Herbert Greuèl (18 juin 1961). IMEC, ADM 10.7 : « Laissez-moi vous dire combien je suis content que vous publiiez *Paolo Paoli* dans ‹ *Welt des Theaters* › ».
**103** On se reportera à l'article de Wiebke Sievers : Becketts deutsche Stimmen : Zur Übersetzung und Vermittlung seiner Werke im deutschsprachigen Raum. In : Therese Fischer-Seidel/ Marion Fries-Dieckmann (éds.) : *Der unbekannte Beckett*, p. 224–244.

kamp Verlag. Les directeurs de cette maison d'édition s'impliquaient personnellement dans le contact avec l'écrivain, aussi bien Peter Suhrkamp que son successeur Siegfried Unseld. Ce dernier est à l'origine des éditions trilingues (français, anglais, allemand) de certaines pièces de l'écrivain.[104]

Le Suhrkamp Verlag est un héritier de l'ancienne maison d'édition S. Fischer Verlag, créée par Samuel Fischer en 1886. Menacé par les nationaux-socialistes dès la prise du pouvoir, Fischer mourut à Berlin en 1934 et ses héritiers se réfugièrent dans un premier temps à Vienne pour y fonder la maison d'édition Bermann-Fischer et publier des auteurs interdits en Allemagne nazie. Cette entreprise prit abruptement fin avec le rattachement de l'Autriche au Troisième Reich. La famille Bermann-Fischer dut s'enfuir en Suède, où elle fonda une nouvelle maison d'édition en exil (« Exilverlag »). De son côté, Peter Suhrkamp[105] avait à Berlin tant bien que mal sauvé ce qui restait du S. Fischer Verlag et s'était risqué à éditer des auteurs interdits. En 1942, la maison d'édition fut contrainte de changer de nom, dorénavant nommée « Maison d'édition Suhrkamp, anciennement S. Fischer » (« Suhrkamp Verlag vormals S. Fischer »). Deux années plus tard, en avril 1944, Suhrkamp fut arrêté par la Gestapo et interné au camp de Sachsenhausen près de Berlin, dont il fut libéré quelques semaines avant la fin de la guerre par l'entremise du sculpteur Arno Breker, l'un des artistes les plus renommés du Troisième Reich. Au sortir de la guerre, la situation juridique de la maison d'édition s'avérait complexe, et ce n'est que cinq ans plus tard que Peter Suhrkamp et Gottfried Bermann-Fischer trouvèrent un accord qui permit la fondation de deux nouvelles maisons d'édition, le Suhrkamp Verlag et le S. Fischer-Verlag, toutes deux situées à Francfort-sur-le-Main. Les auteurs représentés par l'ancienne maison d'édition durent choisir leur nouvel éditeur, et Beckett opta pour le Suhrkamp Verlag. Pourtant, la situation restait confuse et le S. Fischer Verlag possédait encore les droits de représentation de certaines œuvres de l'écrivain.[106]

La prise de contact entre Beckett et Peter Suhrkamp remonte à 1953, lorsque ce dernier avait été invité à Paris par le gouvernement français et put ainsi assister à une représentation d'*En attendant Godot* dans la première mise en scène de Roger Blin. Suhrkamp était l'une de ces personnalités qui s'inves-

---

**104** Samuel Beckett : *Dramatische Dichtungen in drei Sprachen*. Frankfurt am Main : Suhrkamp Verlag 1963–1964.
**105** On se reportera à la biographie élaborée par Siegfried Unseld : *Peter Suhrkamp : Zur Biographie eines Verlegers in Daten, Dokumenten und Bildern*. Frankfurt am Main : Suhrkamp Verlag 1975.
**106** Wiebke Sievers : Becketts deutsche Stimmen : Zur Übersetzung und Vermittlung seiner Werke im deutschsprachigen Raum. In : Therese Fischer-Seidel/Marion Fries-Dieckmann (éds.) : *Der unbekannte Beckett*, p. 224–244, p. 228–229.

tissaient pour le rapprochement franco-allemand, et son mérite d'avoir édité des auteurs censurés par le régime nazi, comme Hermann Hesse, était reconnu. Beckett entretenait des relations amicales avec Suhrkamp et son futur successeur Unseld, et allait jusqu'à qualifier cette maison d'édition comme « une sorte de chez-soi » où il se sentait « comme à la maison ».[107] Il se montrait également sensible au passé de Suhrkamp, aux interrogatoires par la Gestapo et à sa détention en camp de concentration, lui qui avait échappé de peu à un destin semblable lorsqu'avait été démantelé le réseau de Résistance Gloria SMH auquel il appartenait. En juin 1954, Beckett pria ainsi Unseld de faire passer ses vœux de convalescence à Suhrkamp, gravement malade, et une phrase significative – « nous avons besoin de vous »[108] –, quelques mots seulement mais qui contenaient en creux toute l'importance de Suhrkamp pour les échanges interculturels avec la France et l'ouverture vers l'étranger.

Le médiateur indispensable pour la diffusion des pièces de Genet sur les scènes allemandes fut Andreas J. Meyer, fondateur du Merlin Verlag en 1957, une maison d'édition indépendante spécialisée en ses débuts dans le théâtre. Une rencontre avec l'éditeur permit de récolter de nombreux détails et anecdotes personnelles concernant son travail avec l'écrivain.[109] Au moment de sa rencontre avec Genet, Meyer parlait « un peu français »,[110] son épouse en revanche très bien et ainsi elle servait d'interprète lors de l'échange épistolaire ou lors des rencontres entre les deux hommes. Meyer expliqua que l'écrivain comprenait bien l'allemand, sans pour autant le maîtriser parfaitement ou en faire un usage approfondi. Ses connaissances linguistiques remontaient à ses années de pérégrination, comme le relate Meyer :

> Genet sprach natürlich nicht fließend Deutsch, das wäre ein Mißverständnis. Er verstand Deutsch recht gut, machte aber selbst so wenig wie möglich Gebrauch davon. Ich bin überzeugt, dass er sich seine Deutsch-Kenntnisse in der Zeit seines Vagabundierens durch Europa, insbesondere durch Deutschland angeeignet hat. Er ist damals ja häufig in Deutschland gewesen, nicht als Schriftsteller, sondern auf Erkundungszügen durch Europa.[111]

---

**107** Beckett cité par Siegfried Unseld, « Reisebericht Paris-Genf-Fribourg, 18.–22. Januar 1972 », Archiv der Peter Suhrkamp Stiftung, Frankfurt am Main. Cité in : ibid., p. 225. (« Eine Art von Heimat » ; « Bei Suhrkamp dagegen fühle er sich zuhause »).
**108** Lettre de Beckett à Unseld, 6 juin 1954. Cité in : ibid., p. 226.
**109** Andreas J. Meyer : Entretien réalisé le 9 septembre 2013, Gumpendorf.
**110** Ibid. (« Ein bisschen französisch »).
**111** Andreas J. Meyer : Lettre à Marie-Christine Gay (18 septembre 2013). « Genet ne parlait bien sûr pas couramment allemand – cela reviendrait à un malentendu. Il comprenait assez bien l'allemand, mais l'utilisait lui-même aussi peu que possible. Je suis persuadé qu'il acquit ses connaissances en allemand pendant qu'il vagabondait en Europe, et en Allemagne surtout.

Cette déclaration est précieuse au regard de l'absence d'autres sources qui viennent témoigner des connaissances de Genet en allemand, et elle montre également que Genet avait consenti à discuter de son séjour prolongé à Brno et à Berlin.[112] L'éditeur découvrit les pièces de Genet en 1956 grâce à un ami américain qui vivait à Paris. Par l'intermédiaire du traducteur des textes vers l'anglais, Bernard Frechtmann, le contact fut établi avec l'agent de Genet, Rosica Colin, qui fit parvenir à Meyer un exemplaire des *Bonnes*, la première pièce de l'auteur à avoir été traduite et publiée en Allemagne. Par la suite, Meyer édita les œuvres de Genet sans les censurer, ce qui donna lieu à des démêlés avec la justice.[113] Le rôle de Meyer dépassait en outre celui de simple éditeur et la communication avec les théâtres et les metteurs en scène était assurée par lui, ce que les théâtres privilégiaient également : bien que Genet se rendit à plusieurs reprises en Allemagne de l'Ouest pour discuter de ses pièces, ses explications n'étaient souvent pas de nature à répondre aux questions posées, mais décontenançaient les interlocuteurs, une attitude qui fit dire à Meyer : « Cela correspondait à l'image qu'on avait de lui ».[114] L'éditeur veillait également à ce que les pièces soient montées dans l'esprit de l'auteur, une entreprise délicate qu'il ne put pas toujours mener à bien. Meyer expliqua lors de notre entrevue que dans la majorité des cas, les metteurs en scène changeaient la traduction sans en demander l'autorisation et que ce n'était qu'en assistant aux représentations qu'il se rendait compte des transformations que le texte avait subies. Un extrait d'une lettre du 15 novembre 1960, envoyée par l'éditeur au Schloßpark-Theater de Berlin où allait avoir lieu la première mondiale des *Paravents*, témoigne des efforts entrepris pour empêcher des remaniements du texte trop importants. Dans cette lettre, Meyer explique au dramaturge du théâtre que des coupures sont autorisées, mais que toute transformation du texte devait être directement discutée avec lui puisqu'il ne pouvait « naturellement pas [leur] accorder les pleins pouvoirs sans réserves ni conditions » et « endoss[ait] la responsabilité vis-à-vis de l'auteur ».[115]

---

À cette époque il s'est souvent rendu en Allemagne, pas en tant qu'écrivain, mais pour découvrir l'Europe ».
112 Cf. le paragraphe réservé à Genet dans la partie 3 de l'introduction.
113 En 1960, la publication de *Notre-dame-des-fleurs* donna par exemple lieu à un important procès car le roman à scandale fut jugé pornographique.
114 Andreas J. Meyer : Entretien réalisé le 9 septembre 2013, Gumpendorf. (« Das passte ins Bild »).
115 Andreas J. Meyer : Lettre au Schloßpark-Theater Berlin (15 novembre 1960). ADK Berlin, Hans-Lietzau-Archiv 133. (« [...] natürlich nicht uneingeschränkt und bedingungslos plein pouvoir erteilen » ; « [...] auch hier übernehme dem Autor gegenüber ich die Verantwortung auf mich »).

Enfin, Genet semble avoir rencontré des problèmes les rares fois où il s'adressa à d'autres éditeurs, comme Rowohlt.[116] L'écrivain se plaignit ainsi auprès de son éditeur français Marc Barbezat de la perte du manuscrit des *Nègres* par « Rovolt [sic.], [s]on éditeur allemand, [qui était] parti ce matin avec [sa] copie ». Genet laissa libre cours à sa colère : « C'est un fou. Je la lui ai prêté [sic] pour la lire, mais il a pris l'avion avec. Il ne rentre à Hambourg que dans 8 ou 10 jours ! » et demanda une copie de la pièce à Barbezat, ayant « peur [que Rowohlt] ait perdu la sienne ».[117] Un tel scénario était impensable avec Meyer, en qui Genet avait une totale confiance. Il voyait en lui bien plus qu'un éditeur, et ainsi il lui dédicaça un exemplaire des *Bonnes* avec les mots suivants : « À mon agent, qui est aussi mon éditeur ».[118] Après le décès de Genet, comme Meyer n'avait pas fait régulièrement renouveler les contrats, les droits d'auteurs furent délégués à Rosica Colin. La maison d'édition Verlag der Autoren racheta les droits des œuvres de Genet, et en fit retraduire certaines. Pourtant, le Merlin Verlag demeure l'éditeur de référence concernant Genet, comme en témoignent les éditions complètes en cours de publication.[119]

Enfin, Hans Rudolf Stauffacher, fondateur de la maison d'édition zurichoise qui portait son nom, permit à Ionesco de se faire un nom dans l'espace germanophone. Le goût de Stauffacher pour l'expérimentation le porta vers l'œuvre de Ionesco, avec lequel il se lia d'amitié, et tantôt éditeur, tantôt traducteur ou agent, il fit preuve d'un soutien et d'un engagement décisifs. De nombreuses informations et plusieurs documents sont issus d'une rencontre avec son fils Daniel Stauffacher.[120] Comme l'expliqua ce dernier, l'éditeur assista durant l'après-guerre à une mise en scène de *Of Mice and Men* de John Steinbeck, une expérience clé qui l'incita à se consacrer uniquement au théâtre. L'intérêt pour les écrivains français contemporains se développa plus précisément au cours

---

**116** Le roman *Querelle* avait également paru chez Rowohlt sous le manteau en 1959, ce que Meyer ignorait encore à l'époque. Jugé pornographique, au même titre que *Notre-dame-des-fleurs*, la maison d'édition Rowohlt dut payer une forte amende pour ne pas être traduite en justice, alors que le Merlin Verlag consentit à aller jusqu'au procès dont il sortit vainqueur.
**117** Lettre de Genet aux Barbezat du 18 septembre 1956. Jean Genet : *Lettres à Olga et Marc Barbezat*. Décines : L'Arbalète 1988, p. 158.
**118** Andreas J. Meyer : Entretien réalisé le 9 septembre 2013, Gumpendorf. (« Meinem Agenten, der auch mein Verleger ist »).
**119** Jean Genet : *Werkausgabe* I : *Notre-Dame-des-Fleurs* (1998) ; II : *Wunder der Rose* (1999) ; III : *Das Totenfest* (2000) ; IV : *Querelle de Brest* (à paraître) ; V : *Tagebuch des Diebes* (2001) ; VI : *Ein verliebter Gefangener* (2006) ; VII : *Gedichte* (2003) ; VIII : *Dramen Teil 1 und 2* (2014) ; IX : *Essays* (à paraître) ; X : *Interviews* (à paraître) ; XI : *Nachlass* (à paraître), Gifkendorf, Merlin Verlag.
**120** Daniel Stauffacher : Entretien réalisé le 6 mai 2014, Zurich.

de séjours parisiens durant lesquels Stauffacher et son épouse, tous deux bilingues allemand-français, firent la connaissance de metteurs en scène. En tant qu'éditeur en langue allemande d'auteurs comme Tardieu, Vian, Audiberti, Schéhadé et de leur précurseur Jarry, Stauffacher était au fait des évolutions de l'avant-garde théâtrale française. Si l'on peut affirmer que Stauffacher assista aux représentations des premières pièces de Ionesco dans les petits théâtres de la Rive gauche, il est en revanche impossible de retracer avec certitude de quelle manière l'éditeur et l'écrivain entrèrent en contact. Selon Daniel Stauffacher, il se pourrait que le contact ait été établi à travers un metteur en scène de la vie parisienne, sans doute Jean-Louis Barrault, ou par l'intermédiaire de l'artiste surréaliste Victor Brauner, dont la famille Stauffacher s'était occupé à la fin de la guerre et qui connaissait de nombreux artistes parisiens.

Dans l'une des premières lettres que Ionesco envoya à Stauffacher, datée du 14 juin 1955, l'auteur expliquait vouloir « depuis longtemps [lui] écrire » mais qu'il avait « remis la décision de jour en jour, et le temps [avait] passé ».[121] L'écrivain joignit à cette même lettre un numéro de la revue *Arts* avec une interview et des photos de lui pour soutenir sa demande. Un extrait de cette même lettre témoigne de l'importance que Ionesco portait à l'intérêt de Stauffacher : « Si vous passez à Paris vous me feriez un très grand plaisir de m'annoncer [sic] », écrivait-il à l'éditeur, « je voudrais beaucoup vous voir et vous remercier, de vive voix, pour l'intérêt que vous voulez bien porter à mes pièces. Il y a, je crois, quelques espoirs pour l'automne ». Dans sa réponse datée du 22 juin 1955, Stauffacher rendait compte de la curiosité de plusieurs théâtres allemands pour *La Leçon*, *Amédée ou Comment s'en débarrasser* et *Victimes du devoir*.[122] En 1955, le H. R. Stauffacher Verlag possédait donc déjà les droits allemands d'au moins quatre pièces. Pour que l'auteur comprenne dans quels lieux et circonstances ses pièces seraient jouées, Stauffacher lui expliqua l'évolution du paysage théâtral allemand d'après-guerre, à savoir que Berlin-Ouest avait perdu son statut de capitale théâtrale et de nombreuses villes étaient en concurrence. La République Fédérale était effectivement devenue à la fin des années 1950 « un pays au visage théâtral polyphonique ».[123] L'échange épistolaire entre les deux hommes atteste de l'engagement indéfectible de l'éditeur, qui prenait au sérieux la difficile tâche que représentait la traduction des œuvres de Ionesco : il les supervisait de près et, maîtrisant parfaitement les deux langues, se chargea lui-même de la traduction de certaines pièces,

---

**121** Eugène Ionesco : Lettre à Hans Rudolf Stauffacher (14 juin 1955). CP Stauffacher.
**122** Hans Rudolf Stauffacher : Lettre à Eugène Ionesco (22 juin 1955). CP Stauffacher.
**123** Günther Rühle : *Theater in Deutschland 1945–1966*, p. 425. (« Ein polyphones Theaterland »).

comme *Rhinocéros* ou *Le Roi se meurt*, traduites en collaboration avec Claus Bremer. Il participait en outre à la correction des pièces lorsque l'auteur apportait des modifications de dernière minute. L'ampleur du travail accompli se manifeste surtout à travers la brillante promotion des pièces de l'écrivain auprès des théâtres suisses, ouest-allemands et autrichiens. En rupture totale avec les normes esthétiques classiques, les œuvres de Ionesco déconcertaient plus d'un metteur en scène ou dramaturge auxquels Stauffacher avait envoyé des manuscrits mais, patient et déterminé, l'éditeur trouvait toujours preneur, en premier lieu dans des petits théâtres qui désiraient expérimenter avec de nouvelles formes dramatiques.

L'écrivain demandait par ailleurs à son éditeur de l'informer du succès rencontré, c'est-à-dire des mises en scène de ses pièces et du nombre de représentations, de leur accueil auprès du public et des réactions de la presse. Dans une lettre du 22 décembre 1956 par exemple, Ionesco le priait de lui faire parvenir « aussi, enfin, les coupures de presse allemandes », et concluait sa lettre avec autodérision : « Je ne vous écris pas souvent, voyez-vous, mais quand je vous écris je vous embête sans doute pas mal ! »[124] Enfin, à partir de 1963, Stauffacher veillait à la diffusion de l'œuvre de l'auteur dans d'autres pays, une entreprise qui ne le concernait pas directement et qui lui faisait endosser le rôle d'agent littéraire. Dans une lettre datée du 31 décembre 1962, Ionesco le qualifia effectivement de « représentant général ».[125] Pourtant, malgré la confiance que Ionesco témoignait à Stauffacher, celui-ci ne fut pas l'unique éditeur en langue allemande de l'écrivain, une situation délicate qui suscita des tensions. Sept pièces de l'auteur furent publiées par la maison d'édition munichoise Verlag Kurt Desch.[126] Le contrat pour certaines d'entre elles, comme *Les Chaises*, fut signé parallèlement aux accords avec Stauffacher. D'autres en revanche, à l'instar du *Roi se meurt*, furent donnés par Ionesco à Desch alors même que sa collaboration avec Stauffacher était en cours.[127] Les raisons pour ce partage entre deux maisons d'édition, un état de fait qui déplaisait profondément à Stauffacher, demeurent incertaines. Lors d'une fausse déclaration parue dans le journal *Die Welt*, selon laquelle le Verlag Kurt Desch bénéficiait dorénavant des droits sur *Jacques ou La soumission*, *La Leçon* ou encore *Amédée ou Comment s'en débarrasser*, Stauffacher réagit immédiatement en souli-

---

**124** Eugène Ionesco : Lettre à Hans Rudolf Stauffacher (22 décembre 1956). CP Stauffacher.
**125** Eugène Ionesco : Lettre à Hans Rudolf Stauffacher (31 décembre 1962). CP Stauffacher.
**126** Il s'agit des pièces et sketches suivants : *Les Chaises* (1956), *Le Maître* (1961), *Délire à deux* (1962), *Le Roi se meurt* (1963), *Scène à quatre* (1964), *Les Salutations* (1964), *Le Salon de l'automobile* (1965).
**127** Eugène Ionesco : Lettre à Hans Rudolf Stauffacher (31 décembre 1962). CP Stauffacher : « Je voudrais bien vous prier de céder *Le Roi se meurt* à Desch. Ce serait la dernière. [...] C'est à vous qu'il verserait les droits, sur lesquels vous auriez votre part habituelle ».

gnant son engagement sincère envers l'auteur et qui plus est décisif pour son succès.[128] Daniel Stauffacher estima que le changement de cap de l'écrivain était imputable à des questions financières.[129] Également questionnée à ce sujet, Eva Stroux se souvint de la mésaventure et déclara que « Rudi [Hans Rudolf Stauffacher] était désemparé »[130] et laissa entendre que l'écrivain, toujours désireux de faire plaisir à autrui, se serait laissé persuader à contrecœur par la maison d'édition Kurt Desch et donc « fait avoir ».[131]

En 1977, après le décès de Stauffacher, son fils reprit la maison d'édition pendant quatre ans. De nombreux contrats qui allaient arriver à expiration furent renégociés, dont les droits relatifs à Ionesco. Celui-ci accepta dans un premier temps de renouveler ses contrats mais lors de la dissolution du H. R. Stauffacher Verlag en 1989 et de sa reprise partielle dans la nouvelle maison d'édition Hartmann-Stauffacher Verlag, Ionesco ne renouvela pas son engagement. Les droits furent ainsi revendus au successeur du Verlag Kurt Desch, le Theaterverlag Desch. Pour les descendants de Hans Rudolf Stauffacher, la vente des droits des pièces de Ionesco était une grande perte puisqu'un lien amical avait rapproché les deux hommes, ce qui fit dire à Daniel Stauffacher que « tout cela [avait] été très émotionnel ».[132]

### 2.2.2 Les traducteurs des pièces vers l'allemand

Le travail de traduction accompli par le couple Erika et Elmar Tophoven, des figures phares de la traduction en langue allemande d'écrivains français, a fait l'objet de diverses publications notamment en lien avec l'œuvre de Beckett.[133] Elmar Tophoven, par ailleurs, d'une part joua un rôle majeur dans la traduc-

---

**128** Hans Rudolf Stauffacher : Lettre à Eugène Ionesco (28 novembre 1957). CP Stauffacher : « Et j'ai envoyé à titre gratuit plus de 400 exemplaires de mes livres sur vous aux théâtres, à la presse etc. … – Je ne veux pas me vanter, mais je veux vous démontrer les efforts que j'ai faits pour vous et votre œuvre et par là vous prouver que j'ai droit un peu à votre soutien ».
**129** Daniel Stauffacher : Entretien réalisé le 6 mai 2014, Zurich.
**130** Eva Stroux : Entretien réalisé le 2 avril 2014, Düsseldorf. (« Rudi war entsetzt »).
**131** Ibid. (« Ionesco hat sich über's Ohr hauen lassen »).
**132** Daniel Stauffacher : Entretien réalisé le 6 mai 2014, Zurich. (« [Es war] alles sehr emotional »).
**133** On se reportera à Wiebke Sievers : Becketts deutsche Stimmen : Zur Übersetzung und Vermittlung seiner Werke im deutschsprachigen Raum. In : Therese Fischer-Seidel/Marion Fries-Dieckmann (éds.) : *Der unbekannte Beckett*, p. 224–244. On se reportera également à Erika Tophoven : *Glückliche Jahre : Übersetzerleben in Paris, Gespräche mit Marion Gees*. Berlin : Matthes und Seitz 2011.

tion de la première partie de l'œuvre d'Adamov et d'autre part transposa en allemand la dernière pièce de Ionesco, *Voyage chez les morts*.

Au lendemain de la Seconde Guerre mondiale, les difficultés posées par la traduction d'un texte français vers l'allemand étaient de taille, puisqu'il existait deux langues allemandes, celle des émigrés et celle des Allemands restés au pays. Erika Tophoven se souvint ainsi des mises en garde de ses contemporains qui l'exhortaient à ne pas traduire dans un « allemand des émigrés » qui ne correspondait pas à la réalité de la langue telle qu'elle était parlée en Allemagne après la guerre.[134] Au cours du passage d'une langue à l'autre, cette complexité supplémentaire devait donc être prise en compte par les traducteurs. Pour reprendre les termes de Michel Espagne, les « nouvelles références linguistiques »[135] choisies pour le texte allemand devaient être compréhensibles par des lecteurs ou auditeurs presque tous restés en Allemagne sous le Troisième Reich ; pourtant, il était hors de question de tomber dans la rhétorique d'une langue dénaturée par les nationaux-socialistes, et il fallait par moments avoir recours à la langue des émigrés, notamment pour que puisse renaître un langage littéraire.

Elmar Tophoven avait suivi des cours en études romanes et en études théâtrales à l'université de Mayence, et en 1949 était devenu le premier lecteur allemand de l'après-guerre à l'Université de la Sorbonne. Il rencontra à Paris des auteurs du théâtre français d'avant-garde, comme Ionesco, Vauthier ou encore Adamov qui logeait non loin de chez lui.[136] Tophoven l'invita à l'accompagner à une création du *Fossoyeur* (*Der Gruftwächter*, 1916) de Kafka, mis en scène dans un théâtre parisien par ses camarades de Mayence, mais Adamov ne put se joindre à lui car il se trouvait au chevet de Dora Diamant, l'ancienne compagne de Kafka.[137] Lorsque les deux hommes firent finalement connaissance quelques temps plus tard, Adamov confia à Tophoven sa pièce radiophonique *L'Agence universelle*. La première pièce qui fit l'objet d'un transfert n'était donc pas théâtrale, mais radiophonique, ce qui confirme l'importance de ce genre pour la carrière ouest-allemande d'Adamov. « En Allemagne, on était plus ouvert et avancé dans la pratique des pièces radiophoniques », expliqua Erika Tophoven à ce propos lors d'une entrevue.[138] Elle estima également

---

[134] Erika Tophoven : *Glückliche Jahre*, p. 45. (« Emigranten-Deutsch »).
[135] Michel Espagne : *Les Transferts culturels franco-allemands*, p. 20.
[136] Erika Tophoven : *Glückliche Jahre*, p. 33–34 : « Der Armenier Adamov wohnte in einem kleinen Hotel in Saint-Germain-des-Prés, unweit von Tops Hotel Bonaparte ». « L'Arménien Adamov vivait dans un petit hôtel à Saint-Germain-des-Prés, non loin de l'hôtel Bonaparte où logeait Top [Tophoven] ».
[137] Elmar Tophoven, in : ibid., p. 35.
[138] Erika Tophoven : Entretien réalisé le 9 janvier 2014, Berlin.

qu'Adamov avait « montré le chemin »[139] à d'autres écrivains, tel Beckett, dans l'exploitation de ce média. C'est auprès d'Adamov qu'Elmar Tophoven s'exerça au métier de traducteur. Il transposa dans un premier temps des traductions de ce dernier, par exemple les *Âmes mortes* de Gogol, avant qu'Adamov ne lui confie finalement ses premières pièces – excepté *L'Invasion*, *La Parodie* et *Tous contre tous*, dont les traductions furent assurée par Erica de Bary, la traductrice de plusieurs pièces de Ionesco. Adamov supervisait le travail de Tophoven en écoutant le texte allemand lu à voix haute, ce qui selon Erika Tophoven témoignait d'une « très bonne collaboration artistique ».[140] Enfin, c'est en compagnie de Tophoven que l'écrivain se rendit au Festival d'Erlangen en 1951[141] et ces deux médiateurs, curieux du pays de l'autre, semblaient faits pour s'entendre. Pourtant, en dépit de cette « amitié très proche »[142] dont témoignait aussi la dédicace à Tophoven de la pièce *Le Professeur Taranne*, le contact entre les deux hommes se perdit à la fin des années 1950. En 1961 et 1962, l'écrivain demanda à Tophoven de traduire l'une de ses pièces radiophoniques et suite à cela, leur correspondance cessa. Aux dires d'Erika Tophoven, Adamov était « soudainement devenu si politique, [qu']à l'Ouest non plus on ne voulait plus le jouer »[143] et son mari n'avait pas souhaité traduire les nouvelles pièces engagées de l'écrivain. Pierre Aron était alors devenu le nouveau traducteur attitré de ce dernier.

Occasionnellement, des metteurs en scène ou des journalistes examinaient d'un regard critique les traductions de Tophoven. Lors de la création allemande de *Tous contre tous* à Pforzheim en 1953, le metteur en scène Franz Peter Wirth avait modifié des passages de la traduction peu avant la première, ce qui déclencha une grande confusion parmi les comédiens.[144] Par ailleurs, un critique se demandait lors de la production berlinoise du *Ping-Pong* en 1955 si le ton employé par les personnages de la pièce avait dès l'origine été mal

---

**139** Ibid. (« In Deutschland war man sehr viel aufgeschlossener und weiter, was die Hörspielpraxis anbelangte » ; « Weg vorbereitet »).
**140** Ibid. (« Sehr gute Zusammenarbeit »).
**141** Erika Tophoven interpréta cette initative comme une preuve de l'intérêt sincère d'Adamov pour la vie littéraire en Allemagne. Ibid. : « [Es war ein] Zeichen dafür, dass er den Kontakt zu dem literarischen Deutschland, nach dieser ganzen Katastrophe, wieder aufnehmen wollte ».
**142** Ibid. (« Sehr eng befreundet »).
**143** Ibid. (« Plötzlich so politisch, im Westen wollte man ihn auch gar nicht »).
**144** Ulrich Seelmann-Eggebert : Adamov und der Neorealismus. In : sans indication de lieu ou de date de parution de l'article. TWS Wahn : « Anscheinend erst bei den Proben hatte es sich herausgestellt, daß die deutsche Übersetzung von Elmar Tophoven nicht sprechbar und nicht spielbar sei, und so wurde so lange am Text herumgeändert, bis die Schauspieler bei der Premiere die vielfältigen Varianten munter durcheinanderwarfen ».

rendu par Adamov ou si la faute en incombait au traducteur : ainsi la phrase « vous devriez normalement me comprendre » était traduite par « vous, dans votre situation, devriez comprendre ce mécanisme de l'esprit ».[145] Au regard des excellentes traductions par Tophoven des pièces de Beckett, bien plus difficiles à traduire que celles d'Adamov, une telle liberté de la part du traducteur étonne pourtant grandement, et peut-être la responsabilité incombait-elle au metteur en scène du *Ping-Pong*, Hans Lietzau.

Aujourd'hui encore, la traduction de l'œuvre de Beckett assure la renommée du couple Tophoven. Elmar Tophoven admirait profondément « la précision, la portée et l'emplacement de chaque mot dans le texte » de Beckett, une maîtrise qui rendait difficile la transposition dans une autre langue puisque « l'absence de procédés arbitraires ne laissait que peu de marge de manœuvre au traducteur ».[146] Les Tophoven rencontraient régulièrement Beckett en France ou en Allemagne pour discuter des traductions.[147] Elmar Tophoven avait conçu une méthode bien particulière qui consistait à réciter les traductions allemandes en les enregistrant sur magnétophone afin d'en vérifier le rythme et la sonorité, d'où résultèrent « soixante-dix heures de Beckett en continu ».[148] En 1993, après le décès de son mari, Erika Tophoven décida de revisiter d'un œil critique la première traduction d'*En attendant Godot*. Le texte allemand, qui avait fait l'objet de nombreuses modifications entre autres par Beckett lui-même, méritait une nouvelle publication,[149] dont le résultat fut salué par Erika Tophoven comme « fructueux et nécessaire ».[150]

Ionesco, quant à lui, n'avait pas de traducteur attitré vers l'allemand. Comme il l'expliqua en 1959 dans une lettre à Stauffacher,[151] sa préférence allait à Lore Kornell, chargée de la traduction de la majorité de ses pièces : *Le Tableau, Les Salutations, le Salon de l'automobile, Le Nouveau Locataire, L'Impromptu de*

---

**145** Sabina Lietzmann : Im Groschengrab begraben. In : *Frankfurter Allgemeine Zeitung* (8 décembre 1955). ADK Berlin, Hans-Lietzau-Archiv 169 : « Da heißt es, statt ‹Sie müßten mich eigentlich verstehen›, umständlich gestelzt : ‹Sie in Ihrer Lage sollten diesen Mechanismus des Geistes begreifen›. [...] Vielleicht, wahrscheinlich, ist das als pure Ironie gemeint, dann hätte aber der gestelzte Sprachton konsequenter durchgehalten werden müssen ».
**146** Erika Tophoven : *Glückliche Jahre*, p. 95. (« Top war von Anfang an beeindruckt von der Präzision, von der Bedeutung und Stellung jedes einzelnen Wortes im Text. Keine Beliebigkeit und infolgedessen auch wenig Spielraum für den Übersetzer »).
**147** Ibid., p. 107.
**148** Ibid. (« 70 Stunden Beckett am laufenden Band »).
**149** Ibid., p. 145–146.
**150** Erika Tophoven : Entretien réalisé le 9 janvier 2014, Berlin. (« Ergiebig und nötig »).
**151** Eugène Ionesco : Lettre à Hans Rudolf Stauffacher (4 mai 1959). CP Stauffacher.

*l'Alma, Délire à deux, Scènes à quatre, Tueur sans gages, Le Piéton de l'air, La Soif et la Faim, Jeux de massacre, Macbett, Ce formidable bordel !, L'Homme aux valises* de même que les saynètes *La Lacune, Pour préparer un œuf dur, L'Œuf dur, Le Jeune Homme à marier* et *Apprendre à marcher*. Les autres pièces de l'auteur[152] furent confiées aux traducteurs suivants : *La Cantatrice chauve* à Serge Stauffer ; *La Leçon, Le Maître* et *La Jeune Fille à marier* à Erica de Bary ; *Les Chaises* à Jacqueline et Ulrich Seelmann-Eggebert ; *Victimes du devoir* et *Amédée ou Comment s'en débarrasser* à Werner Düggelin ; *Jacques ou la Soumission* à Erica de Bary et Claus Bremer ; *Rhinocéros* à Claus Bremer, Christoph Schwerin et Hans Rudolf Stauffacher ;[153] *Le Roi se meurt* à Claus Bremer et Hans Rudolf Stauffacher. Enfin, la dernière œuvre de l'écrivain, *Voyage chez les morts*, fut traduite par Elmar Tophoven qui, par loyauté envers Adamov – en froid avec Ionesco – avait refusé de transposer les œuvres de ce dernier ;[154] le contact avec Ionesco ne fut renoué qu'après le décès d'Adamov.[155]

Les traducteurs s'adressaient régulièrement à Ionesco ou à son éditeur Stauffacher. Une correspondance entre celui-ci et le metteur en scène Stroux au sujet du titre allemand du *Piéton de l'air* rend compte, par exemple, des interrogations et incertitudes suscitées par les caractéristiques françaises des pièces de Ionesco, non seulement les noms des personnages ou des lieux, mais encore certains accessoires ou costumes, des références littéraires et culturelles ou encore des traits d'humour particuliers contenus dans les dialogues.[156]

Dans son portrait consacré à Genet, Odette Aslan affirme que seul un traducteur-poète est en mesure d'assurer une traduction exacte des œuvres de cet écrivain. Elle déplore que cela n'a été le cas dans aucune langue, et estime que les meilleures traductions furent finalement celles de Bernard Frechtman vers l'anglais :

---

[152] Il n'a pas été possible de retrouver des traces de créations ouest-allemandes de la pièce *Exercices de conversation et de diction française pour étudiants américains*, dont même Eva Stroux ne détient qu'une copie en français envoyée par Ionesco à Stroux. Cette pièce semble donc ne pas avoir été traduite.
[153] Dans le premier manuscrit de traduction du H. R. Stauffacher Verlag sont donnés les noms de Claus Bremer et Christoph Schwerin. Ce dernier n'est plus cité comme traducteur dans l'édition définitive, où son nom cède la place à celui de Stauffacher.
[154] Erika Tophoven : Entretien réalisé le 9 janvier 2014, Berlin.
[155] Erika Tophoven s'est souvenue que quand Elmar Tophoven montra à Ionesco l'ordinateur utilisé pour ses traductions, l'écrivain fut très étonné et s'exclama : « Cela ne veut rien dire. C'est complètement absurde ». Erika Tophoven : Entretien réalisé le 9 janvier 2014, Berlin.
[156] Hans Rudolf Stauffacher : Lettre à Karl Heinz Stroux (12 juillet 1962). TM Düsseldorf, KHS III 1.1. 6735.

Les traducteurs en sont restés à la littérarité, aplatissant les images et les mots, supprimant les néologismes intraduisibles, tronquant des vocables rabelaisiens dont les équivalents étaient jugés trop grossiers dans les autres langues, se méprenant sur la signification d'expressions argotiques ou colorées, pénétrant mal les détours de la syntaxe et s'enferrant dans d'inattendus contre-sens.[157]

Les premières traductions allemandes parues au Merlin Verlag furent assurées par les traducteurs suivants : *Haute Surveillance* et *Les Bonnes* par Gerhard Hock (1957), *Le Balcon* par Georg Schulte-Frohlinde et Geno Hartlaub (1959), *Les Paravents* par Hans Georg Brenner (1960) puis Ernst Sander (1968), *Les Nègres* par Katharina Hock et Ben Poller (1962). Les traductions des œuvres posthumes *Splendid's* par Peter Handke et de *Elle* par Peter Krumme furent publiées au Verlag der Autoren (1994). C'est par ailleurs dans cette maison d'édition que parurent de nouvelles traductions après la perte des droits d'auteur par le Merlin Verlag en 1986 : *Le Balcon* fut retraduit par Peter Krumme, *Les Nègres* par Peter Stein, *Les Paravents* par Hans-Joachim Ruckhäberle et Georg Holzer et enfin *Les Bonnes* et *Haute surveillance* par Simon Werle.

## 2.3 Créations du théâtre « de l'absurde » sur les petites scènes

La circulation des œuvres d'Adamov, Ionesco et Genet débuta dans les petits théâtres expérimentaux. Un grand nombre d'entre eux avaient été les premiers établissements culturels à rouvrir leurs portes à la fin de la guerre et appelaient de leurs vœux des pièces d'auteurs étrangers, dans l'espoir que cette ouverture à l'international puisse panser les plaies des années passées et délivrer le public ouest-allemand de sa solitude artistique et de l'étroitesse des programmations.

### 2.3.1 Adamov à Pforzheim

Le théâtre de la petite ville de Pforzheim, située en Bade-Wurtemberg non loin de la frontière alsacienne, fut l'un des premiers en Allemagne à monter des pièces expérimentales d'auteurs étrangers, un engagement qui lui valut d'acquérir une notoriété nationale et internationale. Les travaux d'aménagement pour transformer la salle de sport de l'école d'Osterfeld en scène provisoire

---

157 Odette Aslan : *Jean Genet*. Paris : Seghers 1973, p. 22.

commencèrent le 14 août 1946 et, à son ouverture en 1948, le théâtre disposait de 542 places et d'une scène de 60 à 70 m². Il s'agissait de la première salle de spectacle reconstruite de l'après-guerre, une initiative qui semblait présager de l'importance qu'elle allait acquérir.[158] Pourtant, son succès prometteur finit par tomber dans l'oubli, et les locaux provisoires furent utilisés comme scène principale pendant 42 ans.[159]

Au début des années 1950 avait été attribué à ce théâtre le titre honorifique d'« avant-garde de la province ».[160] L'intérêt des critiques venus assister à des représentations des quatre coins du pays, de même que la présence de critiques étrangers ou du moins d'articles dans la presse étrangère, témoignaient du succès mirobolant de ce théâtre. Un compte rendu paru le 5 janvier 1954 dans l'hebdomadaire autrichien *Neue Wiener Tageszeitung* faisait ainsi état de la reconnaissance internationale de Pforzheim.[161] Sous la direction de Franz Otto, ce théâtre eut l'initiative de monter à partir de 1951 les premières allemandes d'*Un tramway nommé désir* (*A Streetcar Named Desire*, 1947) de Tennessee Williams, de *Barabbas* (1928) de Michel de Ghelderode et enfin de *L'Invasion* (1949) et de *Tous contre tous* (1952) d'Adamov, des auteurs dont les œuvres étaient, pour différentes raisons, jugées difficilement transposables sur des scènes ouest-allemandes. La presse saluait cette « entreprise téméraire d'un théâtre de province » et le courage de son directeur « d'ouvrir toutes grandes les portes à la nouveauté ».[162] L'acteur Franz Peter Wirth, engagé en 1951 comme comédien, dramaturge et metteur en scène,[163] était à l'origine des créations allemandes de ces pièces contemporaines issues de l'étranger. Dans un entretien accordé au journal local *Pforzheimer Zeitung*, Wirth se souvient qu'en 1952 son théâtre avait été le premier de la jeune République à avoir été invité en France : le théâtre de Babylone avait voulu représenter la création allemande de *Tous contre tous* à Paris, mais la troupe de Pforzheim n'avait pas pu

---

**158** Volksbühne Pforzheim (éd.) : *75 Jahre Volksbühne Pforzheim 1921–1996 : Oper, Operette, Schauspiel, Ballett, Musical*. Pforzheim : Verlag Esslinger 1996, p. 53
**159** Ibid., p. 52 : « Pforzheim hat das längste Theaterprovisorium Deutschlands ». « Pforzheim, de toute l'Allemagne, a le plus ancien théâtre provisoire ».
**160** Ibid. (« Avantgarde der Provinz »).
**161** Anonyme : « Avantgarde der deutschen Provinz ». In : *Neue Wiener Tageszeitung* (5 janvier 1954). Cité in : Kurt Griguscheit : *Beiträge zur Geschichte des Theaters in und um Pforzheim herum*. Pforzheim : Selbstverl. 1987, p. 134.
**162** Kurt Amerbacher : *Die Invasion* von Arthur Adamov. In : *Schwarzwälder Bote* (3 mars 1952). SA Pforzheim, B46 2013–117 52. (« Eine mutige Tat eines Provinztheaters […] [das] dem ‹ Neuen › die Tore weit öffen will »).
**163** Irmeli Minder : Vor Filmkarriere in Goldstadt Anker geworfen. In : *Pforzheimer Zeitung* (10 août 1989). SA Pforzheim, S3–1181.

se rendre à Paris faute de subventions.[164] Néanmoins, en dépit de cet intérêt mutuel du monde théâtral allemand et français, les différences de mentalité entre les deux pays restaient un sujet de discussion majeur, comme en rend compte un article paru dans le journal local *Pforzheimer Kurier* qui pose un regard sceptique sur la création de *L'Invasion*, puisque « ce [n'allait] pas [être] une tâche très facile d'imposer chez nous [à Pforzheim] cette pièce issue d'une mentalité française ».[165]

*L'Invasion* fut créée par Wirth le 29 février 1952. Adamov, interrogé par le journal du soir *Abendzeitung*, expliquait s'être rendu à Pforzheim car il avait été « gentiment invité » et ajoutait avec humour apporter son *Invasion* « avec des intentions pacifiques »[166] – la pièce, nullement orientée vers une thématique militaire, portait en effet un titre qui pouvait prêter à confusion. Les circonstances dans lesquelles Wirth prit connaissance des pièces d'Adamov ne sont pas connues, mais il semble plausible que Herbert Greuèl de la maison d'édition Kurt Desch ait proposé la pièce à ce théâtre en raison de ses créations par ailleurs téméraires. Le choix de la pièce d'Adamov fut applaudi dans la presse locale qui soulignait le courage d'une telle entreprise :

> Das Stadttheater Pforzheim hat sich [...] wieder einmal in die vorderste Reihe der westdeutschen Bühnen gestellt. Man wird nach der Aufnahme des Stückes in den hiesigen Spielplan zunächst den Mut unserer Theaterleitung voll anerkennen müssen, mit dem sie es als erste Bühne wagte, einen Dramatiker zur Diskussion zu stellen, der zwar erst am Beginn seines Schaffens steht, in Frankreich aber bereits große Beachtung und Anerkennung finden konnte.[167]

---

[164] Ibid. Une annonce de la maison d'édition Kurt Desch confirme le souvenir de Wirth. Verlag Kurt Desch : Dépliant au sujet d'un projet de coopération culturelle entre le théâtre de Pforzheim et le théâtre de Babylone à Paris en 1952. TWS Wahn : « Das Ensemble des Stadttheaters Pforzheim wurde vom Théâtre de Babylone eingeladen, im Frühjahr mit der erfolgreichen Inszenierung des Pforzheimer Regisseurs Franz Peter Wirth in Paris zu gastieren ».

[165] Eduard Hahn : *Die Invasion – eine deutsche Erstaufführung*. In : *Pforzheimer Kurier* (3 mars 1952). SA Pforzheim, B46 2013–117 52. (« Es dürfte nicht ganz leicht sein, das ganz aus französischer Mentalität heraus geschriebene Stück bei uns durchzusetzen »).

[166] Walter Baroni : *Die Invasion – ein gelungenes Wagnis*. In : *AZ* (3 mars 1952). SA Pforzheim, B46 2013–117 52. (« Ich bin nun nach Pforzheim gekommen, um Ihnen meine ‹ Invasion › (in friedlicher Absicht) zu bringen. Ich bin auch gekommen, weil man mich so nett eingeladen hat »).

[167] Eduard Hahn : *Die Invasion – eine deutsche Erstaufführung*. In : *Pforzheimer Kurier* (3 mars 1952). SA Pforzheim, B46 2013–117 52. « Le théâtre de la ville de Pforzheim a [...] une fois de plus rejoint le premier rang des scènes ouest-allemandes. Après avoir inclus cette pièce dans la programmation, il faut bien reconnaître le courage de notre direction théâtrale qui a en premier osé soumettre à discussion un écrivain qui ne se trouve certes qu'au début de sa carrière, mais a déjà rencontré en France une grande considération et reconnaissance ».

## 2.3 Créations du théâtre « de l'absurde » sur les petites scènes — 81

Le public ouest-allemand était en effet pour la première fois confronté à une œuvre avant-gardiste française au caractère méconnu, expérimental et déroutant. Le programme qui accompagnait la mise en scène entendait préparer le spectateur à cette nouvelle dramaturgie en laissant la parole à l'auteur lui-même. Dans le texte introductif, Adamov désignait la solitude humaine comme leitmotiv de sa pièce et décrivait les moyens dramaturgiques utilisés pour transmettre cet isolement au spectateur.[168] L'usage inhabituel de la forme du dialogue et du monologue ainsi que l'importance accordée aux silences étaient également mis en avant par un article du critique Ulrich Seelmann-Eggebert, qui expliquait que le sens de l'œuvre était à chercher dans les silences et non dans les mots.[169] Deux années avant le succès d'*En attendant Godot* de Beckett, Adamov faisait donc découvrir au public ouest-allemand une nouvelle hiérarchisation des actes langagiers. Seelmann-Eggebert établissait une filiation entre Adamov et des auteurs célèbres, ce qui témoignait de la nécessité de placer le public ouest-allemand en terrain connu. Le critique désignait ainsi Büchner, Tchekhov et Strindberg comme des auteurs qui avaient grandement influencé Adamov et ce dernier affirmait d'ailleurs, dans son texte introductif, n'avoir rien inventé, allant jusqu'à citer *Le Songe* de Strindberg comme modèle. Le texte de Seelmann-Eggebert se terminait sur l'affirmation qu'Adamov était un auteur dont on ne pouvait déjà plus se passer, un constat renforcé par une lettre élogieuse qu'André Gide avait envoyée à Adamov et dont la copie fut placée dans la brochure. Enfin, pour préparer au mieux le public novice, le metteur en scène Wirth tint un discours le soir de la première, dans lequel il soulignait qu'il était certes question d'une pièce « difficile et problématique » mais qui « méritait entièrement de faire l'objet de discussions ».[170]

La création connut un accueil controversé, entre des éloges abondants dans la presse locale et une réception mitigée de la part de la presse nationale. Les journaux de la ville de Pforzheim ne cachaient pas leur fierté et se félicitaient que « les regards de la vie théâtrale allemande se [portaient] à nouveau sur une création du théâtre de Pforzheim » et soulignaient la venue d'éminents quotidiens et de stations radiophoniques, comme les radios de Stuttgart, de Karlsruhe et de Baden-Baden, qui allaient « diffuser des morceaux choisis de

---

**168** Otto, Franz (éd.) : *Die Szene. Pforzheimer Theaterblätter* Doppelheft 13–14 (1951/52), p. 1. T Pforzheim.
**169** Ibid., p. 3.
**170** Ha. : Paris – Brüssel – Pforzheim. In : *Württembergisches Abendblatt Pforzheim* (3 mars 1952). TWS Wahn. (« In einem Einführungsvortrag hatte Dramaturg Wirth [...] bereits darauf hingewiesen, daß das Werk schwierig und problematisch sei, aber voll und ganz verdiene, zur Diskussion gestellt zu werden »). Le texte de ce discours ne fut pas entièrement retrouvé.

scènes et des interviews avec l'auteur ».[171] Les journaux nationaux se montraient toutefois sceptiques quant à la réelle valeur littéraire de la pièce. Transmettant l'ambiance d'un « mercredi des cendres », il s'agissait selon un quotidien de Brême d'une pièce « particulière et problématique ».[172] Un autre journal estimait que la pièce d'Adamov s'épuisait dans « le recours unique, coûteux en efforts, à un procédé compliqué d'images scéniques et non aux paroles » et qu'ainsi il ne restait « presque plus d'énergie pour l'action » de la pièce.[173] Selon un autre journal, Adamov échouait dans sa volonté de créer un monde symbolique, lequel diminuait au fur et à mesure des quatre actes pour finalement se transformer en allégorie : l'échec de l'auteur était ainsi bien plus tragique que la pièce elle-même.[174] Seelmann-Eggebert vint néanmoins au secours de la pièce en lui réservant un article élogieux dans le journal national *Süddeutsche Zeitung*. Le critique rappelait au lecteur le parcours d'Adamov, en insistant sur les précieux compliments de Gide et de critiques français qui voyaient en l'auteur la plus grande découverte de leur temps.[175] Le public enfin réserva un accueil chaleureux à la pièce le soir de la première.[176]

Un an et demi plus tard, le 20 novembre 1953, la pièce *Tous contre tous* fut également créée à Pforzheim, une fois de plus dans une mise en scène de Wirth. La soirée fut qualifiée par la critique d'« expérience extrêmement vague »[177] et n'avait retenu l'attention du critique de *Die Welt* qu'en raison de

---

**171** Anonyme : Von einer deutschen Erstaufführung. In : *Württembergisches Abendblatt Pforzheim* (23 février 1952). TWS Wahn. (« Das Interesse der deutschen Theaterwelt ist wieder einmal auf eine Aufführung des Pforzheimer Stadttheaters gerichtet » ; « Die Korrespondenten der großen Tageszeitungen haben ihren Besuch angemeldet, Radio Stuttgart, das Studio Karlsruhe und der Südwestfunk Baden-Baden werden Szenenausschnitte und Interviews mit dem Dichter bringen »).
**172** Susanne Ulrici : Adamovs *Invasion* in Pforzheim : Verwirrung und Einsamkeit. In : *Bremer Nachrichten* (5 mars 1952). TWS Wahn. (« Eigenwillige[s] wie problematische[s] Werk » ; « Aschermittwochstimmung »).
**173** By : Aus der Rumpelkammer der Seele. In : *Deutsche Zeitung* (5 mars 1952). TWS Wahn. (« In dem Bemühen, den seelischen Zustand des leidenden Menschen [...] nicht mit Worten zu schildern, sondern wesentlich komplizierter mit szenischen Mitteln ins Visuelle zu übertragen, hat sich der Autor erschöpft ; es bleibt ihm kaum mehr Kraft für die Handlung »).
**174** Clara Menck : Arthur Adamovs *Invasion*. In : *Die Neue Zeitung* (3 mars 1952). TWS Wahn : « Aber das Symbol verliert mit jedem der vier sehr kurzen Akte an Kraft » ; « Das Symbol ist in die Allegorie zurückgeglitten » ; « Die Tragik des Autors blieb trotzdem stärker als die Tragik seines Stückes ».
**175** Ulrich Seelmann-Eggebert : In Pforzheim *Die Invasion* von Arthur Adamov. In : *Süddeutsche Zeitung* (5 mars 1952). TWS Wahn.
**176** Ibid.
**177** E. H. : « Circulus vitiosus » der Angst und Verfolgung. In : *Pforzheimer Kurier* (23 novembre 1953). SA Pforzheim, B46 2013–117 54. (« Ausgesprochen vages Experiment »).

la quantité de cognac consommée durant l'entracte.[178] Les réactions étaient en effet encore plus réservées que lors de la création de *L'Invasion* et se soldaient par un sentiment de déception générale :

> Resultat : wohl keiner aller Beteiligten – ob Dichter, Regie und Ensemble, ob Zuschauer – erlebte das, was er im Grunde genommen erwartete ; Adamov nicht den erhofften durchschlagenden Erfolg, Regie und Ensemble nicht die der enormen Leistung entsprechende Anerkennung und die Besucher nicht das Theatererlebnis, das unmittelbar anzusprechen und nachzuklingen vermag.[179]

Ce phénomène de désenchantement était en grande partie imputable à l'effet d'attente provoqué par la pièce. Or, le contenu et l'écriture dramaturgique de celle-ci différaient de *L'Invasion*. *Tous contre tous* était dotée d'une dimension politique et se déroulait dans le cadre d'une guerre civile, et bien qu'aucune époque ne soit directement mentionnée, la pièce retombait ce faisant dans un genre réaliste et historique, ce qui désappointa spectateurs et critiques. L'un d'entre eux cherchait ainsi à démonter la présupposée modernité de l'écriture scénique d'Adamov, il la qualifiait de « coup de bluff » et citait des ressemblances frappantes avec *La Mort de Danton* de Büchner, par exemple dans la construction de l'intrigue et la structure des tableaux.[180]

Seelmann-Eggebert essaya de son côté de calmer les esprits en rappelant que le revirement dans le style de l'écrivain avait été annoncé. Selon lui, la mauvaise réception de la création incombait en réalité à Wirth puisque sa lecture inexacte de la pièce avait mené à une mise en scène malheureuse.[181] Le public réagit avec consternation le soir de la première, la violence montrée sur scène à travers des scènes de meurtre ou de tirs suscitait une atmosphère pesante. Le critique du quotidien *Die Welt* se souvenait que « dès le deuxième cadavre une spectatrice avait audiblement fait claquer la porte de la salle » et que « lorsque les derniers tirs avaient retenti, beaucoup hésitaient à applau-

---

[178] Jürgen Buschkiel : *Alle gegen alle*. Adamov spart nicht mit Effekten. In : *Die Welt* (24 novembre 1953). TWS Wahn. « Der Kognakumsatz in der Pause war beachtlich ».
[179] Ibid. « Le résultat : aucun des participants – qu'il s'agisse de l'auteur, du metteur en scène et de la troupe, ou du public – n'a eu droit à ce qu'il avait au fond espéré ; Adamov a été privé du succès escompté, le metteur en scène et la troupe de la reconnaissance qu'un travail aussi intense aurait dû livrer et le public d'une immanente expérience théâtrale, touchante et prégnante ».
[180] Adriaan van der Broecke : Arthur Adamov : *Alle gegen Alle*. In : *Hohenloher Tagblatt* (25 novembre 1953). TWS Wahn. (« Bluff »).
[181] Ulrich Seelmann-Eggebert : Adamov und der Neorealismus. In : sans indication de lieu ou de date de parution de l'article. TWS Wahn.

dir ».[182] Seul un journal local restait élogieux et louait cette « entreprise courageuse » qui allait selon lui « donner lieu à un important écho », des espoirs qui ne se réalisèrent pas.[183] La réaction retenue du public face à une pièce qui dénonçait les méfaits de la guerre peut surprendre puisqu'en 1953, des pièces historiques étaient encore jouées, avec succès, sur les scènes ouest-allemandes. Le caractère atemporel de *Tous contre tous*, l'absence de condamnations concrètes ou de contre-exemples, transmettaient certainement des messages trop vagues à un public en quête de réponses. Il se peut que les spectateurs étaient lassés par le thème de la guerre et que seule une allégorie comme *Rhinocéros* de Ionesco, qui allait être jouée six ans plus tard, pouvait captiver l'assistance. Ainsi, malgré le regard favorable sur le choix des pièces de cet auteur, les premiers avis dubitatifs dans la presse semblaient augurer de l'enthousiasme mitigé qu'allaient récolter les pièces d'Adamov en République Fédérale.

### 2.3.2 Ionesco à Bochum et Mayence

Dans une lettre datée du 22 juin 1955, Stauffacher annonçait à Ionesco que deux de ses pièces avaient éveillé l'intérêt de théâtres et allaient bientôt être portées sur scène en langue allemande :

> Je peux vous signaler – vous le saviez certainement déjà – que vos deux pièces *Amédée* et *Victimes du devoir* vont être jouées en Allemagne dans la saison prochaine. Le théâtre de Bochum jouera encore cette année *Amédée*. Le contrat est signé. Le théâtre a l'intention de vous inviter pour cette occasion, c'est-à-dire pour la première et encore une fois à l'occasion de la semaine de théâtre français où votre pièce sera reprise.[184]

La première pièce de Ionesco donnée en République Fédérale fut donc la comédie en trois actes *Amédée ou Comment s'en débarrasser* (1954), représentée le 25 mars 1956 lors de la semaine de la dramaturgie française tenue à Bochum du 21 au 26 mars. Contrairement à la déclaration de Stauffacher selon laquelle la pièce allait être montée dès la fin de l'année 1955, et malgré l'annonce par

---

[182] Jürgen Buschkiel : *Alle gegen alle*. Adamov spart nicht mit Effekten. In : *Die Welt* (24 novembre 1953). TWS Wahn. (« Schon nach der zweiten Leiche hatte eine Besucherin vernehmlich die Tür des Zuschauerraums hinter sich zugemauert » ; « Als die letzten Schüsse gefallen waren, zögerten viele mit dem Beifall »).
[183] Ha. : *Alle gegen alle* – ein Spiegelbild unserer Zeit. In : *Pforzheimer Zeitung* (23 novembre 1953). SA Pforzheim, B46 2013–117 54. (« Eine so mutige Tat unseres Pforzheimer Stadttheaters, daß von ihr ein beachtliches Echo ausgehen dürfte »).
[184] Hans Rudolf Stauffacher : Lettre à Eugène Ionesco (22 juin 1955). CP Stauffacher.

Ionesco de sa venue à Bochum en novembre 1955,[185] il a été impossible de retrouver les traces d'une création de la pièce antérieure à mars 1956.

Le Bochumer Schauspielhaus rouvrit ses portes en automne 1953 sous la direction de Hans Schalla. Celui-ci fut l'un des premiers directeurs à organiser un événement d'envergure consacré au théâtre français et montrait par là une volonté de réconciliation avec la France par un biais artistique. Lors de ce festival étaient présents des représentants de l'Institut Français de Cologne et du département culturel de l'ambassade de France. Dans un article de la *Westfälische Rundschau* on relevait la présence de « Louis Joxe, ambassadeur de France en Allemagne et mécène de la semaine » lequel loua la « respectable tentative de concilier les esprits » et souligna que l'importance de cette affaire « égalait au moins celle des efforts de la France et de l'Allemagne pour trouver une solution commune aux grands problèmes politiques ».[186] La portée d'un festival en l'honneur du théâtre français dépassait donc le seul monde du théâtre et ce festival était à juste titre considéré comme un événement politique. Un répertoire varié marquait cette semaine de la dramaturgie française, et afin que soient représentées un grand nombre de créations, Schalla fit appel à des metteurs en scène venus d'horizons différents. Friedrich Siems, en charge de la création d'*Amédée ou Comment s'en débarrasser*, était par exemple metteur en scène à Cologne. La pièce de Ionesco fut montée dans la petite salle du théâtre (« Kammerspiele »), au même titre que l'*Antigone* (1944) d'Anouilh. Les autres pièces jouées cette semaine-là, *Amphitryon 38* (1929) de Giraudoux, *Le Diable et le bon Dieu* (1951) de Sartre, *La Reine morte* (1942) de Montherlant et *Le Pain dur* (1918) de Claudel, furent quant à elles données dans la principale salle du théâtre. D'autres manifestations accompagnaient cette semaine du théâtre français : une exposition intitulée « Douze années de théâtre parisien », trois conférences (sur la vie théâtrale parisienne, sur Claudel, sur Giraudoux et Jouvet), une soirée de films consacrée à la peinture française ainsi qu'une discussion ouverte sur le thème « L'existentialisme et son rôle pour le théâtre ». Ces textes furent retranscrits intégralement dans la brochure parue à la suite de cet événement.[187] Une autre brochure avait été spécialement conçue pour

---

[185] CP Stauffacher. Lettre de Ionesco à Stauffacher, non datée.

[186] Thea Fischer : Pariser Esprit und Bochumer Schliff. In : *Westfälische Rundschau* (27 mars 1956). SA Bochum. (« Louis Joxe, Frankreichs Botschafter und Protektor der Woche, sprach von einem respektablen Versuch, die Geister zu vereinen, ein Anliegen, das zumindest genau so wichtig sei wie die Bemühungen Frankreichs und Deutschlands um eine gemeinsame Lösung der großen politischen Probleme »).

[187] Hans Peter Doll/Max Fritzsche/Günther Sawatzki (éds.) : *Woche zeitgenössischer französischer Dramatik vom 21. bis 26. März 1956 im Schauspielhaus Bochum*. Bochum : Selbstverl. 1956.

la mise en scène d'*Amédée ou Comment s'en débarrasser*. Elle contenait, à côté de la distribution des rôles,[188] une courte description de la vie et de l'œuvre de Ionesco, un texte de l'écrivain et une photographie de lui.[189] La notice biographique rapprochait Ionesco des écrivains Adamov, Beckett, Audiberti et Camus, puisque comme eux une « action scénique abstraite et provoquante » définissait son œuvre caractérisée par une « ironie burlesque », et Pirandello et Strindberg semblaient être ses ancêtres littéraires.[190] Le texte louait l'écrivain comme l'« un des jeunes aventuriers les plus étonnants, mais aussi les plus spontanés de la scène française ».[191] L'article rédigé par Ionesco, intitulé *À propos de moi* (*Über mich selbst*) et dont il n'est pas certain qu'il ait été conçu spécialement à cette occasion, expliquait au spectateur le mécanisme de création de ses pièces déconcertantes au premier abord : la projection d'un monde intérieur avec ses visions cauchemardesques ou idylliques était présentée comme inhérente au processus d'écriture, le quotidien étant étonnant et l'humour salvateur.[192]

Les carnets de régie et les livrets de rôle des comédiens d'*Amédée ou Comment s'en débarrasser* n'ont pas pu être retrouvés, mais le carnet de l'éclairagiste a par contre été conservé aux archives de la ville de Bochum[193] et donne des indications sur des éléments de régie et ce faisant sur les moyens techniques déployés lors de cette première création de Ionesco. Dans la pièce, le personnage éponyme et son épouse Madeleine vivent depuis plusieurs années en compagnie d'un cadavre – très probablement l'ancien amant de Madeleine –, qui grandit de plus en plus jusqu'à ne plus pouvoir rester caché dans l'appartement et devoir être évacué dans la rue par Amédée. Une telle action scénique exige une scénographie malléable et des accessoires facilement transportables d'un endroit à l'autre de la scène. De plus, les jeux de lumière ne sont pas anodins puisqu'ils peuvent remplacer l'ambiance inquiétante de la pièce, la menace grandissante qui émane du cadavre et les états émotifs des personnages. Dans le carnet de l'éclairagiste sont annotés les changements de

---

[188] Un élément marquant dans la distribution est la présence de Günter Lamprecht dans le rôle du soldat américain, un acteur qui allait jouer dans plusieurs films de Rainer Werner Fassbinder.

[189] Schauspielhaus Bochum (éd.) : *Programmheft : Amédée oder Wie wird man ihn los*, sans numéro (1956). SAPA Bern.

[190] Ibid. (« provokatorisches, abstraktes Bühnengeschehen » ; « burleske Ironie » ; « Pirandello und Strindberg sind seine Ahnherren »).

[191] Ibid. (« Einer der ungewöhnlichsten, aber auch spontansten jungen Abenteurer auf der französischen Bühne »).

[192] Ibid. : « Und wenn es mir gelingt, in und trotz der Angst Humor aufzubringen, ist der Humor meine Befreiung [...]. Und schließlich ist nichts so ungewöhnlich wie das Banale, das Alltägliche ».

[193] SA Bochum, Beleuchtungsbuch.

lumières et les coupes faites dans le texte. L'on dénombre ainsi treize séquences d'éclairage, les intensités lumineuses variant entre « A », « B » et « B < ». D'autres moyens techniques utilisés furent le clair-obscur (« ½ Dunkel ») et le fondu enchaîné entre les deux actes (« Umbaulicht »), un spot bleu (« Blaue Linse Steckd. [Steckdose] ») ainsi que des lumières éclatantes dignes d'un « feu d'artifice » (« Feuerwerk ») à la fin de la pièce. En outre, certaines répliques entre les deux personnages principaux furent barrées lorsqu'elles ne participaient pas à l'avancée de l'action, par exemple les répliques suivantes :

Madeleine : Was ist jetzt wieder, Du zögerst, nicht wahr ? Du willst nichts tun !
Amédée : Doch. Ich wollte was anderes sagen.
Madeleine : Was anderes ? Ist etwas nicht klar ?
Amédée : Habe ich ihn wirklich getötet ?[194]

De même, plusieurs répliques issues du passage où apparaissent les sosies d'Amédée et de Madeleine, Amédée II et Madeleine II, ont été éliminées. Les coupes les plus nombreuses se situent entre la moitié du deuxième acte et le début de la fin alternative.[195] En effet, le metteur en scène Friedrich Siems choisit de monter la version courte de la pièce, qui consiste en deux actes au lieu de trois, ce qui réduisait la durée du spectacle et permettait ainsi de ménager, puisqu'on ne pouvait prédire les réactions du public, les premiers spectateurs allemands de Ionesco.

La création donna lieu à quelques rares articles de journaux, davantage dans la presse locale que nationale. Le quotidien *Westfälische Rundschau* publia un article dans lequel Thea Fischer expliquait que le public n'était pas en mesure de comprendre la verve burlesque et la légèreté du ton de cette pièce, qualifiée de « grande envolée d'humour gaulois ».[196] La journaliste estimait que la mise en scène était néanmoins parvenue à insuffler aux spectateurs un soupçon de vie théâtrale parisienne, s'exclamant : « Une bouffée d'air parisien – du vent frais venu de Paris – la ville de Paris, riante, pleurante, attirante ! »[197]

---

**194** Passage situé à la page 48 du carnet de l'éclairagiste de Bochum et à la page 295 de l'édition de la Pléiade. Carnet de l'éclairagiste d'*Amédée ou Comment s'en débarrasser*. Mise en scène de Friedrich Siems (Bochum, 1956). SA Bochum ; Eugène Ionesco : *Amédée ou Comment s'en débarrasser*. In : *Théâtre complet*, p. 261–343, p. 295 : « Madeleine : Qu'est-ce qu'il y a encore, tu hésites, n'est-ce-pas ? Tu ne veux rien faire ! Amédée : Si. Autre chose je voulais dire. Madeleine : Quoi, autre chose ? Qu'est-ce qui n'est pas clair ? Amédée : Est-ce que vraiment je l'ai tué ? »
**195** Ibid., p. 302–319.
**196** Thea Fischer : Pariser Esprit und Bochumer Schliff. In : *Westfälische Rundschau* (27 mars 1956). SA Bochum. (« Höhenflug gallischen Witzes »).
**197** Ibid. (« Das war Pariser Luft – das war Pariser Wind – das war die lachende, weinende, die lockende Stadt Paris ! »)

Dans le quotidien *Bochumer Anzeiger*, le critique Werner Tamms émettait un tout autre avis, à ses yeux la pièce n'était qu'une « tentative d'abêtissement » du spectateur, une « cruelle idiotie ».[198] Leo Nyssen, du journal *Ruhr Nachrichten*, signa la critique la plus intéressante : il voyait en cette soirée une véritable expérience théâtrale et avait observé que les spectateurs mettaient du temps à reprendre leurs esprits :

> Im Foyer hatte man sich schon wieder einigermaßen gefunden, einige Damen waren noch ein bißchen weiß herum um die Nase, irgendein Wichtigtuer wurde ein wenig laut, aber sonstwie lächelte man sich verlegen oder verschmitzt zu und war insgesamt einigermaßen froh, daß man's überstanden hatte.[199]

Le critique prenait la défense de cette pièce qui selon lui n'était pas une simple idiotie mais relevait d'une « très sombre tristesse du cœur », bien plus pesante que celle des drames de Jean Anouilh, et qui déclenchait des réactions contradictoires chez les spectateurs. Il remarquait ainsi qu'au moment décisif de l'action, lorsque les gigantesques jambes du cadavre apparaissaient sur scène, la réaction du public se partageait entre effroi et grands éclats de rire.[200] Néanmoins, il signala un aspect négatif de la pièce, sa durée, et plaisantait à ce propos qu'« un sketch d'une demi-heure aurait fait l'affaire, du moins aurait-on dû servir du cognac après ce temps-là ! ».[201] Le critique Heinz Beckmann ne se fit d'ailleurs pas prier et expliquait dans son compte rendu avoir terminé la soirée avec deux verres de cognac au lieu d'essayer de comprendre la pièce :

> Wenn Sie mich fragen, was ich mir dabei gedacht habe, kann ich Sie zu meinem Schmerze nur mit einem schlichten Nichts bedienen oder mit zwei Kognaks, mit denen ich nach der Premiere jenen Zeitraum auszufüllen versuchte, in dem man sich sonst nach Premieren etwas zu denken pflegt.[202]

---

**198** Werner Tamms : Eine Leiche wächst ins Zimmer. In : *Bochumer Anzeiger* (27 mars 1956). SA Bochum. (« Verdummungsversuch » ; « grausamer Blödsinn »).
**199** Leo Nyssen : In den Kammerspielen : Die Komik des Absurden. In : *Ruhr Nachrichten* (27 mars 1956). SA Bochum. « Dans le hall d'entrée on devenait à nouveau à peu près maître de soi, certaines dames étaient encore toutes blanches autour du nez, un frimeur quelconque élevait la voix, mais sinon on arborait des sourires embarrassés ou malicieux et dans l'ensemble on était relativement contents d'en être sortis indemnes ».
**200** Ibid. (« Ganz schwarze Traurigkeit des Herzens » ; « [Es] verließ eine Zuschauerin schwankend den Saal » ; « Andere schlugen sich in brüllendem Gelächter auf die Schenkel »).
**201** Ibid. (« Zu einem halbstündigen Sketch hätte es gelangt, zumindest hätte man nach dieser Zeit Cognak reichen müssen ! »)
**202** Heinz Beckmann : *Nach dem Spiel : Theaterkritiken 1950–1962*. München : Langen-Müller Verlag 1963, p. 154. « Si vous me demandez ce que j'en ai pensé, je ne saurais, à mon propre désarroi, vous offrir qu'un simple : rien, ou alors deux cognacs, avec lesquels je tentais après la première de remplir le temps normalement consacré à la réflexion ».

Deux grands quotidiens nationaux s'intéressèrent également à la création. Dans sa critique écrite pour le journal du soir *Abendpost Frankfurt*, Hermann Wanderscheck soulignait que les théâtres ouest-allemands n'avaient encore jamais vu une telle œuvre au réalisme exacerbé, qui parvenait à faire de l'ombre à *En attendant Godot*.[203] Wanderscheck mentionnait par ailleurs la parenté de cette pièce avec le théâtre du Grand Guignol parisien et estimait que Ionesco écrivait pour une nouvelle génération de spectateurs.[204] Enfin, Albert Schulze Vellinghausen, qui allait par la suite devenir le plus ardent défenseur de Ionesco en Allemagne et grandement contribuer à son succès, publia un important article dans la *Frankfurter Allgemeine Zeitung*. Il fut le seul critique à mentionner les spécificités du langage de Ionesco, expliquant que « le dialogue fonctionne, il est bouleversant, inquiétant ».[205] Schulze Vellinghausen regrettait pourtant que la dimension féérique de la fin de la pièce, l'envolée d'Amédée accroché au cadavre, fût restée trop réaliste. Le critique suggéra que l'utilisation d'une machinerie plus développée aurait permis des trucages, selon lui essentiels pour cibler le ton juste de l'œuvre.[206] Son article évoquait également le fait que « Ionesco, pris de trac, se trouvait alors dans un bar et goûtait plein d'enthousiasme à la bière de Bochum ».[207] Schulze Vellinghausen concluait que lors de cette semaine de la dramaturgie française, le contact entre les deux pays s'était déroulé dans l'amitié et que « le train express Paris-Ruhr avait su rassembler les cœurs ».[208]

Après la surprise créée par *Amédée ou Comment s'en débarrasser*, il n'allait pas falloir attendre longtemps avant que les deux premières pièces de l'écrivain, *La Cantatrice chauve* (1950) et *La Leçon* (1950), ne fussent jouées à leur tour. Leurs premières allemandes eurent lieu dans le petit théâtre de chambre de Mayence, les Zimmerspiele Mainz,[209] dont les portes furent rouvertes le 7 no-

---

**203** Hermann Wanderscheck : *Wie wird man ihn los ?* wird mit einer grausigen Komik beantwortet. In : *Abendpost Frankfurt* (28 mars 1956). SA Bochum. *Abendpost Frankfurt*, 28 mars 1956.
**204** Ibid.
**205** Albert Schulze Vellinghausen : Ionescos hintergründige Farce. In : *Frankfurter Allgemeine Zeitung* (29 mars 1956). SAPA Bern. (« Der Dialog sitzt, macht betroffen, macht furchtsam »).
**206** Ibid. : « Einmal – ich rufe selten danach – hätte man, glaube ich, mehr Maschinen und Prospekte bemühen dürfen ! »
**207** Ibid. (« Ionesco, von Lampenfieber besessen, war unterdes in einer Kneipe und trank voll Begeisterung Bochumer Bier »).
**208** Ibid. (« Der Expreß Paris-Ruhr verband die Gemüter »).
**209** Pour une étude consacrée à ce théâtre on se reportera à Walter Schmidt : *Zimmerspiele Mainz/Haus am Dom : Ein Zimmertheater der Nachkriegszeit (1950–1959/60) oder Der Versuch, poetische Schwingungen zu erzeugen*. Frankfurt am Main : Peter Lang 2010. La troisième partie

vembre 1950 ; elles allaient définitivement fermer dix ans plus tard, car ce petit théâtre ne réussit pas à s'imposer face aux grandes salles des villes de Wiesbaden, Darmstadt ou Francfort-sur-le-Main situées à proximité. Rudolf Jürgen Bartsch, le directeur des Zimmerspiele Mainz qui était également metteur en scène et acteur, veillait tout particulièrement à proposer un répertoire contemporain étranger, et avait ainsi déjà porté à l'affiche des pièces de Cocteau, Mauriac, Tardieu et Beckett.

En juin 1956,[210] *La Leçon*, dont le premier titre allemand retenu était *Die Unterrichtsstunde*, fut montée à la façon d'un numéro de clowns par Bartsch qui incarnait le rôle du professeur. Dans son ouvrage consacré au théâtre de Mayence, Walter Schmidt estime que la prestation de Bartsch participa grandement au succès des pièces de Ionesco en République Fédérale.[211] Une telle déclaration semble pourtant exagérée : l'œuvre de Ionesco gagna en audience une fois montée dans des salles de théâtres plus importantes, et non uniquement par le jeu d'un seul comédien sur une scène plutôt méconnue. *La Cantatrice chauve* connut quant à elle sa première allemande le 7 juillet 1957, à nouveau dans une mise en scène de Bartsch qui choisit de donner la pièce le même soir que la création allemande de *La Sonate et les trois messieurs* (1959) de Tardieu – ce dernier se rendit à Mayence à cette occasion, contrairement à Ionesco. Pourtant, à l'inverse de ce qu'affirme une fois de plus Walter Schmidt, il ne s'agissait pas de la création en langue allemande de *La Cantatrice chauve*, puisque Bartsch en avait déjà assuré la première germanophone en juin 1956 en Suisse, au Petit Théâtre de Berne (« Kleines Theater »).[212]

Les premières créations ouest-allemandes de pièces de Ionesco suscitèrent donc de l'attention, mais ce ne fut que lorsque l'une d'entre elles provoqua un véritable scandale théâtral que le nom de Ionesco pût figurer en haut des affiches. Cet esclandre eut lieu dans l'un des théâtres majeurs de Hesse, à Darmstadt, avec la pièce en un acte *Victimes du devoir* donnée le 5 mai 1957.

---

de l'ouvrage traite du théâtre de l'absurde (p. 248–281) et rend compte des critiques parues dans la presse à l'occasion de ces créations.
210 La date exacte reste inconnue et n'a pas non plus pu être déterminée par Walter Schmidt.
211 Walter Schmidt : *Zimmerspiele Mainz/Haus am Dom*, p. 257 : « Dass die Mainzer Zimmerspiele ganz entschieden dazu beigetragen haben, dass Eugène Ionesco in die Theater Deutschlands (nach Bochum und vor Sellners Darmstädter Theaterskandal im Jahr 1957 mit *Das* [sic] *Opfer der Pflicht*) Eingang gefunden hat, ist nicht zuletzt Rudolf Jürgen Bartsch in der Rolle des bramarbasierenden und mordenden Professors zu verdanken ».
212 Hans Rudolf Stauffacher : Listes des lieux de représentation des pièces de Ionesco dans l'espace germanophone tenues par la maison d'édition. CP Stauffacher/SAPA Bern.

## 2.3.3 Genet à Bonn

La première œuvre théâtrale de Genet, *Les Bonnes* (1947), fut montée par le Contra-Kreis-Theater de Bonn le 30 juillet 1957. Le public de la première allemande avait une chose en commun avec celui de la première française dix ans auparavant, à savoir que « la plupart des spectateurs, journalistes et critiques présents dans la salle ce soir-là [...] n'ont jamais lu une ligne de Jean Genet ».[213] En France, les quatre œuvres que l'écrivain avait déjà publiées en 1947 (*Le Condamné à mort*, *Notre-Dame-des-Fleurs*, *Miracle de la rose*, *Le Chant secret*) n'avaient été lues que par une minorité de collègues écrivains. En 1957 en République Fédérale, seul le roman *Querelle* avait été publié sous le manteau par la maison d'édition Rowohlt Verlag. Lorsque l'éditeur Andreas J. Meyer du Merlin Verlag prit l'initiative de publier *Les Bonnes*, Genet était donc encore un parfait inconnu dans ce pays.

Le titre de la pièce fut d'abord traduit par *Die Hausmädchen* et ensuite seulement par son synonyme *Die Zofen*. Selon l'éditeur Meyer, les dramaturges du Schiller-Theater de Berlin et du théâtre de Darmstadt avaient également manifesté leur intérêt pour la pièce, mais le directeur et metteur en scène du Contra-Kreis-Theater, Kurt Hoffmann, avait été le premier à donner son consentement. Fondé en mai 1950 par Fred Schroer, le Contra-Kreis-Theater affichait un goût prononcé pour les œuvres à caractère expérimental et jouissait d'une reconnaissance notable au-delà des frontières de la Rhénanie, faisant souvent salle comble avec ses cent dix places.[214] Hoffmann dirigea le théâtre jusqu'à sa mort en 1965, et en plus du jeu et de la mise en scène il se chargeait des décors et des photographies des représentations.[215] Il qualifiait son théâtre d'« espace unique » (« Einraumtheater ») car selon lui, la scène et la salle devaient s'influencer mutuellement pour ne devenir qu'un seul lieu.[216] Hoffmann se montra enthousiasmé par la pièce de Genet et se rendit à Paris pour y rencontrer l'auteur avant la première.[217]

Comme il n'existait pas encore en Allemagne d'articles de presse sur Genet, la brochure qui accompagnait la mise en scène était constituée d'extraits de la très longue préface de Sartre aux œuvres complètes de Genet parues chez

---

[213] Jean Genet : *Théâtre complet*, « Notice », p. 1039.
[214] Hannes Schmidt : Provokation der Normalen. In : *Frankfurter Rundschau* (15 août 1957). TWS Wahn : « Das Haus ist fast das ganze Jahr hindurch ausverkauft ».
[215] Hans Daiber : *Deutsches Theater seit 1945*, p. 306 : « Er war Regisseur, sein eigener Bühnenbildner, sein bester Theaterfotograf ; als Schauspieler erinnerte er an Heinrich George ».
[216] Ibid. : « Hoffmann sprach von ‹Einraumtheater›. Bühne und Parkett sollten ineinander übergehen und Impulse austauschen ».
[217] Andreas J. Meyer : Entretien réalisé le 9 septembre 2013, Gumpendorf.

Gallimard (*Saint Genet – Comédien et Martyr*, 1952), de passages de la *Lettre à Jean-Jacques Pauvert* (1954) écrite par Genet à l'éditeur Pauvert lors de la parution des deux versions des *Bonnes*, ainsi que d'un texte de Guy Dumur, « Le langage de la tragédie », paru en 1954 dans le cinquième numéro de *Théâtre Populaire*.[218] Aux côtés de ces textes de référence figurait également celui de Heinz Vorweg intitulé « Une sorte de Dostoïevski de l'existentialisme » (« Eine Art Dostojewsky des Existentialismus »). Dans cet article rédigé à l'occasion de la création allemande, le critique rappelait que la préface de Sartre et le scandale provoqué par la création mondiale du *Balcon* par Peter Zadek à Londres en avril 1957 avaient permis au nom de Genet de circuler en Allemagne. Or, le critique résumait laconiquement que « chez nous on ne sait donc rien sur Jean Genet »,[219] l'écrivain en tant que personne restait un mystère. En s'appuyant sur des extraits de *Journal du voleur* (1949), Vorweg s'aventura à dresser un portrait biographique de l'auteur. Il veillait pourtant à ne pas schématiser son parcours hors-norme, évitait les jugements trop hâtifs et soulignait la ressemblance avec Rimbaud. En somme, l'article de Vorweg préparait le spectateur à trois éléments fondamentaux de l'œuvre de Genet : le caractère inséparable de sa vie et de son œuvre, l'avancée systématique et quasi rituelle de l'action qui n'en demeure pas moins vivante et animée, et son maniement particulier du langage.

La première allemande des *Bonnes* fit couler beaucoup d'encre et partagea la critique, l'écriture de Genet étant tantôt jugée provocante et dénuée de messages instructifs ou de tout sens, tantôt applaudie pour sa maîtrise de la forme et son audace. Les défenseurs de la pièce tissaient un parallèle avec le caractère cérémoniel du théâtre baroque : Genet témoignait à leurs yeux d'une grande maîtrise de la forme et était décrit comme un « maître de la construction formelle et de la conception disciplinée ».[220] Les détracteurs de la pièce considéraient que Genet s'était trop ouvertement inspiré de *Crime et châtiment* de Dostoïevski et semblait avoir écrit « une pièce à trois personnages, d'après *Huis clos* de Sartre », comme le notait le critique Hannes Schmidt avant de résumer : « On retient la paraphrase de l'inoubliable phrase de Sartre : ‹ L'enfer, c'est les

---

**218** Hoffmann Kurt (éd.) : *Blätter des Einraumtheaters Contra-Kreis* n° 23 (1957). SA Bonn.
**219** Heinz Vorweg : Eine Art Dostojewsky des Existentialismus. In : Hoffmann Kurt (éd.) : *Blätter des Einraumtheaters Contra-Kreis* n° 23 (1957). SA Bonn. (« Man weiß also bei uns nichts über Jean Genet »).
**220** Friedhelm Baukloh : « Schluß mit dem Unterhaltungstheater ». In : *Aachener Nachrichten* (26 août 1957). TWS Wahn. (« Genet wie jeder ernstzunehmende moderne Künstler ist auch ein Meister formvollen Aufbaus, disziplinierter Gestaltung »).

autres ›».²²¹ Schmidt qualifiait en outre la biographie de l'auteur de «magnifique histoire d'épouvante pour des citoyens sérieux, peignés et propres», il décrivait Genet comme un criminel accompli, un paria de la société dont seul la ressemblance avec François Villon plaidait en sa faveur.²²²

Un article paru dans les *Aachener Nachrichten* établissait un premier rapprochement entre Genet et Beckett ou Ionesco. Le critique relevait à juste titre que cette forme théâtrale n'était pas spécifiquement française, comme le prouvaient les diverses nationalités des écrivains et la position délicate de Genet, placé aux marges de la société française :

> Jean Genet ist in jeder Beziehung eine Ausnahmeerscheinung, wenn er auch als Autor durchaus in der Linie moderner Dramatik steht, die mit Namen wie Samuel Beckett (*Warten auf Godot*), Eugène Ionesco (*Die* [sic] *Opfer der Pflicht*) und Friedrich Dürrenmatt (*Die Ehe des Herrn Mississippi*) verknüpft ist. Eine Dramatik, die ganz elementar auf Tragik menschlicher Existenz zielt, wie sie trotz aller Zivilisation bestehen bleibt. [...] Das ist, trotz Genet, keine speziell westeuropäische Dramatik. Ionesco ist Rumäne, Beckett Ire, Dürrenmatt Deutschschweizer und Genet ein völliger Außenseiter in Frankreich.²²³

La dimension internationale de ce nouveau mouvement théâtral fut donc relevée par la critique dès 1957 et semblait être le lien entre ces divers auteurs. L'écriture dramatique de Genet puisait sa source dans un héritage théâtral européen commun, enrichi par diverses langues et cultures.

Le public de la première allemande des *Bonnes* fut conquis et fit montre de son enthousiasme par «des applaudissements longs et chaleureux».²²⁴ Genet de son côté annonça à son éditeur français Marc Barbezat, non sans fierté :

---

**221** Hannes Schmidt : Provokation der Normalen. In : *Frankfurter Rundschau* (15 août 1957). TWS Wahn. («Ein Drei-Personen-Stück, frei nach der *Geschlossenen Gesellschaft* von Sartre» ; «Haften bleibt die Paraphrase um Sartres unvergeßlichen Satz : ‹Die Hölle, das sind die anderen›»).
**222** Ibid. («Schon die Biographie des Autors bietet herrlichen Gruselstoff für kammergarnseriöse Bürger»).
**223** Friedhelm Baukloh : «Schluß mit dem Unterhaltungstheater». In : *Aachener Nachrichten* (26 août 1957). TWS Wahn. «Jean Genet fait à tous points de vue figure d'exception, même si en tant qu'auteur il se situe tout à fait dans la lignée de la dramaturgie moderne, liée à des noms comme Samuel Beckett (*En attendant Godot*), Eugène Ionesco (*Les* [sic] *Victimes du devoir*) et Friedrich Dürrenmatt (*Le Mariage de Monsieur Mississippi*). Une dramaturgie qui cible de façon tout à fait élémentaire la tragédie de l'existence humaine, telle qu'elle se maintient en dépit de toute civilisation. [...] Malgré Genet, il ne s'agit pas là d'une dramaturgie issue spécialement de l'Europe de l'Ouest. Ionesco est roumain, Beckett irlandais, Dürrenmatt suisse-allemand et Genet un marginal complet en France».
**224** Anonyme : *Die Hausmädchen* in Bonn erstaufgeführt. In : *Hanauer Anzeiger* (1ᵉʳ août 1957). TWS Wahn. («Lang anhaltende[r] und herzliche[r] Beifall»).

« *Les Bonnes*, grand succès à Bonn. On va les jouer bientôt à Cologne ».[225] De fait, la pièce allait être reprise par un grand nombre de théâtres ouest-allemands. Ainsi, Genet fut dès sa première pièce perçu comme un représentant du théâtre d'avant-garde, déstabilisant dans son contenu mais solide dans sa forme, situé entre réalisme et onirisme, autant de caractéristiques que l'auteur allait déployer dans ses pièces suivantes.

## 2.4 Créations du théâtre « de l'absurde » sur les grandes scènes

La réception des pièces d'Adamov, Genet et Ionesco parvint à s'élargir à une aire culturelle plus vaste lorsque les grands théâtres s'en emparèrent à leur tour. L'œuvre de Beckett faisait toutefois figure d'exception et se démarquait de celles de ses confrères, puisqu'elle fut directement jouée sur les plus grandes scènes du pays et connut d'emblée une forte résonance.

### 2.4.1 Adamov à Berlin-Ouest, Celle et Hanovre

L'œuvre d'Adamov n'avait pas fait beaucoup parler d'elle entre les productions du théâtre de Pforzheim et la création allemande du *Ping-Pong* au Schloßpark-Theater de Berlin-Ouest, le 5 décembre 1955. Un article de la *Rheinische Post* spécifiait ainsi que « les scènes allemandes, excepté Pforzheim, [s'étaient] jusqu'à présent méfiées des huit pièces de théâtre d'Adamov ».[226] Entre temps, *En attendant Godot* avait connu sa première allemande et il est probable que le succès mirobolant de Beckett fut nuisible à la visibilité des pièces d'Adamov et à sa réception en général. Boleslaw Barlog, le directeur des Staatliche Schauspielbühnen Berlin (un ensemble de scènes qui comprenait le Schloßpark-Theater, le Hebbel-Theater et le Schiller-Theater) entreprit alors de monter la neuvième pièce d'Adamov, *Le Ping-Pong* (1955). Deux années auparavant, c'est également lui qui avait été à l'origine de la première allemande d'*En attendant Godot*. Il semblait ainsi vouloir élargir le répertoire contemporain et expérimental de ses théâtres, après avoir monté une adaptation du *Château* (*Das Schloß*, 1922) de Franz Kafka et *Requiem pour une nonne* (*Requiem for a Nun*, 1951) de

---

[225] Jean Genet : *Lettres à Olga et Marc Barbezat*, p. 178.
[226] Wolfgang Schimming : Seltsames *Ping-Pong*. In : *Rheinische Post* (14 décembre 1955). TWS Wahn. (« Die deutschen Bühnen gingen bisher mit der einzigen Ausnahme Pforzheims an Adamovs acht Theaterstücken mißtrauisch vorüber »).

William Faulkner.²²⁷ Il confia la création du *Ping-Pong* à Hans Lietzau ; celui-ci avait été comédien avant de se consacrer, à partir de 1949, à la mise en scène qu'il exerça à Hambourg jusqu'en 1953 et à Bochum durant la saison suivante. Lietzau rejoignit Barlog à Berlin en 1955, où il fut également son assistant à la direction jusqu'en 1963. À son arrivée, Barlog lui avait souhaité « de tout cœur [...] bienvenue à Berlin et bonne chance pour *Le Ping-Pong* ».²²⁸

Cette pièce marquait un tournant dans le style d'Adamov – le conseiller littéraire du Schiller-Theater s'était avancé à parler de « nouvelle vision formelle »²²⁹ – mais en dépit de l'effet d'attente provoqué, *Le Ping-Pong* ne récolta pas de succès. Après la première, la presse décrétait unanimement que la tentative de créer un nouveau genre dramatique avait échoué. Le journal *Berliner Morgenpost* voyait dans *Le Ping-Pong* une pièce « certes pleine d'esprit », mais au caractère « transitoire ».²³⁰ Plus grave étaient les reproches exprimés à l'encontre du contenu de la pièce puisqu'aux dires de plusieurs critiques, Adamov s'était inspiré ou avait plagié des auteurs comme Kafka et Beckett. L'article de la *Frankfurter Allgemeine Zeitung* démontrait les parallélismes avec ces auteurs, mais tâchait de rester bienveillant à l'égard d'Adamov.²³¹ Friedrich Luft en revanche signa deux critiques virulentes dans les plus grands quotidiens ouest-allemands. Dans *Die Welt*, le journaliste jugeait qu'Adamov n'arrivait pas à la cheville de Kafka et de Beckett et dans la *Süddeutsche Zeitung* il expliquait d'un ton sarcastique qu'Adamov avait contrefait Strindberg, Kafka et Beckett.²³² La figuration scénique de l'attente et du néant existentiel, un procédé qui avait permis le triomphe d'*En attendant Godot*, semblait responsable de la débâcle

---

**227** H. W. : Adamovs *Ping-Pong*. In : *Hamburger Abendblatt* (7 décembre 1955). ADK Berlin, Hans-Lietzau-Archiv 169. « Nach Kafkas *Schloß*, Becketts *Godot*, Faulkners *Requiem für eine Nonne* folgt jetzt ein ebenso symbolistisches wie realistisches Spiel von Arthur Adamov : *Ping-Pong* ».
**228** Boleslaw Barlog : Lettre à Hans Lietzau (17 octobre 1955). ADK Berlin, Hans-Lietzau-Archiv 810. (« Herzlich [...] : Willkommen in Berlin und Hals und Beinbruch für *Pingpong* [sic] »).
**229** Willibald Omansen : Es war keine Offenbarung. In : *Westdeutsche Allgemeine Zeitung* (7 décembre 1955). ADK Berlin, Hans-Lietzau-Archiv 169. (« Der literarische Berater des Schiller-Theaters hatte sogar von einer ‹ neuen formalen Sicht › gesprochen »).
**230** G. Zivier : Adamovs kleines Welttheater. In : *Berliner Morgenpost* (7 décembre 1955). ADK Berlin, Hans-Lietzau-Archiv 169. (« Aber wir sahen im Schloßpark-Theater nur ein – wenn auch geistvolles – Übergangswerk »).
**231** Sabina Lietzmann : Im Groschengrab begraben. In : *Frankfurter Allgemeine Zeitung* (8 décembre 1955). ADK Berlin, Hans-Lietzau-Archiv 169.
**232** Friedrich Luft : Kafka und die schlimmen Folgen. In : *Die Welt* (7 décembre 1955). ADK Berlin, Hans-Lietzau-Archiv 169. TWS Wahn. Friedrich Luft : Kafka, zweite Hand. In : *Süddeutsche Zeitung* (10–11 décembre 1955). TWS Wahn.

du *Ping-Pong* et des critiques de journaux est-allemands reprirent cet argument pour dénoncer la mauvaise mise en scène de leurs collègues à l'Ouest ainsi que la sélection générale de la programmation en RFA.[233] Une autre journaliste imputait la vacuité fondamentale de la pièce à ses spécificités françaises : elle objectait que « des bêtises aussi excessives »[234] ne devaient pas être importées en Allemagne et affirmait que la pièce était « tellement typiquement française que le spectateur allemand s'y [noyait] », qu'il lui manquait « les conditions nécessaires pour saisir comme phénomène sociologique ce qui se [déroulait] sur scène ».[235] La journaliste sous-entendait donc l'existence d'une différence de mentalité fondamentale entre Français et Allemands et ravivait de ce fait d'anciens stéréotypes.

Contrairement au texte d'Adamov, la mise en scène de Lietzau reçut de bonnes critiques. Dans le quotidien *Tagesspiegel*, Walther Karsch louait la scénographie, le jeu des comédiens et la capacité du metteur en scène à avoir « trouvé le ton juste », « ce mélange entre sérieux et raillerie, entre réalité et affabulation ».[236] Barlog semblait satisfait de la production de son collègue et alla jusqu'à la qualifier de « fabuleuse ».[237] Adamov était d'un avis contraire, comme il le notait dans son autobiographie : « *Le Ping-Pong* après bien des tribulations échoue aux Noctambules (il sera bientôt massacré à Berlin-Ouest) ».[238]

Entre 1957 et 1959, l'œuvre d'Adamov suscita un regain d'attention. En septembre 1957, des pièces de la nouvelle avant-garde française furent représen-

---

[233] B. E. : *Ping-Pong* im Steglitzer Schloßpark-Theater. In : *BZ am Abend*, Berlin-Ost (1ᵉʳ février 1956). ADK Berlin, Hans-Lietzau-Archiv 169.
[234] Hans Ulrich Kersten : Überflüssiger Import. In : *Münchner Merkur*, sans indication de date de parution de l'article. ADK Berlin, Hans-Lietzau-Archiv 169. (« Derartig krankhafte[r] Unsinn »).
[235] ADK Berlin, Hans-Lietzau-Archiv 169. Ilse von Scott : Das Absonderliche reizt zum Lachen. In : *Herforder Kreisblatt*, sans indication de date de parution de l'article. ADK Berlin, Hans-Lietzau-Archiv 169. (« Das *Ping-Pong* genannte Spiel […] ist in seiner Mentalität so typisch französisch, daß der deutsche Zuschauer bisweilen ins Schwimmen gerät. Denn ihm fehlen die Voraussetzungen, um das, was sich auf der Bühne entwickelt, als soziologisches Phänomen zu werten »).
[236] Walther Karsch : Literarischer Erfolg im Schloßpark-Theater. In : *Der Tagesspiegel*, sans indication de date de parution de l'article. TWS Wahn. (« Er hat genau den Ton getroffen, den Adamov angeschlagen hat, diese Mischung aus Ernst und Spott […], aus Realität und Spintisiererei »).
[237] Boleslaw Barlog : Télégramme à Hans Lietzau (17 décembre 1955). ADK Berlin, Hans-Lietzau-Archiv 810. (« Fabelhafte Inszenierung »).
[238] Arthur Adamov : *L'Homme et l'enfant*, p. 115.

tées à Berlin-Ouest au théâtre de la Tribune (Tribüne) dans le cadre des semaines festivalières (Berliner Festwochen). Walter Trappe signa la création allemande de *Comme nous avons été* (1951), jouée parallèlement à *Fin de partie* (1956) de Beckett dans une mise en scène de Hans Bauer, et aux *Chaises* (1951) de Ionesco sous la direction de Hermann Herrey. En choisissant des pièces de ces trois auteurs, le théâtre mettait l'accent sur la parenté qui les regroupait.[239]

Six mois plus tard, la première pièce d'Adamov *La Parodie* (1947) fut donnée en première allemande le 15 mars 1958. Intitulée en allemand *Das Rendezvous* (« Le Rendez-vous »), elle fut créée au Théâtre du Château (Schloßtheater) de Celle, en Basse-Saxe, par Hannes Razum. Adamov avait fait la connaissance du metteur en scène lors du Festival d'Erlangen en juillet 1951 et lui avait à cette occasion remis une version de *La Parodie*, comme le relata le metteur en scène dans un texte consacré à l'écrivain. Adamov y était décrit comme un « Caucasien passionné, plein de tempérament » qui lors du Festival « [s'était mêlé] sans détour à la discussion sur la fonction actuelle du théâtre ». L'écrivain en avait profité pour « tirer de son sac le manuscrit de sa première pièce, *La Parodie*, qui n'avait pas encore été jouée » et d'un geste que l'on pourrait qualifier de théâtral « [l'avait lancé] sur la table », incitant l'assistance à « en lire des extraits ».[240] En 1951, Adamov semblait encore estimer que ses premières pièces pouvaient contribuer à la reconstruction du théâtre en RFA.

En dépit de l'enthousiasme de l'auteur, il fallut pourtant attendre sept ans avant que Razum ne signât la première allemande de *La Parodie*. Devenu directeur du Schloßtheater de Celle en 1956, il monta la pièce alors qu'il se consacrait également à d'autres auteurs français, comme Paul Claudel dont une production de *L'Otage* avait précédé celle de *La Parodie*. La mise en scène sut convaincre les critiques et connut un « accueil chaleureux » de la part du public.[241] Jouée quatorze ans après son écriture, il s'agissait selon le critique Jost

---

[239] Il n'a pas été possible de retrouver des comptes rendus ou autres documents archivistiques concernant ces productions.
[240] SA Celle. Thorsten Albrecht/Oskar Ansull (éds.) : *Einladung ins Welttheater : Hannes Razum 1907–1994. Intendant des Schlosstheaters Celle 1956–1972*. Celle : Celler Hefte 9–10 2013 (Schriftenreihe der RWLE Möller Stiftung), p. 78–79. (« Ein leidenschaftlicher, temperamentvoller Kaukasier, der sich sogleich in die Diskussion um die Frage einmischte, was das Theater in dieser Zeit zu bewerkstelligen habe. Er zog das Manuskript seines ersten, noch ungespielten Stückes *Das Rendezvous* aus der Tasche, warf es vor uns auf den Tisch und forderte uns auf, daraus zu lesen »).
[241] Sonja Luyken : Adamov in Celle : Kontaktlosigkeit vor ehrwürdiger Kulisse. In : *Abendpost Frankfurt* (21 mars 1958). SA Celle. (« Herzlich aufgenommen »).

Nolte « d'une pièce encore intéressante de nos jours ».[242] Le journaliste relevait également que la mise en scène avait pris quelques libertés par rapport au texte et Razum, pour rendre visible la portée symbolique de la pièce, avait surinterprété les décors et créé une scène aux allures expressionnistes.[243] Nolte regrettait ainsi de voir la pièce disparaître derrière le travail du metteur en scène, alors que l'on avait « attendu avec impatience non pas Razum, mais Adamov ».[244]

Christine Razum, l'épouse du metteur en scène, expliqua que le contact avec Adamov avait toujours été particulièrement chaleureux et que l'auteur était venu assister à la première de sa pièce en 1958.[245] Il avait entre autre remercié Razum d'avoir permis la création allemande de *La Parodie*, « la pièce à laquelle il tenait le plus, avec le plus de ‹ tendresse › »[246] aux dires du metteur en scène, des paroles qui viennent nuancer l'idée largement répandue selon laquelle Adamov se détourna entièrement de ses premières pièces au cours de sa vie.

Avec *Paolo Paoli* (1956), Adamov franchit définitivement le pas vers une autre écriture dramatique. L'universitaire français André Gisselbrecht expliquait après un entretien avec Adamov que celui-ci semblait désormais « préférer le fait historique, authentifié, à l'invention », expliquant que « le lieu et le temps de l'action [étaient] précisés, concrétisés, délimités » et que « l'univers sans visages, sans noms et sans dates » des premières pièces avait fait place à l'historicité.[247] Au cours de l'automne 1956, lors d'un rassemblement de dramaturges à Berlin-Ouest, Adamov eut l'occasion de défendre sa nouvelle position. Le critique Hermann Wanderscheck, présent lors d'une table ronde, avait noté qu'Adamov expliquait dorénavant vouloir montrer « des hommes d'une société

---

**242** Jost Nolte : Es ist nicht alles Adamov, was man so nennt. In : *Die Welt* (18 mars 1958). SA Celle. (« Immer noch ein interessantes Stück »).
**243** Ibid. (« Die expressionistische Szene stand »).
**244** Ibid. (« Und der Kummer ist nur, daß man nicht auf den Razum, sondern auf den Adamov gespannt war »).
**245** Christine Razum : Lettre à Marie-Christine Gay (18 avril 2014) : « Wir hatten sehr persönlichen Kontakt zu Adamov. Er kam auch nach Celle und konnte die Inszenierung ansehen ». « Nous avions un contact très personnel avec Adamov. Il vint également à Celle pour la mise en scène ».
**246** SA Celle. Thorsten Albrecht/Oskar Ansull (éds.) : *Einladung ins Welttheater*, p. 78–79. (« Die letzten Worte, die wir von ihm hörten, waren einfach ein ‹ Dankeschön › in seiner Bemerkung : wir hatten uns seines ihm liebsten, ‹ zärtlichsten › Stückes angenommen »).
**247** André Gisselbrecht, cité in : Arthur Adamov : *Ici et maintenant*, p. 56.

donnée au cours d'une époque bien définie ».[248] Dans une conférence de presse organisée avant la première ouest-allemande de *Paolo Paoli*, Adamov affirmait également « ne plus vouloir entendre parler du symbole, une notion trompeuse »,[249] et semblait de ce fait avoir vécu un revirement majeur dans sa conception théâtrale.

*Paolo Paoli* fut mis en scène par Franz Reichert au Landestheater de Hanovre le 14 février 1959, deux années après la création française de la pièce par Roger Planchon. La production fut accueillie avec succès, les comédiens furent rappelés sur scène à vingt-cinq reprises et parmi eux se trouvait l'auteur, décrit comme « un homme sombre, au visage fin, mi-Cocteau, mi-clochard ».[250] La comparaison avec Jean Cocteau, abondamment joué en République Fédérale,[251] semblait présager un tournant positif dans la carrière ouest-allemande d'Adamov. Le dépassement du style avant-gardiste fut souligné par les critiques, certains parlaient d'un « témoignage flagrant de changement de méthode »,[252] d'autres de « volte-face visiblement radicale ».[253] Herbert Ihering estimait que l'écrivain avait renoncé à son rôle de « joueur attentif à l'esthétique » pour devenir un « poète créateur et critique » et présentait Adamov comme un passeur de vérités soucieux d'éduquer et de réveiller la société.[254] *A contrario*, on pouvait lire dans un commentaire sévère publié par Gerd Schulte dans *Die Welt* que seuls les moyens scénographiques utilisés par l'auteur, la projection de citations issues de journaux français, formaient l'intérêt de cette œuvre et que « la pièce d'Adamov [était] grandement superflue ».[255] Malgré quelques articles négatifs, la création connut un important succès. Une lettre du drama-

---

**248** Hermann Wanderscheck : Begegnungen mit Adamov. In : Landestheater Hannover (éd.) : *Ballhof* (1958/59), p. 100–101. TM Hannover. (« Menschen einer bestimmten Gesellschaft im Laufe einer genau bezeichneten Epoche »).
**249** W. W. : Ein Realist aus Paris. In : *Hamburger Echo* (23 février 1959). TWS Wahn. ([Adamov] wollte von dem irreführenden Begriff ‹Symbol› nichts mehr wissen »).
**250** Wolfgang Tschechne : Schmetterlinge und Kanonendonner. In : *Hannoversche Rundschau* (16 février 1959). TWS Wahn. (« 25 Vorhänge […]. Im Kreis der Darsteller zeigte sich ein dunkler, schmalgesichtiger Mann, halb Cocteau, halb Clochard : Arthur Adamov »).
**251** On se reportera à Christoph Wolter : *Jean Cocteau et l'Allemagne*.
**252** Johannes Jacobi : Nun auch synchronoptisches Theater. In : *Der Tagesspiegel* (1er avril 1959). TWS Wahn. (« Eklatantestes Zeugnis für den Methodenwechsel »).
**253** Hermann Wanderscheck : Verblüffung in Hannover : Wohin gehst du noch – Adamov ? In : *Abendpost* (18 février 1959). TWS Wahn. (« Sichtbar radikale Kehrtwendung »).
**254** Herbert Ihering : Chaplin, Brecht, Adamov. In : *Die Andere Zeitung* (16 avril 1959). ADK Berlin, Herbert-Ihering-Archiv 6400. (« Kein ästhetisierender Spieler » ; « Kritischer dichterischer Gestalter »).
**255** Gerd Schulte : Erhabenes neben Gemeinem. In : *Die Welt* (24 février 1959). TWS Wahn. (« Adamovs Stück ist höchst überflüssig »).

turge en chef Gerhard Reuter à Adamov laissait entendre que trois mois après la première représentation, la mise en scène était encore appréciée.[256] Elle fut également représentée le 30 septembre et le 2 octobre 1959 aux semaines festivalières de Berlin, signe d'un succès notoire.

Par la suite pourtant, en raison du transfert des textes d'Adamov en RDA et du contact régulier de ce dernier avec des hommes de théâtre et de lettres est-allemands, la réception ouest-allemande de cet auteur se compliqua. On recense dix-huit créations entre 1959 et 1969, dont une création mondiale (*Les Âmes mortes* à Stuttgart le 21 novembre 1959) et trois créations allemandes (*Professeur Taranne* à Kassel le 17 mai 1960, *La Grande et la petite manœuvre* à l'Université de Francfort-sur-le-Main le 13 juin 1961 et *Les Retrouvailles* à Bielefeld le 5 mai 1962).[257] Enfin, de 1969 à 1989, seules six créations de pièces d'Adamov furent données, dont la création allemande de *Off Limits* par Klaus Michael Grüber à Düsseldorf le 30 septembre 1972.

### 2.4.2 Ionesco à Darmstadt

L'événement qui marqua la percée de Ionesco en République Fédérale fut la création allemande de *Victimes du devoir* le 5 mai 1957 à Darmstadt. Entièrement détruit pendant la guerre, le Landestheater Darmstadt se vit attribuer une scène provisoire (« Orangerie ») sur laquelle les directeurs Gustav Rudolf Sellner, de 1951 à 1961, puis Gerhard F. Hering, de 1961 à 1971, montèrent de nombreux auteurs contemporains, poursuivant la tradition théâtrale de Gustav Hartung qui avait dirigé le théâtre entre 1920–1924 et 1931–1933 avant la prise du pouvoir par les nationaux-socialistes.

Dans une lettre du 22 juin 1955, Stauffacher expliqua à Ionesco que Werner Düggelin, un jeune metteur en scène qui avait jadis travaillé à Paris, avait pris en charge la traduction de la pièce *Victimes du devoir* pour la monter à Darmstadt.[258] En décembre 1955, le théâtre hésitait cependant encore entre la création de *Victimes du devoir* ou de *La Leçon*.[259] Cette indécision dura plus d'un an et finalement les deux pièces furent représentées l'une à la suite de l'autre.

---

[256] Gerhard Reuter : Lettre à Arthur Adamov (4 mai 1959). IMEC, ADM 10.7. « *Paolo Paoli* steht immer noch auf dem Spielplan. Inzwischen ist er jetzt 21-mal gegeben worden. Die Publikumsreaktion ist nach wie vor positiv ». « *Paolo Paoli* se trouve encore à l'affiche. Elle a entre temps été donnée vingt et une fois. La réaction du public reste positive ».
[257] Cf. tableaux de statistiques de créations ouest-allemandes en annexe.
[258] Hans Rudolf Stauffacher : Lettre à Eugène Ionesco (22 juin 1955). CP Stauffacher.
[259] Hans Rudolf Stauffacher : Lettre à Eugène Ionesco (1er décembre 1955). CP Stauffacher.

Fixée pour le mois de mars 1957, la date de la première fut décalée au mois de mai en raison du brusque désistement de Düggelin, pris par le tournage d'un film. L'idée de faire appel à un metteur en scène français fut alors avancée, Stauffacher expliqua à Ionesco que « pour sauver [la création] tout le théâtre de Darmstadt a demandé à Roger Blin de faire la mise en scène et on a ajourné la première au 5 mai ».[260] Roger Blin ne donna pas suite à cette proposition et Ionesco, qui jugeait que « la désertion de Werner Düggelin [était] une catastrophe », proposa Jacques Mauclair ou Roger Planchon en ajoutant que « si le spectacle avait été maintenu pour le mois de mars, je crois que j'aurais pu moi-même (bien que sans connaissances pour l'Allemand [sic]) le monter ».[261] Finalement, Sellner se chargea lui-même de la mise en scène. Après trois années d'interdiction de travail entre 1945 et 1948, Sellner avait été engagé à Kiel, Essen et Hambourg avant de diriger le théâtre de Darmstadt entre 1951 et 1962. Ses créations étaient marquées par un style formaliste qualifié d'« instrumental ».[262]

Sellner et Stauffacher avaient demandé au critique Albert Schulze Vellinghausen de donner la veille de la première une conférence inaugurale intitulée « L'aventure Ionesco » (« Das Abenteur Ionesco »).[263] Cet essai de quatorze pages, publié aux Éditions Stauffacher, était le premier sur l'œuvre de Ionesco à paraître en Allemagne. Schulze Vellinghausen y loue la volonté de Ionesco de confronter son public avec un nouveau théâtre, l'invitant à poser un regard neuf sur les formes usuelles de beauté. Il souligne ensuite une caractéristique majeure du théâtre de Ionesco, le mélange des genres dramatiques, et consacre un long paragraphe aux spécificités langagières de l'écrivain, comparant le contenu des dialogues à des ruines et leur forme à un mouvement de ballet. Il place ensuite Ionesco tour à tour dans la tradition littéraire de Jonathan Swift, George Grandville, Henri Monnier, Gustave Flaubert ou Wilhelm Busch puis parmi les écrivains Beckett, Adamov, Audiberti, Schéhadé et Vauthier. L'article se termine sur l'importance d'œuvres comme *Victimes du devoir* qui ne reculent pas devant les ruines du langage, des pensées ou des idéologies.

En dépit de cette conférence inaugurale, la soirée du 5 mai 1957 donna lieu à un esclandre retentissant et fit date dans l'histoire du théâtre ouest-allemand.

---

260 Hans Rudolf Stauffacher : Lettre à Eugène Ionesco (23 février 1957). CP Stauffacher.
261 Eugène Ionesco : Lettre à Hans Rudolf Stauffacher (25 février 1957). CP Stauffacher.
262 On se reportera à Gerald Köhler : *Das instrumentale Theater des Gustav Rudolf Sellner*. Köln : Teiresias Verlag 2002.
263 Albert Schulze Vellinghausen : Eugène Ionesco. In : Eugène Ionesco/Albert Schulze Vellinghausen/Gustav Rudolf Sellner (éds.) : *Das Abenteuer Ionesco : Beiträge zum Theater von Heute*. Zürich : Verlag Hans Rudolf Stauffacher 1958, p. 5–19. SAPA Bern.

Alors que le public avait accueilli *La Leçon* avec bienveillance, il se déchaîna au cours de la seconde partie de la soirée. Considéré par la presse comme le « plus important scandale théâtral depuis la fin des ‹ grandes › années du théâtre allemand en 1933 »,[264] le tumulte provoqué par *Victimes du devoir* fut comparé avec celui suscité par des pièces de Pirandello, Hauptmann ou Wedekind. Le critique Egon Vietta décrivait le tapage dans la salle de la façon suivante :

> Ein veritabler Theaterskandal. Es fängt mit Scharren, Rufen, Protesten an, wächst zum Gelächter, ebbt ab, schwillt an, überrollt ganze Zuschauerreihen, geht in Trampeln über und plötzlich meutert der ganze Theatersaal der Darmstädter Orangerie.[265]

Le public ne tenait plus en place. Un compte rendu de l'hebdomadaire *Der Spiegel* rapportait que des sifflements et des appels à l'encontre du directeur emplissaient la salle, et lorsque Sellner apparut sur scène pour inciter les mécontents à quitter les lieux, un tiers des spectateurs se leva et partit.[266] Ceux qui étaient restés réconfortèrent les porteurs du projet en applaudissant longuement et de manière démonstrative.[267] Une telle réaction suscitait de nombreux questionnements et il fut conjecturé que la pièce de Ionesco avait été utilisée par certains spectateurs comme l'occasion de manifester leur désaccord avec la programmation du théâtre. De nombreux spectateurs s'étaient rendus à la soirée « munis de sifflets », ce qui vient soutenir cette hypothèse.[268] Plusieurs critiques estimaient qu'il s'agissait pourtant « d'un des scandales les plus agréables, les plus vifs »[269] et qui avait permis de passer « une étape décisive dans l'histoire paisible, bien trop paisible, du théâtre allemand d'après-

---

[264] Ulrich Seelmann-Eggebert : Theaterskandal um Eugene Ionesco. In : *Darmstädter Echo* (7 mai 1957). TWS Wahn. (« Lautstärkste[r] Theaterskandal seit den 1933 zu Ende gegangenen ‹ großen › Zeiten des deutschen Theaters »).
[265] Egon Vietta : Publikum gegen Ionesco. In : *Der Standpunkt* (17 mai 1957). TWS Wahn. « Un véritable scandale théâtral. Cela commence par des trépignements, des cris, des désapprobations, s'amplifie par des rires, diminue, grossit, parcourt des rangées entières de spectateurs, se transforme en piétinements et tout à coup la salle entière de l'Orangerie de Darmstadt se révolte ».
[266] Anonyme : Pfiffe in Darmstadt. In : *Der Spiegel* (15 mai 1957). TWS Wahn : « Es gab Pfiffe und böse Rufe gegen den Hausherrn [...] Der Intendant trat auf die Bühne und forderte die Unzufriedenen auf, das Haus zu verlassen ».
[267] Ibid. : « Am Ende trösteten die Dagebliebenen den Intendanten, den Autor Ionesco und die Darsteller mit demonstrativ heftigem Applaus ».
[268] K. H. Ruppel : Kasperltheater der Weltangst. In : *Süddeutsche Zeitung* (8 mai 1957). TWS Wahn. (« Mitgebrachte Trillerpfeifen »).
[269] Ibid. (« Einer der schönsten und frischesten Theaterskandale »).

guerre ».²⁷⁰ Enfin, d'autres journalistes considéraient que le public avait réagi de manière exagérée, ingrate même, et qu'à l'avenir de telles créations ne devaient plus avoir lieu à Darmstadt.²⁷¹ *La Leçon*, jouée en première partie de soirée, fut oubliée dans un grand nombre de comptes rendus, seuls le contenu déconcertant de *Victimes du devoir* et la portée du scandale fit couler beaucoup d'encre.

### 2.4.3 Genet à Berlin-Ouest

Publiée aux éditions de l'Arbalète en 1956 après une période d'écriture difficile,²⁷² *Le Balcon* fut la première des trois pièces imposantes de Genet, suivie des *Nègres* en 1958 et des *Paravents* en 1961. La création mondiale du *Balcon* eut lieu le 22 avril 1957 sous la direction de Peter Zadek²⁷³ à l'Ars Theatre de Londres, un théâtre-club privé qui échappait à la juridiction et à la censure de Lord Chamberlain. Cette création mondiale provoqua un scandale et de son côté Genet protesta vivement contre une mise en scène qui selon lui « assassinait »²⁷⁴ son texte. La création française, confiée à Peter Brook, ne sut pas non plus convaincre Genet, alors même qu'il n'avait vu ni répétitions ni représentations.²⁷⁵ Elle fut donnée en mai 1960, après que le nouveau ministre des Affaires culturelles André Malraux en eut autorisé la représentation. Un fait notable est que la création allemande du *Balcon* eut lieu un an avant la première

---

**270** Alfons Neukirchen : Untersuchung eines Theaterskandals. In : *Düsseldorfer Nachrichten* (10 mai 1957). TWS Wahn. (« Markstein in der friedlichen, allzu friedlichen deutschen Theatergeschichte der Nachkriegszeit »).
**271** Frank Hansen : Der skandalöse Herr Ionesco ... In : *Die andere Zeitung* (23 mai 1957). TWS Wahn.
**272** Entre 1948 et 1956, après un amour déçu et la parution en 1952 de *Saint Genet – Comédien et martyr* de Sartre, Genet traversa une crise existentielle, durant laquelle il écrivit les pièces *Splendid's* et *'adame Miroir*, tourna le court métrage *Un Chant d'amour* et commença *La Mort*, un ouvrage resté inachevé. Suivirent de 1956 à 1958 de riches années de composition avec la rédaction en parallèle des trois grandes pièces, chacune étant soumise par la suite à des changements plus ou moins importants.
**273** Zadek avait également signé la création anglaise des *Bonnes* au Mercury Theatre Club en 1952.
**274** Après avoir assisté à des répétitions, Genet avait dénoncé les choix de Zadek lors d'une conférence de presse. Jean Genet, « Londres en parle : Jean Genet en colère », *L'Express*, 24 avril 1957, p. 22. Cité in : Edmund White : *Jean Genet*, p. 416.
**275** Genet déclara à son traducteur anglais Bernard Frechtmann : « Après la lecture de pas mal d'articles, de vos lettres, après avoir vu plusieurs photos du *Balcon*, j'en suis arrivé à cette idée que ce n'est pas un bon spectacle ». Jean Genet, cité in : Edmund White : *Jean Genet*, p. 418.

française, le 18 mars 1959 au Schloßpark-Theater de Berlin-Ouest dans une mise en scène de Hans Lietzau. D'aucuns affirmèrent qu'il s'agissait de la véritable création mondiale puisque la pièce y avait été montée pour la première fois sur la scène d'un théâtre d'État.

L'initiative de la création allemande du *Balcon* revenait au metteur en scène Leo Mittler qui en juillet 1957 avait annoncé à Barlog, directeur des Staatliche Schauspielbühnen Berlin, qu'il souhaitait monter cette œuvre.[276] La hardiesse du projet n'échappait pourtant à personne, et une correspondance entre Mittler, Barlog et le dramaturge en chef Albert Beßler témoigne de leur indécision.[277] Dès l'été 1957, Beßler entra en contact avec Genet.[278] Ce dernier proposa de retravailler le texte et expliqua à son éditeur français Barbezat qu'il allait «reprendre le *Balcon*, pour la scène» puisqu'on allait «le jouer à Berlin au Schiller-Theater».[279] La méprise sur le nom du théâtre indique peut-être que la représentation du *Balcon* avait à l'origine été prévue pour une autre salle, plus petite, des Staatliche Schauspielbühnen Berlin. Pourtant, Genet ne fit parvenir aucune correction au Schloßpark-Theater si l'on en croit Beßler qui se souvenait d'une «correspondance avec l'auteur, qui promit des corrections, vint même pour trois jours à Berlin, mais qui soudain, comme si souvent, disparut à nouveau et n'envoya aucune correction».[280] Genet ne laissa pas de traces écrites de son passage à Berlin, seul fut rapporté un incident qui se déroula dans l'hôtel où il séjournait.[281]

En décembre 1957, Mittler lut le manuscrit allemand envoyé par la maison d'édition Merlin Verlag et signala à Barlog combien ce projet l'enthousiasmait. Il qualifiait la transposition scénique de «tâche fascinante» et voyait en la pièce «nulle obscénité, mais une véritable poésie».[282] Un mois plus tard toute-

---

[276] Leo Mittler : Lettre à Boleslaw Barlog (25 juillet 1957). ADK Berlin. Boleslaw-Barlog-Archiv 1726.

[277] Le dramaturge en chef Beßler s'est souvenu de ces hésitations. Albert Beßler : *Biographie eines Theaters : Ein halbes Jahrhundert Schloßpark-Theater Berlin*. Berlin : Rembrandt-Verlag 1972, p. 108.

[278] Albert Beßler : Lettre à Leo Mittler (3 septembre 1957). ADK Berlin, Boleslaw-Barlog-Archiv 1726.

[279] Jean Genet : *Lettres à Olga et Marc Barbezat*, p. 178.

[280] Albert Beßler : *Biographie eines Theaters*, p. 108. («Briefwechsel mit dem Autor, der Änderungen versprach, sogar für drei Tage nach Berlin kam, aber dann plötzlich wieder, wie so oft, verschollen war und keine Änderungen schickte»).

[281] Un article publié dans la *Bild-Zeitung* relatait cet épisode tumultueux. P. A. Otte : Außenseiter der Gesellschaft. In : *Bild-Zeitung* (28 mars 1959). ADK Berlin, Hans-Lietzau-Archiv 145.

[282] Leo Mittler : Lettre à Albert Beßler (10 décembre 1957). ADK Berlin, Boleslaw-Barlog-Archiv 1726. («Faszinierende Aufgabe» ; «Es ist in keiner Weise obszön, sondern eine wirkliche Dichtung»).

fois, Mittler n'était plus aussi convaincu du succès que la pièce pouvait récolter auprès du public. La fin lui semblait confuse et incohérente et il fit part à Barlog de sa profonde déception.[283] Genet lui-même n'était pas satisfait par le dénouement de sa pièce,[284] ce qui explique sans doute pourquoi il retravailla celle-ci à tant de reprises. Pourtant, donner *Le Balcon* en première allemande était l'objectif du Schloßpark-Theater et lorsque Mittler apprit que le théâtre de Zurich souhaitait monter la pièce en mars ou en avril 1958, il signala à Barlog l'urgence de fixer les dates des répétitions[285] – le Schauspielhaus Zürich créa la pièce en 1967 seulement, lors de la parution de la nouvelle version. Il semblerait cependant que Mittler ait voulu mener deux projets de front, l'un à l'opéra et l'autre au théâtre, et que cette entreprise n'ait pas été du goût de Beßler et Barlog qui lui retirèrent la direction de la création.[286] Celle-ci resta en suspens plus d'un an, jusqu'à ce que Hans Lietzau accepte de rejoindre le projet et le mène à terme.

Le 8 mars 1959, dix jours avant la première du *Balcon*, une matinée consacrée à Genet fut organisée au Schloßpark-Theater pour familiariser les spectateurs avec son œuvre. L'acteur Bernhard Minetti récita des extraits de textes de Genet, une lecture suivie de discussions avec le public. Par ailleurs, le programme présentait cet écrivain encore peu connu puisque seules dix mises en scène des *Bonnes* avaient suivi la création allemande de la pièce, et à Berlin on avait pu voir la première pièce de Genet uniquement au petit théâtre Die Tribüne.[287] La brochure contenait un extrait de *Journal du voleur* ainsi qu'un texte de Beßler, de même qu'une rubrique intitulée « Ce qu'on ne doit pas savoir à tout prix ... » (« Was man nicht unbedingt wissen muss ... ») qui résumait les étapes principales de la vie de Genet : son orphelinat, ses séjours en maison

---

**283** Leo Mittler : Lettre à Albert Beßler (9 janvier 1958). ADK Berlin, Boleslaw-Barlog-Archiv 1726.
**284** Edmund White explique ainsi : « Genet ne fut jamais satisfait de la fin ; la castration de Roger semble effectivement gratuite et, plus grave, le désir du Chef de la Police d'être imité et immolé, s'il ne manque pas de logique, n'est guère convainquant psychologiquement. Les motivations philosophiques de Genet s'éloignent trop du comportement humain observable pour intéresser ou toucher le public ». Edmund White : *Jean Genet*, p. 415.
**285** Leo Mittler : Lettre à Boleslaw Barlog (23 décembre 1957). ADK Berlin, Boleslaw-Barlog-Archiv 1726.
**286** Leo Mittler : Lettre à Boleslaw Barlog (24 janvier 1958). ADK Berlin, Boleslaw-Barlog-Archiv 1726 : « Am 28. Jan., [habe] Mittler unsere Umdispositionen mitgeteilt. Sieht nicht, daß er ‹Henschel› und ‹Balkon› machen kann. Hat für ‹Henschel› zugesagt und ab 20. Mai fest an der Staatsoper ». « Le 28 janvier, [ai] fait part à Mittler de notre changement. Ne voit pas comment faire ‹Henschel› et ‹Balcon›. A accepté ‹Henschel› et sera à partir du 20 mai engagé à la Staatsoper ».
**287** La première eut lieu le 1er octobre 1958.

de correction, son engagement dans l'armée, ses vagabondages, ses peines purgées en prison, sa rencontre avec Cocteau et Sartre et ses premiers succès littéraires.[288] Enfin, sur les affiches figurait l'indication « interdit aux moins de dix-huit ans », une mesure qui renforça la nervosité des spectateurs et l'attente d'un véritable scandale.[289]

À la fin de la première représentation, aussi bien les détracteurs que les défenseurs de la pièce se déchaînèrent et les comédiens ne purent que difficilement garder leur calme : dans son autobiographie, l'actrice Berta Drews, qui incarnait Madame Irma, retrace avec précision le tumulte qui régnait dans la salle alors qu'elle devait prononcer les dernières répliques.[290] Le critique Hermann Wanderscheck estimait que le public, qui lançait de manière éparse des sifflements, des huées et même des cris, réagissait à chaud jusqu'au tomber du rideau :

> Das Publikum der Premiere klatschte und zischte. Ein Theaterabend, der die Zuschauer in dramatisch-poetischem Radikalismus überfuhr, aber bis in die letzte Spielminute nicht aus der Spannung der geistigen Leidenschaft entließ.[291]

Contrairement à ce témoignage, Walther Karsch considérait que la pièce n'avait connu ni scandale, ni véritable succès, mais que le tumulte était issu de la confrontation des spectateurs entre eux et qu'il s'agissait plus de « manifestations et contre-manifestations ».[292] Le Schloßpark-Theater reçut de nombreuses lettres de la part de spectateurs outrés ou enthousiastes, signe de leur engagement personnel dans cette querelle. Deux camps s'étaient donc formés, et alors que les uns exigeaient que ce genre de pièces ne figure plus au sein de la programmation principale mais soit joué uniquement dans des petites

---

**288** Schloßpark-Theater (éd.) : *Programmheft* : *Der Balkon* n° 78 (1958/59). ADK Berlin, Hans-Lietzau-Archiv 145.

**289** Sabina Lietzmann : Im Salon der Illusionen. In : *Frankfurter Allgemeine Zeitung* (21 mars 1959). ADK Berlin, Hans-Lietzau-Archiv 145. (« ‹ Für Jugendliche unter achtzehn Jahren verboten › »).

**290** Berta Drews : *Wohin des Wegs* : *Erinnerungen*. Berlin : Langen Müller 1986, p. 272.

**291** Hermann Wanderscheck : Genet-« Sensation » bei Barlog : Applaus und Zischen für *Balkon*. In : *Hamburger Abendblatt* (21 mars 1959). TWS Wahn. « Le public de la première applaudissait et sifflait. Une soirée théâtrale qui marqua les spectateurs dans sa radicalité dramatique et poétique, mais qui, jusqu'à la dernière minute de jeu, les maintint dans un état de tension intellectuel et passionné ».

**292** Walther Karsch : Das Haus der Illusionen. In : *Der Tagesspiegel* (26 mars 1959). TWS Wahn. (« [Es war mehr] Demonstration und Gegendemonstration »).

salles,²⁹³ d'autres se montraient reconnaissants envers le théâtre de permettre une telle ouverture d'esprit au public berlinois.²⁹⁴

La création allemande d'une pièce aussi délicate et brûlante que le *Balcon* avait donc permis que les regards se tournent à nouveau vers l'ancienne capitale théâtrale. Saluant l'initiative du Schloßpark-Theater, le critique Herbert Ihering insistait sur la nécessité de monter de telles pièces «qui [décrivaient] des situations extrêmes», et étaient «importantes pour la programmation, le jeu, la mise en scène et la dramaturgie» parce qu'elles «[provoquaient] des contradictions et [stimulaient] les esprits».²⁹⁵ La circulation des pièces de Genet en RFA ne faisait alors que commencer et le transfert d'une œuvre aussi engageante et exigeante allait véritablement renouveler les programmations des petites et grandes scènes.

### 2.4.4 Beckett à Berlin-Ouest, Munich et ailleurs

L'immense succès d'*En attendant Godot* plaça Beckett au sommet de la littérature mondiale. La répétition générale de la pièce fut applaudie par la critique, une réaction positive à laquelle Beckett ne s'attendait nullement et qui lui fit dire à Jean-Paul Sartre que «ce n'[était] pas possible, [qu']on [avait] dû se tromper!»²⁹⁶ Lors de la première le 5 janvier 1953 au Théâtre de Babylone sous la direction de Roger Blin, une minorité du public réagit avec enthousiasme tandis que la majorité se déclara épouvantée. Dans un article paru dans la revue *Arts*, Jean Anouilh louait hautement la pièce, un portrait élogieux qui lui permit d'être donnée à 153 reprises dans ce même théâtre et d'accéder à un succès d'ampleur internationale.²⁹⁷ En RFA, *En attendant Godot* connut au moins 143 créations différentes, certainement plus si l'on songe au grand nombre de

---

**293** TWS Wahn. Lettre de Emil Fischbad au Schloßpark-Theater, *Tagesspiegel*, Berlin, 12 avril 1959 : «Wenn Barlog glaubt, derartige Experimente durchnehmen zu müssen, so sollen sie in Studio-Aufführungen vonstatten gehen, aber nicht im Abendspielplan». «Si Barlog estime devoir entreprendre de telles expériences, elles devraient être représentées dans les petites salles, mais pas dans celles réservées au répertoire».
**294** Gerda Lohmann : Lettre non titrée au Schloßpark-Theater. In : *Tagesspiegel* (12 avril 1959). TWS Wahn.
**295** Herbert Ihering, «Das lebendige Schloßpark-Theater», in Albert Beßler : *Biographie eines Theaters*, p. 16–45, p. 35. («Ich mußte diese Aufführung hervorheben, weil sie zeigte, wie auch Stücke, die Grenzsituationen beschreiben, wichtig für Spielplan, Ensemble, Regie und Dramaturgie werden können. Sie fordern Gegensätze heraus, sie aktivieren»).
**296** Hans Daiber : *Deutsches Theater seit 1945*, p. 171.
**297** Jean Anouilh : *Godot* ou le Sketch des *Pensées* de Pascal traité par les Fratellini. In : *Arts* n° 400 (27 février 1953–5 mars 1953). CP Stroux.

petits théâtres dont les programmations ne figuraient pas dans les magazines spécialisés.[298] La première allemande eut lieu le 8 septembre 1953 au Schloßpark-Theater lors des semaines festivalières de Berlin dans une mise en scène de Karl Heinz Stroux.[299] Celui-ci avait été formé durant la République de Weimar et avait continué à travailler sous le régime national-socialiste, notamment aux côtés de Gründgens au Théâtre Prussien (« Preußisches Staatstheater ») de Berlin. Après la guerre, entre 1945 et 1951, il fut premier metteur en scène à Darmstadt, Wiesbaden et au Hebbel-Theater de Berlin-Ouest, puis il occupa la même fonction aux Schiller-Theater et Schloßpark-Theater de Berlin-Ouest entre 1951 et 1955. Ces théâtres, dirigés par Barlog et qui attiraient les metteurs en scène les plus renommés, avaient joué un rôle déterminant dans l'ouverture des scènes allemandes à un répertoire étranger et un grand nombre de créations allemandes y étaient présentées.

La genèse du transfert de la pièce de Beckett vers les scènes ouest-allemandes mérite qu'on s'y attarde. Le dramaturge Albert Beßler s'était rendu à Paris en janvier 1953 pour assister à une représentation d'*En attendant Godot* dont il avait entendu parler par sa collègue Rosemarie Koch. Dès le mois d'avril, il fit parvenir la traduction allemande à quatre metteurs en scène dont deux partagèrent son enthousiasme, Barlog et Stroux.[300] Selon l'épouse de ce dernier, Barlog avait été tant fasciné par la pièce qu'il avait voulu la mettre en scène lui-même, cédant finalement à la demande insistante de Stroux.[301] Un fait pourtant passé inaperçu jusqu'à présent est que Stroux eut connaissance de l'œuvre non par l'intermédiaire du dramaturge Beßler, du traducteur Tophoven ou de la maison d'édition Suhrkamp Verlag, mais à travers une lettre et une ébauche de traduction de Mia Ponnelle, la mère du décorateur Jean-Pierre Ponnelle qui avait fait ses débuts au Düsseldorfer Schauspielhaus. Dans une lettre de février 1953 adressée à Eva Stroux, Mia Ponnelle expliquait s'être attelée de sa propre initiative à une première traduction de la pièce de Beckett, un auteur « absolument nouveau en son genre et qui ne se [laissait] enfermer dans aucune catégorie », et elle songeait à envoyer cette traduction aux organisateurs du festival de théâtre annuel de la Ruhr.[302] Ces quelques lignes de Mia Ponnelle laissent même entendre qu'elle avait été en contact avec Beckett :

---

**298** Cf. tableaux de statistiques de créations ouest-allemandes en annexe.
**299** Le seul article écrit à ce sujet est incomplet et comporte plusieurs erreurs. Wilhelm Füger : The first Berlin *Godot* : Beckett's Debut on German Stage. In : Angela Moorjani/Carola Veit (éds.) : *Samuel Beckett : Endlessness in the year 2000/Samuel Beckett : Fin sans fin en l'an 2000.* Amsterdam/New York : Rodopi 2001 (Samuel Beckett Today/Aujourd'hui, vol. 11), p. 57–63.
**300** Albert Beßler : *Biographie eines Theaters*, p. 105.
**301** Eva Stroux : Entretien réalisé le 23 novembre 2013, Düsseldorf.
**302** Mia Ponnelle : Lettre à Eva Stroux (21 février 1953). CP Stroux. (« Er ist in seiner Art völlig neu und läßt sich in keine Kategorie einpressen »).

> Beckett möchte den Namen Godot für Deutschland verdeutschen. Was meinen Sie ? Wäre es besser, die Namen aller Ortschaften zu verdeutschen ? Urteile von Herrn Stroux, seine Meinungen, würden Herrn Beckett sehr interessieren.[303]

Ces propos témoignent de l'importance que l'écrivain attribuait à une création en Allemagne. La proposition d'octroyer au personnage éponyme un nom allemand et de transformer les lieux mentionnés dans la pièce en localités allemandes montre que Beckett se souciait des réactions du public d'outre-Rhin et qu'il souhaitait lui faciliter la compréhension de la pièce. Ces transformations n'eurent finalement pas lieu dans la traduction officielle, confiée à Elmar Tophoven dans des circonstances qui échappèrent à Beckett[304] et face auxquelles Mia Ponnelle réagit avec contenance. Elle affirmait ne désirer que le succès de cette pièce qui méritait tous les éloges.[305] Les Éditions de Minuit passèrent un accord avec la maison d'édition Beermann-Fischer et Tophoven fut engagé comme traducteur. *Wir warten auf Godot* (« Nous attendons Godot ») fut le titre retenu par Beermann-Fischer pour la première création, modifié par la suite en *Warten auf Godot* lors de la parution du texte chez l'éditeur Suhrkamp. Celui-ci avait obtenu les droits de publication de l'œuvre de Beckett, alors que l'éditeur Beermann-Fischer détenait les droits de représentation.[306] Tophoven avait assisté à une représentation de la pièce en compagnie d'Arthur Adamov[307] et l'éditeur Siegfried Unseld, le futur successeur de Peter Suhrkamp, avait lui aussi vu la pièce, invité par le gouvernement français à Paris au printemps 1953. Ainsi, Mia Ponnelle, Eva Stroux, le traducteur Tophoven, les Éditions de Minuit, le Beermann-Fischer Verlag, le Suhrkamp Verlag, le dra-

---

**303** Mia Ponnelle : Lettre à Eva Stroux (28 février 1953). CP Stroux. « Beckett souhaite germaniser le nom de Godot pour l'Allemagne. Qu'en pensez-vous ? Serait-ce mieux de germaniser les noms de tous les lieux ? Monsieur Beckett serait très intéressé par les opinions et avis de Monsieur Stroux ».
**304** Mia Ponnelle : Lettre à Eva Stroux (5 mars 1953). CP Stroux : « Der Verlag von Beckett [hat] mit dem deutschen Verlag Beermann-Fischer abgeschlossen, der seinen deutschen Übersetzer besitzt und in Paris ansässig ist. Ein Verleger handelt eben manchmal anders, als ein Autor es denkt ». « La maison d'édition de Beckett [a] passé un accord avec l'éditeur allemand Beermann-Fischer, qui a son propre traducteur allemand qui habite à Paris. Un éditeur agit parfois différemment de ce qu'un auteur ne pense ».
**305** Ibid. : « Macht aber nichts, ich bin froh für das Stück. […] Ich hoffe, daß sich die deutschen Bühnen um *Godot* reißen » « Cela ne fait rien, je suis contente pour la pièce. […] J'espère que les théâtres vont se battre pour avoir *Godot* ».
**306** Elmar Tophoven : Lettre à Karl Heinz Stroux (31 juillet 1953). CP Stroux : « S. Fischer hat die Aufführungsrechte, Suhrkamp das Veröffentlichungsrecht für das gesamte Werk S. Beckett's [sic] ». Pour des explications sur la situation légale complexe entre le Fischer-Beermann Verlag et le Suhrkamp Verlag on se reportera au deuxième chapitre de cette partie.
**307** Elmar Tophoven, cité in : Erika Tophoven : *Glückliche Jahre*, p. 95.

maturge Beßler, les metteurs en scène Stroux et Barlog furent autant de médiateurs qui dressèrent un pont entre Beckett et l'Allemagne de l'Ouest – peut-être en existe-t-il d'autres non repérés à ce jour – et de ce fait tous les chemins semblaient mener Godot à Berlin.

Fin juillet 1953, Tophoven et Beckett reprirent ensemble la traduction de la pièce, une première rencontre dont le traducteur se souvenait bien.[308] Par ailleurs, un échange épistolaire entre Tophoven et Stroux indiquait que ce dernier voulait se rendre à Paris pour y rencontrer Beckett, mais cette entrevue n'eut finalement pas lieu en raison de l'état de santé de Stroux.[309] Les derniers arrangements concernant la venue de Beckett et de Tophoven à la première berlinoise furent fixés par courrier. L'une des lettres du traducteur mentionnait que l'auteur souhaitait rester en retrait, un trait de caractère qui allait devenir indissociable du nom de Beckett, réservé et peu loquace :

> Herr Beckett bat mich noch darum, Ihnen mitzuteilen, dass er möglichst unauffällig in Berlin bleiben möchte. Er liebt es eben nicht, Journalisten zu antworten. Wenn es einem gelingt, in der Ecke irgendeines Cafés mit ihm zu sprechen, taut er langsam auf. Sie und die Schauspieler möchte er natürlich sehr gerne kennenlernen.[310]

Une semaine avant la première fixée au 8 septembre, Stroux se blessa en tombant de la scène.[311] Selon Eva Stroux, cet accident eut d'importantes répercussions sur la mise en scène qui, après trois semaines et trois jours de répétitions, n'était pas encore entièrement achevée.[312] Certain du succès de la pièce, Stroux ne souhaitait pas la faire découvrir au public dans une mise en scène inaboutie et essaya de convaincre Barlog de repousser la date de la première, mais en vain. Barlog pria Stroux « de ne pas compliquer les choses, car la première de *Godot* [devait] avoir lieu mardi, sinon le théâtre [allait se mettre] dans un sacré

---

**308** Erika Tophoven : *Glückliche Jahre*, p. 96.
**309** Elmar Tophoven : Lettre à Karl Heinz Stroux (17 juin 1953). CP Stroux ; Karl Heinz Stroux : Lettre à Elmar Tophoven (19 juillet 1953). CP Stroux.
**310** Elmar Tophoven : Lettre à Karl Heinz Stroux (31 juillet 1953). CP Stroux. « Monsieur Beckett m'a prié de vous dire qu'il souhaitait séjourner aussi discrètement que possible à Berlin. Il n'aime tout simplement pas répondre aux journalistes. Si l'on parvient à discuter avec lui dans un recoin de café, il s'ouvre lentement à vous. Il souhaite bien entendu beaucoup vous rencontrer, vous et les comédiens ».
**311** Le déroulement de ces événements est par ailleurs confirmé par un autre témoignage, celui que Barlog nota dans son autobiographie : Boleslaw Barlog : *Theater lebenslänglich*. Frankfurt am Main/Berlin : Ullstein Sachbuch 1990, p. 109.
**312** Eva Stroux : Entretien réalisé le 23 novembre 2013, Düsseldorf.

pétrin ».³¹³ Dans une lettre plus détaillée, il expliquait à Stroux que la date de la première devait à tout prix être maintenue pour que la création allemande n'ait pas lieu, à la place, à Karlsruhe – la pièce était d'ores et déjà programmée à l'affiche de nombreux autres théâtres.³¹⁴ Face à l'intransigeance de Barlog, les dernières répétitions eurent lieu à l'hôpital pour préparer au mieux les comédiens.³¹⁵ Beckett rendit visite à Stroux dans sa chambre d'hôpital la veille et le lendemain de la première. Il se déclarait surpris de l'enthousiasme du public³¹⁶ et semblait désapprouver le parti pris de mise en scène, signalant au critique Friedrich Luft que la création lui avait semblé trop « surfaite ».³¹⁷ Il nota également dans son journal au retour de Berlin :

> I came back from Berlin on Saturday. It was badly played there, above all badly directed, but well received. I should have prefered the opposite. Everyone was very kind.³¹⁸

Que la mise en scène n'ait su convaincre Beckett est malheureux au regard des efforts entrepris par Stroux pour créer l'œuvre dans l'esprit de l'auteur. Bien avant le début des répétitions, Stroux avait prié Tophoven de lui envoyer des photographies de la création parisienne, dont l'élaboration avait été suivie de près par Beckett, afin de saisir la tonalité voulue par l'écrivain.³¹⁹ Finalement, Stroux reçut une lettre de Beckett, datée du 13 septembre, dans laquelle ce dernier s'excusait de ses propos au lendemain de la première et soulignait qu'il était parfaitement normal que le metteur en scène voie la pièce d'un autre œil que l'auteur :

> J'espère que vous ne m'en voulez pas trop de mon pauvre discours de l'autre jour et que vous en aurez mis, pour les pardonner, les maladresses et les énormités sur le compte de mon mauvais allemand. Je ne peux ouvrir la bouche sans perdre la tête, mais en français j'aurais pu tout de même vous dire tout cela plus simplement et surtout plus gentiment.

---

313 Boleslaw Barlog : Lettre à Karl Heinz Stroux (2 septembre 1953). CP Stroux. (« Ich bitte herzlich, mache keine Schwierigkeiten, denn die *Godot*-Premiere muß am Dienstag sein, sonst kommt das Theater in Deibelsküche »).
314 Boleslaw Barlog : Lettre à Karl Heinz Stroux (6 septembre 1953). CP Stroux.
315 Eva Stroux : Entretien réalisé le 23 novembre 2013, Düsseldorf.
316 Eva Stroux : Lettre à un destinataire inconnu (27 novembre 1953). CP Stroux : « Er [Beckett] war erstaunt, [sic] über die gute Aufnahme des Stücks durch das Publikum ».
317 Friedrich Luft : Wir warteten auf Godot zum ersten Mal. In : Klaus Völker (éd.) : *Beckett in Berlin : Zum 80. Geburtstag*. Berlin : Hentrich/Frölich & Kaufmann 1986, p. 38–40, p. 40. (« Aufgeplustert »).
318 James Knowlson : *Damned to Fame*, p. 398. « Je suis revenu de Berlin samedi. La pièce y a été mal jouée, avant tout mal mise en scène, mais bien reçue. J'aurais préféré le contraire. Tout le monde était très gentil ».
319 Karl Heinz Stroux : Lettre à Elmar Tophoven (19 juillet 1953). CP Stroux.

> Que vous voyiez la pièce un peu autrement que moi, c'est votre droit le plus strict, ma façon de voir n'est pas forcément la bonne. De toute manière je n'avais pas à intervenir là-dedans. Et les brèves heures passées auprès de vous, je les aurais mieux employées à vous exprimer, à vous et à vos comédiens, mon admiration et ma reconnaissance. Mais aux écorchés la sagesse est difficile.[320]

Beckett déclara également à Helmut Castagne, correcteur au Fischer Verlag, qu'il était « heureux que Monsieur Stroux ne semble pas [lui] en vouloir de ce qu'[il] lui [avait] dit et n'aurai[t] pas dû lui dire à Berlin ».[321] Il affirmait avoir « beaucoup d'estime » pour Stroux et conclut en concédant à Castagne : « Vous avez raison, à chacun son *Godot* ».[322]

Les critiques se prononcèrent en faveur de la pièce et de la mise en scène.[323] Celle-ci connut un succès affirmé, resta à l'affiche pendant plusieurs mois et partit en tournée dans tout le pays. À l'exception du critique du quotidien local *Das Spandauer Volksblatt*,[324] qui « le soir de la première n'[attendait] pas Godot mais la fin de la représentation », ou du journaliste de *Der Abend* qui estimait que « le suspense de la pièce [résidait] dans l'ennui »,[325] les articles de presse étaient élogieux. Dans un long compte rendu dans *Die Neue Zeitung*,[326] Friedrich Luft résumait l'impact de la pièce sur le public, en grande partie ébranlé par l'esthétique dramatique et particulièrement la tonalité tragique de l'œuvre. Luft expliquait que Beckett avait su dépeindre le sentiment de toute une génération, et contrairement à l'avis d'un grand nombre de ses confrères, il estimait que la pièce n'était pas pessimiste en soi mais que le lien d'amitié entre Vladimir et Estragon invitait à l'espoir. Luft ne réservait que peu de lignes à la description de la mise en scène de Stroux, qu'il jugeait inachevée.

---

**320** Samuel Beckett : Lettre à Karl Heinz Stroux (13 septembre 1953). CP Stroux.
**321** Helmut Castagne : Lettre à Karl Heinz Stroux (12 décembre 1953). CP Stroux.
**322** Ibid.
**323** Le matériel archivistique de la première allemande d'*En attendant Godot* a en grande partie disparu, comme nous l'a expliqué Eva Stroux qui avait tenté de rassembler des documents pour une exposition à l'Académie des Arts de Berlin à l'occasion du cinquantième anniversaire de la création allemande de la pièce le 8 septembre 2003. Lors de la rénovation du Schloßpark-Theater, les archives furent en partie détruites ou du moins éparpillées, un fait confirmé par l'absence de documents dans les archives de la ADK de Berlin et par le nombre très restreint d'articles de presse de la collection TWS Wahn. La majorité des documents utilisés est issue de la collection privée de Eva Stroux.
**324** L. M. : Handlung Fehlanzeige. In : *Spandauer Volksblatt* (10 septembre 1953). CP Stroux. (« Wir warteten am Premierenabend nicht auf Godot, sondern auf das Ende der Aufführung »).
**325** Gerhard Grindel : Bittere Gewohnheit des Daseins. In : *Der Abend* (9 septembre 1953). CP Stroux. (« Es schafft Spannung, indem es langweilt »).
**326** Friedrich Luft : Vier Männer in steifen Hüten. In : *Die Neue Zeitung* (10 août 1953). TWS Wahn.

Elle était en revanche hautement louée par Walther Karsch de la *Rheinische Post*, qui expliquait que le metteur en scène avait raccourci le texte et donné des repères aux comédiens afin que ceux-ci créent l'action en s'appuyant sur les mots.[327] Cette méthode employée par Stroux fut pourtant examinée d'un œil critique dans d'autres comptes rendus qui dénonçaient la mise en avant de passages à teneur philosophique. Stroux avait de fait renoncé à jouer uniquement sur le côté clownesque de l'œuvre et avait choisi de marquer les contrastes : il avait ainsi demandé aux comédiens de prononcer les phrases clés en fixant le public ou en lui tournant le dos,[328] un jeu qui rompait le rythme des répliques et déstabilisait l'harmonie d'ensemble de la pièce.

Une fois le rideau final tombé, Beckett rejoignit les comédiens sur scène, un fait notable qui mérite d'être mentionné puisqu'il ne se reproduisit plus jamais par la suite : « L'auteur se montra à plusieurs reprises avec les participants, maigre, sérieux et maladroit » et il « semblait étonné que des hommes puissent se divertir face à une telle amertume et vérité extrême », notait Friedrich Luft.[329] La description de Hermann Wanderscheck allait dans le même sens, Beckett était décrit comme « blond et maigre, porteur de lunettes, gauche, tenant nerveusement quelques livres à la main ».[330] Il s'agissait de la première et dernière apparition de Beckett sur scène.

Une autre création d'importance marqua les années 1950. L'ancien émigré Fritz Kortner créa *En attendant Godot* aux Münchner Kammerspiele le 27 mars 1954 avec Heinz Rühmann et Ernst Schröder dans les rôles principaux.

Kortner, né à Vienne en 1892, avait rejoint l'Allemagne en 1910 et travaillé comme comédien avec de grands noms de la mise en scène, Max Reinhardt, Karl Heinz Martin, Leopold Jeßner, Berthold Viertel et Erwin Piscator. Il quitta l'Allemagne dès la prise du pouvoir par Hitler en 1933 et s'installa brièvement

---

**327** Walther Karsch : Theater ohne Handlung. In : *Rheinische Post* (11 septembre 1953). CP Stroux : « Karl Heinz Stroux verknappte den Text und gab seinen Schauspielern Stützen, damit sie aus den Worten wenigstens ein gewisses Maß an Aktion entwickeln konnten ».
**328** Georg Hensel : Theaterschau des Westens. In : *Darmstädter Echo* (12 septembre 1953). CP Stroux : « [Stroux] ließ [...] die metaphysischen Schlüsselsätze wie plötzliche Durchbrüche starr ins Publikum oder mit dem Rücken zum Publikum sprechen ».
**329** Friedrich Luft : Vier Männer in steifen Hüten. In : *Die Neue Zeitung* (10 août 1953). TWS Wahn. (« Der Autor zeigte sich, hager, ernst und linkisch, mit den Mitwirkenden oft. Er schien selbst erstaunt, daß Menschen an so viel Bitterkeit und extremer Wahrheit Vergnügen finden könnten »).
**330** Hermann Wanderscheck : *Warten auf Godot* heißt warten auf Gott ? In : *Abendpost* (12 septembre 1953). CP Stroux. (« Blond-hager, bebrillt, bescheiden, linkisch, nervös ein paar Bücher in der Hand haltend »).

à Londres, puis émigra à Hollywood aux États-Unis. Kortner retourna en Allemagne à la fin de l'année 1947 pour se consacrer à la mise en scène et jusqu'à son décès en 1970 il était admiré pour ses représentations au réalisme implacable.[331] Dans son autobiographie Kortner nota qu'*En attendant Godot* illustrait l'« attachement enfantin, acharné, ridicule aux illusions de la vie », que les personnages étaient marqués par une forte volonté d'espérer et « nulle déception, aucune misère aussi amère et privée d'issue soit-elle, ne [provoquait] chez les deux vagabonds, ces poussahs de l'espoir, un abandon de l'attente de Godot ».[332] Peut-être Kortner voyait-il dans cet acharnement illusoire une métaphore du théâtre allemand d'après-guerre, de la volonté de rééduquer un public qui ne cherchait pourtant qu'à consommer, se distraire et oublier les misères du passé. Il se peut également que Kortner ait voulu engager le dialogue entre anciens émigrés et anciens collaborateurs puisqu'il avait fait appel à Heinz Rühmann et Ernst Schröder, des comédiens qui avaient continué à exercer leur métier sous le régime national-socialiste.[333] La réunion de Kortner, Schmitt et Rühmann était un véritable geste de réconciliation, de ce fait le public munichois attendait la création avec d'autant plus d'impatience.

La mise en scène de Kortner fut saluée par la critique. Le journaliste Johannes Jacobi notait que Vladimir et Estragon n'étaient pas interprétés comme des personnages existentialistes – ce qui avait été le cas dans la création allemande par Stroux – mais comme des clowns qui se comportaient à la manière d'existentialistes.[334] Une telle observation permet de rapprocher la mise en scène de Kortner de celle de Roger Blin à Paris, où la part belle était faite à la dimension clownesque de l'œuvre : Jean Anouilh parlait alors de «*Pensées* de Pascal jouées par les Fratellini »[335] et au début des années 1960,

---

331 Henning Rischbieter (éd.) : *Durch den eisernen Vorhang*, p. 8 : « Fritz Kortner, ‹ der unerbittliche Realist ›, fordert von 1949 bis 1970 das Theater der Bundesrepublik heraus durch die rückhaltlose Wahrhaftigkeit seiner Menschen- und Gesellschaftsdarstellung ». « Fritz Kortner, ‹ l'impitoyable réaliste ›, défie le théâtre ouest-allemand de 1949 à 1970 par la véracité sans réserve de sa représentation de l'homme et de la société ».
332 Fritz Kortner: *Aller Tage Abend*. München : Kindler 1959, p. 98. (« Auch in Becketts *Godot* gibt es dieses kindliche, verbissene, lächerliche Aufrechterhalten der Lebensillusionen. Alle Enttäuschungen, die bitterste, ausweglöseste Lebensnot bewirken nicht, daß die beiden Tramps, diese Stehaufmännchen der Hoffnung, ihr Warten auf Godot aufgeben »).
333 Schröder avait fait ses débuts de 1934 à 1936 auprès du metteur en scène Saladin Schmitt à Bochum, et Rühmann avait été engagé par Gründgens au Théâtre Prussien (Preußisches Staatstheater) de Berlin entre 1938 et 1943.
334 Joachim Kaiser, cité in : Henning Rischbieter (éd.) : *Durch den eisernen Vorhang*, p. 71 : « Auf der Bühne standen nicht zwei als Landstreicher verkleidete Existentialisten, sondern eher zwei Clowns, die sich gelegentlich wie Existentialisten benahmen ».
335 Jean Anouilh : *Godot* ou le Sketch des *Pensées* de Pascal traité par les Fratellini. In : *Arts* n° 400 (27 février 1953–5 mars 1953). CP Stroux.

Geneviève Serreau voyait encore dans Vladimir et Estragon des « clowns » plutôt que des « vagabonds ».[336] Le compte rendu du critique Jacobi se terminait par le constat que le miracle de la mise en scène de Kortner venait de la présence scénique des comédiens, une présence « époustouflante ».[337]

Or, contrairement aux critiques dramatiques, le public munichois n'accueillit pas la pièce avec bienveillance. Beaucoup de spectateurs n'avaient visiblement « pas envie d'attendre Godot, mais de l'envoyer au diable »[338] et chez d'autres « les nerfs avaient tout simplement lâché ».[339] Ils sifflaient la pièce ou la paraphrasaient bêtement, riaient ouvertement et récoltaient les applaudissements d'autres spectateurs auxquels répondaient à leur tour des rires. Le critique Wolfgang Drews jugeait ces réactions déplacées, le simple achat d'un ticket d'entrée ne donnait pas le droit aux spectateurs, selon lui, de déranger les comédiens et le reste du public, et il invitait ces malotrus à se rendre au spectacle de Grand Guignol. Face à l'œuvre tragique et touchante de Beckett, un tel comportement était « d'un mauvais, du plus mauvais goût », le seul constat que l'on pouvait faire était que « Munich [avait] le plus longtemps attendu Godot et l'[avait] le moins bien compris ».[340] Alors même que Kortner avait veillé à donner un élan clownesque à la pièce, le public munichois fut décontenancé par l'absence d'action et sa fin oppressante. Une telle réaction du public était d'autant plus étonnante que la participation de Heinz Rühmann aurait dû à elle seule inciter au respect. Rühmann était un acteur de cinéma célèbre – notamment pour le film *Ce Diable de garçon* (*Die Feuerzangenbowle*, 1944) de Helmut Weiss – et apprécié pour son jeu comique et léger. Sa prestation dans le rôle d'Estragon fut saluée par la critique comme l'une de ses meilleures depuis la fin des années 1920, seul le public semblait ne pas l'apprécier à sa juste valeur.

En somme, la pièce *En attendant Godot* fut créée en Allemagne de l'Ouest durant la saison théâtrale 1953–1954 dans les quinze théâtres suivants : le

---

336 Geneviève Serreau : *Histoire du « Nouveau théâtre »*, p. 88.
337 Joachim Kaiser, cité in : Henning Rischbieter (éd.) : *Durch den eisernen Vorhang*, p. 72. (« Atemberaubende Leibhaftigkeit »).
338 Max Christian Feiler : Fritz Kortner inszeniert *Warten auf Godot*. In : *Münchner Merkur* (29 mars 1954). TWS Wahn. (« Es gab viele Opponenten, die nicht bereit waren, auf Godot zu warten, aber Lust hatten, auf ihn zu pfeifen »).
339 Juliane Reck-Malleczewen : München erlebte *Warten auf Godot*. In : *Neue Presse* (2 avril 1954). TWS Wahn. (« Kurzum, dem Bürger 1954 rissen die Nerven »).
340 Wolfgang Drews : Pfiffe in den Kammerspielen. In : *Frankfurter Allgemeine Zeitung* (31 mars 1954). TWS Wahn. (« Schlechter, schlechtester Ton » ; « München hat am längsten auf Godot gewartet und ihn am schlechtesten verstanden »).

12 septembre 1953 au Badisches Staatstheater de Karlsruhe par Karl-Heinz Caspari ;[341] le 6 octobre 1953 au Stadttheater de Constance ; en novembre 1953 au théâtre Studio de Cologne par Friedrich Siems,[342] peu de jours après une représentation du Théâtre de Babylone en tournée en RFA ;[343] le 29 novembre 1953 au Staatstheater de Kassel par Albert Fischel ; le 10 janvier 1954 aux Städtische Bühnen de Wuppertal par Aloys Garg ;[344] le 15 janvier 1954 au Staatstheater de Braunschweig par Helmut Geng ; le 19 janvier 1954 aux Kammerspiele de Düsseldorf par Hans Jörg Utzerath ;[345] en février 1954 à Heidelberg par Wolfgang von Stas ;[346] le 3 mars 1954 au Zimmertheater de Hambourg par Günther Rennert ; le 27 mars 1954 aux Kammerspiele de Munich par Fritz Kortner ; en mars 1954 aux Städtische Bühnen de Flensburg par Wolfgang Hessler et au Zimmertheater de Fribourg par Claus Günther ; le 9 avril 1954 aux Kammerspiele d'Osnabrück ; le 10 avril 1954 aux Bühnen der Landeshauptstadt de Kiel ; le 17 avril aux Städtische Bühnen de Dortmund. Enfin, la création suisse de la pièce au Schauspielhaus Zürich le 25 février 1954, en langue allemande, fut signée par Roger Blin. La pièce de Beckett fut donc résolument intégrée dans la culture d'accueil ouest-allemande, un phénomène à propos duquel un article du *London Times* proposait l'explication suivante :

> Die Deutschen, die immer gern bereit sind, die Sprache der Fratellinis in den Jargon von Kant, Schopenhauer und Heidegger zu übersetzen, überschätzen und übergeistern die philosophischen Ingredienzien dieser Clownsstudie. Becketts Stück *Warten auf Godot* mit seinen hoffnungslosen Hoffnungen und bedeutungslosen Bedeutungen ist genau das, worauf die Deutschen eine Antwort erwarten, während wir auf nichts warten.[347]

---

**341** La pièce de Beckett fut donnée dans le cadre du projet « L'expérience » (« Das Experiment ») et perçue comme une œuvre pionnière. Anonyme : *Wir warten auf Godot* : Westdeutsche Erstaufführung im Badischen Staatstheater. In : *Badische Neueste Nachrichten* (8 septembre 1953). TWS Wahn.
**342** Friedrich Siems est également le metteur en scène de la première création allemande d'une pièce de Ionesco (*Amédée ou Comment s'en débarrasser*, Bochum, 25 mars 1956).
**343** Un critique estimait que la création de Siems n'avait rien à envier à celle de son confrère français. Dr. St. : Diagnose der Zeit und Ruf zur Umkehr. *Wir warten auf Godot* im Kölner Studio. In : *Kölner Rundschau* (22 novembre 1953). TWS Wahn.
**344** Le public of Wuppertal réserva un chaleureux accueil à cette création. Dr. I. P. : Endloses Spiel der Menschheit. In : *Westdeutsche Rundschau* (12 janvier 1954). TWS Wahn.
**345** À Düsseldorf la réception de cette pièce fut aussi une réussite. Rolf Trouwborst : Kammerspiele wagten sich an *Godot*. In : *Neue Presse* (19 janvier 1954). TWS Wahn.
**346** Dans cette création les acteurs jouaient sur une avancée de la scène installée au milieu des spectateurs. Hs. : Nochmals *Warten auf Godot*. In : *Rheinpfalz* (12 février 1954). TWS Wahn.
**347** Extrait du *London Times*. Sans indication de nom d'auteur, lieu ou date de parution de l'article britannique : *Abendzeitung* (2 juin 1954). TWS Wahn. « Les Allemands, qui sont toujours prêts à traduire la langue des Fratellini dans le jargon de Kant, Schopenhauer et Heidegger, surestiment et surinterprètent les ingrédients philosophiques de cette étude clownesque. La

Une telle interprétation des faits montre combien le recours à des stéréotypes était encore répandu au début des années 1950, les Allemands étaient présentés comme moralistes et sérieux, les Anglais comme résignés mais joyeux puisque pour eux, cette pièce était une « clownerie ». Cependant, le passage de pièces francophones en RFA n'était pas tant conditionné par l'attente de réponses ou par la relecture selon un héritage philosophique national, que par la faculté des auteurs de poser les questions justes, celles qui permettaient d'aller de l'avant grâce à la compréhension du passé. La souffrance liée à ces questionnements – la barbarie humaine, la lâcheté de l'individu, le sens de l'Histoire – se reflétait certes dans une tonalité tragique des pièces, à laquelle les Allemands étaient sensibles. Un « écorché »[348] comme Beckett, déraciné après avoir quitté son pays natal, marqué à jamais pour avoir combattu au sein de la Résistance, était ainsi à même de transmettre un tel sentiment d'affliction. « L'Allemagne adore [Beckett] ; l'Allemagne en sort toutes les notes tragiques »,[349] prétendait déjà l'acteur irlandais Jack MacGowran. Le tragique d'une pièce comme *En attendant Godot*, écrite en français par un auteur irlandais, passait de fait par ces riches mais difficiles expériences vécues dans d'autres aires culturelles. Au-delà du simple tragique, c'est donc aussi la dimension cosmopolite, présente en creux, que les Allemands estimaient tant.

Les Schiller-Theater et Schloßpark-Theater continuèrent à œuvrer pour l'importation des pièces de Beckett en République Fédérale. La deuxième pièce de ce dernier, *Fin de partie* (1956), fut donnée le 30 septembre 1957 au Schloßpark-Theater par Hans Bauer.[350] Beckett n'assista pas à la première allemande et s'excusa de son absence auprès de ce théâtre qui lui était devenu cher.[351] Jouée à seulement huit reprises, la création connut un accueil mitigé, imputable à la pièce elle-même. Certains critiques, Hellmut Koschenreuther par exemple, ne

---

pièce de Beckett *En attendant Godot*, avec ses espoirs désespérés et son sens insignifiant, va tout à fait provoquer chez les Allemands l'attente d'une réponse, alors que nous n'attendons rien ».

**348** Beckett se qualifia lui-même d'« écorché ». Samuel Beckett : Lettre à Karl Heinz Stroux (13 septembre 1953). CP Stroux : « Mais aux écorchés la sagesse est difficile ».

**349** Jack MacGowran, cité in : Mel Gussow : *Conversations with and about Beckett*. New York : Grove Press 1996, p. 23. Entretien avec Jack MacGowran du 9 janvier 1973. (« Germany adores him ; Germany pulls out every tragic note »).

**350** Le matériel archivistique présente le même problème que pour la première allemande d'*En attendant Godot* ; les archives semblent avoir disparu après la rénovation du Schloßpark-Theater et seules trois pochettes, issues du fonds d'archives du comédien Bernhard Minetti, sont disponibles à la ADK.

**351** ADK Berlin, Bernhard-Minetti-Archiv 2153. Note de Beckett au Schloßpark-Theater.

faisaient pas mystère de leur incompréhension face à la pièce et se demandaient quel était le sens de ce « théâtre du désespoir, de jérémiades grotesques, de nihilisme dénudé ».[352] Friedrich Luft estimait quant à lui que la pièce représentait un degré zéro de l'action et en résumait l'esprit par l'adjectif « infernal ».[353] Il expliquait en outre sur un ton désabusé que le caractère nihiliste de l'œuvre plaisait au public non pas parce que ce dernier voulait se confronter à des questionnements existentiels, mais en raison de leur nouveau bien être matériel qui leur permettait d'observer de loin cette ambiance macabre. Les applaudissements « étonnamment bruyants »[354] étaient considérés par le journaliste comme irréels et décalés, il notait que « les porteurs de smokings affichaient leur approbation. Cela était une fois de plus d'une absurdité macabre ».[355] Par ailleurs, Luft jugeait que la mise en scène n'était pas assez sobre, qu'elle cherchait à en dire plus que le texte et essayait « de plaire, de s'esquiver vers ‹ quelque chose d'intéressant ›, alors que ce chemin avait clairement été barré »[356] par Beckett. Enfin, un choix malencontreux avait été de placer la pantomime *Acte sans paroles* (1957) à la suite de *Fin de partie*, un choix « superflu, ennuyeux, ridicule », car « après une ‹ Fin de partie › on ne devrait plus rien jouer du tout ».[357] En somme, la rencontre du public ouest-allemand avec la deuxième œuvre de Beckett ne fut pas une réussite.

Le 28 septembre 1959, le jeune metteur en scène Walter Henn fut chargé de la création allemande de *La Dernière Bande* (1958) à l'occasion de l'inauguration de la petite salle du Schiller-Theater, la « Werkstatt ». Cette production fut jouée à 54 reprises et récolta un franc succès. Deux années plus tard, le 30 septembre 1961, Walter Henn signa la première allemande de *Oh les beaux jours* avec Berta Drews dans le rôle principal. La prestation de cette dernière fut applaudie, alors que la pièce en elle même fut accueillie avec une certaine

---

352 Hellmut Kotschenreuther : Geschäfte mit Katzenjammer. In : *Neue Rhein-Zeitung-Düsseldorf* (3 octobre 1957). ADK Berlin, Bernhard-Minetti-Archiv 2153. (« Theater der Verzweiflung, des grotesken Katzenjammers, des nackten Nihilismus. Was soll das alles ? »).
353 Friedrich Luft : Wieder das gleiche Grauen, die gleiche Leere. In : *Die Welt* (2 octobre 1957). TWS Wahn. (« Es ist grausig »).
354 Ibid. (« Erstaunlich laut »).
355 Ibid. (« Die Smokingträger taten ihr Einverständnis kund. Fast war das seinerseits wieder von makabrer Absurdität »).
356 Ibid. (« Sie versuchte unter Hans Bauers Regie immer noch zu sehr ins Gefällige, ins ‹ Interessante › auszuweichen, wo dieser Weg deutlich versperrt sein sollte »).
357 Ibid. (« Das nun war eher überflüssig, ärgerlich, läppisch. Nach einem ‹ Endspiel › sollte man nichts mehr spielen »). Dansée par Erwin Bredow sur une musique de John Beckett, le cousin de l'auteur, la juxtaposition de *Fin de partie* et *Acte sans paroles* avait déjà eu lieu lors de la création mondiale par Roger Blin à Londres.

réserve. Le dramaturge Beßler expliqua à Beckett qu'une partie de son public allemand déplorait l'absence d'un manuel d'utilisation pour mieux appréhender le monde – un appel auquel l'écrivain répondit, comme si souvent, par le silence.[358]

Après ces premières allemandes au Schiller-Theater et au Schloßpark-Theater de Berlin furent créées plusieurs autres grandes mises en scène des pièces *En attendant Godot, Fin de partie, Comédie, Va et vient, La Dernière Bande, Oh les beaux jours, Cette fois* et *Pas*, qui toutes contribuèrent à l'établissement de l'œuvre de Beckett en République Fédérale.[359] Par la suite, Beckett ne cessa de publier de nouvelles pièces théâtrales, radiophoniques et télévisuelles dont l'intégration dans le répertoire fut constante et régulière jusqu'à la fin de la partition allemande.

Ainsi, le sentiment de léthargie qui avait gagné le paysage théâtral ouest-allemand au début des années 1950 fut dissipé par l'importation d'une nouvelle avant-garde théâtrale française. D'abord en position marginale, considéré comme expérimental ou trop hardi, ce mouvement devint rapidement un phénomène à la mode. Les pièces furent portées à la scène dans des représentations souvent sujettes à scandale et qui garantissaient des discussions animées. Le public accueillait ces écrivains francophones aux diverses nationalités avec un mélange d'impatience, de méfiance et de fascination, et de nombreux médiateurs encourageaient la circulation des pièces sur cette terre d'accueil propice, en attente de nouveaux auteurs et le regard porté vers l'étranger. Alors que la France donnait à voir le non-sens des pièces dans des mises en scène souvent clownesques, les scènes de la République Fédérale attribuaient aux œuvres de ce mouvement une signification propre et mettaient en avant l'affect ainsi que la dimension tragique et métaphysique. Jouées en terrain potentiellement fertile, dans un pays marqué par la censure national-socialiste et souffrant de l'absence d'auteurs dramatiques après 1945, ces pièces furent perçues en République Fédérale comme un miroir sociologique

---

**358** Lettre de Beßler à Beckett du 24 octobre 1961. Cité in : Klaus Völker (éd.) : *Beckett in Berlin : zum 80. Geburtstag*, p. 63 : « Der deutsche Zuschauer – besser gesagt, ein gewisser Teil deutscher Zuschauer – wird außerdem immer bei Ihren Stücken vermissen, daß Sie keine Gebrauchsanweisung dafür geben, wie man sich nun auf der Welt einrichten müsse, um auf ihr zu leben ».
**359** Pour un aperçu synthétique mais complet d'autres grandes créations on se reportera à l'article de Georg Hensel : « Da es so gespielt wird ... spielen wir es eben so ». Samuel Beckett als Autor und Regisseur. In : Klaus Völker (éd.) : *Beckett in Berlin : Zum 80. Geburtstag*. Berlin : Hentrich/Frölich & Kaufmann 1986, p. 10–25.

et culturel de leur temps. Ces créations de pièces françaises participèrent à la renaissance du théâtre allemand et de l'intégration réussie dans le concert européen. Si avec le recul les années 1950 semblent être des « années dorées » durant lesquelles « la culture allait semble-t-il devenir une fête continue »,[360] cela est en grande partie imputable au transfert d'œuvres comme *L'Invasion*, *En attendant Godot*, *Victimes du devoir* ou *Les Bonnes*.

---

[360] Hans Daiber : *Deutsches Theater seit 1945*, p. 158. (« Es waren die goldenen fünfziger Jahre. Das Kulturleben schien bestimmt zu sein, ein einziges Fest zu werden »).

# 3 La décennie du succès : les années 1960

Au cours des années 1960, la société ouest-allemande connut de profondes transformations économiques et sociétales. L'économie était florissante et promettait une vie matérielle plus confortable. Les Allemands de l'Ouest se procuraient de nouveaux appareils électroménagers comme le téléviseur, dont l'apparition affecta grandement la fréquentation des théâtres et des cinémas. Ainsi 4,6 millions de téléviseurs avaient été vendus en 1960 et une décennie plus tard, en 1972, 90 % des foyers ouest-allemands en étaient pourvus. La vente des tickets de cinéma chuta de 750 millions en 1958 à 167 millions en 1970. Les efforts de jeunes cinéastes n'y changèrent rien : même si, en 1962, le « manifeste de Oberhausen » (« Oberhausener Manifest ») proclamait que « le cinéma de Papa [était] mort » (« Papas Kino ist tot »), ce média n'attirait plus autant de spectateurs. Les théâtres subissaient le même sort et en 1965, une analyse du public entreprise par l'association des théâtres allemands (« Deutscher Bühnenverein ») montrait que seulement 6 % à 8 % de la population s'intéressait encore à ce média.[1] Entre 1962 et 1972, le nombre de spectateurs diminuait de 12,8 %, alors que les dépenses augmentaient de 159 %.[2] Quelques années plus tard, en 1969, le slogan « détruisez le théâtre bourgeois ! » (« Zerschlagt das bürgerliche Theater ! ») dénonçait le conservatisme et l'élitisme de cet art. De larges pans de la société et notamment de la jeunesse, bouleversés par les révélations du second procès d'Auschwitz à Francfort-sur-le-Main entre 1963 et 1965, estimaient que l'action politique ne devait plus être du seul ressort des hommes politiques. En 1967, le mécontentement de la jeune génération prenait la forme de mouvements étudiants qui, dans la rue ou au sein de l'opposition extra-parlementaire (« Außerparlamentarische Opposition »), exigeaient une révision des normes hiérarchiques et un travail collectif sur le passé national-socialiste du pays.

La politisation de la société touchait également le théâtre, dans l'écriture dramatique d'une part et dans la mise en scène d'autre part : celle-ci était marquée par la concurrence entre l'ancienne génération, soucieuse de conserver son territoire, et la nouvelle, apparue au début des années 1970. Après des débuts respectifs à Ulm et Munich, Peter Zadek et Peter Stein développaient ainsi à

---

[1] Peter Mertz : *Das gerettete Theater*, p. 100.
[2] Hans Daiber/Friedrich Michaelis : *Geschichte des deutschen Theaters*. Frankfurt am Main : Suhrkamp Taschenbuch Verlag 1989, p. 169.

Brême, sous la direction de Kurt Hübner, ce que l'on devait ensuite appeler le « style de Brême » (« Bremer Stil ») ou encore le « réalisme esthétique ».[3]

En matière d'écriture scénique, une nouvelle génération d'auteurs traitait dans leurs œuvres documentaires des sujets politiques forts, mêlant sources réelles et intrigues ou personnages fictifs. Ces pièces portaient sur le passé national-socialiste de l'Allemagne, sur la Seconde Guerre mondiale ou sur les guerres et injustices de l'époque. Appelé « théâtre politique », « théâtre protestataire » ou encore « anti-théâtre », le mouvement prit avec Peter Weiss le nom de « théâtre documentaire » (« Dokumentartheater ») dans un article paru dans le mensuel *Theater heute* en 1968. La définition exacte du rôle et des spécificités de ce genre théâtral donna lieu à des débats et des polémiques dont la violence n'était pas sans rappeler celle suscitée dix ans auparavant par la nouvelle avant-garde française.[4] La pièce *Le Vicaire* (*Der Stellvertreter*, 1963) de Rolf Hochhuth posait ainsi la question de la responsabilité de l'Église catholique face à la Shoah. Fondée sur des documents de l'époque, elle montrait que le Pape Pie XII aurait pu, par des mouvements protestataires de l'Église, mettre fin au pogrom juif. Cette pièce au caractère explosif connut sa première le 20 février 1963 à la Freie Volksbühne de Berlin-Ouest dans une mise en scène d'Erwin Piscator qui, un an auparavant, avait monté *Le Balcon* de Genet à Francfort-sur-le-Main, proposant alors une lecture foncièrement politique de la pièce. Nouveau directeur de la Volksbühne, Piscator voulait confronter le peuple allemand à son histoire récente que les anciens avaient refoulée et que les jeunes ignoraient encore en grande partie. À sa création, *Le Vicaire* connut plus de 250 représentations et donna lieu à une tournée l'année suivante, émaillée de débats et de querelles plus ou moins violents. La pièce *L'Affaire J. Robert Oppenheimer* (*In der Sache J. Robert Oppenheimer*, 1964) de Heinar Kipphardt, fondée sur un protocole de 3000 pages d'une enquête réalisée par la Commission de l'énergie atomique des États-Unis (AEC) contre Oppenheimer en 1954, exposait la situation des physiciens ayant participé à la création de la bombe nucléaire. Elle fut créée simultanément aux Münchner Kammerspiele par Paul Verhoeven et à la Freie Volksbühne de Berlin-Ouest par Piscator le 11 octobre 1964. Jusqu'à sa mort en 1966, Piscator monta encore plusieurs œuvres documentaires, ouvrant ainsi la voie aux jeunes metteurs en scène. Un an plus tard, en 1965, le théâtre documentaire connut son apogée avec

---

3 Henning Rischbieter (éd.) : *Durch den eisernen Vorhang*, p. 117 : « ästhetischer Realismus ».
4 On se reportera au débat entre Siegfried Melchinger et Henning Rischbieter dans l'article « Theater und Politik » paru dans le numéro spécial 1965 de *Theater heute* aux pages 47–49, et à l'article de Martin Esslin « Politisches Theater in Ost und West », paru dans le même numéro aux pages 52–55.

*L'Instruction* (*Die Ermittlung*, 1965) de Peter Weiss, déjà connu du public pour sa pièce communément appelée *Marat-Sade*[5] (1964), créée au Schiller-Theater le 29 avril 1964. Alors que dans sa première pièce, Weiss s'était intéressé à l'histoire de France au travers de figures révolutionnaires, *L'Instruction* mettait en lumière les horreurs du camp d'extermination d'Auschwitz-Birkenau. La pièce retraçait le second procès d'Auschwitz auquel Weiss avait en partie assisté durant l'été 1964. Elle était fondée sur l'interrogatoire des inculpés (« Vernehmung der Angeklagten zur Sache ») et la saisie de preuves (« Beweisaufnahme »), et toute l'horreur des camptes de la mort dont les détails étaient méconnus d'un large public apparaissait ainsi au fil de ces témoignages. La pièce fut créée le 19 octobre 1965 en divers lieux à la fois, à l'Ouest comme à l'Est : elle fut portée sur scène par Piscator à la Freie Volksbühne de Berlin-Ouest alors qu'à Berlin-Est, elle fut lue à l'Académie des Arts par des artistes célèbres et l'attaché culturel du parti SED, Alexander Abusch. Seize théâtres au total en RFA et RDA jouèrent *L'Instruction*. Ces représentations suscitèrent des débats sans fin et accentuèrent la confrontation entre la jeune génération et celle plus âgée des parents.

Avec la montée des mouvements contestataires étudiants, des pièces qui portaient sur d'autres sujets d'actualité furent également montées : la Seconde Guerre mondiale (*Soldats* de Rolf Hochhuth, 1967), la dictature salazariste au Portugal (*Le Chant du fantoche lusitanien* de Peter Weiss, 1967), le colonialisme (*Une saison au Congo* d'Aimé Césaire, 1966), les révoltes étudiantes en République Fédérale (*Exercice d'état d'urgence* de Michael Hatry, 1968), la guerre du Vietnam (*Vietrock* de Megan Terry, 1966, *V comme Vietnam* d'Armand Gatti, 1967, ou encore *Discours sur le Vietnam* de Peter Weiss, 1968). Les dernières grandes œuvres politiques furent la pièce antistalinienne de Peter Weiss, *Trotsky en Exil* (1969), jouée à Düsseldorf en janvier 1970 – parallèlement à la création mondiale dans le même théâtre de *Jeux de massacre* de Ionesco – et *Pinkville* (1971) de et par George Tabori, présentée en août 1971 dans une église du quartier Rudow à Berlin.

À la fin des années 1960, le public ouest-allemand découvrait, qui plus est, les pièces exigeantes de Martin Walser, Peter Handke, Franz Xavier Kroetz ou encore Thomas Bernhard, qualifiées de « nouveau réalisme » (« neuer Realismus ») ou de « nouvelle intériorité » (« neue Innerlichkeit »). *Outrage au public* (1966) de Handke cherchait notamment à sortir le spectateur de ses retranche-

---

5 Le titre entier de la pièce est *La Persécution et l'assassinat de Jean-Paul Marat représentés par le groupe théâtral de l'hospice de Charenton sous la direction de Monsieur de Sade* (*Die Verfolgung und Ermordung des Jean Paul Marat, dargestellt durch die Schauspieltruppe des Hospizes zu Charenton unter Anleitung des Herrn de Sade*).

ments et à l'interpeler directement depuis la scène. Par ailleurs, Walser s'exprima dans un article intitulé « Rêve éveillé de théâtre » (« Tagtraum vom Theater ») paru dans le mensuel *Theater heute* en octobre 1967[6] : il exigeait que l'on utilise les salles de théâtre, l'espace des spectateurs et de la scène à des fins autres que théâtrales, pour des meetings et des débats politiques, du sport ou encore de l'art amateur.

De leur côté, les pièces d'Adamov, Beckett, Genet et Ionesco connurent des changements majeurs dans leur réception outre-Rhin. À la suite de la parution en 1961 de l'ouvrage de Martin Esslin, ces œuvres étaient désormais rassemblées sous la même terminologie de théâtre « de l'absurde ». L'importante politisation de la société et des scènes ouest-allemandes aurait pu limiter fortement la diffusion des pièces du théâtre « de l'absurde », et le regard centré sur l'histoire récente de l'Allemagne aurait pu rendre obsolète l'argument du brassage culturel et linguistique, l'atout majeur dans le passage de ces œuvres d'une aire culturelle à une autre. Contre toute attente pourtant, le transfert de ce répertoire fut poursuivi et même renforcé. La circulation des pièces restait en effet tributaire des metteurs en scène de l'ancienne génération qui souhaitaient récolter les fruits de leurs efforts : après avoir pris l'initiative de monter ces pièces au cours des années 1950, ils cherchèrent à développer plus encore les créations scéniques et à atteindre ainsi la consécration théâtrale au niveau européen.

Trois facteurs furent ainsi déterminants pour le transfert des œuvres des quatre auteurs au cours des années 1960 : les créations mondiales et la position de prestige qu'elles apportaient au théâtre ouest-allemand ; l'apparition de créations d'envergure, qui parfois même entraient en concurrence entre elles ; et enfin l'élargissement aux médias radiophonique et télévisuel qui permettait une diffusion plus vaste encore.

## 3.1 Créations mondiales du théâtre « de l'absurde » en RFA

Le choix de l'Allemagne de l'Ouest comme lieu de créations mondiales témoigne de l'importance de ce pays pour les écrivains – qui sans cela n'auraient pas accordé les droits des premières représentations aux théâtres –, et d'une assimilation réussie de leurs pièces dans la culture d'accueil. Ce transfert ne pouvait connaître meilleur succès puisque, sans même se reporter à des inter-

---

[6] Martin Walser : Tagtraum vom Theater. In : *Theater heute* n° 11 (1967).

prétations ou des modèles de mises en scène, les hommes de théâtre allemands prenaient les devants face à la France et transposaient les textes pour la toute première fois sur scène en langue allemande.

### 3.1.1 *Les Âmes mortes* d'Adamov à Stuttgart

Le 21 novembre 1959 eut lieu, au Staatsschauspiel de Stuttgart, la création mondiale des *Âmes mortes* d'Adamov, adaptée du roman de Nicolai Gogol, dans une mise en scène de Dietrich Haugk. L'initiative de cette première mondiale semble revenir à Gerhard Reuter, dramaturge en chef du théâtre de Stuttgart. En février 1959, Reuter travaillait encore au théâtre de Hanovre où il participa à la création allemande de *Paolo Paoli*. Faute de documents retrouvés dans les archives, on peut penser que Reuter était resté en contact avec Adamov et que lorsqu'il fut engagé au théâtre de Stuttgart lors de la saison 1959–1960, les deux hommes décidèrent d'y créer *Les Âmes mortes*.

À la mi-septembre 1959, Reuter fit parvenir une lettre à l'écrivain où il le tenait informé des premières répétitions des *Âmes mortes*. Il annonçait également préparer un discours avant la première[7] et il confia ce dernier à Henning Rischbieter, directeur de la Volksbühne de Hanovre. Celui-ci désignait le trio formé par Adamov, Beckett et Ionesco « d'auteurs dramatiques de l'étrangéité » (« Dramatiker der Fremdheit ») et jouait sur la ressemblance sémantique entre le terme « Fremdheit » (« étrangéité ») et « Fremde » (« l'étranger »). L'étrangéité de leurs pièces lui semblait intrinsèquement liée à leurs origines étrangères et à leur statut d'étrangers en France :

> Die drei Meister des avantgardistischen Theaters, französisch schreibend, sind Fremdlinge in Frankreich. Aus dem Exil, dem persönlichen Erlebnis, haben sie ihre gemeinsame Grundhaltung gewonnen : Fremd, isoliert ist der Mensch in der Welt, in der Gesellschaft.[8]

La déclaration selon laquelle ces écrivains faisaient figures d'étrangers en France semblait, en creux, justifier la création mondiale de leurs pièces dans un autre pays comme l'Allemagne. Cosmopolites, ces auteurs n'étaient pas exclusivement francophones et leurs pièces semblaient trouver dans le paysage théâtral ouest-allemand, reconstruit après la guerre grâce à un répertoire de

---

7 Gerhard Reuter : Lettre à Arthur Adamov (15 septembre 1959). IMEC, ADM 15.10.
8 TWS Wahn. Henning Rischbieter, cité in : Anonyme : Unfrei nach Gogol. In : *Der Spiegel* (16 décembre 1959). TWS Wahn. « Les trois maîtres du théâtre d'avant-garde, qui écrivent en français, sont des étrangers en France. L'exil et les expériences personnelles leur ont apporté une attitude commune : l'homme est étranger et isolé dans le monde et la société ».

pièces étrangères, une terre d'accueil fructueuse car spécialisée dans la mise en scène d'œuvres issues de multiples cercles linguistiques et culturels.

Un seul compte rendu a pu être retrouvé dans les fonds d'archives, un indice pour la faible résonance de la création mondiale des *Âmes mortes*. Paru dans l'hebdomadaire *Der Spiegel*, l'article émettait un avis négatif sur la pièce, « peu passionnante » et « tellement traditionnelle ».[9] Adamov avait effectivement été contraint de réduire et de simplifier le roman de Gogol, ce qui avait déçu les attentes. L'écrivain fit part de sa contrariété et de son impression générale quant à la mise en scène à Helmut Heißenbüttel, son interlocuteur à la chaîne radiophonique Süddeutscher Rundfunk. Il conseillait de « quand même [aller] voir les *Âmes mortes* », mais lui précisait sur un ton quelque peu dépité : « Vous verrez, il y a quelques trouvailles et pas mal de fautes ».[10]

La création française des *Âmes mortes* par Roger Planchon eut lieu trois mois plus tard, le 12 février 1960 au Théâtre de la cité à Villeurbanne. Elle ne réussit pas non plus à convaincre l'auteur, qui notait dans *L'Homme et l'enfant* :

> Planchon présente mon adaptation des *Âmes mortes*, d'abord à Villeurbanne, puis à Paris, à l'ancien Odéon, nommé aujourd'hui Théâtre de France. Je suis mécontent de mon travail, de la mise en scène de Planchon et même des bandes photographiques projetées de René Allio, belles cependant.[11]

Ainsi, les *Âmes mortes* ne sut convaincre ni le public en République Fédérale, ni même son auteur. Il s'agit de l'unique création mondiale d'une œuvre d'Adamov sur une scène ouest-allemande et d'une des dernières mises en scène notables des années 1960 pour ses pièces, puisque la production de *Off Limits* par Grüber à Düsseldorf allait avoir lieu en 1972 seulement.

### 3.1.2 *Les Paravents* de Genet à Berlin-Ouest

*Les Paravents* de Genet, une œuvre ancrée dans le contexte de la guerre d'Algérie, s'insérait tout à fait dans le mouvement de politisation qui naissait en République Fédérale à l'orée des années 1960. Achevée en 1958, la pièce fut publiée par la maison d'édition Merlin Verlag en 1960, soit un an avant sa parution française aux éditions de l'Arbalète. En raison de la censure de la part

---

[9] Ibid. (« So wenig aufregend, so althergebracht war das Stück »).
[10] Arthur Adamov : Lettre à Helmut Heißenbüttel (25 novembre 1959). SWR, Radio-Essay Korrespondenz 1960/61 A–G, 10/12464.
[11] Arthur Adamov : *L'Homme et l'enfant*, p. 135.

du gouvernement français, la pièce connut sa création mondiale le 19 mai 1961 au Schloßpark-Theater de Berlin-Ouest dans une mise en scène de Hans Lietzau. Il fallut attendre 1966 avant que *Les Paravents* ne soit créée sur le sol français par Jean-Louis Barrault au Théâtre national de l'Odéon, déclenchant une querelle retentissante connue sous le nom de « bataille des *Paravents* ».[12] La création mondiale à Berlin suscita également des remous, mais pas de véritable scandale théâtral.

Au cours des répétitions et des préparatifs de la création, l'éditeur Meyer resta en contact avec le directeur du théâtre Barlog et le metteur en scène Lietzau. Il fut consulté pour des changements de traduction et s'occupait du contact avec Genet, allant jusqu'à exprimer des hésitations quant au fait d'inviter ou non l'auteur à la première. Dans une lettre à Lietzau, il expliquait « qu'il [fallait] y réfléchir » car il s'agissait « d'une question qui [exigeait] de la précaution » et proposait d'en discuter de vive-voix lors de son prochain passage à Berlin.[13] Dans cette lettre, Meyer donnait également son avis sur les possibles interprétations de la pièce et soulignait le caractère universel de cette œuvre qui, loin de refléter uniquement la situation en Algérie, servait de porte-parole à toutes les nations sous le joug de colonisateurs.[14]

La question de la censure française fut discutée dans la presse allemande. Friedrich Luft expliquait d'emblée que la pièce était « injouable » en France car Genet « [appuyait] trop fortement sur la plaie algérienne » et estimait qu'« une création rare avait imperceptiblement glissé de Paris, où elle avait sa place, vers le quartier berlinois de Steglitz », une remarque qui soulignait le côté inattendu du lieu de création.[15] Davantage qu'un moyen d'échapper à la censure française, cette création à Berlin témoignait de la confiance de Genet envers le théâtre ouest-allemand en général et celui de Berlin en particulier.[16] Il s'agissait même selon Luft d'une « lueur d'espoir pour l'Europe en cette saison théâ-

---

**12** On se reportera à Lynda Bellity Peskine/Albert Dichy (éds.) : *La bataille des Paravents*. Paris : IMEC 1991.
**13** Andreas J. Meyer : Lettre au Schloßpark-Theater Berlin (15 novembre 1960). ADK Berlin, Hans-Lietzau-Archiv 133. (« Zu überlegen wird sein, ob Sie Herrn Genet zur Premiere einladen wollen ; das ist eine Frage, die Behutsamkeit erfordert ; vielleicht besprechen wir das einmal mündlich, wenn ich Anfang Dezember in Berlin bin »).
**14** Ibid.
**15** Friedrich Luft : Er zeigt die Faszination der Verdammnis. In : *Die Welt* (23 mai 1961). TWS Wahn. (« Spielbar war das bisher in Frankreich nicht. Genet schlägt hier zu schmerzlich auf das algerische Schlimme. So rutschte eine rare Uraufführung aus Paris, wo sie hingehörte, unversehens nach Berlin-Steglitz »).
**16** Günther Rühle : *Theater in Deutschland 1945–1966*, p. 744 : « Ein Zeichen auch für Vertrauen in die Kraft des deutschen Theaters und den Platz Berlin ».

trale » :[17] un dialogue entre le théâtre français et allemand prouvait que l'on était capable, à travers l'importation d'objets culturels d'un pays à l'autre, de déjouer la censure de certains gouvernements. D'autres critiques estimaient cependant que la création mondiale d'une pièce qui se moquait ouvertement de l'armée n'aurait pas dû avoir lieu à Berlin-Ouest, foyer de tensions entre le bloc occidental et soviétique. Le critique du journal chrétien *Christ und Welt* blâmait ainsi ouvertement la création :

> Die gleiche Armee, die bei Jean Genet in greller Schwarzweiß-Malerei verhöhnt wird, steht in Berlin auf Posten, um die Stadt vor einem Zugriff zu schützen, der, hätte er Erfolg, auch die theatralischen Freiheiten des Herrn Beßler in Barlogs Sektierer-Dramaturgie beenden würde. [...] Sieht man das nicht ? Will man es nicht sehen ? Ich fand es – Verzeihung ! – taktlos, befremdlich taktlos, ausgerechnet in Berlin diesen Genet zu zeigen – jetzt, zu dieser Stunde und auch noch vor Paris.[18]

La vie théâtrale berlinoise était en effet pour de nombreux spectateurs indissociable des événements politiques qui marquaient les deux parties de la ville. En mai 1961, à trois mois de la construction du « mur de protection antifasciste » en RDA – ou « mur de la honte » en RFA –, l'exode croissant d'habitants de Berlin-Est vers l'Ouest incitait le gouvernement est-allemand à positionner un nombre important de soldats aux postes-frontières. L'atmosphère dans la ville était pesante et la constante menace d'un débordement d'un des deux côtés – la prise de contrôle par la RDA du côté ouest de la ville – alimentait la peur des habitants. L'article publié dans *Christ und Welt* laissait transparaître ce sentiment d'angoisse. Pourtant, alors même que le journaliste exigeait de la part des habitants de Berlin-Ouest loyauté et soutien et non railleries et provocations envers le gouvernement de RFA, il omettait de noter que la pièce de Genet calomniait exactement de telles situations de confrontation où, par la force de l'armée, la liberté des individus se trouvait menacée et bafouée.

Certains critiques relevaient ainsi à juste titre que l'Algérie n'était chez Genet qu'un lieu exemplaire, une métaphore pour la souffrance des opprimés : « le lieu de l'action est l'Algérie, non comme lieu géographique, mais comme

---

[17] Friedrich Luft : Er zeigt die Faszination der Verdammnis. In : *Die Welt* (23 mai 1961). TWS Wahn. (« Diese französische Uraufführung in Steglitz ist ein Hoffnungsschein im europäischen Theaterjahr »).

[18] Georg Groos : Der Dichter, der das Böse will. In : *Christ und Welt* (2 juin 1961). TWS Wahn. « La même armée qui chez Jean Genet est ridiculisée dans un manichéisme primaire est en position à Berlin pour protéger la ville d'une attaque qui, si elle réussissait, mettrait également fin aux libertés théâtrales de Monsieur Beßler dans la dramaturgie sectaire de Barlog [...] Ne voit-on pas cela ? Ne veut-on pas le voir ? Montrer ce Genet justement à Berlin – maintenant, à un tel moment, et qui plus est avant Paris – j'ai trouvé cela – je m'en excuse ! – tellement dénué de tact que c'en était déconcertant ».

exemple »,[19] notait ainsi Wolfgang Werth. Le contexte de la guerre d'Algérie fut néanmoins désigné comme l'élément central de la pièce par la grande majorité des critiques. Le portrait des colons était perçu comme particulièrement satirique et « dépeint avec une rage bouillonnante », l'on « [reconnaissait] des allusions précises à l'enfer permanent d'Alger, la Légion étrangère, la guerre, l'insurrection, la vengeance aveugle ».[20] Hermann Wanderscheck voyait en Genet un « apôtre de la liberté absolue » qui « [prenait] sans équivoque parti pour les rebelles algériens ».[21]

Un tel ancrage historico-culturel de la pièce contenait toutefois des difficultés de compréhension pour les spectateurs allemands, qui étaient essentiellement chrétiens et ne disposaient pas d'assez d'outils, en 1961, pour connaître la religion et la culture d'Afrique du Nord. Ces obstacles étaient également réels pour les acteurs et Berta Drews, la première comédienne à incarner le personnage de la Mère, soulignait dans son autobiographie combien l'appropriation des personnages maghrébins avait été rendue difficile par l'absence de repères et de modèles.[22] Par ailleurs, certains critiques voyaient dans ce portrait vivant de la culture maghrébine une mauvaise intention de la part de l'auteur et se plaignaient d'un « manque intentionnel de clarté » qui rendait la pièce réellement « absurde » et la privait de sa « clarté française ». L'auteur de ces propos, Wolfgang Schimming, allait jusqu'à s'exclamer que Genet « nous [menait] dans la jungle des coutumes musulmanes, superstitieuses et ataviques, de l'achat de la mariée au pleureur professionnel ».[23] En somme, d'aucuns affirmaient que « le tout [faisait] l'effet d'un requiem algérien, d'un oratorio ».[24]

---

**19** Wolfgang Werth : *Wände* oder Die falschen Wahrheiten. In : *Deutsche Zeitung* (23 mai 1961). ADK Berlin, Hans-Lietzau-Archiv 133. (« Schauplatz des Spiels ist Algerien, jedoch nicht als geographischer, sondern als exemplarischer Ort »).
**20** Friedrich Luft : Er zeigt die Faszination der Verdammnis. In : *Die Welt* (23 mai 1961). TWS Wahn. (« Mit geradezu schmähender Wut gezeichnet » ; « Jetzt erkennt man genaue Anspielungen auf die permanente Hölle von Algier, Fremdenlegion, Krieg, Insurgenz, ungesteuerte Rache »).
**21** Hermann Wanderscheck : Durch die Papierwände des Daseins. In : *General-Anzeiger für Bonn und Umgebung* (8 juin 1961). TWS Wahn. (« [Genet nimmt] als Apostel der absoluten Freiheit unmißverständlich Partei für die algerischen Rebellen »).
**22** Berta Drews : *Wohin des Wegs*, p. 273–274.
**23** Wolfgang Schimming : Algerienkrieg als Bühnendrama. In : *Rheinische Post* (24 mai 1961). TWS Wahn. (« Undurchschaubarkeit aus bösem Vorsatz, das ist wirklich ‹ absurdes › Theater ; nichts von der klassischen französischen clarté bei Genet ! Er führt uns in das Dickicht abergläubischer und atavistischer mohammedanischer Bräuche vom Brautkauf bis zur berufsmäßigen Totenklage und macht aus seiner Sympathie für die arabischen Freischärler kaum ein Hehl »).
**24** Walter Kaul : Algerisches Requiem in Steglitz. In : *Kurier-Kritik* (20 mai 1961). ADK Berlin, Hans-Lietzau-Archiv 133. (« [...] statisch, so daß das Ganze wie ein algerisches Requiem, wie ein Oratorium wirkt »).

Par ailleurs, la traduction allemande, très éloignée du texte français,[25] et les partis pris de Lietzau étaient également responsables de la réception mitigée de la pièce. Les importantes coupes dans le texte entreprises par le metteur en scène étaient tantôt qualifiées de nécessaires,[26] tantôt décrites comme véritable « épuration textuelle » :

> Die textliche Reinigung lief auf die Probe hinaus, ob Genets Aussage auch ohne obszönen Dialog zum Widerspruch reize. Sie reizte nicht. Die Reinigung, die starken Kürzungen und die Beschränkungen des darstellerischen Registers raubten dem « phantastischen Schauspiel » den Atem Genets. [...] [D]em gereinigten Genet wurde Genet gestohlen.[27]

En dépit de ces avis partagés, la création fut accueillie avec enthousiasme[28] et les jeunes spectateurs notamment applaudissaient entre les différents tableaux.[29] Avec cette première mondiale d'une pièce au contenu délicat et brûlant d'actualité, le théâtre ouest-allemand semblait avoir retrouvé sa reconnaissance internationale. L'enjeu d'une création mondiale en RFA était pourtant doté d'une moindre ampleur qu'en France, puisque les spectateurs ouest-allemands se rendaient à la première non en tant qu'« ‹ experts › »[30] de la guerre d'Algérie mais par curiosité envers la nouvelle pièce du poète maudit Genet.

### 3.1.3 *Comédie* de Beckett à Ulm

*Comédie* de Beckett, dont la première publication eut lieu en langue allemande sous le titre de *Spiel* dans le magazine *Theater heute* de juillet 1963, fut présen-

---

25 Cf. premier chapitre de la cinquième partie (étude de cas consacrée à Genet).
26 Friedrich Luft : Er zeigt die Faszination der Verdammnis. In : *Die Welt* (23 mai 1961). TWS Wahn. (« Das war nötig »).
27 E. G. Schäfer : Genet wurde Genet gestohlen. In : *Kieler Nachrichten* (23 mai 1961). TWS Wahn. « L'épuration textuelle avait valeur d'essai, il s'agissait de voir si le message de Genet pouvait provoquer une opposition même sans dialogues obscènes. L'épuration, les importantes coupures et les limitations du registre d'interprétation volaient à ce ‹ spectacle fantastique › le souffle de Genet. [...] Genet a été volé par le Genet épuré ».
28 Walther Karsch : Ein Sieg des poetischen Theaters. In : *Der Tagesspiegel* (21 mai 1961). ADK Berlin, Hans-Lietzau-Archiv 133. « Szenenbeifall, Pausenapplaus, am Ende lebhafte Ovationen für alle, besonders für Lietzau ». « Des applaudissements entre les scènes, à la fin une ovation debout pour tous et particulièrement pour Lietzau ».
29 Walter Kaul : Algerisches Requiem in Steglitz. In : *Kurier-Kritik* (20 mai 1961). ADK Berlin, Hans-Lietzau-Archiv 133 : « Nach den einzelnen Bildern demonstrativer Beifall, der von den jüngeren Besuchern forciert wurde ».
30 Walter Lennig : Jeder gibt seinem irren Affen Zucker. In : *Sonntagsblatt* (11 juin 1961). TWS Wahn. (« Hier war man nicht ‹ sachverständig ›, sondern nur neugierig auf ein neues Stück des Autors »).

tée en première mondiale à Ulm le 14 juin 1963 sous la direction de Deryk Mendel. La pièce fut donnée le même soir que *Acte sans paroles I* et que la création allemande de *Acte sans paroles II*. Mendel était danseur de ballet, chorégraphe, comédien et metteur en scène, il connaissait Beckett depuis huit ans déjà et allait par la suite travailler avec lui pour la création d'*En attendant Godot* au Schiller-Theater en février 1965, puis comme comédien dans le court-métrage *Dis Joe* réalisé par l'auteur en 1966.

Dans une interview pour la *Schwäbische Zeitung*, Mendel racontait que Beckett était venu assister aux répétions et qu'il « s'[était] exprimé de manière très élogieuse et satisfaite ».[31] Lui-même soulignait la qualité du théâtre et l'excellence de la troupe pour une petite ville comme Ulm, une chose qui lui semblait impensable en France ou en Grande-Bretagne :

> Ich selbst bin ebenfalls glücklich über die ausgezeichnete Zusammenarbeit mit den Künstlern des Ulmer Theaters, und ich bin – das sollte bei dieser Gelegenheit auch zum Ausdruck kommen – erstaunt über die Qualität der hiesigen Bühne. In vergleichbaren Städten Frankreichs und Englands wäre so etwas undenkbar.[32]

Le directeur Ulrich Brecht avait suivi la ligne de son prédécesseur Kurt Hübner, lequel avait rejoint Brême en 1962. Brecht opta pour une programmation axée sur le théâtre expérimental, ce qui lui coûta pourtant le soutien des spectateurs, « certainement assez terre à terre » selon les termes du critique Hellmuth Karasek.[33] Ce dernier relevait le courage et le mérite de ce théâtre de province qui « osait représenter sur une scène principale ce que des théâtres de villes plus grandes risquaient, dans le meilleur des cas, dans l'ombre de leurs petites scènes – et seulement lorsque les pièces avaient déjà suffisamment fait parler d'elles ».[34] La création de *Comédie* à Ulm était un acte d'autant plus téméraire que trois semaines auparavant, la mise en scène de *La Nouvelle Mandragore* (1952) de Jean Vauthier avait provoqué un tel scandale que la pièce avait dû être retirée de la programmation.

---

**31** Gk. : Gespräch über Samuel Becketts *Spiel*. In : *Schwäbische Donauzeitung* (14 juin 1963). TWS Wahn. (« Er hat sich in Ulm […] sehr lobend und zufrieden geäußert »).
**32** Ibid. : « Je suis moi-même heureux de l'excellente coopération avec les artistes du théâtre de Ulm, et je suis – cela devrait être souligné à l'occasion – agréablement surpris par la qualité de cet établissement. En France ou en Grande-Bretagne, dans des villes de tailles comparables, cela serait impensable ».
**33** Hellmuth Karasek : Dramen ohne Dialog. In : sans indication de lieu de parution de l'article (20 juin 1963). TWS Wahn. (« Wohl recht ‹bodenständig[e]› Ulmer Theatergänger »).
**34** Ibid. (« Ulm riskierte damit auf einer Hauptbühne eine Aufführung, wie sie Theater größerer Städte bestenfalls im Schatten ihrer Studios wagen – und auch das erst, wenn sich die Stücke genügend herumgesprochen haben »).

Selon Mendel, les Allemands avaient une conception trop unilatérale et sombre des pièces de Beckett, ce qui pouvait expliquer le manque de succès de ses œuvres plus tardives :[35] après avoir été fasciné durant les années 1950 par la dimension tragique de ces productions, le public attachait désormais de l'importance à d'autres aspects, notamment à la présence ou non de considérations politiques. Dans le programme de la création, l'écrivain allemand Wolfgang Hildesheimer décrivait la pièce à partir d'une thématique chère à l'auteur, le devenir individuel. Selon Hildesheimer, dans les pièces de Beckett chaque homme portait un regard vers le futur (*En attendant Godot*, *Fin de partie*), vers un passé immédiat (*Oh les beaux jours*) ou vers un temps révolu remis en question ou qui n'avait peut-être jamais existé, comme c'était le cas dans *Comédie*.[36] Cet ancrage dans un passé incertain semblait compromettre le succès de cette nouvelle pièce : sans dimension politique palpable, créée au moment où le public découvrait les pièces politiques et documentaires, *Comédie* ne parvenait pas à s'imposer.

Le mauvais accueil réservé aux trois pièces de Beckett jouées ce soir-là peut être illustré par une critique parue dans la *Bonner Rundschau*. Sur un ton irrité, le journaliste Dieter Schnabel résumait les agissements des trois personnages enfermés dans des jarres et dont seules les têtes restaient visibles. Le critique se montrait exaspéré par ces trois personnages qui, alors qu'ils étaient déjà morts, continuaient, depuis leurs urnes funéraires, à discuter à tort et à travers, et ce à deux reprises :

> Da sie [die drei Figuren] aber als Tote nicht auch schon in das Nirwana – in Becketts Wunschwelt – eingegangen sind, ragen ihre Köpfe auch noch aus den Feuerbestattungsgefäßen heraus. Und da diese Köpfe auch denken, reden die drei über eine halbe Stunde lang, doch nicht miteinander, sondern durcheinander. So vernimmt der Zuhörer – von einem Zuschauer kann man ja hier nicht mehr sprechen – aus dreier Zeugen Mund, die bekanntlich die Wahrheit bringen kund, die Geschichte des Ehebruchs eines Mannes, der seine angetraute Frau verläßt. Weil das Ganze so schön zu sein scheint, rollt es gleich zweimal hintereinander ab. Es ist unglaublich, aber wahr, Beckett treibt das « Spiel » so weit, daß es nach dem ersten Durchgang nochmals von vorne beginnt.[37]

---

**35** Gk. : Gespräch über Samuel Becketts *Spiel*. In : *Schwäbische Donauzeitung* (14 juin 1963). TWS Wahn.
**36** Ulmer Theater (éd.) : *Programmheft* sans numéro (1963). TWS Wahn.
**37** Dieter Schnabel : Reportage eines liederlichen Lebens. In : *Bonner Rundschau* (19 juin 1963). TWS Wahn. « Puisqu'ils [les trois personnages] ne sont pas encore entrés au Nirvana – le monde rêvé de Beckett –, leurs têtes, en plus, dépassent encore des urnes funéraires. Et puisque ces têtes sont aussi douées de raison, elles parlent pendant plus d'une demi-heure, mais pas entre elles, non, à tort et à travers. Donc l'auditeur – on ne peut plus parler ici d'un spectateur – perçoit, oyez oyez, de la bouche de trois témoins porteurs de vérité, l'histoire de l'adultère d'un homme qui quitte son épouse. Tout cela semble si beau que ça défile deux fois

Schnabel se demandait en guise de conclusion si l'on pouvait « encore appeler ça de l'art » ou même « du théâtre ».[38] Le nom de Beckett et sa célébrité déjà établie certes attiraient les spectateurs, mais ceux-ci se montraient déconcertés par le contenu – ou l'absence de contenu croissante – des œuvres tardives de l'écrivain. Les théâtres ouest-allemands ignorèrent pourtant cet accueil mitigé et proposèrent au public deux autres créations mondiales de pièces de Beckett. Le 14 janvier 1966 eurent lieu simultanément deux premières mondiales de *Va et vient*, Dieter Giesing mit en scène la pièce dans la petite salle des Münchner Kammerspiele et Mendel dans celle du Schiller-Theater où il présenta également en première mondiale la pièce radiophonique *Tous ceux qui tombent*.

### 3.1.4 *Tueur sans gages* de Ionesco à Darmstadt

Fort de la reconnaissance acquise après la création allemande de *Victimes du devoir* en 1957, le directeur du théâtre de Darmstadt, Gustav Rudolf Sellner, décida de présenter une pièce de Ionesco en première mondiale, non sans appréhension. Le 8 septembre 1957, Ionesco envoya à Stauffacher le manuscrit de sa dernière pièce, *Tueur sans gages*, dans l'espoir que Sellner soit disposé à la monter. Le 9 novembre, au regard des hésitations de Sellner, l'écrivain proposa à son éditeur de tenter sa chance auprès d'autres metteurs en scène : « Pour ce qui est de Darmstadt, si Sellner hésite, ce que je comprends très bien, laissez-lui *Jacques* et *Le Nouveau Locataire*, par exemple. Écrivez à Düsseldorf pour *Le Tueur* ».[39] Quatre créations mondiales de ses pièces allaient par la suite avoir lieu à Düsseldorf, mais que Ionesco ait songé à y créer également *Tueur sans gages* n'est mentionné nulle part ailleurs. D'ailleurs, selon Eva Stroux, Ionesco avait toujours regretté que Karl Heinz Stroux n'ait jamais monté cette pièce qui lui était chère.[40]

La première mondiale de *Tueur sans gages* eut lieu le 14 avril 1958. Ionesco se rendit dès le mois de mars à Darmstadt pour discuter du projet, sa rencontre avec Claus Bremer – à la fois dramaturge en chef du théâtre et traducteur de la pièce – fut retracée dans un article du *Darmstädter Echo*.[41] Lorsque le journaliste demanda les raisons pour une création mondiale à Darmstadt, et non en

---

de suite. Incroyable mais vrai, Beckett pousse sa ‹ Comédie › tellement loin qu'elle recommence une nouvelle fois du début ».
38 Ibid. (« Kann man das noch Kunst nennen ? [...] noch Theater nennen ? »).
39 Eugène Ionesco : Lettre à Hans Rudolf Stauffacher (9 novembre 1957). CP Stauffacher.
40 Eva Stroux : Entretien réalisé le 19 février 2010, Düsseldorf.
41 H. : Ionesco vor den Toren. In : *Darmstädter Echo* (12 mars 1958). TS Darmstadt.

France, Ionesco répondit qu'« ici une bataille théâtrale avait été gagnée avec *La Leçon* et *Victimes du devoir* », et souligna le mérite de ce théâtre qui « avait permis à [ses] pièces de percer ».[42] Confier une première mondiale à Sellner pouvait donc être perçu comme un signe de remerciement, une initiative également avantageuse pour le théâtre ouest-allemand en général. Ainsi le critique Johannes Jacobi relevait à juste titre qu'on pouvait « y voir le signe que les théâtres allemands gagnaient à nouveau en reconnaissance internationale ».[43]

Contrairement aux attentes, la première mondiale de *Tueur sans gages* ne connut pas de succès majeur et ne provoqua pas non plus de tapage. Une « atmosphère tendue de scandale » était perceptible dans la salle et les spectateurs attendaient « une sorte de gueule de canon dirigée vers le public ». Ils furent seulement confrontés à « l'amorce d'un pistolet d'enfant ».[44] Siegfried Melchinger comparait l'effervescence qui s'était développée en RFA autour de Ionesco avec une maladie dont le pays était atteint, la « Ionescose », mais s'interrogeait au regard du faible succès de la création :

> Ist ihm der Ruhm zu Kopf gestiegen ? Ist Ionesco selbst von der Ionescose infiziert ? Manches scheint darauf hinzudeuten. Sein schätzenswertes Talent, unserer arg witzlos gewordenen Zeit mit Hilfe ihrer eigenen Fratze die Zunge zu zeigen, übernimmt sich im großen Format. Für drei Akte reicht die Spritze nicht aus, mit welcher er sonst in die Banalität hineinzustechen pflegt, um sie in ihrer ganzen Lächerlichkeit aufzublasen und zum Platzen zu bringen. Das geht sozusagen nur in einem Atem. Die Dynamik fällt zusammen, wenn das Crescendo unterbrochen wird.[45]

Ulrich Seelmann-Eggebert déclarait par ailleurs que les dernières pièces de l'écrivain n'étaient plus aussi intéressantes que les premières et que celui-ci faisait « fausse route ».[46] De la même façon, Johannes Jacobi analysait avec

---

42 Ibid. (« Hier wurde mit *Unterrichtsstunde* und *Opfer der Pflicht* eine Theaterschlacht gewonnen. Darmstadt hat meinen Stücken den Durchbruch gebracht »).
43 Johannes Jacobi : Ionescos *Mörder ohne Bezahlung*. In : *Die Zeit* (24 avril 1958). TWS Wahn. (« [Man] durfte darin ein Zeichen sehen, wie deutsche Theater an internationaler Wertschätzung wieder gewinnen »).
44 Georg Hensel: Angenehmes Alpdrücken. In : *Darmstädter Echo* (16 avril 1958). TS Darmstadt. (« Eine skandalgespannte Atmosphäre. Erwartet wurde so etwas wie eine auf das Publikum gerichtete Kanone. Was [...] aus der großen Mündung herauskam, klang eher wie ein Zündblättchen »).
45 Siegfried Melchinger : Ionesco und die Ionescose. In : *Stuttgarter Zeitung* (16 avril 1958). TWS Wahn. « Le succès lui est-il monté à la tête ? Ionesco a-t-il lui-même attrapé la Ionescose ? Certaines choses semblent l'indiquer [...]. La seringue avec laquelle il pique habituellement la banalité pour la gonfler de tout son ridicule et la faire éclater ne suffit pas pour trois actes. Cela ne marche pour ainsi dire qu'en un seul souffle. La dynamique s'effondre lorsque le crescendo est interrompu ».
46 Ulrich Seelmann-Eggebert: Nihilismus und Faustrecht. In : *Aachener Nachrichten* (28 avril 1958). TS Darmstadt. (« Nur Holzwege »).

précision l'évolution de la réception de Ionesco et estimait que l'agitation autour de son œuvre jouée à outrance allait inévitablement mener à un échec, car « une première toutes les deux semaines : aucun auteur, aucun succès, aucun Ionesco ne peut supporter cela ».[47] Or, Jacobi et les autres journalistes qui commençaient à douter du talent de Ionesco et de la stabilité de sa réception ignoraient cependant que la pièce suivante de l'auteur, *Rhinocéros*, allait le mener à sa consécration européenne et internationale, effaçant les incertitudes liées à ses pièces antérieures.

### 3.1.5 *Rhinocéros, Le Piéton de l'air, La Soif et la Faim, Jeux de massacre* de Ionesco à Düsseldorf

Karl Heinz Stroux, directeur du Düsseldorfer Schauspielhaus entre 1954 et 1972, participa à la consécration de l'œuvre de Ionesco dans l'espace germanophone. Il signa quatre créations mondiales,[48] une création allemande et huit autres mises en scène de pièces de l'auteur à Düsseldorf.

Au lendemain de la guerre fut confiée à Gustaf Gründgens la direction des Städtische Bühnen de Düsseldorf,[49] établies jusqu'en 1970 dans l'ancien Opéra Comique de la rue Jahn (« Operettenhaus in der Jahnstraße ») épargné par les bombardements. Lorsque Gründgens rejoignit le théâtre de Hambourg en 1955, Stroux fut désigné comme son successeur. Jusqu'en 1972, le théâtre de Düsseldorf présenta 280 productions, dont 66 furent des créations mondiales ou des premières allemandes, et Stroux réalisa à lui seul 75 de ces mises en scènes. Il privilégiait des pièces où se mêlaient critique sociale et exigence poétique, cherchait à dépasser les questionnements portant sur l'actualité et voulait au contraire interroger la place de l'homme au sein du devenir historique. L'œuvre de Ionesco, sa description d'un monde sinistre et violent, ses paraboles dérisoires, attirèrent l'attention de Stroux après les créations à Darmstadt.

Comme pour les mises en scènes à Bochum, Mayence et Darmstadt, l'éditeur Stauffacher servit de médiateur entre l'écrivain et le metteur en scène.

---

47 Joachim Kaiser : Ionesco und kein Ende. In : *Süddeutsche Zeitung* (16 avril 1958). TWS Wahn. (« Alle 14 Tage Erstaufführung : Das hält kein Autor, kein Ruhm, kein Ionesco aus »).
48 Cf. deuxième chapitre de la quatrième partie (étude de cas consacrée à Ionesco).
49 On se reportera aux deux ouvrages suivants: Theatermuseum der Landeshauptstadt Düsseldorf (éd.) : *Jahrhundert des Schauspiels : Vom Schauspielhaus Düsseldorf zum Düsseldorfer Schauspielhaus*. Düsseldorf : Droste Verlag 2006. Ainsi que : Hans Schwab-Felisch : *75 Jahre Düsseldorfer Schauspielhaus 1905–1980*. Düsseldorf/Wien : Econ-Verlag 1980.

Dans une lettre de Ionesco de l'automne 1955[50] apparaît pour la première fois la mention du théâtre de Düsseldorf, en lien avec sa pièce *Les Chaises* : Ionesco priait Stauffacher de se mettre en rapport avec Jean-Pierre Ponnelle, à l'époque décorateur au Düsseldorfer Schauspielhaus – et dont la mère avait pris l'initiative de traduire *En attendant Godot* – afin que soit établi le contact avec ce théâtre renommé. Alors que la création des *Chaises* eut finalement lieu le 26 janvier 1962 seulement, sous la direction de Ponnelle, la première pièce de Ionesco montée par Stroux fut *La Leçon* le 11 avril 1959. Pourtant, dès avril 1958, Ionesco avait espéré voir *Tueur sans gages* jouée à Düsseldorf, ou le cas échéant, *Rhinocéros*. Ionesco expliquait ainsi à son éditeur allemand que « le *Rhinocéros* [était] terminé », il demandait « comment [allait] Düsseldorf » et si le théâtre était « toujours disposé à monter une pièce », et soulignait que « [s'il n'était] pas possible de monter le *Tueur*, essayons *Rhinocéros* ».[51] Cette phrase est essentielle puisqu'elle atteste l'initiative prise par Ionesco pour que *Rhinocéros* soit créée à Düsseldorf. Contrairement à ce qui a été affirmé dans des travaux précédents,[52] faute d'accès à ces lettres, ce n'est donc pas Stroux qui en premier demanda à Ionesco le droit de monter *Rhinocéros*, mais l'écrivain lui-même. De son côté, Stauffacher poursuivait ce même but et déclarait à Stroux en avril 1958 qu'il « [espérait] » qu'un jour prochain nous rencontrerons enfin Ionesco ».[53] Finalement Stauffacher envoya le manuscrit de *Rhinocéros* à Stroux après avoir fait circuler la pièce à Berlin sans trouver preneur. Par ailleurs, la première lecture officielle d'un extrait de *Rhinocéros* se déroula à Zurich au mois de juin 1959 et fut prise en charge par Ionesco lui-même. La B.B.C. diffusa en premier une version complète de l'œuvre deux mois plus tard, le 20 août 1959. Invité à Zurich par Stauffacher, Ionesco aurait initialement dû présenter une courte conférence sur sa pièce, mais en laissa la décision à Stauffacher – « Choisissez : ou bien conférence ou bien lecture de scène du *Rhinocéros* (50 min à 1 heure) »[54] – et l'éditeur retint cette dernière proposition.

La première mondiale de *Rhinocéros* eut donc lieu le 31 octobre 1959 dans une scénographie de Mario Chiari avec Karl Maria Schley dans le rôle principal. Cette création fut l'un des triomphes majeurs du théâtre d'après-guerre en RFA

---

**50** Eugène Ionesco : Lettre à Hans Rudolf Stauffacher (non datée, estimée par Daniel Stauffacher à l'automne 1955). CP Stauffacher.
**51** Eugène Ionesco : Lettre à Hans Rudolf Stauffacher (12 avril 1958). CP Stauffacher.
**52** Mémoire de recherche de Master 2 de l'École Normale Supérieure de Lyon, soutenu en juin 2010 sous la direction de Marielle Silhouette.
**53** Hans Rudolf Stauffacher: Lettre à Karl Heinz Stroux (8 avril 1958). TM Düsseldorf, KHS III 1.2.2. 7350/1. («Ich hoffe, daß wir bald auch einmal mit Ionesco endgültig zusammenkommen»).
**54** Eugène Ionesco : Lettre à Hans Rudolf Stauffacher (10 juin 1959). CP Stauffacher.

et contribua à établir la notoriété de Ionesco en Europe et aux États-Unis. Selon Eva Stroux, l'absence au Schauspielhaus de Düsseldorf d'une petite scène expérimentale – qui aurait pu accueillir un nombre réduit de spectateurs et ainsi limiter les dégâts d'un scandale potentiel – avait empêché Stroux de monter plus tôt des pièces dont le succès n'était pas assuré. Le manuscrit de *Rhinocéros* mit fin à cette appréhension d'ordre financier. Stauffacher expliquait dans une lettre du 3 février 1959 que contrairement aux pièces précédentes, *Rhinocéros* présentait une structure et un déroulement de l'action plus traditionnels et semblait permettre, même exiger, une transposition sur une scène de théâtre plus spacieuse comme celle de Düsseldorf.[55] Eva Stroux expliqua que son mari lut la pièce en une nuit et le lendemain sermonna l'éditeur pour avoir tant tardé à lui remettre ce texte.[56] Stauffacher compléta la lettre par un bref résumé de la pièce où il soulignait le caractère novateur de l'espace et des lieux ainsi que la problématique sous-jacente à l'œuvre, celle de la massification et de la dépersonnalisation.

Face à l'enthousiasme de Stroux, la création mondiale fut prévue à Düsseldorf, une initiative saluée par Ionesco. Pourtant, le metteur en scène parisien Jean-Louis Barrault affichait lui aussi de l'intérêt pour la nouvelle pièce de l'écrivain.[57] Conscient de l'opportunité qui s'offrait à eux, Stauffacher incita Stroux à maintenir la première mondiale à Düsseldorf, alors que celui-ci commençait à devenir hésitant, notamment au regard de la participation de Salvador Dalí au projet parisien. L'éditeur cherchait à encourager Stroux, et lui expliquait que « certes, le trio Barrault-Dali-Ionesco [était] bien entendu impressionnant d'un point de vue propagande », mais qu'il ne fallait pas laisser passer la « chance d'être à l'avant-garde du théâtre européen si ce n'est du théâtre mondial, c'est-à-dire de jouer les premiers rôles ».[58] Barrault, craignant que la pièce de Ionesco ne soit pas appréciée à sa juste valeur, garda à l'affiche *La Vie parisienne* d'après Jacques Offenbach, par ailleurs couronnée de succès. La première française de *Rhinocéros* au Théâtre national de l'Odéon eut lieu le 22 janvier 1960, soit trois mois après la création allemande le 31 octobre 1959. Dans un article du *Monde*, le critique Alain Clément posait un regard favorable

---

55 Hans Rudolf Stauffacher : Lettre à Karl Heinz Stroux (3 février 1959). TM Düsseldorf, KHS III 1.1. 6735.
56 Eva Stroux : Entretien réalisé le 19 février 2010, Düsseldorf.
57 Hans Rudolf Stauffacher : Lettre à Karl Heinz Stroux (27 mai 1959). TM Düsseldorf, KHS III 1.1. 6735.
58 Hans Rudolf Stauffacher : Lettre à Karl Heinz Stroux (13 juin 1959). TM Düsseldorf, KHS III 1.1. 6735. (« Von der propagandistischen Seite her gesehen, ist das Gespann Barrault-Dalí-Ionesco natürlich gewaltig. [...] Nun liegt hier also unsere Chance, dem europäischen, ja dem Welttheater zuvorzukommen, d. h. sich an den Anfang anzureihen »).

sur cette création mondiale outre-Rhin : il y avait selon lui « une logique dans cette aventure » car « le personnage principal du *Rhinocéros* [était] le Béranger [sic] de ce *Tueur sans gages* que le théâtre de Darmstadt [avait donné] l'année dernière en première mondiale »,[59] un raisonnement cohérent et qui, de fait, allait être validé *a posteriori* puisque toutes les pièces du cycle du personnage de Béranger – hormis *Le Roi se meurt*, créée au grand dam de Stroux à Paris par Jacques Mauclair – allaient être créées à Düsseldorf. Le succès et la portée qu'allait connaître *Rhinocéros* bien au-delà des frontières n'échappèrent pas à Stauffacher qui avisa la rédaction du journal télévisé de Hambourg.[60] De son côté Ionesco s'informait régulièrement du déroulement des répétitions auprès de Stauffacher et début octobre il lui demandait encore : « Cher ami, pas de nouvelle de Stroux ? Où ? Quand ? Comment ? M'invite-t-on ? »[61]

Deux textes de la brochure théâtrale consacrée à *Rhinocéros* retiennent l'attention. Le premier, « Fable d'animaux pour les temps actuels » (« Tierfabel für heute »), était rédigé par le plus fervent défenseur de Ionesco en RFA, Albert Schulze Vellinghausen. Celui-ci insistait auprès du lecteur sur le rôle dévolu au spectateur, invité à trouver en lui-même la solution au problème posé sur scène. Schulze Vellinghausen louait également la capacité de l'écrivain à mêler sérieux et humour et déclarait que *Rhinocéros* était « difficile à digérer, même si une touche d'esprit flamboyante tient assez longuement les rênes – ce qui permet à Cocteau, ami de toutes les métamorphoses extrêmes – d'oser la comparaison avec Aristophane ».[62] Le second texte avait en effet été rédigé par Jean Cocteau spécialement pour cette représentation et était un hommage à la nouvelle pièce de Ionesco et sa première mise en scène par Stroux. La lettre, accompagné d'un croquis de deux rhinocéros, fut offerte par Cocteau au metteur en scène.[63] Cocteau s'attardait sur une spécificité dramaturgique de Ionesco, l'incarnation du silence par le biais des paroles, un phénomène qui pouvait au premier abord sembler paradoxal :

---

[59] Alain Clément : Création triomphale à Düsseldorf du *Rhinocéros* d'Eugène Ionesco. In : *Le Monde* (7 novembre 1959). TM Düsseldorf.
[60] Hans Rudolf Stauffacher: Lettre à Karl Heinz Stroux (16 octobre 1959). TM Düsseldorf, KHS III 1.2.2. 7350 : « Ich habe heute die Chefredaktion der Tagesschau in Hamburg auf unsere Uraufführung am 31. 10. und ihre weit über die Grenzen der Bundesrepublik hinausgehende Bedeutung hingewiesen ».
[61] Eugène Ionesco : Lettre à Hans Rudolf Stauffacher (7 octobre 1959). CP Stauffacher.
[62] Düsseldorfer Schauspielhaus Karl Heinz Stroux (éd.) : *Programmheft* n°2 (1959/60). TM Düsseldorf. (« Es ist harte Kost, auch wenn über lange Strecken hin funkelnder Witz die Zügel führt – so daß Cocteau, Freund jeder Art von extremer Verwandlung, den Vergleich mit Aristophanes wagt »).
[63] La lettre et le croquis que Cocteau offrit à Stroux figurent parmi les photographies placées en annexe.

De même qu'un fabuliste fait parler les bêtes, que Jean Genet dégage la pensée de voyous chez lesquels la pensée se forme à peine, Ionesco nous fait entendre la voix mystérieuse du silence. [...] Ionesco n'ignore pas les servitudes du théâtre ni que celui-ci exige une prise de contact, un échange d'ondes amoureuses entre la salle et la scène. Le voilà qui ajoute à cet envers du silence devenu son verbe, une allure de farce aristophanesque. Écoutez le. Admirez le. Riez même (il vous y autorise). Mais prenez garde : Ionesco c'est l'entrée en scène d'une charmante et terrible tête de méduse.[64]

Cette dernière image est pertinemment choisie au regard du fort impact qu'exerça *Rhinocéros* dans le monde entier. Lors de la première mondiale à Düsseldorf, les spectateurs étaient tour à tour ou glacés par cette parabole du totalitarisme qui leur rappelait leur propre passé, ou fascinés par le personnage de résistant qu'incarne Bérenger.

Hormis quelques rares critiques négatives,[65] la première mondiale de *Rhinocéros* fut une véritable réussite, des applaudissements jaillirent spontanément entre les scènes et les acclamations après le baisser du rideau durèrent plus d'une demi-heure. Le critique Alfons Neukirchen notait l'importance de cet événement, affirmant qu'« un chapitre du théâtre mondial était né ce soir à Düsseldorf ».[66] Il sous-estimait pourtant le destin qu'allait connaître la pièce de Ionesco, déclarant qu'« il se [pouvait] que *Rhinocéros* soit usée, dépassée dans cinq ans ».[67] Or, dès 1970, soit onze années plus tard, la pièce allait se retrouver dans les programmes scolaires allemands. Une multitude d'articles fut consacrée à l'interprétation de cette pièce, moins en revanche à sa transposition par Stroux. Les observations sur cette dernière tournaient autour de l'interprétation nationale-socialiste de la métaphore animale. Certains critiques estimaient que Stroux avait trop germanisé la pièce, un journaliste se demandait par exemple si « Ionesco [avait voulu] écrire une allégorie du 30 janvier » et si « la pièce n'[avait] pas [été] trop intégralement ‹ germanisée › ? »[68] D'autres

---

64 La brochure du Düsseldorfer Schauspielhaus n'a publié que la première page de la lettre manuscrite de Cocteau, qui se trouve dans la collection privée d'Eva Stroux.
65 S. : Nur einer will kein Nashorn sein. In : *Westfälische Rundschau* (16 novembre 1959). TM Düsseldorf. « Zur ersehnten höheren Theaterwirklichkeit reicht es [...] noch lange nicht, auch wenn sich viele von Ionesco wieder ganz schön vernashornen lassen ». « Cela est de loin insuffisant pour atteindre la réalité théâtrale tant désirée, même si beaucoup se laissent à nouveau sacrément rhinocériser par Ionesco ».
66 Alfons Neukirchen : Ein einziger wird nicht zum Nashorn. In : *Rheinische Post* (3 novembre 1959). TM Düsseldorf. (« In Düsseldorf wurde an diesem Abend ein Stück Welttheater geboren »).
67 Ibid. (« Die Nashörner mögen in fünf Jahren verbraucht, überholt sein »).
68 Walther Schmieding : Bitte nicht zu wehe tun. In : *Ruhr Nachrichten* (29 décembre 1959). TM Düsseldorf. (« Hat aber Ionesco wirklich eine Allegorie auf den 30. Januar schreiben wollen ? Ist das Stück hier nicht zu restlos ‹ eingedeutscht › worden ? »).

au contraire applaudissaient la distance de la mise en scène face à cette délicate comparaison historique, à l'instar de Günther Grack qui affirmait que « Stroux [avait] développé la logique de la fable avec des moyens comiques sans accentuer le rapprochement possible avec le passé récent de l'Allemagne par des détails superficiels ou des dialogues trop marqués ».[69]

Un autre sujet de discussion était la place que Stroux avait réservée à l'humour. Le public de Düsseldorf riait beaucoup à chaque représentation, contrairement à celui de Berlin-Ouest qui put voir la pièce en tournée au Hebbel-Theater en février 1960 : « Ça nous a pris aux tripes »,[70] écrivait à cette occasion le journaliste du *Tagesspiegel*. Il se peut que le public de Berlin, ancienne capitale du Troisième Reich, ait été plus sensible à la métaphore totalitaire de la pièce. Quatorze ans après la fin de la Seconde Guerre mondiale, tous les Allemands n'étaient pas prêts à rire – ni même à rire jaune – face à une satire de la montée du fascisme. Il se peut par ailleurs que l'accueil à Berlin était imputable à la mise en scène de Stroux : lorsque par la suite les critiques purent comparer la création mondiale de Stroux avec d'autres mises en scène, celle de Düsseldorf apparaissait comme n'étant pas suffisamment comique et la *Rheinische Post* expliquait que « les connaisseurs des mises en scène de Paris ou de Vienne [avaient] formulé des objections contre l'interprétation de cette mise en scène, ils la jugeaient trop directe, trop pesante et trop dénuée d'humour ».[71] Pourtant, un mensuel de théâtre anglais avait présenté la création mondiale de *Rhinocéros* comme bien trop portée sur les effets comiques :

> Thus the whole play's tendency was just a bit too obvious to be artistically very satisfactory. Perhaps if Karl Heinz Stroux' direction had emphasized the menacing aspects rather than its laughter-provoking situations, he might have given it an extra dimension. As it was, however, nobody felt really concerned, it was just a darn good farce and nothing more.[72]

---

69 Günther Grack : Der Ruf der Wildnis. In : sans indication de lieu de parution de l'article (4 octobre 1960). TM Düsseldorf. (« Stroux entwickelte die Logik der Fabel mit komödiantischen Mitteln, ohne den möglichen Bezug beispielsweise auf die jüngste deutsche Vergangenheit durch Äußerlichkeiten oder reine Überpointierung des Dialogs zu unterstreichen »).
70 Walther Karsch : Ganoven – Nashörner – Liebesleute – Literaten. In : *Der Tagesspiegel* (7 février 1960). TM Düsseldorf. (« Uns ging's unter die Haut »).
71 Anonyme : Die Düsseldorfer *Nashörner* in Berlin. In : *Rheinische Post* (4 octobre 1960). TM Düsseldorf. (« Kenner der Pariser und Wiener Inszenierung erbrachten allerdings Einwände gegen die Regieauffassung, die man als zu direkt, zu schwer und zu wenig humorig bezeichnete »).
72 Horst Koegler : Germany. In : *Plays and Players*, London (janvier 1960). TM Düsseldorf. « La tendance générale de la création était donc trop exagérée pour être satisfaisante d'un point de vue artistique. Peut-être que si, dans sa mise en scène, Karl Heinz Stroux avait accentué les aspects menaçants plutôt que les situations qui provoquent le rire, il aurait pu donner une

Ainsi, la perception du caractère comique ou tragique de la mise en scène différait d'une ville à l'autre et d'un pays à l'autre, autant de réactions qui venaient nourrir les débats autour de cette pièce et de sa transposition scénique.

La deuxième création mondiale d'une œuvre de Ionesco à Düsseldorf fut celle du *Piéton de l'air* le 15 décembre 1962. Stroux confia les décors à Teo Otto et le rôle de Bérenger une fois de plus à Karl Maria Schley. Ionesco entreprit la rédaction du *Piéton de l'air* alors que la pièce *Le Roi se meurt*, encore intitulé *Les Rois*, lui causait de trop grandes difficultés.[73] Stroux souhaitait monter la nouvelle œuvre de Ionesco en première mondiale, mais il craignait que sa collaboration privilégiée avec l'écrivain ne soit malmenée par les confrères parisiens.[74] En guise de solution, Ionesco proposa de confier la pièce au metteur en scène qui la donnerait en premier : la course entre Stroux et Barrault dura de juillet à novembre 1962, et finalement les répétitions furent retardées côté parisien.[75] À Düsseldorf, elles s'avéraient également difficiles car les comédiens ne parvenaient pas à se familiariser avec l'œuvre. Stroux était pourtant emballé par celle-ci et écrivait à Ionesco que « les répétitions du *Piéton de l'air* [lui donnaient] chaque jour plus de plaisir », qu'il s'agissait d'« une pièce merveilleuse dont [il était] véritablement tombé amoureux ».[76] Il pria en vain Ionesco de venir assister aux dernières répétitions[77] et celui-ci hésita même à se rendre à la première.[78] Ionesco assista à une représentation en février 1963 seulement, en compagnie de Jean-Louis Barrault qui se disait séduit par le travail de Stroux : « C'est comme ça qu'il faut monter Ionesco », déclara-t-il à Stroux, « Vous m'avez appris bien des choses. Nourri de ce que j'ai vu, je vais

---

dimension supplémentaire à la pièce. Mais de cette façon, personne ne se sentait vraiment concerné, il s'agissait juste d'une sacrée bonne farce et rien de plus ».
73 Hans Rudolf Stauffacher : Lettre à Karl Heinz Stroux (10 octobre 1961). TM Düsseldorf, KHS III 1.2.2. 7350/2.
74 Kurt Klinger : Lettre à Karl Heinz Stroux (8 mai 1962). TM Düsseldorf, KHS III 1.2.2 7350/3.
75 Hans Rudolf Stauffacher : Lettre à Karl Heinz Stroux (30 octobre 1962). TM Düsseldorf, KHS III 1.2.2 7350/3 : « Die Vorbereitungen bei Barrault laufen, die Proben haben allerdings noch nicht begonnen ». « Les préparatifs chez Barrault sont en cours, mais les répétitions n'ont pas encore commencé ».
76 Karl Heinz Stroux : Lettre à Eugène Ionesco (5 décembre 1962). TM Düsseldorf, KHS III 1.1. 6720. (« Die Proben zu dem *Fußgänger der Luft* machen mir jeden Tag mehr Freude. Es ist ein wunderbares Stück, in das ich mich richtiggehend verliebt habe »).
77 Ibid. : « Je früher Sie zu den letzten Proben hier sein könnten, desto schöner wäre es ». « Plus tôt vous serez présent aux dernières répétitions, plus ce sera plaisant ».
78 Eugène Ionesco : Lettre à Hans Rudolf Stauffacher (4 octobre 1961). CP Stauffacher : « Aller à Düsseldorf ? Je ne sais, je ne sais ».

me permettre d'en profiter pour ma propre mise en scène ».⁷⁹ Barrault donna à son tour la pièce le 8 février 1963 au Théâtre national de l'Odéon.

Le triomphe de *Rhinocéros* avait ravivé en RFA la curiosité pour l'écrivain. Le critique Claus-Henning Bachmann soulignait qu'« un nouveau Ionesco [était] déjà une sensation en soi » et notait qu'il n'avait « pas vu les réactions habituelles », que « les sifflets et les huées manquaient et [qu']apparemment il régnait un clair accord avec l'auteur ».⁸⁰ Loin de susciter de grands émois, la pièce était accueillie avec un consensus bienveillant par le public et la majorité des critiques, qui l'interprétaient comme une évolution logique de l'œuvre de Ionesco. La mise en scène de Stroux récoltait elle aussi des louanges : on parlait de « mise en scène modèle »,⁸¹ Stroux était présenté comme un « metteur en scène de Ionesco digne des grandes villes, de dimension internationale ».⁸² La critique sociale contenue dans *Le Piéton de l'air* jouait certainement un rôle dans la large approbation du public et notamment de la jeunesse. Helmuth de Haas relevait dans *Die Welt* que « ce n'étaient pas les abonnés des fauteuils des premiers rangs qui rendaient hommage à la pièce. Des jeunes gens venus du fond et du poulailler se pressaient vers la rampe » et que « Stroux [avait su] convaincre et conquérir une nouvelle génération ».⁸³ L'enthousiasme de la jeunesse montrait ainsi qu'à la fin de l'année 1962, le metteur en scène était parvenu non seulement à faire découvrir les nouvelles pièces de Ionesco, plus profondes et engagées, à un large public en République Fédérale, mais aussi à les imposer auprès de toutes les générations.

La mise en scène de *La Soif et la Faim* fut présentée en création mondiale le 30 décembre 1964, avec des décors de Teo Otto et une quatrième et dernière fois Karl Maria Schley dans le rôle du personnage principal. Aux yeux de

---

79 TM Düsseldorf. Jean-Louis Barrault, cité in: O. T. : Düsseldorf. In : *Théâtre. Drame, musique, danse* n° 40 (février 1963). TM Düsseldorf.

80 Claus-Henning Bachmann : Ionesco baut eine Brücke. In : *Deutsches Volksblatt Stuttgart* (19 décembre 1962). TM Düsseldorf. (« Ein neuer Ionesco, das ist Sensation genug ; [...] der gewohnte Effekt [blieb] diesmal aus, die Trillerpfeifen und die Buh-Rufe fehlten und offenbar [herrschte] klares Einverständnis mit dem Autor »).

81 Friedhelm Baukloh : Ionesco – Erbe Chaplins. In : *Echo der Zeit Recklinghausen* (23 décembre 1962). TM Düsseldorf. (« Musterinszenierung »).

82 Joachim Kaiser : Ionescos Höhenflug ins politische Theater. In : *Süddeutsche Zeitung* (17 décembre 1962). TM Düsseldorf. (« Ionesco-Regisseur von großstädtischem, internationalem Format »).

83 Helmuth de Haas : Heiter beginnt es – dann die Apokalypse. In : *Die Welt* (19 décembre 1962). TM Düsseldorf. (« Doch es waren nicht die Mieter der teuren Sessel, die seiner Einstudierung huldigten. Von hinten und von der Galerie drängte sich junges Volk an die Rampe. Stroux hatte eine neue Generation überzeugt und gewonnen »).

Stroux, *La Soif et la Faim* était la pièce la plus poignante de l'écrivain : « Stauffacher m'a lu la meilleure pièce, la plus profonde, que Ionesco ait écrite jusqu'à présent. Elle m'a beaucoup touché et je ne cesse d'y penser »,[84] peut-on lire dans une lettre du metteur en scène à Rodica Ionesco, l'épouse de l'écrivain. Stroux fut en outre le premier à lire la pièce, ce qui montre le fort lien qui unissait alors les deux hommes.[85] Ces derniers discutèrent longuement de la direction à donner à la mise en scène qui s'avérait délicate. Une lettre de Stauffacher à Stroux expliquait quel rôle conférer aux personnages des moines et signalait que Ionesco avait des incertitudes concernant le choix des acteurs ou la conception du décor.[86] Ces doutes étaient infondés puisque, comme à son habitude, Stroux respectait méticuleusement les indications de l'auteur. « Concernant le décor, qu'il ne se fasse pas de soucis », lit-on dans un mémorandum que Stroux dicta à sa secrétaire, « KH se tient aussi textuellement que possible à ses indications scéniques ».[87] En fin de compte, Ionesco ne tarit pas d'éloges après avoir vu la création mondiale de *La Soif et la Faim* et déclara que « Stroux [avait] admirablement mis en scène la pièce ! »[88] Du côté français, Jean-Marie Serreau monta l'œuvre à la Comédie-Française plus d'une année plus tard, le 28 février 1966.

Au-delà de débats qui portaient sur la superficialité ou la profondeur de l'œuvre, les dialogues exagérément surfaits ou poétiques, les répétitions et autocitations ou les trouvailles de Ionesco, les critiques se montraient attentifs au changement de style de l'auteur. L'esthétique de Ionesco était rapprochée, notamment dans les journaux de langue anglaise, de celle de Frisch, Kafka et Dürrenmatt dans *The Times*,[89] de celle de Beckett, Brecht et même Claudel dans *The New York Times*.[90] Les débats étaient aussi alimentés par la séquence

---

84 Karl Heinz Stroux: Lettre à Rodica Ionesco (9 septembre 1964). TM Düsseldorf, KHS III 1.1. 6720. (« Stauffacher hat mir das bisher tiefste und beste Stück Ionescos vorgelesen. Es hat mich sehr bewegt und ich muss immer daran denken »).
85 Rodica Ionesco : Lettre à Karl Heinz Stroux (11 septembre 1964). TM Düsseldorf, KHS III 1.1. 6719. « J'étais certaine que vous alliez aimer la pièce et cela me fait d'autant plus plaisir que vous êtes le premier à l'avoir lue ».
86 Hans Rudolf Stauffacher : Lettre à Karl Heinz Stroux (10 novembre 1964). TM Düsseldorf, KHS III 1.1. 6735.
87 Karl Heinz Stroux : Mémorandum (21 novembre 1964). CP Stroux. (« Was das Dekor betrifft, so möge er sich keine Sorgen machen. [...] KH würde sich soweit wie möglich an seine Regieanweisungen wörtlich halten »).
88 Hans Rudolf Stauffacher : Lettre à Karl Heinz Stroux (4 janvier 1965). TM Düsseldorf, KHS III 1.1. 6735.
89 Ibid.
90 Jean-Pierre Lenoir : Düsseldorf sees Ionesco Drama. In : *The New York Times* (19 janvier 1965). TM Düsseldorf.

de torture des deux clowns, jugée tour à tour ingénieuse ou insupportable, et ces discussions animées sur la nature didactique de la pièce témoignaient d'un changement dans les attentes du public et de la critique.

La mise en scène de Stroux divisa quant à elle la presse. Un article paru dans le quotidien de Rhénanie *Der Mittag* rendait compte de ce clivage et confrontait les avis de deux célèbres critiques allemands.[91] Friedrich Luft dans *Die Welt* parlait d'une « soirée assez effrayante » et estimait qu'une meilleure mise en scène que celle de Stroux, trop déférente envers l'œuvre de Ionesco, ne serait pas non plus parvenue à sauver le texte souvent trop banal, la scénographie conventionnelle et le mauvais jeu de Schley.[92] À l'opposé, Albert Schulze Vellinghausen dans la *Frankfurter Allgemeine Zeitung* se montrait enthousiaste et vantait la richesse du texte, le caractère génial de la mise en scène et l'excellent jeu de Schley. Selon l'article du *Mittag*, les autres critiques se situaient entre ces deux extrêmes, tel Joachim Kaiser qui mêlait éloges et reproches. Tous les comptes rendus reconnaissaient la difficulté de monter une telle œuvre et le quotidien britannique *The Times* alla même jusqu'à parler de la « production herculéenne de Stroux ».[93]

*Jeux de massacre*, intitulée en allemand *Triumph des Todes oder Das große Massakerspiel* (*Triomphe de la mort ou Le Grand jeu de massacre*), fut la dernière création mondiale d'une œuvre de Ionesco à Düsseldorf, donnée dans des décors de Jacques Noël. La pièce fut créée le 24 janvier 1970 à l'occasion de l'ouverture du nouveau théâtre de la ville, deux jours après l'élection de Ionesco à l'Académie française. En France, elle fut donnée pour la première fois le 11 septembre 1970 au Théâtre Montparnasse dans une mise en scène de Jorge Lavelli.

Stauffacher et Stroux avaient souhaité la monter dès avril 1966, date à laquelle Ionesco pensait encore confier sa création à Jean-Louis Barrault.[94] Un an plus tard, en avril 1967, Stauffacher fit part à Stroux de l'inquiétude qui rongeait Ionesco et qui l'empêchait de continuer la rédaction de la pièce, alors encore intitulée *La Peste* : « Ionesco est arrivé ici hier soir. Malheureusement, sa pièce *La Peste* n'est pas encore assez élaborée. Il espère trouver un peu de repos afin de continuer le travail »,[95] écrivait Stauffacher avant de déclarer

---
**91** J. Sch. : Die Kritiker streiten. In : *Der Mittag* (6 janvier 1965). TM Düsseldorf.
**92** Ibid. (« Ziemlich erschreckender Abend »).
**93** Ossia Trilling : Ionesco's new play proves to be his most didactic. In : *The Times* (1er janvier 1965). TM Düsseldorf. (« Stroux's Herculean Production »).
**94** Berner (sans indication de prénom) : Lettre à Karl Heinz Stroux (18 avril 1966). TM Düsseldorf, KHS III 1.2.2 7350/3.
**95** Hans Rudolf Stauffacher : Lettre à Karl Heinz Stroux (18 avril 1967). TM Düsseldorf, KHS III 1.2.2 7350/3. « Ionesco kam gestern Abend hier an. Leider ist sein Stück *Die Pest* noch nicht reif. Er hofft, etwas Ruhe zu finden, um daran weiterzuarbeiten ».

quelques mois plus tard qu'il était encore impossible de fixer une date pour la première.⁹⁶ La pièce fut finalement achevée peu de temps avant l'ouverture du nouveau théâtre de Düsseldorf et Stroux y vit une occasion favorable pour la monter. Le choix de cette production contrastait cependant avec le reste de la programmation d'ouverture et notamment avec la pièce documentaire *Trotzki en Exil* (1969) de Peter Weiss, mise en scène par Harry Buckwitz. Les répétitions de celle-ci avaient été fortement perturbées par le jeune public qui manifestait son mécontentement et réclamait au directeur Stroux un théâtre engagé politiquement ou du moins un répertoire composé d'œuvres d'écrivains de gauche. Weiss interprétait ces protestations différemment, il notait dans son journal qu'il devait donner raison aux « anarchistes et desperados » qui étaient venus envahir la répétition générale, car « il était inadmissible qu'un auteur socialiste confie une pièce révolutionnaire à un théâtre bourgeois », un théâtre qui « [combattait] de la manière la plus autoritaire qui soit toute initiative de démocratisation ».⁹⁷ Le théâtre de Stroux était donc perçu comme autoritaire, antidémocratique et bourgeois, et des pièces comme *Trotski en Exil* n'avaient pas leur place sur une telle scène. La création mondiale de *Jeux de massacre*, qui perpétuait la longue tradition de collaboration avec Ionesco, sonnait ainsi le glas de la direction de Stroux : en 1972, son contrat ne fut pas reconduit.

Cette création fut discutée précisément à la lumière de la présence ou de l'absence de considérations politiques. Dans une période marquée par la politisation du théâtre, Ionesco s'attaquait à la thématique universelle et sempiternelle de la mort, une initiative saluée par certains critiques qui estimaient que ce thème permettait de relativiser l'ampleur des préoccupations sociopolitiques, car « quand on commence à parler de la mort par excellence, quand on s'interroge sur l'individu qui, tout en étant petit, pitoyable et risible est pris au sérieux, alors la totalité des événements politiques et sociaux est relativisée ».⁹⁸ D'autres journalistes accordaient une importance accrue à « ces images faibles mais incontestablement politiques » qui leur semblaient être « au fond

---

**96** Hans Rudolf Stauffacher : Lettre à Karl Heinz Stroux (29 novembre 1967). TM Düsseldorf, KHS III 1.2.2 7350/3.
**97** Peter Weiss, cité in : Henning Rischbieter (éd.) : *Durch den eisernen Vorhang*, p. 150. (« Weiss notierte, er müsse eigentlich den ‹ Anarchisten und Desperados › rechtgeben, die die Generalprobe sprengten, denn es sei ‹ für einen sozialistischen Autor unzulässig, ein revolutionäres Stück einem bürgerlichen Theater zu übergeben ›, einem Theater, ‹ in dem jeglicher Ansatz zur Demokratisierung auf autoritärste Weise bekämpft › werde »).
**98** Friedrich Weigend: Nach der Pest kommt das Feuer. In : *Stuttgarter Zeitung* (27 janvier 1970). TM Düsseldorf. (« Wo man vom Tod schlechthin zu sprechen beginnt, wo man nach dem in aller Enge, Jämmerlichkeit und Lächerlichkeit ernst genommenen Einzelnen fragt, wird die Totalität des Politisch-Gesellschaftlichen relativiert »).

les images centrales »⁹⁹ de la pièce. Et pourtant, ces références à l'actualité étaient dénoncées par Gerd Vielhaber comme réactionnaires :

> Zweifellos szenisch prägnant, aber in ihrer politischen Bezüglichkeit bedenklich, ja ärgerlich : die Auftritte zweier Straßenredner. Zuerst Ionescos Interpretation der Mai-Unruhen in Paris, von der Regie offensichtlich auch auf Berlin bezogen [...]. Dann (als Ausgleich ?) der Phrasendrusch des spießigen kleinbürgerlichen Oppositionspolitikers. Im Kontext des Stücks wirken diese Parodien nicht mehr kritisch, sondern durchaus reaktionär.¹⁰⁰

En dépit de ces critiques véhémentes, la presse locale se félicitait d'une mise en scène qui selon elle « faisait partie des plus vigoureuses et subtiles jamais réussies par Stroux ».¹⁰¹ Ionesco de son côté s'informait du succès de sa pièce et s'enquit auprès de Stroux : « Comment vont les représentations, y a-t-il du monde ? Et les réactions du public ? »,¹⁰² des questions qui indiquaient que dans le contexte de politisation actuel du théâtre ouest-allemand, il n'allait plus de soi que ses pièces fassent salle comble. Avec le succès croissant d'œuvres au caractère politique, les créations mondiales de pièces de Ionesco ne parvenaient plus à faire face à cette concurrence et le théâtre de Düsseldorf perdait contact avec une partie de son public.

Au regard de ces quatre créations mondiales, la République Fédérale était davantage une terre d'origine qu'une terre d'accueil pour les œuvres de Ionesco. Dans l'article « L'Orphée de Paris et les habitants de Düsseldorf », placé dans la brochure de la création mondiale de *La Soif et la Faim*, Hans Schwab-Felisch expliquait d'ailleurs que le lien privilégié entre Ionesco et la ville de Düsseldorf, hors du commun car improbable, était imputable à trois facteurs : l'accueil chaleureux réservé à l'écrivain ; le clivage entre l'œuvre onirique de

---

**99** Hans Schwab-Felisch: Steckt in den Träumen die Wahrheit ? In : *Frankfurter Allgemeine Zeitung* (27 janvier 1970). TM Düsseldorf. (« Die schwachen, unverhüllt politischen Bilder im Grunde als die zentralen [betrachten] »).
**100** Gerd Vielhaber : Vom luxuriösen Sterben. In : sans indication de lieu de parution de l'article (30 janvier 1970). TM Düsseldorf. « L'apparition de deux orateurs dans la rue était sans nul doute marquante d'un point de vue scénique, mais douteuse et irritante dans sa connotation politique. Pour commencer, l'interprétation de Ionesco des émeutes de mai à Paris, que la mise en scène a apparemment transposées à Berlin [...]. Ensuite (pour compenser ?) la langue de bois du petit bourgeois, un opposant politique. Dans le contexte de la pièce, ces parodies ne paraissent plus critiques mais tout à fait réactionnaires ».
**101** Hans Jansen : So ist das Leben : man stirbt. In : *Westdeutsche Allgemeine* (26 janvier 1970). TM Düsseldorf. (« Die Aufführung des Stücks gehört zu den kraftvollsten und subtilsten, die Stroux je gelungen ist [sic] »).
**102** Eugène Ionesco : Lettre à Karl Heinz Stroux (2 février 1970). TM Düsseldorf, KHS III 1.1. 6719.

Ionesco et le monde du travail industriel et sidérurgique des habitants de Düsseldorf, deux univers qui s'attiraient mutuellement ; et enfin la parenté de son œuvre avec les romantiques allemands.[103] Le transfert de l'œuvre de Ionesco était donc primordial pour un public qui voulait s'évader du labeur quotidien exigé par la forte industrialisation du pays, et cette intégration d'un auteur francophone se trouvait par ailleurs aux limites de l'assimilation : placée dans la lignée d'auteurs romantiques allemands, elle paraissait avoir ses racines dans l'aire culturelle germanophone et non y avoir été importée.

## 3.2 Grandes créations ouest-allemandes des années 1960

La réception des pièces de Beckett, Genet et Ionesco dans la culture d'accueil ouest-allemande connut son apogée au cours des années 1960. La situation de concurrence des théâtres encourageait la circulation des œuvres d'une scène à l'autre et chaque nouvelle création venait réactiver auprès des spectateurs et des critiques les souvenirs de productions passées. Seule l'œuvre d'Adamov était boudée dans les théâtres de l'Ouest, en raison du rapprochement de l'auteur avec l'Est.

### 3.2.1 Concurrence de créations ouest-allemandes

Au cours des années 1960, il n'était pas rare que des créations d'envergure d'œuvres du répertoire « absurde » entrent en concurrence et fassent ce faisant parler d'elles : ce fut notamment le cas pour la pièce *Le Roi se meurt* de Ionesco, créée lors de deux soirées consécutives à Düsseldorf et Hambourg (16 et 17 novembre 1963), et pour *Les Paravents* de Genet, donnée à quelques mois d'intervalle à Essen puis à Munich (novembre 1967 et février 1968).

En novembre 1963, alors que la querelle autour du *Vicaire* de Hochhuth battait son plein, les metteurs en scène Stroux et Lietzau présentèrent tous deux leur création du *Roi se meurt* (1962) de Ionesco à un soir d'intervalle. Questionnée au sujet de l'étonnante proximité des deux premières productions allemandes de cette pièce, Eva Stroux souligna qu'il avait toujours été certain que la première allemande allait revenir au théâtre de Düsseldorf.[104] En janvier 1963, Ionesco avait en effet déclaré à Stauffacher que « bien entendu, c'est Stroux

---

[103] TM Düsseldorf. Hans Schwab-Felisch : Der Orpheus aus Paris und die Düsseldorfer. In : Düsseldorfer Schauspielhaus Karl Heinz Stroux (éd.) : *Programmheft* n° 6 (1964/65).
[104] Eva Stroux : Entretien réalisé le 2 avril 2014, Düsseldorf.

qui [allait devoir] monter *Les Rois* en première allemande exclusive ».[105] Le 16 novembre 1963 eut ainsi lieu la première allemande du *Roi se meurt* dans une mise en scène de Karl Heinz Stroux, des décors de Teo Otto, Karl Maria Schley tenant le rôle principal. La création mondiale avait eu lieu un an auparavant, le 15 décembre 1962 par Jacques Mauclair au Théâtre de l'Alliance Française à Paris, et quarante théâtres en République Fédérale avaient demandé les droits de représentation de la pièce. Ionesco ne se rendit pas à la première à Düsseldorf, mais il assista en revanche à la soixantième et dernière représentation et reçut à la fin de cette soirée les « clés en or » (« Goldener Schlüssel ») du Düsseldorfer Schauspielhaus, une marque d'honneur qui symbolisait l'importance de l'auteur dramatique pour ce théâtre.[106] La remise des clés fut suivie d'un bref discours de Stroux qui terminait sur les mots « un grand merci à vous mon maître, mon Shakespeare ».[107]

La première allemande du *Roi se meurt* récolta un vif succès. Le critique Alfons Neukirchen, emballé par les créations mondiales à Düsseldorf de *Rhinocéros* et du *Piéton de l'air*, semblait ne plus pouvoir retenir son enthousiasme et affirmait que la véritable création mondiale avait eu lieu à Düsseldorf et non au Théâtre de l'Alliance Française à Paris. Il eut recours à trois arguments pour justifier son affirmation : la salle du théâtre de Düsseldorf était plus spacieuse que celle du Théâtre de l'Alliance Française et un nombre plus élevé de spectateurs avait pu assister à la création ; Stroux n'avait pas inséré d'entracte pour ne pas rompre le rythme de la pièce ; sa mise en scène était porteuse d'une tonalité tragique primordiale puisque *Le Roi se meurt* était à la fois « une parabole et une tragédie »,[108] une caractéristique de la pièce totalement absente, selon le critique, chez Mauclair :

> In Paris spielte man es fast rein deklamatorisch, wie ein tragisches Konversationsstück mit grotesken Einschüben, mit einer Pause übrigens, in der man sich aus der Umklammerung dieses Totentanzes lösen und einen Cocktail trinken konnte, während Stroux sich dem ungeheuren Anspruch des Werkes stellt, es bis in seine schaurigen Tiefen ausleuchtet und es in seiner ganzen quälenden, erschütternden Wucht wirken läßt.[109]

---

105 Eugène Ionesco : Lettre à Hans Rudolf Stauffacher (9 janvier 1963). CP Stauffacher.
106 I. F. : Ionesco im Schauspielhaus. In : *Rheinische Post* (2 mars 1964). TM Düsseldorf.
107 Düsseldorfer Schauspielhaus Karl Heinz Stroux (éd.) : *Programmheft* n°7 (1963/64). TM Düsseldorf. (« Vielen herzlichen Dank Ihnen mon maître, mon Shakespeare »). Ionesco prit également la parole à cette occasion. I. F. : Ionesco im Schauspielhaus. In : *Rheinische Post* (2 mars 1964). TM Düsseldorf.
108 Alfons Neukirchen : Der Tod des Königs Jedermann. In : *Düsseldorfer Nachrichten* (18 novembre 1963). TM Düsseldorf. (« Ein Parabelspiel und eine Tragödie in einem »).
109 Ibid. : « À Paris on joua [la pièce] de façon presque entièrement déclamatoire, comme une comédie de mœurs enrichie d'ajouts grotesques, avec d'ailleurs une pause durant laquelle on pouvait s'arracher de l'étreinte de cette danse mortuaire pour boire un cocktail, alors que

Neukirchen revenait donc sur l'ancienne dichotomie entre les créations du théâtre « de l'absurde » en France et en Allemagne de l'Ouest : légères et clownesques chez les Français, sérieuses et profondes chez les Allemands, c'est à ces derniers qu'échoyaient les louanges car ils semblaient faire preuve d'une meilleure compréhension des œuvres. Ainsi, au lieu de dresser une image nuancée des mises en scène de part et d'autre du Rhin, la part belle était faite, semble-t-il, aux stéréotypes et les Français étaient représentés comme des siroteurs de cocktails – les temps où des verres de cognac permettaient au public ouest-allemand de reprendre ses esprits, lors de la première d'*Amédée ou Comment s'en débarrasser* à Bochum par exemple, semblaient lointains et oubliés. Aujourd'hui encore, les témoignages de Eva et Stephan Stroux, qui tous deux soulignèrent la beauté de la production, et le fait que le musée de théâtre de Düsseldorf soit toujours en possession de la couronne du roi Bérenger façonnée par Teo Otto, témoigne de l'impact de cette création pour les participants au projet.

Le lendemain de la première à Düsseldorf, le 17 novembre 1963, le Deutsches Schauspielhaus de Hambourg présenta la mise en scène de Hans Lietzau. Un article de Ernst Wendt paru dans le mensuel *Theater heute* comparait la production de Hambourg avec celle de Düsseldorf et affirmait clairement préférer cette dernière. En effet Stroux avait selon lui « mis en scène la pièce comme une mélodie longue et portante, guidée par un désespoir clairvoyant, d'une profonde intériorité » et aurait ainsi crée « une allégorie imagée, réellement matérialisée ». La production de Lietzau en revanche semblait débuter comme « une sorte de théâtre de guignols intellectuel » pour ensuite être grossie « vers un tragique jeu de marionnettes à travers la matérialisation chorégraphique des liens allégoriques ».[110] La comparaison avec un « théâtre de guignols » et un « jeu de marionnettes » semblait rapprocher la mise en scène de Lietzau de celle de Mauclair à Paris puisque tous deux avaient accentué le désespoir dérisoire et clownesque de la pièce. De plus, Lietzau plaçait l'accent sur le langage, sur « la force du verbe »[111] et ainsi il s'était « plus amouraché du texte que du

---

Stroux se confronte à la terrible exigence de cette œuvre, en éclaire chaque recoin jusque dans ses profondeurs macabres et la laisse exercer son effet d'une violence douloureuse et bouleversante ».

[110] Ernst Wendt : Drei Könige sterben. Die Aufführungen des Monats : Ionescos *Der König stirbt* in Düsseldorf, Hamburg und Zürich. In : *Theater heute* n° 1 (1964). CP Stroux. (« [Stroux] hat das Stück als eine getragene, langhingezogene Melodie inszeniert, bestimmt von tiefinnerer, hellsichtiger Verzweiflung [...]. Eine immer bildhaft, wahrhaft vergegenwärtigte Allegorie » ; « [Lietzaus Inszenierung] als eine Art intellektuellen Kasperletheaters und von da aus wohl über choreographisch genaue Vergegenwärtigungen der allegorischen Bezüge zum tragischen Marionettenspiel [...] [ge]steiger[t] »).

[111] H. Lober : Der Mensch entrinnt seinem Schicksal nicht. In : *Hamburger Echo* (18 novembre 1963). TWS Wahn. (« Die Macht des Wortes dominierte »).

théâtre ».[112] Par ailleurs, la réaction de la presse était mitigée face à la scénographie de la création, une tâche confiée au jeune illustrateur Paul Flora. Ce dernier plaça au fond et en travers de la scène de larges panneaux de bois sur lesquels étaient crayonnées des formes rectilignes dans des tons gris et noirs, une transcription de la chute et de l'effondrement du royaume du roi Bérenger.[113] Tout en reconnaissant l'originalité d'un tel décor, celui-ci était jugé peu réussi par les critiques, car le sentiment d'ordre et de symétrie qui ressortait de cette concentration de formes géométriques semblait être en contradiction avec le climat d'effondrement physique et psychique qui régnait dans la pièce. La scénographie, à la fois « œuvre d'art » et « erreur »,[114] nuisait ainsi à la bonne réception de la création.[115] Le public de Hambourg semblait hésitant voire mécontent, un spectateur s'aventura par exemple à crier l'injure « Province ! »[116] pour exprimer sa déception. Un autre critique relevait la remarque d'un spectateur selon lequel « Gründgens n'aurait pas mis cette pièce à l'affiche »,[117] une attaque directe envers le nouveau directeur du théâtre Oscar Fritz Schuh qui venait de prendre la succession de Gründgens.

Ces deux réactions fort différentes des publics de Hambourg et de Düsseldorf montrent que la réception du théâtre de Ionesco variait encore considérablement d'une ville à l'autre et que la réussite de son intégration était tributaire de certains théâtres en particulier. Il ne suffisait pas que ses pièces circulent dans le paysage théâtral ouest-allemand pour qu'elles y soient accueillies sans réserve, encore fallait-il que le public ait été plus ou moins familiarisé avec ce mouvement théâtral, ce qui n'avait pas été le cas sous la direction de Gründgens à Hambourg.

En 1967 et 1968, *Les Paravents* fut montée par deux metteurs en scène renommés, le Français Roger Blin à Essen et Hans Lietzau, qui avait assuré la création

---

112 Erich Emigholz : Am König vorbei. In : *Bremer Nachrichten* (19 novembre 1963). TWS Wahn. (« [Hans Lietzau] hatte sich mehr in den Text als ins Theater verguckt »).

113 La brochure contient des croquis de Paul Flora qui illustrent ces décors. Deutsches Schauspielhaus Hamburg (éd.) : *Programmheft* n° 4 (1963/64). TWS Wahn.

114 F. H. : Der « Jedermann » des Atomzeitalters. In : *Hamburger Morgenpost* (19 novembre 1963). TWS Wahn. (« Ein Kunstwerk. Aber ein Irrtum »).

115 Un extrait de correspondance entre Lietzau et Flora montre que les deux hommes étaient satisfaits du résultat. Paul Flora : Lettre à Hans Lietzau (17 novembre 1963). ADK Berlin, Hans-Lietzau-Archiv 403 ; Hans Lietzau : Lettre à Paul Flora (2 décembre 1963). ADK Berlin, Hans-Lietzau-Archiv 403.

116 Günter Zschacke : Ein Reisender mit Ziel. In : *Lübecker Nachrichten* (19 novembre 1963). TWS Wahn. (« Unsicherheit im Parkett und auf den Rängen ; « laute[r] Ruf : ‹ Provinz ! › »).

117 Hans Berndt : Wortschlangen ins Nichts. In : *Weser-Kurier* (19 novembre 1963). TWS Wahn. (« Gründgens hätte das nicht in seinen Spielplan aufgenommen »).

mondiale de la pièce, à Munich. Que cette pièce se trouve à l'affiche de deux théâtres ouest-allemands en pleine progression des mouvements contestataires étudiants montre combien les considérations politiques de l'œuvre de Genet étaient d'actualité : la dénonciation sur scène de la colonisation française au Maghreb semblait faire écho aux manifestations dans les rues contre la guerre du Vietnam.

Le 18 novembre 1967 fut présentée la première des *Paravents* à Essen, sous la direction de Roger Blin avec la troupe de comédiens et l'équipe technique des Scènes de la ville de Essen (Bühnen der Stadt Essen). Durant les années 1930 et 1940, Blin exerça le métier de comédien. Il se consacra à la mise en scène à partir de 1949 au Théâtre de la Gaîté-Montparnasse puis dans un grand nombre de petits théâtres parisiens. Il fut le premier à monter les œuvres de Beckett, Genet et Adamov en France et signa également des créations de Beckett en langue étrangère en Suisse (*En attendant Godot* au Schauspielhaus Zürich le 25 février 1954), aux Pays-Bas (*En attendant Godot* à Arnhem en 1955), en Grande-Bretagne (création mondiale de *Fin de partie* au Royal Court Theatre de Londres le 3 avril 1957) et en Autriche (*Fin de partie* au Fleischmarkt-Theater de Vienne en 1958). Il œuvra encore occasionnellement comme acteur, incarnant par exemple le Premier Mutilé dans la pièce d'Adamov *La Grande et la petite manœuvre* créée par Jean-Marie Serreau au Théâtre des Noctambules ou encore Hamm lors de la première de *Fin de partie* de Beckett au Royal Court Theatre et au Studio des Champs-Élysées. Blin s'engageait personnellement pour des causes politiques, il signa en 1960 le Manifeste des 121 pour l'indépendance de l'Algérie, un acte qui lui attira la colère du gouvernement français. Jean-Louis Barrault, le directeur du Théâtre national de l'Odéon, fit appel à Blin pour la création française des *Paravents* en avril 1966, qui donna lieu à un scandale théâtral retentissant. La création à Essen en novembre 1967 reposait en grande partie sur cette mise en scène parisienne et Blin proposa au scénographe André Acquart et à son frère, le peintre Claude Acquart, de réaliser une fois de plus les décors et peintures des paravents. Le théâtre de Essen avait par le passé déjà fait appel à un homme de théâtre français : en avril 1963, Jean-Louis Barrault était venu mettre en scène *Le Livre de Christophe Colomb* (1927) de Paul Claudel, ce qui avait été un événement majeur dans cette ville de taille moyenne. Les Bühnen der Stadt Essen jouissaient depuis plusieurs saisons d'une forte renommée en RFA et pouvaient se féliciter de proposer à leur public une programmation riche et variée, considérée comme l'une des plus intéressantes du pays. Ce théâtre invitait donc de temps à autre un metteur en scène étranger reconnu[118] et la venue de Blin était attendue avec

---

[118] Marianne Kesting : Das Theater der Grausamkeit. In : *Die Zeit* (24 novembre 1967). SA Essen, Bestand 615 : « Seit vielen Jahren schon bescheren die Essener Bühnen ihrem Publikum etwas Be-

impatience, on parlait déjà de « l'avènement de la grande soirée théâtrale tant attendue ».[119]

En octobre 1966, le directeur de l'Institut Français de Essen, Bernard Rajben, avait envoyé à Blin une lettre sincère et chaleureuse qui appuyait l'invitation du directeur du théâtre, Erich Schumacher. La lettre de Rajben faisait preuve d'un grand enthousiasme concernant ce projet et exposait les qualités artistiques de Erich Schumacher et sa respectabilité dans le paysage théâtral ouest-allemand. Rajben expliquait que Schumacher était « Generalintendant, c'est-à-dire un personnage tout puissant, qui [avait] la haute main sur tout ce qui [concernait] le théâtre à Essen ».[120] De ce fait, toutes les conditions que Blin poserait seraient acceptées, l'équipe artistique et technique entière serait mise à sa disposition et le choix de la date de la première incomberait à lui seul. Ces excellentes conditions de travail proposées à Blin ne sont pas sans rappeler celles que connaissait Beckett dans les studios de la SDR à Stuttgart ou au Schiller-Theater de Berlin-Ouest. La République Fédérale faisait ainsi preuve d'une hospitalité sans failles envers les invités venus de France. Blin accepta le projet, non sans hésiter. Les répétitions étaient longues et compliquées, elles furent menées durant six semaines avec soixante comédiens et qui plus est dans une langue dont le metteur en scène ne parlait pas un mot.[121] Pour assurer la communication entre les comédiens et le metteur en scène, celui-ci bénéficiait du soutien de deux assistants de régie, Willy Herzig et Elgin Gerlach. Cette dernière avait été l'assistante de Blin lors de la création française à Paris et sans sa présence et son engagement le metteur en scène n'aurait pas osé accepter le projet, comme il l'affirma lors d'une conférence de presse le 8 novembre 1967.[122] Blin portait toute son attention sur le rythme de la représentation et il resta à Essen un jour de plus après la première pour s'assurer de la bonne fluidité et du rythme. Les difficultés qui survenaient au cours des représentations étaient multiples, dues notamment aux méthodes de travail

---

sonderes auf zweierlei Art : einen der interessantesten Spielpläne Westdeutschlands und, zur zweiten Akzentuierung, ab und zu einen bedeutenden Regisseur, den auch aus dem Ausland heranzuholen sie sich nicht scheuen ».

**119** Werner H. Schröter : Genets *Wände* oder Unmaß für Unmaß. In : *Essen Revue* n° 7 (1967). T Essen. («Nun hat Essen seinen großen Theaterabend, den wir uns immer wieder gewünscht haben »).

**120** Bernard Rajben : Lettre à Roger Blin (14 octobre 1966). IMEC, BLN 4.5.

**121** Eo Plunien : Theater als reine Poesie. In : *Die Welt* (18 novembre 1967). SA Essen, Bestand 615 : « In einer fremden Sprache [...], von der Roger Blin, wie er selber sagt, kein Wort beherrscht ».

**122** Anonyme : Gast aus Frankreich lobt Berufsgewissen der Mimen. In : *Essener Tageblatt* (9 novembre 1967). IMEC, BLN 1.3.

des comédiens allemands, différentes de celles des acteurs français. Blin expliquait ainsi dans un entretien que la comédienne allemande qui incarnait le rôle de la Mère, Edith Lechtape, était d'une nature très différente de l'actrice française Maria Casarès, ce qui allait donner naissance à un personnage tout autre, plus tragique, mais non moins intéressant comme le soulignait Blin :

> Aber die deutsche Schauspielerin dieser Rolle, Edith Lechtape, wird eine Gestalt verkörpern, die, wie ich glaube, sehr, sehr interessant sein wird. Wir haben mit ihr eine Interpretation tragischer Art, und doch gelingt es dieser Schauspielerin, jenen notwendigen Humor einzuflechten, alle Arten von Witz, die hier aufzuwenden sind – und die Sprache ohne Vulgarität zu bringen.[123]

Un obstacle majeur était la traduction allemande de la pièce, qui faillit mettre le projet tout entier en péril, tant Blin était découragé, nerveux et presque anxieux. Il se plaignait de la frivolité de l'éditeur et des traducteurs,[124] qualifiait la version allemande de « misérable » et affirmait continuer le projet uniquement par égard pour les comédiens. Une version corrigée du texte fut alors élaborée avec l'aide de l'assistant de régie Elgin Gerlach et de quelques comédiens qui parlaient français. Toute trace des carnets de régie ayant malheureusement disparu, il n'a pas été possible de déterminer s'il s'agissait de la première traduction de Brenner – effectivement très lacunaire – ou bien de la seconde traduction élaborée par Ernst Sander en 1967 et publiée en 1968. Genet fit quant à lui subitement son apparition à Essen et vint assister à quelques répétitions durant lesquelles il donnait parfois des indications aux comédiens.[125] Comme à son accoutumée, l'auteur repartit avant d'assister au résultat final, « fit parvenir aux techniciens en coulisses un billet de cent marks pour de la bière et le soir de la première se trouvait déjà à Londres ».[126] La

---

**123** Roger Blin, cité in : Roland Hehn : Roger Blin in Deutschland. In : *Frankfurter Rundschau* (20 novembre 1967). SA Essen, Bestand 615. « Mais l'actrice allemande pour ce rôle, Edith Lechtape, va incarner un personnage qui, comme je le crois, sera très intéressant. Elle nous propose un jeu d'ordre tragique, mais parvient néanmoins à insérer l'humour nécessaire, toutes sortes d'ironies qui doivent être utilisées ici – et à dire le texte sans vulgarité ».
**124** Ibid. : « Er ist sehr nervös, fast ängstlich, beklagt sich über die Leichtfertigkeit der Verleger und der Übersetzer ».
**125** Cl : Plötzlich saß Genet im Parkett des Theaters. In : *WAZ* (17 novembre 1967). SA Essen, Bestand 615 : « [...] am Schluß der Probe sprang er selbst auf die Bühne und erklärte einigen Schauspielern, wie er sich die Darstellung ihrer Rollen denkt ».
**126** Johannes Jacobi : Saint Genet im Kohlenpott. In : *Der Tagesspiegel* (6 décembre 1967). TWS Wahn. (« Dann schickte er den Bühnenarbeitern einen Hundertmarkschein für Bier in die Kulissen und war am Abend der Premiere bereits in London »).

première échappa de justesse à un scandale et « plus de cent spectateurs quittèrent les lieux, dégoûtés », « choqués et sourds à l'étrange beauté des dialogues », comme le notait un critique.[127] Le directeur du théâtre décida alors d'éliminer tous les mots ou tournures grossières du texte pour les représentations restantes, au grand dam de Blin et des comédiens qui avaient fait l'effort de les restituer.[128]

Alors que le public était en mesure de se préparer au contenu de la pièce et au style dérangeant de Genet grâce à la brochure,[129] la création suscita des réactions outrées à chaque représentation. Contre toute attente, le passage le plus délicat n'était pas la scène dite « des pets » dans laquelle les soldats français sont pris de ballonnements qui évoquent les fromages français et leur patrie, une scène qui avait été à l'origine du scandale parisien. La susceptibilité allemande portait sur un autre motif militaire tourné en dérision, celui de la mort héroïque d'un gradé : le personnage du sergent se fait tirer dessus par l'ennemi et meurt alors qu'il est en train de déféquer. Le public venu assister à la première fut offusqué par cette image et se mit à huer, à rire bruyamment ou à quitter la salle alors que le sergent entamait son monologue.[130] Le directeur du théâtre décida alors de couper cette scène, cédant aux humeurs d'un public perçu comme grossier et malpoli par les critiques. Selon Hans Schwab-Felisch, si déjà le public « se montrait incapable de patienter, on aurait au moins souhaité qu'il fasse preuve de politesse envers les invités français ».[131] Certains spectateurs dérangeaient délibérément le jeu des comédiens à d'autres moments encore, par des commentaires à voix haute. Un critique relevait que lorsque le personnage de Djemila expliquait qu'elle venait de Mayence et qu'elle s'ennuyait en Algérie, un spectateur aurait crié « Retourne à Mayence ! » et récolté pour son audace les applaudissements de ses voisins.[132]

---

[127] Hannes Schmidt : *Die Wände* in Essen – hart an einem Theaterskandal vorbei. In : *NRZ* (20 novembre 1967). SA Essen, Bestand 615. (« Mehr als Hundert Premierengäste verließen angeekelt das Theater. Schockiert, blieben sie taub für die seltsame Schönheit der Dialoge »).

[128] Le juron récurrent « merde » fut par exemple finalement traduit par « Mist » (« fumier »).

[129] Bühnen der Stadt Essen (éd.) : *Das Stichwort* : *Die Wände*, 10. Jh (1967). T Essen.

[130] Otto Königsberger : Ein Totentanz in Algerien. In : *Ruhr Nachrichten* (20 novembre 1967). SA Essen, Bestand 615 : « Aber als der ‹ schöne Unteroffizier › seinen großen Latrinen-Monolog anhob, begann das Publikum abzuwandern, zu buhen, zu lachen ».

[131] Hans Schwab-Felisch : Das Totenspektakel des Jean Genet. In : *Frankfurter Allgemeine Zeitung* (21 novembre 1967). SA Essen, Bestand 615. (« [Man hätte] wenigstens, da ihm [dem Publikum] die Tugend der Geduld offenbar abgeht, eine Beachtung des Gebots der Höflichkeit gegenüber den französischen Gästen gewünscht »).

[132] Balduin : Zurück nach Mainz. In : *Ruhr Nachrichten* (20 novembre 1967). SA Essen, Bestand 615. (« Zurück nach Mainz ! »)

Le critique Heinz Beckmann observait quant à lui des applaudissements de trois natures différentes, « naturels, ironiques et préventifs ».[133]

Malgré ces fâcheux désagréments, la mise en scène connut un important succès. Le rythme finement orchestré de cette longue soirée et la beauté des décors d'André Acquart reflétaient la somptuosité d'une œuvre à première vue difficile à suivre. Le critique Hans Schwab-Felisch saluait le talent de « Blin [qui était parvenu] à rendre transparente une œuvre dont la noirceur et les obscénités, dont l'Eros meurtrier [dévoilait] la face obscure du poétique ».[134] Le décor, les paravents, les costumes et les masques furent unanimement loués et d'aucuns allèrent jusqu'à affirmer que les paravents peints par Claude Acquart méritaient une exposition à eux seuls.[135] La performance de la troupe du théâtre de Essen dépassait toutes les attentes et l'ensemble du personnel avait, selon le mensuel *Essener Revue*, fait preuve d'une capacité de travail qui rappelait la venue des metteurs en scène Piscator et Barrault.[136] En somme, la création de Blin fut perçue comme une « fête théâtrale, méchante, terrible, mais une fête, indubitablement »,[137] qui incarnait parfaitement l'esprit de cérémonie, de rituel et de mascarade voulu par Genet. Quatre semaines après la première, la mise en scène de Blin provoquait encore des remous. Elle resta à l'affiche jusqu'au printemps 1968 et faisait salle comble à chaque représentation. En décembre 1967, le dramaturge Peter Maenner fit parvenir à Blin des articles de la presse allemande et des photographies et expliquait dans un français imparfait que « [sa] mise-en-scène [avait] un succès aux spectateurs et dans les presses [sic] », que « les acteurs [jouaient] avec tout enthousiasme et grand plaisir [sic] ».[138]

La venue de Blin avait marqué les esprits. Quelques mois plus tard, en février 1968,[139] c'est-à-dire une semaine seulement après la première des *Paravents*

---

**133** Heinz Beckmann : Vorbeugender Beifall für Genet. In : *Rheinischer Merkur* (24 novembre 1967). SA Essen, Bestand 615. (« Den natürlichen, den ironischen und den vorbeugenden Beifall »).
**134** Hans Schwab-Felisch : Das Totenspektakel des Jean Genet. In : *Frankfurter Allgemeine Zeitung* (21 novembre 1967). SA Essen, Bestand 615. (« Roger Blin hat hier ein Stück durchsichtig werden lassen, dessen Dunkelheiten und Obszönitäten, dessen tödlicher Eros die schwarze Seite des Poetischen offenbart »).
**135** Otto Königsberger : Ein Totentanz in Algerien. In : *Ruhr Nachrichten* (20 novembre 1967). SA Essen, Bestand 615.
**136** Werner H. Schröter : Genets *Wände* oder Unmaß für Unmaß. In : *Essen Revue* n° 7 (1967). T Essen : « Das Essener Schauspiel-Ensemble [...] [erreichte] eine Leistungshöhe wie seit Piscator und Barrault nicht mehr ».
**137** Ibid. (« Ein böses, schlimmes Fest des Theaters, aber unzweifelhaft ein Fest »).
**138** Peter Maenner : Lettre à Roger Blin (décembre 1967). IMEC, BLN 4.5.
**139** Ivan Nagel : Lettre à Roger Blin (15 février 1968). IMEC, BLN 4.5. Le ton de la lettre de Nagel est très différent de celui de Rajben : Nagel ne tarit pas d'éloges sur son théâtre et ses

par Hans Lietzau au Münchner Residenztheater, le jeune dramaturge Ivan Nagel des Münchner Kammerspiele invita Blin dans son théâtre pour qu'il vienne y mettre en scène *Le Balcon*. Une telle requête pouvait être motivée par la situation concurrentielle entre les deux grands théâtres munichois, les Kammerspiele et le Residenztheater. Blin ne donna cependant pas suite à ce projet et les Münchner Kammerspiele durent finalement attendre huit ans avant que Ernst Wendt n'y crée *Le Balcon* en 1976.

Le 9 février 1968 fut présentée la nouvelle création des *Paravents* par Hans Lietzau au Münchner Residenztheater (Bayrisches Staatsschauspiel), une production qui « ne ressemblait plus tellement à la création berlinoise » de 1961.[140] Au cours des semaines et des mois passés, des critiques s'étaient élevés contre le Residenztheater et avaient fustigé sa programmation monotone. L'ancien directeur Helmut Henrichs n'avait pas su contenter les désirs du public. Lietzau, son successeur, cherchait à sortir le théâtre de sa léthargie et le transforma, selon certains critiques, en un « lieu d'art théâtral agressif ».[141] *Les Paravents* offrait une cure de rajeunissement au Residenztheater, et le dramaturge en chef Ernst Wendt – qui huit ans plus tard allait mettre en scène *Le Balcon* – expliquait au journal *Münchner Merkur* qu'il était grand temps de confronter le public avec un répertoire autre que classique.[142] Une fois de plus, les Allemands se montraient plus sérieux que les Français dans leur perception de ce mouvement théâtral, puisque la production de Lietzau affichait un caractère plus analytique et concret que celle de Blin qui était au contraire plus tournée vers l'art de la mascarade et de la prosodie. Le critique Georg Hensel notait ainsi que « la mise en scène de Lietzau [était] plus claire, plus rationnelle, plus terre à terre, plus grotesque, plus caricaturale, plus ‹ politique › que celle de Roger Blin, pour sa part plus maniériste, plus précieuse, plus irréelle, plus onirique, plus esthétique et artistique, plus poé-

---

comédiens, au point de se montrer méprisant envers ceux de Essen, et présente à Blin une idée assez fixe des partis pris scéniques, de la date de la première et de la distribution des rôles. Cette indélicatesse peut en partie être imputable au fait que Nagel ne maîtrisait pas correctement le français.

**140** Charlotte Nennecke : Terror-Akte auf der Bühne. In : *Süddeutsche Zeitung* (9 février 1968). TWS Wahn. (« Lietzaus Inszenierung [hat] mit seiner damaligen Berliner Konzeption [...] fast nichts mehr gemein »).

**141** Horst Windelboth : Rammbock gegen Theaterroutine und Zuschauer-Müdigkeit. In : sans indication de lieu de parution de l'article (14 février 1968). ADK Berlin, Hans-Lietzau-Archiv 86. (« [Lietzau hat] das Residenztheater in einen Ort aggressiver Theaterkunst verwandelt »).

**142** Ernst Wendt, cité in : Ingrid Kolb : *Wände* mit 17 Bildern. In : *Münchner Merkur* (9 février 1968). ADK Berlin, Hans-Lietzau-Archiv 86.

tique – tout compte fait plus proche de l'auteur Genet ».[143] Néanmoins, pour accentuer le caractère cérémoniel du spectacle et empêcher une représentation trop réaliste, Lietzau avait placé un percussionniste directement sur scène et qui accompagnait les faits et gestes des comédiens « à l'aide de sa batterie rythmique », qui lui permettait d'« extraire du domaine réaliste des sons comme les pétarades des mitrailleuses ».[144] La scénographie de Jürgen Rose correspondait à l'esthétique scénique voulue non par l'auteur mais par le metteur en scène, qui selon le critique George Salmony « [aimait] jouer avec des jouets géants » et privilégiait « la scène ‹totale› avec des armatures, des projecteurs, une armée de participants ».[145] Le public fut enthousiaste, seuls les détracteurs de la pièce – notamment des personnes âgées – quittèrent la salle avant la fin de la représentation. Ses défenseurs – avant tout des jeunes – l'applaudirent avec frénésie.[146]

La dernière mise en scène de Lietzau au Residenztheater de Munich fut celle des *Bonnes* de Genet, le 15 juin 1969. Le public était mécontent du choix de la pièce, et seuls les critiques semblaient apprécier ce metteur en scène, soulignant que son départ[147] allait être une perte douloureuse pour le théâtre.[148] En dépit de ses créations du *Balcon* (18 mars 1959), des *Paravents* (19 mai 1961 ; 9 février 1968) et des *Bonnes* (15 juin 1969), Lietzau ne monta jamais la quatrième grande pièce de Genet, *Les Nègres*. Il s'était pourtant rendu à Londres pour en parler directement avec Genet qui lui avait suggéré une solu-

---

**143** Georg Hensel : Nochmals *Die Wände* von Genet. In : *Darmstädter Echo* (24 février 1968). ADK Berlin, Hans-Lietzau-Archiv 86. (« Lietzaus Inszenierung ist klarer, rationaler, irdischer, grotesker, karikierter, ‹politischer› als Roger Blins Inszenierung, die manieristischer ist, preziöser, irrealer, traumhafter, ästhetisch-artistischer, poetischer – dem Autor Genet eben doch näher »).
**144** Ibid. (« [...] mit Hilfe dieser rhythmischen Batterie auch Geräusche wie Maschinengewehrgeknatter dem schnöden Realismus entreißt »).
**145** George Salmony : Jean Genets *Die Wände* im Staatsschauspiel : Hans Lietzaus Höllenfahrt. In : *AZ-Feuilleton* (12 février 1968). ADK Berlin, Hans-Lietzau-Archiv 86. (« Hans Lietzau liebt es, mit Riesenspielzeugen zu spielen. Die ‹totale› Bühne, Gestänge, Scheinwerferbatterien, Heerhaufen von Mitwirkenden [...] »).
**146** Klaus Völker : *Hans Lietzau : Schauspieler, Regisseur, Intendant*. Berlin : Hentrich & Hentrich 1999, p. 229.
**147** Lietzau rejoignit le Deutsches Schauspielhaus de Hambourg lors de la saison théâtrale 1968–1969 avant de prendre la relève de Barlog à la direction des Staatliche Schauspielbühnen Berlin en 1972.
**148** George Salmony : Hans Lietzau inszenierte Genet und Anouilh. In : *AZ* (18 juin 1969). TM München : « Man trauerte um ihn, noch ehe er München verließ ». « Il fut pleuré avant même d'avoir quitté Munich ».

tion pour jouer la pièce avec des comédiens blancs ; or, ce projet ne vit jamais le jour.[149]

### 3.2.2 Débat autour de trois créations de Genet

Au cours des années 1960, trois créations d'œuvres de Genet firent couler de l'encre : *Le Balcon*, mis en scène comme œuvre politique par Erwin Piscator à Francfort-sur-le-Main ; *Les Nègres*, pièce écrite pour des comédiens noirs mais jouée par des blancs dans une création de Gerhard F. Hering à Darmstadt ; et enfin le ballet *'adame Miroir*, un nouveau genre auquel s'essaya Genet et qui ne connut qu'une seule mise en scène en République fédérale d'Allemagne.

Trois ans après la création allemande du *Balcon* par Lietzau en 1959, Piscator mit en scène la pièce au théâtre de Francfort-sur-le-Main (Städtische Bühnen Frankfurt) : la première eut lieu le 31 mars 1962 et se déroula entre huées et applaudissements. Avant la construction et l'ouverture du nouveau théâtre de Francfort-sur-le-Main en décembre 1963 (Frankfurter Schauspiel), le théâtre des Städtische Bühnen était logé sur une scène improvisée dans la salle de la Bourse (Frankfurter Börsensaal). Son directeur Harry Buckwitz invita Piscator à cinq reprises pour lui confier les mises en scène de *L'Engrenage* (1948) de Jean-Paul Sartre en 1953, des *Ruines de la conscience – L'arc-en-ciel poussiéreux*[150] (1959) de Hans Henny Jahnn en 1961, de *1913* (1915) de Carl Sternheim en 1962, du *Balcon* de Genet en 1962 et enfin, sur la scène du nouveau théâtre, du *Diable et le bon Dieu* (1951) de Sartre en 1964. Piscator était sensible à la marque de confiance que Buckwitz lui témoignait puisqu'il était sans engagement fixe jusqu'en 1963, avant de devenir directeur du nouveau bâtiment de la Freie Volksbühne dans la Schaperstraße à Berlin-Ouest. Choisir Piscator comme metteur en scène du *Balcon* avait des conséquences prévisibles sur les partis pris scéniques. Buckwitz n'ignorait pas que Piscator allait traiter la pièce sous un angle politique et il déclarait ainsi à la *Frankfurter Allgemeine Zeitung* : « Qui fait appel à Piscator, et pour une pièce qui parle de révolution, fait appel à son empreinte, au regard qu'il porte sur les choses, à sa position historique qui reste visible au-delà de toutes les transformations de son travail scénique ».[151]

---

[149] Hans Lietzau/Ernst Wendt : Der Terrorist des Träumens. Zum Tode Jean Genets : Die Regisseure Hans Lietzau und Ernst Wendt. In : sans indication de lieu de parution de l'article (17 avril 1986). ADK Berlin, Hans-Lietzau-Archiv 1202.
[150] *Die Trümmer des Gewissens – Der staubige Regenbogen*. Le second titre fut ajouté par Piscator lors de son adaptation et de sa création de la pièce en 1961.
[151] Harry Buckwitz, cité in : G. R. : Wer gähnt da ? Eine Diskussion über Genets *Balkon* im Kleinen Haus. In : *Frankfurter Allgemeine Zeitung* (30 avril 1962). SA F/Main. Sammlungen

Piscator prit connaissance de l'œuvre grâce au manuscrit que lui fit parvenir l'éditeur Meyer, lequel se montrait très enthousiaste face au projet et proposa de venir assister aux répétitions.[152] Dans ses notes personnelles, Piscator qualifiait *Le Balcon* de « pièce inouïe, acerbe », qui jouait « sans cesse au bord de l'abîme d'un scandale » et le metteur en scène se demandait « pour quel genre de public Genet [écrivait] en réalité ».[153] Lors d'une discussion avec le public à la suite d'une représentation, Piscator déplorait que la pièce n'ait pas été programmée dans la « première programmation » (Erstes Programm), un choix qui aurait été justifié au regard de la ressemblance frappante de la pièce avec une œuvre brechtienne. « C'[est] comme chez Brecht. *Le Balcon* [est] un Lehrstück avec des héritages moraux, presque déjà religieux », déclarait le metteur en scène,[154] qui précisait ce parallèle étonnant dans un entretien :

> Jean Genet demonstriert hier nicht die Revolution im marxistischen Sinne, sondern die Revolution des Menschen auf der Suche nach der Wirklichkeit des Lebens. Und damit schuf er fast im Brechtschen Sinne ein Lehrstück. [...] Wer wirklich kulturbeflissen ist, der muß sich an einem solchen Stück erregen, der muß es begrüßen, daß es Dinge gibt, die sich der Diskussion stellen, nein, die sie herausfordern.[155]

---

S3 Ortsgeschichte, S 3/10.013. (« Wer aber Piscator ruft, und für ein Stück ruft, in dem von Revolution die Rede ist, ruft seine Hand, seinen Blick auf die Dinge, seine geschichtliche Position, die durch alle Verwandlungen seiner szenischen Arbeit hindurch sichtbar bleibt »).

**152** Andreas J. Meyer : Lettre à Erwin Piscator (10 janvier 1962). ADK Berlin, Erwin-Piscator-Center 03.2, 1626 : « Ich freue mich sehr, dass Sie das Stück in Frankfurt inszenieren werden. Gern würde ich hin und wieder bei den Proben zusehen, sofern Sie dies erlauben ». « Je suis très content que vous mettiez en scène la pièce à Francfort. J'aimerais bien venir de temps à autre assister aux répétitions, si vous le permettez ».

**153** Erwin Piscator : Notes manuscrites sur *Le Balcon* (Francfort-sur-le-Main, 1962). ADK Berlin, Erwin-Piscator-Center 01.1, 102. (« Wirklich ein bodenloses, ein bitterböses Stück » ; « Ich muß Luft rechtgeben, er schreibt, daß es nicht um ein Staatstheater, sondern auf eine Experimentierbühne, in ein Werkstatttheater gehört. Ein Stück, das ständig am Abgrund eines Skandals spielt. Für was für ein Publikum schreibt Genet eigentlich ? »).

**154** Hpr : *Balkon*-Diskussion. Genet-Stück im Kreuzfeuer. In : *Frankfurter Nachtausgabe* (30 avril 1962). TS F/Main, Schauspiel, Inszenierungsmappen, Spielzeit 1961/62, Mappe 8A. (« Es [ist] wie bei Brecht. *Der Balkon* [ist] ein Lehrstück mit moralischen, schon fast religiösen Ebenen »).

**155** Vh. : Jede neue Inszenierung ist ein neues Examen. In : *Abendpost* (9 mars 1962). TS F/Main, Schauspiel, Inszenierungsmappen, Spielzeit 1961/62, Mappe 8A. « Jean Genet ne fait pas une démonstration de la révolution dans un sens marxiste, mais de la révolution de l'homme en quête de la vérité de la vie. Et c'est ainsi qu'il a créé un Lehrstück dans un sens presque brechtien. [...] Celui qui est vraiment épris de culture [doit] être stimulé face à une telle pièce, [doit] saluer le fait qu'il existe des choses qui exigent une discussion, qui même la provoquent ».

Piscator décrit avec de plus amples précisions son approche de la pièce dans un texte manuscrit préservé à l'Académie des Arts de Berlin, intitulé « Explications à propos de la mise en scène » (« Erläuterungen zur Aufführung »).[156] Il y souligne en premier lieu qu'il ne faut pas raccourcir le texte du *Balcon* mais respecter sa durée de jeu de six heures. Pourtant, plusieurs critiques ont relevé que Piscator avait entrepris de nombreuses coupes dans le texte, tantôt pour éliminer des grossièretés et obscénités,[157] tantôt pour raccourcir les derniers tableaux de la pièce, trop longs et verbeux.[158] Piscator soutient ensuite qu'un des aspects majeurs de la pièce réside dans la simultanéité des actions représentées, un procédé qu'il exploita fortement dans sa mise en scène, s'exclamant dans ses notes qu'il avait « exprès joué la scène de manière simultanée ».[159] C'est pour cette même raison qu'il fit déplacer la scène de la révolution du sixième tableau vers le début de la pièce. Ces transformations vont selon lui dans le sens de Genet. Il partagea par ailleurs le plateau en deux parties, l'une représentait l'espace de la révolution et de la réalité et l'autre la maison close et le monde de l'illusion. Un tel renforcement du réalisme est imputable à sa lecture brechtienne de la pièce, historiquement placée par Piscator « en l'année 1910, c'est-à-dire avant les grandes révolutions ».[160] Le metteur en scène considère *Le Balcon* pas tant comme une pièce de théâtre au sens aristotélicien du terme que comme une pièce épique, un roman ou un « objet d'étude »,[161] ce qui justifie une lecture épique et distanciée capable de démonter le réel.

La création reçut un accueil partagé. La scénographie de Johannes Waltz et Elisabeth Urbancic fut unanimement applaudie, *a fortiori* au regard du défi que posait la salle de la Bourse, à l'origine non conçue pour accueillir des

---

**156** Erwin Piscator : Notes manuscrites « Erläuterungen zur Aufführung » sur *Le Balcon* (Francfort-sur-le-Main, 1962). ADK Berlin, Erwin-Piscator-Center 01.2, 2722.
**157** Helmut Castagne : Kein Schock durch den *Balkon*. In : *Frankfurter Neue Presse* (2 avril 1962). TWS Wahn : « Piscator kann auch mit dem Rotstift umgehen. Viel Anstößiges fiel bei uns unter den Tisch, ohne Schaden für Genet ». « Piscator sait aussi manier le stylo rouge. De nombreuses obscénités furent éliminées, sans dommages pour Genet ».
**158** Ibid. : « Dem ins Leere gehenden, und darum um so wortreicheren Schluß, kann auch Piscator nur durch Streichungen beikommen ». « Piscator ne peut tenir tête qu'avec des suppressions à cette fin qui va vers le vide, et qui en est d'autant plus bavarde ».
**159** Erwin Piscator : Notes manuscrites « Erläuterungen zur Aufführung » sur *Le Balcon* (Francfort-sur-le-Main, 1962). ADK Berlin, Erwin-Piscator-Center 01.2, 2722. (« Ich habe absichtlich die Bühne simultan gespielt ! »)
**160** Ibid. (« Ich habe das Stück ausdrücklich in das Jahr 1910 verlegen wollen, das heißt vor die großen Revolutionen »).
**161** Ibid. (« Noch weniger ein Roman, als ein Studioobjekt ! »)

créations théâtrales.[162] Les critiques relevèrent l'importance majeure accordée au motif de la révolution et d'aucuns estimaient que ce parti pris dénaturait la pièce de Genet.[163] En donnant davantage d'envergure à la portée politique, Piscator avait, selon eux, masqué la dimension scandaleuse, la face provocante et par moments obscène de la pièce. Pourtant, un autre journaliste notait que Piscator était parvenu à orchestrer le rythme de la pièce avec précision et avait su créer « une représentation claire, unie et transparente ».[164] La réaction du public fut mitigée lors de la première. Après avoir « fait preuve d'intérêt », le public « était un peu las après la pause, et l'applaudissement final, long mais faible, semblait confirmer la qualité de base substantielle du phénomène Genet et non une envoûtante réalisation scénique d'une de ses pièces ».[165] Lors de la deuxième représentation pourtant, l'ambiance dans la salle était tout autre car des perturbations avaient été organisées par avance :

> In der zweiten Vorstellung versuchten organisierte Störtrupps durch mehr oder weniger unpassende Zwischenrufe und Pfiffe die Aufführung im ersten Teil zu behindern, jedoch wurden die Störenfriede durch starke Beifallskundgebungen der großen Mehrheit der Theaterbesucher für die Aufführung und durch den Hinweis eines Vertreters der Generalintendanz, man könne sich in der nach der dritten Vorstellung vorgesehenen Diskussion sachlich auseinandersetzen, zum Schweigen gebracht.[166]

Les tumultes déclenchés durant cette deuxième représentation firent réagir Buckwitz. Dans une lettre à Piscator, le directeur du théâtre soulignait que ces événements ne l'inquiétaient pas outre mesure, puisqu'il ne s'agissait pas

---

**162** Helmut Castagne : Kein Schock durch den *Balkon*. In : *Frankfurter Neue Presse* (2 avril 1962). TWS Wahn.
**163** Willy H. Thiem : Die Revolution allein ist bei Jean Genet nicht abendfüllend. In : *Frankfurter Abendpost* (2 avril 1962). TWS Wahn.
**164** E. K-r : Balkon zwischen Schein und Nichts. In : *Frankfurter Rundschau* (2 avril 1962). TWS Wahn. («Ein Aufführungsbild von klarer Einheitlichkeit und Transparenz»).
**165** Willy H. Thiem : Die Revolution allein ist bei Jean Genet nicht abendfüllend. In : *Frankfurter Abendpost* (2 avril 1962). TWS Wahn. («Das Publikum folgte zunächst interessiert, nach der Pause etwas ermüdet und schien mit dem langanhaltenden, wenn auch nicht sehr kräftigen Schlußbeifall eher die substanzielle Grundqualität des Phänomens Genet als eine hinreißende Realisierung desselben bestätigen zu wollen»).
**166** I. : In der Spiegelwelt der Illusionen. In : *Hanauer Anzeiger* (6 avril 1962). TWS Wahn. « Durant la deuxième représentation des semeurs de trouble organisés essayèrent d'en perturber la première partie, ils se manifestèrent de façon plus ou moins déplacée en parlant à haute voix ou en sifflant. Cependant les trouble-fête furent contraints au silence par de forts applaudissements de la majorité des spectateurs qui apportaient leur soutien à la représentation et par la déclaration d'un représentant de la direction du théâtre, que l'on pourrait s'expliquer objectivement lors de la discussion prévue à l'issue de la troisième représentation ».

d'actes spontanés mais de faits préparés méticuleusement. En revanche, ces agitations risquaient de se reproduire et Buckwitz se vit contraint d'organiser une discussion avec le public.[167] Celui-ci provoquait la colère de Piscator qui observait un triste paradoxe entre ces protestations au théâtre, inoffensives, et la passivité des Allemands, lâche et dangereuse, face aux nationaux-socialistes :

> Man muß sich vorstellen, wenn Sie heute so demonstrieren, und Krach machen – warum haben Sie das denn nicht gemacht, als die Nazis da waren – und haben da Opposition gemacht ? Da haben Sie geschwiegen. Sie meinen, heute sei es im Theater bei weitem ungefährlicher, wie ?[168]

Buckwitz invita Piscator à la discussion prévue fin avril et le metteur en scène s'y préparait avec une pointe d'humour : « Bien entendu je serai sur place le 28 avril », répondit-il, « j'espère que ce jour-là nous pourrons encore tenir un conseil de guerre indien pour préparer la soirée ».[169] Au cours de cette discussion qui rassemblait Buckwitz, Piscator, le directeur artistique Heinrich Koch, le dramaturge en chef Helmuth Krapp ainsi que des spectateurs, des journalistes et des représentants de la ville, Buckwitz déclarait qu'un « théâtre de portée mondiale comme celui de Francfort-sur-le-Main » se devait de monter des « trésors de la littérature mondiale »,[170] même si ceux-ci comportaient le risque de choquer ou de scandaliser le public. La pièce de Genet était jouée dans le cadre de la « troisième programmation », un répertoire officiellement consacré à « la nouveauté, à l'expérimental et à ce qui [devait] être redécouvert sous de nouveaux aspects » et qui récoltait une « vive approbation » auprès du public.[171] La discussion instaura un dialogue entre les spectateurs et l'équipe artistique et sut calmer les esprits. Buckwitz dut pourtant également rendre

---

[167] Harry Buckwitz : Lettre à Erwin Piscator (7 avril 1962). ADK Berlin, Erwin-Piscator-Center 03.2, 2340.

[168] Erwin Piscator : Notes manuscrites « Erläuterungen zur Aufführung » sur *Le Balcon* (Francfort-sur-le-Main, 1962). ADK Berlin, Erwin-Piscator-Center 01.2, 2722. « Il faut s'imaginer, quand on les voit manifester de la sorte aujourd'hui et faire du bruit – pourquoi ne l'ont-il pas fait, n'ont-ils pas fait opposition lorsque les nazis étaient là ? Ils se sont tus, à ce moment-là. Et ils se disent qu'aujourd'hui, au théâtre, c'est bien moins dangereux, n'est-ce-pas ? ».

[169] Erwin Piscator : Lettre à Harry Buckwitz (16 avril 1962). ADK Berlin, Erwin-Piscator-Center 03.2, 2340. (« Selbstverständlich werde ich am 28. 4. zur Stelle sein. Ich hoffe, daß wir an dem Tag noch einen indianischen Kriegsrat abhalten können zur Vorbereitung für den Abend »).

[170] G. R. : Wer gähnt da ? Eine Diskussion über Genets *Balkon* im Kleinen Haus. In : *Frankfurter Allgemeine Zeitung* (30 avril 1962). SA F/Main. Sammlungen S3 Ortsgeschichte, S 3/10.013. (« Weltstadttheater wie Frankfurt » ; « Schätze der Weltliteratur »).

[171] Willy H. Thiem : Toleranz ist ein leicht zu gefährdender Begriff. In : *Abendpost* (30 avril 1962). TS F/Main, Schauspiel, Inszenierungsmappen, Spielzeit 1961/62, Mappe 8A. (« Das

des comptes à des personnalités politiques de la ville, par exemple à Charlotte Schiffler, conseillère municipale.[172]

Malgré le scandale et les débats provoqués, la création du *Balcon* par Piscator connut finalement un important succès et cinq représentations supplémentaires furent programmées pour le mois de mai. Lors de l'ouverture du nouveau théâtre en décembre 1963, Buckwitz continuait à défendre une programmation qui sortait des sentiers battus puisqu'à ses yeux le théâtre, cette « arène où se [déroulaient] les combats de notre vie »[173] ne devait plus traiter du connu et de l'habituel, mais par le biais du dialogue avec le public devait mener ce dernier à des découvertes inattendues.

Alors que Genet s'abstenait habituellement de toute intervention lors des créations ouest-allemandes de ses pièces, il resta pourtant vigilant à la transposition d'une de ses œuvres, la « clownerie » *Les Nègres* (1958). Le 31 mai 1964, Gerhard F. Hering présenta la création allemande de la pièce au Landestheater Darmstadt, dont la première avait été précédée d'une altercation entre Hering et Genet. Hering avait fait ses débuts dans le monde du théâtre comme critique dramatique et lorsqu'en 1941 les nationaux-socialistes lui interdirent d'exercer sa profession, il continua sous des pseudonymes. De 1948 à 1950, il fut le dramaturge en chef de Heinz Hilpert à Constance, puis dirigea l'école Falckenberg de Munich durant deux années avant de rejoindre le théâtre de Stuttgart entre 1952 et 1954. Il dirigea ensuite pendant dix ans le théâtre de Darmstadt au départ de Sellner en 1961.

*Les Nègres* débute par l'explication suivante : « Un soir un comédien me demanda d'écrire une pièce qui serait jouée par des noirs. Mais, qu'est-ce que c'est donc un noir ? Et d'abord, c'est de quelle couleur ? »[174] Inspiré par le documentaire *Les Maîtres-fous* de Jean Rouch,[175] Genet écrivit *Les Nègres* pour

---

Neue, das Experimentelle und das unter neuen Aspekten wieder zu Entdeckende » ; « lebhafte Zustimmung »).

**172** Buckwitz expliqua que le succès du *Balcon* sur les scènes du monde entier justifiait à lui seul la programmation de la pièce. Harry Buckwitz : Lettre à Charlotte Schiffler (22 mars 1962). ADK Berlin, Erwin-Piscator-Center 01.1, 103.

**173** Harry Buckwitz : Theater im Umbruch. In : *Frankfurter Rundschau* (11 décembre 1963). SA F/Main. Sammlungen S3 Ortsgeschichte, S 3/10.003. (« Seine [des Theaters] wichtigste Funktion : Arena für die Schaukämpfe unseres Lebens zu sein »).

**174** Jean Genet : *Les Nègres*. In : *Théâtre complet*, p. 471–571, p. 475.

**175** Genet renvoya explicitement aux *Maîtres-fous* tourné en 1954 par Jean Rouch. Dans une lettre à Frechtmann, l'auteur expliqua : « Si c'est encore votre projet, je serais heureux que vous établissiez un parallèle aussi exact que possible entre mon théâtre et les *Maîtres-fous*. Plein de développements, de rapports, d'analogies, sont possibles. Montrez-les ». Archives IMEC, lettre n° 224 de Genet à Frechtmann. Cité in : Edmund White : *Jean Genet*, p. 423–424.

Raymond Rouleau, qui en automne 1954 lui avait demandé une pièce qu'il puisse jouer avec une troupe de comédiens noirs. Faute de pouvoir rassembler huit comédiens, Rouleau ne put finaliser le projet. Roger Blin, qui travaillait depuis 1957 avec la troupe Les Griots, eut vent du manuscrit et signa la création des *Nègres* le 28 octobre 1959 au Théâtre de Lutèce avec un décor et des costumes d'André Acquart. Le jugement de Genet fut véritablement élogieux : « Sa réussite était de l'ordre de la perfection, l'imiter équivaudrait à le dégrader. Sa mise en scène ne peut être qu'un exemple d'audace et de rigueur », s'exclamait l'auteur dans la préface intitulée *Pour jouer « Les Nègres »*.[176] La pièce reprend un thème cher à Genet, celui de l'image de soi que l'on veut offrir à autrui et de l'idée préconçue que s'en font les autres, un jeu entre être et paraître qui invite à la mascarade et au déguisement. Grâce à un double processus de mises en abyme, les noirs organisent leur propre procès face à deux publics de blancs : un public sur scène, interprété par des noirs masqués en blanc, et le public réel dans la salle. Sous le regard de ces deux publics, les comédiens noirs incarnent l'image que les colons blancs se font d'eux, une image de sauvagerie, de bêtise et de violence. La phrase que le personnage Archibald adresse au public en est l'illustration : « Vous le voyez, mesdames, messieurs, comme vous avez vos lis et vos roses, pour vous servir nous utiliserons nos fards d'un beau noir luisant ».[177] Les comédiens s'appliquent en effet de la peinture noire pour paraître encore plus sombres de peau et par cette couche noire supplémentaire, les acteurs entrent dans la peau des « nègres » tels que les colons blancs se les représentent, un jeu de rôle dont l'enchevêtrement est impossible à réaliser pour des comédiens blancs.

Malgré cette difficulté de jeu, la première allemande des *Nègres* eut lieu avec une troupe d'acteurs blancs. La pièce avait déjà été jouée par des comédiens blancs aux Pays-Bas sans la permission de l'auteur[178] qui par la suite avait interdit une création du même type en Pologne. Las de devoir se justifier, Genet décida d'interdire toutes créations de la pièce avec une troupe d'acteurs blancs, sans pour autant se soucier des procédures juridiques à respecter. Or, dans le cas de Darmstadt, cette interdiction n'apparaissait explicitement ni

---

[176] Jean Genet : *Les Nègres*, p. 473.
[177] Ibid., p. 479–480.
[178] C'est ce que Genet affirme dans une lettre envoyée à Jerzy Lisowski, le poète et traducteur polonais de la pièce : « *Les Nègres* a été donné à Rotterdam par des acteurs hollandais sans que j'en aie été prévenu. On a eu tort. D'autant plus qu'il y a suffisamment de Noirs en Hollande, ou en Indonésie, qui connaissent le hollandais ». *Tulane Drama Review*, vol. VII, n° 3, printemps 1963, retraduit de l'anglais par Bernard Frechtmann. Cité in : Edmund White : *Jean Genet*, p. 434.

dans le contrat qui liait l'auteur au Merlin Verlag, ni dans celui entre la maison d'édition et le théâtre. Genet tenta pourtant de faire valoir son autorité d'écrivain et envoya un télégramme au metteur en scène Hering le soir de la répétition générale :

> J'apprécie beaucoup l'honneur que vous me faites en voulant jouer *Les Nègres*. La singularité de cette pièce est de ne pas pouvoir être jouée autrement que par des nègres. Je l'ai écrite pour eux. Je serais heureux que la pièce soit jouée à Darmstadt, mais seulement par des comédiens noirs. Je vous fais entièrement confiance.[179]

Reprenant dans sa réponse adressée à Genet l'allusion au caractère singulier de la pièce, Hering justifiait son action par l'absence de comédiens noirs ou d'un public noir en Allemagne : « La ‹singularité› de notre pays », écrivait-il à Genet, « est de ne pas avoir de citoyens ou de ressortissants d'une autre couleur de peau, et pas non plus de visiteurs ou d'invités noirs qui seraient en mesure de représenter artistiquement en langue allemande une œuvre comme la vôtre ».[180] Face au refus ou plutôt à l'incapacité de changer la distribution des rôles au dernier moment, Genet exigea de la part de son éditeur allemand de faire interdire la mise en scène. Dans un premier temps, Meyer tenta vainement de faire changer Genet d'avis puis, dans l'urgence, essaya d'empêcher la première de la pièce par une ordonnance de référé, une procédure qui aurait permis l'exécution immédiate de la décision judiciaire, et donc l'annulation de la première le soir même. Or, les contrats qui liaient les différentes parties n'indiquaient pas la participation unique et obligatoire de comédiens noirs et ainsi la représentation ne fut pas interdite. Selon Meyer, dans une « sainte colère »[181] Genet donna libre cours à son courroux et par peur qu'il ne vienne en personne interrompre la représentation, le théâtre de Darmstadt fit déployer des forces de police à l'extérieur et à l'intérieur de la salle lors des deux premières représentations. Et d'après l'éditeur, ce scandale provoqué par Genet était aussi en grande partie lié à l'esprit de contradiction de l'auteur : « L'histoire des *Nègres*

---

**179** Georg Hensel : Haß : die Antwort auf Haß. In : *Darmstädter Echo* (1ᵉʳ juin 1964). TS Darmstadt. (« Die Ehre, die Sie mir erweisen, indem Sie *Die Neger* spielen wollen, weiß ich sehr zu schätzen. Dieses Stück hat die Eigenart, nicht anders als von Negern gespielt werden zu können. Ich habe es für sie geschrieben. Ich wäre glücklich, wenn es in Darmstadt gespielt würde, jedoch nur von schwarzen Darstellern. Ich verlasse mich in dieser Hinsicht vollkommen auf Sie »).
**180** Landestheater Darmstadt (éd.) : *Programmheft/Foyer* n° 15 (1963/64). TWS Wahn. (« Denn die ‹singularität› unseres Landes ist es, keine Bürger und Staatsangehörige anderer Farbe zu haben, und auch als Gäste und Besucher keine Farbigen, die in der Lage wären, in deutscher Sprache eine Dichtung wie die Ihrige künstlerisch darzustellen »).
**181** Andreas J. Meyer : Entretien réalisé le 9 septembre 2013, Gumpendorf. (« Heiliger Zorn »).

l'a énervé. Elle a pris une autre dimension qui dépassait le théâtre », expliqua-t-il, précisant que « Genet en tant qu'auteur dramatique se plaisait à contredire ».[182] Cependant, malgré ces conditions de production assez rocambolesques, une « belle, belle mise en scène » avait vu le jour, ajoutait-il.[183]

L'ego blessé de l'auteur et sa réaction excentrique furent davantage commentés par la presse que le contenu de la pièce. Pourtant, le potentiel politique de celle-ci, la dénonciation du racisme et des colonies, était d'actualité : le mouvement des Blacks Panthers allait se former aux États-Unis en 1966 et Martin Luther King faisait déjà figure de personnalité influente. Or, la presse et le public se montraient bien plus fascinés par le scandale provoqué par Genet et la majorité des critiques prenait la défense de ce dernier. Jouée par des comédiens blancs, la pièce perdait en profondeur et en subtilité, et Gunter Schäble expliquait ainsi dans le quotidien *Stuttgarter Zeitung* :

> Neger schwärzen ihr Gesicht, um sich selbst vollendet spielen zu können und um sich selbst eine Illusion zu geben, die Illusion, nicht identisch mit ihrer Hautfarbe zu sein. Weiße Schauspieler demonstrieren [damit] nur ihre bewußte Maskerade. Sie können von dem Augenblick an nicht mehr sein als Neger. Genets Neger aber sind nicht nur das. Sie erscheinen als die idealen Gestalten der Ausgestoßenheit, des von der « Gesellschaft » zum Verbrecherdasein gedrängten, nun das Verbrechen auch verwirklichenden Teils der Menschheit. Weiße Schauspieler müßten eine doppelte Brechung ihrer Gestalten bewältigen, was ihnen kaum gelingen dürfte : Sie sind vollauf beschäftigt, Neger zu sein.[184]

Les acteurs du Landestheater Darmstadt devaient donc maîtriser des mises en abyme dont l'enchevêtrement et la portée symbolique n'étaient pas faciles à communiquer. Gerd Vielhaber résumait la situation lorsqu'il se demandait si « la pièce [allait réussir] à s'imposer sur [les] scènes [ouest-allemandes] sans troupe de comédiens noirs », ce dont il « [doutait] ».[185] En effet, il fallut attendre

---

182 Ibid. (« Die Geschichte der *Neger* hat ihn aufgeregt. Es nahm eine andere Dimension an, über das Theater hinaus. Genet als Theaterautor mochte den Widerspruch »).
183 Ibid. (« Eine schöne, schöne Aufführung »).
184 Gunter Schäble : Schwarz geschminkt. In : *Stuttgarter Zeitung* (2 juin 1964). TWS Wahn. « Des noirs noircissent leur visage pour pouvoir se réaliser entièrement et pour se donner l'illusion de ne pas être en conformité avec leur couleur de peau. Des comédiens blancs démontrent [ainsi] uniquement qu'ils sont conscients d'une mascarade. À partir de là, ils ne peuvent être rien de plus que des noirs. Or les nègres de Genet ne sont pas que cela. Ils apparaissent comme les figures idéales des exclus, comme la partie de l'humanité qui a été poussée par la ‹ société › vers une existence criminelle et qui maintenant réalise ce crime. Des comédiens blancs devraient réaliser une double réfraction de leurs personnages, ce qui ne peut que difficilement leur réussir : ils sont pour cela trop occupés à être noirs ».
185 Gerhard Vielhaber : Können weiße Darsteller Schwarze spielen ? In : *Rheinische Post* (2 juin 1964). TWS Wahn. (« Ob sich das Drama auf unseren Bühnen – ohne Negerensemble – durchsetzen kann, ist fraglich »).

vingt ans avant que *Les Nègres* ne soit montée à la Schaubühne de Berlin-Ouest, dans une nouvelle traduction et une mise en scène de Peter Stein avec sa troupe de comédiens blancs.[186]

*'adame Miroir* (1949) est le seul ballet écrit par Genet. Le public ouest-allemand se montra surpris par ce choix de l'écrivain – le terme d'« étonnement » revenait régulièrement sous la plume des journalistes[187] – mais sut l'apprécier à sa juste valeur, peut-être en raison des nombreux ballets de Jean Cocteau montés en RFA.[188] Cette nouvelle œuvre exposait des thématiques personnelles de l'auteur, dont son homosexualité et le travestissement des genres. *'adame Miroir* fut créé à Paris le 31 mai 1948 au théâtre Marigny par la compagnie des Ballets de Paris, dans une chorégraphie de Janine Charrat et une musique de Darius Milhaud. Seize ans plus tard, la création allemande fut assurée par Gise Furtwängler, danseuse de ballet et chorégraphe, qui la présenta au Städtische Bühnen Münster le 12 décembre 1964 dans des décors de Günter Kupfer. Il s'agit de la seule mise en scène allemande de cette œuvre, laquelle n'avait d'ailleurs plus été montée depuis sa création française. Ce fait fut souligné par Horst Koegler dans la brochure de la création, qui parlait de la « redécouverte d'un ballet qui avait fait son apparition sur scène au moins une décennie trop tôt ».[189] Avec la popularité que les œuvres de Genet avaient entre temps acquises en RFA, ce ballet pouvait enfin jouir d'une digne réception.

Alors que trois danseurs avaient été choisis lors de la création française, à Münster le personnage de Domino fut interprété par la danseuse Tilly Söffing, qui envouta les spectateurs. Elle « dansait ce Domino lugubre dans une chorégraphie sans musique » et « se [déplaçait] le long des miroirs comme sur des échasses, avec ses jambes incroyablement longues et en tricot noir, tel un ange de la mort lascif ».[190] Hormis ce changement dans la distribution, les indica-

---

**186** La première eut lieu le 18 juin 1983. Meyer réussit à arranger une rencontre entre Stein et Genet, qui donna son accord pour que la pièce soit montée par Stein avec des comédiens blancs.
**187** Horst Koegler : *'adame Miroir – Vexierspiegel von Welt und Leben*. In : Städtische Bühnen Münster (éd.) : *Programmheft/Großes Haus* (1964/65), p. 116. TWS Wahn.
**188** On se reportera à Christoph Wolter : *Jean Cocteau et l'Allemagne*.
**189** Horst Koegler : *'adame Miroir – Vexierspiegel von Welt und Leben*. In : Städtische Bühnen Münster (éd.) : *Programmheft/Großes Haus* (1964/65), p. 116. TWS Wahn. (« [Es ist die] Wiedergewinnung eines Balletts, das ganz offenbar um ein gutes Jahrzehnt zu früh auf der Szene erschienen war »).
**190** Heinz-Ludwig Schneiders : Faszination des Spiegelbildes. In : *Handelsblatt Düsseldorf* (22 décembre 1964). TWS Wahn. (« Tilly Söffing tanzte den unheimlichen Domino zu einer Choreographie ohne Musik. Sie stelzt – ein lasziver Todesengel – auf unheimlich langen Beinen in schwarzem Trikot an den Spiegeln entlang »).

tions de Genet furent respectées. La scénographie de Günter Kupfer plongeait la scène, constituée de miroirs et de décors de fête foraine, dans une atmosphère de jeux et d'illusions. Le « palais de miroir » ou « cabinet de miroir »[191] ainsi créé restituait l'ambiance voulue par l'auteur. La réaction positive du public de Münster pouvait s'expliquer par sa connaissance de l'œuvre de Genet et par les différents niveaux de lectures possibles proposés par le ballet. Horst Koegler expliquait ainsi dans la brochure que le public « s'était surtout habitué à la dramaturgie du double chevauchement du rêve et de la réalité ».[192] Cette alternance entre monde réel et monde onirique était matérialisée dans la chorégraphie de Gise Furtwängler par une intense exploitation des possibilités offertes par les jeux de miroir. Un critique écrivait en outre que « la chorégraphie de Gise Furtwängler avait créé un superbe funambulisme au-dessus des abîmes de l'ambiguïté ».[193] La création allemande de 'adame Miroir sut ainsi convaincre à la fois par la mise en pratique réussie du genre du ballet et par son adéquation, malgré le caractère inattendu de ce genre, avec le reste de l'œuvre de Genet.

### 3.2.3 Beckett metteur en scène au Schiller-Theater

En 1967, Beckett prit la relève des metteurs en scène de la génération d'après-guerre et pendant dix ans il proposa des créations de ses pièces dans la petite salle du Schiller-Theater de Berlin-Ouest, la « Werkstatt ». Ces productions très attendues et médiatisées faisaient revivre l'intérêt pour les pièces de l'écrivain et participèrent à leur intégration durable dans le paysage culturel ouest-allemand.

Après la première allemande d'*En attendant Godot* en septembre 1953, le directeur Boleslaw Barlog avait fait monter au Schiller-Theater les pièces ultérieures de l'écrivain. Ce n'est pourtant qu'en février 1965 qu'il l'invita à venir travailler dans son théâtre, dans le cadre de la production d'*En attendant Godot* par Deryk Mendel, dont la première devait avoir lieu le 25 février. Beckett, qui avait

---

[191] Ibid. (« Spiegelpalast » ; « Spiegelkabinett »).
[192] Horst Koegler : *'adame Miroir* – Vexierspiegel von Welt und Leben. In : Städtische Bühnen Münster (éd.) : *Programmheft/Großes Haus* (1964/65), p. 116. TWS Wahn. (« Vor allem aber haben wir uns an seine Dramaturgie der doppelten Realitäts- und Traumüberschneidung gewöhnt »).
[193] Heinz-Ludwig Schneiders : Faszination des Spiegelbildes. In : *Handelsblatt Düsseldorf* (22 décembre 1964). TWS Wahn. (« Gise Furtwänglers Choreographie ist denn auch ein herrlicher Seiltanz über den Abgründen der Zweideutigkeit »).

déjà travaillé avec Mendel au Royal Court Theatre de Londres et au Studio des Champs-Elysées, était récalcitrant à l'idée de se rendre à Berlin, mais il finit par accepter comme il le notait dans son journal : « Si j'avais refusé de m'y rendre la troisième fois qu'ils me le demandèrent, ils ne l'auraient pas du tout jouée, ce qui aurait eu de regrettables conséquences pour le directeur, donc j'ai dû y aller ».[194] Beckett assista Mendel durant les dernières semaines des répétitions et adoucit les tensions entre metteur en scène et acteurs. Selon les comédiens Horst Bollmann et Klaus Herm, Mendel avait voulu trop accentuer l'interprétation métaphysique de la pièce, ce qui avait déclenché la mésentente au sein de la troupe. Malgré les efforts de Beckett, l'ambiance demeurait « pénible » et l'auteur ne voulait plus qu'« éviter le pire ».[195] Il proposa d'amoindrir l'importance accordée aux aspects métaphysiques et d'orienter la mise en scène vers une lecture plus pragmatique. La création fut bien reçue par le public et la presse, mais Beckett, loin d'être satisfait avec cette mise en scène, suggéra après la première qu'il allait peut-être un jour revenir pour sa propre création. Barlog prit cette déclaration de l'écrivain au sérieux et l'invita à trois reprises dans son théâtre, avant de céder en 1972 sa place de directeur à Hans Lietzau, qui poursuivit la collaboration artistique avec l'auteur. Les mises en scène de ce dernier étaient perçues comme brillantes, et le biographe James Knowlson allait jusqu'à déclarer au sujet d'*En attendant Godot* :

> It is often said that authors are not the best directors of their own work. All I can say is that, to take *Waiting for Godot* for my example, the Schiller-Theater and San Quentin productions by Beckett were two of the most beautiful productions of that play I have ever seen.[196]

Beckett faisait preuve de méticulosité et avait une idée très précise de la façon dont ses pièces devaient être mises en scène. Le critique de théâtre Georg Hensel expliquait ainsi que son travail « n'[était] pas un départ avec les comédiens vers quelque chose d'inconnu où ils [allaient] tous se retrouver, mais la tentative de réaliser ses ‹visions› intérieures qu'il [apportait] aux répéti-

---

**194** Samuel Beckett, cité in : James Knowlson : *Damned to Fame*, p. 527. (« If I had refused to go the third time they asked, they wouldn't have put it on at all, with sad results for the director, so I had to »).
**195** Ibid. Noté par Beckett en français.
**196** James Knowlson : *The Theatrical Notebooks of Samuel Beckett. Vol. 1 : Waiting for Godot*, p. 6. « On dit souvent que les auteurs ne sont pas les meilleurs metteurs en scène de leurs œuvres. Tout ce que je peux dire, en prenant en exemple *En attendant Godot*, c'est que les productions du Schiller-Theater et de la troupe San Quentin sont deux des plus belles créations de cette pièce que j'ai jamais vues ».

tions ».[197] Alors que Hensel diffusait un avis communément répandu qui faisait également dire à James Knowlson que « Beckett n'avait jamais su diriger des comédiens »,[198] ce portrait va à l'encontre des témoignages des acteurs du Schiller-Theater, à l'instar de Horst Bollmann :

> Als Regisseur ist er leise, äußerst aufmerksam, erfrischend humorvoll und sehr tolerant. Er hat eine ungeheure Achtung vor dem Beruf des Schauspielers ! Er erklärt die Situation einer Figur und überläßt es dann dem Schauspieler, Mittel und Möglichkeiten zu finden, diese Situation glaubhaft auszudrücken. Es kommt zu einem Dialog, der den Schauspieler verantwortungsvoll, « mündig » und frei macht.[199]

Beckett, pour qui les répétitions n'étaient qu'« errements et tourments »[200] et l'occasion de corriger ses propres erreurs,[201] avait assurément une idée très précise de ses créations. Il préparait son travail de direction à l'aide de carnets de régie[202] où il inscrivait des indications scéniques sur les déplacements, les gestes et le rythme de parole des personnages. Michael Haerdter, son assistant à la mise en scène pour *Fin de partie*, se souvenait ainsi que « Beckett [procédait] d'après un plan précis. Il ne se [laissait] pas conduire vers des solutions surprenantes par des essais hasardeux ».[203] Pour chaque création, l'auteur apprenait par cœur au préalable le texte en allemand et avait l'habitude de reprendre les acteurs à la moindre erreur : « Beckett est un metteur en scène peu commode. ‹ Vous avez oublié un oui ›, dit-il par exemple en interrompant. Il

---

**197** Georg Hensel : « Da es so gespielt wird ... spielen wir es eben so ». Samuel Beckett als Autor und Regisseur, p. 25. (« Regie-Arbeit ist für ihn nicht der gemeinsam mit Schauspielern unternommene Aufbruch in etwas Unbekanntes, in das sie miteinander geraten werden, sondern der Versuch, die inneren ‹ Vorstellungen › zu verwirklichen, die er auf die Probe mitbringt »).
**198** James Knowlson : *Damned to Fame*, p. 502. (« Beckett was never an actor's director »).
**199** Ibid., p. 83. « Comme metteur en scène il est silencieux, extrêmement attentif, plein d'un humour rafraîchissant et très tolérant. Il a énormément de respect pour le métier d'acteur ! Il explique la situation d'un personnage et laisse ensuite à l'acteur le soin de trouver les moyens et les possibilités d'exprimer cette situation de façon convaincante. Se créé alors un dialogue qui rend l'acteur responsable, ‹ majeur › et libre ».
**200** Nathalie Léger : *Les vies silencieuses de Samuel Beckett*. Paris : Allia 2006, p. 99.
**201** Mel Gussow : *Conversations with and about Beckett*, p. 32. Entretien avec Beckett du 24 juin 1978. (« At rehearsals, he could correct his mistakes »).
**202** Entre 1985 et 1999 James Knowlson publia les cahiers de régie de Beckett aux éditions Faber and Faber. Dans les brochures du Schiller-Theater en figurent des extraits.
**203** Michael Haerdter : Proben-Notate zum *Endspiel*. In : Klaus Völker (éd.) : *Beckett in Berlin : Zum 80. Geburtstag*. Berlin : Hentrich/Frölich & Kaufmann 1986, p. 92–98, p. 94. (« Beckett geht also nach einem präzisen Plan vor. Er läßt sich nicht vom Zufall des Probierens zu überraschenden Lösungen führen »).

maîtrise le texte allemand jusqu'à l'emplacement des mots, jusqu'aux interjections », racontait aussi Michael Haerdter.[204] Toutefois, comme le relate son biographe, il arrivait à Beckett de changer la traduction, de couper ou d'ajouter du texte, et ainsi des passages entiers d'*En attendant Godot* ne furent jamais joués selon l'édition officielle.[205] Beckett modifiait par exemple la traduction lorsque cela améliorait l'oralité du texte, ce dont témoigna Walter. D. Asmus, l'assistant à la mise en scène pour *En attendant Godot* :

> Statt « von der anthropopopopometrischen Akakakakakademie » sollte es « von der Akakakakademie der Anthropopopometrie » heißen. Die Umstellung habe lediglich musikalische Gründe.[206]

Dans ce passage, la transformation de l'adjectif en nom commun permettait un phrasé plus mélodieux. De la même manière, durant les répétitions de *Comédie*, Beckett transforma l'adjectif « schmeichelhaft » (« flatteur ») en « schmeichlerisch » (« obséquieux »). Lorsqu'on lui fit remarquer que « schmeichlerisch » était plus inhabituel, Beckett rétorqua : « L'inhabituel ne me dérange absolument pas ».[207] De plus, les mises en scènes de l'écrivain étaient marquées par une étonnante précision musicale et rythmique. Le critique Hellmuth Karasek relevait ainsi que « lorsque Beckett [mettait] en scène, il n'[existait] pas de hasard ; chaque démarche, chaque geste, chaque pause [exprimait] exactement ce qu'ils [voulaient] et [devaient] exprimer ».[208] L'écrivain était comparé à un horloger par les uns, à un chef d'orchestre par les autres : Michael Haerdter parlait d'une « technique d'horloger »[209] et voyait en l'écrivain un « technicien qui [mettait] en marche un mécanisme dont il [était] le seul à

---

[204] Ibid. (« Beckett ist ein unbequemer Regisseur. ‹Sie haben ein ‹ ja › vergessen ›, unterbricht er einmal. Er beherrscht den deutschen Text bis in die Wortstellungen, in Interjunktionen hinein »).

[205] James Knowlson : *The Theatrical Notebooks of Samuel Beckett. Vol. 1 : Waiting for Godot*, p. 5.

[206] Le changement de traduction opéré par Beckett « aurait uniquement des raisons musicales ». Walter D. Asmus : Aus dem Probentagebuch von Walter D. Asmus. In : Klaus Völker (éd.) : *Beckett in Berlin : Zum 80. Geburtstag*. Berlin : Hentrich/Frölich & Kaufmann 1986, p. 121–128, p. 122.

[207] Ibid. (« Das Ungewöhnliche stört mich gar nicht »).

[208] Hellmuth Karasek, cité in : Samuel Beckett/Volker Canaris (éds.) : *Das letzte Band : Regiebuch der Berliner Inszenierung*. Frankfurt am Main : Suhrkamp Verlag 1970, p. 140. (« Wenn Beckett inszeniert, dann gibt es nichts Zufälliges ; jeder Gang, jede Geste, jede Pause drückt genau das aus, was sie ausdrücken will und soll »).

[209] Michael Haerdter : Proben-Notate zum *Endspiel*, p. 95. (« Uhrmachertechnik »).

connaître tous les rouages »,[210] James Knowlson considérait quant à lui que
« ‹orchestrer› [était] un terme plus approprié pour décrire son travail de mise
en scène ».[211]

Entre 1967 et 1978, Beckett monta dans la Werkstatt du Schiller-Theater ses
pièces *Fin de partie* (26 septembre 1967), *La Dernière Bande* (5 octobre 1969),
*Oh les beaux jours* (17 septembre 1971), *En attendant Godot* (8 mars 1975), *Cette
fois* et *Pas* (11 octobre 1976) ainsi que *Comédie* (6 octobre 1978).[212] De plus, il
mit en scène *La Dernière Bande* à l'Académie des Arts de Berlin (27 septembre
1977) et *Fin de partie* (16 septembre 1978) dans l'église Sankt-Matthäus du quartier du Tiergarten avec Rick Cluchey et sa troupe San Quentin Drama Workshop.

Le 26 septembre 1967 eut lieu la première de *Fin de partie*, une pièce que
Beckett avait déjà mise en scène au Royal Court Theatre de Londres trois ans
plus tôt. Le premier jour des répétitions, il déclara en anglais aux comédiens :
« Keep it simple, everything simple », avant de poursuivre en allemand :
« Wenn Sie einverstanden sind, reden wir nicht über Philosophie, sondern über
Situationen ».[213] Il indiquait par là qu'il n'attachait guère d'importance aux lectures philosophiques ou métaphysiques que l'on pouvait faire de la pièce. De
la même façon, l'auteur affirmait que les interprétations de son œuvre par
Theodor Adorno ou Martin Esslin ne correspondaient en rien à ce qu'il avait
lui-même voulu dire. Ernst Schröder, l'interprète de Hamm, se souvenait ainsi :

> Hamm ist die Abkürzung des deutschen Wortes Hammer, Clov ist französisch clou, der
> Nagel, und daher nicht Clav auszusprechen. Nagg, Abkürzung des deutschen Nagel, Nell
> kommt von englisch nail, der Nagel. Also ein Spiel für einen Hammer und drei Nägel ?
> « Wenn Sie so wollen ! ».[214]

---

**210** Michael Haerdter : Szeniker Beckett. In : Hans Mayer/Uwe Johnson (éds.) : *Das Werk von Samuel Beckett, Berliner Colloquium*. Frankfurt am Main : Suhrkamp Verlag 1975, p. 217–225. (« Ein Mechaniker, der ein subtiles Spielwerk in Gang setzt, in dem nur er sich wirklich auskennt »).
**211** James Knowlson : *Damned to Fame*, p. 668. (« ‹Conducting› is a more appropriate word for what he was doing as a director »).
**212** Bien que les créations de Beckett dépassent les années 1960 et donc le cadre temporel de ce chapitre, elles sont examinées à la suite par souci de clarté.
**213** Georg Hensel : « Da es so gespielt wird ... spielen wir es eben so ». Samuel Beckett als Autor und Regisseur, p. 15 : « Restez simple, toujours simple ». « Si cela vous convient, nous ne parlerons pas de philosophie, mais de situations ».
**214** Ernst Schröder, cité in : Klaus Völker (éd.) : *Beckett in Berlin : Zum 80. Geburtstag*, p. 82. « Hamm est l'abréviation du mot allemand Hammer [marteau], Clov vient du français clou et ne doit donc pas être prononcé clav. Nagg, abréviation de l'allemand Nagel [clou], Nell vient de l'anglais nail [clou]. Donc un jeu pour un marteau et trois clous ? ‹Si vous voulez !› ».

Beckett mettait en évidence les péripéties et les rebondissements de l'action en faisant exécuter les faits et gestes des personnages avec une cadence scandée par une précision millimétrique. Selon Ernst Schröder, l'écrivain veillait à ce que « la peur et le clownesque, le sérieux et l'apparence, la prière et le sarcasme, les rituels forcés des ‹ jeux › et le malheur affiché se relaient avec une précision de l'ordre du centième de millimètre, et ce à une vitesse étonnante qui se jouait des nombreuses pauses indiquées par le manuscrit ».[215] L'un des articles les plus élogieux sur la création fut écrit par Joachim Kaiser dans la *Süddeutsche Zeitung*. Le critique déclarait que cette production « était encore bien meilleure que ce qu'on avait espéré », que « l'on saisissait pourquoi tant de choses n'avaient pas été comprises jusque là », et que la mise en scène de Beckett permettait donc enfin une lecture claire et intelligible de la pièce.[216] Aux yeux du critique, la création de Beckett était « une *commedia dell'arte* moderne », « une clownerie absurde au bord d'une immobilité mortelle ». Il soulignait enfin le talent de cet écrivain « dont le génie [s'accompagnait] visiblement d'un fabuleux sens théâtral ».[217] *A contrario*, l'article le plus virulent était signé Friedrich Luft. Dans *Die Welt*, il expliquait que la mise en scène de l'auteur n'aidait en rien à la compréhension de la pièce et résumait laconiquement : « quiconque avait voulu en savoir plus par la main du maître n'avait, une fois de plus, malheureusement pas été instruit par lui ».[218] Selon Luft, puisqu'il n'y avait rien à interpréter dans la pièce, les personnages ne tentaient pas non plus de comprendre ce qui leur arrivait et se faisaient conduire par Beckett « presque comme des marionnettes », à un rythme patient et sans rien décider. « [L]'essoufflement, le dernier calme plat, la décomposition parfaite » caractérisait, selon Luft, la pièce et sa mise en scène par l'auteur.[219] D'autres comptes rendus insistaient au contraire sur les apports de l'écrivain comme metteur en scène de son propre texte, à savoir que Beckett savait manier à merveille le

---

**215** Ibid. (« Beckett hatte dafür gesorgt, daß im *Endpsiel* Angst und Clownerie, Ernst und Schmiere, Gebet und Hohn, daß die aufgesetzten Riten der ‹ Spiele › und das unverhüllte Leid mit einer Hundertstel-Millimeter-Präzision wechselten, und dies mit einem überraschenden Tempo, das die oft geforderten Pausen des gedruckten Textes überrumpelte »).
**216** Joachim Kaiser : König Becketts Kraft. In : *Süddeutsche Zeitung* (28 septembre 1967). TWS Wahn. (« Es war noch viel, viel besser, als man gehofft hatte » ; « Man verstand, warum man bisher so vieles nicht kapiert hatte »).
**217** Ibid. (« Als moderne Commedia dell'Arte inszeniert, als absurde Clownerie am Rande tödlichen Stillstands » ; « Offenbar gehört zu seinem Genie auch ein phantastischer Theatersinn »).
**218** Friedrich Luft : Beckett contra Beckett. In : *Die Welt* (28 septembre 1967). TWS Wahn. (« Wer es von der Hand des Meisters genau wissen wollte, wurde wieder nicht von ihm belehrt »).
**219** Ibid. (« Beckett führt seine Schauspieler fast wie Marionetten » ; « Sein Stil, scheint es, soll der der Atemlosigkeit werden, der letzten Windstille, der perfekten Verwesung »).

texte allemand et en faisait ressortir une musicalité jamais entendue jusque-là. Walther Karsch estimait que « l'Irlandais s'[avérait être] un éminent connaisseur de la langue allemande » à tel point que l'on avait « l'impression d'entendre l'original ».[220] Johannes Jacobi qualifiait également « d'époustouflante » la musicalité du texte allemand.[221] Enfin, Heinz Ritter s'interrogeait dans le quotidien berlinois *Der Abend* sur le chemin que la pièce avait parcouru : Beckett avait créé « des situations modèles », il avait su établir des « codes secrets » qui avaient fait de lui « le classique de cette génération »,[222] un avis partagé par Walter Karsch[223] qui précisait également que la création avait été « fortement applaudie ».[224]

Deux années plus tard, la création de *La Dernière Bande* le 5 octobre 1969 fut considérée comme l'un des plus grands succès de Beckett en tant que metteur en scène. Pourtant, le travail avec le comédien Martin Held avait connu des débuts difficiles, comme l'avait noté ce dernier.[225] Après quelques jours, la communication s'était heureusement améliorée et la suite des répétitions s'était déroulée dans une très bonne entente. La création récolta une approbation unanime. Hellmuth Karasek la décrivait comme « la soirée théâtrale la plus courte et pourtant la plus importante de ces derniers temps »,[226] et Rolf Michaelis décrétait qu'elle « [n'allait] plus pouvoir être surpassée », qu'il s'agissait d'une « victoire pour Beckett », d'une « gloire pour Martin Held » et d'un « triomphe dans le deuil ».[227] Friedrich Luft émit également un avis très favo-

---

**220** Walther Karsch : Beckett inszeniert Beckett. In : *Tagesspiegel* (28 septembre 1967). TWS Wahn. (« Der Ire erweist sich als ein eminenter Kenner des Deutschen, [...] wir [vermeinen] das Original zu hören »).
**221** Johannes Jacobi : Beckett in Berlin. In : *Die Zeit* (6 octobre 1967). TWS Wahn. (« Die Musikalität von Becketts deutscher Sprachregie wirkt verblüffend »).
**222** Heinz Ritter : Keine Angst vor Beckett. In : *Der Abend* (27 septembre 1967). TWS Wahn. (« Beckett hat Modell-Situationen geschaffen. Er hat feste Chiffren aufgestellt. Er ist der Klassiker dieser Generation »).
**223** Walther Karsch : Beckett inszeniert Beckett. In : *Tagesspiegel* (28 septembre 1967). TWS Wahn : « Anders als vor zehn Jahren kristallisiert sich heraus, daß hier Klassisches entstanden ist ». « Quelque chose de classique fut crée ici, ce qui n'avait pas été visible il y a dix ans ».
**224** Ibid. (« Starker Schlußbeifall »).
**225** Martin Held : Notes manuscrites sur *La Dernière Bande*. Mise en scène Samuel Beckett (Berlin, 1969). ADK Berlin, Martin-Held-Archiv 749.
**226** Hellmuth Karasek : Beckett inszeniert Beckett. In : *Die Zeit*, sans indication de date de parution de l'article. ADK Berlin, Martin-Held-Archiv 71. (« Das war der kürzeste und doch wichtigste Theaterabend der letzten Zeit »).
**227** Rolf Michaelis : Triumph in Trauer. In : *Frankfurter Allgemeine Zeitung* (8 octobre 1968). ADK Berlin, Martin-Held-Archiv 71. (« Das wird nicht mehr zu übertreffen sein » ; « Sieg für Beckett. Ruhm für Martin Held. Ein Triumph in Trauer »).

rable et contrairement à ce qu'il avait écrit sur *Fin de partie*, il déclarait que *La Dernière Bande* avait gagné en clarté sous la direction de l'écrivain et il en attribuait les éloges au jeu de Martin Held : « La poésie affirmée de Beckett n'a jamais été entendue de façon aussi claire et émouvante qu'ici. Martin Held, magnifiquement dirigé, était magnifique ».[228]

La première de *Oh les beaux jours* eut lieu deux années plus tard, le 17 septembre 1971. L'écrivain avait tenu à monter cette pièce à Berlin car, comme il l'expliqua à Adam Tarn, « il s'agissait du seul moyen de monter une de [ses] pièces exactement tel [qu'il] le [voulait] ».[229] Son assistant à la mise en scène, Alfred Hübner, avait noté la précision avec laquelle l'auteur indiquait chaque geste et chaque intonation à la comédienne Eva-Katharina Schulz.[230] Beckett semblait laisser peu de marge de manœuvre à la comédienne, un fait relevé et désapprouvé dans plusieurs comptes rendus. Friedrich Luft affirmait dans *Die Welt* que « Eva Katharina Schultz [devait] rester totalement insignifiante », que Beckett avait réduit son jeu à l'extrême et qu'elle « n'[avait] jamais le droit de devenir intéressante ».[231] Les critiques semblaient en outre décontenancés face à la lecture minimaliste de la pièce. Rolf Michaelis essayait de comprendre le choix d'une telle « monotonie voulue » qui semblait nuire à la pièce et qui était difficile à expliquer.[232] Beckett semblait forcer le public à rester attentif aux nuances et aux plus légers changements qui troublent le quotidien du personnage Winnie et célébrer de ce fait « pendant deux heures, de façon poétique et mélancolique, le passage du temps ».[233] La monotonie de la mise en scène découlait donc de son rythme très lent. Selon Friedrich Luft, les attentes des spectateurs n'avaient pas été satisfaites et leur déception s'illustrait par un long silence après le tomber du rideau.[234]

---

**228** Friedrich Luft : Die Erde könnte unbewohnt sein. In : *Die Welt* (7 octobre 1969). ADK Berlin, Martin-Held-Archiv 71. (« Becketts sichere Poetik war kaum je so klar und herzbewegend zu hören wie hier. Martin Held, herrlich geführt, war herrlich »).
**229** Samuel Beckett, cité in : Deindre Bair : *Samuel Beckett : A Biography*. Jonathan Cape : London 1978, p. 617. (« It was the only way I could get a play of mine put on exactly how I wanted it »).
**230** Alfred Hübner : Probennotate zu *Glückliche Tage*. In : Klaus Völker (éd.) : *Beckett in Berlin : Zum 80. Geburtstag*, p. 109–110, p. 109.
**231** Friedrich Luft : Wollte Samuel Beckett das Theater widerlegen ? In : *Die Welt* (21 septembre 1971). TWS Wahn. (« Beckett läßt Eva Katharina Schultz ganz unwesentlich sein. Sie darf nie interessant werden »).
**232** Rolf Michaelis : Die Sanduhr schlägt zur letzten Stunde. In : *Frankfurter Allgemeine Zeitung* (21 septembre 1971). TWS Wahn. (« Gewollt[e] Monotonie »).
**233** Ibid. (« Zwei Stunden lang wird poetisch-melancholisch das Vergehen der Zeit zelebriert »).
**234** Friedrich Luft : Wollte Samuel Beckett das Theater widerlegen ? In : *Die Welt* (21 septembre 1971). TWS Wahn : « unerfüllte Erwartung » ; « unentschlossene oder enttäuschte Stille ».

Le 11 février 1975, Beckett écrivit à Alan Schneider, le metteur en scène des premières américaines de ses pièces : « J'en ai assez et je suis fatigué du théâtre et de *Godot* en particulier. Devoir écouter ces mots jour après jour est devenu une torture ».[235] Il était alors aux prises avec les répétitions d'*En attendant Godot* à Berlin, qui avaient débuté le 28 décembre 1974 et allaient durer jusqu'à la première programmée pour le 8 mars 1975. Malgré la fatigue de l'écrivain face à son propre texte, les participants du projet se réjouissaient d'une excellente entente au sein du groupe, comme le rapportait l'assistant à la mise en scène Walter D. Asmus.[236] Beckett écartait d'emblée tout parti pris naturaliste, et expliquait à la troupe :

> It is a game, everything is a game. When all four of them are lying on the ground, that cannot be handled naturalistically. That has got to be done artificially, balletically. Otherwise everything becomes an imitation, an imitation of reality ... It should become clear and transparent, not dry. It is a game in order to survive.[237]

Les images présentées sur scène étaient grandement influencées par la peinture. Les scènes de clairs de lune à la fin de chaque acte semblaient issues du tableau de Caspar David Friedrich « Deux hommes contemplant la lune » et au second acte, Pozzo aveugle attaché à son guide Lucky faisait songer à « La parabole des aveugles » de Bruegel l'Ancien, dont par ailleurs le tableau « Le pays de Cocagne » pouvait être associé aux personnages qui demeurent allongés sur le sol. Beckett avait fait placer sur scène un petit rocher qui devenait le pendant de l'arbre, normalement unique objet du décor. Il s'agissait là d'une « innovation révolutionnaire »[238] aux yeux de certains critiques, puisque Beckett n'avait jamais autorisé de changement majeur dans la distribution ou le décor. À travers cet ajout, l'auteur mettait en résonance le physique des personnages et les quelques éléments du décor, comme l'expliquait Georg Hensel :

---

[235] Samuel Beckett, cité in : James Knowlson : *Damned to Fame,* p. 607. (« I am sick and tired of theatre and of *Godot* in particular. To have to listen to these words day after day has become torture »).
[236] Walter D. Asmus : Aus dem Probentagebuch von Walter D. Asmus, p. 120.
[237] Ibid. : « C'est un jeu, tout n'est que jeu. Lorsque tous les quatre sont allongés sur le sol, les choses ne peuvent pas être traitées de façon naturaliste. Elles doivent être réalisées de façon artificielle, comme dans un ballet. Sinon tout devient une imitation, une imitation de la réalité ... Ça devrait devenir clair et transparent, et non sec. C'est un jeu afin de survivre ».
[238] Rolf Michaelis : Beckett revidiert Beckett. In : *Die Weltwoche* (12 mars 1975). TWS Wahn. (« Revolutionäre Neuerung »).

Stefan Wigger mit seinen hängenden Armen und gespreizten Fingern, eine spindeldürre Silhouette, war wie ein Bruder des armseligen Bühnenbäumchens. [...] Horst Bollmann saß auf einem Stein und konnte mit seiner gedrungenen Gestalt ein Teil des Steins sein.[239]

Dans son compte rendu pour la *Frankfurter Allgemeine Zeitung*, Hensel décrivait plus précisément les effets visuels conçus par Beckett.[240] Une importance primordiale était accordée à l'espace et à la géométrie, une dimension de la pièce ignorée jusque-là. Beckett avait également introduit des moments d'attente (« Wartestellen »), annotés dans le carnet de régie, qui contribuaient à créer une structure visuelle de la pièce.[241] En somme, les critiques estimaient que Beckett avait définitivement replacé la pièce dans le contexte théâtral, qu'il l'avait éloignée « de la clownerie grotesque, du music hall, du manège »[242] et qu'il lui avait assigné des allures d'« opéra de chambre, dans lequel la musique est jouée par la parole et les gestuelles rythmées, définies avec précision et répétées comme un leitmotiv ».[243] La production, partie en tournée au Royal Court Theatre, connut un véritable succès et deux ans plus tard elle avait été vue par plus de cent mille spectateurs. Dans un article véritablement élogieux, Friedrich Luft qualifia la soirée de « sensationnelle », d'« apogée de la saison théâtrale » et alla jusqu'à considérer Beckett comme l'un des plus grands metteurs en scène de son temps, le comparant à Hauptmann et Brecht.[244] Luft notait également que le public semblait beaucoup s'amuser et rire[245] et n'était plus à la recherche du sens de la pièce :

---

239 Georg Hensel : « Da es so gespielt wird ... spielen wir es eben so ». Samuel Beckett als Autor und Regisseur, p. 14. « Avec ses bras ballants et ses doigts écartés, Stefan Wigger [Vladimir], silhouette maigre comme un clou, était comme un frère de l'arbre maigrichon de la scène. [...] Horst Bollmann [Estragon] était assis sur une pierre et avec son corps trapu pouvait être une partie de cette pierre ».
240 Georg Hensel : Noch warten auf Godot ? In : *Frankfurter Allgemeine Zeitung* (10 mars 1975). TWS Wahn.
241 Pour une analyse de ces moments de pause (« Wartestellen ») on se reportera à l'article de Ciaran Ross : Beckett's Godot in Berlin : New Coordinates of the Void. In : Angela Moorjani/ Carola Veit (éds.) : *Samuel Beckett : Endlessness in the year 2000/Samuel Beckett : Fin sans fin en l'an 2000*. Amsterdam/New York : Rodopi 2001 (Samuel Beckett Today/Aujourd'hui, vol. 11), p. 64–73.
242 Georg Hensel : Noch warten auf Godot ? In : *Frankfurter Allgemeine Zeitung* (10 mars 1975). TWS Wahn. (« Weginszeniert von der Clownsgroteske, weg vom Musikhall, von Manege »).
243 Gerhard Aichinger : Keine Auskunft über Godot. In : *Rheinischer Merkur* (21 mars 1975). TWS Wahn. (« Eine Kammeroper, in der die Sprache und der leitmotivisch wiederholte und exakt festgehaltene Rhythmus der Bewegungen die Musik sind »).
244 Friedrich Luft : Enträtselter Beckett – rätselhaft. In : *Die Welt* (10 mars 1975). TWS Wahn. (« Wahrhaft sensationelle[r] Theaterabend » ; « Höhepunkt dieser Spielzeit »).
245 Ibid. : « Es gibt dauernd Spaßreaktionen im Publikum. Es darf gelacht werden ».

> Der Jubel war groß, dankbar und erlöst. Für die, die den Godot nicht immer nur grübelnd « verstehen » wollten, war Godot verständlich geworden ; oder sie waren doch vom Meister selber aus Zwang und Fluch entlassen, ständig eben eine « Erklärung » suchen zu müssen.[246]

Plus de vingt ans après sa création, la première pièce de Beckett avait donc atteint sa consécration grâce à son auteur, qui avait su rendre les éléments visuels de la transposition scénique aussi importants que les paroles du texte dont le sens, caché ou non, passait au second plan.

Le 1er octobre 1976, les productions de Beckett de *Cette fois* et de *Pas* furent représentées l'une à la suite de l'autre. Peter Löscher donna les mêmes pièces quatre jours plus tard, le 5 octobre, au Düsseldorfer Schauspielhaus. Dans son article « Beckett in Germany/Germany in Beckett », Jack Zipes estime qu'il est logique que ces deux créations diffèrent car d'une part « l'interprétation du metteur en scène allemand est liée aux circonstances sociales en Allemagne » et d'autre part celle de l'auteur ressemble à « une expérience dans un laboratoire d'artiste ».[247] La mise en scène que Beckett proposa de *Cette fois* durait vingt minutes, celle de *Pas* moins d'une demi-heure également. Friedrich Luft expliquait les timides applaudissements du soir de la première par le sentiment de respect que le public éprouvait envers l'auteur et par la tristesse que les créations de Beckett provoquaient auprès des spectateurs : « Le théâtre de Beckett, lorsqu'il le fait vivre lui-même, est d'une triste sainteté. Qui alors se donne le droit d'applaudir ? », se demandait Luft.[248] Selon son confrère Günther Grack cependant, les réactions très retenues des spectateurs, les « applaudissements hésitants, émis au compte-goutte », étaient imputables au minimalisme des mises en scène – cela avait déjà été le cas cinq ans plus tôt avec *Oh les beaux jours* – et le critique estimait que de nombreux admirateurs de Beckett ne parvenaient plus à le suivre.[249] Par ailleurs, les articles écrits à l'occasion des créations de l'écrivain prenaient un ton de plus en plus acerbe et

---

[246] Ibid. : « D'importantes ovations, de reconnaissance et de soulagement. Pour ceux qui ne voulaient pas seulement ‹comprendre› *Godot* en ruminant, *Godot* était devenu compréhensible ; ou bien ils avaient simplement été délivrés de la main même du maître, de la contrainte et la malédiction de toujours devoir chercher une ‹explication› ».
[247] Jack Zipes : Beckett in Germany/Germany in Beckett, p. 153. (« A German director's interpretation which may be more related to social conditions in Germany than Beckett's interpretation which may be more like an experiment in an artist's laboratory »).
[248] Friedrich Luft : Botschaften Becketts in Berlin. In : *Die Welt* (4 octobre 1976). TWS Wahn. (« Becketts Theater, richtet er es selber an, ist von trauriger Heiligkeit. Wer darf da klatschen ? »).
[249] Günther Grack : Auf dem Weg zur Endstation. In : *Der Tagesspiegel* (3 octobre 1976). TWS Wahn. (« Zögernder, tröpfelnder Beifall »).

moqueur, à l'instar du compte rendu de Hellmut Koschenreiter qui imaginait une nouvelle pièce, fortement satirique :

> Die radikale Kargheit der Inszenierung ist nicht ohne eine gewisse Faszination ; aber die Konsequenz, die Beckett nach diesen Stücken logischerweise zu ziehen hätte, wäre ein Stück namens « Beckett », darstellend die Hand Becketts, der unendlich langsam und unendlich leise die Schreibfeder ein für allemal entgleitet.[250]

Le critique semblait également faire référence à la courte pièce *Souffle* (1969), dans laquelle le minimalisme de Beckett atteignait son apogée, retraçant l'existence humaine à travers une inspiration, une expiration, et dans une durée de jeu de 24 secondes.

Enfin, le 6 octobre 1978, *Comédie* fut montée par Beckett le même soir que *Va et vient*, dont il avait confié la mise en scène à son assistant Walter D. Asmus. Alors que celui-ci répétait avec des accessoires qui ne figuraient pas dans le texte, par exemple des sacs en plastique, l'écrivain lui avait déclaré « Walter, je te fais confiance »,[251] et face aux explications de ce dernier – les comédiens avaient besoin d'objets concrets pour saisir le texte – Beckett rétorqua que son texte n'était que poésie.[252] L'écrivain se tournait effectivement de plus en plus vers un univers de simples mots et d'images, très éloigné d'une représentation réaliste du monde, et qu'il développait alors déjà dans ses pièces télévisuelles au Süddeutscher Rundfunk à Stuttgart. Les productions des courtes pièces ne récoltèrent pas le succès escompté. Rolf Michaelis louait toutefois la « légèreté gonflée jusqu'au comique » de la création,[253] Friedrich Luft relevait lui aussi l'humour sur scène et que « Beckett faisait [de la pièce] quelque chose de plus drôle qu'avant ».[254] Enfin, Peter Iden était d'avis que « tout cela, rejoué d'une façon si fidèle, [reflétait] pourtant le passé », il s'agis-

---

[250] Hellmut Koschenreiter : Tritte von damals. Berlin : Beckett inszenierte Beckett. In : *Abendpost-Nachtausgabe* (5 octobre 1976). TWS Wahn. « L'ascétisme radical de la mise en scène n'est pas sans exercer une certaine fascination ; mais la conséquence que Beckett devrait logiquement tirer de ces pièces serait une pièce nommée ‹ Beckett ›, représentant la main de Beckett qui, avec une lenteur et un silence infinis, laisserait échapper la plume une fois pour toutes ».
[251] Walter D. Asmus : Discussion autour de la projection de sa nouvelle version de la pièce télévisuelle de Beckett *Quoi où*. Haus der Berliner Festspiele, 14 septembre 2014. (« Walter, I trust you »).
[252] Ibid. : « Walter, it's all poetic ». « Walter, tout cela est poésie ».
[253] Rolf Michaelis : Rundes Dreieck. In : *Die Zeit* (13 octobre 1978). TWS Wahn. (« Bis in die Komik getrieben[e] Leichtigkeit »).
[254] Friedrich Luft : Tragische Arabesken überlassen ihre Deutung dem Zuschauer. In : *Berliner Morgenpost* (8 octobre 1978). TWS Wahn. (« Er läßt es komischer werden, als es früher gespielt [wurde] »).

sait de « gestes avant-gardistes des années 1960, [d']une musique d'antan ».[255] De tels propos semblaient sonner le glas des travaux de mise en scène de Beckett au Schiller-Theater, où il ne retourna d'ailleurs plus. En juillet 1985, il fit parvenir une lettre à ce théâtre qui lui avait permis d'exploiter les possibilités de la scène en toute liberté :

> I welcome this opportunity to express my gratitude to the Schiller-Theater, its direction and staff, for their unstinting (großzügige) help and support over the years, to my assistent directors and above all to the players with whom it was my good fortune to work. I recall with nostalgia those happy and exciting days when I met with such friendship and indulgence and learnt so much about theatre in general and about my own plays.[256]

Ainsi, si Berlin-Ouest devint un lieu de représentation majeur des pièces de Beckett, cela est indéniablement imputable au caractère brillant des mises en scène de l'auteur d'une part, mais également à l'hospitalité et l'ouverture d'esprit de la troupe artistique et technique du Schiller-Theater d'autre part. Il en fallait peu pour que de culture d'accueil, la RFA ne devienne la culture d'origine de ces œuvres, un pas somme toute franchi, par Beckett mais également Adamov, dans les studios de la Süddeutscher Rundfunk à Stuttgart.

## 3.3 Vers d'autres médias : la chaîne SDR à Stuttgart

L'importation des auteurs français en République Fédérale n'était pas limitée aux scènes théâtrales mais fut élargie à d'autres médias pour finalement atteindre un public sous-estimé jusque-là, les téléspectateurs et auditeurs de radio. Adamov et Beckett travaillèrent durant plusieurs années en collaboration avec la SDR : Adamov écrivit des pièces radiophoniques spécialement pour cette chaîne, tandis que Beckett y réalisa ses pièces télévisuelles. Les points suivants retracent la prise de contact et le déroulement de cette collaboration

---

[255] Peter Iden : Träumend … von Liebe. In : *Frankfurter Rundschau* (10 octobre 1978). TWS Wahn. (« Und doch ist das alles, so getreulich nachgespielt, auch sehr vergangen, Avantgarde-Gebärde der frühen Sechziger, Musik von damals »).
[256] Klaus Völker (éd.) : *Beckett in Berlin : Zum 80. Geburtstag*, verso de la page de couverture. « Je salue l'occasion qui m'est donnée d'exprimer ma gratitude envers le Schiller-Theater, sa direction et son personnel, pour leur aide et leur soutien indéfectible pendant toutes ces années, à mes assistants à la mise en scène et avant tout aux acteurs avec qui j'ai eu la grande chance de travailler. Je me souviens avec nostalgie de ces jours heureux et passionnants pendant lesquels j'ai trouvé une telle amitié, une telle indulgence, et pendant lesquels j'ai tant appris sur le théâtre en général et sur mes propres pièces ».

pour chacun des écrivains. Deux études de cas placées dans la cinquième partie de l'ouvrage proposent en outre une analyse exemplaire de leurs travaux.[257]

### 3.3.1 L'émission culturelle « Radio-Essay »

La radio fut un important vecteur culturel de la société allemande à partir de la République de Weimar.[258] Pendant l'immédiat après-guerre, les zones d'occupation américaine, britannique et française comptaient six chaînes radiophoniques, dont l'autonomie ne fut accordée aux Allemands qu'après plusieurs années de contrôle et de censure par les Alliés.[259] La « Radio Stuttgart », diffusée dans la partie nord du Bade-Wurtemberg, acquit son indépendance le 22 juillet 1949, suite à la loi du 6 avril 1949 qui établissait la souveraineté de la République Fédérale. Elle fut alors rebaptisée « chaîne radiophonique du Sud de l'Allemagne » (« Süddeutscher Rundfunk », SDR). Le 1$^{er}$ septembre de la même année, Fritz Eberhard, un ancien émigré, conseiller à la programmation du gouvernement militaire américain à Stuttgart de juillet 1945 à juin 1946 et membre de la chambre parlementaire de Bonn, devint le nouveau directeur de la chaîne radiophonique pour une durée de neuf ans.

La Süddeutscher Rundfunk fut dès le début des années 1950 un lieu majeur de diffusion et de découverte d'auteurs de l'avant-garde française. Parmi les émissions ayant fait date figurent celles diffusées tard le soir ou durant la nuit, nommées « studio du soir » (« Abendstudio ») ou « programme nocturne » (« Nachtprogramm »). Ces émissions étaient consacrées à des thématiques littéraires et artistiques. Dans son article sur l'émission « Radio-Essay », Edgar Lersch allait jusqu'à qualifier ces émissions des années 1950 de « mythes de l'histoire culturelle de l'après-guerre »[260] et soulignait que « les intellectuels, les écrivains, les poètes n'eurent visiblement plus jamais par la suite une in-

---

[257] Cf. troisième (étude de cas consacrée à Adamov) et quatrième chapitres (étude de cas consacrée à Beckett) de la cinquième partie.
[258] On se reportera à Hans Jürgen Koch/Hermann Glaser : *Ganz Ohr : Eine Kulturgeschichte des Radios in Deutschland*. Köln : Böhlau Verlag 2005.
[259] On se reportera à Hans Ulrich Wagner : *« Der gute Wille, etwas Neues zu schaffen ». Das Hörspielprogramm in Deutschland von 1945 bis 1949*. Potsdam : Verlag für Berlin-Brandenburg 1997.
[260] Edgar Lersch : Die Redaktion « Radio-Essay » beim Süddeutschen Rundfunk 1955–1981 im rundfunkgeschichtlichen Kontext. In : Brigitte Grimm/Jörg Hucklenbroich (éds.) : *Radio-Essay 1955–1981. Verzeichnis der Manuskripte und Tondokumente*. Stuttgart : Süddeutscher Rundfunk 1996 (Dokumentation und Archive, Historisches Archiv und Wortdokumentation, Band 5), p. 7–13, p. 7. (« Mythen der Kulturgeschichte der Nachkriegszeit »).

fluence aussi notable à la radio que dans ces années-là ».[261] La radio était devenue un média de masse et les émissions diffusées durant la journée s'adressaient à de larges tranches de la population. Les programmes qui commençaient à partir de 22 heures ciblaient en revanche une élite intellectuelle et étaient par exemple spécialisés dans la diffusion de pièces radiophoniques (« Hörspiele »), un genre littéraire redécouvert en Allemagne à la fin de la guerre.[262] Deux pièces de l'après-guerre connurent un succès hors norme dans leur version radiophonique : *Dehors devant la porte* (*Draußen vor der Tür*, 1947) de Wolfgang Borchert et *Rêves* (*Träume*, 1950) de Günter Eich, toutes deux diffusées par la radio de Hambourg.[263]

L'écrivain Alfred Andersch fut le créateur et rédacteur en chef d'une des principales émissions de pièces radiophoniques, le « Radio-Essay ». Andersch avait eu l'idée de diffuser des textes littéraires à la radio durant l'été 1948, lorsqu'il travaillait encore pour la chaîne « Hessischer Rundfunk » à Francfort-sur-le-Main. Andersch était en outre membre de l'important et influent cercle d'écrivains « Groupe 47 » (« Gruppe 47 ») et avait été le rédacteur en chef du journal *L'appel* (*Der Ruf*), finalement interdit dans la zone d'occupation américaine. Grâce à ces deux activités, Andersch avait établi de nombreux contacts dans les milieux littéraires allemands, et fréquentait de jeunes écrivains ou critiques dont il souhaitait diffuser les textes auprès d'un plus large public. En mars 1955, Fritz Eberhard proposa à Andersch de prendre en charge la direction du « Radio-Essay », une fonction que l'écrivain exerça jusqu'en 1959. Comme l'explique Mathias Liebe dans ses travaux sur Andersch, ce dernier se chargeait personnellement du contact avec les auteurs.[264] Durant les quatre années où

---

261 Ibid. (« Intellektuelle, Schriftsteller, Dichter hatten scheinbar niemals mehr einen so großen Einfluß im Rundfunk wie in diesen Jahren »).
262 Hans Jürgen Koch/Hermann Glaser : *Ganz Ohr*, p. 170 : « Hörspiele brachte man am Sonntagabend – begonnen am 17. November 1945 mit *Das Märchen* von Curt Goetz ; es folgten weitere Komödien (von Goetz, Georg Kaiser, Johann Nepomuk Nestroy, Ludwig Thoma). Die Funkinszenierungen von Dramen lehnten sich, wie schon in den Anfangsjahren des Rundfunks 1923/24, zumeist an Theateraufführungen an ». « Les pièces radiophoniques étaient diffusées le dimanche soir – cela débuta le 17 novembre 1945 avec *Le Conte* de Curt Goetz ; suivirent d'autres comédies (de Goetz, Georg Kaiser, Johann Nepomuk Nestroy, Ludwig Thoma). Les mises en scène radiophoniques de pièces s'inspiraient la plupart du temps de représentations théâtrales, comme cela avait déjà été le cas à l'apparition de la radio en 1923–1924 ».
263 On se reportera au chapitre « Geschichtliches » dans Friedrich Knilli : *Das Hörspiel : Mittel und Möglichkeiten eines totalen Schallspiels*. Stuttgart : W. Kohlhammer 1961.
264 Matthias Liebe : Alfred Andersch als Gründer und Leiter des « Radio-Essays ». In : Irene Heidelberger-Leonard/Volker Wehdeking (éds.) : *Alfred Andersch : Perspektiven zu Leben und Werk*. Opladen : Westdeutscher Verlag 1994, p. 171–178, p. 172 : « [Andersch] führte einen um-

il dirigea l'émission, Andersch fut secondé d'octobre 1955 à mars 1957 par l'écrivain Hans Magnus Enzensberger, alors encore un parfait inconnu,[265] remplacé en avril 1957 par Helmut Heißenbüttel. Au départ de Andersch, Heißenbüttel prit la direction entière de l'émission pendant plus de vingt ans, du 1er janvier 1959 jusqu'à fin juin 1981. Dans un entretien accordé à Lersch le 28 juillet 1981, Heißenbüttel nommait comme autres personnalités célèbres avec lesquelles il avait travaillé les écrivains Günter Grass et Heinrich Böll, le compositeur Karlheinz Stockhausen, le critique dramatique Albert Schulze Vellinghausen, de même que les auteurs Michel Butor et Jean Améry. Heißenbüttel expliquait que le « Radio-Essay » avait été un « bonus du programme pour intellectuels » et avait permis l'exploitation d'une « forme littéraire exclusive et d'une certaine manière extrême : une voix, un monologue ».[266]

Il existait au sein du « Radio-Essay » une rubrique nommée « pièces radiophoniques en studio » (« Studio-Hörspiel ») et dont la création avait été la *conditio sine qua non* pour que Andersch accepte la direction de l'émission en 1955. Comme l'explique Mathias Liebe dans ses travaux, le « Studio-Hörspiel » permit la diffusion d'auteurs français dont Adamov, Audiberti, Beckett, Genet et Ionesco.[267] Si Andersch établit en effet très tôt un contact avec Adamov, il convient toutefois de nuancer les propos de Liebe selon lesquels les autres auteurs « [étaient] avant tout redevables à Andersch de leur célébrité dans le monde germanophone ».[268] Selon les analyses exposées dans la première partie de ce travail, les petits théâtres expérimentaux, et non la radio, permirent la diffusion des premières œuvres de ces écrivains. Dans son ouvrage, Liebe va plus loin encore en affirmant que Andersch découvrit ces auteurs avant même que les théâtres ouest-allemands ne jouent leurs pièces.[269] Or, d'après

---

fangreichen Briefwechsel und persönliche Gespräche mit Autoren, die er für neue Funk-Manuskripte zu gewinnen suchte ». « Andersch entretenait une importante correspondance et des dialogues personnels avec des auteurs qu'il essayait de gagner à sa cause radiophonique ».
265 Helmut Heißenbüttel, cité in : Edgar Lersch : Edgar Lersch im Gespräch mit Helmut Heißenbüttel (28. 8. 1981). In : Brigitte Grimm/Jörg Hucklenbroich (éds.) : *Radio-Essay 1955–1981. Verzeichnis der Manuskripte und Tondokumente*. Stuttgart : Süddeutscher Rundfunk 1996 (Dokumentation und Archive, Historisches Archiv und Wortdokumentation, Band 5), p. 15–27, p. 16 : « Andersch hat einen Unbekannten geholt mit Enzensberger ». « Avec Enzensberger, Andersch a fait appel à un inconnu ».
266 Ibid., p. 20. (« Das Radio-Essay als ein Extrabrocken für Intellektuelle im Programm [...] und daneben ein literarisches Feature [...], das in gewisser Weise formal extrem war : Eine Stimme, ein Molonog »).
267 Matthias Liebe : Alfred Andersch als Gründer und Leiter des « Radio-Essays », p. 173–174.
268 Ibid. (« Sie verdanken vor allem Andersch ihr Bekanntwerden im deutschen Sprachraum »).
269 Matthias Liebe : *Alfred Andersch und sein « Radio-Essay »*. München : Europäische Hochschulschriften 1989, p. 58 : « Bevor sich die deutschen Avantgarde-Theater für Arthur Adamov,

les données dont nous disposons, les pièces de ces écrivains – à l'exception d'Adamov – furent jouées sur scène avant de connaître des diffusions radiophoniques. Il ne fait pas de doute que la diffusion d'adaptations de romans, de pièces écrites pour la radio ou bien de discussions autour de ces auteurs[270] a contribué à asseoir leur célébrité en Allemagne de l'Ouest. Ces diffusions sont pourtant plus tardives que les créations de pièces sur les scènes ouest-allemandes : par exemple, *Tous ceux qui tombent* de Beckett fut diffusée à la SDR le 3 mai 1957, *Les Bonnes* de Genet le 5 juin 1959, une adaptation d'*Ubu Roi* de Jarry le 4 novembre 1960, soit toutes après leur transposition sur des scènes ouest-allemandes.

---

Jacques Audiberti, Samuel Beckett, Jean Genet und Eugène Ionesco zu interessieren begannen, hatte sie Andersch entdeckt, mit ihnen Kontakt aufgenommen und ihre Werke in Funkbearbeitungen oder in der ursprünglichen Fassung in seinem ‹Studio-Hörspiel› in deutscher Übersetzung uraufgeführt». « Avant que les théâtres allemands d'avant-garde ne commencent à s'intéresser à Arthur Adamov, Jacques Audiberti, Samuel Beckett, Jean Genet et Eugène Ionesco, Andersch les avait découverts, était entré en contact avec eux et avait assuré au ‹Studio-Hörspiel› la création en traduction allemande de leurs œuvres, retravaillées pour la radio ou dans leur version originale ».

**270** On peut citer le texte de Hans Magnus Enzensberger : Script de son texte *La Cantatrice chauve. Une introduction à la nouvelle dramaturgie française* (*Die kahle Sängerin. Ein Hinweis auf die jüngste französische Dramaturgie*). Radio-Essay Spätprogramm 1. Februar 1957–30. April 1957. Manuskripte, Sendung 8. April 1957, 19/12515. SWR.

**Tab. 2.1:** Émissions du « Radio-Essay » consacrées aux auteurs de l'avant-garde française.[271]

| Auteur(s) | Titre | Genre | Première-diffusion | Durée | Numéro-manuscrit | Numéro-bande |
|---|---|---|---|---|---|---|
| Ulrich Seelmann Eggebert | *Arthur Adamov* | Von Dichtern und Dichtung | 16/1/1952 | 15'00" | 19/1827 | |
| Arthur Adamov | *Das Fest der Unabhängigkeit* | Hörspiel | 6/9/1952 | 42'15" | H0000178 (STG) | |
| Andrea Köhler | *Uraufführung Paris : « Alle gegen alle » von Arthur Adamov* | Uraufführungs-besprechung | 14/4/1953 | 5'05" | W0442909 (AMS) | |
| Arthur Adamov | *Die Universalagentur* | Hörspiel | 17/5/1954 | 44'35" | | W0029590 |
| Arthur Adamov | *Professor Taranne* | Hörspiel | 8/6/1956 | 35'45" | 19/12513 | 6003068 |
| Hans Magnus Enzensberger | *Die kahle Sängerin* | Essay | 8/4/1957 | 70'50" | 19/12515 | 6006339 |
| Samuel Beckett | *Alle, die da fallen* | Hörspiel | 15/4/1957 | 78'05" | 19/12515 | 6006341 |
| Samuel Beckett | *Endspiel* | Hörspiel | 31/10/1958 | 64'27" | 19/12521 | 6006344 |
| Kurt Leonhard | *Kurt Leonhard spricht über das Buch « Malone stirbt » von S. Beckett* | Buch-besprechung | 12/3/1959 | 14'00" | | |
| Arthur Adamov, Marthe Robert | *Der Held und die Hexe* | Essay | 13/3/1959 | 87'10" | 19/12522 | |

---

[271] Les informations proviennent de deux sources : d'une part de l'ouvrage : Brigitte Grimm/Jörg Hucklenbroich (éds.) : *Radio-Essay 1955–1981. Verzeichnis der Manuskripte und Tondokumente* ; d'autre part de recherches effectuées par les archivistes de la Südwestrundfunk.

Tab. 2.1

| Auteur(s) | Titre | Genre | Première-diffusion | Durée | Numéro-manuscrit | Numéro-bande |
|---|---|---|---|---|---|---|
| Jean Genet | Die Zofen | Hörspiel | 5/6/1959 | 51'00" | 19/12523 | 6003989 |
| Gerhard F. Hering | Gerhard F. Hering spricht über Theaterstücke von Jean Cocteau und Eugène Ionesco | Buch-besprechung | 30/9/1959 | 13'40" | 19/12570 | |
| Reinhard Baumgart | Reinhard Baumgart spricht über das Drama « Der Balkon » von Jean Genet | Buch-besprechung | 15/10/1959 | 14'00" | 19/12569 | |
| Arthur Adamov | Paolo Paoli | Funk-bearbeitung | 16/10/1959 | 82'15" | 19/12524 | |
| Franz Kafka, Samuel Beckett, Andreas Gryphius | Der Einakter « Gruftwächter » von F. Kafka und der Einakter « Das letzte Band » von S. Beckett werden mit drei Gedichten von A. Gryphius konfrontiert | Hörspiel | 12/2/1960 | 71'00" | 19/12525 | 6005308 |
| Alfred Jarry | Ubu oder Des schlimmen Endes langer Schwanz | Hörspiel | 4/11/1960 | 78'25" | | |
| Arthur Adamov | Die Biber | Hörspiel | 25/4/1961 | 45'50" | W0134086 (AMS) | |
| Paul Pörtner | Ein Wort für das andere. Zur Poesie und Rundfunktätigkeit von Jean Tardieu | Essay | 26/5/1961 | 55'20" | 19/12530 | |

3.3 Vers d'autres médias : la chaîne SDR à Stuttgart — 187

Tab. 2.1

| Auteur(s) | Titre | Genre | Première-diffusion | Durée | Numéro-manuscrit | Numéro-bande |
|---|---|---|---|---|---|---|
| Arthur Adamov | *Die Brüder* | Hörspiel | 1/6/1961 | 58'49" | W0134091 (AMS) | |
| Arthur Adamov | *Jacob der Erste, Kaiser der Sahara* | Hörspiel | 14/7/1961 | 58'45" | 19/12531 | |
| Arthur Adamov | *Die Universalagentur (zweite Version)* | Hörspiel | 15/11/1961 | 41'39" | | W0030350 (AMS) |
| Arthur Adamov | *Erlebte Zeit. Zwei Fälle* | Hörspiel | 23/2/1962 | 53'20" | | |
| Marianne Kesting | *Marianne Kesting spricht über den Roman « Wie es ist » von Samuel Beckett* | Buch-besprechung | 28/6/1962 | 13'55" | 19/12571 | |
| Walter Helmut Fritz | *Walter Helmut Fritz spricht über « Erzählungen und Texte um nichts » von Samuel Beckett* | Buch-besprechung | 2/1/1963 | 13'50" | 19/12572 | |
| Arthur Adamov | *Die drei Gesichter Evas* | Hörspiel | 26/1/1963 | 63'31" | W0134326 (AMS) | |
| Arthur Adamov | *Die toten Seelen* | Hörspiel | 23/6/1963 | 62'54" | W0030488 (AMS) | |
| Jean Tardieu | *Sammlung Jean Tardieu. Texte einer imaginären Ausstellung* | Essay | 9/11/1964 | 58'15" | 19/12542 | |
| Kuno Raeber | *Kuno Raeber spricht über den Roman « Pompes funèbres » von Jean Genet* | Buch-besprechung | 21/5/1967 | 13'50" | 19/12575 | |

Tab. 2.1

| Auteur(s) | Titre | Genre | Première-diffusion | Durée | Numéro-manuscrit | Numéro-bande |
|---|---|---|---|---|---|---|
| Ludwig Harig | Ludwig Harig spricht über das Buch « Professor Froeppel » von Jean Tardieu | Essay | 9/7/1967 | 13'10" | 19/12575 | |
| Robert Pinget | Vermischte Nachrichten. Ein Monolog | Lesung | 19/11/1967 | 58'40" | 19/12566 | |
| Brigitte Oustry | Uraufführung « M. le Modéré » von Arthur Adamov | Uraufführungs-besprechung | 1/10/1968 | 4'05" | 5778743 (BAD) | |
| Brigitte Oustry | Paris : Uraufführung Arthur Adamov « Off Limits » | Uraufführungs-besprechung | 21/1/1969 | 2'48" | 5778869 (BAD) | |
| Walter Hilsbecher | Walter Hilsbecher spricht über das « Tagebuch » von Eugène Ionesco | Buch-besprechung | 11/4/1969 | 13'25" | | |
| Samuel Beckett | Das letzte Band | Funkfassung | 24/10/1969 | 40'40" | 19/12597 | 6008936 |
| Elmar Tophoven | Watt. Vorstellung eines Romans von Samuel Beckett | Vortrag | 22/5/1970 | 44'05" | 19/12598 | 6009239 |
| Wolfgang Werth | Wolfgang Werth über « Watt » von S. Beckett | Buch-besprechung | 16/7/1971 | 12'15" | 19/12579 | |

## 3.3.2 Adamov écrivain pour le média radiophonique

Bien que d'autres auteurs de l'avant-garde théâtrale française aient rédigé des pièces pour la radio, Adamov est l'un des pionniers du genre. Son enthousiasme et son engagement régulier auprès d'une radio allemande n'étaient nullement imputables à ce que l'on pourrait qualifier de phénomène de mode, mais relevait bel et bien de son affinité pour le genre radiophonique. Cinq ans avant la création du « Radio-Essay » de Andersch, Adamov travaillait déjà régulièrement pour la SDR. Dans *L'Homme et l'enfant* figure parmi ses notes de l'année 1951 la remarque suivante : « Second séjour en Allemagne. Je travaille maintenant à la radio de Stuttgart. Presque riche ! »[272] La collaboration avec la SDR dura près de quinze ans et lui permit de constituer un important répertoire. Il s'agissait soit de créations inédites pour la SDR, soit d'adaptations de ses pièces ou d'œuvres d'autres auteurs.[273] Malgré ses capacités de traducteur vers l'allemand, il écrivait ses pièces en français et la radio de Stuttgart se chargeait de la traduction.

De 1951 à 1964, la SDR diffusa onze pièces d'Adamov. Celles-ci peuvent être regroupées en trois catégories. Six pièces sont des créations inédites pour la SDR : *La Fête de l'indépendance* (*Das Fest der Unabhängigkeit*), première diffusion le 6 novembre 1952 ; *Le Héros et la sorcière* (*Der Held und die Hexe*), première diffusion le 13 mars 1959 ; *Les Castors* (*Die Biber*), première diffusion le 25 avril 1961 ; *Jacques premier, Empereur du Sahara* (*Jacob der Erste, Kaiser der Sahara*), première diffusion le 14 juillet 1961 ; *Le Temps vivant* (*Erlebte Zeit. Zwei Fälle*), première diffusion le 23 février 1962 ; *Les Trois visages d'Ève* (*Die drei Gesichter Evas*), première diffusion le 26 janvier 1963. Trois œuvres avaient déjà été diffusées par la radio française : *L'Agence universelle* (*Die Universalagentur*), création française diffusée le 15 mars 1953 sur RTF, première version de la SDR diffusée le 17 mai 1954, seconde version de la SDR diffusée le 15 novembre 1961 ; *Les Âmes mortes* (*Die toten Seelen*), création française diffusée le 6 avril 1955 sur RTF, première diffusion à la SDR le 23 juin 1963 ; *Pierre et Jean*, création française diffusée le 13 février 1960 sur RTF, première diffusion à la SDR le 1er juin 1961 sous le titre *Les Frères* (*Die Brüder*). Enfin, deux autres œuvres sont des adaptations de pièces théâtrales (« Funkbearbeitung ») : *Le Professeur Taranne* (*Professor Taranne*), première diffusion le 8 juin 1956 ainsi que *Paolo Paoli* (*Paolo Paoli*), première diffusion le 16 octobre 1959.

---

[272] Arthur Adamov : *L'Homme et l'enfant*, p. 103.
[273] On se reportera à Ernstpeter Ruhe : Cet art bizarre. Adamovs Adaptationen für Theater, Rundfunk und Fernsehen. À la page 86 figure une liste exhaustive des adaptations d'Adamov pour le théâtre, la radio et la télévision.

Adamov fut en relation avec trois groupes d'interlocuteurs différents à la SDR. Entre 1951 et 1956, l'écrivain fut en contact avec Artur Müller, Hans Gottschalk et Martin Walser. De 1956 à 1961 il participa au « Radio-Essay » de Andersch, Enzensberger et Heißenbüttel. Enfin, de 1962 à 1964, Adamov eut affaire à Hans-Jochen Schale, responsable du nouveau département des pièces radiophoniques (« Hörspielabteilung ») de la SDR.

Adamov et Artur Müller, écrivain lui aussi, se connaissaient par le biais de la maison d'édition Kurt Desch où Müller avait été lecteur de 1949 à 1953 avant d'être remplacé par Herbert Greuèl.[274] Les premières lettres échangées entre Müller et Adamov concernaient des représentations théâtrales de pièces de ce dernier, notamment celles à Pforzheim.[275] Le 16 janvier 1952, deux semaines avant la création d'*Invasion* à Pforzheim, la SDR diffusa un texte intitulé *Adamov*, rédigé par le critique dramatique Seelmann-Eggebert.[276] Il s'agissait de la toute première présentation de l'œuvre de l'écrivain en RFA et grâce à sa diffusion par la radio elle put atteindre plusieurs milliers d'auditeurs.[277] Adamov envoya un premier texte à Müller au mois de mai 1952, *La Fête de l'indépendance*, qui fut diffusé le 6 novembre 1952, suivie par *L'Agence universelle* le 17 mai 1954.

L'interlocuteur suivant d'Adamov fut Andersch. Dans une lettre datée du 4 janvier 1956, Andersch s'excusait de ne pas avoir eu plus de temps pour leur rencontre à Paris et proposait à l'auteur d'écrire une nouvelle pièce pour la SDR, une demande à laquelle Adamov donna volontiers son accord : l'écrivain connaissait déjà les lieux et l'équipe technique de la SDR et était toujours à la recherche de nouveaux projets.[278] La question des droits d'auteur mise à part,[279] les pièces d'Adamov s'inséraient idéalement au sein du « Radio-Essay »

---

[274] Arthur Adamov : Lettre à Artur Müller (30 décembre 1951). SWR, Nachlass Artur Müller – Korrespondenz – 02/1. « J'ai écrit à M. Greuèl au sujet des traductions, et cela me fait une étrange impression de ne plus m'adresser à vous ».

[275] Arthur Adamov : Lettres à Artur Müller (30 décembre 1951, 10 février 1952, 17 mai 1952). SWR, Nachlass Artur Müller – Korrespondenz – 02/1.

[276] SDR Sendereihe « Von Dichtern und Dichtung ». 19/1827. SWR.

[277] C'est donc à Müller que revient le mérite d'avoir promu l'œuvre d'Adamov en RFA, un constat qui permet une fois de plus de relativiser les propos de Mathias Liebe selon lesquels Andersch entra en premier en contact avec l'écrivain.

[278] Alfred Andersch : Lettre à Arthur Adamov (4 janvier 1956). SWR, Korrespondenz Heißenbüttel 1956–58 A–E, 10/12458 : « Ich freue mich sehr, Sie in Paris kennengelernt zu haben. Leider war ich dort ein wenig gehetzt – ein unmöglicher Geisteszustand für Paris ». « Je suis très heureux d'avoir fait votre connaissance à Paris. Malheureusement j'étais un peu pressé – un état d'esprit inadapté pour Paris ».

[279] Hans Magnus Enzensberger : Lettre à Arthur Adamov (23 mars 1956). SWR, Korrespondenz Heißenbüttel 1956–58 A–E, 10/12458.

puisqu'elles étaient diffusées dans le cadre d'une émission spécialement conçue pour ce genre. À partir de 1959, sous la nouvelle direction de Heißenbüttel, Adamov dut corriger et reprendre ses manuscrits plus méticuleusement qu'avec Andersch. La longue correspondance entre les deux hommes illustre aussi le fait que l'écrivain avait trouvé en Heißenbüttel un interlocuteur avec lequel il pouvait partager ses pensées sur des mises en scène théâtrales.[280] L'entente avec ce dernier semble s'être fortement dégradée lorsque Adamov entama une collaboration avec Hans-Jochen Schale du « Südwestfunk » de Baden-Baden, la seconde chaîne radiophonique du Bade-Wurtemberg et donc la concurrente de la SDR. Y furent par exemple produites les pièces *Les Frères* (*Die Brüder*) d'après Maupassant, diffusée le 13 juin 1961, ou encore *Le Manteau* (*Der Mantel*) d'après Gogol.[281] Les pièces d'Adamov y étaient diffusées avec un grand succès : « Monsieur Schale vous passe le bonjour et vous fait savoir que tous les trois mois au moins on diffuse un Adamov »,[282] écrivit, non sans amertume, Heißenbüttel à Adamov, l'auteur s'empressant alors de l'assurer de sa loyauté.[283] La collaboration entre Adamov et le Radio-Essay prit fin lorsque Heißenbüttel déclara qu'il ne « [pouvait] plus diffuser de pièces radiophoniques ».[284]

Quelques mois plus tard, Adamov se tourna vers Schale, qui travaillait dorénavant à la SDR dans un département consacré uniquement aux pièces radiophoniques (« Hörspielabteilung »). Schale était ravi de l'initiative d'Adamov et soulignait dans une lettre la bonne entente entre l'écrivain et son équipe.[285]

---

[280] Lorsqu'il fut par exemple question de la version radiophonique de *Paolo Paoli*, Adamov exposa à Heißenbüttel son ressenti quant à la première allemande à Hanovre. Arthur Adamov : Lettre à Helmut Heißenbüttel (18 mai 1959). SWR, Radio-Essay Korrespondenz 1959 A–Z, 10/12463.

[281] Il n'a pas été possible de retrouver la date de diffusion du *Manteau* au Südwestfunk.

[282] Helmut Heißenbüttel : Lettre à Arthur Adamov (29 septembre 1961). SWR, Radio-Essay Korrespondenz 1960/61 A–G, 10/12464. (« Herr Schale hat mir Grüße bestellt und gesagt, daß nun mindestens alle Vierteljahr ein Adamov gesendet wird »).

[283] Arthur Adamov : Lettre à Helmut Heißenbüttel (3 octobre 1961). SWR, Radio-Essay Korrespondenz 1960/61 A–G, 10/12464 : « Et en tous les cas, je tiens à vous dire que cela ne doit nullement empêcher, si vous le voulez bien, ma collaboration avec Radio Essays [sic]. J'espère, d'ici un ou deux mois, avoir une idée de ce que je vous communiquerai aussitôt, et si, comme je l'espère, elle vous plaît … »

[284] Helmut Heißenbüttel : Lettre à Arthur Adamov (6 décembre 1962). SWR, Radio-Essay Korrespondenz 1962 A–Z, 10/12467. (« Leider kann ich gar keine Hörspiele mehr machen »).

[285] Hans-Jochen Schale : Lettre à Arthur Adamov (20 septembre 1961). SWR, Hörspieldramaturgie Korrespondenz mit Autoren A–G Januar 1961–Dezember 1961, 19/2259 : « Ich brauche Ihnen nicht eigens zu sagen, wie sehr ich mich darüber freue, daß sich in so kurzer Zeit ein enger und – wie ich glaube – freundschaftlicher Kontakt zwischen Ihnen und der Stuttgarter Hörspielabteilung entwickelt hat ». « Inutile de vous dire combien je suis content qu'un contact

*L'Agence universelle* connut une nouvelle version en 1961 et l'adaptation radiophonique des *Âmes mortes* put aboutir, malgré de nombreux problèmes de droits d'auteur avec Kurt Desch. Toutefois, d'autres manuscrits d'Adamov ne furent pas acceptés, comme *L'Homme des foules*, *Le Téléphone du cœur*[286] ou encore la version radiophonique de *La Politique des restes*.[287] Cette dernière fut finalement diffusée plus de vingt ans plus tard, en novembre 1986, par la « Internationale Funkdramatik ».[288]

### 3.3.3 Beckett écrivain pour le média télévisuel

Le caractère concurrentiel de la télévision face à la radio fut rapidement reconnu,[289] mais la plupart des auteurs de pièces radiophoniques ne se tournèrent pas vers ce nouveau média et seul Beckett fait figure d'exception. En 1966, il assista Martin Karmitz pour l'adaptation de sa pièce *Comédie*. Il écrivit ensuite six pièces spécialement pour les studios télévisés de la SDR : *Dis Joe*, dont la première version fut diffusée le 13 avril 1966 et la seconde le 13 septembre 1979 ; *Trio du Fantôme* et *... que nuages ...*, toutes deux diffusées le 1ᵉʳ novembre 1977 ; *Quad I et II*, diffusée le 13 avril 1981 ; *Nacht und Träume* diffusée le 19 mai 1983 ; et enfin l'adaptation de la pièce de théâtre *Quoi où*, diffusée le 13 avril 1986.[290]

En été 1965, par l'intermédiaire de Werner Spies qui avait transmis les pièces radiophoniques de l'écrivain à la SDR, la maison d'édition Suhrkamp envoya à Reinhart Müller-Freienfels, directeur de la SDR, la courte pièce *Dis Joe*. Celle-ci suscita l'étonnement et l'enthousiasme du directeur, qui déclara qu'« ici les moyens offerts par la télévision étaient utilisés de manière tout à fait nouvelle et inhabituelle, [qu'] ici il était vraiment question d'un jeu qui, selon la manière dont l'auteur l'imaginait, n'était envisageable ni sur scène ni

---

étroit et – je le crois – amical se soit si vite développé entre vous et le département des pièces radiophoniques de Stuttgart ».
**286** Hans-Jochen Schale : Lettre à Arthur Adamov (31 mars 1964). IMEC, ADM 7.8.
**287** Hans-Jochen Schale : Lettre à Arthur Adamov (16 octobre 1962). SWR, Hörspieldramaturgie Korrespondenz mit Autoren A–F Januar 1962 Dezember 1962, 19/2262.
**288** Arthur Adamov : Script de l'adaptation radiophonique de *La Politique des restes*. ADK Berlin, Drehbuchsammlung 363.
**289** On se reportera au chapitre « Die Geburt des Fernsehens aus dem Geiste des Radios » de l'ouvrage de Hans Jürgen Koch/Hermann Glaser : *Ganz Ohr*, p. 250–254.
**290** Étonnamment, les pièces *Dis Joe* et *Quoi où* n'apparaissent pas dans le recueil publié aux Éditions de Minuit : Samuel Beckett : *« Quad » et autres pièces pour la télévision*. Paris : Éditions de Minuit 1992.

sur un écran de cinéma ».[291] Müller-Freienfels était conscient de la difficulté de réaliser ce film sans trahir l'idée de l'auteur. Lorsqu'il comprit que Beckett avait des idées très précises quant aux prises de vues et à la position de la caméra, à la lumière, à l'enregistrement du son ainsi qu'aux décors, aux costumes et aux masques, il lui proposa de prendre en charge le tournage. Abordant avec Beckett la question des honoraires pour son travail de direction, celui-ci refusa catégoriquement et s'écria en anglais : «We do it to have fun together ! »[292] L'écrivain travailla avec deux comédiens qu'il connaissait déjà : Deryk Mendel incarnait le rôle de Joe, le dernier personnage encore différencié – qui, par exemple, porte un nom – des œuvres télévisuelles de Beckett, et Nancy Illig interprétait la voix. Avant le tournage, Beckett avait examiné mot après mot, syllabe après syllabe, la traduction d'Erika et d'Elmar Tophoven. Il désapprouvait la liberté que Mendel prenait avec le texte et refusait toute tentative d'improvisation de la part du comédien. Par ailleurs, il se concentrait avant tout sur le rythme et le ton des phrases murmurées par la voix féminine. Nancy Illig raconte ainsi comment Beckett, après avoir fait travailler la comédienne pour que ses chuchotements soient empreints de vie, lui annonça un matin : « Maintenant on va tout rendre mort ». Le phrasé de l'actrice ressembla finalement à un « staccato martelé d'une voix de fantôme ».[293] La version allemande fut diffusée le 13 avril 1966, jour du 60e anniversaire de l'écrivain, presque trois mois avant la version de la BBC dirigée par Alan Gibson.[294] Beckett confia à Müller-Freienfels qu'il s'était senti très à l'aise à Stuttgart et que si une nouvelle « folle invention pour la télévision »[295] lui venait à l'esprit, il en proposerait la création à la SDR. Il tint parole : lorsque dix ans plus tard il écrivit *Trio du Fantôme* et *... que nuages ...*, il envoya les manuscrits à Müller-Freienfels, qui les accepta sans hésiter. Beckett répéta et analysa chaque phrase avec l'actrice Irmgard

---

**291** Reinhart Müller-Freienfels : Erinnerung an Samuel Beckett beim SDR, p. 403. («Hier wurden die Mittel des Fernsehen in ganz neuer, ungewohnter Weise genutzt, hier handelte es sich tatsächlich um ein Spiel, das so, wie der Autor es sich vorstellte, weder auf der Bühne noch auf der Kinoleinwand möglich war»).
**292** Reinhart Müller-Freienfels : Erinnerung an Samuel Beckett beim SDR, p. 405 : «On le fait pour s'amuser ensemble !».
**293** James Knowlson : *Damned to Fame*, p. 540. («Now we'll make it all dead». «The hammering staccato of a ghost's voice»).
**294** Alors que Margaret MacLaren de l'agence Curtis Brown avait envoyé *Dis Joe* à la BBC avant que Müller-Freienfels ne lise le manuscrit, le processus pour fixer des dates d'enregistrement en Angleterre fut très long, ce qui explique pourquoi la pièce fut d'abord diffusée par la SDR.
**295** Reinhart Müller-Freienfels : Erinnerung an Samuel Beckett beim SDR, p. 408. («Crazy invention for television »).

Först, ce qui fit dire à Müller-Freienfels que « son sens de la langue allemande [était] incroyable ».[296] Beckett demanda à ce que les deux films soient diffusés avec l'adaptation anglaise de la pièce *Not I*, par Anthony Page avec Billie Whitelaw. Cet ensemble de films reçut le titre *Ombres* (*Schatten*). Cette soirée, diffusée le 1er novembre 1977, fut perçue comme une consécration de Beckett en tant que réalisateur de films : « Avec les possibilités d'abstraction des médias visuels et le renoncement radical aux histoires racontables, ces pièces télévisuelles constituent la percée de Beckett en tant qu'artiste de télévision », déclare ainsi Peter Großens.[297] En 1979, une nouvelle production de *Dis Joe* fut créée, dans laquelle les changements au sein du texte étaient mineurs mais où les paroles étaient débitées plus rapidement par les comédiens. Pourtant, Beckett n'était pas satisfait de cette nouvelle version et demanda à ce que soit toujours diffusée la première. À la suite de cette production qu'il jugeait médiocre, l'auteur quitta Stuttgart en pensant ne plus y revenir. Pourtant, lorsque Beckett termina l'écriture de *Quad* en 1980, une « pièce pour quatre interprètes, lumière et percussions »,[298] il se rendit à Stuttgart pour discuter des possibilités de réalisation. Il estimait que la pièce « grouilla[i]t de problèmes »[299] et songeait à abandonner ce projet, déclarant qu'il « se [sentait] assez débordé par les technicités de la télévision et qu'il n'allait plus jamais écrire pour ce média ».[300] Après une longue lettre de Müller-Freienfels, Beckett reprit le chemin des studios de la SDR pour douze jours de tournage, durant lesquels deux versions de la pièce furent créées : l'une en couleurs avec accompagnement musical et l'autre en noir et blanc et sans musique, d'où le double titre de *Quad I und II*. En 1982, Beckett écrivit spécialement pour la SDR sa dernière pièce télévisuelle, *Nacht und Träume*. Inspirée par un Lied de Schubert, l'opus 43 n° 2 sur un poème de H. J. von Collin, la pièce rappelle fortement une peinture flamande du XVIIe siècle. L'auteur semblait s'être tourné à nouveau vers ses premiers intérêts, vers le monde de la musique et de la peinture, délaissant celui des mots auxquels il ne pouvait plus se fier, comme l'expliquait Müller-Freienfels :

---

296  Ibid., p. 411. (« Sein Gefühl für die deutsche Sprache war erstaunlich »).
297  Peter Großens : « We do it to have fun together » : Samuel Beckett beim SDR in Stuttgart. In : *Spuren 50*, 2000, p. 1–16, p. 9. (« Mit den Abstraktionsmöglichkeiten der visuellen Medien und der Radikalität des Verzichts auf erzählbare Geschichten bilden diese Fernsehspiele Becketts Durchbruch als Fernsehkünstler »).
298  Samuel Beckett : *« Quad » et autres pièces pour la télévision*, p. 9.
299  James Knowlson : *Damned to Fame*, p. 673. (« Bristling with problems »).
300  Ibid. (« I'm quite lost in TV technicalities and shall never write again for that medium »).

> Irgendwann sagte er mir, dass ihm das Fernsehen so entgegenkomme, weil er hier Schweigen und Sprachlosigkeit ausdrücken könne. Je älter er werde, desto skeptischer wurde er gegenüber dem gesprochenen Wort. Die Verwendung der Sprache sei für ihn zu einem Problem geworden. Im Fernsehen aber könne er mit Bildern, mit Geräuschen und mit Musik arbeiten und die Wortlosigkeit störe nicht.[301]

En réponse à une méfiance croissante face au langage, le média télévisuel était donc l'un des derniers recours de l'écrivain. Quatre ans plus tard, en 1986, Beckett réalisa un dernier projet en collaboration avec la SDR. Werner Sommer, le successeur de Müller-Freienfels à la retraite depuis mars 1985, s'occupa de la production de *Quoi où*.[302] Cette pièce était à l'origine écrite pour la scène mais l'auteur la jugeait, comme *Pas moi*, meilleure à l'écran. Le jour du 80ᵉ anniversaire de Beckett, le 13 avril 1986, la télévision diffusa une soirée spéciale : la nouvelle pièce *Quoi où* fut montrée avec les cinq autres sur la première chaîne (ARD), alors que les chaînes régionales de l'ARD (« Drittes Programm ») retransmettaient une discussion autour de Beckett avec Werner Spies, Elmar Tophoven, Ivan Nagel et Reinhart Müller-Freienfels.

Ainsi Beckett, dès le début en confiance à Berlin et Stuttgart, décida de renouveler ces expériences artistiques dans un pays certes plus étranger pour lui que la France ou la Grande-Bretagne, mais pour lequel il s'était passionné durant sa jeunesse. Ce choix semble avoir été encouragé par la bonne volonté des équipes artistiques à son égard :

> Der besondere Reiz Deutschlands für Beckett entsteht wohl aus der bedingungslosen Offenheit, die ihm die deutsche Nachkriegskultur vor dem Hintergrund einer Tabula rasa entgegenbringt. Vor allem die Schauspieler zeigen die Bereitschaft, sich ganz auf Beckett und seine Vorstellungen der Inszenierung einzulassen.[303]

---

[301] Reinhart Müller-Freienfels : Erinnerung an Samuel Beckett beim SDR, p. 420. « Un jour il me dit que la télévision lui convenait autant parce qu'il pouvait y exprimer le silence et le mutisme. Que plus il vieillissait, plus il devenait sceptique par rapport à la parole. Que pour lui l'utilisation de la langue était devenue un problème. À la télévision en revanche, il pouvait travailler avec des images, des sons et de la musique, et l'absence de mots ne le dérangeait pas ».
[302] En 2013, Walter D. Asmus, l'assistant de Beckett pour ses productions au Schiller-Theater et à la chaîne de télévision SDR, réalisa une nouvelle version de *Quoi où*, qu'il présenta le 14 septembre 2014 à la Haus der Berliner Festspiele de Berlin.
[303] Therese Fischer-Seidel/Marion Fries-Dieckmann (éds.) : *Der unbekannte Beckett*, p. 10. « L'attrait particulier de l'Allemagne sur Beckett naît sans doute de l'ouverture d'esprit inconditionnelle que lui manifestait la culture allemande de l'après-guerre dans le contexte d'une *tabula rasa*. Les comédiens, notamment, se montraient prêts à faire totalement confiance à Beckett et aux visions qu'il avait des mises en scène ».

En effet, lors d'un projet mené avec la BBC aux Ealing Film Studios, Beckett déplorait le manque de sérieux et de concentration de l'équipe technique britannique et notait que « ce n'était pas du tout comme ça en Allemagne ; là-bas on sentait que tout le monde s'impliquait personnellement ».[304] La collaboration internationale entre un auteur irlandais et une équipe technique allemande remontait à l'ouverture de l'Allemagne, en 1945, à d'autres aires et objets culturels. Quarante ans plus tard, ce premier regard au-delà des frontières portait encore ses fruits et avait permis l'intégration de Beckett en RFA, un pays devenu le lieu non plus de transposition, mais bien de création de certaines de ses œuvres, *a fortiori* télévisuelles.

## 3.4 *Excursus* : Adamov joué en RDA (1959–1967)

Le contact rapproché entre Adamov et l'Allemagne de l'Est présente un caractère exceptionnel. Deux de ses pièces furent jouées de l'autre côté du rideau de fer dès la fin des années 1950, alors que Beckett, Genet et Ionesco ne furent reçus à l'Est que très tardivement : Genet en 1985 (*Les Bonnes*, 27 mars 1985 à Dresde, Staatsschauspiel), Beckett en 1986 (*La Dernière Bande*, 19 juillet 1986 à Berlin, Theater im Palast) et Ionesco en 1988 (*Rhinocéros*, 23 septembre 1988 à Bautzen, Deutsch-Sorbisches Volkstheater).[305] Avec ce transfert culturel d'Adamov vers la RDA, une nouvelle frontière était donc franchie dans les années 1960 par un ancien représentant de l'avant-garde théâtrale française.

### 3.4.1 Du théâtre « de l'absurde » vers un théâtre engagé

L'attrait d'Adamov pour la RDA n'était pas uniquement lié à une diffusion additionnelle de son œuvre : un changement de style radical, tourné vers une dramaturgie « réaliste » et « engagée », permit à partir de la seconde moitié des années 1950 de transférer les pièces de l'écrivain dans la culture d'accueil est-allemande. Adamov subit l'influence de Bertolt Brecht, qu'il affirmait d'ailleurs avoir rencontré dans le passé à Berlin – sans mentionner de date ni de lieu exact pour cette entrevue[306] – et, comme bon nombre de ses collègues, il avait

---

[304] James Knowlson : *Damned to Fame*, p. 632. (« It was not like that at all in Germany ; there you felt that everyone was personally involved »).

[305] Deutscher Bühnenverein, Bundesverband deutscher Theater (éd.) : *Wer spielte was. Bühnenrepertoire der DDR : Spieljahre 1988, 1989, 1. Halbjahr 1990*. Darmstadt : Mykenae Verlag 1993.

[306] Arthur Adamov : *Ici et maintenant*, p. 217 : « [...] *Woyzeck* de Büchner, dont j'ai d'ailleurs longuement parlé avec Brecht la seule fois où je l'ai vu, à Berlin ».

été marqué par les tournées parisiennes du Berliner Ensemble de 1954 et 1955.[307] Selon le chercheur Heinz B.-Heller, l'originalité d'Adamov ne consistait pas tant en son intérêt pour l'exigence de transformation historique véhiculée dans les pièces de Brecht, que dans son initiative à conférer une portée historique à la méthode brechtienne elle-même :

> Was Adamov praktiziert, ist nicht nur eine Aktualisierung der Leseart Brechts. Vielmehr historisiert er im Grunde Brechts Methode selbst, indem er sie mit neuen, von Brecht nicht gekannten Wissenschaften, der Psychoanalyse und der Sozialpsychologie, synthetisiert und damit zu adäquateren Abbildern des aktuellen gesellschaftlichen Zusammenlebens kommt.[308]

Adamov parlait de sa nouvelle écriture dramatique comme d'un « théâtre qui, modestement, [tâchait] de rendre compte des difficultés réelles de la vie, politiques, psychologiques, psychiatriques même ».[309] L'aspect de la temporalité jouait un rôle décisif aux yeux de l'auteur qui revisitait ses premières pièces d'un œil critique et les qualifiait de «‹métaphysiques et supra-temporelles›».[310] Ses nouvelles pièces ancraient au contraire l'action dans un temps défini, ce qui permettait d'exposer une période historique et d'en questionner les positionnements politiques. Un autre changement majeur opéré par Adamov fut l'importance accordée au collectif, qui lui semblait posséder une valeur salvatrice. Il refusait dès lors la « solitude expressionniste et vulgaire » du théâtre d'avant-garde, lui préférait « une demi-solitude, une demi-communion, un théâtre complexe » et estimait que « le théâtre ‹engagé›, dont on [lui] fai[sait] parfois le reproche, [lui] sembl[ait] beaucoup plus subtil que le théâtre ‹non-engagé›».[311] Après ce changement de style abrupt, de nombreux metteurs en scène en France et en République Fédérale ainsi que son traducteur Elmar Tophoven se détournèrent de l'écrivain.[312] Les spectateurs n'eurent plus

---

**307** Des dépliants et brochures relatifs à ces spectacles, préservés aux archives de l'IMEC dans les documents personnels d'Adamov et de son épouse, attestent l'intérêt de ces derniers pour la troupe de Berlin-Est. IMEC, ADM 17.8.
**308** Heinz-B. Heller : *Untersuchungen zur Theorie und Praxis des dialektischen Theaters : Brecht und Adamov*. Bern/Frankfurt am Main : Herbert Lang/Peter Lang 1975, p. 151. « Ce qu'Adamov pratique n'est pas juste une actualisation de la lecture de Brecht. Au fond il historicise plutôt la méthode brechtienne en elle-même, en la recomposant avec des sciences que Brecht ne connaissait pas, la psychanalyse et la psychosociologie, et parvient ainsi à des représentations plus adéquates de la cohabitation sociale actuelle ».
**309** Arthur Adamov : *Ici et maintenant*, p. 171.
**310** Ibid., p. 94.
**311** Ibid., p. 130.
**312** Roger Blin exprima sa déception à ce sujet. Roger Blin, cité in : René Gaudy : *Arthur Adamov*, p. 53 : « Subitement me sont apparus un côté volontariste d'engagement politique et

accès à ses pièces et Marie-Claude Hubert estimait ainsi lors d'un colloque tenu en 2009 que «[le] désir [d'Adamov] de faire un théâtre politique à la manière de Brecht à partir de *Ping-Pong*, l'a coupé du public».[313] Et pourtant, ce changement de style permit à son œuvre d'être montée à l'Est. En août 1959, le journal local *Sächsisches Tageblatt Leipzig* publiait un article qui annonçait la première est-allemande de *Paolo Paoli* dans cette ville et citait Adamov qui utilisait le concept de «réalisme socialiste» pour décrire ses nouvelles pièces, ce faisant placées dans la filiation de l'une des rares écritures scéniques autorisées en RDA.[314]

### 3.4.2 Créations est-allemandes de *Paolo Paoli*

En recoupant diverses sources d'informations, il apparaît que trois théâtres de Berlin-Est s'intéressèrent à la pièce *Paolo Paoli* (1957) entre 1957 et 1959 : le Berliner Ensemble, le Deutsches Theater et le Maxim-Gorki-Theater. Toutefois, aucun de ces projets n'aboutit ni même ne donna lieu à des répétitions. Finalement, ce fut le théâtre de Leipzig qui assura la première est-allemande de *Paolo Paoli* le 5 octobre 1959.

L'information selon laquelle le Deutsches Theater souhaitait monter *Paolo Paoli* est donnée par Adamov dans une lettre de septembre 1957 à Elmar Tophoven. Celui-ci était alors encore chargé de la traduction de la pièce avant qu'Adamov ne lui annonce qu'il allait la confier à son nouveau traducteur Pierre Aaron.[315] Sans «[vouloir être] impoli», l'écrivain signalait à Tophoven que la traduction avait pris trop de retard, ce qui risquait de compromettre une production au Deutsches Theater. Or, la pièce devait être jouée «dès janvier [1958] à Berlin-Est».[316] Il précisait ensuite qu'une course contre la montre opposait Boleslaw Barlog, le directeur des Staatliche Schauspielbühnen de Berlin-Ouest, et Heiner

---

la perte d'une substance qui faisait sa rareté, son humour. Cet humour particulier qui lui faisait admirablement reproduire un certain langage petit-bourgeois. Un auteur qui se coupe l'herbe sous les pieds». À partir des années 1980, la critique estimait que la tension entre ces deux pôles d'écriture, qualifiés par Bernard Dort d'«unité scandaleuse», formait l'originalité de l'œuvre de l'écrivain. Robert Abirached/Ernstpeter Ruhe/Richard Schwaderer (éds.) : *Lectures d'Adamov. Actes du colloque international de Würzburg 1981*, p. 7.
**313** Marie-Claude Hubert/Michel Bertrand (éds.) : *Onirisme et engagement chez Arthur Adamov*. Aix-en-Provence : Publications de l'Université de Provence 2009, p. 14.
**314** E. M. : In den Spielplan 1959/60 aufgenommen : Arthur Adamovs Schauspiel *Paolo Paoli*. In : *Sächsisches Tageblatt Leipzig* (5 août 1959). IMEC, ADM 15.10.
**315** Arthur Adamov : Lettre à Elmar Tophoven (14 septembre 1957). CP Tophoven.
**316** Ibid.

Kipphardt, alors dramaturge en chef au Deutsches Theater de Berlin-Est. Adamov tenait certainement à prouver à Tophoven le grand intérêt suscité par sa pièce auprès des grands noms du théâtre ouest et est-allemand, et donc à souligner l'urgence de la traduction. Or, si Kipphardt ou Barlog avaient tant voulu monter cette œuvre, ils auraient pu réaliser ce projet une fois la traduction allemande terminée – comme le firent les théâtres de Hanovre et de Leipzig – mais pourtant cette pièce ne fut jamais jouée à Berlin, ni à l'Ouest ni à l'Est.

Il existe par ailleurs deux références au Berliner Ensemble. La première se trouve dans *L'Homme et l'enfant*, où Adamov affirmait qu'Erich Engel, metteur en scène en chef, « [voulait] monter la pièce, [avait] commencé déjà à y travailler, mais [était tombé] gravement malade ».[317] Il faisait part de son regret face à cet échec, s'exclamant : « Ce que j'aurais aimé pourtant voir *Paolo* au Berliner Ensemble, quel bonheur cela aurait été ! ».[318] La seconde occurrence se trouve dans une lettre d'Adamov à Helmut Heißenbüttel, alors directeur de l'émission « Radio-Essay » à la chaîne SDR, où allait être diffusée une version radiophonique de *Paolo Paoli*. Dans cette lettre du 18 mai 1959, l'écrivain annotait à la main que « le ‹ Berliner Ensemble › [lui avait] écrit et s'[intéressait] beaucoup à la pièce. On [lui avait] demandé tous les documents ... » et de conclure : « Vous imaginez ma joie ... Mais d'ici à ce que ... Passons ! ».[319] Ce projet ne vit effectivement jamais le jour.

Enfin, Adamov « avai[t] espéré un moment que Piscator pourrait monter [s]on *Paolo Paoli* dans un théâtre de Berlin-Est »,[320] peut-on lire dans *Ici et maintenant*. Maxim Vallentin, directeur du Maxim-Gorki-Theater de 1952 à 1968, invita Piscator à venir travailler dans son théâtre en 1958, mais cette tentative de coopération entre un metteur en scène qui vivait en RFA et un théâtre situé en RDA allait échouer. Dans une lettre de Piscator au critique Herbert Ihering datée du 19 septembre 1958, le metteur en scène déclarait ainsi que « [Maxim Vallentin] [l'avait invité] à faire la mise en scène d'une pièce d'Adamov », une information qui devait « rester confidentielle ! », et expliquait que s'il n'avait « jusqu'à présent pas pu faire de mise en scène au Deutsches Theater », de la même façon « il ne pouvait se décider à en faire une autre ailleurs », au Maxim-Gorki-Theater.[321] Adamov fut déçu puisque ce projet lui

---

[317] Arthur Adamov : *L'Homme et l'enfant*, p. 125.
[318] Ibid.
[319] Arthur Adamov : Lettre à Helmut Heißenbüttel (18 mai 1959). SWR, Radio-Essay Korrespondenz 1959 A–Z, 10/12463.
[320] Arthur Adamov : *Ici et maintenant*, p. 221.
[321] Erwin Piscator : *Briefe : Bundesrepublik Deutschland (1955–1959)*. Berlin : Siebenhaar 2011, p. 564. Lettre de Piscator à Ihering du 19 septembre 1958. (« Er [Maxim Vallentin] lud mich zu einer Insc.[enierung] eines Stückes von Adamov ein (das vertraulich !) – Aber ebenso-

tenait à cœur, et quatre ans plus tard il l'évoquait encore dans une lettre à Piscator : « En tout cas, j'ai été très touché par l'intérêt que vous portez à mon travail, et je me souviens aussi de l'ancienne tentative de *Paolo Paoli* au Maxim-Gorki-Theater ».[322] Le contact entre Adamov et le Maxim-Gorki-Theater fut cependant maintenu, en particulier dans le cadre d'une visite de l'écrivain à Berlin-Ouest en octobre 1959. Le Maxim-Gorki-Theater et Piscator furent par ailleurs évoqués une dernière fois au sujet de la pièce *Le Printemps 71* : en janvier 1961, Herbert Greuèl de la maison d'édition Kurt Desch demanda à Adamov de lui obtenir la traduction allemande qui avait été élaborée par le Maxim-Gorki-Theater[323] et en novembre 1962 l'écrivain affirma à Helmut Heißenbüttel de la chaîne SDR que Piscator s'intéressait à la pièce.[324] Pourtant, aucune suite ne fut donnée à ce projet.

Adamov semblait conscient de la difficulté de monter *Paolo Paoli*. La première en langue allemande au Schauspielhaus de Zurich avait reçu un accueil mitigé, et l'écrivain allait même jusqu'à affirmer dans une lettre à Tophoven de septembre 1959 que de jeunes communistes venus de Moscou pour voir la pièce s'étaient fait attaquer à l'arrivée du train en gare de Zurich.[325] Il expliquait également à Tophoven qu'en France, la pièce aurait dû être jouée au théâtre de l'Alliance Française à Paris, mais qu'elle avait été censurée pour cause d'« anticolonialisme, [d'] antimilitarisme, et aussi, beaucoup, [d'] anticléricalisme ».[326] Adamov croyait en outre « de moins en moins à la possibilité d'une double création »[327] de *Paolo Paoli*, c'est-à-dire ouest et est-allemande, et fondait ses espoirs en la RDA. « Du reste, rappelez-vous », indiquait-il à Tophoven, « j'avais dit à Monsieur Barlog que *Paolo Paoli* avait beaucoup plus de chances d'être créé à l'Est qu'à l'Ouest ; il a pris cela pour une plaisanterie, et il a ri. Mais ce n'était pas une plaisanterie, et les faits le prouvent ».[328]

---

wenig wie ich bisher keine Insc.[enierung] beim Deutschen Theater machen konnte – kann ich mich zu einer anderen entschließen »).

**322** Arthur Adamov : Lettre à Erwin Piscator (5 mars 1962). ADK Berlin, Erwin-Piscator-Center 703.

**323** Herbert Greuèl : Lettre à Arthur Adamov (20 janvier 1961). IMEC, ADM 10.7.

**324** Arthur Adamov : Lettre à Helmut Heißenbüttel (10 novembre 1962). SWR, Radio-Essay Korrespondenz 1962 A–Z, 10/12467. « Soyez assez gentil pour, quelle que soit votre décision, me renvoyer la pièce (traduction allemande) avant la fin décembre, car j'en aurai besoin à ce moment-là (nous n'en avons, pour l'instant, pas d'autre exemplaire) pour l'envoyer à Piscator, qui semble s'y intéresser ».

**325** Arthur Adamov : Lettre à Elmar Tophoven (14 septembre 1957). CP Tophoven.

**326** Ibid.

**327** Ibid.

**328** Ibid.

Le metteur en scène Barlog n'était pourtant pas le seul à ne pas prendre au sérieux la possibilité d'une création est-allemande de *Paolo Paoli*. Adamov rapportait ainsi dans *L'Homme et l'enfant* la réaction de journalistes ouest-allemands lors d'une conférence de presse à Berlin-Ouest en octobre 1959 :

> Si *Paolo Paoli* ne sera pas joué au Berliner Ensemble, il ne le sera pas non plus désormais en République fédérale. Dans une conférence de presse à Berlin-Ouest, n'ai-je pas eu l'audace de dire que j'allais voir ma pièce à Leipzig ? Un long silence s'est établi puis une journaliste a balbutié : « Alors ... vous partez ... pour ... » elle n'osa pas terminer sa phrase, la termina cependant, osant enfin : « Pour Leipzig ! – Bien sûr ». Dès le jour de ma conférence de presse à Berlin, je devins à l'ouest un auteur nul, un communiste.[329]

L'écrivain était alors de passage à Berlin-Ouest avant d'effectivement rejoindre Leipzig pour assister à la création de *Paolo Paoli*.[330] À cette occasion, Adamov se rendit dans la partie est-allemande de la ville, invité avec son épouse « pour un anniversaire de la République démocratique allemande [sic] » le 7 octobre.[331] Adamov semble en outre avoir assisté au festival des Berliner Festtage du 3 au 18 octobre 1959, notamment aux spectacles du Berliner Ensemble, du Maxim-Gorki-Theater et de la Volksbühne.[332] D'autre part, il se rendit au Maxim-Gorki-Theater pour y rencontrer le dramaturge en chef Gerhard Wolfram et y récupérer son visa de voyage pour Leipzig,[333] une rencontre confirmée par la présence d'enveloppes[334] et de télégrammes échangés entre Berlin-Ouest et Berlin-Est.[335]

La création est-allemande de *Paolo Paoli* eut donc lieu au théâtre de Leipzig le 5 octobre 1959, dans une mise en scène de Johannes Curth et des décors de Paul Pilowski. La pièce fut donnée dans le cadre des festivités organisées pour le dixième anniversaire de la RDA.[336] Le contact entre Adamov et le théâtre de Leipzig semble avoir été établi par l'intermédiaire de la maison d'édition Kurt

---

329 Arthur Adamov : *L'Homme et l'enfant*, p. 125–126.
330 Marina Aurich : Lettre à Arthur Adamov (25 septembre 1959). IMEC, ADM 15.10.
331 Arthur Adamov : *L'Homme et l'enfant*, p. 130.
332 Ces trois soirées furent entourées dans la brochure de programmation de ce festival, qui se trouve parmi les documents personnels d'Adamov aux archives de l'IMEC. IMEC, ADM 15.10.
333 Marina Aurich, chargée de presse du théâtre de Leipzig, fit en effet déposer le visa d'Adamov auprès de ses collègues de Berlin-Est. Marina Aurich : Lettre à Arthur Adamov (25 septembre 1959). IMEC, ADM 15.10.
334 IMEC, ADM 15.10. Enveloppes adressées à « Monsieur Wolfram, Berlin, Théâtre Maxime Gorki » (« Herrn Wolfram, Berlin, Maxim-Gorki-Theater ») envoyées depuis « l'Hôtel Steinplatz, Uhlandstraße 97, Berlin-Charlottenburg ».
335 Arthur Adamov : Télégramme à Gerhard Wolfram (septembre 1959). IMEC, ADM 15.10 ; Gerhard Wolfram : Télégramme à Arthur Adamov (28 septembre 1959). IMEC, ADM 15.10.
336 Hans Michael Richter : Lettre à Arthur Adamov (17 août 1959). IMEC, ADM 15.10.

Desch. Dans une lettre datée d'avril 1959, l'éditeur rendait compte à Adamov des efforts entrepris pour que la création pût voir le jour. Alors que le dramaturge en chef Hans Michael Richter estimait que la complication du paiement des droits d'auteur pouvait mettre le projet en péril, l'expéditeur de la lettre laissait à penser que derrière cet argument se cachait en réalité la question de la censure est-allemande.[337]

Le personnel artistique du théâtre se montrait fidèle aux indications de l'auteur et surmonta les difficultés techniques qui résultaient notamment de la projection, sur des écrans, d'extraits de textes au début de chaque scène.[338] Par ailleurs, Hans Michael Richter assura la propagande de cet événement et organisa une conférence de presse dans l'après-midi de la première.[339] Il pria Adamov d'écrire un article pour la brochure,[340] dans lequel l'auteur affirmait « [avoir] enfin compris (mieux vaut tard que jamais !) qu'une œuvre d'art – et notamment une pièce de théâtre – ne [devenait] réalité que lorsqu'elle [était] placée dans un contexte social précis, lorsqu'elle [reliait] le bouleversement de la forme au bouleversement du fond ».[341] Adamov reniait ses premières œuvres, il les traitait de « mensongères » et soulignait son allégeance à la cause socialiste et à l'idéologie marxiste-léniniste :

> Ich glaube nicht mehr an jene trügerische « Avantgarde », die sich zwar mit neuen Techniken befaßt, aber vergißt, daß diese neuen Techniken null und nichtig sind, wenn der Autor sie nicht in den Dienst einer Ideologie stellt ; und natürlich nicht irgendeiner Ideologie, sondern des Marxismus-Leninismus, um die Dinge beim rechten Namen zu nennen.[342]

---

337 Verlag Kurt Desch : Lettre à Arthur Adamov du 29 avril 1959. IMEC, ADM 10.7. Le nom de l'expéditeur n'est pas mentionné dans la lettre et sa signature est illisible : « An Herrn Richter hatte ich ja inzwischen nach Leipzig geschrieben, daß die geplante Aufführung dort keineswegs an der Tantiemenfrage zu scheitern braucht. Meine Korrespondenz mit Herrn Richter läßt darüber die Vermutung aufscheinen, daß die Nichtaufführung des Stückes eher Gründe der Zensur als der Tantiemenfrage aufweist ». « J'avais entretemps déjà écrit à Monsieur Richter à Leipzig que la mise en scène prévue ne doit absolument pas échouer à cause de la question des droits d'auteur. Ma correspondance avec Monsieur Richter laisse supposer que l'absence de représentation de la pièce serait plutôt due à la censure qu'aux droits d'auteurs ».
338 Städtisches Theater Leipzig : Feuille dactylographiée à l'attention d'Arthur Adamov. IMEC, ADM 15.10 ; Walter Delitzsch : Lettre à la Druckerei Marquart (8 septembre 1959). IMEC, ADM 15.10.
339 Hans Michael Richter : Lettre à Arthur Adamov (9 septembre 1959). IMEC, ADM 15.10.
340 Hans Michael Richter : Lettre à Arthur Adamov (13 août 1959). IMEC, ADM 15.10.
341 Städtisches Theater Leipzig (éd.) : *Programmheft* n° 9 (1959/60). TWS Wahn. (« Ich habe endlich begriffen (besser spät als nie !), daß ein Kunstwerk – und vor allem ein Theaterstück – erst dann Wirklichkeit annimmt, wenn es sich in einen bestimmten sozialen Zusammenhang stellt, wenn es mit der formalen Umwälzung die inhaltliche Umwälzung verbindet »).
342 Ibid. : « Je ne crois plus à cette ‹ avant-garde › mensongère, qui certes examine de nouvelles techniques, mais oublie que ces nouvelles techniques sont nulles et non avenues si

Dans la suite du texte, Adamov dénonçait le « putsch d'Alger » du 13 mai 1958 et traitait l'État français de « fasciste ».[343] Il empruntait donc directement le ton de la propagande socialiste et le texte s'achevait sur l'espoir de l'auteur que sa pièce soit comprise sans malentendus « en Allemagne Démocratique où on me fait le grand, le très grand plaisir de représenter enfin *Paolo Paoli* ».[344] Après avoir assisté à la première, Adamov semblait satisfait de la création et louait notamment la performance de l'actrice qui incarnait le personnage de Stella : « Gisela Besterhorn, Stella merveilleuse »,[345] notait l'auteur dans *L'Homme et l'enfant*. Six années plus tard, le Städtisches Theater Leipzig monta une autre pièce d'Adamov, *La Politique des restes*, dont la première eut lieu le 5 septembre 1965.[346] Dans la brochure de la nouvelle saison théâtrale 1965-1966, l'écrivain était présenté comme transformé, l'ancien « représentant du ‹théâtre absurde› » était devenu « un critique qui défendait la cause socialiste ».[347] Une telle désignation indiquait qu'à l'Est, l'œuvre d'Adamov avait fait l'objet d'un transfert partiel puisque seule son œuvre de mouvance socialiste, et non celle du répertoire « absurde », y avait été importée.

### 3.4.3 Publications dans des revues est-allemandes

En juin 1961, le journal est-allemand *Der Sonntag*, un « hebdomadaire pour la politique culturelle, l'art et la science » (« Wochenzeitung für Kulturpolitik, Kunst und Wissenschaft ») publié par le « cercle culturel allemand » (« Deutscher Kulturbund »), entra en contact avec Adamov. Deux mois avant la construction du Mur de Berlin, alors que les deux États allemands étaient plongés au cœur d'une crise diplomatique, le rédacteur en chef Friedrich Heilmann demanda à Adamov de répondre à deux questions sur l'actualité politique : « Que devrait-on faire à votre avis pour désamorcer la situation en Allemagne et où voyez-vous l'obstacle majeur ? Pensez-vous qu'un accord de paix pour

---

l'auteur ne les place pas au service d'une idéologie ; et bien entendu pas de n'importe quelle idéologie, mais du marxisme-léninisme, pour appeler les choses par leur nom ».
343 Ibid. : « faschistischer Staatsstreich des 13. Mai 1958 ».
344 Ibid. Traduction : Arthur Adamov : *Ici et maintenant*, p. 94.
345 Arthur Adamov : *L'Homme et l'enfant*, p. 125.
346 La création de *La Politique des restes* à Leipzig en 1965 n'a pas pu être examinée plus en profondeur en raison de l'absence de documents, y compris aux archives de la ville de Leipzig.
347 *Programmheft*. Brochure de la nouvelle saison théâtrale 1965-1966. SA Leipzig, Städt. Theater D 1299. (« Der den Leipzigern von *Paolo Paoli* her bekannte Autor, welcher sich seit mehreren Jahren von einem Exponenten des ‹Absurden Theaters› zum sozialistisch orientierten Gesellschaftskritiker gewandelt hat »).

l'Allemagne apporterait des avantages au peuple allemand et à l'Europe et quels seraient ces avantages ? »[348] Cette lettre témoigne de l'intérêt d'intellectuels est-allemands pour Adamov de même que de l'engagement politique de ce dernier. Il n'est pas étonnant qu'on l'ait invité à s'exprimer sur des sujets de la plus brûlante actualité internationale, puisque le cosmopolitisme d'une personnalité littéraire comme Adamov – un Russo-Arménien qui vivait en France et dont la réception en RFA remontait à l'aube des années 1950 – exerçait une grande fascination en Allemagne de l'Est, d'autant plus que la majeure partie des frontières de ce pays étaient closes. En RDA, la réception de cet écrivain s'accompagnait donc également d'un important intérêt pour ses expériences et ses connaissances issues d'autres aires culturelles.

Par ailleurs, Adamov collabora à quatre reprises avec la revue *Sinn und Form*, publiée mensuellement par l'Académie des Arts de Berlin-Est. En mars 1961, le journal fit paraître des extraits du *Printemps 71*,[349] et dans le numéro de mai–juin de la même année parut un entretien croisé entre Adamov, Roger Planchon et René Allio au sujet de Brecht.[350] Au début de l'année 1965, l'écrivain fut interviewé par Wilhelm Girnus,[351] qui deux ans plus tard rappela à l'auteur la promesse qu'il avait faite, à savoir que sa pièce *Sainte Europe* serait publiée en exclusivité dans *Sinn und Form*.[352] Adamov, alors déjà gravement malade, reçut la lettre de Girnus en juin 1967 par l'intermédiaire de l'association des « Échanges franco-allemands » dont il était membre.[353] Il donnait « [s]on plein accord pour la publication partielle ou totale, de *Sainte Europe* dans *Sinn und Form* » et assurait que « cela [lui] [ferait] même un extrême plaisir ».[354] Un mois plus tard, en juillet 1967, il remercia la revue de cette publica-

---

[348] Friedrich Heilmann : Lettre à Arthur Adamov (27 juin 1961). IMEC, ADM 10.7. (« Was müßte man Ihrer Meinung nach zur Entspannung der Lage in Deutschland tun und worin sehen Sie das größte Hindernis dabei ? Glauben Sie, daß der Abschluß eines Friedensvertrages für Deutschland dem deutschen Volk und Europa Vorteile bringen würde und worin sehen Sie diese Vorteile ? »). Il n'a pas été possible de déterminer si Adamov a répondu à cette requête du *Sonntag* puisqu'aucun autre document ne fut retrouvé à ce sujet.
[349] Arthur Adamov : *Frühling 1971. Vier Bilder und zwei Guignols aus dem dritten Akt*. In : *Sinn und Form*, Berlin (mars 1961), p. 420–438. ADK Berlin, AdK-O 0057.
[350] René Allio : Arthur Adamov, Roger Planchon, René Allio : *Wie stehen wir zu Brecht ?* In : *Sinn und Form*, Berlin (mai–juin 1961), p. 938–947. ADK Berlin, AdK-O 0057.
[351] Arthur Adamov : *Gespräch mit Wilhelm Girnus*. In : *Sinn und Form*, Berlin (janvier–février 1965), p. 98–101. ADK Berlin, AdK-O 0057.
[352] Sinn und Form : Lettre à Arthur Adamov (20 avril 1967). ADK Berlin, AdK-O 0057.
[353] Arthur Adamov : Lettre à *Sinn und Form* (24 juin 1967). ADK Berlin, AdK-O 0057. « La lettre [...] que j'ai reçue grâce aux échanges franco-allemands ». Échanges Franco-Allemands : Lettres à Arthur Adamov (27 avril 1961–4 décembre 1969). IMEC, ADM 9.17.
[354] Arthur Adamov : Lettre à *Sinn und Form* (24 juin 1967). ADK Berlin, AdK-O 0057.

tion ainsi que de l'avoir invité en RDA et assurait que s'il le pouvait, il viendrait « avec le plus grand plaisir ».[355] *Sainte Europe* fut publiée dans *Sinn und Form* en janvier 1968 :[356] l'auteur se montrait particulièrement touché par la traduction de la pièce qu'il jugeait excellente[357] et écrivit au traducteur Rolf Schneider pour lui exprimer sa gratitude.[358] En mars et avril 1968, à quelques mois de sa mort, Adamov lança un dernier cri du cœur : « Puisse maintenant la pièce être créé chez vous ! »[359] et « puisse la pièce être représentée maintenant en D.D.R. »,[360] un vœu exprimé auprès de ses correspondants de *Sinn und Form*.

En somme, l'intérêt qu'Adamov manifestait pour le public et ses lecteurs est-allemands vint relayer celui qu'il portait à l'Allemagne de l'Ouest. Il fut le seul des quatre auteurs étudiés à avoir franchi le rideau de fer, cette autre frontière allemande, dès les années 1950. Le regard d'Adamov portait vers l'Est, lui permettant de se rapprocher à nouveau de sa terre d'origine russo-arménienne, après un détour par la France et l'Allemagne de l'Ouest. Néanmoins, malgré tous les efforts entrepris par divers médiateurs du monde du théâtre et de la presse, l'intégration d'Adamov dans la culture d'accueil est-allemande fut un échec. Il se peut que le nombre fort restreint de créations et de publications présentées ici donne une image incomplète de son transfert est-allemand, et que d'autres projets, dont les traces nous ont échappé, furent réalisés. Or, quel que soit le nombre de créations ou de publications, il reste certain qu'à la chute du Mur, l'œuvre d'Adamov avait fini par tomber dans l'oubli à l'Est comme à l'Ouest.

Ainsi, durant les années 1960, la même génération de metteurs en scène continua à monter les œuvres des écrivains francophones désormais unifiées sous la dénomination de théâtre « de l'absurde », parallèlement à la création – notamment par Piscator – de pièces politiques et documentaires. La culture d'ac-

---

355 Arthur Adamov : Lettre à *Sinn und Form* (10 juillet 1967). ADK Berlin, AdK-O 0057.
356 Arthur Adamov : *Heiliges Europa*. In : *Sinn und Form*, Berlin (janvier 1968), p. 54–133. ADK Berlin, AdK-O 0057.
357 Arthur Adamov : Lettre à *Sinn und Form* (17 mars 1968). ADK Berlin, AdK-O 0057.
358 Arthur Adamov : Lettre à *Sinn und Form* (8 avril 1967). ADK Berlin, AdK-O 0057. « J'ai écrit à Rolf Schneider pour le féliciter de sa remarquable traduction. Il est rare que des traductions soient de cet ordre-là ». Rolf Schneider est entre autres l'auteur d'un ouvrage important sur le théâtre d'après-guerre en Allemagne. Rolf Schneider : *Theater in einem besiegten Land : Dramaturgie der deutschen Nachkriegszeit 1945–1949*. Frankfurt am Main/Berlin : Ullstein Sachbuch 1989.
359 Arthur Adamov : Lettre à *Sinn und Form* (17 mars 1968). ADK Berlin, AdK-O 0057.
360 Arthur Adamov : Lettre à *Sinn und Form* (8 avril 1967). ADK Berlin, AdK-O 0057. Il n'a pas été possible de déterminer si la pièce fut finalement montée en RDA.

cueil ouest-allemande parvint à intégrer et à assimiler ces auteurs francophones et à s'établir comme un lieu de représentation majeur de leurs pièces. Elle évoluait surtout du statut de culture d'accueil à celui de culture d'origine, puisque certaines pièces n'étaient plus importées, mais bel et bien créées en RFA : les créations mondiales de pièces théâtrales à Berlin, Düsseldorf, Stuttgart et Ulm de même que l'écriture et la réalisation de pièces radiophoniques et télévisuelles à la SDR de Stuttgart en témoignent. Une telle assimilation puisait ses sources dans la décennie passée et les années d'après-guerre, durant lesquelles l'importance des collaborations internationales avait marqué les esprits et s'était, depuis, imposée comme essentielle dans le paysage théâtral et culturel ouest-allemand. Cette image unifiante fut toutefois écornée par le faux-pas d'Adamov, trop gourmand de succès à l'étranger et trop imprudent, peut-être délibérément, face au rideau de fer qui ne permettait qu'un passage en sens unique. Le chaleureux accueil des écrivains à l'Ouest exigeait une part de loyauté et la République Fédérale se montra intraitable lorsqu'Adamov voulut jouer sur deux fronts à la fois, entrant en contact avec des hommes de théâtre et de lettres de la République Démocratique. Le théâtre « de l'absurde » fut donc assimilé par les théâtres ouest-allemands comme un acquis théâtral qui leur était propre et qui ne devait en aucun cas être repris par la concurrence à l'Est.

# 4 La nouvelle génération : les années 1970 et 1980

Un changement générationnel majeur marqua les scènes ouest-allemandes à l'orée des années 1970. De nombreux directeurs de théâtre partirent à la retraite après avoir occupé leur poste pendant de longues années, un modèle prenait fin et une nouvelle époque commençait. Harry Buckwitz (Schauspiel de Francfort-sur-le-Main, 1951–1968) et Oscar Fritz Schuh (Schauspielhaus de Hambourg, 1963–1968) furent les premiers à quitter leur fonction, suivis par Boleslaw Barlog (Schiller- et Schloßpark Theater de Berlin-Ouest, 1945–1972), Hans Schalla (Schauspielhaus de Bochum, 1949–1972), Karl Heinz Stroux (Schauspielhaus de Düsseldorf, 1954–1972), Helmut Henrichs (Staatsschauspiel de Munich, 1958–1972), Gustav Rudolf Sellner (Deutsche Oper de Berlin-Ouest, 1961–1972), Hannes Razum (Staatstheater de Celle, 1961–1972) et Erich Schumacher (Bühnen der Stadt Essen, 1956–1974). De nouveaux directeurs leur succédèrent, comme en 1969 le comédien Boy Gobert au Thalia Theater de Hambourg et en 1971 le critique et dramaturge Ivan Nagel au Schauspielhaus de Hambourg. En 1972, Peter Palitzsch rejoignit le Schauspiel de Francfort-sur-le-Main, Kurt Meisel le Residenztheater de Munich, Hans Lietzau le Schiller-Theater de Berlin-Ouest, Ulrich Brecht le Schauspielhaus de Düsseldorf et Peter Zadek celui de Bochum. Enfin, Hans-Reinhard Müller prit la direction des Kammerspiele de Munich en 1973.

Les jeunes metteurs en scène apportaient une nouvelle esthétique théâtrale et une autre méthode dans le processus de création, on parlait de « l'ère du théâtre de régie », voire de « dictature du théâtre de régie ».[1] Parmi les principaux, souvent âgés d'une trentaine d'années seulement, on compte Peter Stein et Klaus Michael Grüber à la Schaubühne de Berlin-Ouest, Claus Peymann à Stuttgart et Bochum, Hansgünther Heyme à Wiesbaden et Cologne, Jürgen Flimm à Hambourg et Cologne, puis à nouveau Hambourg, Hans Neuenfels à Francfort-sur-le-Main et Berlin, Ernst Wendt et Dieter Dorn à Berlin et Munich et enfin Luc Bondy à Francfort-sur-le-Main et à la Schaubühne de Berlin. Ils furent rejoints par des collègues qui avaient fui la RDA, dont Bernhard Klaus Tragelehn, Manfred Karge, Matthias Langhoff, Thomas Langhoff, Jürgen Gosch et Einar Schleef.

Selon le metteur en scène Stephan Stroux, la jeune génération – dont lui-même faisait partie – avait mal agi en voulant se débarrasser trop vite des anciens, dont l'autorité quasi paternelle et toute puissante n'était plus souhai-

---

[1] Hans Daiber : *Deutsches Theater seit 1945*, p. 289. (« Regiezeitalter » ; « Regiediktatur »).

tée.² Stephan Stroux expliqua que son père Karl Heinz Stroux avait interprété l'absence de renouvellement de son contrat comme une attaque personnelle, et des questions comme celle du critique Henning Rischbieter – « Quand est-ce que vous allez enfin mourir, Monsieur Stroux ? »³ – avaient mené à un fort sentiment d'ingratitude chez les metteurs en scène de la génération d'après-guerre. Alors qu'ils avaient relevé le théâtre allemand des ruines et lui avaient redonné sa gloire d'antan, leurs mérites n'étaient pas suffisamment soulignés et ils se sentaient mis à la porte des établissements dont ils avaient eux-mêmes assuré la réouverture et la reconstruction.

La jeune génération lança un mouvement de politisation au sein de la structure même des théâtres. Les metteurs en scène et acteurs réclamaient davantage de pouvoir de décision et voulaient réformer la rigueur hiérarchique des établissements. En avril 1968 déjà, deux jeunes comédiens avaient publié dans le mensuel *Theater heute* un article intitulé « De l'esprit autoritaire du théâtre allemand » (« Über den autoritäten Geist des deutschen Theaters »).⁴ Ils y réclamaient une direction collective des théâtres et de la mise en scène, des contrats uniques et des rémunérations échelonnées en fonction des conditions sociales ainsi qu'un droit de regard sur la programmation des pièces, la distribution des rôles, les engagements et les licenciements.

Parmi les metteurs en scène, Peter Stein est celui qui appliqua ces propositions de la façon la plus conséquente. Il formula des conditions de démocratisation des théâtres dès septembre 1968⁵ et deux ans plus tard, à l'automne 1970, il devint le directeur artistique de la Schaubühne am Halleschen Ufer, poste qu'il partageait avec Claus Peymann. Ce « théâtre collectif » (« Kollektivtheater ») devint le modèle d'une démocratisation réussie : l'égalité des salaires et le droit à la parole permettaient aux employés d'influer sur les questions d'ordre économique et de participer aux choix artistiques, les créations étaient marquées par des positions idéologiques et esthétiques plus affirmées. L'engagement artistique et politique de comédiens comme Edith Clever, Bruno Ganz, Jutta Lampe et Otto Sander, qui tous avaient suivis Peter Stein depuis Brême, participait à la renommée de la Schaubühne. Les dramaturges Dieter Sturm et Botho Strauß, également auteurs dramatiques, le scénographe Karl-Ernst Herrmann et les costumières Moidele Bickel et Susanne Raschig complétaient

---

2 Stephan Stroux : Entretien réalisé le 12 décembre 2013, Berlin.
3 Ibid. (« Wann sterben Sie endlich, Herr Stroux ? »).
4 Jens Johler/Barbara Sichtermann : Über den autoritäten Geist des deutschen Theaters. In : *Theater heute. Zeitschrift für Schauspiel, Oper, Ballett*, avril 1968.
5 Hans Daiber : *Deutsches Theater seit 1945*, p. 281.

le tableau. Un tel système n'était pas épargné par les conflits, comme cela fut démontré par le départ soudain de Claus Peymann en 1971. Ce dernier avait voulu mettre en scène *La Chevauchée sur le lac de Constance* (*Der Ritt über den Bodensee*, 1971) de Peter Handke, un texte que la troupe jugeait élitiste et auquel elle opposa son veto. En réaction à ce refus, Claus Peymann quitta la Schaubühne et rejeta par la suite la participation égalitaire de tous les employés pour uniquement retenir l'idée d'une direction par des metteurs en scène et des dramaturges aux droits égaux. La brillante décennie de la Schaubühne s'acheva en 1981 avec le déménagement du théâtre du Hallesches Ufer au Lehniner Platz, dans l'enceinte d'un ancien cinéma au nord du Kurfürstendamm. Peter Stein quitta la Schaubühne quatre ans plus tard.[6]

La réception du théâtre « de l'absurde » dans les années 1970 et 1980 doit être appréhendée à travers le prisme de ce changement générationnel. Il ne s'agissait alors plus, comme dans l'approche défendue par l'ancienne génération de metteurs en scène, de montrer l'homme anhistorique, supratemporel et pétri de questions existentielles. Au contraire, la jeune génération d'hommes de théâtre questionnait la place de l'homme dans la société au moment de la création scénique de l'œuvre.[7] La conviction que le théâtre devait formuler des contradictions et faire preuve de distance critique face à la société, l'histoire, les institutions et les pratiques politiques était un héritage des années 1960. Dès lors que l'ancienne génération n'était plus sur les devants de la scène, la jeune génération pouvait revisiter d'un œil critique les pièces de ce mouvement théâtral.

Les nouveaux médiateurs de ce processus de transfert donnèrent ainsi un tournant à l'approche réservée aux pièces d'Adamov, Beckett, Genet et Ionesco, perçues sous un jour tantôt métaphorique, tantôt réaliste et qui dans certains cas oscillait entre ces deux catégories non hermétiques.

## 4.1 Lectures métaphoriques

Deux pièces d'Adamov et de Genet furent montées par des metteurs en scène de la nouvelle génération à la lumière d'interprétations métaphoriques. *Off Limits*

---

6 Les comédiens de la Schaubühne avaient refusé de monter un nouveau projet gargantuesque, les deux parties de *Faust* en 21 heures réparties sur deux jours. Ce projet fut par la suite réalisé par Peter Stein en juillet 2000, à l'Expo 2000 de Hanovre.
7 Henning Rischbieter (éd.) : *Durch den eisernen Vorhang*, p. 227 : « Die Hauptfrage lautete nicht mehr ‹ Was ist der Mensch ›, sondern diese Frage lautete : ‹ Was ist der Mensch in seiner, in der damaligen Gegenwart und Gesellschaft und in der von heute ? › » « La question princi-

d'Adamov, qui dénonce les limites de l'action politique face à la guerre du Vietnam, fut mise en scène par Klaus Michael Grüber à Düsseldorf (1972) en questionnant également l'impact et les limites de l'action artistique. *Le Balcon* de Genet fut monté par Hans Neuenfels à Berlin-Ouest (1983) dans un dispositif scénique de mise en abyme qui invitait le spectateur à s'interroger sur ses propres désirs et engagements.

### 4.1.1 *Off Limits* d'Adamov par Grüber

Le 30 septembre 1972, Grüber présenta la création allemande d'*Off Limits* (1968) d'Adamov dans la principale salle du Düsseldorfer Schauspielhaus. Cette mise en scène faisait partie du cycle d'ouverture sous la nouvelle direction d'Ulrich Brecht, confronté à une tâche difficile puisqu'il succédait à Karl Heinz Stroux qui était resté à la tête du théâtre pendant dix-sept années consécutives. Ulrich Brecht voulait proposer, dans la filiation de Stroux, des œuvres françaises contemporaines, et après Ionesco, le Düsseldorfer Schauspielhaus se tournait donc enfin vers Adamov.

Soucieux de conquérir les spectateurs de cette ville, Ulrich Brecht montrait d'emblée son savoir-faire tout en se distanciant de l'esthétique strouxienne. Durant le mois d'ouverture de la saison théâtrale 1972–1973, sept créations furent présentées en trois semaines. Brecht avait néanmoins surestimé l'énergie de l'équipe artistique et les ressources du public qui, découragé face à un programme aussi chargé et une offre trop éclectique, laissait entendre qu'il regrettait déjà Stroux. Des rumeurs circulaient au sujet de la mauvaise direction de Brecht, un phénomène que la création d'*Off Limits*, l'œuvre tardive d'un auteur déjà tombé dans l'oubli, ne venait que renforcer :

> Und als dann noch ein rundes Dutzend Zuschauer nach 45 Minuten Spieldauer die deutschsprachige Erstaufführung von Adamovs *Off Limits* verließen, still und kaum ruhestörend, da wurde dieses, sich an anderen Bühnen fortwährend vollziehende Ereignis gleich zu einer mittleren Katastrophe heraufstilisiert. Brecht stehe vor einem « Scherbenhaufen », in Düsseldorf werde « Provinztheater » gemacht.[8]

---

pale n'était plus ‹ Qu'est-ce que l'homme › mais ‹ Qu'est-ce que l'homme dans l'actualité et la société d'antan et d'aujourd'hui ? › ».

**8** Hans Schwab-Felisch : Die Lage in Düsseldorf und *Off-Limits* von Adamov. In : *Theater heute* (11 novembre 1972), p. 8–12. TWS Wahn. « Et lorsqu'en plus une douzaine de spectateurs quittèrent la création allemande d'*Off Limits* d'Adamov après trois quarts d'heure de jeu, en silence et presque sans déranger, alors ce phénomène, qui dans d'autres salles se produit tout le temps, fut exagérément perçu comme une petite catastrophe. On déclara que Brecht se trouvait dans une ‹ situation désastreuse ›, qu'à Düsseldorf on faisait du ‹ théâtre de province › ».

Cette rumeur était pourtant totalement infondée. Grüber était un metteur en scène prometteur qui avait déjà fait ses preuves : il avait été assistant à la mise en scène de Giorgio Strehler et de Paolo Grassi au Piccolo Teatro de Milan à partir de 1964 et en 1967, il y avait proposé une création du *Procès de Jeanne d'Arc* (*Der Prozeß der Jeanne d'Arc zu Rouen 1431*, 1952) de Bertolt Brecht d'après Anna Seghers. La même année, Kurt Hübner avait repéré le talent du jeune metteur en scène et fait appel à lui, avant que Giorgio Strehler ne le rappelle deux années plus tard pour la création d'*Off Limits*. La pièce d'Adamov était considérée comme une œuvre d'actualité qui dénonçait la guerre du Vietnam. Pourtant, alors que la pièce fut chaleureusement accueillie à Milan en 1969, trois ans plus tard à Düsseldorf l'expression littéraire de l'engagement politique d'Adamov débouchait sur de l'incompréhension.

La programmation d'une pièce d'Adamov suscita un vif intérêt auprès du public, et le critique Reinhard Baumgart estimait que trois fois plus de billets auraient pu être vendus, tant la demande était forte.[9] Certains articles allaient jusqu'à affirmer qu'Adamov était méconnu en RFA. Reinhard Baumgart écrivait par exemple dans la *Süddeutsche Zeitung* que « la création [faisait] plutôt ressortir un metteur en scène hors norme qu'un écrivain [qui était] encore presque totalement inconnu en Allemagne ».[10] Alfons Neukirchen, l'ardent défenseur de Ionesco, attaquait la dernière pièce d'Adamov avec virulence : « Un tel théâtre d'agitation, exsangue et fulminant, [était] vraiment plus terrible que tout ce qu'on avait souhaité en guise de remplacement des vieilles formes théâtrales de Stroux »,[11] estimait le critique. Il affirmait que si la pièce n'avait plus été montée depuis la création de Grüber à Milan, cela était imputable à sa mauvaise qualité littéraire, « faible » et « lourde ».[12] Certains critiques jugeaient

---

**9** Reinhard Baumgart : Zerstörtes Leben, zu schöne Zerstörung. In : *Süddeutsche Zeitung* (3 octobre 1972). ADK Berlin, Reinhard-Baumgart-Archiv 83.
**10** Ibid. (« So weist diese Inszenierung eher von neuem hin auf einen außerordentlichen Regisseur als auf einen hierzulande immer noch fast unbekannten Dramatiker »).
**11** Alfons Neukirchen : Verblichenes Parolentheater. In : *General-Anzeiger Wuppertal* (2 octobre 1972). TM Düsseldorf. (« Derart blutleeres, eiferndes Agitationstheater ist nun wirklich das allerletzte, was man sich als Ersatz für die gealterten Theaterformen Stroux'-scher Prägung gewünscht hat »).
**12** Ibid. : « Seit dieser Zeit kreist das Stück durch die deutschen dramaturgischen Büros. Wenn es selbst politisch besonders engagierte Theater nicht angenommen haben, so dürfte das künstlerische Gründe haben. Denn Adamovs Lehrstück gegen die amerikanische herrschende Klasse und gegen den Vietnamkrieg ist schwach und geistlos ». « Depuis ce temps-là la pièce circule dans les services administratifs des théâtres allemands. Si même des théâtres engagés politiquement ne l'ont pas acceptée, cela doit avoir des raisons artistiques. Car la pièce d'Adamov dirigée contre la classe dirigeante américaine et contre la guerre du Vietnam est faible et lourde ».

que le contenu d'*Off Limits* n'était plus en phase avec les événements historiques. Hans Schwab-Felisch observait ainsi dans le mensuel *Theater heute* que selon certains de ses confrères, l'œuvre d'Adamov n'apportait rien de nouveau après la révélation des atrocités commises à My Lai et la publication de certains dossiers du Pentagone, que la pièce était donc « dépassée ».[13]

Pourtant, Grüber avait fait l'effort de ne pas monter la pièce de façon réaliste afin qu'elle ne thématise pas uniquement la guerre du Vietnam. Il s'agissait au contraire d'une création riche en mises en abyme théâtrales et où dominait la métaphore : la question des limites de l'action politique posée par Adamov était doublée chez Grüber d'un questionnement sur les limites de la création artistique. La création d'une pièce sur la guerre du Vietnam parvenait-elle encore à provoquer auprès du public la volonté d'agir et de dénoncer les conflits qui sévissaient alors dans le monde ? La réponse apportée par Grüber semblait négative. Certains journalistes établissaient clairement un parallèle entre le message d'Adamov et celui de Grüber : le désespoir de l'écrivain face à l'état du monde et à la guerre du Vietnam s'était ainsi mué chez Grüber en un « désespoir face à l'impact limité du théâtre ».[14] Le critique de la chaîne radiophonique *Freies Berlin* signalait à ce sujet que Grüber semblait s'être appuyé sur la réplique suivante d'un personnage : « Qu'est-ce que tout notre théâtre leur apporte, à eux, au Vietnam ? »[15] Pessimiste, la création de Grüber soulignait que l'engagement artistique, devenu vain, n'était plus en mesure de provoquer une action politique auprès du public. Cette sombre vision était contrée d'un point de vue visuel par des décors colorés qui représentaient un monde onirique marqué par l'agitation et la superficialité et qui semblait effectivement très éloigné de la réalité de la guerre. La scénographie d'Eduardo Arroyo – Grüber avait à nouveau fait appel à lui après la création milanaise de la pièce – abondait en accessoires et en aires de jeu :

> Ein mehrstufig gegliedertes, salonartiges Kitschrosa-Polyesterguß mit Waschbecken, Bidet, Wasserklosett und Wannen, in denen die Partygäste, korrumpierte Manager, Sexgirls,

---

[13] Hans Schwab-Felisch : Die Lage in Düsseldorf und *Off-Limits* von Adamov. In : *Theater heute* (11 novembre 1972), p. 8–12. TWS Wahn : « Nun hat es Stimmen gegeben, die meinten, nach den Enthüllungen über My Lai und der Veröffentlichung bestimmter Pentagon-Papiere habe uns Adamov nichts mehr mitzuteilen, sein Stück sei überholt ».

[14] Reinhard Baumgart : Zerstörtes Leben, zu schöne Zerstörung. In : *Süddeutsche Zeitung* (3 octobre 1972). ADK Berlin, Reinhard-Baumgart-Archiv 83. (« Verzweiflung über die Beschränktheit theatralischer Wirkung »).

[15] Jochen Schmidt : Düsseldorf, *Off-Limits* (Adamov). In : *Galerie des Theaters*, Sender Freies Berlin, Neue Folge 313, sans indication de date de parution de l'article, TM Düsseldorf. (« Die Berechtigung zu solcher Verwandlung hat Grüber wohl vor allem aus einem Dialogsatz abgeleitet, und der heißt : ‹ Was haben die im Vietnam von unserem Theater ? › »).

karriere- und rauschgiftsüchtige Intellektuelle, ausgeflippte Studenten, und exzentrische Snobs der « Upper ten », in ihren Roben, Smokings oder auch Hippie-Look-Kostümen unvermittelt untertauchen oder hervorkriechen durften.[16]

Le décor relevait fortement du monde de l'opéra, ce qui présentait l'avantage de replacer Adamov dans le contexte de ses premiers écrits au coloris surréaliste, estimait le critique de la chaîne radiophonique *Freies Berlin*.[17] Or, le public de Düsseldorf ne connaissait pas ces pièces-là de l'auteur et ne voyait dans cette scène surchargée qu'un ensemble désordonné de personnages et d'intrigues. Hans Schwab-Felisch qualifiait la création de « hautement artificielle »[18] et affirmait que l'ambiance cauchemardesque qui sous-tendait la pièce était trop masquée par la richesse des décors : l'apparition « du cauchemar, de l'irréel au sein de la réalité » n'était que sous-jacente.[19] Le public, dans sa majorité, semblait dépassé par ce qu'il voyait. Plusieurs rangées de spectateurs se vidèrent au cours de la première demi-heure le soir de la première, non par mécontentement, mais par ennui.[20] Lors de l'applaudissement final, deux réactions montaient des rangées de spectateurs : les uns accueillaient chaleureusement les comédiens et le metteur en scène alors que les autres faisaient preuve d'une inertie qui témoignait de leur trouble ou de leur obstination à ne pas vouloir applaudir cette création, observait Ulrich Schreiber dans la *Frankfurter Rundschau*.[21] La réception réservée par le passé aux pièces

---

[16] Gerd Vielhaber : Inferno im Badezimmer-Rosa. In : *Der Tagesspiegel* (7 octobre 1972). TWS Wahn. « Un ensemble en polyester moulé, d'un rose kitch, divisé en plusieurs étages et qui fait songer à un salon, avec un lavabo, un bidet, des toilettes et des baignoires, dans lesquels pouvaient subitement disparaître ou apparaître les invités de la fête, des managers corrompus, des escort-girls, des intellectuels accro à leur carrière et aux stupéfiants, des étudiants cinglés et des snobs excentriques des classes sociales les plus élevées, dans leurs robes, smokings et vêtements au look hippie ».
[17] Jochen Schmidt : Düsseldorf, *Off-Limits* (Adamov). In : *Galerie des Theaters*, Sender Freies Berlin, Neue Folge 313, sans indication de date de parution de l'article, TM Düsseldorf.
[18] Hans Schwab-Felisch : Die Lage in Düsseldorf und *Off-Limits* von Adamov. In : *Theater heute* (11 novembre 1972), p. 8–12. TWS Wahn. (« Grübers Einstudierung ist hochartifiziell »).
[19] Ibid. (« [...] der Alptraum, die Irrealität in der Wirklichkeit – das wird nur andeutungsweise klar »).
[20] Gerd Vielhaber : Inferno im Badezimmer-Rosa. In : *Der Tagesspiegel* (7 octobre 1972). TWS Wahn : « Die da gingen, zeigten nicht Empörung ; sie waren schlicht gelangweilt oder überfordert ». « Ceux qui partaient n'étaient pas indignés, mais tout simplement ennuyés ou dépassés ».
[21] Ulrich Schreiber : Ein Schritt in die Gegenwart. In : *Frankfurter Rundschau* (4 octobre 1972). TWS Wahn. « Am Ende dann langer Beifall, trampelnder Enthusiasmus, als der Regisseur Grüber erschien, kein Pfiff oder Buhruf, aber immer noch wollte sich (benommen ? störrisch ?) die knappe Hälfte des Publikums nicht rühren ». « À la fin, de longs applaudissements, un

d'Adamov en RFA semblait donc se répéter. Tantôt applaudies, tantôt incomprises, les œuvres de l'écrivain ne parvenaient pas à faire l'unanimité. Le public et les critiques semblaient deviner leur potentiel, mais déploraient une absence de profondeur ou de clarté, comme s'il manquait toujours un élément fondamental à ces pièces. Ainsi Schwab-Felisch résumait la soirée en ces termes : « Ce soir-là, de nombreux éléments étaient réussis. Certains restèrent inachevés. En somme, un effort pourtant surprenant ».[22]

*Off Limits* fut la dernière mise en scène importante d'une pièce d'Adamov en République Fédérale. Montée dans un grand théâtre par un metteur en scène de renom, il s'agissait d'une belle fin de carrière ouest-allemande pour cet écrivain – il est toutefois envisageable qu'Adamov, dont la seconde moitié de carrière avait été marquée par une volonté d'engagement politique, aurait fortement désapprouvé la remise en question par Grüber des limites de l'action artistique.

### 4.1.2 *Le Balcon* de Genet par Neuenfels

L'œuvre de Genet connut un regain d'intérêt affirmé au cours des années 1980, sans pour autant provoquer de scandales. Durant la saison théâtrale 1983–1984, quatre mises en scène de pièces de l'écrivain furent données à Berlin-Ouest : *Le Balcon* fut montée par Hans Neuenfels au Schiller-Theater, Peter Stein créa *Les Nègres* à la Schaubühne am Lehniner Platz, la production des *Paravents* par Patrice Chéreau fut invitée en tournée au festival des Berliner Festwochen et *Les Bonnes* fut jouée au Renaissance-Theater, un théâtre privé du quartier de Charlottenburg.

La dernière mise en scène importante du *Balcon* en Allemagne de l'Ouest fut celle de Hans Neuenfels le 19 mars 1983 au Schiller-Theater de Berlin. Neuenfels était connu pour de nombreuses créations dans l'espace germanophone, souvent comme metteur en scène invité. Lui-même affirmait vouloir montrer dans ses créations « le décalage entre le cœur et la raison » à l'aide d'images fortes qui déclenchaient tour à tour désarroi ou enthousiasme.[23] Neuenfels pro-

---

enthousiasme trépignant lorsque le metteur en scène Grüber apparut, ni sifflements ni huées, mais une petite moitié du public (hébété ? têtu ?) ne voulait toujours pas bouger ».
**22** Hans Schwab-Felisch : Die Lage in Düsseldorf und *Off-Limits* von Adamov. In : *Theater heute* (11 novembre 1972), p. 8–12. TWS Wahn. (« Vieles ist an diesem Abend gelungen. Manches blieb unerfüllt. Eine erstaunliche Anstrengung dennoch »).
**23** Werner Schulze-Reimpell : Article « Neuenfels, Hans ». In : Manfred Brauneck/Wolfgang Beck (éds.) : *Theaterlexikon 2*. Reinbek bei Hamburg : Rowohlt Verlag 2007, p. 524–525, p. 525. (« Neuenfels selbst behauptete, er inszeniere ‹ die Kluft zwischen Kopf und Herz › »).

jetait depuis plusieurs années déjà de monter une pièce de Genet. Dans la brochure de la création, il expliquait que *Le Balcon* avait fait l'objet de deux projets inaboutis, en 1967 à Zurich et en 1973 à Francfort-sur-le-Main. Les répétitions au Schiller-Theater, tout d'abord perçues sous le « signe de l'espoir »,[24] s'avéraient toutefois difficiles. Neuenfels espérait alors pouvoir se « débarrasser de la contrainte, de la fascination, du défi et des doutes que faisait naître en [lui] *Le Balcon* » à l'aide d'un « événement personnel, qui n'appartiendrait qu'à [lui] ».[25] Il eut ainsi l'idée de tourner un film sur Genet dont le « point de départ devait être une discussion »[26] entre les deux hommes. Le metteur en scène partit à la recherche de l'écrivain qui, comme à son habitude, ne possédait pas d'adresse fixe, et après avoir prospecté en vain à Londres, au Maroc et à Paris, Neuenfels parvint grâce au journaliste François Bondy à organiser un rendez-vous à Paris. Le 8 février 1983, en présence de Bondy qui faisait office de traducteur, Neuenfels passa plusieurs heures dans la chambre d'hôtel de Genet et allait se souvenir plus tard que l'écrivain était « d'une franchise impressionnante, agile et rusé ».[27] Cet interview donna naissance au film *Voyage dans une vie cachée.*[28]

Les interprétations et mises en scène ouest-allemandes du *Balcon* avaient connu une importante évolution au cours des décennies. Dans un compte rendu de la *Frankfurter Allgemeine Zeitung*, Georg Hensel faisait le bilan des créations depuis la parution de l'édition dite « définitive » du texte de Genet en 1962.[29] Le critique applaudissait le parti pris de Neuenfels qui avait choisi de croiser deux approches, celle de la vulgarité à travers une représentation crue des activités de la maison close, et celle de la poésie par le prisme d'une lecture métaphorique :

> In Berlin will Hans Neuenfels beides : Bordell und Metapher ; die Moral der Parabel und ihre wollüstigen Reize. [...] Er vermehrt die Reize des Theatralischen. Die statischen Rituale löst er in Aktionen auf, und mit unerschöpflicher Phantasie versucht er immer wieder,

---

**24** Schiller-Theater (éd.) : *Programmheft* : *Der Balkon* (1982/83). ADK Berlin, Dokfonds-Theater 14558 : « Vor zehn Jahren wollte ich in Frankfurt den *Balkon* inszenieren, vor sechs Jahren in Zürich. Es ging nicht. Jetzt proben wir seit drei Monaten. Das ist ein hoffnungsvolles Zeichen ».
**25** Ibid. (« Der Zwang, die Faszination, die Herausforderung und die Zweifel, in die mich der *Balkon* versetzten, wollte ich loswerden mit einem eigenen Erlebnis, das ganz mir gehörte »).
**26** Ibid. (« Ausgangspunkt sollte ein Gespräch zwischen uns sein »).
**27** Ibid. (« Ich weiß nur, daß er von überwältigender Direktheit war, flink und verspielt »).
**28** Hans Neuenfels : *Reise in ein verborgenes Leben*, BRD, 1983, Ziegler Film, 90''.
**29** Georg Hensel : Die Bordellwelt als Weltbordell. In : *Frankfurter Allgemeine Zeitung* (21 mars 1983). ADK Berlin, Bernhard-Minetti-Archiv 2448.

die Metapher szenisch neu zu formulieren und psychologisch zu aktivieren. Das sind heroische Anstrengungen, jeglicher Bewunderung würdig.[30]

La scénographie était en effet entièrement portée sur des jeux de mises en abyme.[31] La présence d'un gigantesque miroir placé au fond de la scène, dans lequel les spectateurs voyaient leur propre reflet, impliquait leur participation. Chacun devenait ainsi un protagoniste, silencieux et discret, de la maison close et était invité à s'interroger sur ses désirs et fantasmes, son engagement ou sa passivité au regard d'une potentielle révolution. Les effets d'illusion et de mascarade, démultipliés, étaient donc pourvus d'une dimension personnelle pour le public mais également pour les comédiens, et ainsi Hensel notait-il que « quoiqu'il advienne dans cette maison close théâtrale, ces actions sont dédoublées dans le miroir du fond et parfois même les comédiens jouent-ils avec leur reflet ».[32] Certains critiques estimaient néanmoins qu'un tel parti pris n'avait pas œuvré en faveur du *Balcon*. Michael Stone notait que Neuenfels avait « souligné les faiblesses de la pièce à travers sa création aux allures d'opéra, par une coulisse sonore envahissante et des lumières ingénieuses ». Selon Stone, les spectateurs « [assistaient] toujours à un nouveau moment d'illumination » – créé par les effets scéniques – dont pourtant « la tension [s'affaissait] ensuite à chaque fois ».[33] Hensel quant à lui affirmait que la création manquait de profondeur et ne misait que sur sa nature de spectacle pour les sens ; à la fin de la représentation, seul demeurait « un mélange entre fascination et ennui : deux pensées et beaucoup de bruit dans le miroir ».[34] Un tel

---

30 Ibid. : « À Berlin Hans Neuenfels recherche les deux, le bordel et la métaphore, la morale de la parabole et ses charmes lascifs. [...] Il multiplie les charmes théâtraux. Il décompose les rituels statiques en actions, et avec une fantaisie inépuisable il essaye toujours et encore de trouver de nouvelles formules scéniques pour la métaphore et de les activer psychologiquement. Ce sont des efforts héroïques, qui méritent une grande admiration ».
31 Heinz Ritter : Schiller-Theater : *Der Balkon* (Genet). In : *Galerie des Theaters*, Rundfunkkritik, Neue Folge 871 (20 mars 1983). ADK Berlin, Bernhard-Minetti-Archiv 2448.
32 Georg Hensel : Die Bordellwelt als Weltbordell. In : *Frankfurter Allgemeine Zeitung* (21 mars 1983). ADK Berlin, Bernhard-Minetti-Archiv 2448. (« Was auch immer in diesem Theater-Bordell geschieht, es wird durch den Hintergrundspiegel verdoppelt, manchmal spielen die Schauspieler auch mit ihren Spiegelbildern »).
33 Michael Stone : Kleider machen Macht. In : *Frankfurter Neue Presse* (22 mars 1983). ADK Berlin, Bernhard-Minetti-Archiv 2448. (« Neuenfels hat durch seine opernhafte Inszenierung mit einer aufdringlichen Geräuschkulisse und einer ausgeklügelten Lichtregie die Schwächen des Stückes noch deutlicher werden lassen. Immer wieder erlebt man einen Moment der Illumination [...] und immer wieder sackt die Spannung ab »).
34 Georg Hensel : Die Bordellwelt als Weltbordell. In : *Frankfurter Allgemeine Zeitung* (21 mars 1983). ADK Berlin, Bernhard-Minetti-Archiv 2448. (« Ein Gemisch aus Faszination und Langeweile : zwei Gedanken und viel Lärm im Spiegel »).

manque d'engouement de la part de la critique étonne quelque peu. Dans la *Süddeutsche Zeitung*, Friedrich Luft, qui au cours de sa longue carrière de critique avait eu l'occasion d'assister à de nombreuses créations du *Balcon*, analysait l'évolution radicale de la réception de la pièce et se demandait comment, vingt ans après sa création allemande, elle avait pu recevoir un tel accueil oscillant entre politesse et ennui. Luft notait que le potentiel de provocation de la pièce s'était éteint,[35] que certains changements dans la société, comme l'habitude des scènes de violence et la représentation du mal à la télévision et au cinéma, pouvaient expliquer le manque d'impact du *Balcon* :

> Der Text reißt nicht mehr hin. Mißtrauen wir, inzwischen an schon viel Gräßlicheres gewohnt, den Spielen der Gräßlichkeit ? Erschrecken wir nicht mehr ? Ist Genet, der Dichter des Schlimmen, zu einem Klassiker geworden, schlimmerweise ? [...] Panik verbreitet Genets Nachricht von der Totalität des Bösen nicht mehr. Sicher liegt das in diesem Falle an dem perfektionsbesessenen Inszenator. Oder ist die Wirkung Genets wirklich ausgebrannt ? Oder liegt es (wäre ja auch möglich !) an uns selber ?[36]

Au milieu des années 1980, la réception des œuvres théâtrales de Genet se trouvait donc aux antipodes de son accueil dans les années 1950 et 1960 : de scandaleuses et outrancières, elles étaient devenues inoffensives et ordinaires. L'évolution des mœurs dans la société ouest-allemande, habituée à la représentation du mal dans les arts et les médias, semblait expliquer un tel bouleversement. Par voie de conséquence, le spectateur ne se sentait pas interpellé par la mise en abyme que Neuenfels avait voulu créer et les reflets dans le miroir placé sur scène ne suffisaient plus à déclencher chez lui un sentiment de responsabilité. Or, si la représentation du mal était devenue triviale en RFA, l'œuvre de Genet avait elle aussi été acceptée et donc intégrée avec succès dans la culture d'accueil ouest-allemande.

## 4.2 Lectures réalistes

Le transfert des pièces de Genet et de Beckett fut également poursuivi avec succès par les metteurs en scène de la nouvelle génération grâce à des partis

---

[35] Friedrich Luft : Das Böse weggebügelt. In : *Süddeutsche Zeitung* (21 mars 1983). ADK Berlin, Bernhard-Minetti-Archiv 2448 : « Die Provokation scheint gestorben ».
[36] Ibid. : « Le texte ne séduit plus. Est-ce que nous nous méfions des jeux infernaux, habitués depuis le temps à bien plus horrible ? Est-ce que cela ne nous effraie plus ? Ou pire, Genet, l'enfant terrible, serait-il devenu un classique ? [...] Le message de Genet sur l'omniprésence du mal ne sème plus la panique. Cela est certainement imputable au metteur en scène, obsédé par la perfection. Ou se peut-il que l'effet que produisait Genet est épuisé ? Ou bien, autre possibilité, la faute nous incombe-t-elle ? ».

pris réalistes. Ernst Wendt proposa à Munich une lecture contemporaine du *Balcon* (1976), Klaus Michael Grüber mit en scène à deux reprises *La Dernière Bande* à Brême et à Francfort-sur-le-Main (1973 et 1987), le vieillissement de l'acteur reflétant avec réalisme le passage du temps, et Peter Stein soulignait avec sa création des *Nègres* à Berlin-Ouest (1984) le lien entre réalisme et mascarade.

### 4.2.1 *Le Balcon* de Genet par Wendt

Une création des années 1970 qui proposait une lecture réaliste d'une œuvre de Genet fut celle du *Balcon* par Ernst Wendt, dont la première eut lieu le 20 octobre 1976 aux Münchner Kammerspiele. Wendt avait été durant sept ans rédacteur au mensuel *Theater heute*, avant de devenir en 1967 dramaturge en chef au Residenztheater de Munich, sous la direction de Lietzau. En 1969, il rejoignit ce dernier aux Staatliche Schauspielbühnen Berlin avant de retourner à Munich en 1976, cette fois-ci aux Münchner Kammerspiele. Wendt passait pour être un metteur en scène exigeant avec de fortes attentes envers ses comédiens et le public. Le titre de son ouvrage *On ne peut plus continuer comme il vous plaira* (*Wie es euch gefällt, geht nicht mehr*, 1985) est emblématique de son désarroi face au monde et de ses créations souvent radicales, qui divisaient la critique et le public. Dans la *Süddeutsche Zeitung* parut un compte rendu qui soulignait que contrairement aux précédentes mises en scène ouest-allemandes du *Balcon* – qui souvent avaient dépouillé la pièce de sa teneur polémique –, la création de Wendt était courageuse et directe, déployait des facettes inexploitées jusque-là et ne reculait pas devant la crudité des images et des idées :

> Die deutsche Aufführungstradition von Jean Genets *Der Balkon* ist unglücklich, von Harmlosigkeit gezeichnet. [...] Nur der Bildervorrat des Autors wurde ausgebeutet, seine wahren, erschreckenden Gedanken von einsam-trauriger Bestimmtheit blieben verschwiegen : Genet wurde vom Theater bestohlen. Angesichts dieser Spielgewohnheit ist Ernst Wendts Inszenierung sicher die ehrlichste – und deshalb kam sie dem Skandal auch sehr nahe.[37]

---

[37] Thomas Petz : Trauerarbeit – für ein richtiges Theater. In : *Süddeutsche Zeitung* (22 octobre 1976). TM München. « La tradition allemande de représentation du *Balcon* de Jean Genet est malheureuse, elle se distingue par son caractère inoffensif. [...] Seul a été exploité le stock d'images de l'auteur, ses véritables et effrayantes pensées d'une détermination triste et solitaire ont été passées sous silence : Genet a été volé par le théâtre. Au regard de cette habitude de jeu, la création d'Ernst Wendt est sans doute la plus honnête – et c'est bien pourquoi elle frisa le scandale ».

À l'inverse de la tradition dans laquelle avait auparavant été montée *Le Balcon*, la création de Wendt se montrait donc honnête et fidèle à l'esprit de Genet. Les éléments marquants de la production étaient d'une part le recours aux trois versions du texte (1956, 1960 et 1962) et d'autre part le transfert de la scène de la révolution au début de la pièce, un changement également opéré par Erwin Piscator quatorze ans plus tôt. Wendt soulignait lors d'une interview que le texte était certes « un mélange des trois versions existantes » mais qu'il s'appuyait « surtout sur la première [version], non traduite [en allemand] ». Le metteur en scène expliquait ce choix par le fait que « la dernière [version], celle autorisée par Genet, [contenait] trop de peurs des années 1950 »[38] et, de fait, Wendt avait au contraire accentué les analogies avec l'actualité des années 1970. Enfin, le metteur en scène faisait preuve de sensibilité à l'égard de la traduction et du texte allemand, et rectifia certaines expressions et répliques.[39]

La représentation durait plus de quatre heures, une longueur pesante selon certains critiques. L'un d'entre eux estimait que la production était « sans concessions, dure, lourde et longue » et soulignait qu'une telle durée « digne du *Roi Lear* » était inefficace.[40] Toutefois, les comptes rendus étaient positifs dans l'ensemble. L'une des réussites de Wendt avait été de rendre la pièce claire et plus moderne. Ainsi Rolf Michaelis affirmait-il que la pièce était devenue « totalement intelligible, réaliste, politique – et d'une effrayante actualité ».[41] La scène de la révolution, placée par Wendt au début du premier tableau, prenait en octobre 1976 une signification bien réelle au regard des actions de la RAF (Rote Armee Fraktion, aussi connue sous le nom de Bande à Baader) ; le suicide de Ulrike Meinhof remontait à quelques mois seulement et la thématique révolutionnaire était d'une cuisante actualité.

---

**38** Beate Kayser : Wer wissen will, was ein Anarchist ist – bei Genet kann er es lernen. In : *TZ* (13 octobre 1976). TWS Wahn. (« Wir spielen eine Mischung aus allen drei existierenden Fassungen, stützen uns besonders auf die erste, nicht übersetzte. Die letzte, von Genet autorisierte, enthielt zu viel Ängstlichkeit der fünfziger Jahre »). Un critique expliqua plus précisément en quoi résidait la spécificité du texte : Thomas Petz : Trauerarbeit – für ein richtiges Theater. In : *Süddeutsche Zeitung* (22 octobre 1976). TM München.
**39** Beate Kayser : Wer wissen will, was ein Anarchist ist – bei Genet kann er es lernen. In : *TZ* (13 octobre 1976). TWS Wahn : « Agnes Fink ist irritiert, weil ihre Partnerin sie mit ‹gnädige Frau› anredet. Ein Übersetzungsfehler ; es muß natürlich ‹Madame› heißen ». « Agnes Fink est décontenancée car sa partenaire lui dit ‹ma chère Dame›. Une erreur de traduction ; il faut bien sûr dire ‹Madame› ».
**40** George Salmony : Im Tollhaus der Illusionen. In : *Abendzeitung* (22 octobre 1976). TWS Wahn. (« Konzessionslos harte, schwüle und – lange Inszenierung » ; « *Lear*-Länge »).
**41** Rolf Michaelis : Sichere Landung eines Traumteppichs. In : *Die Zeit* (29 octobre 1976). ADK Berlin, Marna-King-Sammlung 124. (« *Der Balkon* [...] ist ganz verständlich, realistisch, politisch – und erschreckend aktuell »).

La création baignait dans une atmosphère de scandale et de nombreuses discussions furent organisées par l'équipe artistique pour calmer les esprits. Lors d'une discussion plénière menée par le responsable culturel de la ville de Munich, le théâtre fit salle comble, l'ambiance était tendue et les deux heures de discussion ne suffirent pas pour laisser la parole à chacun. Étaient présents l'actrice Agnes Fink qui interprétait Irma, l'éditeur Meyer, les critiques dramatiques Reinhard Baumgart et Peter Hamm, le directeur des Münchner Kammerspiele Hans-Reinhard Müller, Ernst Wendt et enfin Erwin Brießmann, président de la conférence des évêques allemands. Selon ce dernier, *Le Balcon* était une pièce à caractère blasphématoire en raison de la scène qui représentait un évêque assouvissant ses fantasmes sexuels. Faisant appel à l'article 166 dit « du blasphème » (« Blasphemieparagraph ») de la Loi fondamentale de la République Fédérale, Brießmann voulait intenter un procès au théâtre. Dans une lettre parue le 17 novembre 1976 dans le journal ecclésiastique de la ville de Munich, il exigeait même la démission du directeur Hans-Reinhard Müller.[42] Celui-ci répondit en soulignant que d'une part la programmation du théâtre ne pouvait plaire à un seul groupe d'individus – dans le cas présent des catholiques – et que d'autre part la foi chrétienne ne faisait nullement l'objet de la pièce. La plainte déposée par les catholiques fut rejetée et ne donna pas lieu à des poursuites.[43] L'accueil de la mise en scène de Wendt était donc à double tranchant : bien que le théâtre ait fait salle comble à chaque représentation, de nombreuses doléances furent déposées sous forme d'intentions de procès, de résiliations d'abonnements ou de lettres de protestation.

Ainsi, Ernst Wendt opta dans sa création du *Balcon* pour un parti pris réaliste qui se déployait à un double niveau. D'une part, il monta cette œuvre en 1976, après les révoltes étudiantes et en plein cœur de la radicalisation de l'extrême-gauche, ce qui plaçait inévitablement l'accent sur l'actualité politique de la pièce et sa portée révolutionnaire. D'autre part, l'esthétique directe et crue de la mise en scène, la violence des propos et des images étaient parvenues à choquer au moins une partie des spectateurs, comme l'illustrait la plainte déposée par la conférence des évêques allemands. Frisant le scandale, Ernst Wendt avait signé l'une des productions ouest-allemandes les plus intrépides du *Balcon*.

---

[42] B. K. : Die Kirchenzeitung fordert den Kopf des Intendanten. In : *TZ* (17 novembre 1976). ADK Berlin, Marna-King-Sammlung 124.
[43] Anonyme : Jesuit half dem Intendanten. In : *Aachener Volkszeitung* (30 octobre 1978). TWS Wahn.

## 4.2.2 *La Dernière Bande* de Beckett par Grüber

*La Dernière Bande* de Beckett fut montée à deux reprises, à quatorze ans d'intervalle, par Klaus Michael Grüber avec l'acteur Bernhard Minetti dans le rôle titre.⁴⁴ Le vieillissement de Krapp, qui prête l'oreille à ses désirs et décisions d'antan à travers des enregistrements sur bandes magnétiques, n'aurait de ce fait pas pu être suggéré de manière plus réaliste : d'une création à l'autre, le comédien avait en effet vieilli à l'image du personnage de la pièce. Minetti se glissa à trois reprises dans la peau du personnage de Krapp. Avant les deux projets avec Grüber, il s'était une première fois vu proposer le rôle en 1961⁴⁵ sous la direction de Hans-Karl Zeiser aux Kammerspiele de Cologne. Douze ans plus tard, le 16 mai 1973, il retrouvait Krapp dans la production de Grüber au Theater der Freien Hansestadt de Brême. Quatorze ans plus tard encore, le 14 octobre 1987, Minetti alors âgé de 82 ans interprétait une dernière fois ce rôle au Schauspiel de Francfort-sur-le-Main dans une nouvelle mise en scène de Grüber. Dans son autobiographie, le comédien explique que Krapp a été le rôle le plus exigeant de sa vie.⁴⁶ À l'occasion de la création de 1987, le critique Georg Hensel décrivait dans le quotidien *Frankfurter Allgemeine Zeitung* le cheminement de l'acteur sous les traits du personnage et soulignait les caractéristiques de chacune des trois interprétations :

> [1961] in Köln als einen schäbigen Ritter der Stoa im Clownshabit, mit roter Nase, weißem Kinn und Zirkuslatschen. Damals war Minetti 55 Jahre alt, vierzehn Jahre jünger als Krapp. In Bremen, 1973, schon unter der Regie von Klaus Michael Grüber, war Minetti 68 Jahre alt, fast so alt wie Krapp. Als penibel gekleideter Herr in straffer Haltung war er von Becketts verwahrlostem Krapp äußerlich weit entfernt, innerlich aber mit ihm vollkommen identisch. Minetti dachte insgeheim, wie er mir später schrieb, an « Ernst Jünger – wieso weiß ich nicht ... » Nun also, in Frankfurt, abermals unter Grüber, ist Minetti 82 Jahre alt, dreizehn Jahre älter als Krapp, ein Greis und ein Wunder an Lebenskraft.⁴⁷

---

**44** Les deux textes utilisés par Minetti lors de ces mises en scène sont disponibles aux archives de la ADK Berlin : dans le fonds Bernhard-Minetti-Archiv 2147 pour la création à Brême en 1973 et dans le fonds Bernhard-Minetti-Archiv 2150 pour la création à Francfort-sur-le-Main en 1987.
**45** Dans son article cité ci-dessous, Georg Hensel indique l'année 1960 pour la création de Hans-Karl Zeiser à Cologne, or nos recherches montrent que cette première eut lieu le 25 février 1961. Cf. tableaux de statistiques de créations ouest-allemandes en annexe.
**46** Bernhard Minetti : *Erinnerungen eines Schauspielers*. Reinbek bei Hamburg : Rowohlt 1988, p. 306.
**47** Georg Hensel : Jenseits vom Glück. In : *Frankfurter Allgemeine Zeitung* (6 octobre 1987). ADK Berlin, Bernhard-Minetti-Archiv 2148. « À Cologne, en [1961], [c'était] un piteux chevalier du stoïcisme, dans un habit de clown, au nez rouge, menton blanc et savates de cirque. Minetti était alors âgé de 55 ans, il avait quatorze ans de moins que Krapp. À Brême, en 1973, déjà

Minetti avait fait évoluer le rôle et atteint une maturité qui lui permettait de dépasser le personnage de Beckett : en 1987 à Francfort, Krapp joué par l'acteur était encore plus âgé que ce qu'indiquait la pièce, comme si cette seconde création décrivait la suite de la vie du personnage au-delà de la temporalité indiquée par Beckett.

La première création de Grüber de *La Dernière Bande* eut lieu le 16 mai 1973 à Brême. Grüber avait rejoint ce théâtre en 1967 après avoir été repéré comme jeune metteur en scène talentueux par Kurt Hübner, directeur du Theater der Freien Hansestadt Bremen. Lorsqu'en 1973 le contrat de Hübner ne fut pas reconduit, Grüber rejoignit Stein à la Schaubühne am Halleschen Ufer. *La Dernière Bande* fut donnée dans la petite salle du théâtre sur la place Goethe (Haus am Goetheplatz), où les rénovations demandées par le successeur de Hübner avaient déjà commencé et semblaient, de fait, chasser l'ancien directeur hors les murs. Le choix de la pièce, la dernière sous la direction de Hübner, était emblématique et les dernières paroles prononcées par Krapp semblaient symboliser le mot de la fin de l'école de Brême : « Peut-être que mes meilleures années sont passées. Quand il y avait encore une chance de bonheur. Mais je n'en voudrais plus. Plus maintenant que j'ai ce feu en moi. Non, je n'en voudrais plus ».[48] Le critique Peter Iden partageait lui aussi l'idée qu'il s'agissait d'un choix très symbolique et soulignait qu'on ne pouvait « mettre fin à onze années de travail théâtral dans la même ville de façon plus sensée, plus coordonnée, qu'avec cette pièce de Samuel Beckett où le comique et le tragique de la vie et du théâtre se réduisent à la tentative d'un homme, pénible et infructueuse, qui s'oblige à s'en souvenir ».[49]

Les critiques estimaient que le jeu de Minetti était marqué par un rythme et une chorégraphie minutieusement orchestrés. Jens Wendland expliquait

---

sous la direction de Klaus Michael Grüber, Minetti avait 68 ans, donc presque le même âge que Krapp. Il était habillé avec soin et se tenait droit, physiquement très éloigné du Krapp négligé de Beckett, mais intérieurement c'était le même. Comme il allait me l'écrire plus tard, Minetti pensait alors secrètement à ‹ Ernst Jünger – pourquoi, je ne sais pas ... ›. Cette fois-ci donc, à Francfort, une fois de plus sous Grüber, Minetti a 82 ans, il en a treize de plus que Krapp, il ressemble à un vieillard mais regorge d'une telle vitalité que c'en est miraculeux ».

[48] Samuel Beckett : *La Dernière Bande* suivi de *Cendres*. Trad. Robert Pinget et Samuel Beckett. Paris : Éditions de Minuit 1959, p. 33.

[49] Peter Iden : Das Abenteuer des Spiels. In : *Frankfurter Rundschau* (9 juin 1973). ADK Berlin, Bernhard-Minetti-Archiv 2147. («*Das letzte Band* – kann man elf Jahre Theaterarbeit in einer Stadt sinnreicher, beziehungsvoller beenden als mit diesem Stück Samuel Becketts, in dem das Komische und das Tragische von Leben und Theater reduziert werden auf den mühsamen und scheiternden Versuch eines Menschen, sich daran verbindlich zu erinnern ? » )

dans le quotidien *Süddeutsche Zeitung* que « ce n'était pas le jeu [qui était vivant], mais sa construction, sa réalisation » et que le caractère répétitif et mécanique des mouvements de l'acteur portaient l'action.[50] La prestation de Minetti ne suffisait pourtant pas à maintenir la concentration du public durant toute la durée du spectacle. Ainsi, au cours des diverses représentations, le public restait partagé entre colère et enthousiasme : « un grand nombre de spectateurs, très en colère, partaient avant ou juste à la fin » et « ceux qui restaient étaient autant ravis (les uns) qu'indignés (les autres) ».[51] Un journaliste se demandait ainsi s'il n'y avait pas eu un « échec de la part du public » et il conjecturait que les « applaudissements démonstratifs » à la fin de la représentation servaient à libérer les spectateurs de leur « mauvaise conscience ».[52] La majeure partie des critiques dramatiques jugeait néanmoins cette mise en scène de Grüber « indubitablement brillante ».[53]

Quatorze ans plus tard, le 14 octobre 1987, la seconde mise en scène de *La Dernière Bande* par Grüber avec Minetti eut lieu au Schauspiel de Francfort-sur-le-Main. Les enregistrements au magnétophone laissaient entendre la voix du jeune Minetti et remontaient à la création de la pièce par Zeiser à Cologne en 1961. Un critique estimait d'ailleurs que « ces monologues sur bande d'enregistrement [avaient] une valeur historique ».[54] Un autre fait marquant était que les décors différaient grandement des indications textuelles de Beckett. La scène laissait voir « une habitation miniature et idyllique »,[55] une petite cabane en bois entourée d'une multitude de cactus. Ce décor entraînait une légère modification dans les habitudes du personnage : le goût de la boisson – Krapp se rend régulièrement dans une pièce du fond pour boire de l'alcool – était

---

50 Jens Wendland : Eine doppelte Biographie. In : *Süddeutsche Zeitung* (2 juin 1973). ADK Berlin, Bernhard-Minetti-Archiv 2147. (« Lebendig ist also nicht das Spiel, sondern sein Aufbau, sein Zustandekommen »).
51 Erich Emigholz : Abrechnung mit Sein und Zeit. In : *Bremer Nachrichten* (26 mai 1973). ADK Berlin, Bernhard-Minetti-Archiv 2147. (« Etliche Zuschauer, schrecklich böse, gingen vorzeitig oder rechtzeitig. Und die, die blieben, waren ebenso hingerissen (die einen) wie empört (die anderen) »).
52 Erika Thies : Beckett oder das Traumpublikum. In : *BBZ* (25 mai 1973). ADK Berlin, Bernhard-Minetti-Archiv 2147. (« Ein Versagen des Publikums also, das [...] im demonstrativen Beifallklatschen vielleicht auch ein bißchen schlechtes Gewissen abreagierte ? »).
53 Ibid. (« Die Aufführung war zweifellos brilliant »).
54 Gbs. : Audienz bei Herrn Minetti. In : *Wiesbadener Tageblatt* (6 octobre 1987). ADK Berlin, Bernhard-Minetti-Archiv 2148. (« Diese [Tonbandmonologe] haben historisches Format »).
55 Rudolf Krämer-Badoni : Wenn alles gleichgültig geworden ist. In : *Die Welt* (6 octobre 1987). ADK Berlin, Bernhard-Minetti-Archiv 2148. (« Idyllische Miniaturbehausung »).

remplacé dans cette création de 1987 par du jardinage : Krapp, « au lieu de boire[,] arrosait les plantes »,[56] notait un critique dans *Die Welt*.

Outre ce changement dans les habitudes du personnage, le jeu de Minetti semblait en tous points radicalement différent de celui de 1973. Il incarnait Krapp avec sérieux et détachement : « Lorsque rit la jeune voix d'autrefois, Krapp ne rit plus, mais reste froid comme le marbre et garde ses distances. Minetti, qui a vieilli de treize ans, joue maintenant le rôle de façon souveraine, sans excitation ni passion », résumait le même critique.[57] Minetti incarnait un vieillard dont les déplacements et mouvements étaient réduits au minimum. Georg Hensel expliquait que ce Krapp-là était devenu « un très vieil homme, sur le point de s'éteindre » :[58] lorsque Krapp écoutait la bande qui relatait le contact charnel avec la femme aimée, dans la création à Brême Minetti s'écroulait sur le sol au souvenir du bonheur perdu, alors que dans la mise en scène de Francfort, l'acteur continuait stoïquement à arroser ses plantes, le souvenir du bonheur refusé et à jamais révolu ne le touchait plus. Selon Georg Hensel, le personnage se trouvait « au-delà du bonheur et de la douleur » et « plus rien ne [le] [touchait] en dehors de la rigidité de la mort ».[59] Les avis des critiques furent pourtant modérés. Certains, à l'instar de Peter Iden dans la *Frankfurter Rundschau*, ne voyaient pas d'un bon œil les transformations et coupures opérées par Grüber, selon le critique il s'agissait de « l'interprétation la plus minimaliste possible du texte », d'un « renoncement [et d'un] refus », qui « masquaient et modifiaient » l'œuvre de Beckett.[60] Les applaudissements du public et les louanges de la presse semblaient ainsi davantage s'adresser à Minetti, dont la carrière théâtrale exigeait « respect et admiration ».[61]

---

**56** Ibid. (« Statt mit Trinken werden die Pausen mit Pflanzenbegießen ausgefüllt »).
**57** Ibid. (« Wenn die damalige junge Stimme lacht, lacht Krapp nicht mehr mit, sondern bleibt eisig kühl und distanziert. Der 13 Jahre älter gewordene Minetti spielt die Rolle jetzt souverän, ohne Aufregung und Leidenschaft »).
**58** Georg Hensel : Jenseits vom Glück. In : *Frankfurter Allgemeine Zeitung* (6 octobre 1987). ADK Berlin, Bernhard-Minetti-Archiv 2148. (« Jetzt, in Frankfurt, ist Minettis Krapp ein uralter Mann, kurz vorm Erlöschen »).
**59** Ibid. (« Er ist jenseits von Glück und Schmerz [...] Nichts mehr berührt Krapp außer der Starre des Todes »).
**60** Peter Iden : Abgegangen, schon vor langem. In : *Frankfurter Rundschau* (6 octobre 1987). ADK Berlin, Bernhard-Minetti-Archiv 2148. (« Es ist die denkbar schmalste Auslegung des Textes. Ein Verzicht, Verweigerung » ; « Grüber [hat] den Beckett verdeckt und verstellt »).
**61** Georg Hensel : Jenseits vom Glück. In : *Frankfurter Allgemeine Zeitung* (6 octobre 1987). ADK Berlin, Bernhard-Minetti-Archiv 2148. (« Beifall [...] des Respekts und der Verehrung für Minetti »).

### 4.2.3 *Les Nègres* de Genet par Stein

La dernière grande création d'une pièce de Genet avant la fin de la partition allemande fut celle des *Nègres* par Peter Stein, dont la première eut lieu le 18 juin 1983 à la Schaubühne de Berlin-Ouest. Stein fit ses débuts dans le milieu du théâtre étudiant, puis devint assistant à la mise en scène et à la dramaturgie aux Kammerspiele de Munich, où il pu encore côtoyer Fritz Kortner qui l'influença grandement. En 1968, il rejoignit l'équipe de Kurt Hübner à Brême aux côtés de Zadek, Grüber et Minsk. Sa création de *Torquato Tasso* (1790) de Goethe divisa la presse mais fut également choisie pour l'ouverture du festival des Berliner Theatertreffen de 1970. La notoriété de Stein était alors assurée, et la même année il fonda avec Claus Peymann la Schaubühne de Berlin-Ouest.

*Les Nègres* n'avait plus été montée en RFA depuis sa création allemande à Darmstadt en 1964 ; la faute semblait en incomber à la difficulté de trouver une troupe germanophone constituée uniquement d'acteurs noirs. Lors d'une entrevue entre Stein et Genet organisée par l'éditeur Meyer, durant laquelle les deux hommes s'étaient « bien entendus »,[62] l'écrivain donna son accord pour que *Les Nègres* soit jouée avec des comédiens blancs maquillés en noir. Il se rendit également à Berlin-Ouest pour assister aux répétitions, et alla jusqu'à proposer une fin alternative à la troupe, un texte que Stein ne retint finalement pas.[63] La mise en scène connut par ailleurs d'importants préparatifs : Stein réalisa une nouvelle traduction de la pièce – une tâche certes ardue mais en rien comparable avec sa nouvelle traduction de l'*Orestie* d'Eschyle de 1980 – et durant l'été 1982 il entreprit avec ses comédiens un voyage en Afrique.

Une étude de la fin alternative proposée par Genet, qui n'a pas été publiée en France, s'impose puisqu'elle a été écrite spécialement pour un public germanophone : les changements proposés par l'auteur visaient ainsi à adapter la pièce à la culture d'accueil ouest-allemande.[64] Ce texte alternatif est constitué de répliques et d'actions qui viennent s'ajouter à la fin initiale, après que le rideau situé au fond de la scène se lève et que les noirs dansent au milieu de huit cercueils sur le menuet de *Don Giovanni* de Mozart. Derrière les rangées de spectateurs apparaissent alors « dix noirs (quatre vrais et six faux noirs – des

---

[62] Andreas J. Meyer : Entretien réalisé le 9 septembre 2013, Gumpendorf. (« Sie [Stein und Genet] haben sich gut verstanden »).
[63] Schaubühne am Lehniner Platz (éd.) : *Programmheft : Jean Genet, Die Neger/Les Nègres 1958, Clownerie 1982/83*.
[64] Les appendices dans l'édition de la Pléiade ne font pas non plus mention de cette fin supplémentaire : Jean Genet : *Les Nègres*, p. 543–571.

comédiens allemands donc – recouverts de peinture bleue de divers tons, peut-être de la façon suivante : [*dessins de Genet représentant deux visages humains avec des annotations des différents tons de bleus possibles*] ou maquillés d'une autre façon, de sorte que les spectateurs doivent se demander quels corps, quels visages pourraient bien arborer ce genre de couleurs ».[65] Les noirs qui se trouvent sur scène grimpent sur les cercueils et se munissent de longues-vues pour observer les autres noirs qui lentement traversent les rangées de spectateurs, et s'écrient : « Les voilà. Ils sont revenus. Jetez-les nous, nous sommes prêt à les accueillir ».[66] Les acteurs situés dans le public jettent sur scène des sacs en toile de jute, immédiatement récupérés par les comédiens qui se trouvent sur le plateau. Un rideau s'abaisse ensuite sur toute la scène, mais l'action qui se déroule derrière reste visible : « Les noirs et les comédiennes noires vident les sacs en jute, qui contiennent des os blancs, les peignent en noir, rouge et bleu et les posent sur les cercueils en reconstituant des squelettes ».[67] S'engage ensuite un bref dialogue entre un comédien allemand peint en bleu et un acteur noir : « Il nous a été très difficile de les déterrer … » / « Où les avez-vous trouvés ? » / « À Verdun, au Chemin-des-Dames ». / « À Douaumont ? » / « À Douaumont aussi. Et les os de mon grand-père, mort durant le combat contre Faidherbe, contre les généraux anglais, au Transvaal contre les généraux boers, contre l'oncle Krüger … ».[68] Le rideau se lève, et on aperçoit sur les cercueils légèrement penchés vers le public les squelettes reconstitués et colorés. L'image finale est faite de danse et de musique et « les acteurs noirs s'adonnent à une danse africaine, qui à la fin se transforme en jazz ».[69]

Malgré l'effort entrepris par Genet pour proposer une autre fin au public ouest-allemand, celle-ci ne semblait pas aisément compréhensible. Elle contient en effet trois renvois historiques précis qui n'étaient pas nécessairement

---

65 Ibid., p. 26. (« 10 Schwarze (4 richtige und 6 falsche Schwarze – nämlich deutsche Schauspieler –, die in verschiedenen Blau-Tönen angemalt sind, folgendermaßen vielleicht : […] oder auf andere Weise geschminkt, so daß die Zuschauer sich fragen müssen, welche Körper, welche Gesichter wohl solche Farben tragen … »).
66 Ibid. (« Da sind sie. Sie sind zurückgekommen. Werft sie herüber, wir sind bereit, euch zu empfangen »).
67 Ibid. (« Die Schwarzen und die schwarzen Schauspielerinnen leeren die Jutesäcke, die weiße Knochen enthalten, bemalen sie mit schwarzer, roter, blauer Farbe und legen sie dann auf den Särgen wieder zu Skeletten zusammen »).
68 Ibid. (« Es war sehr schwer für uns, sie auszugraben … » / « Wo habt ihr sie gefunden ? » / « In Verdun, am Chemin des Dames ». / « In Douaumont ? » / « Auch in Douaumont. Und die Knochen meines Großvaters, gefallen im Kampf gegen Faidherbe, gegen die englischen Generäle, in Transvaal gegen die Buren-Generäle, gegen Ohm Krüger »).
69 Ibid. (« Die schwarzen Schauspieler tanzen einen afrikanischen Tanz, der zum Schluß in Jazz übergeht »).

connus des spectateurs. Dans un premier temps, elle comporte des allusions à Verdun et à la Première Guerre mondiale qui rappellent que les habitants des colonies combattirent dans l'armée française. Dans une mise en scène allemande des *Nègres*, cela exige pourtant un niveau de lecture supplémentaire puisque des comédiens allemands sont censés jouer des habitants noirs des colonies françaises qui se sont battus contre les Allemands – un enchevêtrement effectivement compliqué. Écrit par Genet en 1983, le dialogue n'est d'ailleurs pas sans rappeler un passage des *Paravents* datant de 1961, dans lequel un gendarme français se souvient avec nostalgie des combats menés aux côtés des Algériens durant la Seconde Guerre mondiale.[70] Dans un deuxième temps, la guerre franco-allemande de 1870 est mentionnée à travers le nom du général Louis Faidherbe qui commanda l'Armée du Nord et fut gouverneur du Sénégal. Jouée en Allemagne, la référence à la guerre de 1870 déplace la problématique de la pièce de la question des colonies à celle des rapports franco-allemands, ce qui semble alourdir encore plus l'action de cette pièce déjà très riche en références historiques. Dans un dernier temps, il est fait allusion à la Guerre des Boers de 1899 à 1902, qui opposa en Afrique du Sud les Britanniques et les deux républiques boers indépendantes, défendues notamment par le président du Transvaal Paul Krüger. La mention de cet événement permet de faire le lien avec des territoires africains peuplés de noirs et de blancs autres que français. Or, il n'est pas certain qu'au milieu des années 1980, la Guerre des Boers ait encore été connue des spectateurs.

Ainsi, en multipliant les allusions à des généraux et à des champs de bataille, Genet cherchait à démontrer que les Africains étaient sacrifiés lors de divers combats par les forces coloniales ou dominantes, qu'elles aient été françaises, allemandes, néerlandaises ou britanniques. Néanmoins, ces renvois – excepté sans doute ceux à la Première Guerre mondiale – n'étaient pas forcément compris, raison pour laquelle Stein renonça peut-être à cette fin alternative.

Le mécanisme de travestissement auquel se livraient les comédiens pour maquiller leur peau blanche fut clairement mis en évidence lors des représentations. Le metteur en scène signalait ainsi que la dimension réaliste ne pouvait être atteinte que par le truchement de l'artifice. Avant le commencement de la pièce, les spectateurs étaient invités à suivre un itinéraire qui les emmenait assister à la transformation des comédiens qui s'habillaient, se maquillaient et se couvraient de fond de teint noir. Parallèlement à ces préparatifs, l'acteur Peter Simonischek qui interprétait le personnage nommé Village

---

[70] Jean Genet : *Les Paravents*. In : *Théâtre complet*, p. 571–756, p. 626.

récitait le poème « Devant les portes se promenait / Un maure noir de la tête aux pieds ... », des vers allemands célèbres issus du recueil de conte pour enfants *Pierre l'Ébouriffé* (*Der Struwwelpeter*, 1845).[71] En outre, le comédien Werner Rehm, qui incarnait le personnage d'Archibald, expliquait au public la relation entre blancs et noirs telle qu'elle était représentée dans la pièce et l'invitait à s'identifier avec les colons blancs en lançant sur le ton de la provocation : « Je présume que cela ne vous posera pas de problèmes ».[72] Enfin, le public quittait la scène au moment où le rideau se levait, et rejoignait les rangées de fauteuils où jouait Galan Tama, un groupe de musiciens sénégalais.

Ce prologue fut salué par les critiques, à l'instar de Benjamin Henrichs qui dans *Die Zeit* le qualifiait de « musée scénique », d'« essai théâtral, beau et plein d'esprit, sur les motifs noir et blanc, Afrique et Europe, peau et maquillage, théâtre et réalité ». Pourtant, il concluait laconiquement que « la soirée [débutait] comme une fête. Mais ensuite [commençait] la pièce. Et la fête s'[arrêtait] là ».[73] Selon les critiques, le public percevait la difficulté des comédiens à entrer dans la peau de noirs. La scénographe et critique Marna King observait ainsi qu'« [à ses yeux] l'œuvre perdait beaucoup de son mordant avec un casting entièrement blanc ». Elle soulignait que « d'un point de vue esthétique, ils [avaient fait] un travail incroyable pour paraître noirs », mais que le problème résidait avant tout dans la gestuelle et que « souvent leurs positions et poses semblaient authentiques mais [qu']ils ne réussissaient pas à réellement simuler les rythmes noirs dans leur corps et leurs mouvements ». En somme, selon Marna King, « la production commençait rapidement à s'égarer ».[74]

---

[71] (« Es ging spazieren vor dem Tor / Ein kohlpechrabenschwarzer Mohr »). Il s'agit du poème *L'histoire des garçons noirs* (*Die Geschichte von den schwarzen Buben*) dans *Pierre l'Ébouriffé* (*Der Struwwelpeter*) de Heinrich Hoffmann.
[72] Günther Grack : Die Schwarzen und die Weißen. In : *Tagesspiegel* (21 juin 1983). ADK Berlin, Marna-King-Sammlung 344. (« Ich nehme an, das wird Ihnen nicht schwerfallen »).
[73] Benjamin Henrichs : Der Zauberer im Sarg. In : *Die Zeit* (24 juin 1983). ADK Berlin, Marna-King-Sammlung 344. (« Das war das Vorspiel : ein szenisches Museum, ein theatralischer Essay, geistreich und schön, über die Motive Schwarz und Weiß, Afrika und Europa, Haut und Schminke, Theater und Wirklichkeit. Der Abend beginnt wie ein Fest. Dann aber beginnt das Stück. Und das Fest ist zu Ende »).
[74] Marna King : Notes manuscrites sur *Les Nègres*. Mise en scène Peter Stein (Berlin, 1983). ADK Berlin, Marna-King-Sammlung 344. (« The work loses a lot of its punch (for me) with an all white cast. Aesthetically they did an incredible job appearing to look black. [...] Often their stances and poses seemed authentic but they could not really simulate the black rhythms in body and movement. [...] This production very quickly for me began to meander »).

Alors que le public du soir de la première réagit avec enthousiasme et accueillit les comédiens par des « applaudissements ravageurs »,[75] les avis sur la mise en scène de Stein furent mitigés. Le mélange chamarré de danse et de musique fut souligné par de nombreux critiques, tout comme l'image finale qui renvoyait à un thème cher à Genet, le théâtre dans le théâtre :

> Das Schlußbild zeigt eine Karte des afrikanischen Kontinents an der Rückwand, das Menuett erklingt und wird von Trommelmusik übertönt. Die Schauspieler tanzen wieder : Erst paarweise, dann einzeln, mit dem Rücken zum Publikum. Die Kulisse wird hochgezogen, das Theater abgebaut.[76]

La fidélité à l'esprit de mascarade voulu par Genet ne suffisait pas à convaincre les critiques, qui déploraient un manque de vitalité de la troupe et d'engagement politique du metteur en scène. Benjamin Henrichs déclarait ainsi qu'« il [manquait] à la mise en scène la haine et la gaité » et qu'elle se trouvait « aussi éloignée du scandale politique que de la clownerie ».[77] Cette opinion était encore plus tranchée dans le compte rendu de Georg Hensel : si la représentation ravissait esthétiquement, elle « ne [déclenchait] pas d'émotions élémentaires, pas même un choc moral »[78] car Stein avait refusé d'actualiser l'œuvre de Genet. Effectivement, le sous-titre de la création, *Les Nègres 1958*, indiquait que l'accent était placé sur les années 1950 et non 1980. Un tel choix peut paraître surprenant compte tenu du fait que les contestations sociales et les mouvements afro-américains des droits civiques avaient pris leur essor depuis l'écriture de la pièce. Un journaliste du journal socialiste *Die Wahrheit* expliquait ainsi à juste titre que « Stein [avait omis] de développer la pièce dans l'esprit des années 1980, de ses exigences, de ses revendications et des questions concrètes de son époque ».[79] Enfin, l'image finale de la mise en scène

---

[75] Karena Niehoff : Weiß wie Neger, schwarz wie Schnee. In : *Süddeutsche Zeitung* (21 juin 1983). ADK Berlin, Marna-King-Sammlung 344. (« Tosender Beifall »).

[76] Andreas Roßmann : Spiel im Spiel und Wirklichkeit. In : *Sonntags Blatt* (26 juin 1983). TWS Wahn. « La dernière image montre une carte du continent africain sur le mur du fond, le menuet retentit et est couvert par les tambours. Les comédiens dansent à nouveau : d'abord en couple, puis tout seuls, tournant le dos au public. Les décors sont remontés, le théâtre démonté ».

[77] Benjamin Henrichs : Der Zauberer im Sarg. In : *Die Zeit* (24 juin 1983). ADK Berlin, Marna-King-Sammlung 344. (« Es fehlt der Inszenierung der Haß und auch die Heiterkeit – vom politischen Skandal ist es so weit entfernt wie von der Clownerie »).

[78] Georg Hensel : Schönheit des Hasses. In : *Frankfurter Allgemeine Zeitung* (20 juin 1983). ADK Berlin, Marna-King-Sammlung 344. (« [Das Stück] entzückt ästhetisch, Elementargefühle aber löst es nicht aus, nicht einmal einen moralischen Schock »).

[79] Manfred Nillius : Kraftvolles Spiel mit wenig Unbedingtheit. In : *Die Wahrheit* (21 juin 1983). TWS Wahn. (« [Stein hat] es aber weitgehend versäumt, das Stück aus dem Geist der 80er Jahre, ihren Ansprüchen, Forderungen, ihren konkreten Zeitfragen zu entwickeln »).

pouvait selon Urs Jenny être lue comme « un appel à la liberté lancé aux peuples africains », un appel qui toutefois restait confiné entre les quatre murs de la salle de théâtre et était donc « grandiose ‹ uniquement › d'un point de vue théâtral ».[80] En somme, Stein monta *Les Nègres* en mettant l'accent sur le jeu des comédiens, dont la transformation réaliste en noirs ne pouvait être atteinte qu'à travers le truchement de la mascarade. Ce parti pris ne récolta pas l'approbation de la presse, qui critiqua avant tout l'absence de références à l'actualité de son temps. Si Stein avait lu l'œuvre à la lumière des années 1980, peut-être qu'un autre réalisme, certes anachronique avec l'écriture de la pièce mais porteur de vérité au présent, aurait alors pu se déployer et mener à une meilleure réception.

## 4.3 Entre métaphore et réalisme : *En attendant Godot* par Tabori

La création d'*En attendant Godot* par George Tabori aux Münchner Kammerspiele (1984) confirma l'intégration réussie de la pièce dans la culture d'accueil ouest-allemande. La mise en scène de Tabori était fondée sur un glissement du jeu au réel, sur un va-et-vient entre théâtre et réalité historique : à la fois réflexion sur le métier de comédien et réactivation du passé national-socialiste de l'Allemagne, la création de Tabori se trouvait au croisement des lectures métaphorique et réaliste.

### 4.3.1 Genèse

George Tabori, né dans une famille juive hongroise, fut durant la Seconde Guerre mondiale journaliste, scénariste et auteur de romans en Angleterre et aux États-Unis. En 1952, il écrivit sa première pièce et sa première mise en scène fut signée quatre ans plus tard. En 1969, il monta sa pièce *Cannibales* (*Kannibalen*, 1968) au Schiller-Theater et s'installa en RFA. De 1975 à 1978 il travailla avec la troupe du « laboratoire théâtral » (« Theaterlabor ») de Brême avant de rejoindre les Kammerspiele de Munich. Grand admirateur de l'œuvre de Beckett, Tabori offrit dans les années 1980 une véritable relecture de certaines pièces de l'écrivain : il réalisa une soirée intitulée *Beckett Evening I*

---

[80] Urs Jenny : Theatralische Totenfeste. In : *Der Spiegel* (27 juin 1983). TWS Wahn. (« [Steins] Finale [...] ist ein Salut an den Freiheitskampf der afrikanischer Völker » ; « aber eben doch ‹ nur › grandios theatralisch »).

(1980), une adaptation du *Dépeupleur* (1981), une création d'*En attendant Godot* (1984), une de *Oh les beaux jours* (1986) et une de *Fin de partie* (1998). Tabori portait sur ces pièces un regard neuf, il se concentrait sur la métamorphose de l'acteur en personnage, sans pour autant négliger la portée historique du texte.

La première œuvre de Beckett que Tabori voulut porter sur scène fut le récit *Le Dépeupleur* (1970), qui d'après le critique Joachim Kaiser était « une incroyable didascalie pour une pièce qui n'a pas le droit d'avoir lieu ».[81] En 1979, Tabori demanda la permission d'adapter la nouvelle à la maison d'édition Suhrkamp, qui exposa la requête du metteur en scène à Beckett, lequel accepta.[82] Toutefois, avant cette adaptation Tabori créa le 4 décembre 1980 au Cirque Atlas (Atlas-Circus) de Munich la *Soirée Beckett I* (*Beckett Evening I*), un collage de douze courtes pièces théâtrales, pièces télévisuelles, pantomimes et textes en prose. Dès son premier contact avec l'œuvre de Beckett, Tabori sortait donc des sentiers battus. Un an plus tard, le 1er juillet 1981, l'adaptation du *Dépeupleur* n'eut finalement pas lieu à Munich en raison de sa démesure, mais dans l'enceinte d'une usine à Bochum ;[83] Beckett souhaita à cette occasion à Tabori « le plus beau des calvaires ».[84] Enfin, lorsqu'en 1984, Dieter Dorn prit la direction des Münchner Kammerspiele à la suite de Hans-Reinhard Müller, l'idée d'une création d'*En attendant Godot* vit le jour.

### 4.3.2 Partis pris scéniques

Sur la première page de la brochure de la création d'*En attendant Godot* figure une citation issue du roman *Watt* (1953) de Beckett : « No symbols where non intended ».[85] Cette phrase annonce la teneur du parti pris de Tabori qui renon-

---

[81] George Tabori, cité in : Wend Kässens (éd.) : *Der Spielmacher : Gespräche mit George Tabori*. Berlin : Klaus Wagenbach 2004, p. 25. (« Er sagt, es sei eine ungeheure Regieanweisung für ein Drama, das nicht stattfinden darf »).

[82] Renate Doufexis : Lettre à Samuel Beckett (17 septembre 1979). ADK Berlin, George-Tabori-Archiv 3241.

[83] Face au refus des Kammerspiele de Munich, Claus Peymann et Jürgen Flimm, metteurs en scène à Bochum, proposèrent à Tabori de finir ce projet chez eux. George Tabori, cité in : Gundula Ohngemach : *George Tabori*. Frankfurt am Main : Fischer 1989, p. 126.

[84] George Tabori, cité in : Anat Feinberg-Jütte : The Task is not to Reproduce the External Form, but to Find the Subtext : George Tabori's Productions of Samuel Beckett's Texts. In : S. E. Gontarksi (éd.) : *Journal of Beckett Studies* 1/2 (1992), p. 95–115, p. 99. (« I wish you the best of agonies »).

[85] Münchner Kammerspiele (éd.) : *Programmheft/Werkraum. Heft 3 : Warten auf Godot* (1983/84). TM München.

çait à une interprétation métaphysique et symbolique de la pièce et privilégiait l'enchevêtrement entre l'Histoire (la Seconde Guerre mondiale) et la métaphore (le métier de comédien). Les carnets de régie du metteur en scène, disponibles à l'Académie des Arts de Berlin, confirment cette lecture de la pièce par Tabori.[86]

Durant les deux premières semaines de répétition, les acteurs se limitaient à la lecture commune de la pièce. Assis autour de la table, ils buvaient du café et fumaient des cigarettes, un comportement qui allait être maintenu pour le début de la mise en scène. Tabori observait les acteurs en train d'improviser, une éthique de travail qu'il défendait en se présentant comme « un livreur d'idées et un animateur » qui venait uniquement « proposer son aide » puisque « les acteurs [devaient] trouver leur rôle en eux-mêmes ».[87] La création reposait donc avant tout sur les épaules des comédiens. Ceux-ci essayèrent tout d'abord de jouer en restant fidèles aux indications de Beckett, et ce n'est qu'après deux semaines que l'équipe choisit d'aller dans une autre direction.[88] Tabori s'était souvenu d'un spectacle durant lequel les deux comédiens Otto Sander et Peter Fitz lisaient le roman de Beckett *Mercier et Camier*, livre en main et en se reprenant mutuellement sur divers passages.[89] Holtzmann et Lühr commençaient leur jeu assis à la table, et certaines didascalies non transposées sur scène étaient lues par les comédiens : l'abandon du fauteuil roulant censé marquer l'apparition de Pozzo fut par exemple remplacé par la réplique : « écrit Beckett ».[90]

Pour cette création d'*En attendant Godot*, Tabori s'inspira de la vie de Beckett sur laquelle il s'était informé avec précision grâce à la biographie de Deirdre Bair :[91] « En réalité tout est autobiographique chez Beckett, les événements personnels furent toujours la matière première de ses travaux », affirmait le metteur en scène en quête de « sous-textes » qui lui permettaient de

---

[86] George Tabori : Carnet de régie d'*En attendant Godot* en partie annoté, en anglais (Munich, 1984). ADK Berlin, George-Tabori-Archiv 2772 ; George Tabori : Carnet de notes (« Schreibbuch ») en anglais (Munich, 1984). ADK Berlin, George-Tabori-Archiv 2560.

[87] George Tabori, cité in : Jan Bielicki : « Macht doch, was ihr wollt ! » In : *Süddeutsche Zeitung* (6 juillet 1990). Cité in : Chantal Guerrero : *George Tabori im Spiegel der deutschsprachigen Kritik*. Köln : Teiresias Verlag 1999, p. 27. (« Ich bin [...] nur ein Ideenlieferant und Animator. Ich kann helfen, aber ihre Rolle finden, müssen die Schauspieler in sich selbst »).

[88] Thomas Holtzmann, cité in : Gundula Ohngemach : *George Tabori*, p. 109–110.

[89] Peter von Becker : Existenzchoreographien oder Die Stunde des Komödianten. In : *Theater heute* n° 3 (mars 1984), p. 4–10. ADK Berlin, George-Tabori-Archiv 2774.

[90] Thomas Holtzmann, cité in : Gundula Ohngemach : *George Tabori*, p. 115. (« ‹ Steht bei Beckett › »).

[91] Deirdre Bair : *Samuel Beckett*.

découvrir la véritable portée des œuvres de l'écrivain.⁹² L'originalité et la nouveauté de la création de Tabori résidaient dans cette approche biographique et dans le cadre historique dans lequel la pièce était placée, celui de l'Occupation et de la Shoah. Tabori, dont le père fut déporté et mourut à Auschwitz, traita sur scène tout au long de sa carrière la question du racisme et du pogrom juif. Vladimir et Estragon étaient vus comme des intellectuels, peut-être juifs, en fuite face à la Gestapo dans la France occupée. « C'était la seule idée présentée par Tabori. Il ne voulut jamais avoir à faire à deux vagabonds, mais à deux intellectuels en fuite »,⁹³ soulignait à ce sujet le comédien Holtzmann. Le gestapiste semblait incarné par Pozzo, toujours accompagné par son serviteur Lucky qui paraissait, chez Tabori, avoir appartenu autrefois à la même classe sociale que Vladimir et Estragon, comme l'indiquait la similitude des costumes.⁹⁴ Godot pouvait être interprété comme un passeur censé mener Vladimir et Estragon depuis un plateau de montagne vers l'Espagne, et le jeune garçon qui annonce à deux reprises que Godot ne viendra pas pouvait être l'un de ces jeunes bergers qui lors de la Seconde Guerre mondiale portaient des messages entre passeurs et fugitifs dans les régions montagneuses. La pièce contient en effet de nombreuses répliques qui permettent une telle interprétation.⁹⁵ En outre, Tabori voyait en Vladimir et Estragon des doubles du couple Beckett, actif dans le mouvement de Résistance Gloria SMH, et développa dans la mise en scène une réflexion sur la solidarité humaine accentuée dans des situations de danger.⁹⁶

---

92 George Tabori, cité in : Wend Kässens (éd.) : *Der Spielmacher*, p. 18 et p. 22. (« Eigentlich ist bei Beckett alles autobiographisch, immer waren persönliche Erlebnisse das Rohmaterial seiner Arbeit » ; « Subtexte »).
93 Thomas Holtzmann, cité in : Gundula Ohngemach : *George Tabori*, p. 114. (« Das war die einzige Vorstellung, mit der Tabori gekommen ist. Er wollte nie zwei Landstreicher haben, sondern zwei Intellektuelle auf der Flucht »).
94 Vladimir et Estragon étaient tous deux vêtus d'un long manteau de laine gris élimé au-dessus d'un costume noir délavé. Ils portaient une vieille écharpe grise et un chapeau noir, Vladimir un nœud papillon noir et Estragon une cravate rouge. Habillés de la sorte, les personnages ne ressemblaient en rien à deux tristes clowns, mais à des intellectuels en fuite. Les costumes de Pozzo et de Lucky étaient également contemporains : Pozzo était vêtu d'un élégant manteau noir, d'une fine chemise blanche et d'un nœud papillon noir, d'un chapeau noir à large bords et il était muni d'une cravache ; Lucky portait quant à lui des loques et un vieux manteau abîmé qui ressemblaient à ceux de Vladimir et Estragon.
95 On se reportera à Valentin Temkine/François Rastier/Pierre Temkine : D'où viennent tous ces cadavres ? Une lecture historique de *En attendant Godot*. [en ligne], 2008. http://www.revue-texto.net/index.php?id=88
96 George Tabori : *Bett und Bühne : Über das Theater und das Leben*. Berlin : Wagenbach 2007, p. 167–168.

En complément à cette lecture historique teintée d'un réalisme qui, en Allemagne du moins, pouvait faire froid dans le dos, Tabori considérait *En attendant Godot* comme une métaphore du métier de comédien. Le metteur en scène était frappé par le parallélisme entre la structure répétitive de la pièce et le quotidien d'un acteur : de même que Vladimir et Estragon attendent jour après jour la venue de Godot, le comédien remonte soir après soir sur les planches. Le metteur en scène jouait de cette double portée et montrait que les acteurs étaient tout aussi prisonniers du texte que Vladimir et Estragon de l'attente de Godot. La création de Tabori commençait donc comme une répétition de théâtre et glissait peu à peu vers le seul contenu de la pièce, tout en étant structurée par des effets de distanciation.

Le soir de la première, Tabori, les acteurs Peter Lühr (Estragon), Thomas Holtzmann (Vladimir), Claus Eberth (Pozzo) et Arnulf Schumacher (Lucky), la souffleuse, la scénographe Kazuko Watanabe et le dramaturge Bernd Wilms étaient assis à la table pendant que les spectateurs entraient dans la salle. Lors des représentations suivantes, les acteurs étaient appelés tour à tour par une voix off et entraient avec leurs livrets de rôle sous le bras. Un tel début plaçait d'emblée le jeu des comédiens sous le signe de l'ambiguïté. Les références méta-théâtrales et le retour subit à la réalité de la représentation ponctuaient la pièce, structurée comme un va-et-vient entre réalité et fiction, entre présence des comédiens et présence des personnages. Ainsi, la lecture de répliques ou de didascalies, le recours au livret, la correction de répliques par d'autres comédiens ainsi que l'utilisation de l'édition allemande Suhrkamp d'*En attendant Godot* comme accessoire étaient autant de procédés qui rappelaient les effets de distanciation du théâtre de Brecht, lequel avait fasciné Tabori dès 1959.[97]

### 4.3.3 Réception de la création

La première d'*En attendant Godot* eut lieu le 4 janvier 1984 dans la petite salle (Werkraumtheater) des Münchner Kammerspiele. La création récolta un important succès et les comédiens Lühr et Holtzmann furent élus meilleurs comédiens de l'année. En revanche, Beckett semblait horrifié par ce qu'il avait pu lire dans les comptes rendus de presse, tant le parti pris scénique de Tabori

---

[97] L'influence de Brecht, que Tabori rencontra en 1947 aux États-Unis, fut telle que Tabori décida de se consacrer au théâtre et non plus au cinéma. On se reportera à Chantal Guerrero : *George Tabori im Spiegel der deutschsprachigen Kritik*, p. 19–20.

était atypique.[98] Celui-ci avait en effet « chamboulé [*En attendant Godot*] de la tête aux pieds », expliquait le critique Peter von Becker dans *Theater heute*.[99]

Alors que la création commençait comme le début d'une répétition, Reinhard Baumgart estimait que cette première impression était trompeuse puisque le metteur en scène restait absent et qu'il s'agissait ainsi uniquement de « jeux de confrontation entre comédiens ».[100] En outre, Joachim Kaiser soulignait qu'un tel « concept réaliste » n'était « que le point de départ de Tabori ».[101] Effectivement la mise en scène glissait, après quelques minutes, de la représentation d'une répétition à la représentation de la pièce elle-même, un procédé délicat où le jeu rejoignait la réalité. Le spectateur n'était donc plus en présence de comédiens qui répétaient leur texte, mais de personnages incarnés par des acteurs sur scène, des frontières floues et, par moments, transgressées. Le critique Hans Schwab-Felisch déclarait ainsi :

> Tabori wollte also beides, die Metapher und eine (möglichst direkte) Realität, die sich in der stringenten Architektur des Stücks zwar immer andeutungsweise nachweisen läßt, doch stets vieldeutig bleibt.[102]

En somme, la pièce ne semblait plus tournée vers l'attente de Godot : « Qui est Godot ou qu'est-ce que Godot : ce n'est pas cela qui intéresse Tabori »,[103] pouvait-on lire dans un compte rendu. Vladimir et Estragon étaient quant à eux interprétés de deux façons par les critiques. Pour les uns, les deux personnages faisaient référence « à la biographie de Beckett, à sa fuite face à la Gestapo. Un hurlement funeste qui venait de dehors, ajouté au texte, [était] un indice suffisant ».[104] Pour les autres, Vladimir et Estragon étaient « deux contempo-

---

[98] On se reportera à Jonathan Kalb : *Beckett in Performance*. Cambridge : Cambridge University Press 1989, p. 91–92 et p. 253–254.
[99] Peter von Becker : Existenzchoreographien oder Die Stunde des Komödianten. In : *Theater heute* n° 3 (mars 1984), p. 4–10. ADK Berlin, George-Tabori-Archiv 2774. (« Vom Kopf auf die Füße gestellt worden »).
[100] Reinhard Baumgart : Vorsicht, die Komödianten kommen. In : *Der Spiegel* n° 5 (1984). ADK Berlin, Reinhard-Baumgart-Archiv 97. (« [Die] Schauspielpaare trieben sich in kunstvolle Konfrontationsspiele »).
[101] Joachim Kaiser : Was man tut, wenn man nichts tut. In : *Süddeutsche Zeitung* (7–8 janvier 1984). TM München. (« Tabori ging aber von diesem realistischen Konzept nur aus »).
[102] Hans Schwab-Felisch : Was bleibt, ist Warten. In : *Frankfurter Allgemeine Zeitung* (9 janvier 1984). TWS Wahn. « Tabori voulait donc les deux, la métaphore et une réalité (si possible directe), qui dans la logique architecturale de la pièce [pouvait] certes être vaguement décelée, mais tout en restant ambiguë ».
[103] Ute Fischbach : *Warten auf Godot*, in München. In : *Münchner Merkur* (4 janvier 1984). TM München. (« Wer oder was ist Godot – für Tabori ist es belanglos »).
[104] Ibid. (« Tabori bezieht sich da auf Becketts Biographie, auf dessen Flucht vor der Gestapo. Ein eingefügter Todesschrei, der von außen hereindringt, soll als Andeutung genügen »).

rains des spectateurs, [v]isiblement des hommes de la ville qui se [rencontraient] souvent autour de cette table ».[105] Les critiques soulignaient que pour maintenir cette tension entre métaphore et réalité, Tabori avait été contraint de prendre certaines libertés par rapport au texte. Les trois éléments essentiels du décor étaient ainsi absents de la création – « pas d'arbre, pas de lune, pas de route à la campagne »[106] – et la scénographie s'avérait minimale : « Quatre cordes [marquaient] une minuscule arène de sable. Une table, deux chaises, et au-dessus une lampe qui projetait une lumière crue ».[107] Des changements dans la traduction du texte furent également relevés : l'indication géographique « Breisgau » était devenue « Vaucluse » ; la question rhétorique « Was soll's » était donnée en français par « Que voulez-vous ? » ; la chanson de Wladimir « Eiapopeia » fut transformée en « Dodo, l'enfant do » (« Schlaf, Kindlein, schlaf ») ; et enfin la plus grande insulte selon Estragon ne serait plus « garde forestier inspecteur en chef » (« Ober ... forstinspektor ») mais « crrrritique ! » (« Krrrritiker ! »).[108]

En fin de compte, la première récolta de « longues ovations »,[109] Hans Schwab-Felisch notait dans la *Frankfurter Allgemeine Zeitung* que le public acclamait les acteurs en tapant des mains et des pieds, une coutume allemande qui indiquait que le succès était assuré : il s'agissait d'une « victoire théâtrale de premier ordre ».[110]

### 4.3.4 Étude de la captation filmique

Avec le parallélisme entre l'attente de Godot et le métier de comédien, Tabori pourvut la pièce de Beckett d'une nouvelle dimension. Les caractéristiques

---

**105** Peter von Becker : Existenzchoreographien oder Die Stunde des Komödianten. In : *Theater heute* n° 3 (mars 1984), p. 4–10. ADK Berlin, George-Tabori-Archiv 2774.(« [...] zwei Zeitgenossen. Stadtmenschen offenbar, die sich oft an diesen Tischen treffen »).
**106** Helmut Schödel : Das Glück am Ende des Tunnels. In : *Die Zeit* (13 janvier 1984). TWS Wahn. (« Kein Baum, kein Mond, keine Landstraße »).
**107** Rose-Marie Borngässer : *Pingpong* mit Pausen. In : *Die Welt* (6 janvier 1984). TM München. (« Vier Seile markieren ein sandiges Mini-Rund. Ein Tisch, zwei Stühle, eine grelle Lampe darüber »).
**108** Armin Eichholz : Ist das die Wende in Becketts Warte-Raum ? In : *Münchner Merkur* (7–8 janvier 1984). TM München.
**109** Rose-Marie Borngässer : *Pingpong* mit Pausen. In : *Die Welt* (6 janvier 1984). TM München. (« Lange Ovationen für diesen großen Schauspieler-Abend »).
**110** Hans Schwab-Felisch : Was bleibt, ist Warten. In : *Frankfurter Allgemeine Zeitung* (9 janvier 1984). TWS Wahn. (« Nach drei Stunden wurde gejubelt und getrampelt. Ein Theatersieg erster Ordnung »).

d'une telle grille de lecture qui unifiait réalisme et métaphore s'annonçaient clairement dès les premières minutes de la création.[111] Elles sont étudiées ci-dessous grâce à la captation filmique élaborée par Rüdiger Graf ;[112] le passage analysé débute avec l'entrée sur le plateau des deux comédiens Peter Lühr (Estragon) et Thomas Holtzmann (Vladimir) et se termine avec la première mention de Godot, lorsque Estragon affirme avoir été au même endroit la veille (« Nous sommes déjà venus hier » ; « Wir sind schon gestern hier gewesen »).[113]

Le préambule de la mise en scène illustre de manière emblématique le principal ressort scénique utilisé tout au long de la production de Tabori, celui de la répétition. En effet, l'alternance entre d'une part l'interprétation de la pièce et de ses personnages qui prennent vie sur scène, et d'autre part la réalité du plateau et le métier de comédien, est très marquée dès le début. Le public assiste à la progressive transformation du comédien en personnage et à l'alternance entre les deux, une métamorphose symbolisée par l'utilisation d'accessoires de deux natures différentes. Tout d'abord apparaissent ceux qui font partie de la pièce comme les chapeaux de Vladimir et Estragon, puis des accessoires en lien avec la pièce mais de l'ordre du hors jeu, comme le texte allemand d'*En attendant Godot*, le livre vert de l'édition Suhrkamp. Un tel parti pris place le spectateur dans une situation de mise à distance censée lui rappeler qu'il ne s'agit que d'une représentation. De plus, les choix opérés par Rüdiger Graf dans la façon de filmer les comédiens, sous quels angles et à travers quels plans, et l'utilisation d'apartés vers la caméra, viennent renforcer cette ambiguïté entre jeu et hors jeu. En outre, certaines répliques sont transformées pour la version filmée de la création de Tabori, l'exclamation « Pire qu'au théâtre ! » (« Schlimmer als im Theater ! ») devient par exemple : « Pire qu'à la télévision ! » (« Schlimmer als im Fernsehen ! »).

Dans un premier temps, avant que Peter Lühr ne prononce la première réplique de la pièce, le film montre comment les comédiens passent de leur nature d'acteurs à celle de personnages. Le public se trouve au départ en présence des comédiens Peter Lühr et Thomas Holtzmann. Lorsque les deux acteurs apparaissent sur le plateau, ils portent déjà le costume de leur person-

---

[111] Dans l'une de ses lettres à Beckett, Tabori notait : « I've also learnt that the key to the door to the house is mostly in the first lines ». « J'ai aussi appris que la clé de la porte se trouve la plupart du temps dans les premières lignes ». George Tabori : Lettre à Samuel Beckett (18 janvier 1981). ADK Berlin, George-Tabori-Archiv 3241.
[112] Rüdiger Graf : *Warten auf Godot*, Münchner Kammerspiele, Regie George Tabori. Fernsehfassung für ARD/BR. ADK Berlin, AVM 33.0747. 00'00''-11'00''.
[113] Samuel Beckett : *En attendant Godot*. Paris : Éditions de Minuit 1952, p. 21.

nage. La première image offerte au téléspectateur est un plan large de la scène transformée en plateau de tournage et sur laquelle ont été placées trois caméras ; il en existe donc quatre au total. Mis à part les cadreurs et le décor, la scène est encore vide. La voix off d'un technicien surgit alors et demande « On peut commencer ? » (« Können wir ? »), ce sur quoi une autre voix, probablement celle de Peter Lühr, répond « Oui » (« Ja »). L'injonction du même technicien « Monsieur Lühr, Monsieur Holtzmann, veuillez s'il vous plaît vous tenir prêt » (« Herr Lühr, Herr Holtzmann, bitte auf Anfang ») est suivie de l'entrée sur scène de Peter Lühr côté jardin et par une nouvelle demande du technicien de fermer la grande porte derrière lui « Fermez les portes ! » (« Tore zu ! »). Holtzmann n'apparaissant pas, la voix l'appelle à nouveau : « Monsieur Holtzmann, s'il vous plaît » (« Herr Holtzmann bitte »), à la suite de quoi Holtzmann entre par une petite porte côté cour, un café en main. Les deux comédiens prennent alors place à la table et le changement de lumière exigé par le technicien « Lumière ! » (« Licht ! ») marque le véritable début de la représentation.

Dans un deuxième temps, les comédiens entrent progressivement dans la peau des personnages. Lühr déplie son texte et Holtzmann ouvre le livre de l'édition Suhrkamp à la première page, un procédé qui indique qu'il s'agit d'une situation de répétition et non de représentation. Le premier plan rapproché effectué par la caméra est centré sur Holtzmann qui lit son texte, fume une cigarette et boit un café. Cette attitude indique clairement qu'il s'agit encore de l'acteur et non du personnage et maintient l'effet de distanciation auprès du téléspectateur. La première phrase récitée par un des deux comédiens, *a fortiori* par Holtzmann, est une didascalie : « Route à la campagne, avec arbre. Soir » (« Landstraße. Ein Baum. Abend »).[114] Aucun de ces trois éléments scénographiques n'a été placé sur scène par Tabori, qui a toutefois voulu maintenir la fidélité à l'œuvre en faisant lire certaines indications scéniques de Beckett au lieu de les faire jouer directement. Tous les éléments de la pièce ont donc été retenus par Tabori et transmis aux téléspectateurs. Par ailleurs, ceux-ci assistent à un retournement de situation puisque dans le texte écrit les premiers mots sont prononcés par Estragon et non par Vladimir. Or, dans la production de Tabori, Holtzmann qui incarne Vladimir lit à plusieurs reprises des didascalies indiquant la sortie, l'arrivée ou le déplacement des personnages. Un peu plus loin dans la pièce, lorsque Estragon lui demande : « Qu'est-ce qu'on fait maintenant ? » (« Was sollen wir denn jetzt machen ? »), Holtzmann rétorque : « Lire ! » (« Lesen ! »),[115] un ajout par rapport au texte original. L'acteur lit alors la didascalie qui décrit les déplacements des deux personnages et que Lühr

---

[114] Ibid., p. 11.
[115] Ibid., p. 25.

effectue tout seul. En plus d'incarner Vladimir, Holtzmann tient donc le rôle de double du metteur en scène qui dirige ses acteurs, ou de double de l'auteur en train de rédiger sa pièce et de donner vie à ses personnages. Le texte de Beckett indique ensuite : « Entre Vladimir ». Holtzmann ne lit pas son entrée sur scène, mais il la joue en se coiffant de son chapeau, un signal qui marque le début de sa performance en tant que Vladimir. De son côté, Lühr met également son chapeau et récite la première réplique de la pièce : « Rien à faire » (« Nichts zu machen »).[116] Le subtil glissement du comédien au personnage est ainsi signifié par un accessoire théâtral, les célèbres chapeaux melons, qui à l'image même de la métonymie viennent à eux seuls symboliser les personnages Vladimir et Estragon. En outre, les autres caméras disparaissent du champ de vision et le téléspectateur n'est donc plus directement en mesure de voir que la scène se déroule sur un plateau de tournage. La caméra filme la table et les deux comédiens qui y sont assis à travers un plan moyen et ainsi le téléspectateur pénètre dans l'action de la pièce en même temps que les acteurs entrent dans la peau de leurs personnages.

Dans un troisième temps, le jeu, avec différents plans de caméras plus ou moins rapprochés, sollicite la participation du public, pris entre l'empathie et la distanciation. Le texte de Beckett indique que Vladimir n'aperçoit pas d'emblée Estragon. Ainsi Holtzmann garde les yeux baissés sur son texte jusqu'au moment où il prononce ces paroles adressées à Estragon : « Alors te revoilà, toi » (« Da bist du ja wieder »).[117] Il lève alors les yeux vers Lühr assis à l'autre bout de la table. Comme pour signifier au public que l'accent est dorénavant placé sur le personnage d'Estragon, la caméra opère un plan rapproché sur le visage de Lühr. Le spectateur entre dans la peau de Vladimir qui observe Estragon, un phénomène d'identification de courte durée puisqu'il est brisé aussitôt après par un changement de plan. Lorsque Estragon tente vainement d'enlever sa chaussure qui le blesse, la scène est filmée sous un angle large et des techniciens passent au second plan au fond. De plus, tout au long de cette scène, le tic-tac d'un petit réveil rouge posé sur la table résonne dans l'espace de la scène, comme un son venu du hors jeu censé rappeler au spectateur qu'en dehors du temps représenté, il existe le temps de la représentation, strictement chronométré. Or, le spectateur est à nouveau pris et sollicité par la pièce dès que Lühr regrette que Vladimir ne lui vienne pas en aide pour enlever sa chaussure et se borne à lui demander s'il a mal : « Mal ! Il me demande si j'ai mal ! » (« Er [Vladimir] fragt mich, ob es weh tut ! »),[118] déplore ainsi Estragon en se

---

116 Ibid., p. 11.
117 Ibid., p. 12.
118 Ibid., p. 13.

tournant directement vers la caméra. Ce premier aparté vers la caméra et donc vers le public, qui sera suivi de plusieurs autres tout au long de la représentation,[119] semble avoir pour fonction de maintenir l'ambiguïté entre jeu et réalisme, entre empathie et distanciation. Le téléspectateur se sent concerné et touché par la réplique que lui adresse directement Estragon tout en étant maintenu à distance par cette limite matérielle que forme l'écran de télévision. De plus, un sentiment de voyeurisme peut être ressenti par le public lorsque les acteurs sont filmés de très près et regardent l'objectif de la caméra, un procédé utilisé par Beckett au sein de ses propres pièces télévisuelles réalisées à la SDR.

Dans un quatrième temps, deux niveaux de lecture se cachent derrière le choix de filmer la table et les comédiens en plongée lorsque sont prononcées certaines répliques importantes de la pièce. Le choix d'un tel angle de prise de vue peut être lu comme la suite de la métaphore de la répétition : culminant comme un observateur absolu, la caméra semble être l'œil du metteur en scène qui examine ses comédiens. Par ailleurs, au niveau de la pièce, il peut s'agir d'un œil divin, peut-être celui de Godot dont le nom est si proche de l'anglais « God », qui observe les deux représentants de l'humanité que sont Vladimir et Estragon. Filmé en plongée, le passage suivant illustre toute la dimension tragique autour de laquelle est centrée la pièce de Beckett, celle de la vaine attente d'un secours qui peut-être n'arrivera jamais. La caméra commence à filmer la scène en plongée lorsque Estragon demande à Vladimir : « Tu ne veux pas m'aider ? » (« Willst du mir nicht helfen ? »)[120] Vladimir ne répond pas à la sollicitation d'Estragon, mais se lève subitement de sa chaise et regarde autour de lui, arborant une expression de méfiance comme s'il se sentait observé. Vladimir dit alors : « Des fois je me dis que ça viendra quand même. Alors je me sens tout drôle » (« Manchmal denke ich mir, es kommt doch noch. Dann fühle ich mich ganz komisch »).[121] Cette phrase énigmatique peut être comprise, au niveau du hors jeu, comme la lutte du comédien avec son personnage et son espoir de le saisir et d'entrer dans sa peau. Sur le plan de la pièce en revanche, cette réplique est éclairée par une autre déclaration de Vladimir : « Si on se repentait ? » (« Wenn wir beide es bereuen würden ? »),[122] suivie d'un passage qui fait allusion au repentir chrétien et à la notion de pardon. Si l'on

---

**119** Quelques minutes après ce premier aparté, Lühr/Estragon se tourne à nouveau vers la caméra lorsque Holtzmann/Vladimir lui demande « Je ne t'ennuie pas, j'espère ? » (« Ich langweile dich doch hoffentlich nicht ? ») et rétorque avec un sourire en coin et un regard malicieux : « Je ne t'écoute pas » (« Ich höre gar nicht zu ! »). ADK Berlin, AVM 33.0747.
**120** Samuel Beckett : *En attendant Godot*, p. 14 / ADK Berlin, AVM 33.0747.
**121** Ibid.
**122** Ibid., p. 15.

songe au contexte de la Seconde Guerre mondiale dans lequel Tabori a placé sa création, la première phrase de Vladimir peut suggérer l'attente du passeur censé les aider échapper à la Gestapo, et la seconde pourrait évoquer l'espoir du salut divin.

Dans un dernier temps enfin, l'ambiguïté entre le métier de comédien et l'existence du personnage qu'il incarne est soulignée au moment même où Godot est mentionné pour la première fois. Pour commencer, un plan d'ensemble représente la table et les deux personnages qui y sont assis. Estragon tente d'inciter Vladimir au départ et prononce pour la première fois la phrase emblématique de la pièce : « Allons-nous-en » (« Komm, wir gehen »),[123] tout en frappant dans ses mains, levant les bras et esquissant un geste qui ressemble à une invitation à la danse. L'élan de cette prise d'initiative est d'emblée freiné par la réponse que Vladimir murmure d'une voix blanche : « On ne peut pas » (« Wir können nicht »). Sans changer ni de posture ni de gestuelle, Estragon demande : « Pourquoi ? » (« Warum nicht ? »)[124] La caméra fixe alors Holtzmann à travers un plan rapproché et l'acteur, contre toute attente, ne récite pas la célèbre formule « On attend Godot » (« Wir warten auf Godot »). À la place, il s'empare du livre posé devant lui sur la table et le tient ouvert devant son visage, la couverture verte du livre dirigée vers la caméra et bien visible pour Estragon et le téléspectateur : il s'agit de l'édition bilingue allemand-anglais de *Warten auf Godot/Waiting for Godot*, publiée chez Suhrkamp, où est reproduit le portrait de Samuel Beckett. Le titre inscrit sur la couverture du livre prononce donc les paroles à la place du comédien. Lors de ce passage décisif, les frontières entre comédien et personnage deviennent floues : de la même manière que Vladimir et Estragon ne peuvent changer de lieu parce qu'ils attendent Godot, Holtzmann et Lühr ne peuvent quitter le plateau parce qu'ils doivent jouer *En attendant Godot*. La réaction de Lühr/Estragon est filmée de près : son visage exprime une surprise mêlée de résignation, et un simple « Ah ! » signale qu'il comprend la situation. Lorsqu'ils se mettent à discuter de l'heure et du lieu de rendez-vous fixé avec Godot, la caméra les filme à nouveau en plongée. L'œil scrutateur du metteur en scène, ou de Dieu, refait son apparition, comme pour signifier qu'il veille à ce que les comédiens, ou les personnages, demeurent où ils sont. Au moment où Estragon constate que les lieux qui l'entourent lui sont familiers (« Nous sommes déjà venus hier » ; « Wir sind schon gestern hier gewesen »),[125] la caméra filme à nouveau les personnages à travers des plans larges ou rapprochés.

---

[123] Ibid., p. 20.
[124] Ibid.
[125] Ibid., p. 21.

Ainsi, l'alternance entre jeu et réalité, entre l'existence des acteurs et des personnages, entre la situation d'empathie et celle de distanciation dans laquelle sont placés les spectateurs, crée la beauté et la singularité de cette mise en scène. Alors même que les comédiens font mine d'être prisonniers de ce texte, ils y apportent une autre profondeur et permettent divers niveaux de lecture, tirant une richesse nouvelle du caractère énigmatique et ambigu qui faisait la renommée de la pièce de Beckett. Trois décennies après la création de la pièce en 1953, Tabori faisait souffler un vent de renouveau sur la route de campagne où attendaient Vladimir et Estragon, et ainsi peut-on conclure avec le critique Helmut Schödel : « Les perfectionnistes sont en voie de disparition. Les personnes déraisonnables prennent leur place. Le théâtre peut prendre un nouveau départ ».[126]

## 4.4 Et Ionesco ?

Les pièces de Ionesco ne parvinrent pas à s'imposer auprès des metteurs en scène de la nouvelle génération. La venue de l'écrivain à Düsseldorf en 1970 pour ses propres mises en scène attira certes l'attention, mais ses productions ne furent pas un succès marquant et le statut de son œuvre comme pierre angulaire du transfert culturel franco-allemand commençait à décliner.

### 4.4.1 Ionesco par Ionesco en 1970

Le dernier événement d'importance autour de Ionesco fut la mise en scène par l'auteur lui-même de *Jacques ou la Soumission* et de *La Cantatrice chauve* au Düsseldorfer Schauspielhaus le 25 avril 1970. Il ne s'agissait pas des premières expériences de mise en scène de Ionesco en langue allemande : l'auteur avait déjà monté *Victimes du devoir* au Theater am Neumarkt de Zurich, assisté par Reinhart Spörri, et dont la première avait eu lieu le 2 octobre 1968.

Aucune correspondance au sujet des deux productions à Düsseldorf ne fut conservée et il n'a donc pas été possible d'établir la genèse de ces créations ou de retracer les difficultés rencontrées.[127] Un entretien mené avec Stephan

---

[126] Helmut Schödel : Das Glück am Ende des Tunnels. In : *Die Zeit* (13 janvier 1984). TWS Wahn. (« Die Perfektionisten sterben aus. Die Unvernünftigen treten an ihre Stelle. Das Theater kann von neuem beginnen »).
[127] Ni les archives du Theatermuseum Düsseldorf, ni les archives personnelles d'Eva Stroux ou de Daniel Stauffacher n'ont permis de retrouver des correspondances au sujet de ces mises en scène.

Stroux a en revanche permis de se renseigner sur le déroulement des répétitions.[128] Stephan Stroux apparaît dans la brochure[129] en tant qu'assistant à la mise en scène, et pourtant il semble avoir joué un rôle quelque peu plus important.[130] Le fils cadet de Karl Heinz Stroux – alors toujours directeur du Düsseldorfer Schauspielhaus – maîtrisait parfaitement le français et assurait la communication entre l'écrivain et les acteurs. Par ailleurs, il avait entièrement retravaillé la traduction des deux pièces comme en témoignent les carnets de régie.[131] Stephan Stroux fut également chargé de répéter seul avec les comédiens lorsque Ionesco ne pouvait se rendre aux répétitions, durant desquelles l'auteur se limitait d'ailleurs à des indications propres à l'esprit de ses pièces. Lorsqu'un comédien lui demanda quelle était la meilleure façon de jouer son personnage, Ionesco aurait par exemple rétorqué en guise d'unique conseil : « Il faut le jouer avec un grand nez ».[132]

Dans son article paru dans la *Neue Züricher Zeitung*, Hannes Schmidt commençait par rappeler la relation qui unissait Ionesco à Düsseldorf :

> Keine Theaterstadt, auch Paris nicht, steht Ionesco, dem französierten Rumänen, näher als Düsseldorf, wo nicht weniger als fünf seiner abendfüllenden Stücke ur- und erstaufgeführt wurden [...]. Was lag näher, als ihn einmal als Regisseur seiner eigenen Werke zu verpflichten ? Er kam, sah, siegte und scheiterte ehrenvoll zugleich.[133]

Ces phrases résument l'accueil que reçurent les créations de Ionesco dans cette ville. Leur manque de succès n'était imputable ni à la mise en scène ni au jeu d'acteur, tous deux loués comme « parfaits, drôles et réfléchis »,[134] mais aux pièces elles mêmes, considérées comme obsolètes. Le point de discussion cen-

---

**128** Stephan Stroux : Entretien réalisé le 12 décembre 2013, Berlin.
**129** Düsseldorfer Schauspielhaus Karl Heinz Stroux (éd.) : *Programmheft* sans numéro (1969/70). TM Düsseldorf.
**130** Parmi les critiques, seul Gerd Vielhaber nota le travail de Stephan Stroux. Gerd Vielhaber : Im Schoß der Familie. In : *Frankfurter Rundschau* (1er mai 1970). TWS Wahn : « Stephan Stroux, der Sohn des Hausherrn, [stand Ionesco] als Dolmetsch-Assistent zur Seite ». « Stephan Stroux, le fils du maître de maison, [assista] Ionesco comme traducteur ».
**131** TM Düsseldorf, Textbucharchiv.
**132** Stephan Stroux : Entretien réalisé le 12 décembre 2013, Berlin.
**133** Hannes Schmidt : Sag mir, wo die Witze sind ... In : *NRZ* (27 avril 1970). TM Düsseldorf. « Aucune autre ville de théâtre, même Paris, n'est plus proche de Ionesco que Düsseldorf, le Roumain devenu Français. Pas moins de cinq de ses longues pièces y connurent leurs créations mondiales ou allemandes [...]. Qu'y avait-il de plus logique que de l'engager comme metteur en scène de ses propres œuvres ? Il est venu, il a vu, il a vaincu et il a en même temps échoué avec honneur ».
**134** N. : Vergilbter Ulk. In : *Düsseldorfer Nachrichten* (27 avril 1970). TM Düsseldorf. (« Regie und Darstellung waren so perfekt, so witzig und überlegen »).

tral des critiques se concentrait en effet sur le dépassement de l'œuvre théâtrale de Ionesco par d'autres écritures scéniques contemporaines. Hannes Schmidt comparait Ionesco à Brecht dans la mesure où tous deux étaient devenus des auteurs classiques, puis nommait d'autres jeunes auteurs dramatiques qui avaient pris leur relève, comme Peter Handke.[135] Hans Schwab-Felisch émettait les mêmes doutes dans la *Frankfurter Allgemeine Zeitung*, et citait les jeunes auteurs autrichiens Peter Handke, Ernst Jandl et Konrad Bayer.[136] Le critique n'omettait toutefois pas de souligner l'impact essentiel de l'auteur sur ses successeurs et soulignait que « la mise en scène [montrait] clairement combien Ionesco, lorsqu'il écrivit cette pièce, avait préfiguré ce qui dix ans plus tard allait devenir commun ».[137] Pourtant, le sentiment prévalait que l'œuvre de Ionesco, tout comme « ce qui autrefois était perçu comme moderne, osé, avant-gardiste », faisait dorénavant partie du passé, une prise de conscience qui donnait « une amère leçon sur le caractère éphémère » de la littérature.[138]

### 4.4.2 Ionesco dans les années 1970 et 1980

Après ces productions de Ionesco, l'engouement pour l'œuvre de l'écrivain faiblit. Au cours des années 1970, ses œuvres les plus jouées étaient ses premières pièces *La Cantatrice chauve*, *La Leçon*, *Victimes du devoir* et *Les Chaises* de même que ses deux succès plus tardifs *Le Roi se meurt* et *Rhinocéros*.[139] Ses nouvelles pièces, *Macbett* (création allemande le 24 novembre 1972 au Burgtheater de Vienne par Gerhard Klingenberg), *Ce formidable bordel !* (création allemande le 8 novembre 1974 au Volkstheater de Vienne par Karl Heinz Stroux), *L'Homme aux valises* (création allemande le 4 avril 1978 aux Münchner Kammerspiele par Peter Lotschak) et *Voyage chez les morts* (création allemande le 26 novembre 1982 à Bâle par Wolfgang Quetes) donnèrent lieu à un nombre peu élevé de mises en scène en République Fédérale, et les premières en

---

135 Hannes Schmidt : Sag mir, wo die Witze sind … In : *NRZ* (27 avril 1970). TM Düsseldorf.
136 Hans Schwab-Felisch : Ionesco inszeniert Ionesco. In : *Frankfurter Allgemeine Zeitung* (27 avril 1970). TWS Wahn : « Am Ende die Frage, ob Ionescus [sic] Sprachbegabung, mit der er einst provozierte, heute noch ausreicht, ob ihm nicht die jungen Österreicher Handke, Jandl und Bayer in dieser Hinsicht den Rang abgelaufen haben ».
137 Ibid. (« [Die Inszenierung] macht deutlich, wieviel Ionesco, als er dieses Stück schrieb, bereits vorweggenommen hat von dem, was zehn Jahre später Allgemeingut wurde »).
138 N. : Vergilbter Ulk. In : *Düsseldorfer Nachrichten* (27 avril 1970). TM Düsseldorf. (« Im Düsseldorfer Schauspielhaus wurde einem eine bittere Lehre über die Vergänglichkeit dessen zuteil, was einmal als modern, kühn, avantgardistisch gegolten hatte »).
139 Cf. tableaux de statistiques de créations ouest-allemandes en annexe.

langue allemande avaient été données bien après les créations mondiales à Paris.

Durant les années 1980, les pièces de Ionesco citées ci-dessus continuèrent à être jouées, sans pour autant qu'un net regain d'intérêt ne se fasse sentir. Seul Düsseldorf semblait rester attaché à son auteur dramatique favori : à l'occasion d'une nouvelle mise en scène de *La Cantatrice chauve* par Jossi Wieler, le Düsseldorfer Schauspielhaus, dorénavant sous la direction de Günther Beelitz, rendit hommage à Ionesco en organisant une exposition et une rétrospective de son œuvre en partenariat avec l'Institut Français, du 2 mars au 30 avril 1982. Dans un propos introductif, le critique Heinrich Riemenschneider déclarait que « le théâtre de Düsseldorf [faisait] partie des principaux lieux de représentation de l'œuvre de Ionesco qui soient »[140] et soulignait ainsi une fois de plus le rôle primordial du Düsseldorfer Schauspielhaus pour la consécration de l'œuvre de cet écrivain.

Ainsi, confiée à ces nouveaux passeurs qu'étaient les metteurs en scène de la nouvelle génération, la réception des pièces d'Adamov, Beckett, Genet et Ionesco gagnait en nuances au cours des deux décennies qui précédèrent la chute du Mur. Considérées sous un angle qui n'avait pas été exploité jusque-là, leurs œuvres franchissaient de nouvelles frontières conceptuelles : deux lectures complémentaires dominaient, l'une métaphorique, l'autre réaliste. Tandis que les œuvres de Beckett et de Genet étaient encore jouées avec entrain, celles de Ionesco furent en revanche placées en retrait des programmations, et celles d'Adamov – à une exception près – entièrement retirées. Contrairement aux années précédentes donc, le transfert de ces écrivains n'était plus homogène mais suivait un parcours distinct à la fois du point de vue de la circulation des œuvres importées que des interprétations scéniques qui en résultaient. Les metteurs en scène de la nouvelle génération incarnaient ainsi une vision nouvelle, plus nuancée, du théâtre français « de l'absurde » en République Fédérale.

---

140 Dépliant de l'exposition sur Eugène Ionesco du 2 mars au 30 avril 1982. TM Düsseldorf. (« Das Düsseldorfer Schauspielhaus [gehört] zu den wichtigsten Aufführungsbühnen seiner [Ionescos] Stücke überhaupt »).

# 5 Études de cas

Comme l'a souligné Michel Espagne, un objet culturel doit obéir à un transfert constitué d'un triple mouvement pour être intégré dans la culture d'accueil : à la traduction et ses « nouvelles références linguistiques »,[1] à l'intégration et son « nouveau système de références »[2] et à la réactivation de « ce qui, déjà présent dans une mémoire nationale latente, doit être réactivé pour servir les débats de l'heure ».[3] Les quatre études de cas suivantes sont examinées à la lumière de l'intégration réussie dans le système de référence ouest-allemand. Elles rendent compte des diverses étapes du processus de transfert et de la variété de ses supports, et exemplifient les processus de traduction et de réactivation de la mémoire latente.

Dans un premier temps, les traductions allemandes (1960, 1968) des *Paravents* de Genet permettent d'étudier avec précision la nature des référents linguistiques lors du passage d'une langue à l'autre : en raison de l'ancrage historico-culturel de la pièce dans une colonie française du Maghreb, les référents allemands dévient ainsi fortement des originaux. La réactivation de la mémoire est un facteur essentiel dans la réception des quatre créations mondiales de pièces de Ionesco par Stroux à Düsseldorf (1959, 1962, 1964 et 1970) étudiées dans un deuxième temps. En effet, une esthétique scénique continue ne peut être élaborée que si chaque production réactive auprès du spectateur des éléments qui lui offrent une grille de lecture précise et connue. Une telle réactivation est également à l'œuvre dans le cas de l'adaptation radiophonique allemande d'une pièce théâtrale française, et aux difficultés du transfert culturel vient s'ajouter la complexité d'un transfert médiatique : la version radiophonique du *Professeur Taranne* d'Adamov, enregistrée à la SDR en 1956, sera le support de cette troisième analyse. Enfin, la quatrième étude consacrée aux pièces télévisuelles de Beckett réalisées à la SDR active à la fois les référents linguistiques, culturels et mémoriels. L'accent est placé sur le leitmotiv de l'expérience sensorielle qui parcourt chaque pièce au niveau thématique mais qui a également un fort impact physique sur le spectateur, dont l'attitude réceptive est conditionnée par ces référents.

---

[1] Michel Espagne : *Les Transferts culturels franco-allemands*, p. 20.
[2] Ibid.
[3] Ibid., p. 21.

## 5.1 Support textuel : les traductions des *Paravents* de Genet (1960 ; 1968)

Le langage théâtral de Genet était l'un des plus dérangeants de l'après-guerre et l'auteur lui-même qualifiait son style de « tordu », de « caricatural ».[4] En France, ses pièces étaient données sans que les metteurs en scène ou les comédiens ne reculent devant leur ton déconcertant, alors qu'en RFA les théâtres présentaient au public des œuvres d'une autre nature, au style plus sage et aplani. Questionnant les possibilités de transferts idiomatiques et culturels, les deux premières traductions allemandes des *Paravents* rendent compte des remaniements textuels que connut l'une des pièces majeures de l'écrivain. Le style très particulier des *Paravents*, oscillant du poétique à l'obscène en passant par le langage familier, l'argot français et un parler d'Afrique du Nord empruntant son vocabulaire à la culture arabe,[5] posa manifestement d'importants problèmes de transposition aux traducteurs Hans Georg Brenner (version de 1960) et Ernst Sander (version de 1968). L'analyse suivante s'appuie sur les manuscrits allemands parus au Merlin Verlag[6] ainsi que sur les carnets de régie de Hans Lietzau, utilisés lors de sa création berlinoise puis munichoise des *Paravents* et disponibles aux archives de l'Académie des Arts de Berlin.[7]

### 5.1.1 Difficultés de transposition du style de Genet

Le texte des *Paravents*, écrit en 1958, fit l'objet de nombreuses modifications de la part de son auteur et connut trois éditions distinctes. L'édition originale parue en 1961 à l'Arbalète fut reprise et corrigée par Genet et Roger Blin entre 1962 (ou 1963) et 1966. La chercheuse Odette Aslan expliqua que « ces modifications portaient plus sur des nuances que sur la structure de l'œuvre, elles con-

---

**4** Lettre de Genet à Frechtman du 29 octobre 1960. Cité in : Jean Genet : *Théâtre complet*, « Lettres à Bernard Frechtmann », p. 939 : « Si je m'efforçais à avoir un style plus neutre, moins tordu, il conduirait mon imagination vers des mythes ou des thèmes bien trop sages, bien trop conventionnels. Car inventer n'est pas raconter. Pour inventer, il faut que je me mette dans un état qui suscite des fables, ces fables elles-mêmes m'imposent un style caricatural. C'est lié ».
**5** André Lanly : *Le Français d'Afrique du Nord : Étude linguistique*. Paris : PUF 1962.
**6** Jean Genet : *Wände überall (Der Tod I)*. Trad. Hans Georg Brenner. Hamburg : Merlin Verlag 1960. Jean Genet : *Die Wände*. Trad. Ernst Sander. Hamburg : Merlin Verlag 1968.
**7** Hans Lietzau : Carnet de régie des *Paravents* avec des corrections de la traduction (Berlin, 1961). ADK Berlin, Hans-Lietzau-Archiv 132 ; Hans Lietzau : Carnet de régie des *Paravents* avec des corrections de la traduction (Munich, 1968). ADK Berlin, Hans-Lietzau-Archiv 85.

sistent en coupures, répliques ajoutées, fragmentations d'une séquence ».[8] Le manuscrit élaboré par Genet à cette occasion fut égaré, mais les corrections furent retenues par Paule Thévenin qui s'en servit pour donner jour à la deuxième édition de 1976 communément désignée comme « définitive ». La troisième édition de 1979, qui affiche de menues corrections par rapport à la précédente, est celle qui fut reproduite dans le tome V des *Œuvres complètes* de Gallimard puis dans la collection de la Pléiade.[9]

« Péché majeur de l'Occident »[10] selon Claude Lévi-Strauss, le colonialisme et plus précisément la guerre d'Algérie forment la toile de fond des *Paravents*. Genet parvint à retracer cette période de l'histoire de France par le biais d'un témoignage stylistique : se plaçant du côté des colonisés, la pièce est une illustration du français parlé dans les colonies d'Afrique du Nord et du métissage culturel et social qui y eut lieu. Cette entreprise qui permet de classer Genet parmi les écrivains engagés fait ainsi preuve d'un engagement d'ordre linguistique et référentiel. Pourtant, les références cachées au sein du texte et le brassage langagier créé par l'auteur furent de véritables écueils de traductions. En effet, l'allemand parlé au sein des colonies africaines ne fut pas autant enrichi par des termes étrangers que le français et évita consciemment les échanges et les influences linguistiques.[11] La langue allemande resta donc privée de toute une dimension culturelle, sociale et linguistique, ce qui rendait difficile ou du moins lacunaire la transposition d'une pièce comme *Les Paravents*. Pourtant, la complexité que représentait la traduction des textes de Genet vers l'allemand ne fut pas un sujet de discussion, ni pour l'auteur, ni pour l'éditeur, les traducteurs ou les metteurs en scène. Les importantes modifications de son style dans les versions allemandes n'alertèrent pas le refus des acteurs concernés, et il semble même qu'un consensus ait été approuvé en silence par tous ceux qui souhaitaient monter les pièces de Genet. Une partie du public ouest-allemand réagissait avec colère et dégoût aux paroles prononcées sur scène, même lorsque celles-ci avaient été vidées d'une grande partie de leur contenu grossier ou obscène, et afin de minimiser l'impact négatif de ces créations – voire pour échapper à la censure ou à des procès – il fallait silencieusement accepter de tronquer et de déformer les textes de l'écrivain.

Le manque d'engagement personnel de Genet semble avoir encouragé un comportement plus libre avec ses textes. « Les traductions n'intéressaient pas

---

8 Odette Aslan : *Les Paravents* de Jean Genet, p. 13.
9 On se reportera à Jean Genet : *Théâtre complet*, « Notice », p. 1240–1252.
10 Claude Lévi-Strauss : *De près et de loin*. Paris : Odile Jacob 2009, p. 213.
11 On se reportera à Ingo H. Warnke (éd.) : *Deutsche Sprache und Kolonialismus : Aspekte der nationalen Kommunikation 1884–1919*. Berlin/New York : De Gruyter 2009.

du tout Genet », a expliqué l'éditeur Meyer à ce propos, « il n'était jamais contre une traduction et m'a toujours soutenu ».[12] Le dialogue entre Genet et ses traducteurs allemands n'avait donc jamais lieu, et seul Meyer discutait de temps à autre avec les traducteurs auxquels il avait fait appel. Toutefois, l'éditeur ne maîtrisait pas suffisamment le français pour comprendre toutes les nuances du langage familier, et pas plus que ses traducteurs il ne comprenait toutes les expressions argotiques utilisées par l'écrivain. En outre, les metteurs en scène changeaient parfois la traduction sans en demander l'autorisation à l'éditeur, et ce n'était qu'en assistant aux représentations que celui-ci s'apercevait des transformations que le texte avait subies. Un extrait d'une lettre de Meyer au Schloßpark-Theater de Berlin où allait avoir lieu la première mondiale des *Paravents* témoigne de ses efforts pour éviter des remaniements du texte trop importants :

> Ich möchte aber betonen, daß es sich nur um Streichungen handeln darf. Soweit sich aus den Kürzungen irgendwelche Umstellungen als notwendig erweisen sollten, werden wir uns darüber sicherlich ohne weiteres einigen ; in dieser Beziehung kann ich Ihnen bzw. Herrn Lietzau natürlich nicht uneingeschränkt und bedingungslos plein pouvoir erteilen. Aber auch hier übernehme dem Autor gegenüber ich die Verantwortung auf mich ; ich nehme an, es ist Ihnen lieber.[13]

Or, malgré les réserves exprimées par Meyer, Lietzau fit subir de nombreux remaniements à ce texte, comme en rend compte son carnet de régie de 1961, des retouches toutefois pour la plupart bienvenues au regard de la traduction officielle de la pièce. L'éditeur fit appel au traducteur Hans Georg Brenner, ancien membre du « Groupe 47 » (« Gruppe 47 ») et l'un des premiers traducteurs de Sartre et de Camus. Malgré la qualification et l'expérience de Brenner, Meyer dut à plusieurs reprises « se mêler » de l'avancée du travail, ce dernier n'étant « pas tenable ».[14] Enfin, un fait marquant autour de la parution des *Paravents* est que cette pièce fut publiée au Merlin Verlag en 1960, soit un an

---

[12] Andreas J. Meyer : Entretien réalisé le 9 septembre 2013, Gumpendorf. (« Die Übersetzungen haben Genet gar nicht interessiert. Er war nie gegen eine Übersetzung, er hat immer hinter mir gestanden »).

[13] Andreas J. Meyer : Lettre au Schloßpark-Theater Berlin (15 novembre 1960). ADK Berlin, Hans-Lietzau-Archiv 133. « Je tiens à souligner qu'il ne peut s'agir que de suppressions. Si en raison de coupures des changements devaient s'avérer nécessaires, nous pourrons très sûrement nous mettre d'accord. Je ne peux à cet égard naturellement pas vous accorder les pleins pouvoirs, à vous ou à Monsieur Lietzau, sans réserves ni conditions. Mais ici aussi j'endosse la responsabilité vis-à-vis de l'auteur. Je suppose que cette solution vous est préférable ».

[14] Andreas J. Meyer : Entretien réalisé le 9 septembre 2013, Gumpendorf. (« Ich musste einspringen » ; « Nicht haltbar »).

avant sa parution française, et une note dans l'édition allemande soulignait ce privilège.[15]

### 5.1.2 Première traduction de Brenner (1960)

Certaines erreurs de traduction de Brenner apparaissent au sein du paratexte dès le titre. *Les Paravents* fut traduit par *Wände überall*, ce qui signifie « Des Murs partout ». Le titre dans son entier, *Wände überall. Der Tod I* (*Des Murs partout. La mort I*) fait état du projet initial de Genet, l'écriture d'un cycle de sept pièces sur le thème de la mort, une entreprise que l'écrivain ne mena pas à terme. Apparaît en outre une erreur dans la dédicace. Là où Genet écrivit : « À la mémoire d'un jeune mort »,[16] la première version allemande indique « Dem Gedächtnis eines jung Gefallenen »,[17] c'est-à-dire « à la mémoire d'un jeune mort au combat ». Or, l'identité de ce « jeune mort » reste inconnue et on ne peut affirmer avec certitude qu'il s'agit de Jean Decarnin, un ami de Genet mort à 21 ans au cours des combats de la libération de Paris. Cette erreur donna lieu à son tour à des commentaires incongrus dans la presse, et Wolfgang Schimming expliquait ainsi : « [La pièce] est dédiée à la mémoire d'un jeune mort au combat et remplit cette fonction de Requiem, puisqu'à trois ou quatre reprises quelqu'un est abattu sur scène, étranglé par derrière ou mis à mort de quelque autre façon que ce soit ».[18]

La liste des personnages fut également fortement modifiée. Brenner prit la liberté de rassembler certains protagonistes dans la catégorie « Autres » (« Ferner »), créée de toutes pièces : s'y retrouvent les « femmes arabes, hommes arabes, combattants arabes, commis, gardes, policiers » (« Araberfrauen – Arabermänner – arabische Freischärler – Gerichtsdiener – Wachen – Polizisten ») et même « le peuple » (« allerlei Volk »). Ainsi, certains protagonistes pourvus d'un prénom dans le texte d'origine, comme Mustapha, Brahim ou Taleb, disparaissent totalement dans la liste du texte allemand. D'autres, dont la désignation est précise en français, sont regroupés sous la même appellation : « un

---

[15] Jean Genet : *Wände überall* (*Der Tod I*), verso de couverture : « Die deutsche Übersetzung erscheint als Erstausgabe früher als der französische Druck ». « La traduction allemande apparaît en tant que première édition avant la version française ».
[16] Jean Genet : *Les Paravents*. Paris : L'Arbalète 1961, p. 7.
[17] Jean Genet : *Wände überall* (*Der Tod I*).
[18] Wolfgang Schimming : Algerienkrieg als Bühnendrama. In : *Rheinische Post* (24 mai 1961). TWS Wahn. (« [Das Stück] ist dem Gedächtnis eines Frühgefallenen gewidmet und erfüllt diesen Requiem-Charakter, indem drei- oder viermal jemand auf offener Bühne niedergeknallt, von hinten erwürgt oder sonstwie zum Tode befördert wird »).

combattant » est par exemple qualifié d' « Arabe » (« Araber »), de la même manière que « l'homme, celui qui a pissé » est également nommé « Arabe » (« Araber »). Ce manque de précision dans la liste des personnages est troublant. Par ailleurs, les personnages Saïd et Leïla sont écrits sans tréma (« Said », « Leila »).

En outre, les « remarques préliminaires du traducteur » (« Vorbemerkungen des Übersetzers ») montrent que Brenner avait conscience des difficultés posées par la traduction, et il explique ainsi que certains mots ou expressions n'ont pas d'équivalent en allemand ou ne sont pas connus du traducteur :

> Der deutsche Text dieser siebzehn Bilder hält sich nach Möglichkeit streng an das sprachlich sehr knapp und bildhaft gefaßte französische Original. Er weicht von ihm nur dort notwendigerweise etwas ab, wo die Wort- und Klangspiele des Verfassers eine wörtliche Wiedergabe unmöglich machen oder wo es für einzelne Ausdrücke des Argot, Patois oder der Langue Verte [...] im Deutschen geeignete Entsprechungen nicht gibt oder sie dem Übersetzer nicht bekannt sind.[19]

Pourtant, ces deux raisons ne sont pas les seules évoquées par Brenner pour expliquer ses libertés de traduction. Selon lui, la volonté de ne pas trop choquer le public allemand justifierait à lui seul un remaniement du texte :

> Genets unbekümmert, aber ebenfalls bewußt verwendeten Wörter und Wendungen der « Analsprache » klingen im Französischen viel weniger anstößig oder gemein als im Deutschen ; um sinnentstellende Vergröberungen zu vermeiden, wurden sie deshalb behutsam abgemildert oder gar nur auf Andeutungen beschränkt, wenn nach Ansicht des Übersetzers der Tenor des Originals dadurch nicht verfälscht, sondern – im Gegenteil – für deutsche Zuschauer besser gewahrt schien.[20]

Ces propos préfigurent les transformations capitales que subit le texte de Genet sous la plume de Brenner. Les partis pris majeurs de traduction de celui-ci furent l'atténuation du langage familier, populaire et de l'argot, de même que la suppression des grossièretés et obscénités en tous genres. Souvent les ex-

---

**19** Hans Lietzau : Carnet de régie des *Paravents* avec des corrections de la traduction (Berlin, 1961). ADK Berlin, Hans-Lietzau-Archiv 132. Page non numérotée. « Le texte allemand de ces dix-sept tableaux essaie de rester aussi proche que possible de l'original français, concis et imagé. Il s'en éloigne nécessairement un peu seulement là où les jeux de mots et de sonorités de l'écrivain rendent impossible une traduction mot à mot, ou lorsque pour des expressions isolées de l'argot, du patois ou de la langue verte [...] il n'existe pas en allemand d'équivalents adaptés, ou que ceux-ci ne sont pas connus du traducteur ».
**20** Ibid. « Les mots et expressions de la ‹langue anale› que Genet utilise avec insouciance mais dont il a pleinement conscience sont bien moins choquants ou de mauvais goût en français qu'en allemand ; pour éviter des grossièretés inutiles, ces termes ont donc été soigneusement atténués ou limités à des allusions, lorsque la tonalité du texte original n'en a pas été, selon le traducteur, déformée, mais au contraire mieux préservée pour un public allemand ».

pressions poétiques, le langage imagé et soutenu furent remplacés par un style académique et uniforme et par une syntaxe grammaticalement correcte. Le même sort incomba au langage familier et à des phrases simples inutilement alourdies. De nombreuses répliques, ainsi que des didascalies, furent supprimées. *A contrario*, des mots ou des répliques entières furent librement ajoutés au texte original. La plupart des répétitions de mots ou de groupes de mots furent effacées, ce qui brise le rythme particulier du phrasé de Genet. Les quelques remarques personnelles de Genet, contenues dans certaines didascalies, furent totalement éliminées. Enfin, on note pléthore de contresens et faux sens. En définitive, Brenner dévia trop souvent du texte original et sa traduction trop libre fit défaut au ton original de l'œuvre.

Le carnet de régie de Lietzau, utilisé lors de la création mondiale de la pièce en 1961, rend compte des tentatives du metteur en scène pour redonner une tonalité plus vivace à l'œuvre. Avec l'aide du dramaturge en chef Albert Beßler, Lietzau rectifia les principales erreurs de traductions, mais modifia lui aussi certains termes ou expressions. De même, les importantes coupures tout au long des tableaux[21] contribuèrent à la transformation de la pièce.

Les nombreuses suppressions de Brenner et les coupures supplémentaires apportées par Lietzau privaient ainsi le texte des *Paravents*, lors de sa création mondiale en 1961, de tout ce qui en faisait sa spécificité : le métissage des styles contraires, les facettes chamarrées de divers tons et niveaux de langue qui exprimaient chacun à leur manière les ambiances, les paysages et les actions de cette pièce plongée dans une atmosphère franco-maghrébine, difficile à communiquer à un public germanophone.

### 5.1.3 Seconde traduction de Sander (1968)

La seconde traduction élaborée par Ernst Sander fut publiée en 1968. Elle ne contient pas de note préliminaire du traducteur, qui ne cherchait donc pas à justifier ses choix ou son éloignement du texte d'origine. De plus, l'erreur dans

---

[21] Les suppressions majeures de Lietzau lors de la création de 1961 concernaient : la scène du Cadi au 7ᵉ tableau ; la scène de la Bouche au 8ᵉ tableau ; l'important dénouement du 12ᵉ tableau, lorsque les Arabes viennent peindre leur haine dans les orangers : chez Lietzau le tableau s'arrêtait après la tirade de Kadidja sur la haine ; le long monologue de la Mère avec l'arbre et le rire ainsi que la tirade du lieutenant au 13ᵉ tableau ; le monologue de Warda, le dialogue entre Ommou et le soldat, donc les deux-tiers du 14ᵉ tableau ; les trois-quarts de la scène dite « des pets » au 15ᵉ tableau ; les apparitions de Warda et la tirade du sergent au 16ᵉ tableau ; la quasi intégralité du 17ᵉ tableau, excepté la scène du fauteuil de la Mère, les tirades Banquier et de la Vamp et quelques répliques éparses avant l'arrivée de Saïd. Les tableaux 14, 15, 16 et 17 furent donc presque entièrement coupés.

la dédicace est rectifiée et la liste des personnages n'est pas constituée de généralités ou d'approximations.

La traduction de Sander est plus fidèle que celle de son prédécesseur au ton d'origine. Sander ajouta au fil du texte quelques notes de bas de page pour expliquer certaines allusions à la France, à des personnages ou des événements historiques, ce qui illustrait son souci de rendre la pièce explicite pour un lecteur ou un public germanophone. Le champ lexical des grossièretés et du langage familier fut correctement rendu, seules les expressions en argot ne furent pas toujours adéquatement traduites. Sander fit preuve d'un usage bien plus approprié de la ponctuation, et contrairement à Brenner il ne rallongea pas inutilement certaines phrases par des points de suspension ou des tirets. En revanche, les jeux de mots ou les rimes internes ne furent jamais restitués et ainsi toute une dimension poétique du texte de Genet disparait. En outre, certains termes furent toujours traduits par le même mot : le terme de « bordel » (« Puff ») revient trop souvent dans le texte allemand, alors que l'original français a recours à des synonymes, au terme argotique « bouic » par exemple. De même, « garce » est souvent traduit par « Hure » (« putain »), bien plus vulgaire. Cet usage malencontreux véhicule la fausse impression que les références au milieu de la prostitution sont omniprésentes. Par ailleurs, la traduction de Sander faiblit vers la fin de la pièce, et à partir du dix-septième tableau, les répliques à la tonalité poétique, à l'instar de celles du personnage d'Ommou, n'ont en allemand plus qu'une teneur explicite et concrète. La fin du texte accumule également les faux sens et les contre-sens.

Les modifications majeures du texte eurent pourtant lieu lors du passage à la scène. La création munichoise des *Paravents* en 1968 s'appuyait sur la nouvelle version de Sander, mais Lietzau eut par moments recours à la première traduction de Brenner ou à ses propres rectifications de 1961, et il raccourcit ou coupa les mêmes passages.[22] De plus, alors que les grossièretés furent presque toutes traduites par Sander, parfois à l'aide d'expressions allemandes relativement rares, Lietzau n'en retint que peu.

### 5.1.4 Étude comparée de trois extraits

L'analyse de trois extraits issus des troisième, neuvième et treizième tableaux des *Paravents* permet de donner un aperçu exemplaire des traductions alle-

---

[22] Par rapport à la création de 1961, les scènes du Cadi et de la Bouche n'ont plus été supprimées mais uniquement raccourcies et la fin du 12e tableau a été maintenue. Par contre, les coupures apportées en 1961 dans les tableaux 14, 15, 16 et 17 ont été maintenues lors de la création de 1968.

## 5.1 Support textuel : les traductions des *Paravents* de Genet (1960 ; 1968) — 255

mandes de la pièce par Brenner et Sander. Ces extraits ont été choisis en fonction de leur importance dramaturgique d'une part et de leurs divergences sur le plan stylistique d'autre part. Le premier extrait éclaire la traduction du langage familier et du vocabulaire grossier, le deuxième passage la transposition de jeux de mots, d'expressions argotiques ou issues de la culture arabo-maghrébine, et le troisième extrait exemplifie la traduction d'une langue poétique et imagée.

Dans un premier temps sont comparées les solutions de traduction de Brenner en 1960 et de Sander en 1968. Les modifications supplémentaires apportées par Lietzau dans ses carnets de régie sont ensuite indiquées par des termes barrés, et la nouvelle traduction du metteur en scène, le cas échéant, est indiquée en caractères gras juste après. Dans certains cas, une traduction personnelle est proposée en guise d'alternative.

Le premier passage analysé est extrait du troisième tableau[23] et revêt une certaine importance d'un point de vue dramaturgique puisque Leïla y fait son entrée en scène. Dans un échange de répliques entre Leïla et la Mère sont exposées les relations que les personnages entretiennent entre eux : l'amour de la Mère pour son fils, la tendresse de Leïla envers son mari ainsi que le manque de respect que la Mère et Saïd témoignent à la jeune femme. Sur le plan stylistique, la communication entre les trois personnages est emblématique du langage familier et du champ lexical des grossièretés et des insultes.

La scène débute par un monologue que Leïla adresse au pantalon de Saïd, dans lequel elle le compare à son mari et rêve de le séduire. Le vocabulaire grossier est présent dès cette première réplique à travers les verbes « pisser » et « péter » : « Tu es pourtant vivant, chaud, prêt à tout : à marcher, à pisser, à cracher, à tousser, à fumer, à péter comme un homme, et à te mettre à cheval, et moi à cheval sur toi ... » (p. 30). Brenner ne traduit pas ces termes grossiers et élimine l'énumération de verbes et raccourcit ce faisant la phrase : « Dabei bist du doch ganz lebendig und kannst auch sonst alles, was ein Mannsbild so tut ... sogar die Beine breit machen, wenn du reiten willst ... aber wenn ich auf dir reiten will ... » (p. 25). Brenner ajoute à la phrase deux séries de points de suspension, ce qui en ralentit le rythme. La traduction de Sander reste plus proche du texte français, fait preuve d'un usage plus idiomatique de l'allemand et ne recule pas devant les grossièretés : « Und dabei bist du lebendig, und warm, zu allem imstande : zu gehen, zu pissen, zu spucken, zu husten, zu rauchen, zu furzen wie ein Mannsbild, um dich zu Pferde zu setzen, und ich

---

[23] Jean Genet : *Les Paravents*, p. 30–34. Jean Genet : *Wände überall (Der Tod I)*, p. 25–28. Jean Genet : *Die Wände*, p. 16–18.

auf dir zu Pferde ... » (p. 16). L'usage d'un langage grossier, couplé à une métaphore filée du pantalon de Saïd comme cheval et à des termes et une gestuelle à forte connotation sexuelle, est maintenu jusqu'à la fin du monologue de Leïla. Celle-ci inspecte le pantalon, compare sa constitution à celle de son époux et s'imagine en fière cavalière :

> Leïla : [...] pas de doute, tu es mieux foutu que Saïd. Même si tes cuisses ont la forme des siennes, tes cuisses sont plus belles. *(Elle tourne autour du pantalon et le regarde, très attentivement.)* Tes fesses sont plus rondes. Que les siennes. *(Un temps.)* Mais tu pisses moins loin. Viens ... saute sur moi ... si seulement tu arrivais à faire trois mètres – d'ici la porte – après, ce serait facile, toi et moi on s'enfonce dans la nature ... sous le prunier ... derrière le mur ... derrière un autre mur ... la montagne, la mer ... et moi sur ta croupe, sur la selle rebondie de tes deux fesses, je t'en ferais baver ... (p. 31).

Dans sa première apparition sur scène, Leïla est présentée comme un personnage à forte imagination. La solitude force la jeune femme à trouver un remplaçant à son époux qui ne daigne la regarder, ni peut-être accomplir ses devoirs conjugaux, et cette scène permet à l'écrivain de suggérer une métaphore sexuelle. Les parallélismes et le rythme binaire créés par Genet (« tes cuisses ont la forme des siennes, tes cuisses sont plus belles » / « tes fesses sont plus rondes. Que les siennes » / « sous le prunier ... derrière le mur » / « la montagne, la mer » / « sur ta croupe, sur la selle »), qui prépare l'invocation finale des « deux fesses » et donne à ce passage un mouvement berçant et posé, disparaît dans la traduction de Brenner :

> Leïla : ~~Klar~~ – du bist stattlicher als Saïd, ~~und wenn du auch ebenso harte~~ **deine** Schenkel ~~hast wie er — deine~~ sind schöner ... *(sie geht musternd um die Hose herum)* ~~auch dein Hintern ist~~ viel fester ... *(Pause)* Los – spring doch mal auf mich rauf ... ~~wenn du bloß die drei Meter schaffst,~~ dort bis zur Tür ... dann hätten wir's leichter ... im Freien ~~treiben wir's ...~~ unterm Pflaumenbaum ... hinter der Mauer ... ~~hinter einer anderen Mauer ...~~ im Gebirge, auf dem Meer ... ich sitz' auf dir, wie in einem Sattel ... ich bring' dich schon in Schwung ... (p. 25).

En outre, alors même que Genet évite toute utilisation de termes sexuels concrets, Brenner ajoute curieusement « im Freien treiben wir's », l'expression « es treiben » signifiant « forniquer », ce qui crée une image vulgaire en allemand alors qu'en français le renvoi à une relation sexuelle ne reste qu'implicite. La

## 5.1 Support textuel : les traductions des *Paravents* de Genet (1960 ; 1968) — 257

traduction proposée par Sander sept ans plus tard n'est à cet égard guère meilleure :

Leila : Natürlich, du bist besser gebaut als Saïd, deine Schenkel sind wie seine : aber deine sind schöner ... *(sie umkreist die Hose und mustert sie sehr aufmerkam)* Deine Arschbacken sind viel runder als seine. *(Pause)* Komm ... bespring mich doch mal ... wenn du bloß die drei Meter schafftest, von hier bis zur Tür, dann wär es ganz leicht, dann könnten wir's in der freien Natur treiben ... hinter den Pflaumenbäumen ... hinter der Mauer ... hinter 'ner andern Mauer ... im Gebirg, auf dem Meer ... und ich auf deiner Kruppe, ~~im prallen Sattel deiner beiden Arschbacken, ich will dich schon zum Geifern bringen~~ (p. 16).

Chez Sander, les termes « bespringen », qui désigne l'accouplement entre animaux, et « es treiben » donnent un ton obscène à ce passage, un choix étonnant au regard de la suppression complète de la phrase « mais tu pisses moins loin », bien moins vulgaire, aussi bien chez Sander que chez Brenner. Qui plus est, l'expression familière « je t'en ferais baver » est traduite soit avec trop de précautions par Brenner (« ich bring' dich schon in Schwung »), soit avec trop d'exagération par Sander (« ich will dich schon zum Geifern bringen »). Une traduction qui respecterait ces images sans tomber dans une inutile obscénité pourrait ainsi être :

Leila : Keine Frage, Du siehst besser aus als Saïd. Selbst wenn deine Schenkel wie seine Schenkel geformt sind, deine sind schöner. [...] Dein Hintern ist runder. Als seiner. [...] Aber du pinkelst nicht so weit weg. Komm ... fang' mich ... wenn du dich nur um drei Meter bewegen könntest – bis zur Tür – danach wäre es einfach, du und ich im Dickicht der Natur ... unterm Pflaumenbaum ... hinter der Mauer ... hinter einer anderen Mauer ... Gebirge und Meer ... und ich auf deiner Kruppe, auf dem runden Sattel deiner beiden Po-Backen, ich würde dich ins Schwitzen bringen ...

Dans la suite du passage, la mère utilise de nombreux termes issus du langage courant ou de l'argot qui n'ont pas été convenablement rendus en allemands : l'argot « phalzar » (p. 31) est traduit par « Hose » dans les deux versions (p. 26 ; p. 17), alors que « Buxe », un terme venant d'Allemagne du Nord, serait adapté. L'adjectif « moche » (p. 31) est également toujours traduit par « grundhäßlich » (p. 26 ; p. 17), alors que « potthäßlich » pourrait par exemple exprimer le ton familier. Le verbe « pioncer » (p. 32) est devenu

« schlafen » (p. 27) chez Brenner et « pennen » (p. 17) chez Sander, ce dernier verbe étant bien adapté mais transformé par Lietzau dans sa création de 1968 en « schnarchen » (« ronfler »).

Par ailleurs, la Mère insulte Leïla à plusieurs reprises dans ce passage. Elle la compare une première fois indirectement à un chien lorsqu'elle lui dit : « Ne bave pas sur ta cagoule » (p. 31). Brenner traduit cela par : « Und schimpf mir bloß nicht noch über die Maske ! » (p. 26), une solution où la comparaison se perd. Sander propose en revanche : « Sabbere nicht auf deine Kappe » (p. 17), une traduction adéquate du terme « baver » mais inadéquate en revanche pour celui de « cagoule », et que Lietzau a modifié en « Mönchskutte » en 1968. La Mère ordonne en outre à Leïla de se taire, s'exclamant : « Et boucle ! » (p. 33). Brenner a choisi de ne pas du tout traduire cette injonction, alors que Sander propose « Nur los ! » (p. 18), un faux sens puisque cela signifie « en avant ! » En revanche la brève injonction « Schnauze » pourrait être utilisée. En guise de réaction, Leïla demande à la Mère : « D'après vous je dois chercher à devenir de plus en plus con ? » (p. 33), l'adjectif au ton familier, ou même grossier, étant trop faiblement rendu en allemand par « noch dümmer » (p. 27) chez Brenner et par « noch blöder » (p. 18) chez Sander. Par contre, lorsque la Mère utilise l'adjectif « idiote » (p. 33) en parlant de Leïla, les deux traducteurs ont eu recours à la désignation « saublöd » (p. 27 ; p. 18), le préfixe sau- relevant d'un niveau de langue familier qui n'est pas forcément présent au sein du terme français « idiot ». Ainsi, le langage familier et courant de même que le vocabulaire grossier ne sont pas toujours bien rendus dans les deux versions allemandes, qui ont soit affaibli, soit renforcé la teneur familière et obscène de certains passages.

Une dernière réplique est délicate à traduire au regard d'une expression argotique censée désigner les parties génitales masculines. En parlant de Saïd, la Mère explique : « Il s'en fout. Un pantalon, il sait ce que c'est. Il y met ses grandes jambes, son cul et le reste. Ses grades » (p. 32). Brenner traduit ce passage par : « So was sieht er gar nicht. Eine Hose ist für ihn eine Hose. ~~Da fährt er mit seinen langen Beinen rein, mit allem, was an ihm dran ist, mit seiner ganzen Manneswürde~~ » (p. 27), une bonne solution mais que Lietzau a censuré en 1961. Sander utilise l'euphémisme suivant : « Dem ist das ~~schnuppe~~ **wurscht**. Für den ist Hose Hose. Er steckt seine langen Beine rein, seinen Hintern und was sonst noch an ihm dran ist. Das, was ihn zum Mann macht » (p. 17). Lietzau a maintenu cette phrase en 1968, ce qui témoigne d'une évolution des propos pouvant être prononcés sur les scènes ouest-allemandes.

Le deuxième extrait tiré du neuvième tableau[24] est une scène entre le Gendarme, la Mère et Leïla. Alors qu'il s'est rendu au domicile de Saïd pour y arrêter Leïla, accusée de vol, le Gendarme s'égare avec la Mère dans une conversation sur le vouvoiement et le tutoiement avant d'évoquer avec nostalgie ses souvenirs de guerre aux côtés de frères d'armes algériens. Les échanges de répliques présentent d'une part un jeu avec la langue française, jeux de mots, de sonorités et de rythmes, et montrent d'autre part l'utilisation d'expressions issues de l'argot et de la culture arabo-maghrébine.

La première longue tirade de la Mère, dans laquelle elle tente de faire croire au Gendarme que le réveil volé par Leïla appartient depuis longtemps à la famille, finit sur une énumération marquée par un jeu avec les sonorités. Une fois démonté, le réveil contiendrait ainsi dans l'imagination de la Mère :

La Mère : Mais réellement, comme une espèce de vermine qui voudrait se débiner : des petites roues, des petites étoiles, des petites vis, des petits vers, des petits clous, des petits machins y'en avait plein, des petits ressorts, des harengs saurs, clés à mollettes, cigarettes, trottinettes ... (p. 84).

Les rimes internes, les assonances et allitérations du texte français n'ont pas été rendues par Brenner qui a traduit le texte mot à mot :

Mutter : Buchstäblich wie lauter Ungeziefer wuselt da alles durcheinander : Rädchen, kleine Sterne, Schräubchen, kleine Würmer, kleine Nägel, allerlei winziges Zeug, kleine Federn, geräucherte Heringe, Schlüssel, Zigaretten, Roller ... (p. 72).

Pour sa création de 1961, Lietzau a supprimé cette phrase, mais il l'a maintenue en 1968 dans la nouvelle traduction de Sander :

Mutter : Tatsächlich, wie Ungeziefer, das sich verdrücken möchte : Räderchen, Sternchen, Schräubchen, Würmchen, kleine Nägel, 'n Haufen kleiner Krimskrams, kleine Federn, Räucherheringe, Schlüssel für den Brotschrank, Zigaretten, Tretroller ... (p. 52).

La traduction de l'adjectif qualificatif « petit » par le suffixe « -chen » semble être une bonne solution puisque cela crée une même rime finale pour chaque

---

[24] Jean Genet : *Les Paravents*, p. 84–89. Jean Genet : *Wände überall (Der Tod I)*, p. 71–76. Jean Genet : *Die Wände*, p. 52–56.

mot et souligne l'idée de fourmillement de tous ces menus objets ; il est pourtant dommage que Sander n'ait pas continué à utiliser le suffixe tout du long. Les assonances du texte français en « un » (« machins » / « plein »), en « or » (« ressorts » / « saurs ») ainsi que la rime finale en « -ette » (« mollettes » / « cigarettes » / « trottinettes ») disparaissent également en allemand. En s'éloignant quelque peu du texte lorsqu'il est question des « petits ressorts », ces jeux avec le phrasé et la sonorité peuvent toutefois être maintenus en allemand comme dans la proposition suivante :

Mutter :   Aber wirklich, wie eine Art Ungeziefer, das sich aus dem Staub machen wollte : Räderchen, Sternchen, Schräubchen, Würmchen, Nägelchen, ein Häufchen Dinge – auch gefederte – geräucherte Heringe, Gabelschlüssel, Tabakstangen, Tretroller ...

Il est donc possible de faire rimer la dernière syllabe des noms communs « Dinge » et « Heringe » ainsi que le préfixe et le suffixe des adjectifs « gefederte » et « geräucherte ». La rime finale en « -ette » du texte français est remplacée par des noms communs composés qui par leur rythme binaire dotent la fin de cette longue énumération d'un tempo enjoué.

Par ailleurs, ce neuvième tableau est emblématique de la riche connaissance qu'avait Genet de l'argot – issu des milieux populaires, militaires ou de la pègre – ainsi que du parler des petites gens. À travers le personnage du Gendarme, Genet déploie toute une panoplie de termes et d'expressions, allant même jusqu'à en donner des synonymes en argot également. Pour exprimer l'idée que Leïla a tenté de fuir, le Gendarme s'exclame : « Te sauver ! ... Foutre le camp ! ... Faire la malle ! ... Tirer des pattes ! » et un peu plus loin il use de l'expression « mettre les adjas » (p. 85). Brenner a recours aux verbes « Weglaufen ! ... Abhauen ! ... Verduften ! » ainsi qu'aux expressions « [sich] auf die Socken machen » et « [sich] aus dem Staub machen » (p. 72). Sander utilise les mêmes, hormis dans le cas de « mettre les adjas » qu'il traduit par « auskneifen » (p. 53). La réplique suivante du Gendarme regroupe deux expressions imagées : « C'est pour qu'il m'arrive un pépin, pour que j'aie le brigadier au cul, si » (p. 85). Alors que Brenner maintient le vocabulaire vulgaire en ajoutant même une insulte de son propre cru, « Nur damit der Wachtmeister mich beim Arsch kriegt ? Scheiße ! » (p. 71), Sander transforme le langage courant en langage soutenu : « Bloß, damit ich Unannehmlichkeiten habe » (p. 53). Il serait possible de transposer cela en : « Doch, damit ich in die Bredouille komme, damit mir der Brigadeleiter an den Fersen klebt ».

Les trois personnages se perdent ensuite dans une discussion au premier abord cordiale puis amusante et enfin absurde – au sens commun du terme –

sur le vouvoiement et le tutoiement, sur l'usage prescrit par les autorités et sur celui qu'en font les petites gens. Ce dialogue, parsemé d'allitérations, d'assonances et de jeux de mots ne peut que difficilement être traduit vers une autre langue et requiert un certain éloignement du texte d'origine. En décalant l'humour, qui porte alors non plus sur un jeu avec le rythme et les sonorités, mais sur des associations d'esprit provoquées par certains termes, le traducteur peut préserver le sens général de ce passage. Bien plus qu'un débat sur l'emploi correct des pronoms personnels « tu » et « vous », il s'agit en effet d'une réflexion sociologique à deux niveaux sur ce qu'implique leur usage. Sur un premier plan, le pronom personnel est utilisé pour répondre à une norme sociale, l'emploi du « tu » ayant dans la langue française une connotation foncièrement différente de celui du « vous ». Alors que les supérieurs hiérarchiques prescrivent le vouvoiement même lorsqu'il s'agit de petites gens comme Saïd, Leïla ou la Mère, le Gendarme préfèrerait les tutoyer, d'une part parce qu'il ne souhaite pas leur témoigner du respect, d'autre part parce qu'il se sent proche d'eux, n'étant lui aussi qu'un « petit », un simple gendarme. En outre, la Mère emploie naturellement le tutoiement, sans doute pour que l'ordre social représenté par le Gendarme soit tourné en dérision et parce que le vouvoiement n'existe pas en arabe – excepté en Afrique du Nord où, en tant qu'emprunt au français, il demeure très rare. Sur un second plan, le recours aux pronoms personnels pluriels, au « vous » et au « nous », induit l'existence de différents groupes sociaux qu'il est pourtant difficile de définir. L'usage du vouvoiement renvoie à la réalité d'une exclusion identitaire et sociale, une problématique au cœur des *Paravents* puisque Genet y pose la question de l'identité algérienne, française, et franco-algérienne. Il est ainsi difficile de savoir qui constitue ces différents groupes, les barrières entre les autorités françaises et les « indigènes » algériens[25] étant floues : les Algériens ont été contraints d'accepter la culture et la langue française, les colons et les soldats français sont également sous l'emprise de l'environnement maghrébin,[26] et, placé entre les deux camps, Saïd va jusqu'à trahir son peuple en sachant qu'il restera toujours exclu de l'un et de l'autre. La discussion entre la Mère et le Gendarme se déroule sur le mode suivant :

---

[25] On se reportera à Olivier Le Cour Grandmaison : *De l'indigénat – Anatomie d'un monstre juridique : Le droit colonial en Algérie et dans l'Empire français*. Paris : La Découverte 2010.
[26] La nature semble exercer une forte influence sur les colons ou les soldats. Ainsi le Lieutenant déclare à un soldat « L'Orient déteint sur vous et y dépose ses tons pastels, n'est-ce pas, ses demi-teintes ? ». Jean Genet : *Les Paravents*, p. 154.

| Le Gendarme : | C'est pour qu'il m'arrive un pépin, pour que j'aie le brigadier au cul, si. Petite ordure. Et moi, trop con, qui te disais vous pour être poli, comme on nous le recommande ! Ils en ont de bonnes, là-haut, en haut lieu avec leurs vous ! Je voudrais les voir qu'ils vous touchent de près, comme nous les petits. |
|---|---|
| La Mère : | Des petits ? Vous autres, pour nous, vous n'êtes pas des petits. |
| Le Gendarme : | Heureusement qu'on vous a et que comme ça y a plus petit que nous, mais si on nous oblige à vous dire vous on sera bientôt plus petits que vous (p. 85). |

L'emploi du vouvoiement est donc exigé par les supérieurs hiérarchiques pour que les forces de l'ordre respectent la population, or en vouvoyant les Algériens, le Gendarme se sent placé à leur niveau ou même ridiculisé. D'un point de vue stylistique, ces répliques sont structurées par une assonance en « ou » (« nous », « vous », « voudrais », « touchent », « pour ») et allitération en « v » (« vous », « voudrais », « voir »). La discussion continue :

| La Mère : | De temps en temps vous pouvez oublier le vous et nous dire le tu. |
|---|---|
| Le Gendarme : | Surtout que vous aimez mieux ça, hein ? Le tu est plus chaud que le vous et le tu protège mieux que le vous. Quoique si le tu protège, le vous de temps en temps fait du bien, ça je m'en doute. |
| La Mère : | Un peu de vous, un jour sur quatre, et le tu le reste du temps. |
| Le Gendarme : | C'est mon avis. Le tu comme base et du vous goutte à goutte. Pour vous habituer. Nous et vous on y gagne, mais le vous tout à coup, à qui dire le tu ? Entre nous le tu est tu de copain, entre nous et vous le tu qui vient de nous est tu plus mou. |
| La Mère : | Juste. Le vous pour vous ça vous éloigne de nous. Le tu nous plaît, le s'il vous plaît n'est pas pour nous (p. 85–86). |

La réflexion du Gendarme et de la Mère sur l'implication de l'usage du vouvoiement ou du tutoiement révèle la portée émotive du « tu » et le pouvoir exercé par le « vous ». À l'assonance en « ou » toujours présente (« vous », « pouvez », « oublier », « nous », « surtout », « doute », « jour », « goutte », « coup », « mou ») Genet ajoute une assonance en « u » (« surtout », « tu », « plus », « du », « habituer »). Ces jeux avec les sons vont déclencher une suite de répliques saugrenues :

| Leïla : | Le mou non plus ... Le tout non plou ... Le vu non plus. *(Elle rit. La Mère rit).* |
|---|---|

| | |
|---|---|
| La Mère (enchaînant) : | Le fou c'est vous ... le plus c'est mou ... c'est tout au plus ... *(Elle rit. Leïla rit. Le Gendarme rit).* |
| Le Gendarme : | Le mon sait plou ... c'est plus mon cul ... le cul mon coup ... *(Ils rient tous, aux éclats, mais soudain le Gendarme s'aperçoit qu'il partage ce rire. Il éclate).* Silence ! (p. 85–86). |

Ainsi, à compter de l'instant où Leïla vient se mêler à la discussion, celle-ci prend une tournure de plus en plus incongrue et se termine sur des propos grivois, avant que le Gendarme ne mette un terme abrupt aux rires et au dialogue ; dans la suite de la scène, le Gendarme monopolise en effet la parole. La traduction de Brenner de 1960 et le carnet de régie de Lietzau de 1961 mettent en lumière un élément qui rend ce passage non seulement encore plus rocambolesque dans son jeu avec la langue, mais qui plus est quasiment intraduisible. En effet il existe en allemand trois pronoms personnels pour s'adresser à un interlocuteur : le pronom « du » (« tu »), qui au pluriel devient « ihr » et désigne un groupe constitué de personnes que l'on tutoie ; le pronom « Sie » (« vous »), utilisé pour le singulier ou le pluriel lorsque l'on s'adresse à une ou des personnes que l'on vouvoie ; et enfin l'adresse par le pronom singulier « Ihr », inusitée de nos jours mais que l'on utilisait pour s'adresser à des personnes de rang social élevé. Viennent s'ajouter à cela les formes au datif (« dir » / « euch » / « Euch » / « Ihnen ») et à l'accusatif (« dich » / « euch » / « Sie » / « Ihnen »). Dans sa traduction, Brenner maintient la forme de vouvoiement la plus polie : la Mère et le Gendarme s'adressent à l'autre ou au groupe social que celui-ci représente – les forces de l'ordre françaises pour le Gendarme, la population algérienne pour la Mère – à travers « Sie » au singulier et au pluriel. Lietzau a pourtant annoté des modifications dans son carnet de régie, transformant le « Sie » pluriel de politesse en un « ihr » (« euch » au datif) de proximité. En français, il n'existe pas de différences lorsque le pronom « vous » est utilisé, et ainsi les choix de traduction de Brenner et de Lietzau donnent des indications sur leurs interprétations respectives de cet extrait : chez Brenner, le Gendarme respecte l'ordre de ses supérieurs et cantonne la Mère et Leïla à un « vous » ; chez Lietzau en revanche, après la tentative de fuite de Leïla, le Gendarme passe à nouveau au tutoiement. En outre, pour les jeux de mots de la fin du passage, Brenner se distancie du texte et, s'appuyant sur les derniers propos grivois du Gendarme (« c'est plus mon cul ... le cul mon coup ... »), structure les jeux de mots autour de l'image du postérieur – une solution éloignée du texte d'origine, mais qui a le mérite de rester dans l'esprit moqueur des personnages de Genet :

| | |
|---|---|
| Gendarm : | ~~Nur damit der Wachtmeister mich beim Arsch kriegt ? Scheiße !~~ Und ich ~~armes~~ **dummes** Luder ~~soll anständig zu Ihnen sein, wie uns immer empfohlen wird ? Eine schöne Vorstellung haben die da oben von Ihnen !~~ **hab auch noch Sie zu Dir gesagt, weil wir zu euch höflich sein sollen. Die da oben haben eine Ahnung.** Die möchte' ich mal sehen, wenn sie ~~richtig~~ **direkt** mit ~~Ihnen~~ **Euch** zu tun ~~bekommen~~ **haben**, wie wir ~~kleine~~ **kleinen** Pinscher. |
| Mutter : | ~~Kleine Pinscher ?~~ Für uns seid Ihr keine kleinen Pinscher. |
| Gendarm : | Na-ja, zum Glück gibt es ~~Sie~~ **Euch** noch ; ~~Sie sind~~ **Ihr seid** noch kleiner als wir. ~~Und da sollen wir nun so tun, als wären wir fast noch kleiner als Sie.~~ **Aber wenn wir zu euch « Sie » sagen müssen, dann wären wir bald noch kleiner als Ihr.** |
| Mutter : | Ab und zu können Sie uns ruhig duzen. |
| Gendarm : | Das würde Ihnen so ~~gefallen~~ **passen** ! « Du » klingt viel wärmer als « Sie » ; das « Du » begünstigt viel mehr als das « Sie ». Nein – das « Sie » hat ab und zu schon sein Gutes. |
| Mutter : | ~~Aber nur ab und zu, jeden vierten Tag vielleicht. Sonst einfach « Du ».~~ |
| Gendarm : | ~~Richtig. Das « Du » gewissermaßen als Grundlage, das « Sie » tropfenweise. Da hätten wir beide was davon. Aber wo sollen wir « Du » sagen ? Unter uns ? Unter uns klingt das « Du » kameradschaftlich, zwischen uns und euch bekommt das « Du » etwas Nachsichtiges.~~ |
| Mutter : | Stimmt. Das « Sie » trennt euch von uns, und wenn ihr ~~uns zu duzen beliebt~~ **du sagt**, dann gewiß nicht aus Liebe. |
| Leila : | (*beinahe trällernd*) Du ... Du-er ... am Du-esten ... (*die Mutter lacht.*) Sie ... Sie-er ... am Sie-esten ... (Sie lacht ebenfalls). |
| Mutter : | (*albern, tänzelnd*) Du – du ... Sie – sie ... Guckeda, Kakedu ... Du vorn ... Sie hinten ... (Alle lachen.) |
| Gendarm : | (*ebenso albern*) ~~Dein Hintern ... mein Hintern ...~~ (*Er bemerkt, daß er mitlacht und stutzt.*) ~~Mein Hintern ! Verdammt nochmal – wenn das so weitergeht, ist mein Hintern im Arsch~~ (*Er donnert los.*) Ruhe! (p. 72-74). |

Dans les trois dernières répliques, Brenner prend par ailleurs la liberté de rajouter des didascalies (« beinahe trällernd », « albern, tänzelnd » et « ebenso albern ») qui n'apparaissent pas sous la plume de Genet.

Contrairement à son prédécesseur, Sander opte pour la forme familière de vouvoiement entre le Gendarme et la Mère (« ihr », « euch » au datif), ce qui implique donc que les différences sociales entre le Gendarme et le peuple algérien, mais aussi le respect mutuel, sont amoindries. La comparaison des deux versions allemandes pose ainsi un problème d'interprétation absent du texte français : chez Brenner, la Mère vouvoie les gendarmes, et chez Sander, elle les tutoie. Pour la traduction des jeux de mots, Sander travaille avec l'accumulation d'expressions imagées, veillant à ce que les derniers mots riment, puis avec l'image du postérieur :

Gendarm :   Bloß, damit ich Unannehmlichkeiten habe, damit der Wachtmeister mich beim Arsch kriegt, jawoll. Du Stückchen Scheiße. Und ich Rindvieh habe zu dir « Sie » gesagt, aus purer Höflichkeit, wie uns immer geraten wird. ~~Das sind mir die Rechten,~~ die da oben, mit ihrem « Sie » ! Die möchte ich mal sehn, wenn sie unmittelbar mit euch zu tun haben wie wir kleinen ~~Pinscher.~~

Mutter :    ~~Kleine Pinscher ?~~ Für uns seid ihr das nicht.

Gendarm :   Ein Glück, daß es euch gibt, also noch kleinere Pinscher als uns, aber wenn wir zu euch « Sie » sagen müssen, dann sind wir bald noch kleiner als ihr.

Mutter :    Hin und wieder könnt ihr getrost das « Sie » vergessen und uns duzen.

Gendarm :   Vor allem, weil euch das lieber ist, was ? ~~Das « Du » klingt herzlicher als das « Sie » und bietet besseren Schutz. Das stimmt zwar, aber dann und wann hat das « Sie » sein Gutes ; das weiß ich genau.~~

Mutter :    Ein bißchen « Sie », so alle paar Tage, und die übrige Zeit « Du ».

Gendarm :   Ganz meine Meinung. Das « Du » als Basis, und das « Sie » tropfenweise. Damit ihr euch dran gewöhnt. ~~Davon haben beide Teile was ; aber wenn man aus heiterm Himmel « Sie » sagen soll, zu wem soll man dann « Du » sagen ?~~ Unter uns klingt das « Du » kameradschaftlich, unter uns und euch ist das « Du », wenn wir es sagen, ein weicheres « Du ».

Mutter :    Richtig. ~~Wenn ihr~~ **Das** « Sie » ~~sagt, dann rückt euch das von uns ab. Uns gefällt das « Du » ; zu uns sagt keiner « Ich bitte Sie »~~ **für sie entfernt Sie – Das « Du » tut gut, Du – Du –, das « Sie »** *[illisible : geht / zieht ?]* **wie –**

Leila :     Das Weiche auch nicht ... da hält kein Schlauch dicht ... man sieht den Rauch nicht ... *(Sie lacht. Die Mutter lacht.)*

Mutter :    *(Schaltet sich ein)* **2** Sie sind ja irr ... **1** mir wird ganz wirr ... ~~das ist doch höchstens ...~~ *(Sie lacht. Leila lacht. Der Gendarm lacht.)*

Gendarm :   Mein Arsch weiß es nächstens ... vielmehr mein Arsch ... der bläst euch den Marsch ... *(Sie lachen alle drei schallend, aber plötzlich merkt der Gendarm, daß er mitlacht. Er donnert)* Ruhe! (p. 53–54).

À la suite de ce passage, le Gendarme se perd dans des réflexions sur la nature et la portée du rire. Il s'emporte à l'idée de s'amuser en compagnie d'Algériens, utilisant le terme familier et provençal de « galéjade », un synonyme de « plaisanterie » : « [M]'avoir par le rire et la galéjade ? » (p. 86), demande-t-il aux deux femmes, une question que Brenner traduit sans grande précision par « Wollen Sie mich veralbern ? » (p. 74) Sander ignore le mot « galéjade » et tente uniquement de rendre en allemand le sens de l'expression « calmer quelqu'un » : « Mich durch Lachen und Witze milde zu stimmen ? » (p. 54) Or, aucune de ces deux traductions n'est à même de transposer la phrase correctement, alors que cela pourrait donner en allemand : « Mich mit Gelächter und Jux überlisten ? » Ensuite, le Gendarme laisse exploser sa colère et s'offusque : « Je ne peux tout de même pas me fendre en deux avec la racaille ... » (p. 87), une déclaration qui semble lui donner satisfaction puisqu'une didascalie indique qu'il « respire et se radoucit » (p. 87). Brenner remplace les expressions familières du Gendarme par un parallélisme entre les verbes « mitlachen » (« se joindre aux rires ») et « mitmachen » (« participer à l'action ») : « einfach mitlachen und euren Unsinn mitmachen ... » (p. 74), traduit donc Brenner, alors que Sander se concentre sur la transposition du terme de « racaille » : « trotzdem darf ich mich nicht mit Lumpenpack abgeben » (p. 54). Une autre solution serait : « Ich kann mich doch mit dem Gesindel nicht vor Lachen wegschmeißen ». Le Gendarme médite ensuite sur le rire et son ton devient de plus en plus familier :

Le Gendarme : Sur le rire je pourrais vous en dire. Du rire qu'on se fend la pipe et du rire qui désarme. Quand on se marre, tout s'ouvre : la bouche, le nez, les yeux, les oreilles, le trou du cul. À la fois on se vide et qui sait quoi vient à la place (p. 87).

Toutes les conditions semblent être réunies pour poser des difficultés de traduction dans cette réplique : les expressions familières « se fendre la pipe » et « se marrer », juxtaposées à l'expression plus choisie de « désarmer », le terme grossier de « trou du cul », la phrase dans laquelle la relation sujet-verbe est incorrecte « du rire qu'on se fend la pipe » et enfin le parler oral « qui sait quoi ». Brenner traduit ce passage ainsi :

Gendarm : Über das Lachen wäre noch einiges zu sagen. Beim Lachen geht die Pfeife kaputt, beim Lachen wird man wehrlos. Und wenn man nicht dichthält Mund, Nase, Augen, **und** Ohren und Arschloch fein dichthält ... dann ist's plötzlich passiert : alles leer, und wer weiß, was dann kommt ... (p. 74).

Lietzau a barré la quasi-totalité de ce passage, alourdi par des points de suspensions et un faux sens : alors que le Gendarme décrit l'action bénéfique du rire qui permet à l'homme de se soulager, de se « vider » et de simultanément laisser place à un autre état d'âme (« qui sait quoi vient à la place »), le texte allemand transforme ce soulagement en danger. Celui qui n'arrive pas lors d'un éclat de rire à « tenir bon » (« dichthalten ») perd toute consistance. La déclaration sur la nature secrète de ce qui vient se loger dans le vide laissé par le rire prend en allemand la forme d'une menace temporelle imminente (« wer weiß, was dann kommt »). Chez Genet le rire est donc perçu dans une perspective libératrice et spatiale, son absence permettant à autre chose d'apparaître, alors que chez Brenner le rire est doté d'une dimension inquiétante et temporelle. La traduction de Sander est certes plus exacte, mais ne rend pas bien le ton familier dans lequel s'exprime le Gendarme :

Gendarm :   Über das Lachen, darüber könnte ich euch mancherlei sagen. Über das Lachen, bei dem man sich in die Hose macht, und über das Lachen, bei dem einem schwach wird. ~~Wenn man sich scheckig lacht, geht alles auf : Mund, Nase, Augen, Ohren und Arschloch. Auf einmal leert man sich aus, und wer weiß, was dann kommt~~ (p. 54).

Le terme de « mancherlei » est trop soutenu, les erreurs volontaires de grammaire ne sont pas respectées et les diverses natures du rire ne sont pas explicitées avec autant de précision qu'en français. Voici une autre proposition :

Gendarm :   Über das Lachen gäb's was zu erzählen. Das, wo man sich krumm und schief lacht, und das, wo einem mulmig wird. Wenn man losprustet, öffnet sich alles : Mund, Nase, Augen, Ohren, Arschloch. Man leert sich und anstelle kommt irgend'ne andere Chose.

Dans la suite du texte, le parler du Gendarme se manifeste à travers des structures de plus en plus agrammaticales, comme l'emploi de l'article « les » placé devant le déterminant démonstratif « celles » : « mais avec les celles qui veulent nous mettre dans le pétrin on est mal récompensé » (p. 87), déclare le Gendarme aux deux femmes. À la fois Brenner et Sander ignorent le ton familier et de plus commettent un contre-sens dans leur traduction. Brenner traduit par : « Wenn man's drauf anlegt, uns in die Klemme zu bringen, dann ziehn wir meistens den Kürzeren » (p. 75), une expression reprise par Sander : « aber mit denen, die uns reinlegen wollen, zieht man den Kürzeren » (p. 54). Or, l'expression « den Kürzeren ziehen » signifie « être perdant », ce qui ne traduit pas exactement l'idée d'ingratitude. Une traduction adéquate pourrait être : « aber die, wo uns in die Klemme führen wollen, mit denen sind wir schlecht bedient ». L'allemand « die, wo » est en effet grammaticalement aussi incorrect que le français « les celles ». D'autres termes argotiques ou familiers n'ont pas non plus été transposés par Brenner et Sander dans le même niveau de langue : « tifs » (p. 88) est traduit par « Haar » (p. 75 ; p. 55), « taule » (p. 88) par « Gefängnis » (p. 75 ; p. 55) et l'expression « à nous la bonne soupe » (p. 87) est complètement supprimée.

Dans ce même extrait du neuvième tableau le Gendarme expose avec vivacité un épisode vécu durant la Seconde Guerre mondiale, durant lequel il s'est battu contre les Allemands aux côtés de soldats algériens. Il interpelle dans ses souvenirs un frère d'armes de l'époque et, visiblement ému, s'exprime dans un argot spécifique au milieu militaire et qui de plus est issu des anciennes colonies françaises :

Le Gendarme : C'est déjà beau qu'avec vos hommes on fraternise en parlant des drapeaux, en parlant des combats, de l'Argonne et du Chemin des Dames, tu t'en rappelles, Crouia, c'est toi qui portais le fusil mitrailleur, moi j'étais tampon du pitaine, le jour où on a trouvé les deux Boches en joue, pan ! rayés par un Bicot, ça c'est du baroud et j'ai pas honte de m'en rappeler et de boire encore avec cézigue, pas honte (p. 87).

Alors que le champ de bataille de l'Argonne et la mutinerie du Chemin-des-Dames sont des noms propres et des épisodes de guerre également connus des Allemands, l'argot militaire de « tampon du pitaine » (« ordonnance du capitaine ») et de « baroud » (« combat »), les désignations dénigrantes « Boches » (« Allemands ») et « Bicot » (« Arabe ») ou le pronom « cézigue » (« celui-là ») requièrent des traductions précises. Pourtant, Brenner a recours à une langue ordinaire qui se veut compréhensible par tous, et le rythme de la phrase est ralenti par de nombreux points de suspension :

Gendarm : ~~Ist ja ganz schön, wenn~~ **Schlimm genug, daß** man mit euch Packzeug kameradschaftlich verkehrt, **wenn man** von Fahnen spricht, von Schlachten, vom Argonner Wald und vom Chemin des Dames – Du erinnerst Dich doch noch : Du trugst das Maschinengewehr, und ich war Ordonnanz beim Hauptmann ... ~~und damals,~~ **ja** als wir die beiden Deutschen vor die Flinte bekamen ... päng, das hatte gesessen, ich schäme mich nicht, daran zu denken und immer mal wieder einen drauf zu trinken ... nein, ich schäme mich nicht (p. 74).

La traduction de Sander est en revanche bien meilleure et ne recule pas devant l'usage d'expressions familières :

Gendarm :  Es genügt schon, daß man mit euern Männern fraternisiert und mit ihnen von der Militärzeit redet, ~~von Kämpfen,~~ vom Argonner Wald und vom Chemin des Dames, weißt du noch, Crouia, du trugst damals das MG, ich war Meldegänger, ~~beim Hauptmann~~, der Tag, als wir die beiden Boches vor die Mündung bekamen, päng ! beide umgelegt, ~~das ist wenigstens richtiger Barras,~~ und ich schäme mich nicht, wenn ich dran zurückdenke und kräftig einen drauf trinke, keine Spur von Scham (p. 54).

Le fait que Lietzau ait pour sa création supprimé la phrase « das ist wenigstens richtiger Barras » indique que son public n'était peut-être plus en mesure, en 1968, de connaître le terme rare de « Barras » qui désignait l'armée dans le parler des soldats. Cette suppression est malheureuse au regard de la bonne traduction qui, pour une fois, permettait de rendre le ton original du texte de Genet. La fonction militaire de « tampon du pitaine » est par contre traduite par sa désignation officielle de « Meldegänger » (« planton du capitaine »), peut-être par manque d'une expression correspondante en argot. Par ailleurs, Sander garde le terme de « Boche » mais ne traduit pas celui de « Bicot » et commet un faux sens sur celui de « Crouia », pris pour un nom propre : « Bicot » et « Crouia » étaient des sobriquets à connotation raciste des habitants des anciennes colonies françaises du Maghreb, et n'ont pas de correspondant en allemand. Seul le terme de « Maghrebiner » semble à même de placer la scène dans son contexte historique, mais alors la portée raciste se perd ; autrement, le terme insultant de « Mohrenkopf », qui désignait plus particulièrement les habitants d'Afrique subsaharienne, renvoie à la situation dans les colonies européennes en Afrique. Les souvenirs de guerre du Gendarme pourraient donc être traduits de la sorte :

Gendarm :  Schon schön und gut, dass wir uns mit euern Männern brüderlich verbündet fühlen beim Erwähnen von Fahnen, von Schlachten, vom Argonner Wald und vom Chemin des Dames, Mensch, Mohrenkopf, weißt du noch, du hast das Maschinengewehr getragen, ich war Meldegänger beim Hauptmann, an dem Tag, als uns die beiden Boches vor die Flinte liefen, päng, umgelegt von einem Maghrebiner, das nennt man Geplänkel und schämen, nein schämen tue ich mich nicht, wenn ich daran denke und mit denen einen d'rauf trinke.

Enfin, le passage suivant fait référence à des mœurs et à la culture arabes et, peut-être faute de connaissances, est très mal traduit aussi bien par Brenner que par Sander :

Le Gendarme :   Les musulmanes ! Si je les connais, vos astuces ! Un jour – ah ! le Morbihan, ce qu'on y rigole ! – un jour de carnaval, avec un drap et un torchon, je m'étais déguisé en moukère, en fatma ; d'un coup, d'un seul j'ai compris votre mentalité. Tout dans l'œil. Et si les circonstances m'y obligent, malgré ma blessure et mes deux filles, je reprends le voile (p. 89).

La traduction de Brenner accumule les imprécisions et se termine avec un important faux sens à travers des références à la culture chrétienne, Brenner remplaçant le voile musulman par le monastère chrétien :

Gendarm :   Oh – diese Mohammedaner ! Euch muß man nur erst auf die Schliche kommen ! Einmal in der Bretagne – ~~war das ein Spaß~~ – hab' ich mich beim Karneval ~~mit einem Bettlaken und mit einem Strohwisch in eins von euren Geschöpfen verwandelt~~ **als Araberfrau verkleidet** ; da hatte ich euch im Handumdrehen verstanden … dachte wie ihr, fühlte wie ihr und sah alles mit euren Augen … Wenn's sein muß, ~~geh' ich ins Kloster – trotz meiner Verwundung, trotz meiner beiden Töchter …~~ **verstecke ich mich wieder hinter dem Schleier** (p. 76).

Ce passage illustre le fait que Brenner a poussé la version allemande des *Paravents* aux limites de l'adaptation. L'ancrage historico-culturel de la pièce pouvait en effet présenter des difficultés de compréhension pour les spectateurs allemands, essentiellement chrétiens et ne disposant pas d'assez d'outils, en 1961, pour connaître la culture arabo-maghrébine. Ces obstacles se présentaient également aux acteurs et Berta Drews, qui fut la première comédienne à incarner le personnage de la Mère, soulignait dans son autobiographie que l'appropriation des personnages maghrébins avait avant tout été rendue difficile par l'absence de repères et de modèles.[27]

La version de Sander est meilleure dans l'emploi de termes familiers et témoigne d'un parti pris assumé de la part du traducteur, puisqu'il traduit les termes de « moukère » et « fatma » par leur emploi le plus méprisant :

---

**27** Berta Drews : *Wohin des Wegs*, p. 273–274.

Gendarm : Diese Mohammedaner ! Euch muß man auf die Schliche kommen ! Einmal – in der Bretagne, da versteht man sich auf Jux ! – beim Karneval, da hab' ich mich mit ~~nem~~ **einem** Scheuerlappen als arabische Hure verkleidet, als ~~'ne~~ richtige ~~Puff~~nutte ; und da hab' ich eure Mentalität im Handumdrehen kapiert. War ganz leicht. Und wenn's sein muß, dann mach' ich, trotz meiner Verwundung und meiner beiden Töchter, denselben Zirkus nochmal ... (p. 56).

Sander met en avant l'aspect méprisant et xénophobe du parler français au Maghreb. Alors que « moukère », du latin « mulier », de l'espagnol « mujer » puis du sabir « mujera », signifiait « femme musulmane » dans les années 1830, le terme fut doté d'une connotation xénophobe dès le début du mouvement d'expansion impérialiste en 1878 et devint synonyme de « prostituée ». Le terme de « fatma » est – au même titre que son dérivé « fatmuche » par exemple – une syncope blasphématoire du prénom de la fille du prophète Mahomet, Fatima. Désignant d'abord les domestiques, puis les prostituées, le terme « fatma » finit par être appliqué à toute femme maghrébine. Toutefois, « fatma » était davantage utilisé au Maroc, alors qu'en Algérie celui de « mauresque » s'était imposé auprès des colons français ;[28] Genet s'était effectivement rendu plus souvent au Maroc qu'en Algérie. Voici pour finir une autre proposition de traduction :

Gendarm : Ihr Musliminnen ! Und ob ich sie kenne, eure Tricks ! Eines Tages – oh, im Morbihan in der Bretagne, dort gibt's immer was zu lachen ! – beim Karneval, mit einem Laken und einem Lappen habe ich mich als Araberweib, als Hausangestellte verkleidet ; und mit einem Schlag, mit einem einzigen, da habe ich verstanden, wie ihr tickt. Alles in den Blicken. Und wenn mich die Umstände dazu zwingen, werde ich trotz meiner Verwundung und meiner beiden Töchter erneut zum Kopftuch greifen.

Le dernier passage étudié est issu du treizième tableau.[29] Faisant écho à la scène de la prison du onzième tableau, cet extrait rend compte de la relation de dépendance entre Leïla et Saïd et de la décision d'aller jusqu'au bout, jusqu'à la traîtrise et à l'abandon de la patrie algérienne. La langue dans laquelle les deux personnages échangent des propos violents reste douce et figurative,

---

**28** André Lanly : *Le Français d'Afrique du Nord*, p. 42.
**29** Jean Genet : *Les Paravents*, p. 142–145. Jean Genet : *Wände überall (Der Tod I)*, p. 121–122. Jean Genet : *Die Wände*, p. 91–93.

et le passage est marqué par la prédominance d'un langage poétique et imagé, parfois entrecoupé de termes grossiers ou familiers. La première réplique de Leïla dépeint la nature et l'atmosphère du paysage algérien, influencé par l'état d'âme de la jeune femme :

Leïla :   Je suis fatiguée par la marche, par le soleil, par la poussière. Je ne sens plus mes jambes : elles sont devenues la route elle-même. À cause du soleil, le ciel est en zinc, la terre en zinc. La poussière de la route, c'est la tristesse de ma gueule qui retombe sur mes pieds. Où nous allons, Saïd, où nous allons ? (p. 142).

Les phrases contenues dans la réplique de Leïla sont marquées par une alternance entre un rythme ternaire dans les propos adressés à Saïd (« Je suis fatiguée par la marche, par le soleil, par la poussière » ; « À cause du soleil, le ciel est en zinc, la terre en zinc » ; « Où nous allons, Saïd, où nous allons ») et un rythme binaire lors des pensées que Leïla s'adresse à elle-même (« Je ne sens plus mes jambes : elles sont devenues la route elle-même » ; « La poussière de la route, c'est la tristesse de ma gueule qui retombe sur mes pieds »). Cette modulation du rythme peut refléter l'état d'incertitude du personnage, tiraillé entre sa peine solitaire et son soutien solidaire et inconditionnel à Saïd. Dans sa traduction, Brenner annule cette alternance de rythme par l'ajout de signes de ponctuation : deux séries de points de suspension, deux longs tirets ainsi qu'un point d'exclamation alourdissent le rythme du texte original. De plus, la répétition inutile de « mes jambes » et la reconstitution de constructions grammaticalement correctes privent cette réplique de son ton poétique :

Leila :   Ich bin müde vom Weg, von der Sonne, vom Staub ... ~~Ich fühl' meine Beine gar nicht mehr.~~ Meine Beine – die sind schon der Weg selber. ~~Die Sonne ist schuld, daß der Himmel so dröhnt und daß die Erde dröhnt ... Der Straßenstaub ist Trauer über mein häßliches Gesicht, die auf meine Füße fällt !~~ Wohin gehen wir, Said ? ~~Said~~ – wohin gehen wir ? (p. 121).

En revanche, la traduction de Sander reste plus proche du texte français. Une transformation de Lietzau indique que le metteur en scène était sensible à la simplicité des paroles de Leïla, bien qu'il en ait coupé la moitié lors de la création :

Leila :   Ich bin müde vom Gehen, von der Sonne, vom Staub. Ich fühle meine Beine nicht mehr sie sind ~~zur Landstraße geworden~~ **schon die Straße selber**. ~~Durch die Sonne ist der Himmel aus Zinkblech, ist die Erde aus~~

## 5.1 Support textuel : les traductions des *Paravents* de Genet (1960 ; 1968) — 273

> Zinkblech. Der Landstraßenstaub ist die Trauer über meine Visage ; sie fällt' runter auf meine Füße. Wohin gehen wir, Said, wohin gehen wir ? (p. 91)

Une traduction plus proche de l'original est possible, cela donnerait par exemple :

Leila : Müde bin ich vom Gehen, von der Sonne, vom Staub. Meine Beine fühle ich nicht mehr : sie sind die Straße selbst geworden. Wegen der Sonne ist der Himmel aus Zink, die Erde aus Zink. Der Staub der Straße, das ist die Traurigkeit meiner Fratze, die auf die Füße herabfällt. Wohin geht's, Saïd, wohin ?

Dans sa réponse, Saïd cherche à exclure sa femme avant de se raviser et d'accepter cette dernière comme compagne :

Saïd : Où je vais, moi et moi tout seul, puisque tu n'es rien que mon malheur. À moins qu'en parlant de moi et de mon malheur, je dise nous. Eh bien, je vais et ça doit être loin, au pays du monstre. Que ça se trouve sous nos pieds, juste en dessous, où il n'y aura jamais de soleil, puisque je te porte et je te traîne t'es mon ombre (p. 142).

Cette réplique, qui crée un imaginaire à connotation négative (« malheur », « pays du monstre », « jamais de soleil », « traîne », « ombre »), est marquée par la pénombre et forme un contraste avec la réplique précédente de Leïla où régnait l'éclat aveuglant du soleil. Une fois de plus, Brenner alourdit la réplique par l'ajout de points de suspension, de longs tirets et cette fois-ci également d'un point virgule, et ainsi la détermination de Saïd s'en trouve ralentie :

Said : Wohin ich gehe, ich ... ich ganz allein ; du bist doch bloß mein Unglück. Wenn ich von mir und meinem Unglück rede, dann sag' ich «wir». Also – ich gehe, und zwar ziemlich weit ... ins Land des Höllenhundes. Das liegt unter uns, genau unter uns, und dort wird nie Sonne sein, weil ich dich mitschleifen muß, weil du mein Schatten bist (p. 120).

Sander quant à lui a recours à des particules modales (« ja » ; « doch bloß » ; « wohl ») qui allongent la déclaration de Saïd :

Said : Wohin ich gehe, und zwar ich ganz allein. Du bist ja doch bloß mein Unglück. Nur wenn ich von mir und meinem Unglück rede, sag' ich

« ~~wir~~ ». Also, ich gehe, und es muß weit sein, ins Land des ~~Unholds~~ **Ungeheuers**. Das liegt ~~wohl~~ unter ~~unseren Füßen, genau drunter~~, und da wird nie Sonne sein, weil ich dich ~~an dem Hals habe und~~ mitschleppe ; weil du mein Schatten bist (p. 91).

La traduction proposée ci-dessous en guise d'alternative s'emploie à restituer fidèlement le texte original et notamment la dernière phrase de la réplique : « Que ça se trouve sous nos pieds, juste en dessous, où il n'y aura jamais de soleil, puisque je te porte et je te traîne t'es mon ombre ». Ces propos augurent du fait que, quel que soit le cheminement des deux personnages, Leïla empêchera le soleil de briller. Pourtant cette phrase peut également revêtir une autre signification, Saïd exprimant le souhait que le « pays du monstre » soit privé de soleil afin qu'il n'ait justement pas à y traîner Leïla, son ombre. En effet, là où il n'y a pas de soleil, il ne peut y avoir d'ombre. Aussi bien Brenner que Sander traduisent ce passage de manière approximative, sans laisser place à cette ambiguïté qui peut être transposée comme suit :

Said : Wohin ich gehe, ich und ich allein, da du nur mein Unglück bist. Es sei denn, mich und mein Unglück bezeichne ich als wir. Nun gut, ich gehe und es wird wohl weit weg sein, ins Land des Ungeheuers. Dass es sich unter unseren Füßen befindet, direkt unter uns, dort wo es nie Sonne geben wird, denn bist ja mein Schatten, ich trage und ziehe dich hinter mir her.

En outre, l'imbrication de termes grossiers au sein d'une réplique qui se veut métaphorique est typique du style de Genet. « Si tu te colles à moi comme un morpion à une couille, comme la forme ronde colle à l'orange, il me reste à chercher le pays où vit le monstre » (p. 143), déclare ainsi Saïd à son épouse. L'allitération en « c » (« colle », « comme », « couille ») et celle en « r » doublé d'une assonances en « o » ou en « on » (« morpion », « forme », « ronde », « orange », « monstre ») donne à cette réplique un phrasé poétique qui disparaît complètement dans les deux traductions allemandes. Brenner traduit en supprimant dans ce passage la comparaison avec les parties génitales masculines : « Wenn du wie eine Filzlaus an mir klebst, bleibt mir nichts anderes übrig ; dann muß ich eben das Land suchen, in dem der Höllenhund lebt » (p. 120). Pour la création, Lietzau a barré la totalité de la réplique en 1961, alors qu'en 1968 il en a éliminé uniquement le passage avec les comparaisons : « ~~Wenn du wie an mir klebst wie eine Filzlaus am Hodensack, wie die runde Form an der Orange, dann kann ich immer noch~~ **Mir bleibt** das Land ~~suchen~~, wo ~~der Unhold~~ **das Ungeheuer** lebt ». (p. 92).

5.1 Support textuel : les traductions des *Paravents* de Genet (1960 ; 1968) — **275**

Par ailleurs, le fait que Leïla souhaite seconder Saïd dans son irrémédiable décision de se ranger du côté de l'armée française est dans ce passage annoncé par le leitmotiv de l'annihilation. Progressivement, les personnages se dépouillent de leur humanité, leur beauté et leur bonté, à l'image même de la nature qui elle aussi perd tout caractère hospitalier jusqu'à ce que s'effacent le monde des hommes et la nature :

Leïla : Il n'y a vraiment personne. Pas une bête. Rien. Tellement je ne vois plus rien que même les pierres ne sont plus que des pierres. Et toute l'Europe n'est plus rien. Ça fout le camp, ça fout le camp, elle vers la mer, nous vers le sable (p. 143).

La simplicité et la brièveté des phrases traduisent le sentiment de solitude et le fossé qui se creuse entre la France et l'Algérie. Le terme « rien » sert ainsi d'une part à qualifier une nature dénudée et d'autre part à désigner une Europe hors de portée et privée de toute signification : « Et toute l'Europe n'est plus rien » est ainsi une déclaration lourde de sens puisqu'elle mentionne l'ancien lien entre l'Europe et l'Afrique, à présent perdu à cause de la guerre d'Algérie. Cette dimension ne transparaît pas dans la traduction de Brenner :

Leila : Wirklich niemand da ! Nicht mal ein Tier. Nichts. So weit man sehen kann. Selbst die Steine scheinen nicht mehr Steine zu sein. Ganz Europa ist nicht mehr da. Alles auf und davon, wie weggeblasen – sie ans Meer, wir in den Wüstensand (p. 121).

En utilisant l'adverbe de lieu « là » (« Ganz Europa ist nicht mehr da ») au lieu du terme « rien », le texte allemand ne mentionne qu'une coupure géographique et non la disparition totale du continent, qui aux yeux des Algériens n'est plus porteur de sens mais seulement de violence et de guerre. Cette dimension est en revanche contenue dans la seconde traduction de Sander :

Leila : Tatsächlich niemand da. Nicht mal ein Tier. Nichts mehr kann ich sehen, sogar die Steine sind nichts weiter als Steine. Und ganz Europa ist nichts mehr. Das macht sich dünne, das macht sich dünne, Europa nach dem Meer hin, wir in den Sand (p. 92).

Ensuite, alors que le continent européen a disparu et que la nature est devenue inhospitalière, seul un lien fondé sur la laideur rattache les deux personnages à leur environnement :

Saïd : Je veux que le soleil, que l'alfa, que les pierres, que le sable, que le vent, que la trace de nos pieds se retournent pour voir passer la femme

> la plus laide du monde et la moins chère : ma femme. Et je ne veux plus que tu torches tes yeux, ni ta bave, ni que tu te mouches, ni que tu te laves (p. 144).

Les exigences de Saïd, formulées sous forme d'énumération, n'ont pas une portée aussi percutante dans la version de Brenner : transformant librement ces deux phrases en trois, elles commencent par des points de suspension, ce qui en ralentit le rythme :

Said : Ich will ... die Sonne, das Wüstengras, die Steine, der Sand, der Wind, selbst unsere Fußspuren sollen sich nach uns umdrehn, damit sie die häßlichste und billigste Frau der Welt sehn : meine Frau. Und ich will auch nicht, daß du deine Augen anmalst, nicht mal mit Spucke. Ich will auch nicht mehr, daß du dir die Nase putzt und daß du dich wäschst (p. 122).

Une fois de plus, la version de Sander est plus fidèle au rythme du texte d'origine :

Said : Ich will, daß die Sonne, das Wüstengras, die Steine, der Sand, der Wind, die Spur unserer Füße sich umdrehn und zusehn, wie die häßlichste Frau der Welt, die billigste, vorübergeht : meine Frau. Und ich will nicht länger, daß du dir die Augen abwischst, und deinen Speichel, und daß du dir die Nase putzt und dich wäschst (p. 92).

Ces deux versions ne transposent pourtant pas le terme familier de « se torcher » de la deuxième phrase, laquelle aurait pu être traduite par : « Und ich will nicht mehr, dass du dir weder deine Augen, noch dein Gesabber abwischst, noch dass du dich schnäuzt, noch dass du dich wäschst ». Dans les deux créations de 1961 et 1968, Lietzau a barré cette réplique de Saïd et la précédente de Leïla, gardant néanmoins la réplique suivante de Leïla, indispensable au texte et à l'avancée de l'action :

Leïla : Je t'obéirai. *(Soudain sévère.)* Mais moi, je veux – c'est ma laideur gagnée heure par heure, qui parle, ou qui parle ? – que tu cesses de regarder en arrière. Je veux que tu me conduises sans broncher au pays de l'ombre et du monstre. Je veux que tu t'enfonces dans le chagrin sans retour. Je veux – c'est ma laideur gagnée minute par minute qui parle – que tu sois sans espoir. Je veux que tu acceptes toutes les humiliations. Je veux que tu choisisses le mal et toujours le mal. Je veux que tu ne connaisses que la haine et jamais l'amour. Je veux –

## 5.1 Support textuel : les traductions des *Paravents* de Genet (1960 ; 1968) — 277

c'est ma laideur gagnée seconde par seconde qui parle – que tu refuses l'éclat de la nuit, la douceur du silex, et le miel des chardons (p. 144).

Le double sentiment de vacuité, entouré de rien et n'être plus rien, donne à Leïla la force nécessaire pour aller vers l'extrême et en exiger autant de Saïd. Dès à présent doit régner l'absolutisme du mal : le chagrin, l'absence d'espoir, l'humiliation et la haine sont les nouvelles valeurs auxquelles Saïd et elle-même doivent se raccrocher. Le caractère affirmatif et inconditionnel de cette décision est freiné dans la version de Brenner par une série de points de suspension. De même, le ton posé et déterminé de Leïla est mis en défaut par un ajout de points d'interrogation et d'exclamation qui apportent trop d'affect à sa réplique :

Leila : Ich will dir gehorchen. *(Unvermittelt streng)* Ich aber, ich will ... Wer redet jetzt ? Meine Häßlichkeit, die von Stunde zu Stunde häßlicher wird ? Oder wer ? ... Ich will, daß du nicht immer nach hinten siehst ! Ich will, daß du mich ohne Stolpern ins Schattenland des Höllenhundes führst ! Ich will, daß du endgültig im Kummer ersäufst ! Ich will ... ja – meine Häßlichkeit redet, die von Minute zu Minute häßlicher wird ... ich will, daß du ganz ohne Hoffnung bist. Ich will, daß du alle Erniedrigung auf dich nimmst ! Ich will, daß du das Böse wählst und immer nur das Böse ! Ich will, daß du bloß den Haß kennst und nie die Liebe ! Ich will ... ja – meine Häßlichkeit redet, die von Sekunde zu Sekunde häßlicher wird ... ich will, daß du die Wonne **den Glanz** der Nacht von dir weist und die Schmiegsamkeit der Kieselsteine und den Honigseim der Disteln (p. 122).

La version de Sander est par endroits corrigée, et ce faisant améliorée, par Lietzau. Contrairement à celle de Brenner, elle n'est pas pourvue de ponctuation inutile et le ton ferme du personnage est préservé :

Leila : Ich gehorche dir. *(Plötzlich streng)* Ich aber will – und aus mir spricht meine Häßlichkeit, die von Stunde zu Stunde wächst, oder was sonst ? ... daß du aufhörst, zurückzublicken. Ich will, daß du mich ohne mit der Wimper zu zucken, ins Land des Dunkels und des Unholds **Ungeheuers** führst ! Ich will, daß du dich in den Kummer einwühlst, ohne Rückkehr. Ich will – und aus mir spricht meine Häßlichkeit, die von Minute zu Minute wächst – daß du **ganz** ohne alle Hoffnung bist. Ich will, daß du jede Erniedrigung in Kauf **auf dich** nimmst. Ich will, daß du das Böse wählst und immer nur das Böse. Ich will, daß du nur Haß erfährst, niemals Liebe. Ich will – und aus mir spricht meine Häßlichkeit, die von Sekunde zu Sekunde wächst – daß du den Glanz der Nacht, die Weichheit der Kieselsteine, den Honig der Disteln von dir weist (p. 93).

La traduction ci-dessous est proposée en guise d'alternative :

Leila : Ich werde dir gehorchen. *(Plötzlich ernst).* Aber ich will – ist es meine von Stunde zu Stunde gewonnene Häßlichkeit, die spricht, oder wer spricht da ? – dass du aufhörst, in die Vergangenheit zu blicken. Ich will, dass du mich, ohne zu mucken, in das Land des Ungeheuers und des Schattens führst. Ich will, dass du dich unwiderruflich in Trauer vergräbst. Ich will – es spricht meine von Minute zu Minute gewonnene Häßlichkeit – dass du ohne Hoffnung bleibst. Ich will, dass du alle Erniedrigungen auf dich nimmst. Ich will, dass du das Böse, und immer nur das Böse, auswählst. Ich will, dass du allein den Hass und nie die Liebe kennst. Ich will – es spricht meine von Sekunde zu Sekunde gewonnene Häßlichkeit – dass du den Glanz der Nacht, die Geschmeidigkeit des Feuersteins und den Honig der Disteln ablehnst.

En somme, l'étude de ces trois extraits a permis de montrer que ni pour Brenner en 1960, ni pour Sander en 1968 la traduction de cette pièce a été une tâche aisée, que la richesse de la mixité linguistique et le souci porté au détail font du langage théâtral de Genet une composition linguistique dont le passage vers une autre langue s'avère tout autant périlleux que laborieux.

### 5.1.5 Étude d'autres répliques exemplaires

Enfin, un examen supplémentaire de répliques exemplaires permet de souligner à quel point certains registres de langue présents dans *Les Paravents* ont été malmenés lors du passage à l'allemand, notamment dans la première traduction de Brenner.

Dans un premier temps, certaines répliques ont été à tel point transformées par Brenner que leur ton grossier ou obscène disparaît totalement, alors même qu'il est porteur d'une dimension symbolique essentielle à la compréhension de l'œuvre de Genet. Pour la réplique de la Mère de Saïd : « De moi, on dira ce qu'il y a à dire : que j'ai chié un voleur » (p. 46), Brenner a recours à la locution verbale « accoucher » : « Und von mir werden sie sagen, was tatsächlich zu sagen ist : ich hab' einen Dieb in die Welt gesetzt ! » (p. 39). L'expression extrêmement violente choisie par Genet pour désigner l'accouchement, où le nouveau-né est rejeté dès sa venue au monde, est voulue. Abandonné par sa mère encore nourrisson, Genet utilise consciemment des termes agressifs pour dépeindre un amour maternel qui lui a été refusé, et en enjolivant le parler cru des personnages, Brenner supprime ce qui est un leitmotiv chez l'écrivain.[30] Sander en revanche ne recule pas devant le parler grossier des personnages : « Und von mir, da sagen sie, ich hätte einen Dieb ausgeschissen, was ja auch stimmt » (p. 27), décrète la Mère dans la version de 1968. Le personnage de Kadidja assume elle aussi une forte image maternelle : « Ici quatorze fois j'ai été baisée pour accoucher de quatorze arabes » (p. 119), s'exclame-t-elle, soulignant de la sorte son appartenance au peuple algérien et son droit de parole. Chez Brenner, les propos de Kadidja sont tout autres : « Hier erlebte ich wer weiß wie oft die Liebe. Hier hab' ich mit wer weiß wie vielen Arabern geschlafen » (p. 101). La notion d'enfantement, primordiale, disparaît et de surcroît laisse place à un contre-sens qui transforme le personnage en fille légère, ce qui augmente le caractère vulgaire de la réplique. Lietzau a rétabli le sens exact de cette réplique : « Hier ~~erlebte~~ **hab** ich wer weiß wie oft die Liebe **erlebt**. Hier hab' ich ~~mit wer weiß wie vielen~~ **vierzehn** Arabern ~~geschlafen~~ **zur Welt gebracht** ». Sander a quant à lui respecté le parler cru du personnage, qui déclare : « Hier habe ich vierzehn mal gefickt und danach vierzehn Araber geboren » (76). *A contrario*, Brenner a doté certaines répliques d'une portée vulgaire explicite, pourtant absente du texte d'origine. Lorsque le Lieutenant ordonne à ses soldats : « À bloc. Gonflés à bloc. Gonflés ... et durs, bordels [sic] ! » (p. 102), l'image érotique qui se dégage de cet ordre n'est qu'implicite, compréhensible seulement à travers d'autres répliques.[31] Brenner passe du propre au figuré en traduisant le juron « bordel » au sens propre du terme : « Und nun : ab in den Puff » (p. 88), ce synonyme vulgaire du terme bordel étant ici hors de propos. Sander reste plus proche de l'original français : « Fest drüberziehen ... fest ... und hart, ihr Hurensöhne ! » (p. 65), en remplaçant l'exclamation « bordel » par l'adresse aux soldats « fils de putains » (« Hurensöhne »), ce qui donne à la réplique une connotation très violente. Il n'est effectivement pas simple de traduire l'ambiguïté du juron « bordel » qui est porteur d'une dimension sexuelle. Le texte de Genet établissant clairement un parallélisme entre le soldat prêt à l'assaut et une érection (« gonflés à bloc », « durs »), une solution de traduction serait de récupérer la portée exclamative du juron « bordels ! »

---

30 Dans *Les Nègres*, le personnage de la Reine s'exclame également : « C'est debout que ma mère m'a chiée ». Jean Genet : *Les Nègres*. In : Jean Genet : *Théâtre complet*, p. 471–571, p. 513.
31 Ainsi le Lieutenant explique à ses soldats : « Vos lits d'amour, c'est le champ de bataille ... À la guerre comme à l'amour ! », et plus loin encore : « Je veux qu'on renvoie à vos familles des bracelets-montres et des médailles tachés de sang caillé et même de foutre ». Jean Genet : *Les Paravents*, p. 102.

et d'en donner un synonyme intégré dans une métaphore filée des organes génitaux. Cela pourrait ainsi donner : « Wie Stahl, hart wie Stahl. Hart bis zum explodieren, ihr Säcke ! » De plus, le recours de Brenner et Sander à des termes ayant trait au monde de la prostitution est révélateur d'une tendance de la traduction allemande, celle d'utiliser bien plus souvent que le texte original français la notion de « bordel » (« Puff »). Alors que Genet déploie des synonymes, la plupart issus de l'argot, les traducteurs allemands reviennent constamment au mot « bordel ». Ainsi, les termes « fatma » (p. 89), « bordels » (p. 102), « boxon » (p. 182) et « bouic » (p. 234) sont tous rendus par « Puff » et l'on comprend alors que la pièce puisse sembler particulièrement grossière en allemand, alors même que les termes français employés par Genet, inhabituels, ne créent pas cette impression-là. Enfin, le juron « bordel de Dieu », prononcé par le Lieutenant (p. 153) et le Sergent (p. 206), est traduit chez Brenner par « verdammt nochmal » (p. 130, 175), ce qui paraît approprié, chez Sander en revanche par le juron fort inhabituel de « bei Gottes heiliger Hurenbude » (p. 99) et « bei Gottes himmlischer Hurenbude » (p. 136), des choix qui laissent songeur.

Dans un deuxième temps, les traducteurs n'ont pas trouvé de bons équivalents allemands à l'argot français et ceux proposés en allemand ne relèvent pas d'un registre rare. Le personnage de Sir Harold déclare ainsi : « Crache dans tes pognes » (p. 38), puis : « Dans tes mains, puisque j'ai dit tes pognes » (p. 38). Ne proposant nulle alternative, Brenner traduit par : « In deine Hände ! Hast du mich nicht verstanden ? » (p. 32), alors que Sander tente : « In deine Hände, wenn ich schon Pfoten gesagt habe » (p. 21). Le terme de « Pfote » est un mot familier courant pour désigner les mains, et correspond au français « patte ». En allemand il existe pourtant d'autres termes familiers pour désigner les mains, comme « Pranke », un jargon de chasseur, ou « Pratze », plus péjoratif. Dans un autre passage, le personnage de Taleb explique à Leïla au sujet de Saïd : « S'il a volé le pognon dans ma veste rouge posée sous le figuier, c'était pour payer la traversée, aller marner – si tu veux bosser – en France, économiser et s'acheter une autre femme » (p. 45). Une fois de plus, Brenner ignore ce détail, traduisant par « er wollte in Frankreich arbeiten » (p. 38), alors que Sander comprend la nécessité de traduire le vocabulaire argotique puis familier : « um sich in Frankreich abzuplacken oder abzuschinden, wenn dir das lieber ist » (p. 26). Le verbe « sich abplacken » est effectivement peu courant et est issu du parler d'Allemagne du Nord, le « Norddeutsch ».

Dans un troisième temps, Brenner remplace le langage imagé et métaphorique par un registre de langue standard et par moments courant. Après avoir étranglé un jeune soldat français, la Mère s'exclame : « Comme un geyser, jusqu'au ciel le sang n'a pas jailli, pourtant, d'un bord à l'autre du monde, que

## 5.1 Support textuel : les traductions des *Paravents* de Genet (1960 ; 1968) — 281

la nuit est rouge ! » (p. 163). L'élégance de cette phrase où se mêlent comparaison et vision fantastique est anéantie chez Brenner au profit d'un langage cette fois-ci familier, structuré par des points de suspension et des particules modales qui alourdissent la phrase : « Wie eine Springquelle ... Na, rauf bis zum Himmel ist das Blut ja wohl nicht gespritzt, aber doch – so von einem Ende der Welt bis zum andern ... damit die Nacht rot ist, blutrot ! » (p. 139). Il semble étonnant que le traducteur utilise un langage familier là où le texte exige un style classique, alors que dans d'autres passages, Brenner rejette tout usage de propos familiers. La traduction de Sander ne correspond pas non plus au texte d'origine : « Na, das Blut ist gar nicht wie ein Geyser bis zum Himmel hochgespritzt, dabei ist die Nacht rot, von einem Rand der Welt zum andern ! » (p. 106). La traduction suivante serait envisageable : « Wie eine Springquelle, himmelhoch, hat das Blut nicht gespritzt, und doch wie rot ist die Nacht von einem Ende der Welt zum anderen ! » En outre, certaines répliques au coloris poétique sont déformées et raccourcies : « L'Orient déteint sur vous et y dépose ses tons pastels, n'est-ce pas, ses demi-teintes ? » (p. 154), demande le Lieutenant à ses soldats. Cet usage subitement plus distingué de la langue française rappelle *Bérénice* de Jean Racine où la mention fréquente de l' « Orient » est synonyme de gloire et de conquêtes militaires, par la réplique qu'Arsace adresse à Antiochus : « Vous, que l'Orient compte entre ses plus grands rois ? »[32] L'association avec l'exil amoureux peut également être évoquée, et notamment le célèbre vers d'Antiochus : « Dans l'Orient désert quel devint mon ennui ! »[33] Chez Genet, les propos du Lieutenant peuvent donc donner lieu à deux lectures possibles qui tournent en dérision la référence à Racine : celle d'une critique de la politique militaire française et de son refus de la décolonisation, et celle d'une mise en avant d'un homo-érotisme latent. Lorsque Brenner traduit la réplique entière uniquement par « Der Orient verfärbt euch » (p. 131), c'est-à-dire « L'Orient vous décolore », cela l'appauvrit grandement. La proposition de Sander est ainsi bien meilleure : « Der Orient färbt auf euch ab und hinterläßt auf euch seine Pastelltöne, nicht wahr, seine Halbschatten » (p. 99).

Dans un quatrième temps, le champ lexical faisant référence à des spécificités françaises ou maghrébines pose problème. Le personnage du Lieutenant utilise souvent des termes issus de la langue coloniale, déclarant par exemple : « Les Bicots sont des rats » (p. 105). Le terme raciste de « Bicot », une aphérèse de « abricot » et de « arbi », lui-même issu de l'arabe « arabi » qui veut dire

---

[32] Jean Racine : *Œuvres complètes, Tome 1 : Théâtre-Poésie*. Édité par George Forestier. Paris : Gallimard 1999 (Bibliothèque de la Pléiade), p. 455.
[33] Ibid., p. 463.

« Arabe », désigne une personne d'origine maghrébine et n'a aucun équivalent en langue allemande. Ainsi Brenner ne traduit pas cette réplique, alors que Sander propose : « Aber die Zwiebacksvisagen sind nun mal Ratten » (p. 67). La notion de « Zwiebacksvisage » est un néologisme de Sander. Certaines expressions sont également incommodes à traduire vu leur manque de clarté. Cela touche avant tout le vocabulaire militaire français, comme par exemple le constat fait par le soldat Moralès : « J'ai les pinceaux en fleurs » (p. 153), ce que Brenner traduit par : « Ich hab' die Krätze » (p. 130) et Sander par « Ich hab' mir die Füße durchgelaufen » (p. 98). Or, bien que ce personnage du soldat puisse avoir attrapé la gale, deux autres interprétations viennent à l'esprit : une image érotique, métaphore de l'érection, ou une image militaire associée à l'expression « avoir la fleur au fusil », ce qui est une « façon spécifiquement française de partir en guerre ‹ nach Berlin ›, en sifflotant Méhul et Rouget de l'Isle ».[34] La simple traduction de cette réplique par la maladie de la gale appauvrit une fois de plus le texte de Genet.

Ainsi, ancrée dans un contexte historique, culturel et sociologique précis, la pièce *Les Paravents* connut d'importants changements textuels pour son adaptation au public ouest-allemand. Le langage familier et celui des petites gens, de même que l'argot que Genet maîtrisait après avoir fréquenté l'armée, les maisons d'arrêt et le milieu de la prostitution et de la pègre, étaient d'une grande richesse et livraient un témoignage précieux d'une époque et de divers milieux sociaux. Toutefois le public ouest-allemand n'eut pas accès à cette dimension de la pièce, l'hétérogénéité stylistique et le métissage de styles contraires étant grandement occultés et la source chamarrée de l'œuvre de Genet tarie. La presse ouest-allemande réserva toutefois un accueil enthousiaste à la première traduction des *Paravents* par Brenner, et ainsi pouvait-on lire dans un article du *Tagesspiegel* signé Walther Karsch :

> Und hier gebührt dem Übersetzer Hans Georg Brenner hohes Lob, weil er diesen Genet nachgedichtet hat. Die im Merlin Verlag [...] erschienene Buchausgabe ist weitaus besser als alle bisherigen Übersetzungen der Dramen von Genet. [...] Und wenn sich der Verlag entscheiden könnte, auch den *Balkon*, die *Toten* und *Unter Aufsicht* von Brenner neu übersetzen zu lassen, würden auch die Tauben endlich hören, daß hier ein Dichter spricht.[35]

---

**34** Michel Barbier/Michel Lis : *Dictionnaire du Gai Parler*. Montrond : Éditions Mengès 1980, p. 262.
**35** Walther Karsch : Ein Sieg des poetischen Theaters. In : *Der Tagesspiegel* (21 mai 1961). ADK Berlin, Hans-Lietzau-Archiv 133. « Et ici tous les éloges reviennent à Hans Georg Brenner, car il a récrit ce Genet. L'édition publiée au Merlin Verlag [...] est de loin meilleure que toutes les traductions des pièces de Genet parues jusqu'à présent. [...] Et si la maison d'édition pou-

L'accueil chaleureux de ce texte par les critiques dramatiques et les spectateurs ouest-allemands indique que même si la traduction allemande ne rendait nullement justice à la richesse linguistique de l'original, ses modifications étaient indispensables au regard de la réalisation scénique de l'œuvre et au succès de cette dernière. Et après tout, si la pièce de Genet, même amputée d'une partie de son âme, passait ainsi la barrière linguistique, l'on ne peut que s'en réjouir.[36]

## 5.2 Scène théâtrale : Ionesco par Stroux à Düsseldorf (1959–1970)

En l'espace d'une décennie, lors de chacune des quatre créations mondiales au Düsseldorfer Schauspielhaus, le metteur en scène Karl Heinz Stroux développa une esthétique scénique de l'œuvre de Ionesco. Il transposa sur scène l'univers insolite de l'auteur en suivant deux procédés distincts, l'un approprié aux pièces « oniriques » et l'autre aux pièces « réalistes ».[37] Le metteur en scène élabora ainsi une ambiance fantasmagorique pour *Le Piéton de l'air* (15 décembre 1962) et *La Soif et la Faim* (30 décembre 1964) et une atmosphère oscillant entre l'invraisemblable et le réalisme pour *Rhinocéros* (30 octobre 1959) et *Jeux de massacre* (24 janvier 1970).

Les carnets de régie des quatre créations ne furent quasiment pas annotés par Stroux.[38] De plus, il n'existe aucun enregistrement vidéo de ces créations, si ce n'est un montage de scènes de *Jeux de massacre* tourné pour la télévision et diffusé sur la chaîne 3 SAT.[39] L'analyse de la mise en scène de *Jeux de massacre* se réfère en partie à cet enregistrement, celle des autres créations repose exclusivement sur des photographies en noir et blanc,[40] des témoignages

---

vait se décider à faire retraduire également par Brenner *Le Balcon*, *Les Morts* et *Haute surveillance*, même les sourds pourraient enfin entendre qu'un poète s'adresse à nous ».

**36** En 2003 fut élaborée une nouvelle traduction des *Paravents* par Hans-Joachim Ruckhäberle et Georg Holzer, à la maison d'édition Verlag der Autoren qui avait racheté les droits relatifs à Genet.

**37** Il s'agit de la distinction de Paul Vernois entre les pièces dites « oniriques » (Vernois parle de « surgissement onirique », p. 180) et les pièces qualifiées de « réveillées » (Vernois parle d'« affabulation réaliste », p. 185 ; voir aussi p. 206). Paul Vernois : *La Dynamique théâtrale d'Eugène Ionesco*. Paris : Éd. Klincksieck 1991.

**38** CP Stroux.

**39** Anonyme : Szenen aus *Triumph des Todes*, Regie Karl Heinz Stroux. Fernsehfassung für 3 SAT. TM Düsseldorf, Videoarchiv.

**40** TM Düsseldorf, Bildarchiv / CP Stroux.

d'époque et des articles parus dans des journaux locaux et régionaux en Allemagne et en France.[41]

### 5.2.1 Parcours et conception théâtrale de Stroux

Karl Heinz Stroux fut formé à la mise en scène durant la République de Weimar et connut par la suite les censures du régime national-socialiste, puis la brusque liberté d'expression du théâtre d'après-guerre. Né le 25 février 1908 à Duisburg-Hamborn,[42] il réussit avec succès l'audition de l'école d'art dramatique de Louis Dumont, mais son père s'opposa à une carrière de comédien. Stroux commença alors des études d'histoire et de philosophie à Berlin, métropole culturelle des années 1920, puis finit par suivre des leçons de comédie à la Volksbühne de Berlin, située au cœur du quartier rouge, et apprit la mise en scène avec Karl Heinz Martin. Il signa son premier spectacle, la *Comédie des erreurs* (1594) de Shakespeare, en juillet 1931. Sa création de la pièce de Richard Billinger *Hôtes silencieux (Stille Gäste*, 1933) en avril 1934 au Deutsches Theater fut un grand succès et lui valut les éloges de grands critiques dramatiques tel Herbert Ihering. Stroux fut toutefois forcé de quitter Berlin, les nationaux-socialistes ayant désapprouvé le choix de cette pièce. Il trouva du travail à Erfurt, Wuppertal et au Burgtheater de Vienne, avant d'être rappelé en 1939 à la capitale par l'acteur et metteur en scène Gustaf Gründgens. Stroux travailla pendant toute la durée de la guerre aux côtés de Gründgens au Théâtre d'État Staatstheater am Gendarmenmarkt.

Au sortir de la guerre, malgré cette position avantageuse sous le régime national-socialiste, Stroux obtint l'autorisation de continuer l'exercice de son métier. Il dirigea le théâtre de Darmstadt durant la saison 1945–1946, celui de Wiesbaden de 1946 à 1948, puis le Hebbel-Theater de Berlin en 1949–1950 et les Schiller-Theater et Schloßpark-Theater en 1953–1954 et enfin le théâtre de Düsseldorf de 1955 à 1972. Il puisait avant tout dans un répertoire d'œuvres classiques, relues à la lumière du présent,[43] et monta jusqu'à la fin de sa car-

---

41 TM Düsseldorf, Kritikenarchiv / CP Stroux.
42 Pour une biographie de Karl Heinz Stroux on se reportera à l'introduction écrite par Heinrich Riemenschneider dans la monographie parue en hommage à Stroux : Düsseldorfer Schauspielhaus und Dumont-Lindemann-Archiv (éds.) : *Karl Heinz Stroux : Eine Dokumentation des Düsseldorfer Schauspielhauses und des Dumont-Lindemann-Archivs anläßlich der Karl-Heinz-Stroux-Ausstellung zu seinem 80. Geburtstag am 25. Februar 1988*. Düsseldorf : Selbstverl. 1988, p. 9–60.
43 Le défi d'une relecture contemporaine se posait notamment pour le théâtre d'après-guerre. Karl Heinz Stroux : « Vortrag vor dem Arbeitgeberverband 1959 ». Cité in : Düsseldorfer Schauspielhaus und Dumont-Lindemann-Archiv (éds.) : *Karl Heinz Stroux*, p. 142.

rière vingt-huit pièces de Shakespeare, douze de Schiller, douze de Goethe, dix de Kleist et huit de Molière. Des pièces de Eugene O'Neill, Thorton Wilder, John Steinbeck, Jean Anouilh, Jean-Paul Sartre et Jean Giraudoux figuraient également dans son répertoire. Durant les années cinquante et surtout soixante, il mit en scène des pièces de Max Frisch, Slawomir Mrozek, Friedrich Dürrenmatt, Ivan Klima, Tankred Dorst, Siegfried Lenz, Heinar Kipphardt, Peter Handke ou encore Heinrich Böll. C'est à lui que l'on doit la première allemande d'*En attendant Godot* de Beckett en 1953 au Schloßpark-Theater, les quatre créations mondiales de pièces de Ionesco et la découverte de nombreux auteurs d'Europe de l'Est.[44]

À travers ses créations, Stroux voulait montrer le caractère constant de l'homme au sein d'une société en éternel mouvement. Mêlant critique sociale et exigence poétique, il privilégiait des œuvres qui dépassaient le questionnement sur l'actualité et au contraire s'interrogeaient sur la place de l'homme au sein du devenir historique à travers des paraboles. Le metteur en scène décrivait le devoir de toute création de la manière suivante :

> Die Aufgabe jeder Inszenierung – ob es sich um einen sogenannten Klassiker handelt oder nicht – ist die der nachschöpferischen Interpretation, d. h. man kann sich nicht genug quälen, das zu interpretierende Werk genau und in seiner ganzen Vielfalt von Inhalt und Form, in all seinen Tönen und Farben und seinen Gedanken und Linien zu verstehen, ihm zu vertrauen und möglichst viel von seinem Reichtum erscheinen zu lassen.[45]

Enfin, après avoir essuyé la censure national-socialiste, échouant dans la dénonciation du politique sur scène, Stroux ne partageait plus l'avis que l'art puisse changer le monde ou la société : à ses yeux, l'art représentait « la chose la plus impuissante qui soit ».[46]

Stroux et Ionesco commencèrent à la fin des années 1950 une collaboration qui devait durer onze ans et déboucher sur quatre créations mondiales. La question de la difficulté des réalisations scéniques, devant conjuguer la fidélité

---

44 Stroux permit aux metteurs en scène de nationalité tchèque, comme Jaruslav Dudek, ou polonaise, tels que Erwin Axer, Kazimierz Dejmek ou encore Konrad Swinarski, de travailler dans son théâtre.
45 Karl Heinz Stroux : non titré. In : *Neue Zürcher Zeitung* (23 juillet 1961). CP Stroux. « Le rôle de toute création – qu'il s'agisse d'une pièce dite classique ou non – est de recréer une interprétation, c'est-à-dire qu'on ne peut jamais se torturer assez pour comprendre avec précision l'œuvre à interpréter, dans toute sa multiplicité de forme et de fond, dans toutes ses tonalités et ses couleurs, ses pensées et ses motifs, pour lui accorder sa confiance et rendre sa richesse le plus visible possible ».
46 Karl Heinz Stroux : Débat radiophonique « Meinung gegen Meinung » (feuilles manuscrites), p. 8–9. CP Stroux. (« Das Ohnmächtigste, was es gibt »).

à l'œuvre de l'écrivain d'une part et les choix personnels du metteur en scène d'autre part, se posait d'autant plus qu'il s'agissait de créations mondiales. Lors d'une interview enregistrée au Hebbel-Theater de Berlin-Ouest après la tournée en RFA de la mise en scène du *Roi se meurt* par Stroux, Ionesco expliqua au journaliste que sa rencontre avec Stroux avait été « due au hasard, [il ne savait] pas comment Stroux [l'avait] choisi [et] lui en [était] très reconnaissant, mais après que [Stroux] [avait] mis en scène *Rhinocéros* [il n'avait] pas pu [se] séparer ».[47] Que l'écrivain n'ait pas réussi à se séparer de son metteur en scène semble dû à la fidélité des créations de Stroux, dont l'écrivain disait qu'« il [était] rare de voir un metteur en scène d'une telle envergure, sachant accorder sa personnalité à celle d'un auteur et d'un texte ».[48] Stroux avait en effet une profonde compréhension de l'univers théâtral de Ionesco. Stephan Stroux a ainsi expliqué que son père avait su donner à cette œuvre dramatique « une autre profondeur, un autre sérieux ».[49] Enfin, le metteur en scène avait été particulièrement sensible à Bérenger, personnage récurrent de certaines pièces de l'auteur dès *Tueur sans gages* en 1957 et présent dans quatre autres œuvres (*Rhinocéros*, *Le Piéton de l'air*, *Le Roi se meurt* et *La Soif et la Faim*, où il se nomme Jean). Selon Stroux, Bérenger incarnait l'homme moderne à la recherche de réponses, comme l'expliqua le metteur en scène dans la brochure du *Roi se meurt*.[50]

### 5.2.2 Principaux leitmotivs des pièces de Ionesco

Les leitmotivs qui parcourent l'écriture théâtrale de Ionesco apparaissent sous formes d'images, souvent soumises à des variations, et sont figurés sur scène par des costumes, des éléments du décor et des mouvements chorégraphiés des personnages,[51] ce que l'auteur explique de la sorte :

---

[47] Eugène Ionesco : Interview par le Hebbel-Theater Berlin après la tournée en Allemagne de la mise en scène de Karl Heinz Stroux du *Roi se meurt*. TM Düsseldorf.
[48] Eugène Ionesco : Texte non titré écrit à l'occasion du départ de Karl Heinz Stroux du Düsseldorfer Schauspielhaus en 1972. CP Stroux.
[49] Stephan Stroux : Entretien réalisé le 12 décembre 2013, Berlin. (« Eine andere Tiefe, einen anderen Ernst »).
[50] TM Düsseldorf. Karl Heinz Stroux : « Die Zeit der Suchenden ». In Düsseldorfer Schauspielhaus Karl Heinz Stroux (éd.) : *Programmheft* n° 4 (1963/64). TM Düsseldorf.
[51] Ce processus de figuration rappelle un aspect du « théâtre total » d'Antonin Artaud. Avec ce qu'il nommait « l'imprévu objectif », Artaud souhaitait pouvoir matérialiser des pensées ou sentiments sur scène d'un instant à l'autre. Antonin Artaud : *Le Théâtre et son double*. Paris : Gallimard 1964, p. 65 : « Ce qui me paraît devoir le mieux réaliser à la scène cette idée de danger est l'imprévu objectif, l'imprévu non dans les situations mais dans les choses, le pas-

> Le théâtre [...] est une architecture mouvante d'images scéniques. Tout est permis au théâtre : incarner des personnages, mais aussi matérialiser des angoisses, des présences intérieures. Il est donc non seulement permis, mais recommandé de faire jouer les accessoires, faire vivre les objets, animer les décors, concrétiser les symboles. De même que la parole est continuée par le geste, le jeu, la pantomime, qui, au moment où la parole devient insuffisante, se substituent à elle, les éléments scéniques matériels peuvent l'amplifier à leur tour.[52]

Une analyse de ce langage théâtral fortement imagé, c'est-à-dire des leitmotivs récurrents et de leurs procédés de figuration, permet de dégager les complexités qui ont pu surgir lors de la création mondiale par Stroux des pièces *Rhinocéros*, *Le Piéton de l'air*, *La Soif et la Faim* et *Jeux de massacre*. Le nombre important d'indications scéniques présentes dans les textes de l'écrivain semblait en effet limiter radicalement la marge de manœuvre du metteur en scène,[53] qui finalement allait en tenir compte tout en se permettant parfois d'en accentuer le trait.

Un premier leitmotiv essentiel dans l'œuvre de Ionesco est celui de l'autorité, de la violence et de la mort, trois thèmes inextricablement liés. Alors que de nombreux critiques dramatiques reprochèrent à l'écrivain son rejet du politique et son manque d'engagement,[54] son œuvre est traversée par une réflexion sur le pouvoir : les figures autoritaires et les paroles stéréotypées de diverses idéologies apparaissent dans toutes ses pièces, de même que ses journaux, articles et interviews sont jalonnés par une réflexion sur l'histoire et le devenir de l'humain. Selon Ionesco, une idéologie ne serait que l'expression de pulsions et de passions, motivée par le désir meurtrier que tout homme cache en soi, une pensée proche de celle d'Emil Cioran.[55] Dans les pièces de Ionesco, l'autorité est figurée sur scène par des personnages typés : les pachydermes dans *Rhinocéros*, le juge, ses deux assesseurs et le personnage de John Bull

---

sage, intempestif, brusque, d'une image pensée à une image vraie ; et, par exemple, qu'un homme qui blasphème voie se matérialiser, brusquement, devant lui, en traits réels, l'image de son blasphème ».

52 Eugène Ionesco : *Notes et contre-notes*, p. 63.
53 Eugène Ionesco : *Notes et contre-notes*, p. 285 : « Mon texte n'est pas seulement un dialogue mais il est aussi ‹indications scéniques›. Ces indications scéniques sont à respecter, aussi bien que le texte, elles sont nécessaires, elles sont suffisantes ».
54 On se reportera à l'article de Jeanyves Guérin : Ni Rhinocéros ni Marx ni Maître. In : Marie-France Ionesco/Paul Vernois (éds.) : *Ionesco, situation et perspectives*. Paris : Pierre Belfond 1980, p. 269–285.
55 Emil Cioran : *Précis de décomposition*. Paris : Galimard 2005, p. 157–158 : « Les idéologies ne furent inventées que pour donner un lustre au fond de barbarie qui se maintient à travers les siècles, pour couvrir les penchants meurtriers communs à tous les hommes. On tue aujourd'hui au nom de quelque chose ».

dans *Le Piéton de l'air*, les deux gardiens et les moines noirs dans *La Soif et la Faim*, les policiers, les orateurs et les docteurs dans *Jeux de massacre* sont tous des représentants d'une autorité violente. Intrinsèquement liée à la violence, la mort est elle aussi omniprésente et n'a cessé de hanter Ionesco.[56] Dans *Rhinocéros*, la mort de l'individu, l'annihilation de son identité et de sa qualité d'être humain sont suggérées de manière imagée à travers la métamorphose en pachyderme. La violence grandissante des paroles du personnage Jean, qui culmine dans le cri lancé depuis la salle de bain « Je te piétinerai, je te piétinerai »,[57] est accompagnée par la transformation de sa voix devenant « toujours de plus en plus rauque »,[58] son souffle bruyant, ses barrissements et enfin la métamorphose de son corps entier. Dans *Jeux de massacre* – la seule pièce où la mort est représentée physiquement sous l'aspect d'un moine muni d'une faux – la mort fait le vide sur scène et les personnages s'effondrent comme des marionnettes, en s'écriant parfois sarcastiquement « Aaaah ! Je suis mort ! »[59] ou « Je suis un homme mort ! »[60] Une figuration réaliste de la cruauté est en outre discernable dans cette pièce puisque la violence y est matérialisée à travers des armes, des pistolets, des mitraillettes et des couteaux. Bien que des armes soient également utilisées par John Bull dans *Le Piéton de l'air*, la cruauté apparaît ici uniquement dans des scènes oniriques. Des éclairs, un horizon crépusculaire ou un ciel couleur de sang renforcent le comportement et les propos violents des personnages. Ainsi, la scène où John Bull abat un enfant est-elle rendue plus intense par la lumière, ce qui permet de transformer la physionomie des personnages qui deviennent alors victimes ou bourreaux. Enfin, dans *La Soif et la Faim*, la mort est présente au cœur du récit de Jean lors du troisième épisode et l'annihilation de toute volonté des deux clowns tenus prisonniers est un exemple frappant du leitmotiv de la cruauté. Dans cette séquence, le procès de l'idéologie est fondé sur le procédé d'opposition. Les cages des deux clowns sont placées symétriquement par rapport au Frère Supérieur et à Jean, lui-même installé sur une ligne médiane, symbole de la justice. L'ambivalence de la condamnation des deux clowns est soulignée par les jeux de scène ainsi que par les costumes noirs et rouges des moines devenus spectateurs. Le Frère Supérieur est revêtu d'une cape et d'un bliaut dont une partie

---

[56] On se reportera à l'article d'Alexandru Paleologu : Plus fort que la mort. In : Marie-France Ionesco/Norbert Dodille/Gabriel Liiceanu (éds.) : *Lectures de Ionesco*. Paris : L'Harmattan 1996, p. 73–80.
[57] Eugène Ionesco : *Rhinocéros*. In : *Théâtre complet*, p. 537–638, p. 602.
[58] Ibid., p. 601.
[59] Eugène Ionesco : *Jeux de massacre*. In : *Théâtre complet*, p. 959–1035, p. 969.
[60] Ibid., p. 987.

est noire et l'autre rouge, ses mouvements vus de face ou de dos répondent à ceux des moines-juges, et ainsi ses ordres s'adressent aux deux groupes, ce qui en renforce le caractère cruel et dérisoire. À la fin de l'épisode, l'emplacement symétrique des moines attablés traduit le dressage de Jean, qui entame alors son travail de Sisyphe : le rythme du remplissage des écuelles par Jean est accompagné par l'apparition de chiffres projetés sur le mur du fond du plateau, image finale dotée d'une grande violence. L'ultime scène de *La Soif et la Faim* montre ainsi l'importance des éléments chorégraphiques dans le théâtre de Ionesco, la parole étant sans cesse secondée par l'image.

Un autre leitmotiv d'importance est celui de la féerie enfantine. Dans son article intitulé « L'architecture de l'enfance »,[61] Dan Mihailescu explique que la vision enfantine du monde de Ionesco est la somme de trois facteurs : l'aversion de l'enfant pour son père, la manie du jeu ainsi que le plaisir du rêve. L'antipathie pour la figure paternelle semble traduite par le refus de l'autorité, le plaisir du rêve transparaît dans l'univers onirique des pièces et la manie du jeu peut se refléter dans l'image de marionnettes ou de pantins. Ionesco, qui durant son enfance à Paris assistait aux spectacles de Guignol au Jardin du Luxembourg, parsema son œuvre d'éléments faisant songer à l'univers de la *commedia dell'arte* et à celui du spectacle de marionnettes. Peuvent être mentionnés les agents de police anormalement grands dans *Tueur sans gages*, les mouvements mécaniques des déménageurs dans *Le Nouveau Locataire*, le mélange de clownerie et d'enfantillage dans *L'Avenir est dans les œufs*, le juge et la mort portant des têtes de poupées énormes dans *Amédée ou Comment s'en débarrasser*, l'univers fantastique dans *Le Piéton de l'air*, les deux gardiens identiques, le très grand Frère Supérieur ainsi que la séquence de mise en abyme théâtrale dans *La Soif et la Faim*. L'esthétique du monde de l'enfance est par ailleurs particulièrement exploitée dans *Le Piéton de l'air*, où il est suggéré à travers les décors, comme l'apparition de gradins de cirque, de même que la miniaturisation des objets – le petit rossignol mécanique, les voitures miniatures qui franchissent le pont d'argent – ainsi que le paysage qui défile sur la toile de fond. Les personnages sont eux aussi soumis à des transformations : « La tête de Bérenger apparaît comme au Guignol »[62] à la fenêtre de sa maisonnette et lors de son envol Bérenger est montré dans les airs sous forme de « tout petit Bérenger poupée minuscule ».[63] John Bull enlève son chapeau

---

61 Dan C. Mihailescu : L'architecture de l'enfance. In : Marie-France Ionesco/Norbert Dodille/Gabriel Liiceanu (éds.) : *Lectures de Ionesco*. Paris : L'Harmattan 1996, p. 81–86.
62 Eugène Ionesco : *Le Piéton de l'air*. In : *Théâtre complet*, p. 665–736, p. 670.
63 Ibid., p. 717.

comme une « énorme marionnette »[64] et lors de la scène de tribunal de Joséphine, le juge et ses deux assesseurs sont des marionnettes géantes. Ionesco préconise également l'utilisation de pantins sur scène pour *Jeux de massacre* : « S'il n'y a pas suffisamment de figurants, on pourrait tout aussi bien et ce serait même mieux les remplacer par des marionnettes ou de grandes poupées (mannequins) ».[65] Enfin, l'auteur insiste sur les mouvements saccadés des personnages qui se comportent comme des pantins humains, une mécanique burlesque qui peut également engendrer une sensation de terreur. Ainsi les mouvements et les répliques rythmés des moines noirs à la fin de *La Soif et la Faim* ou bien les dizaines de morts qui s'écroulent comme des pantins dans *Jeux de massacre* transforment le rire libérateur du spectateur en rire amer et douloureux.

Un dernier leitmotiv fondamental est celui du paradis perdu, que l'on peut associer à celui de l'angoisse existentielle. Aux yeux de Ionesco, le monde relève à la fois de l'enfer et du miracle, une vision entraînant des oppositions indissociables : sous le masque de la joie se cache l'anxiété, sous celui du paradis perdu, la mort.[66] Retrouver la quiétude et l'innocence de l'enfance devient ainsi la quête des personnages de l'univers ionescien. Le regret du paradis perdu se traduit dans les pièces oniriques par l'apparition de divers objets au sein du décor. Dans *Le Piéton de l'air* surgit un pont d'argent issu de l'« Anti-Monde » : « Sur la toile, qui se déroulait de temps à autre pendant la conversation, montrant d'autres paysages, on voit apparaître un pont d'argent, très grand [...]. Le pont d'argent, éblouissant de lumière, au-dessus de l'abîme, relie ses deux bords ».[67] L'apparition de cette arche argentée déclenche un sentiment de félicité immédiat, et ainsi Bérenger s'exclame : « Je comprends, maintenant, je comprends la raison de cette joie. Voilà pourquoi je me suis senti tout à coup si léger ».[68] Dans *La Soif et la Faim* ce n'est pas un pont, mais une échelle argentée qui émerge au centre d'un jardin, une image également présente dans le seul roman écrit par Ionesco, *Le Solitaire*.[69] Enfin, le thème du

---

64 Ibid., p. 677.
65 Eugène Ionesco : *Jeux de massacre*, p. 961.
66 Le sentiment de l'existence est dominé par ces deux contradictions. Eugène Ionesco : *Notes et contre-notes*, p. 226 : « Deux états de conscience fondamentaux sont à l'origine de toutes mes pièces : [...] ces deux prises de conscience sont celle de l'évanescence et de la lourdeur ; du vide et du trop de présence ; de la transparence irréelle du monde et de son opacité ; de la lumière et des ténèbres épaisses ».
67 Eugène Ionesco : *Le Piéton de l'air*, p. 699.
68 Ibid.
69 Eugène Ionesco : *Le Solitaire*. Paris : Mercure de France 1973, p. 129 : « J'étais sur une passerelle au-dessus de l'abîme. Je voulais m'envoler et retombais lourdement parmi des ronces et des bêtes ».

jardin se retrouve dans la plupart des pièces de l'auteur et il s'agit du dernier espoir de Marthe à la fin du *Piéton de l'air* : « peut-être que ... les jardins ... les jardins ... »,[70] balbutie-t-elle en guise de dernière réplique. Finalement, la lumière inonde jardins, cités, ponts d'argent et échelles argentées, donnant naissance à un sentiment de joie inespéré. Dans *La Soif et la Faim*, le plateau du « royaume de la lumière »[71] projette un éclat d'exaltation et Jean s'extasie : « C'est une joie abondante qui m'envahit tout entier comme une marée qui monte irrésistiblement et vient féconder un sol aride ».[72] La lumière éblouissante rend essentiel chaque moment de l'existence, et c'est là que réside la symbolique de « l'or de l'armure du chevalier [qui] brille dans les brouillards »[73] et des « temples aériens »[74] qu'aurait dû apercevoir Jean dans *La Soif et la Faim*. Pourtant, l'apparition des arches, des échelles argentées et des jardins se produit toujours trop tard, comme pour signifier que ces éléments sont inatteignables, hors du temps. Si la lumière, les végétaux, l'absence de pesanteur et l'envol incarnent la joie, alors l'ombre, la boue, les caves, les trous noirs, l'enlisement et la lourdeur symbolisent l'angoisse existentielle, une thématique représentée par l'image de l'engluement et de l'affaissement. « En attendant, on s'enfonce »,[75] se lamente Jean au début de *La Soif et la Faim* : l'écoulement du temps mène à la chute, l'appartement de Marie-Madeleine et de Jean s'enlise de plus en plus et se dégrade à vue d'œil. Sous l'emprise d'une angoisse existentielle, les personnages fuient ces espaces d'enfermement, mais à l'instar de Jean dans *La Soif et la Faim*, ils déambulent de réclusion en réclusion.

Ainsi, les thématiques dans l'œuvre de Ionesco sont figurées sur scène par des images qui créent souvent, dans leur abondance et leurs multiplications, un monde onirique, insolite, sinistre et violent. Dans cet univers, les apparitions et les objets prolifèrent et varient, les bruits et les sources de lumière surgissent à des intervalles distincts et à des rythmes sans cesse changeants. Les leitmotivs du paradis perdu et de l'angoisse existentielle sont d'une part symbolisés par les images du jardin, du pont d'argent et de l'échelle argentée, facilement transposables sur scène à travers les décors, et d'autre part par des mouvements scéniques, tels que l'envol et l'ascension, la chute et l'enlisement. Les leitmotivs de la féerie enfantine, de la violence et de la mort sont directe-

---

70 Eugène Ionesco : *Le Piéton de l'air*, p. 736.
71 Eugène Ionesco : *La Soif et la Faim*. In : *Théâtre complet*, p. 797–902, p. 822.
72 Ibid., p. 823.
73 Ibid., p. 861.
74 Ibid., p. 858.
75 Ibid., p. 801.

ment suggérés à travers les costumes ou les accessoires. Le metteur en scène doit ainsi transposer les images de cet univers en rendant également sensibles les mouvements scéniques – à la fois circulaires, verticaux et horizontaux –,[76] une entreprise particulièrement délicate pour des pionniers comme Stroux qui ouvraient des voies nouvelles sans modèles de référence.

### 5.2.3 Esthétique scénique des pièces « oniriques » (*Le Piéton de l'air* ; *La Soif et la Faim*)

Le chapitre suivant s'emploie à une étude de l'esthétique scénique des premières mondiales par Stroux du *Piéton de l'air* et de *La Soif et la Faim*, pièces dites « oniriques ».[77] Le premier temps de l'analyse est consacré aux décors, aux costumes et à la lumière.

Tout d'abord, les costumes et les masques tels qu'ils sont utilisés sur scène par Stroux suggèrent le leitmotiv ionescien de la féerie enfantine. Afin de rendre sensible l'ambiance onirique des pièces de Ionesco dans le cadre d'un théâtre à l'italienne, tous les éléments de la scène sont mis à contribution. Les costumes des personnages participent ainsi à l'atmosphère d'étrangeté des pièces, créant un décalage entre les apparences réalistes et fantastiques. Ionesco ne donne aucune précision sur ces costumes, si ce n'est pour les frocs des moines dans *La Soif et la Faim* ou le costume traditionnel de John Bull dans *Le Piéton de l'air*, c'est-à-dire un gilet taillé dans un drapeau du Royaume-Uni et un chapeau haut-de-forme pour ce personnage créé en 1712 par John Arbuthnot. Dans *Le Piéton de l'air*, Stroux accentue la séparation entre les membres de la famille de Bérenger et les autres personnages en attribuant aux premiers des vêtements normaux aux couleurs sobres et aux seconds des costumes caricaturaux et colorés. Bérenger porte un costume gris, Joséphine est également vêtue de gris et porte une broche en forme de fleur ainsi qu'un chapeau blanc à fleurs, ce motif floral annonçant d'emblée la thématique du jardin. Marthe est en blanc, couleur de l'enfance et de l'innocence. *A contrario*, les costumes des autres personnages sont excessifs : John Bull apparaît dans son costume habituel légèrement modifié puisqu'il porte une queue de pie et un haut-de-forme sur lequel est fixé le drapeau anglais. Les deux Anglaises

---

[76] On se reportera aux analyses complètes de Paul Vernois dans la deuxième partie de *La Dynamique théâtrale d'Eugène Ionesco*, notamment aux réflexions sur la polarisation verticale (chapitre 2), et sur l'encerclement (chapitre 3). Paul Vernois : *La Dynamique théâtrale d'Eugène Ionesco*, p. 57–86.
[77] Paul Vernois : *La Dynamique théâtrale d'Eugène Ionesco*.

sont vêtues de longues robes élégantes, de chapeaux à larges bords avec des gants et des parapluies assortis. Ensuite, dans *La Soif et la Faim*, Bérenger arbore le même costume gris et Marie-Madeleine entre en scène habillée d'une jupe noire toute simple, d'un pull à col roulé blanc et d'un collier de perles, alors que les costumes des autres personnages sont extravagants. Tante Adélaïde est vêtue d'une robe en lambeaux et des plantes sont prises dans ses cheveux emmêlés, ce qui peut être une indication de sa folie. Les capes à gros boutons et les casques des deux gardiens leur donnent un air carnavalesque, renforcé par le fait que leurs visages sont barrés d'une grosse moustache et qu'ils fument la pipe. Enfin, les moines portent leurs frocs traditionnels mais n'arborent pas de signes religieux. Le monde de la féerie et de l'enfance se manifeste également à travers des scènes qui rappellent des spectacles de Guignol, de marionnettes ou encore de cirque. Le spectacle de Guignol est suggéré dans *Le Piéton de l'air* par la maisonnette où le journaliste vient interviewer Bérenger. Dans la mise en scène de Stroux, la construction en papier mâché et les briques en trompe-l'œil procurent à la cabane une apparence de solidité, amorçant d'emblée le procédé d'illusion qui règne au sein de toute la pièce. La maisonnette est si petite que sur la façade, il n'y a de place que pour une fenêtre à travers laquelle apparaît Bérenger, accoudé comme sur le rebord d'un théâtre de Guignol. Si les figures de marionnettes apparaissent explicitement dans le texte du *Piéton de l'air*, elles ne sont que suggérées dans les didascalies par l'allure mécanique des deux gardiens du second épisode de *La Soif et la Faim*. Dans la mise en scène de Stroux, la posture corporelle des gardiens est identique, ce qui permet de souligner la symétrie et l'automatisme de leurs propos. Dans la première scène de tribunal du *Piéton de l'air*, Stroux accentue la dimension de jeu de marionnettes par un échange des rôles de la mère et de la fille. Joséphine cherche refuge dans les bras de sa fille et s'accroche à elle comme une enfant effrayée, alors que Marthe s'interpose tel un parent protecteur entre sa mère et le juge, placé derrière Joséphine ; l'idée que le spectateur assiste dans cette scène à un cauchemar de Joséphine est donc renforcée par le comportement infantile de cette dernière. Par ailleurs, le personnage du juge est juché sur des échasses et son gigantisme le fait ressembler à une marionnette géante. Sa perruque, sa barbe blanche et son masque aux yeux exorbités lui confèrent une expression clownesque terrifiante. Enfin, les deux assesseurs du juge entourent Joséphine et Marthe, créant un effet d'encerclement. Ils portent les mêmes costumes que le juge mais sans masques. L'ambiance onirique est alors intensifiée par ces êtres hybrides mi-humains mi-marionnettes. Ce même type de trio menaçant où l'instance supérieure est placée au centre derrière la victime est présent chez Ionesco au troisième épisode de *La Soif et la Faim*, qui relève néanmoins plus de l'univers du cirque que d'un spectacle de marionnettes. Dans la création de Stroux, Frère Tarabas est placé en retrait entre les deux cages des clowns et deux moines munis d'une louche se trouvent de part et d'autre de celles-ci. Le maquillage des clowns, les louches plus grandes que nature et les hautes cages circulaires font songer à des cages de fauves ; cette scène de torture évoque l'univers du cirque, et Tarabas devient une figure de dompteur maîtrisant la liberté de pensée des deux clowns. À travers l'image du cirque, Stroux renforce l'idée défendue ici par Ionesco que les courants idéologiques relèvent tous de la même mascarade.

De plus, le leitmotiv du paradis perdu se retrouve dans le décor des jardins, du pont d'argent et de l'échelle argentée. Un « jardin lumineux »,[78] composé par Teo Otto « [d'] arbres en fleurs, [d'] herbes vertes et hautes, [d'un] ciel très bleu »[79] apparaît à la fin du premier et du dernier épisode de La *Soif et la Faim*. Les critiques dramatiques ont qualifié ce jardin de « médaillon d'un petit jardin du paradis avec une échelle argentée »[80] et de « paysage paradisiaque à la façon d'une miniature persane de forme circulaire ».[81] La forme circulaire du jardin contraste avec l'effet rectiligne produit par le reste du décor, par la longue table rectangulaire des moines, leur posture droite, les barreaux verticaux séparant le jardin du reste de la scène et par la précision géométrique avec laquelle sont posés les couverts sur la table. En donnant au jardin une forme circulaire, la mise en scène de Stroux renforce l'idée de l'atemporalité du jardin qui surgit toujours trop tard, lorsque Jean n'y a plus accès, comme pour signifier que cette apparition se situe hors du temps et ce faisant de la réalité. Image du paradis perdu, le jardin imaginé par Teo Otto cache en son sein une échelle argentée, promesse d'un chemin inatteignable. Toutefois, le jardin du décorateur suggère également l'idée d'enfermement puisqu'il est séparé du reste de la scène par une grille composée de douze lourds barreaux de fer auxquels s'accrochent Marie-Madeleine et sa fille. Dans la pièce, Jean ne peut se résigner à la condition humaine et les barreaux du jardin symbolisent alors l'enfermement qu'il s'inflige à lui-même ainsi que le caractère inaccessible du paradis perdu. En outre, l'indication scénique dépeint l'échelle argentée dans La *Soif et la Faim* de la manière suivante : « À la gauche du paysage qui est aussi à la

---

[78] Eugène Ionesco : *La Soif et la Faim*, p. 799.
[79] Ibid., p. 821.
[80] Paul Hübner : Auch Hans ohne Glück ist ein Spaziergänger der Luft. In : sans indication de lieu ni de date de parution. TM Düsseldorf. (« Medaillon eines Paradiesgärtleins mit silberner Leiter »).
[81] Gerd Vielhaber : *Hunger und Durst* von Eugène Ionesco. In : *Deutschlandfunk*, sans indication de date de parution de l'article. TM Düsseldorf. (« Paradiesische Landschaft in der Art einer kreisrunden persischen Miniatur »).

gauche des spectateurs, on voit apparaître une échelle argentée, suspendue, dont on ne voit pas le sommet ».[82] Chez Stroux, l'échelle argentée est adossée à un banc blanc. Ce dernier n'est pas sans rappeler le banc des gardiens du deuxième épisode, sur lequel Jean n'a pas voulu s'asseoir en attendant la venue de Marie-Madeleine. Placer un banc à côté de l'échelle argentée est donc un renvoi à l'épisode précédent et suggère l'échec du personnage Jean. Dans la création du *Piéton de l'air*, le décor tout entier peut faire songer à un jardin, comme le montre la didascalie suivante placée en début de pièce : « La campagne : un cottage, d'un style un peu Douanier Rousseau ou bien Utrillo ou même Chagall, selon les affinités du décorateur ».[83] Le scénographe Teo Otto a suivi ces indications puisque de nombreux critiques ont fait le rapprochement entre ce décor et des peintures de Rousseau ou d'autres artistes : pour les uns, le décor présente « un parc pour promeneurs du dimanche, conçu à moitié par Peynet et par le Douanier Rousseau »[84] tandis que d'autres critiques notent qu'« au-dessus des prairies pour promeneurs et du dos des collines est accroché un miroir qui renvoie un jeu d'ombres vertes variant de Rousseau jusqu'à August Macke ».[85] Le décor de cette pièce étant soumis à de constantes variations, Teo Otto a imaginé une scène permettant de rapides et multiples changements en créant des effets de perspective. Le plateau est flanqué des deux côtés de trois hautes planches sur lesquelles sont dessinés feuillages et plantes. Deux sentiers en trompe l'œil sont peints entre ces planches et sur le mur du fond sont représentées des collines vertes dans un style simpliste. De plus, Teo Otto utilise des vitrines coulissantes et agrandit la perception de l'espace par un système de miroirs, comme en rend compte le critique Paul Hübner :

> Für die Ah und Oh ! dieser alltäglichen Bürgerwelt hat Teo Otto unter einer Spiegeldecke verschiebbare Schaufensterbilder geschaffen, die wie Hinterglasmalereien wirken und mit den Kulissenwänden das Gewissen der Sonntagsmalerei unterstreichen. Das gesamte Ensemble bewegt sich wie auf Gemälden der Sonntagsmaler.[86]

---

[82] Eugène Ionesco : *La Soif et la Faim*, p. 821.
[83] Eugène Ionesco : *Le Piéton de l'air*, p. 801.
[84] Hannes Schmidt : Wer will, der kann – fliegen ! In : *NRZ* (17 décembre 1962). TM Düsseldorf. (« Ein stilisierter Sonntagspark, halb wie von Peynet, halb wie vom Zöllner Rousseau entworfen »).
[85] Helmuth de Haas : Heiter beginnt es – dann die Apokalypse. In : *Die Welt* (19 décembre 1962). TM Düsseldorf. (« Über der Spaziergängerwiese, über den Hügelkuppen hängt ein Spiegel, saugt grünes Schattenspiel an, variiert von Rousseau hinüber zu August Macke »).
[86] Paul Hübner : Vielleicht werden die Gärten ... die Gärten ... In : *Rheinische Post* (17 décembre 1962). TM Düsseldorf. « Pour les ah et les oh ! de ce quotidien bourgeois Teo Otto a conçu, sous un plafond de miroirs, des vitrines coulissantes qui agissent comme des peintures

Ces vitrines coulissantes permettent le défilement du paysage ainsi que l'apparition et la disparition successives du buisson, de la colonne et du Passant de l'Anti-Monde. Enfin, le pont d'argent peint en trompe l'œil sur le mur du fond peut évoquer la « frontière du néant »[87] décrite par Ionesco. Dans sa forme, davantage rectiligne que courbée, ce pont symbolise un couloir fermé et opaque, non une passerelle entre deux mondes. Le chemin vers le paradis perdu semble donc plus difficilement accessible que Bérenger ne le croyait et le salut dans l'au-delà, symbolisé par l'anti-monde, n'est en aucun cas assuré. Par le prolongement du pont à l'infini, rendu grâce à un effet en trompe-l'œil, ainsi que par ses arches étincelantes pourvues de barreaux, la structure rappelle également l'échelle argentée du décor de *La Soif et la Faim*. Cette similitude esthétique se justifie par les symboliques du pont et de l'échelle qui sont toutes deux des passerelles vers un autre monde.

Enfin, le leitmotiv de la violence est rendu sur scène à travers le décor et les jeux de lumière. Pour intensifier l'atmosphère violente de certaines scènes, Stroux a transformé « La Bonne Auberge » de *La Soif et la Faim* en un lieu sombre et inhospitalier, et dans *Le Piéton de l'air* il a eu recours à des jeux de lumière. Ainsi, dans le troisième épisode de *La Soif et la Faim* le décor imaginé par Teo Otto est plongé dans l'obscurité et doté d'une rigueur polygonale à laquelle s'oppose par la suite la forme circulaire du jardin. Les deux côtés de la scène et le mur du fond représentent des murs en pierre épais rappelant des édifices du Moyen Âge. Les accessoires et les objets relèvent de cette esthétique médiévale : les multiples cruches de Jean, les assiettes des moines, les louches utilisées pour servir la soupe sont toutes usées. La soupière de la scène du tribunal est quant à elle d'une apparence insolite : trop grande et incorporée à un petit chariot métallique à trois roues doté d'une longue tige de fer servant de guidon, elle est déplacée d'une cage à l'autre, son couvercle ne s'ouvrant que lorsque l'un des moines actionne un levier. Cette construction mécanique du chariot à soupe – quand une simple soupière portée par les moines aurait suffi – symbolise le caractère mécanique et routinier de l'interrogatoire infligé aux clowns. L'unique élément moderne et, de ce fait, anachronique, est la projection sur les murs de chiffres luminescents au troisième épisode de la pièce. Le décor et les accessoires font ainsi songer à un monde austère, archaïque et mécanisé dans lequel la cruauté omnitemporelle des hommes s'exerce de façon machinale. Dans *Le Piéton de l'air*, la violence fait irruption dans une scène onirique, au cœur du cauchemar de Joséphine, et les jeux de lumière, annotés

---

sur verre et renforcent avec les murs coulissant l'esprit de peintures naïves. Toute la troupe se déplace comme sur des tableaux de peintres du dimanche ».

[87] Eugène Ionesco : *Le Piéton de l'air*, p. 668.

dans le carnet de régie,[88] renforcent nettement cette impression de cruauté irréelle. La lumière vive du début fait ainsi lentement place à une obscurité presque complète. Lorsque Bérenger n'est plus visible, la lumière est très intense. Un spot éclaire ensuite tour à tour Joséphine, Marthe, puis le petit garçon qui tente d'escalader un mur mais se fait attraper par John Bull. Le spot disparaît et une faible lumière éclaire la scène où John Bull fusille les enfants anglais. Puis la lumière décline encore et le plateau est plongé presque entièrement dans le noir lors de la seconde scène du bourreau où les deux couples sont emmenés par John Bull. La scène s'éclaire à nouveau rapidement lorsque la voix de Bérenger se fait entendre à travers un haut-parleur. Les didascalies de l'auteur indiquent au contraire un obscurcissement de la scène au retour de Bérenger, ainsi que la présence d'un soleil rouge dans le ciel crépusculaire lors de la scène du bourreau. Dans la mise en scène de Stroux, l'obscurité progressive et la montée des actes d'horreur suggèrent une violence réelle, non limitée au rêve de Joséphine. Ainsi Stroux attribue-t-il à la violence un caractère archaïque et mécanique dans *La Soif et la Faim* tandis que dans *Le Piéton de l'air*, il développe ce thème dans une atmosphère onirique, soulignant son lien avec l'inconscient.

Le second temps de l'analyse est consacré aux mouvements scéniques. Ionesco eut souvent recours à la machinerie et affirmait à ce propos : « On peut tout oser au théâtre, c'est le lieu où on ose le moins. Je ne veux avoir d'autres limites que celles des possibilités techniques de la machinerie », et estimait que « le théâtre se meurt de manque d'audace ».[89] L'un des défis relevés par Stroux et ses scénographes fut ainsi de rendre sensibles les mouvements scéniques horizontaux, verticaux et circulaires présents dans les pièces de l'auteur.

Premièrement, un rôle non négligeable est dévolu à la verticalité ascendante et descendante à la fois dans l'univers de Ionesco et les créations de Stroux. Le mouvement de verticalité culmine avec l'envol de Bérenger dans *Le Piéton de l'air*. Dans cette pièce, le mouvement est amorcé par l'apparition du Passant de l'Anti-Monde dont la fumée de la pipe « retombe au lieu de s'élever ».[90] La verticalité se manifeste ensuite dans les propos de Bérenger. Lorsque le Passant disparaît, Marthe s'exclame : « Peut-être est-il tombé ? »,[91]

---

[88] Karl Heinz Stroux : Carnet de régie du *Piéton de l'air*. Mise en scène Karl Heinz Stroux (Düsseldorf, 1962). CP Stroux.
[89] Eugène Ionesco : *Notes et contre-notes*, p. 83–84.
[90] Eugène Ionesco : *Le Piéton de l'air*, p. 688.
[91] Ibid.

un propos que Bérenger conteste : « Il n'est pas tombé. ‹ Tombé › est une façon de parler ».[92] Par la suite Bérenger explique l'existence de l'Anti-Monde en le comparant à des reflets de miroirs ou d'images négatives, à des mouvements horizontaux et non plus verticaux. Ceux-ci ne sont évoqués que lorsque Bérenger s'exclame : «... Peut-être pourrait-on avoir une vague idée de ce monde quand on voit les tours d'un château se reflétant dans l'eau, une mouche la tête en bas au plafond, une écriture de gauche à droite et de bas en haut [...] ».[93] La mise en scène vient ensuite illustrer les propos de Bérenger, le mouvement vertical étant directement figuré par la colonne et l'arbre. Les décors créés par Teo Otto permettent de réaliser rapidement l'alternance de ces mouvements verticaux. En effet, les apparitions et les disparitions successives de l'arbre ou de la colonne se font grâce à des vitrines coulissantes situées sur scène et sur lesquelles ces éléments sont peints. Ionesco indique que lorsque la colonne « disparaît doucement »,[94] Bérenger se met à sautiller, comme pour prendre son envol. Avant que, dans la création de Stroux, Bérenger ne s'élève sur une bicyclette de cirque, il est accroché à de solides fils de nylon qui lui permettent de planer à un mètre du sol. L'acteur Karl Maria Schley joue la légèreté et l'insouciance de Bérenger de manière prononcée : il siffle, une main tenant la bicyclette, l'autre enfoncée dans la poche, ou s'essaye à des numéros acrobatiques. À la disparition de Bérenger, les autres personnages, à l'exception de Marthe et Joséphine, montrent le ciel du doigt, le mouvement vertical ainsi suggéré prolongeant l'envol de Bérenger. Une autre trouvaille de Stroux laisse présager la fin de la pièce. Une annotation dans le carnet de régie indique en effet que le pont d'argent situé sur le mur en fond de scène disparaît. Décrit par Bérenger comme une passerelle vers un autre monde, un paradis perdu ou un au-delà salvateur, la disparition de ce pont d'argent signifie que ce passage est en réalité inaccessible si ce n'est inexistant, comme le suggère l'une des répliques finales de Bérenger : « Rien. Après, il n'y a plus rien, plus rien que les abîmes illimités ... que les abîmes ... ».[95] Enfin, au retour sur terre de Bérenger, la verticalité est totalement absente de la scène aussi bien dans les mouvements scéniques que dans les propos de Bérenger. Pourtant, Stroux l'a fait figurer au moyen d'un mouvement circulaire, qui devient un symbole d'espoir, comme cela sera expliqué par la suite. Par ailleurs, le mouvement descendant présent dans *La Soif et la Faim* est représenté par l'enfoncement de l'appartement de Bérenger. Comme ce mouvement ne peut être rendu sur la scène

---

92 Ibid.
93 Ibid., p. 693.
94 Ibid., p. 697.
95 Ibid.

du théâtre de Düsseldorf, il est remplacé par un déplacement latéral des murs et des meubles. Le critique théâtral Gerd Vielhaber décrit ce phénomène scénique comme un «délabrement sinistre de l'appartement avec ses murs flexibles et tournants et son mobilier glissant dans l'obscurité».[96] Stroux opte pour la perspective de Jean qui, contrairement à Marie-Madeleine, perçoit l'enlisement et la dégradation progressifs de l'appartement. Cette perspective est maintenue au troisième épisode de la pièce lors de la scène du tribunal. L'acteur Karl Maria Schley, dans le rôle de Jean, est assis dos au public en bas de l'estrade sur laquelle se déroule la scène de torture des deux clowns. Dans cette posture d'infériorité par rapport à Frère Tarabas, Jean semble subir le pouvoir autoritaire exercé par ce dernier. Cette position inférieure préfigure également son emprisonnement éternel parmi les moines.

Deuxièmement, le mouvement de l'horizontalité sous-tend le fil d'action du *Piéton de l'air* et du deuxième épisode de *La Soif et la Faim*, qui se déroulent respectivement sur un plateau demi-circulaire entouré par un précipice et sur une terrasse suspendue dans le vide. Stroux a décidé d'accentuer l'horizontalité du plateau et de la terrasse par le défilement du décor dans *Le Piéton de l'air* et par l'aspect désertique et l'absence de relief de la terrasse dans *La Soif et la Faim*. Dans *La Soif et la Faim*, le spectateur n'est pas témoin de l'ascension par Jean de la terrasse ensoleillée, mais uniquement de son arrivée sur le plateau désert. Le paradis perdu imaginé par Jean au premier épisode de *La Soif et la Faim*, celui d'une «maison perchée sur la montagne»,[97] «suspendue dans l'air»,[98] ornée de «fleurs souriantes dans leur élévation»[99] n'est pas celui auquel il accède dans le second épisode. Teo Otto, ne pouvant pas réaliser un décor accroché en l'air comme l'exigerait la «terrasse suspendue dans le vide»,[100] a choisi de plonger la scène dans une atmosphère froide et inquiétante, indiquant par là que le sommet lumineux atteint par Jean n'est qu'un îlot fondé sur l'illusion. À ce plateau vide manquent des signaux essentiels qui permettent au spectateur de situer l'action dans le temps et dans l'espace, ce qui donne à cette scène sa particularité onirique. Le critique Manfred Moschner décrit cette ambiance de rêve en soulignant que «les décors surréalistes de Teo Otto produisent un cadre d'une atmosphère kafkaïenne intense. La scène

---

**96** Gerd Vielhaber : *Hunger und Durst* von Eugène Ionesco. In : *Deutschlandfunk*, sans indication de date de parution de l'article. TM Düsseldorf. («Gespenstische[r] Verfall der Wohnung mit ihren flexiblen, sich drehenden Wänden und dem ins Dunkel gleitenden Inventar»).
**97** Eugène Ionesco : *La Soif et la Faim*, p. 801.
**98** Ibid.
**99** Ibid.
**100** Ibid., p. 823.

devant le musée relève notamment d'une transparence onirique ».[101] Les seuls accessoires présents sur scène sont trois spots qui éclairent une plaque indiquant « Musée » (« Museum »), accrochée au-dessus d'un banc sur lequel sont assis les deux gardiens. Une autre source lumineuse provient d'une construction en forme de spirale en suspension dans l'air, décrite par un critique comme une sorte de « squelette de baleine abstrait au-dessus de l'entrée du musée ».[102] Cet objet à l'esthétique surréaliste peut représenter la lumière crue s'abattant sur la plaine, un soleil dardant ses rayons ardents représentés par les différentes branches de la construction.

Dernièrement, le mouvement circulaire et la figure géométrique du cercle sont omniprésents dans *Le Piéton de l'air* et *La Soif et la Faim*. Dans la première pièce, Ionesco propose de faire surgir des gradins de cirque au milieu de la scène ou bien des anneaux circulaires au-dessus de la tête des spectateurs ; dans la seconde, les faux-moines s'installent sur des gradins circulaires qui constituent une cour de justice lors de la scène de torture des deux clowns. Par ailleurs, la terrasse circulaire du deuxième épisode de *La Soif et la Faim* reprend l'idée du précipice en demi-cercle du *Piéton de l'air*. Les personnages des pièces oniriques se déplacent donc au sein d'un univers déjà fortement marqué par une structure circulaire et sont eux-mêmes à la merci d'une spirale infernale[103] qui les empêche d'échapper à ce monde cauchemardesque. La forme circulaire est ainsi connotée négativement par Ionesco. Pourtant, les créations de Stroux ne présentent pas l'image circulaire sous un angle nécessairement négatif. Dans *Le Piéton de l'air*, le mouvement circulaire sous-tend la chorégraphie des scènes définies par Paul Vernois comme « scènes d'atmosphère », c'est-à-dire des « fragments d'actes, en général assez longs, faisant intervenir les personnages les plus divers et aussi des voix *off*. Les divergences de comportement des figurants procèdent de la fantaisie et s'accommodent ainsi de métamorphoses étranges ».[104] Permettant de démasquer la vacuité du

---

[101] Manfred Moschner : Beklemmendes Spiel um gefesselten Tantalus. In : sans indication de lieu ni de date de parution. TM Düsseldorf. (« Teo Ottos Bühnenbilder, surreal, schaffen eine Kafka-Szenerie von starker Atmosphäre. Traumhaft durchsichtig vor allem ist die Szene vor dem Museum »).

[102] Paul Hübner : Auch Hans ohne Glück ist ein Spaziergänger der Luft. In : sans indication de lieu ni de date de parution. TM Düsseldorf. (« Das abstrahierte Walfischgerippe über dem Museumseingang »).

[103] Paul Vernois employa la notion de « vortex » ou l'image du « tourbillon ou de la spirale » pour décrire l'envol de Bérenger sur sa bicyclette. Paul Vernois : Le temps dans l'œuvre d'Eugène Ionesco. In : Marie-France Ionesco/Paul Vernois (éds.) : *Ionesco, situation et perspectives*. Paris : Pierre Belfond 1980, p. 195–217, p. 203.

[104] Paul Vernois : *La Dynamique théâtrale d'Eugène Ionesco*, p. 182.

langage, ces scènes sont fondées sur des propos stéréotypés, des slogans ou des discussions dénuées de tout sens. Vernois explique ainsi à propos du *Piéton de l'air* : « La scène d'atmosphère est à la fois constante et fragmentée [...]. Il s'agit encore de créer l'illusion d'une journée anglaise avec son conformisme. Le va-et-vient des Anglais permet l'introduction de personnages divers, bizarres ou farfelus qui prennent aisément place dans les séquences oniriques ».[105] Dans la création du *Piéton de l'air* par Stroux, la forme circulaire dynamise les scènes de foule puisque les personnages, à l'exception des membres de la famille de Bérenger, se déplacent en effectuant des mouvements circulaires. En outre, lors de la scène de l'envol, les personnages s'assoient autour de la famille de Bérenger, centrant l'action sur l'exploit de ce dernier : assis en rond par terre, le dos tourné à la salle, ils regardent au même titre que le public le spectacle offert par Bérenger. Stroux emploie une dernière fois le mouvement circulaire à la fin de la pièce, se permettant d'ajouter un élément par rapport au texte de Ionesco. Ce dernier a décrit à un journaliste allemand l'image finale en des termes élogieux :

> Phantasievoll, einfach, präzis fand ich sie [die Inszenierung], vermehrt um einen großartigen Schlußeinfall : – wenn nach dem unvollendeten, leise-hoffnungsvollen Schlußsatz der jungen Tochter Martha über die Gärten, die vielleicht alle Vernichtung überdauern, wenn dann also noch einmal alle Figuren erscheinen, sich drehen in einem melancholischen Abschiedsreigen (« la farandole d'une fête douloureuse »), so wiederholt sich in ihrer Bewegung sichtbar jene zuversichtliche Äußerung des Mädchens – das leuchtet mir durchaus ein, obwohl es nicht im Stück steht. Stroux hat damit einen « Fund » gemacht (« une trouvaille »).[106]

Lors des créations mondiales du *Piéton de l'air* et de *La Soif et la Faim*, Stroux accentua donc les images oniriques présentes dans le texte de Ionesco par les costumes des personnages, les décors et les jeux de lumière. Il transposa comme indiqué les mouvements ascendants et descendants dans *Le Piéton de l'air* mais les remplaça dans *La Soif et la Faim* par l'accentuation des propos de Jean et par le déplacement du mobilier. Dans les deux pièces il substitua

---

[105] Ibid., p. 184.
[106] Hannes Schmidt : Ein Mandarin aus Paris. In : *Die Volksbühne Düsseldorf* n° 2 (1962–1963), p. 4–5. TM Düsseldorf. « J'ai trouvé [la mise en scène] pleine d'imagination, simple et précise, enrichie d'une idée finale grandiose : quand après la phrase finale de la jeune fille Marthe sur les jardins qui peut-être survivent à toutes les destructions, phrase inachevée et traduisant un timide espoir, quand donc apparaissent à nouveau tous les personnages et qu'ils dansent la farandole d'une fête douloureuse, alors ce propos confiant de la fille est transcrit par leurs mouvements – cela m'a convaincu alors que ce n'est pas écrit dans la pièce. Stroux a fait ‹ une trouvaille › ».

au mouvement horizontal le défilement du décor ou une scène plus sobre. La principale innovation par rapport aux indications de Ionesco relevait du mouvement circulaire, que Stroux utilisa à de nombreuses reprises afin d'animer les scènes de groupes, de rendre sensible le défilement du paysage et de placer le personnage principal, Bérenger ou Jean, au centre de l'action. Si chez Ionesco le mouvement circulaire entraîne les personnages dans une spirale infernale et se révèle être un cercle vicieux menant à l'échec, Stroux connota le cercle positivement puisqu'il en fit un symbole d'espoir : il apparaissait dans l'image finale de la communion des personnages lors de la dernière scène du *Piéton de l'air* de même que dans la forme du jardin, emblème de la félicité chez Ionesco, dans *La Soif et la Faim*.

### 5.2.4 Esthétique scénique des pièces « réveillées » (*Rhinocéros* ; *Jeux de massacre*)

Ce chapitre enfin est consacré à une étude de l'esthétique scénique des premières mondiales par Stroux de *Rhinocéros* et de *Jeux de massacre*, pièces dites « réveillées ».[107]

Dans un premier temps est analysée l'utilisation de l'espace scénique, tantôt à travers les espaces ouverts, tantôt à travers les espaces clos. Dans la dramaturgie de Ionesco, l'espace scénique regorge de présences et ne se retrouve jamais dépouillé de son décor ou de ses personnages. Il s'agit néanmoins toujours d'un monde clos, centré sur lui-même. Le plus souvent, l'espace est rigoureusement caractérisé, limité par des murs, à travers lesquels ne percent que quelques rares ouvertures telles que des portes ou des fenêtres. L'espace peut également être ouvert, comme dans *Le Piéton de l'air* qui est d'ailleurs l'unique pièce de Ionesco se déroulant entièrement à l'extérieur, mais il est alors entouré de précipices ou de montagnes. Cet espace clos est en outre enchâssé dans un environnement virtuel très détaillé. Sur scène comme hors scène, l'espace est sans référent, il reste virtuel – le propre de l'espace théâtral – ce qui fait dire à Michel Pruner que « la théâtralité est la marque de l'espace ionescien » :[108] alors que dans le théâtre dit réaliste, l'espace virtuel externe au plateau est utilisé pour réajuster ce que montre l'espace sur scène, Ionesco *a contrario* construit la réalité de ce hors-scène avec les mêmes moyens que pour la réalité sur scène. Cette caractéristique de l'espace est renforcée par

---

[107] Paul Vernois : *La Dynamique théâtrale d'Eugène Ionesco*.
[108] Michel Pruner : L'espace dans la dramaturgie de Ionesco. In : Marie-France Ionesco/Paul Vernois (éds.) : *Ionesco, situation et perspectives*. Paris : Pierre Belfond 1980, p. 217–239, p. 227.

des séquences oniriques qui annulent toute nécessité de logique ou de réalisme au sein de l'espace. Les étrangetés s'accumulent : les meubles s'enfoncent et les murs s'écroulent pour laisser émerger un jardin exotique et un musée apparaît sur une terrasse montagneuse inondée de soleil dans *La Soif et la Faim*, les portes de la prison demeurent ouvertes dans *Jeux de massacre*, les changements de paysages sont constants dans *Le Piéton de l'air*. Cette accumulation d'étrangetés trouve sa traduction dans le mécanisme de la prolifération : chez Ionesco l'espace se métamorphose, soumis à des invasions qui font éclater les structures primitives, et il est ainsi en constante évolution.

D'une part, l'espace ouvert est à la fois un lieu de liberté et un lieu menaçant, l'individu étant directement exposé aux dangers du monde extérieur. Dans les mises en scène par Stroux de *Rhinocéros* comme de *Jeux de massacre*, les espaces extérieurs sont porteurs de cette double signification. Le premier acte de *Rhinocéros* se déroule entièrement à l'extérieur. Le scénographe Mario Chiari a imaginé un décor réaliste tout en y ajoutant des détails insolites pour signaler l'immixtion de l'étrange. Mario Chiari utilise principalement un « mauve sale » ainsi qu'un « vert pachydermique »[109] et emploie des matériaux comme le tulle ou le treillis métallique, transparents mais d'aspect solide et résistant. La critique Marie-Louise Bablet explique dans *La Tribune de Genève* que « les décors sont abominablement laids de couleurs, il faut le dire, mais leur construction en tulle et les effets de transparence voulus marquent l'emprise de cette rhinocérite, sorte de virus filtrant qui pénètre l'intimité des foyers, le secret des âmes ».[110] Par ailleurs, les deux bâtiments principaux du premier acte sont construits en carton et leurs façades peintes dans une esthétique réaliste. Les termes « café » et « épicerie » sont écrits en français et en lettres capitales à la craie sur la devanture des deux bâtiments. L'utilisation de la craie, un matériau facile à effacer, ainsi que de la peinture et du carton fait référence au fait que le quotidien paisible de cette petite ville est éphémère, son caractère humain étant condamné à disparaître rapidement avec l'épidémie de rhinocérite. L'une des fenêtres est en outre protégée par des barreaux en fer forgé, présageant l'emprisonnement de tout individu qui continuerait par la suite à vivre dans les maisons construites par les humains, tel Bérenger. De plus, les chaises ainsi que les tables du café sont en fer forgé. La finesse de l'arbre situé au centre de la scène, fabriqué en treillis métallique, lui confère un aspect chétif, montrant par là qu'il peut facilement être piétiné par les pa-

---

[109] Helmut de Haas : Sei der letzte Mensch – kapituliere nie. In : *Die Welt* (2 novembre 1959). TM Düsseldorf. (« Schmutzige[s] Mauve » ; « Dickhäutergrün »).
[110] Marie-Louise Bablet : Du *Rhinocéros* français à l'allemand. In : *La Tribune de Genève* (2 avril 1960). TM Düsseldorf.

chydermes. Le fer forgé et le treillis métallique, par toutes les connotations de dureté et d'emprisonnement que ces matériaux induisent, laissent présager l'arrivée d'un pouvoir totalitaire ainsi que destructeur de toute humanité. L'absence de protection caractérise également les décors de l'espace ouvert dans *Jeux de massacre*, constituée de douze scènes d'extérieur et six scènes d'intérieur. Un double danger menace les personnages dans les espaces ouverts, puisqu'ils sont exposés à l'épidémie de peste et à la violence de leurs concitoyens. La succession de dix-huit scènes exige la construction d'un décor capable d'être transformé rapidement. À l'aide du plateau tournant de la nouvelle salle de Düsseldorf, Jacques Noël a créé des décors à même d'évoquer une ville entière. Alors que l'esthétique du lieu où se déroule la pièce est réaliste, le critique Gerd Vielhaber décrit le décor de la première scène en le comparant aux tableaux de Giorgio de Chirico : « Lorsque le rideau en aluminium scintillant se lève, on aperçoit des façades de maisons grises qui créent un effet de perspective, les fenêtres ressemblant à des orbites vides au regard mort – une vision à la Chirico ».[111] Les façades des maisons dominant la scène indiquent d'emblée qu'il s'agit d'une ville au caractère universel : « Devant une façade de maison méditerranéenne munie de profondes fenêtres noires, Karl Heinz Stroux a mis en scène le grand jeu de massacre comme une allégorie dont le lieu et la temporalité ne peuvent pas être situés avec précision »,[112] explique un autre critique. Par ailleurs, Stroux relie l'espace du plateau et de la salle en éliminant le quatrième mur qui sépare les spectateurs de la scène, plaçant ainsi le public en quarantaine au même titre que les personnages. Le spectateur devient donc une victime potentielle de la peste, tout comme il fait partie, grâce à la fenêtre placée sur le rebord de la rampe, du troupeau de pachydermes dans *Rhinocéros*. De plus, alors que Ionesco précise dans *Jeux de massacre* qu'un fonctionnaire de la ville « s'adresse au public »,[113] Stroux fait descendre ce personnage parmi les spectateurs. Le metteur en scène mène à terme l'assimilation de la salle et de la scène en faisant sceller les portes d'entrée de la salle et y coller des affiches présentant des croix de la peste. Cette idée a produit l'effet escompté puisque selon le critique Paul Hübner, le public de Düsseldorf était en proie à un malaise teinté de rire jaune :

---

[111] Gerd Vielhaber : Jubel um Ionescos großes Massaker-Spiel. In : *Hamburger Abendblatt* (28 janvier 1970). TM Düsseldorf. (« Wenn der glitzernde Folienvorhang sich hebt, fällt der Blick auf graue, perspektivische Häuserfassaden mit leer starrenden Fensterhöhlen – eine Chirico-Vision »).

[112] Hans Jansen : So ist das Leben : man stirbt. In : *Westdeutsche Allgemeine* (26 janvier 1970). (« Karl Heinz Stroux [hat] das große Massakerspiel vor einer mediterranen Häuserfassade mit tiefen schwarzen Fenstern als zeitlich und lokal nicht genau fixiertes Gleichnis inszeniert »).

[113] Eugène Ionesco : *Jeux de massacre*, p. 972.

> Wenn die Türen im Zuschauerraum mit Pestkreuzplakaten zugeklebt werden und Otto Rouvel [...] zu seiner Magistratsrede über das Verhalten bei der «geometrischen Progression des Todes» sich durch die Publikumsreihen zwängt, während die Souffleuse ihren Kasten öffnet und sich mit dem Manuskript zum Publikum wendet, ist schaurige, nervenkitzelnde Theaterluft im Saal.[114]

D'autres affiches proclamant «Seigneur aie pitié de nous» («Herr, erbarme dich unser») étaient collées sur la façade des maisons sur scène et leur nombre augmentait au cours de la pièce ; à la prolifération des morts correspondait ainsi celle des affiches dans le décor.

D'autre part, l'espace clos signifie lui aussi à la fois protection et menace puisqu'il abrite des dangers venant du monde extérieur et tient également lieu de prison. Dans les deux derniers actes de *Rhinocéros*, Stroux choisit de montrer le rétrécissement de l'espace à travers un appauvrissement du mobilier : à défaut d'un rétrécissement de la scène, le resserrement spatial est symbolisé par la diminution des accessoires. Dans le second tableau du deuxième acte et dans le troisième acte, qui se déroulent tous deux dans la chambre de Bérenger, le décor imaginé par Mario Chiari symbolise la volonté de Bérenger de ne pas succomber aux rhinocéros. Selon les didascalies, le décor de la chambre de Bérenger est pratiquement similaire à celui de la chambre de Jean : «Quelques détails seulement, un ou deux meubles en plus indiqueront qu'il s'agit d'une autre chambre».[115] Stroux au contraire choisit de faire figurer moins de meubles dans la chambre de Bérenger, peut être pour rendre compte du resserrement spatial. Par ailleurs, l'espace de Bérenger est conçu dans des dimensions plus petites que celui de Jean puisqu'il ne montre pas d'accès à une salle d'eau : un cadre, un porte-manteau et une petite commode sont placés sur la cloison là où chez Jean se situe la porte du cabinet de toilette. La chambre de Bérenger ne présente par conséquent aucun accès extérieur, c'est-à-dire vers l'espace d'une possible métamorphose. La présence d'un cadre contenant une photographie peut par ailleurs symboliser la non capitulation de l'homme. Stroux anticipe d'ailleurs l'utilisation de cet accessoire, qui est en effet présent dans le texte de Ionesco seulement à la fin de la pièce, lorsque Bérenger accroche des portraits aux murs. Le cadre que Stroux fait placer au mur dès le

---

[114] Paul Hübner : Pestkarren mit Blaulicht. In : sans indication de lieu de parution de l'article (13 février 1970). TM Düsseldorf. « Lorsque les portes de la salle sont scellées avec des affiches sur lesquelles figuraient des croix de la peste et que Otto Rouvel [...] tient le discours du fonctionnaire de la municipalité sur le comportement à avoir lors de la ‹ progression géométrique de la mort ›, en se faufilant à travers les rangées du public tandis que la souffleuse ouvre son trou et se tourne vers le public avec son livret, un frisson lugubre parcourt la salle ».
[115] Eugène Ionesco : *Rhinocéros*, p. 604.

début de la pièce peut ainsi suggérer que Bérenger est un personnage aux convictions fermes. Dans le texte de *Jeux de massacre*, la sobriété du décor caractérise les espaces clos qui ne protègent pas plus les personnages que les espaces ouverts. Sortir de chez soi signifie mourir par la peste ou être fusillé par ses concitoyens, et demeurer à l'intérieur revient à attendre la mort, les cloisons n'empêchant pas l'épidémie de se propager. Les scènes d'intérieurs se déroulent dans une maison (scène 3), dans la chambre d'une clinique (scène 4), dans une prison (scène 6), dans deux chambres symétriques (scène 9), dans une auberge (scène 10) et enfin dans la salle de conseil des médecins (scène 15). Stroux utilise des décors sobres afin de mettre en évidence les dialogues entre deux personnages. Le décor de la neuvième scène, dans laquelle deux couples prononcent leurs répliques simultanément, présente deux chambres identiques séparées par une cloison, seul un lit étant placé contre le mur du fond. La nudité du décor permet de centrer l'attention du spectateur sur l'agonie progressive et sur les lits mortuaires d'un membre de chaque couple. L'espace clos revêt ainsi une double fonction d'enfermement et de protection : il protège les personnages du danger provenant de l'extérieur, de la contamination par la peste ou de l'assassinat par d'autres citoyens, mais il les enferme également, puisque les personnages sont condamnés à y mourir.

Le deuxième temps de l'analyse des pièces « réveillées » est également constitué par l'étude des mouvements scéniques, ici de quatre natures différentes : circulaire, de verticalité ascendante, de verticalité descendante et enfin horizontal.

Premièrement, le mouvement circulaire dans *Rhinocéros*, symbole d'une invasion et d'un encerclement idéologique, est indiqué dans le texte par la variation des sons et des jeux de lumière ainsi que par la présence physique des animaux sur scène et dans la salle. La prolifération des rhinocéros jusque dans l'espace du spectateur est rendue possible par l'emplacement d'une fenêtre devant la rampe, suggérant que la rhinocérite s'est répandue dans le public. Lors du troisième acte, Stroux fait placer des têtes de rhinocéros sur le devant de la rampe, décrites par Eva Stroux comme étant « très disproportionnées, pas du tout réalistes ».[116] Pourtant, la critique a déploré le manque d'audace de Stroux concernant l'apparition des animaux :

> Nur die Auftritte der Nashörner gelangen Stroux nicht : Zu niedlich kamen sie, als harmloser Mummenschanz. Man dachte ans Tierballett im Weihnachtsmärchen – und das, ob-

---

[116] Eva Stroux : Entretien réalisé le 19 février 2010, Düsseldorf. (« Sehr verzerrt, sehr unnaturalistisch »).

wohl Enno Dugends Musik, in Marschrhythmen endend, ausreichend Suggestivkraft besaß.[117]

La musique qui accompagnait les bruits de fond dérangeait par ailleurs profondément la critique. Était ainsi diffusé un chant militaire nazi tristement célèbre, le Horst-Wessel-Lied : « La musique de scène, d'une infamie efficace (Enno Dugend) joue durant une seconde le ‹ Horst-Wessel-Lied › et cogne le plexus solaire allemand sur le rythme de souvenirs subliminaux ».[118] Ce faisant, la rhinocérite était directement comparée au national-socialisme. Dans *Jeux de massacre*, l'invasion se fait sous forme d'encerclement mortel. Le texte ne fait allusion au mouvement d'encerclement qu'à travers la métaphore des personnages tournant en rond comme des prisonniers ou par l'image finale du cercle de flammes. Dans la mise en scène de Stroux, l'image de l'encerclement s'exprime notamment à travers des scènes de foule dansées. Sont ajoutés un prologue et un épilogue constitués de deux danses macabres où les acteurs, masqués et vêtus de noir, effectuent une chorégraphie, rejoints à la fin par le moine noir qui orchestre ce ballet final. Ces scènes dansantes sont en outre accompagnées par « les sons d'une musique rythmée par des battements sourds ».[119] L'utilisation d'un plateau tournant contribue par ailleurs à l'impression d'encerclement. De plus, au début de la pièce, le décor est aménagé en arc de cercle et à la fin, deux mouvements circulaires accentuent l'approche de la mort : la farandole spontanée des personnages à l'annonce de la régression de l'épidémie est ainsi suivie par l'émergence d'un cercle de flammes, suggérant que l'encerclement mortel persiste. De cette façon, le mouvement d'immobilité succédant au mouvement circulaire signifie explicitement le triomphe de la mort.

Deuxièmement, la verticalité ascendante s'est avérée un atout majeur dans les créations de Stroux. Alors que dans *Rhinocéros* et *Jeux de massacre* la présence de mouvements dirigés vers le haut est très limitée puisque l'action principale des pièces n'est pas centrée sur la quête d'un bonheur oublié ou d'un

---

**117** Anonyme : Nur der Durchschnitt zählt. In : *Vorwärts* (12 décembre 1959). TM Düsseldorf. « Seules les entrées des rhinocéros ne réussirent pas à Stroux : ils arrivaient trop gentils, comme dans une mascarade inoffensive. On pensait au ballet d'animaux dans un conte de Noël – et cela alors que la musique d'Enno Dugend, finissant sur un rythme de marche, possédait suffisamment de force d'insinuation ».
**118** Helmut de Haas : Sei der letzte Mensch – kapituliere nie. In : *Die Welt* (2 novembre 1959). TM Düsseldorf. (« Die gemein gute Bühnenmusik (Enno Dugend) tupft ‹ SA marschiert … › eine Sekunde an und beknallt den deutschen Solarplexus mit diesem Takt unterschwelliger Erinnerung »).
**119** Anonyme : *Triumph des Todes*. In : *Neue Züricher Zeitung* (27 janvier 1970). TM Düsseldorf. (« D[ie] Klänge einer dumpf pochenden Musik »).

paradis perdu mais sur la tentative des personnages d'échapper à la menace qui les entoure, Stroux concrétise pourtant dans ses créations et avant tout dans celle de *Jeux de massacre* la tentative de fuite des personnages par le biais de mouvements ascendants. Il a souvent recours à des mouvements portés vers le haut : les personnages montent sur des meubles, sont assis sur des sièges surélevés ou esquissent des gestes dirigés vers le ciel. Les déplacements ascendants abondent dans toutes les scènes et sont rapidement suivis d'une chute qui ponctue la mort des personnages. Par exemple, les deux orateurs des treizième et quatorzième scènes montent sur des caisses en bois pour attirer l'attention de leurs concitoyens, dans la troisième scène le maître de maison est assis dans un fauteuil lui-même placé sur une petite estrade, les prisonniers de la sixième scène se hissent sur leurs couchettes pour atteindre la fenêtre et dans la quinzième scène les médecins montent sur la table de réunion. Dans la première scène, des ballons sont accrochés à des corbeilles de fruits réparties sur le plateau, leur verticalité ascendante contrastant avec le mouvement de chute des personnages. Très souvent, ces derniers brandissent le poing vers le ciel, lèvent les bras, les hommes soulèvent leurs chapeaux et les femmes tiennent des parapluies. Ces gestes dirigés vers le haut symbolisent l'espoir des personnages d'échapper à leur sort par leur simple volonté.

Troisièmement, la verticalité descendante est représentative de la désillusion et de l'échec. La mort frappe de haut en bas dans *Jeux de massacre*, les personnages s'écroulent dans presque toutes les scènes. Lorsque le texte indique qu'ils meurent couchés dans un lit, Stroux choisit d'accentuer le mouvement de chute puisque dans ces scènes, les personnages se redressent une dernière fois avant de retomber dans le lit mortuaire. Dans *Rhinocéros*, les décors et les déplacements des personnages indiqués par Ionesco sont significatifs de la verticalité descendante. Le deuxième acte se déroule sur deux plans et présente deux mouvements de descente. Depuis le bureau de Bérenger, transformé en une sorte de mirador puisque l'escalier a été détruit, les personnages suivent ce qui se déroule au bas de l'immeuble où Monsieur Bœuf, métamorphosé en rhinocéros, lance des appels à sa femme. L'escalier et la fenêtre jouent ainsi un rôle primordial dans ce tableau, l'un menant en dessous et l'autre permettant de communiquer avec le bas. Le second mouvement vers le bas a lieu lorsque les personnages descendent par la fenêtre. Dans la mise en scène de Stroux, la cage d'escalier est placée du côté jardin, à droite de la fenêtre, et mène directement dans la salle – donc dans l'espace des rhinocéros. Cette disposition suggère ainsi que tout mouvement de descente, y compris le sauvetage par les pompiers, mène vers l'ennemi.

Dernièrement, si la verticalité ascendante est suivie par une chute, l'horizontalité est le mouvement final, symbole de l'immobilisme ou du décès. Les morts jonchent le plateau de *Jeux de massacre* et Bérenger est tenu prisonnier dans sa chambre, ne pouvant échapper aux pachydermes ni par le haut ni par le bas. Stroux représente l'immobilisme des personnages en renforçant la nudité du plateau par un élément placé horizontalement, et la dernière scène de *Rhinocéros* est à ce titre exemplaire puisque Bérenger ne peut fuir par le bas, où l'attend un troupeau de rhinocéros. Après le départ de Daisy, la solitude du héros est renforcée par l'aspect dénudé de sa chambre : l'élément central du décor de Mario Chiari est le lit qui évoque l'horizontalité, un meuble également présent dans le décor de *Jeux de massacre*. La solitude des personnages dans ces deux pièces, condamnés à attendre la mort ou à se battre seuls, est ainsi symbolisée par un décor dont les accessoires sont marqués par l'horizontalité.

Stroux explora donc dans ses créations mondiales de *Rhinocéros* et *Jeux de massacre* la double connotation d'emprisonnement et de protection de l'espace clos, traduisant l'absence de nid protecteur thématisée par Ionesco. La principale nouveauté de Stroux par rapport au texte de l'écrivain fut d'ajouter des mouvements verticaux ascendants pour représenter l'espoir et la volonté de résister à la « rhinocérite » ou à la mort, et des mouvements horizontaux pour symboliser l'échec des personnages, leur emprisonnement, leur immobilisme ou leur décès. Enfin, Stroux rendit l'idée de l'encerclement, qu'il soit idéologique ou conduise à la mort, par des mouvements circulaires et l'accentua par les déplacements des personnages lors des scènes de foule ou par les fréquentes transformations du décor.

Ainsi, secondé par les scénographes Mario Chiari (*Rhinocéros*), Teo Otto (*Le Piéton de l'air* et *La Soif et la Faim*) et Jacques Noël (*Jeux de massacre*), Stroux parvint à créer une ambiance onirique pour *Le Piéton de l'air* et *La Soif et la Faim* ainsi qu'une atmosphère oscillant entre l'invraisemblable et le réalisme pour *Rhinocéros* et *Jeux de massacre*. Lorsque la scène ne permettait pas de déployer certains procédés techniques voulus par l'auteur, Stroux eut recours aux mouvements de personnages ou aux déplacements de décors pour les transposer. Le principal parti pris de Stroux fut donc d'exploiter l'espace scénique, multipliant les déplacements verticaux, horizontaux et circulaires des acteurs ou des décors, traduisant les angoisses et les joies, les sentiments d'oppression et de liberté, les visions cauchemardesques ou idylliques des personnages. Utilisant ce procédé lors des quatre créations mondiales, Stroux fit preuve de continuité dans la transposition scénique de l'œuvre de Ionesco. Lorsque le metteur en scène quitta ses fonctions au Düsseldorfer Schauspielhaus en 1972, Ionesco déclara : « Nous ne parlions pas la même langue, mais nous parlions le même langage ».[120] Le lien privilégié entre les deux hommes

---

[120] Eugène Ionesco : Texte non titré écrit à l'occasion du départ de Karl Heinz Stroux du Düsseldorfer Schauspielhaus en 1972. CP Stroux.

était donc bien fondé sur une même conception théâtrale : œuvrant en pionnier, Stroux se montra fidèle au langage théâtral de Ionesco et, au-delà de l'obstacle de la langue et des influences théâtrales distinctes, réalisa des transpositions scéniques dans l'esprit de l'auteur. Dans un texte dédié à Stroux dans le numéro 61 des *Cahiers Renaud-Barrault* de mai 1967, Ionesco raconte :

> Je ne sais pas l'Allemand [sic], je ne sais pas l'Anglais [sic], je ne sais pas le Français [sic] et Stroux non plus ne sait pas le Français [sic], ne sait pas l'Anglais [sic], et peut-être ne sait-il pas l'Allemand [sic]. Quel moyen de contrôler puisque moi-même je ne sais que ia [sic], nein, night [sic], Ahtung [sic], Ich habbe [sic], Ich bin, Ich liebe. [...] Nous avons passé des heures et des heures ensemble : à Paris, à Düsseldorf, à Zurich, à Berlin. Toujours, les premiers moments de la rencontre sont un peu difficiles, parce que nous voulons dire, nous dire, des choses. Puis on renonce. Alors nous regardons des lacs, nous buvons de l'alcool, nous regardons des maisons, nous nous promenons. [...] Bref, je me souviens de beaucoup de rencontres fraternelles, réconfortantes dans la paix de l'amitié.[121]

Peut-être est-ce là une vision singulière mais au demeurant efficace du dialogue franco-allemand. L'étonnante amitié qui lia Stroux et Ionesco semble justifier à elle seule cette intense collaboration artistique entre la France et l'Allemagne, une amitié chère à l'auteur qui manifesta son attachement à Stroux dans ces quelques lignes qu'il lui adressa : « Comme je voudrais que nous soyons en l'année 1958 et comme je voudrais recommencer, avec vous, et tout revivre ».[122]

---

[121] Eugène Ionesco : Stroux. In : *Cahiers Renaud-Barrault* n° 61 (mai 1967). CP Stroux.
[122] Eugène Ionesco : Texte non titré écrit à l'occasion du départ de Karl Heinz Stroux du Düsseldorfer Schauspielhaus en 1972. CP Stroux.

## Tableaux de thématiques

**Tab. 5.1:** Les pièces oniriques : *Le Piéton de l'air* et *La Soif et la Faim*.

| Thématiques | Figurations chez Ionesco | Transpositions chez Stroux | Signification |
|---|---|---|---|
| **La féerie enfantine** | – *Le Piéton de l'air* : costumes de John Bull<br>– *La Soif et la Faim* : costumes des moines | Costumes réalistes de la famille Bérenger ; costumes caricaturés des autres personnages | Accentuation de l'atmosphère onirique |
| | Spectacle de Guignol : la tête de Bérenger à la fenêtre dans *Le Piéton de l'air* | Maisonnette en papier mâché<br>= castelet de Guignol | Mise en abyme théâtrale |
| | Spectacle de marionnettes : marionnettes géantes dans *Le Piéton de l'air* | – *Le Piéton de l'air* : marionnettes géantes ; emplacement des personnages : juge au centre, entouré de deux assesseurs, victime au milieu<br>– *La Soif et la Faim* : allure mécanique des gardiens | – Accentuation de l'atmosphère cauchemardesque par l'inversement des rôles de la mère et de la fille<br>– Quête vaine et irréelle de Jean |
| | – Spectacle de cirque : les gradins et la bicyclette miniature dans *Le Piéton de l'air*<br>– Les deux clowns dans *La Soif et la Faim* | *La Soif et la Faim* : moines déguisés en clowns ; cages de fauves ; louches géantes ; emplacement des personnages : Tarabas au centre, entouré de deux moines, clowns au centre | Toutes les idéologies relèvent d'une mascarade ; Tarabas = dompteur |
| **La violence** | – John Bull dans *Le Piéton de l'air*<br>– Tarabas dans *La Soif et la Faim* | – *La Soif et la Faim* : décors austères de « la Bonne Auberge » ; soupière mécanisée<br>– *Le Piéton de l'air* : affaiblissement de la lumière parallèlement à la montée de la violence | – Caractère archaïque et mécanique de la violence<br>– Violence ancrée dans l'inconscient |
| **Le paradis perdu** | Les jardins | – *Le Piéton de l'air* : décors peints dans une esthétique de peintres amateurs ; | – Accentuation du monde onirique / de l'enfance ; reflet |

**Tab. 5.1** (suite)

| Thématiques | Figurations chez Ionesco | Transpositions chez Stroux | Signification |
|---|---|---|---|
| | | défilement ou disparition du décor ; jeux de miroirs – *La Soif et la Faim* : forme circulaire du jardin ; barreaux en fer | du public dans les miroirs qui permet l'identification avec Bérenger – Contraste avec les formes rectilignes et accentuation de l'atemporalité du jardin ; enfermement intérieur de Jean |
| | L'échelle argentée dans *La Soif et la Faim* | Placée à côté d'un banc, réminiscence du banc du deuxième épisode | Possibilité manquée de Jean d'accéder à la félicité |
| | Le pont d'argent dans *Le Piéton de l'air* | – Forme rectiligne – Esthétique semblable à l'échelle argentée de *La Soif et la Faim* | Chemin opaque et inconnu : l'au-delà promis par l'« anti-monde » n'est pas assuré |

**Tab. 5.2:** Les pièces réveillées : *Rhinocéros* et *Jeux de massacre*.

| Thématiques | Figurations chez Ionesco | Transpositions chez Stroux | Signification |
|---|---|---|---|
| L'absence de nid protecteur | Les espaces ouverts | – *Rhinocéros* : matériaux utilisés = carton, craie, tulle, fer forgé, treillis métallique<br>– *Jeux de massacre* : communication entre l'espace de la scène et de la salle / grandeur de la scène et hauteur du décor | – Fragilité du monde humain et anticipation de l'enfermement<br>– Public également placé en quarantaine / décor à caractère menaçant |
| | | | → Les espaces ouverts exposent au danger |
| | Les espaces clos | – *Rhinocéros* : chambre de Jean : esthétique cubiste ou expressionniste du mur du fond / cabinet de toilette ; chambre de Bérenger : appauvrissement du mobilier / absence de cabinet de toilette / cadre avec portraits humains<br>– *Jeux de massacre* : simplicité du décor | – Chambre de Jean : impression de confusion et de désordre inquiétant, espace de transformation / Chambre de Bérenger : resserrement spatial ; Bérenger ne capitulera pas, dernier représentant de l'humanité<br>– Centrer l'attention du public sur le texte |
| | | | → Les espaces ouverts ne protègent pas du danger |

**Tab. 5.3:** Tableaux de mouvements scéniques

|  | *Le Piéton de l'air* | | *La Soif et la Faim* | |
|---|---|---|---|---|
|  | **Chez Ionesco** | **Chez Stroux** | **Chez Ionesco** | **Chez Stroux** |
| **Mouvement ascendant** | Convergence entre les propos de Bérenger et les mouvements scéniques | **Transposé** | Suggestion de l'ascension du plateau ensoleillé | **Remplacé :** Accentuation des propos de Jean |
| **Mouvement descendant** | Descente de Bérenger | **Transposé** | Enfoncement de l'appartement | **Remplacé :** Déplacement murs et meubles |
| **Mouvement circulaire** | Gradins de cirque | **Transposé ?**[123] **+ développé :** – déplacements circulaires scènes de foule – cercle autour de Bérenger – ronde finale → espoir | Gradins d'une cour de justice | **Transposé ?**[124] **+ développé :** forme circulaire du jardin → espoir |
| **Mouvement horizontal** | Plateau entouré par un précipice | **Remplacé :** Défilement du décor | Terrasse suspendue dans le vide | **Remplacé :** Aspect plat et désertique de la terrasse |

---

[123] L'absence de photographies empêche de mener à bien cette analyse scénique.
[124] Ibid.

|  | *Rhinocéros* | | *Jeux de massacre* | |
|---|---|---|---|---|
|  | Chez Ionesco | Chez Stroux | Chez Ionesco | Chez Stroux |
| **Mouvement ascendant** | Aucune indication | **Ajouté :** Bérenger monte sur une chaise (III) → espoir et volonté de résister | Aucune indication | **Ajouté :** Personnages sur meubles / esquissent des gestes vers le haut → volonté d'échapper à la mort |
| **Mouvement descendant** | Les escaliers et les fenêtres | **Transposé** | Personnages s'effondrent | **Transposé** |
| **Mouvement circulaire** | Encerclement par des jeux de sons et de lumière | **Transposé + accentué :** transformation du mur du fond de la chambre de Jean (II) | Encerclement par les flammes | **Transposé + accentué :** – plateau tournant – déplacements circulaires scènes de foule |
| **Mouvement horizontal** | Aucune indication | **Ajouté :** Place centrale du lit (III) → échec : immobilisme | Aucune indication | **Ajouté :** Place centrale des lits dans scènes d'intérieur → échec : décès |

## 5.3 Univers radiophonique : Adamov à la chaîne SDR (1951–1964)

La pièce de théâtre d'Adamov *Le Professeur Taranne*, publiée en 1953, fut adaptée en 1956 pour la radio à la chaîne Süddeutscher Rundfunk (SDR) à Stuttgart. Elle fut diffusée à la radio quatre ans avant de connaître sa première ouest-allemande dans un petit théâtre de Kassel. Bien qu'il soit question d'une pièce écrite à l'origine non pour la radio mais pour le théâtre, il s'agit de la seule pièce pour laquelle le texte original français,[125] le script allemand et l'enregistrement d'époque de la SDR[126] sont encore tous trois disponibles.

### 5.3.1 Accès limité aux œuvres radiophoniques d'Adamov

Les pièces radiophoniques d'Adamov écrites spécialement pour leur diffusion à la SDR ne sont que difficilement accessibles, une situation qui concerne aussi bien les manuscrits que les enregistrements. Alors qu'en France l'éditeur Gallimard fit paraître dès 1953 une édition des œuvres théâtrales complètes d'Adamov et que toutes les pièces de théâtre de ce dernier parurent en Allemagne chez l'éditeur Verlag Kurt Desch, les manuscrits des pièces radiophoniques de l'écrivain ne connurent d'éditions accessibles au public ni en France, ni en Allemagne. Une partie de ces scripts peut aujourd'hui être consultée dans les archives, en France aux archives de l'IMEC et en Allemagne aux archives de la Südwestrundfunk et de l'Académie des Arts de Berlin, mais rarement dans la version française originale et la traduction allemande à la fois.

Les enregistrements des pièces, notamment ceux du riche répertoire créé par l'écrivain à la SDR, ont malheureusement pour la plupart été perdus. Aux archives historiques de la SDR, seuls trois enregistrements ont pu être récupérés, *Le Professeur Taranne* (1956) ainsi que les deux versions de *L'Agence universelle* (1954 et 1961). Les bandes d'enregistrement de la SDR furent la plupart du temps effacées peu de temps après la diffusion des émissions. À titre d'exemple, la pièce *Jacques I*er*, Empereur du Sahara* (*Jacob der Erste, Kaiser der Sahara*), dont la diffusion eut lieu le 14 juillet 1961, fut effacée dès février 1963.[127] Il n'existe à notre connaissance aucune autre archive où ces enregistre-

---

[125] Arthur Adamov : *Le Professeur Taranne*. In : *Théâtre I*, p. 213–237.
[126] Arthur Adamov : Script de la version radiophonique de *Professor Taranne*. Traduction Manfred Fusten, mise en scène Irmfried Wilimzig. 35'45''. Radio-Essay Spätprogramm 1. Mai 1956–30. Oktober 1956. Manuskripte, Sendung Freitag 8. Juni 1956, 19/12513. SWR.
[127] Recherches effectuées par les archivistes de la Südwestrundfunk.

ments auraient pu être sauvegardés. Hormis *Le Professeur Taranne*, il n'y a donc pas d'autres pièces radiophoniques dont le manuscrit français, le script et l'enregistrement de la SDR auraient été tous trois conservés. En France, le coffret *Théâtre radiophonique* publié par l'éditeur André Dimanche contient cinq CD comprenant des entretiens avec Georges Charbonnier, les manuscrits des *Fêtes de l'Indépendance* et de *L'Agence universelle* ainsi que les enregistrements français d'époque de trois pièces : *Le Temps vivant* (12 janvier 1963), *En fiacre* (1963 pour RTF) et *Finita la Commedia* (1964).[128] Mais il s'agit d'enregistrements en langue française, et non des enregistrements originaux de Stuttgart.

Adamov s'est abstenu de commentaires sur ses activités à la radio ou à la télévision. Le recueil d'essais critiques *Ici et maintenant* n'en contient pas, et le peu d'interviews à ce sujet aborde avant tout les adaptations qu'il a pu réaliser des œuvres d'autres écrivains ou de ses pièces télévisuelles.[129] Il est donc difficile de juger de l'importance et de la place qu'Adamov attribuait à ses textes radiophoniques au sein de son œuvre. D'aucuns affirment que l'écrivain travaillait à la radio uniquement pour des raisons financières, *a fortiori* dans le cas des adaptations radiophoniques d'œuvres d'autres auteurs. Le biographe René Gaudy remarque ainsi qu'« Adamov a traduit et adapté de nombreuses œuvres. La plupart du temps, il a accompli ces travaux pour des raisons alimentaires, faute d'être lui-même joué ».[130] Les lettres échangées entre Adamov et les employés de la SDR témoignent elles aussi des perpétuels soucis financiers de l'écrivain. Pourtant, il ressort également de ces correspondances qu'Adamov faisait grand cas des créations pour la radio, déclarant ainsi en 1961 à propos de *Jacques I$^{er}$, Empereur du Sahara* :

> Je travaille donc à ce fameux « *Roi du désert* », dont l'histoire est vraiment plus extraordinaire que je ne croyais. Seulement, extraordinaire, elle l'est à ce point que je dois m'y attarder davantage aussi. Je rêve même d'en faire une pièce, mais on ne pourrait pas la jouer en France.[131]

---

[128] Arthur Adamov : *Théâtre radiophonique*. Marseille : André Dimanche Éditeur 1998.
[129] Ernstpeter Ruhe cite ainsi à plusieurs reprises les deux articles suivants : « Télévision : dramaturgie nouvelle ». Entretien avec Arthur Adamov et Etienne Samson, Chef de la section dramatique de la Télévision Belge ». In : *Cahiers Renaud-Barrault* 47–48 (novembre 1964), p. 47–52. Entretien avec André Laude, *Téléciné*, n° 142 (mai–juin 1968), p. 28–29.
[130] René Gaudy souligne la qualité littéraire de ces textes. René Gaudy : *Arthur Adamov*, p. 175.
[131] Arthur Adamov : Lettre à Helmut Heißenbüttel (27 janvier 1961). SWR, Radio-Essay Korrespondenz 1960/61 A–G, 10/12464.

Quelques semaines plus tard, il se disait ravi de cette pièce sur laquelle il travaillait avec acharnement afin de la rendre « splendide ».[132] On peut ainsi penser, avec Ernstpeter Ruhe, qu'il n'établissait pas de différence majeure entre pièces de théâtre et pièces radiophoniques et ne voyait donc pas l'utilité de positions théoriques spécifiques les concernant.[133]

Au regard de cette double difficulté, la faible quantité de matériaux disponibles dans les archives et leur incomplétude ainsi que le manque de positions théoriques d'Adamov sur la question, l'analyse des pièces intègre forcément une dimension fragmentaire et inachevée.

### 5.3.2 Du média théâtral au média radiophonique : analyse du *Professeur Taranne* (1956)

Achevée en 1951, la pièce *Le Professeur Taranne* connut sa première au Théâtre de la Comédie à Lyon le 18 mars 1953, dans une mise en scène de Roger Planchon. En République Fédérale, elle fut créée par Erwin Appel au Théâtre sur la Place Goethe (Theater am Goetheplatz) de Kassel le 7 mai 1960, soit quatre ans après la version de la SDR. Celle-ci fut en effet diffusée le 8 juin 1956, adaptée pour la radio par Hans Magnus Enzensberger et dirigée par Irmfried Wilimzig.[134] La création radiophonique du *Professeur Taranne* à la SDR peut donc être considérée comme la première ouest-allemande de cette pièce. La traduction fut assurée par Manfred Fusten, alors même que la pièce était dédiée à Elmar Tophoven,[135] qui s'est par la suite éloigné de l'auteur pour des raisons idéologiques.

---

132 Arthur Adamov : Lettre à Helmut Heißenbüttel (18 février 1961). SWR, Radio Essay Korrespondenz 1960/61 A–G, 12464 : « Je travaille encore à l'histoire de cet empereur du Sahara, qui me ravit beaucoup mais était un peu plus compliquée à faire que je ne le croyais. Bref, j'y ai pris goût à ce point que je la voudrais splendide ! »

133 Ernstpeter Ruhe : Cet art bizarre. Adamovs Adaptationen für Theater, Rundfunk und Fernsehen, p. 80 : « Das Hörspiel galt ihm [Adamov] offensichtlich in Übereinstimmung mit der gängigen Einstufung als ‹Radiotheater› als so theaternah, daß er hierzu keine eigenen Reflexionen für nötig hielt oder zumindest der Publikation für wert erachtete ». « Visiblement le genre radiophonique lui semblait en adéquation avec la désignation courante de ‹théâtre radiophonique› : jugé si proche du genre théâtral, des réflexions propres au genre radiophonique ne lui semblaient pas nécessaires ou du moins pas dignes d'une publication ».

134 Arthur Adamov : Script de la version radiophonique de *Professor Taranne*. Traduction Manfred Fusten, mise en scène Irmfried Wilimzig. 35'45". Radio-Essay Spätprogramm 1. Mai 1956–30. Oktober 1956. Manuskripte, Sendung Freitag 8. Juni 1956, 19/12513. SWR.

135 Arthur Adamov : *Le Professeur Taranne*, p. 213.

## 5.3 Univers radiophonique : Adamov à la chaîne SDR (1951-1964)

L'examen du texte français du *Professeur Taranne* ainsi que du script allemand de la SDR permettent de mettre au jour les principaux ajouts ou transformations lors du passage à la version radiophonique. La dimension acoustique dans l'enregistrement de la SDR demande également une étude détaillée, les éléments non verbaux jouant un rôle essentiel dans la narration de la pièce radiophonique.[136] L'entremêlement d'éléments verbaux comme la diction et l'intonation des voix lors de la lecture des répliques et d'éléments non verbaux[137] tels la musique, les sons ou les silences a ainsi été systématiquement intégré dans l'analyse.

Le premier temps de l'analyse est consacré aux transformations et aux ajouts du script radiophonique par rapport au texte original d'Adamov. Composée de deux tableaux, la courte pièce *Le Professeur Taranne* présente une unité d'action : la remise en doute de l'identité et de la véracité des propos du personnage éponyme Taranne. Cette fable est illustrée de façon chronologique au sein de deux unités de lieu.

La pièce débute *in medias res* au poste de police, alors que le Professeur Taranne tente de démentir les accusations d'exhibitionnisme portées contre lui. La question identitaire se trouve au cœur de ce premier tableau, Taranne cherchant en vain à être reconnu par d'autres personnes présentes au poste et qui, au début, le confondent avec le professeur Ménard, puis affirment ne pas le connaître. Le second tableau a lieu à la réception de l'hôtel où réside le professeur : recevant la visite de deux policiers qui l'accusent d'autres délits, son identité devient une fois de plus sujette à débat lorsque Taranne s'avère incapable de relire un carnet écrit pourtant de sa propre main ; pire encore, le carnet est presque entièrement vide, alors que Taranne affirme l'avoir rempli de ses notes. Après le départ des policiers, la gérante de l'hôtel apporte à Taranne une carte représentant le plan d'un navire sur lequel le professeur aurait

---

**136** Elke Huwiler : *Erzähl-Ströme im Hörspiel : Zur Narratologie der elektroakkustischen Kunst*. Paderborn : Mentis 2005, p. 294 : « [E]s wird hier davon ausgegangen, dass [eine Vielzahl von nichtsprachlichen Elementen] ebenfalls bedeutungsgenerierende Funktionen übernehmen können ». « Nous partons du fait qu'[une multitude d'éléments non-verbaux] endossent également des fonctions productrices de sens ».
**137** Frank Schätzlein : Zwischen « körperloser Wesenheit » und « Lautaggregat » : Anmerkung zur Stimme im Hörspiel. In : Doris Kolesch/Vito Pinto/Jenny Schrödl (éds.) : *Stimm-Welten : Philosophische, medientheoretische und ästhetische Perspektiven*. Bielefeld : Transcript Verlag 2009, p. 115–127, p. 115 : « Neben Sprache und Stimme bilden Geräusche, Musik und Stille das akustische Spielmaterial der Hörspielproduktion ». « En plus de la langue et de la voix, les sons, la musique et le silence forment le matériel de jeu acoustique de la production de pièces radiophoniques ».

été invité à son insu ; une jeune femme nommée Jeanne, qui semble bien connaître Taranne, lui lit ensuite la lettre de collègues d'une université bruxelloise lesquels lui refusent ses cours, prétendument copiés au professeur Ménard. La carte et la lettre augmentent la confusion de Taranne, accusé de toutes parts de falsifier son identité. La pièce se termine sur Taranne, seul sur scène et observant la carte qui s'avère être une grande feuille de papier entièrement vide. Il se déshabille ensuite lentement.

La pièce se déroule dans deux lieux intérieurs clos, ce qui facilite son adaptation pour le média radiophonique. Ces lieux de l'action sont nommés dans le texte de la pièce à la suite des indications de tableaux, tels que :

*Premier tableau*
   *Le bureau de police*[138]

Le script de la SDR n'inclut pourtant pas cette indication et l'auditeur doit donc deviner que l'action se passe dans un poste de police à travers la didascalie initiale lue par le récitant :

Sprecher : Vor einem Tisch, der mit Papieren übersät ist, steht, sehr steif, Professor Taranne. Er ist etwa vierzig Jahre alt und trägt dunkle Kleidung. Hinter dem Tisch sitzt der Polizeiinspektor, ein bejahrter, breitschultriger Mann. Professor Taranne ist sehr aufgeregt.[139]

Cette didascalie placée en ouverture de la pièce n'apparaît pas en tant que telle dans le texte français, lequel débute avec une didascalie plus longue : la version radiophonique renonce en effet à la description détaillée de l'emplacement des personnages et de leurs costumes. Il en va autrement lors du passage du premier au second tableau : le script de la SDR contient une didascalie plus longue que dans l'original théâtral et mieux adaptée à un auditeur. Ainsi peut-on lire dans le texte d'Adamov :

*Entre, à gauche, la Gérante, vêtue d'une blouse grise. Elle déplace légèrement la table et les chaises, enlève les fichiers et apporte un tableau de clés qu'elle accroche au mur du fond, à droite de la scène. La scène représente maintenant le bureau de l'hôtel.*

---

[138] Arthur Adamov : *Le Professeur Taranne*, p. 217.
[139] SWR, 19/12513. Script, p. 1 : « Le Professeur Taranne, très tendu, se tient debout devant une table jonchée de feuilles de papier. Il est âgé d'environ quarante ans et porte des habits sombres. Derrière la table est assis l'Inspecteur de police, un homme assez âgé et aux larges épaules. Le Professeur Taranne est très agité ».

*Deuxième tableau*
   *Le bureau de l'hôtel*
   *Le Professeur Taranne marche de long en large.*[140]

Cette didascalie a été amplifiée dans le script de la SDR de la manière suivante :

*(Geräusch-Kulisse : Stöckelschuhe, Schlüsselkasten, u.s.w.)*
Sprecher :   Der Professor ist völlig ratlos. Er merkt nicht, daß ein Dienstmädchen den Raum betritt. Das Dienstmädchen rückt Tisch und Stühle zurecht, räumt Akten weg und bringt einen Schlüsselkasten herbei. Auf den Tisch stellt sie ein Schild, auf dem « Reception [sic] – Empfang » steht. Das Dienstmädchen geht und schlägt die Tür hinter sich zu. Der Professor bemerkt, daß er sich nicht mehr auf dem Polizeibüro, sondern in der kleinen Empfangshalle des Hotels befindet, in dem er wohnt. Er geht nervös auf und ab.[141]

L'ajout de « bruits venant des coulisses », comme le claquement de talons et le cliquetis de clés ou encore la fermeture de la porte, permet effectivement de renforcer le passage au tableau suivant et l'apparition d'un nouveau lieu d'action. En outre, le script remplace le personnage de la gérante par celui d'une femme de chambre, un ajout minime qui n'est pas dérangeant puisque ce personnage reste muet et n'implique donc pas le recours à un autre comédien.

Conçue à l'origine pour la scène, *Le Professeur Taranne* contient de nombreuses didascalies qui rendent compte du ton de voix des personnages, de leurs gestuelles et de leurs déplacements. Certaines de ces indications scéniques ont été amplifiées dans la partie réservée au récitant dans le script de la SDR, afin de souligner par exemple l'anxiété dans la voix du professeur ou le déplacement d'objets. D'autres, au contraire, ont été éliminées, notamment dans le cas de didascalies décrivant la gestuelle des personnages. Ainsi, lorsque la gérante remet à Taranne la carte du navire, le texte de la pièce indique :

---

140 Arthur Adamov : *Le Professeur Taranne*, p. 225.
141 SWR, 19/12513. Script, p. 10 : « *(Bruits venant des coulisses : chaussures à talon, boîte à clés, etc.)* Le Récitant : Le Professeur est totalement dépassé. Il ne remarque pas qu'une domestique entre dans la pièce. La domestique déplace la table et les chaises, débarrasse les papiers et apporte une boîte à clés. Elle pose sur la table un panneau sur lequel est marqué ‹ réception ›. La domestique sort et referme la porte en claquant. Le Professeur remarque qu'il ne se trouve plus au bureau de police mais dans la petite salle de réception de l'hôtel dans lequel il loge. Il fait les cent pas, nerveux ».

La Gérante : Non, Monsieur le Professeur, seulement ceci qu'on m'a demandé de remettre sans retard à Monsieur le Professeur. *Elle lui tend le rouleau de papier.*
Le Professeur Taranne, *prenant le rouleau de papier* : Merci.[142]

Le texte du script radiophonique est au contraire restreint au seul dialogue des deux personnages :

Empfangsdame : Nein, Herr Professor ! Man hat mich nur gebeten, dies dem Herrn Professor unverzüglich auszuhändigen.
Prof. Taranne : Danke sehr.[143]

La disparition des didascalies semble toutefois logique, puisque leur lecture par le récitant freinerait inutilement l'avancée du dialogue, alors que l'auditeur peut sans problème comprendre que la gérante a remis la carte au professeur.

Enfin, la didascalie finale de la pièce comprend des indications précises sur les déplacements et la gestuelle de Taranne. Au regard de l'importance de ce jeu de scène pour le dénouement de la pièce, la version radiophonique ne pouvait y renoncer. En effet les derniers mouvements de Taranne relèvent d'un véritable coup de théâtre :

*Pendant que le Professeur Taranne parle, Jeanne contourne avec soin la carte et sort lentement à droite. Après sa dernière phrase, le Professeur Taranne se tourne vers la carte et la regarde longuement. Entre à gauche la Gérante. Sans regarder le Professeur Taranne, elle enlève les quelques objets qui constituent le décor (chaises, etc.) et les porte dans les coulisses. La scène reste vide. Seuls le cahier et la lettre que la Gérante a fait tomber gisent à terre. Le Professeur Taranne n'a rien remarqué. La Gérante sortie, il prend la carte, va d'un pas mécanique au fond de la scène, et cherche du regard où l'accrocher. Un dispositif est déjà installé. En se haussant sur la pointe des pieds, il parvient à accrocher la carte au mur. La carte est une grande surface grise, uniforme, absolument vide. Le Professeur Taranne, dos au public, la regarde un long moment, puis très lentement commence à se déshabiller.*[144]

Totalement inattendu, ce retournement de situation met à mal tous les propos tenus par Taranne pour démentir sa prétendue identité mensongère tout au

---

[142] Arthur Adamov : *Le Professeur Taranne*, p. 231.
[143] SWR, 19/12513. Script, p. 18. Texte fidèle à l'original français (cf. supra).
[144] Arthur Adamov : *Le Professeur Taranne*, p. 237.

long de la pièce. Le spectateur se sent ainsi pris au piège par une scène finale qui laisse place au doute : soit Taranne accepte de se rendre coupable de ce dont on l'accuse – à la façon des personnages de Genet ! – soit Taranne est en réalité fou : cette hypothèse viendrait faire écho à la didascalie du premier tableau « *Les deux hommes se regardent interloqués, ils prennent le Professeur Taranne pour un fou* ».[145] Cette seconde explication a été reprise dans le script de la SDR. À défaut de pouvoir donner les preuves de cette folie de Taranne, de montrer la carte vide et le déshabillage du professeur, la version de la SDR ajoute un élément sonore : le professeur se met à chanter comme un coq, un ajout qui avait déjà été utilisé au début de la version radiophonique :

Prof. Taranne :   Wer würde sich bei dieser Kälte nackt ausziehen und krähend am Strand herumlaufen ? *(Lachend).* Ich habe keine Lust, mich zu erkälten, und, heiser vom Krähen, das Bett zu hüten ; wie alle schöpferischen Menschen geize ich mit meiner Zeit ... und meine Stimme ist mir zu kostbar, als daß ich sie durch Kikiriki-Schreien aufs Spiel setzen möchte. Ich brauche sie für meine Vorlesungen ...[146]

Cette anecdote est entièrement absente du texte d'origine dans lequel Taranne se borne à déclarer :

Le Professeur Taranne :   Quel homme irait se mettre nu par ce froid ? *(Riant.)* Je n'ai pas envie de tomber malade, de m'aliter pour des semaines ; comme tous les grands travailleurs, je suis avare de mon temps ...[147]

L'accusation portée contre Taranne dans la version radiophonique – il se serait promené tout nu en poussant des cris de coq –, est donc confirmée dans la scène finale. En effet le récitant termine sur les propos suivants :

Sprecher :   Während Professor Taranne spricht, geht Jeanne behutsam um den Plan herum nach rechts ab. Nach seinen letzten Wor-

---

145 Ibid., p. 221.
146 SWR, 19/12513. Script, p. 1 : « Quel homme irait se mettre nu par ce froid pour courir le long de la plage en criant ‹ cocorico › ? *(Riant.)* Je n'ai pas envie de tomber malade et de devoir m'aliter, aphone à force d'avoir crié. Comme tous les grands travailleurs, je suis avare de mon temps ... et ma voix m'est trop précieuse pour que je la mette en jeu pour des ‹ cocoricos ›. J'en ai besoin pour mes cours ... ».
147 Arthur Adamov : *Le Professeur Taranne*, p. 217.

> ten wendet Professor Taranne sich dem Plan zu und betrachtet ihn lange Zeit. Er hebt ihn auf und geht zur Wand. Er sucht einen Haken. Auf den Zehenspitzen stehend, gelingt es ihm, den Plan an der Wand aufzuhängen. Der Plan ist eine große, graue, eintönige und absolut leere Fläche. Professor Taranne betrachtet sie eine ganze Weile und beginnt dann ganz langsam, sich auszuziehen. Er steht im Hemd in der Halle. Sein Kopf läuft dunkelrot an. Er reißt den Mund auf, als wolle er schreien –
>
> Prof. Taranne :   Kikerikiii ! Kikerikii ! Kikerikii ![148]

L'image du coq renvoie à deux références distinctes. D'une part, il peut s'agir d'un clin d'œil à la France, pays d'adoption d'Adamov, le coq gaulois étant un emblème français. D'autre part, l'image d'un professeur en train d'imiter un coq renvoie à un classique du cinéma allemand, *L'Ange bleu* de Josef von Sternberg (1930). Dans l'avant-dernière séquence du film, l'ancien professeur Immanuel Rath (joué par Emil Jannings) se couvre de honte sur scène : déguisé en clown, son humiliation atteint son apogée lorsque le directeur du cabaret lui ordonne de « faire son cocorico », donc de chanter comme un coq. Rath lui obéit, avant de quitter la scène pour tenter d'étrangler sa jeune épouse, la chanteuse de cabaret Lola Lola (jouée par Marlene Dietrich).

Le chant du coq établit ainsi un parallélisme entre Taranne et Immanuel Rath, deux figures de professeurs désorientés, ayant perdu leur identité. Plus qu'un clin d'œil à un chef-d'œuvre du septième art, un tel rapprochement dresse un pont entre la découverte en Allemagne d'une part du cinéma parlant au début des années 1930 et, d'autre part, de l'avant-garde théâtrale française au cours des années 1950, deux moments qui contribuèrent grandement au développement de nouvelles formes artistiques outre-Rhin.

Le second temps de l'analyse est consacré à l'examen de l'enregistrement de la pièce à la SDR. La pièce radiophonique au titre allemand *Professor Taranne*, diffusée le 8 juin 1956 à 22h30, débute par une annonce (« Ansage »), un procé-

---

[148] SWR, 19/12513. Script, p. 25 : « Le Récitant : Pendant que le Professeur Taranne parle, Jeanne contourne doucement la carte et sort par la droite. Après avoir fini de parler, le Professeur se tourne vers le plan et l'observe longuement. Il le ramasse et va vers le mur. Il cherche un clou. Hissé sur la pointe des pieds, il parvient à accrocher la carte au mur. La carte représente une grande surface grise, monotone et totalement vide. Le Professeur Taranne la contemple un instant et commence ensuite, tout doucement, à se déshabiller. Il se trouve dans le hall en bras de chemise. Il ouvre la bouche, comme pour crier. Professeur Taranne : Cocoricooo ! Cocoricoo ! Cocoricoo ! ».

## 5.3 Univers radiophonique : Adamov à la chaîne SDR (1951–1964) — 325

dé commun de la radio ouest-allemande. Lue par un autre comédien que le récitant, cette annonce figure comme une sorte d'introduction à la pièce. Elle présente l'œuvre dans son contexte littéraire et historique, peut faire référence à d'autres auteurs du même courant, et donne quelques premiers aperçus du contenu. L'annonce du *Professeur Taranne* lors de sa diffusion à la SDR est la suivante (00'00–1'30) :

> Ansage für *Professor Taranne*
> Verehrte Hörer, hier ist die Redaktion Radio-Essay des Süddeutschen Rundfunks mit ihrem Spätprogramm. Wir laden Sie heute Abend zu einer französischen Premiere ein. Nach dem Krieg hat sich in Frankreich etwas ereignet, was wir in Deutschland schmerzlich vermissen. Eine Gruppe von Dramatikern hat sich dort auf die Suche nach einem neuen Theater begeben, das unsere Situation deutlich und schärfer zeigen soll als das konventionelle Erbauungs- und Erregungsdrama, das die Spielpläne allerorten beherrscht. Samuel Beckett ist ihr berühmtester Vertreter und sein Titel « *Warten auf Godot* » ist auch in Deutschland viel gespielt und noch mehr beredet worden – ein düsteres Stück, das auf die beruhigende Eindeutigkeit der Fabel verzichtet und weniger Trost als Beruhigung stiftet.[149]

L'annonce souligne tout d'abord que l'émission de ce soir-là est une première allemande, avant de présenter plus en détail le théâtre avant-gardiste venu de France, dont le principal représentant est Beckett. Adamov ne tarde pourtant pas à être nommé lui aussi :

> Unser heutiges Studio-Hörspiel ist eine Farce von Arthur Adamov. Auch sein « *Professor Taranne* », den wir hier zum ersten Mal einem deutschen Publikum bekanntmachen, ist eine Pièce noir [sic], wie die Franzosen sagen, ein schwarzes Stück, aber sein Thema, die Verfolgung des Menschen, seine Einsamkeit, seine Entfremdung, versetzt der Autor mit einem Humor, der nicht nur erschrecken, sondern auch befreien will. « *Professor Taranne* » ist als Bühnenstück geschrieben, und, statt es zum Hörspiel umzuschreiben, haben wir uns entschlossen, es Ihnen in seiner ursprünglichen Gestalt vorzuführen. Hören Sie also, was Professor Taranne widerfährt.[150]

---

[149] SWR, 19/12513. Script, première page insérée avant le début de la pièce : « Annonce pour *Le Professeur Taranne*. Chers auditeurs, ici la rédaction du Radio-Essay de la chaîne Süddeutscher Rundfunk avec votre programme du soir. Nous vous invitons ce soir à une première française. Après la guerre advint en France une chose qui nous manque cruellement en Allemagne. Un groupe d'écrivains se mit en quête d'un théâtre censé montrer notre situation avec plus de clarté et de précision que le drame conventionnel de l'édification et de l'agitation qui domine les programmations de toutes parts. Samuel Beckett en est leur représentant le plus célèbre et son œuvre ‹ *En attendant Godot* › a été, en Allemagne également, beaucoup jouée et davantage encore discutée – une pièce sombre qui renonce à la clarté apaisante de la fable et offre moins de consolation que d'apaisement ».
[150] Ibid. : « La pièce radiophonique d'aujourd'hui est une farce d'Arthur Adamov. Son ‹ *Professeur Taranne* ›, que nous présentons ici pour la première fois à un public allemand, est elle

L'accent mis sur l'originalité de l'entreprise – la première adaptation de la pièce et ainsi sa création en Allemagne – donne à l'auditeur l'impression d'assister à une diffusion de première importance. Le rattachement au théâtre « de l'absurde », dont il n'existe pas de représentants allemands, ainsi que le parallélisme effectué avec *En attendant Godot* de Beckett, tend à montrer que cette œuvre d'Adamov se range parmi les pièces à succès de son temps. *Le Professeur Taranne* est qualifiée de « farce » et de « pièce noire », deux termes qu'Adamov n'a lui-même jamais employés. La tournure absurde que prennent les événements au fil de l'action, le désarroi de Taranne et l'ambiguïté finale ne sont pas pour autant soulignés : le caractère inquiétant et cauchemardesque de l'œuvre est donc mis en avant par rapport à sa dimension « absurde ». Enfin, la fonction du récitant est clairement explicitée dans le script et en dessous de la liste des personnages il est écrit que « le récitant doit lire les indications scéniques. Son phrasé doit se discerner clairement de celui du jeu des comédiens. Il doit tirer des constats et non participer au jeu ».[151]

Le récitant, lu par Armas Sten-Fühler, remplit ce rôle dès les premiers instants de l'enregistrement. Pour lui comme pour les autres acteurs prévalait la netteté de la prononciation ainsi que le ton modulable de la voix. En effet, des années 1930 aux années 1960, les pièces radiophoniques étaient perçues comme le lieu où s'exprimait une voix immatérielle. Le chercheur Frank Schätzlein explique à ce sujet :

> In den dreißiger, vierziger und fünfziger Jahren überwiegt die Faszination der « körperlosen Stimme », die durch das neue Medium Radio verbreitet wird. [...] « [D]ie Stimme [wird] als körperlose Wesenheit »[152] zum Zentrum eines normativen Hörspiel-Verständnisses, das noch bis zum Ende der fünfziger Jahre / Anfang der sechziger Jahre die dramaturgische Praxis in den Rundfunkanstalten bestimmt.[153]

---

aussi une pièce noire, comme disent les Français, mais le sujet de l'action, la persécution de l'être humain, sa solitude et son étrangeté, est traité par l'auteur avec un humour qui ne se veut pas seulement apeurant mais également libérateur. ‹ *Professeur Taranne* › est écrit pour le théâtre et au lieu de la transformer en pièce radiophonique, nous avons décidé de vous la présenter dans sa forme d'origine. Écoutez-donc ce qui advient au Professeur Taranne ... ».

**151** Ibid., sixième page insérée avant le début de la pièce. (« Der Sprecher hat die Regieanweisung zu lesen ; seine Akustik soll sich von der des Spiels deutlich unterscheiden. Er soll konstatieren, nicht mitspielen »).
**152** Richard Kolb : *Das Horoskop des Hörspiels*. Berlin : Max Hesses Verlag 1932, p. 48–49.
**153** Frank Schätzlein : Zwischen « körperloser Wesenheit » und « Lautaggregat », p. 116 : « Dans les années 1930, 1940 et 1950 prévaut la fascination de la ‹ voix sans corps › véhiculée par le nouveau média radiophonique. [...] ‹ La voix [est placée] en tant qu'être dénué de corps › au centre d'une interprétation normative de la pièce radiophonique qui détermine les pratiques dramaturgiques dans les stations de radio jusqu'à la fin des années 1950 / début des années 1960 ».

L'enregistrement de 1956 du *Professeur Taranne* s'inscrit dans cette fascination pour les paroles et les sons invisibles.[154] Un rôle prépondérant revenait donc aux monologues et aux dialogues des personnages, au nombre de quatorze dans la pièce. Malgré ce nombre relativement élevé de personnages, les échanges de répliques sont agencés de telle manière qu'un auditeur sans recours aux éléments visuels peut aisément suivre l'action. Trois agencements de répliques dominent dans la pièce, le monologue, le dialogue et le dialogue de sourds. Les interventions des personnages peuvent ainsi être classées en douze phases :
- *Premier tableau* :
    - Monologue (Taranne)
    - Dialogue (Taranne – Inspecteur)
    - Dialogue (Taranne – Journaliste – Premier Monsieur – Second Monsieur)
    - Dialogue de sourds (Journaliste – Premier Monsieur – Second Monsieur – Taranne)
    - Dialogue (Femme du monde – Journaliste – Premier Monsieur – Second Monsieur – Troisième Monsieur – Quatrième Monsieur – Taranne)
    - Monologue (Taranne)
- *Deuxième tableau* :
    - Monologue (Taranne)
    - Dialogue (Taranne – Premier Policier – Second Policier)
    - Monologue (Taranne)
    - Dialogue (Taranne – Gérante)
    - Dialogue (Taranne – Jeanne)
    - Dialogue de sourds (Taranne – Jeanne lisant la lettre)

L'analyse suivante procède de façon chronologique, en considérant les douze phases d'échanges de répliques tout en repérant les principales caractéristiques des éléments acoustiques verbaux et non verbaux présents dans l'enregistrement de 1956.

**Premier tableau**
Durant les premières secondes de l'enregistrement, on entend une faible ligne musicale sur un son métallique qui reviendra ensuite à plusieurs reprises au

---

[154] Une nouvelle forme de pièce radiophonique fit son apparition en Allemagne à la fin des années 1960 seulement, les personnages, leurs rôles et leurs caractéristiques cédant la place

cours de la pièce. Les premières phrases du récitant sont prononcées par dessus cette musique menaçante, plongeant d'emblée l'auditeur dans une ambiance cauchemardesque (1'30–2'15).

1. Dès son apparition *in medias res* au poste de police, Taranne monopolise le discours et débite « un peu haletant, d'une seule traite »,[155] sa première tirade. L'enregistrement procède alors en superposant la première phrase de Taranne (« Aber Sie kennen doch meinen Namen ! »[156]) aux dernières paroles du récitant, absentes du texte d'origine (« Professor Taranne ist sehr aufgeregt »,[157] 2'13–2'17). Aucune autre voix, aucun son ne trouble ce premier long monologue de Taranne durant deux minutes (2'15–4'10).

2. L'Inspecteur en chef se joint ensuite à la discussion en posant à Taranne des questions bien précises. Lu par le célèbre comédien Bernhard Minetti, le personnage de l'Inspecteur débite ses répliques d'un ton calme, sans se presser, mais l'on peut également percevoir comme une lueur de fatigue dans sa voix. Lorsque Taranne comprend qu'il peut se sortir de cette malheureuse situation moyennant une somme d'argent, il s'empresse de proposer un chèque à l'Inspecteur, en parlant rapidement sans faire de pause (« Natürlich kann ich zahlen. Ich habe Geld. Ich werde Ihnen einen Scheck ausstellen, nichts ist leichter als das. Sofort, wenn Sie wünschen »,[158] 5'24–5'28). L'Inspecteur lui répond lentement (« Nein, nicht sofort, ich muß sie zunächst bitten, eine Erklärung zu unterschreiben, in der sie zugeben, gekräht zu haben und dabei in unbekleidetem Zustand von Kindern überrascht worden zu sein »,[159] 5'28–5'42) et sa tranquilité contraste avec la rapidité avec laquelle Taranne a débité ses phrases.

---

à l'abstraction. On se reportera à Reinhard Döhl: *Das neue Hörspiel*. Darmstadt : Wissenschaftliche Buchgesellschaft 1992.

155 Arthur Adamov : *Le Professeur Taranne*, p. 217.
156 SWR, 19/12513. Script, p. 1. Texte fidèle à l'original français (Arthur Adamov : *Le Professeur Taranne*, p. 217 : « Mais enfin, vous connaissez mon nom ! »)
157 SWR, 19/12513. Script, p. 1 : « *Le Professeur Taranne est très agité* ».
158 SWR, 19/12513. Script, p. 3. Texte fidèle à l'original français (Arthur Adamov : *Le Professeur Taranne*, p. 219 : « Évidemment, je peux vous payer. J'ai de l'argent. Je vais vous signer un chèque, rien de plus facile. [...] Tout de suite, si vous voulez »).
159 SWR, 19/12513. Script, p. 4 : « Non, pas tout de suite. Je vous demande seulement de signer une déclaration où vous reconnaîtrez avoir chanté comme un coq puis vous être déshabillé, avant d'avoir été surpris par des enfants ». Le script allemand ajoute le chant du coq poussé par Taranne par rapport à l'original français. (Arthur Adamov : *Le Professeur Taranne*, p. 219 : « Non, pas tout de suite. Je vous demande seulement de signer (*montrant une feuille sur la table*) une déclaration où vous reconnaîtrez avoir été surpris nu par des enfants à la tombée de la nuit »).

3. L'injonction de Taranne de faire venir les enfants qui l'ont dénoncé (« Lassen Sie alle herkommen ! Lassen Sie sie kommen, ganz gleich wen ! Dann werden Sie sehen ... »,[160] 6'53–6'57) est suivie, dans l'enregistrement, par un bruit de porte qui vient lui couper la parole. Ce bruitage annonce l'arrivée d'une personne et ainsi le souhait de Taranne de voir arriver quelqu'un se réalise. La musique métallique accompagne les didascalies lues par le récitant. L'entrée en scène de la Journaliste, puis du Premier Monsieur et du Second Monsieur animent la scène. Les trois nouveaux venus ne portent soit aucun intérêt à Taranne soit l'ignorent délibérément en ne l'écoutant que d'une oreille. Dans le premier cas de figure, la Journaliste utilise un langage corporel pour signifier son indifférence à l'égard de Taranne, la didascalie de la pièce de théâtre indiquant : « *Elle tourne le dos au Professeur Taranne et va vers l'Inspecteur en chef* [...] ».[161] Une didascalie du texte français indique en outre que « *l'Inspecteur rit légèrement* »,[162] ce que le script allemand indique aussi.[163] Ce rire, parfaitement audible et méprisant à l'égard de Taranne, vient remplacer le geste de la journaliste qui lui tourne le dos (7'46–7'50). Le récitant, accompagné par la musique métallique, note que l'Inspecteur semble grandement s'amuser de la situation sans se laisser déranger dans son travail (« Der Polizeiinspektor amüsiert sich offenbar über Tarannes Abfuhr. Er setzt seine Schreibarbeit fort »,[164] 7'50–8'00).

Dans le second cas de figure, Taranne doit essuyer des commentaires désagréables puisque l'un des personnages affirme avec un léger rire dans la voix ne pas connaître le professeur (« Ich kenne Sie nicht, mein Herr »,[165] 08'21–08'22), et que l'autre explique sur un ton agacé être occupé (« Sie sehen doch, daß wir beschäftigt sind »,[166] 8'55–8'56). Le désespoir grandissant de Taranne est perceptible dans sa voix ; commentant la réplique ci-dessous, la didascalie du script allemand indique « bafouillant » (« faselnd »), ce que le comédien réalise à merveille (8'45–8'55) :

---

**160** SWR, 19/12513. Script, p. 5. Texte fidèle à l'original français (Arthur Adamov : *Le Professeur Taranne*, p. 220 : « Faites-les venir ici, tous ! Faites venir n'importe qui ! Et vous verrez ... »).
**161** Arthur Adamov : *Le Professeur Taranne*, p. 221.
**162** Ibid.
**163** SWR, 19/12513. Script, p. 6 : « Pol. Insp. : (*lacht vor sich hin*) ».
**164** Ibid. : « L'Inspecteur de police semble s'amuser du fait que le Professeur Taranne ait été remis à sa place. Il se remet à écrire ».
**165** SWR, 19/12513. Script, p. 6. Texte fidèle à l'original français (Arthur Adamov : *Le Professeur Taranne*, p. 221 : « Je ne vous connais pas, Monsieur »).
**166** SWR, 19/12513. Script, p. 7. Texte fidèle à l'original français (Arthur Adamov : *Le Professeur Taranne*, p. 222 : « Vous voyez bien que nous sommes occupés »).

Taranne : Ich bitte Sie, meine Herren, besinnen Sie sich doch ein wenig, ein ganz klein wenig. Vielleicht werden Sie dann ... ehe eine Minute vergangen ist, ausrufen : aber natürlich, das ist ja Taranne ![167]

Le comédien lève perceptiblement la voix et ne respecte pas la ligne mélodique de la première phrase, s'arrêtant trop longuement sur les premiers mots « s'il vous plaît » (« bitte ») et « messieurs » (« Herren »). La seconde phrase est au contraire prononcée à toute allure, et l'acmé « mais, c'est Taranne ! » est déclamée sur un ton suraigu et est suivie d'un petit rire idiot.

  4. Les efforts de Taranne pour se faire entendre par les autres personnages sont vains, et tandis qu'un vrai dialogue advient par la suite entre la Journaliste et les deux Messieurs, Taranne semble devenu invisible aux yeux des autres protagonistes. L'enregistrement allemand renforce l'indifférence générale à l'égard de Taranne, en supprimant sa tentative de s'immiscer dans la conversation. Le texte français indique en effet :

La Journaliste, *quittant la fenêtre et allant à la rencontre des deux Messieurs* :
    Et moi qui ne vous reconnaissais pas. Vraiment, je m'excuse.
Second Monsieur :  Comme on se retrouve.
Le Professeur Taranne :  J'ai souvent remarqué ...
Second Monsieur, *tournant une fois de plus le dos au Professeur Taranne, au Premier Monsieur* :  Je crois que nous avons intérêt à faire vite.[168]

La brève interjection de Taranne (« j'ai souvent remarqué ... ») n'existe pas dans la version radiophonique qui procède comme ceci (9'35–9'57) :

Sprecher :  Die beiden Herren haben inzwischen am Fenster die Journalistin erkannt.
Zweiter Herr :  Na so trifft man sich wieder !
Journalistin :  Ich habe Sie ja gar nicht wiedererkannt. Ach bitte, entschuldigen Sie mich. Sind Sie wegen der Geschichte mit Aristide hier ?
Erster Herr (*lachend*) :  Ihnen kann man nichts verheimlichen.[169]

---

[167] SWR, 19/12513. Script, p. 6–7. Texte fidèle à l'original français (Arthur Adamov : *Le Professeur Taranne*, p. 222 : « Je vous en prie, Messieurs, faites un effort, un tout petit effort. Et peut-être ... dans moins d'une minute, vous allez vous écrier (*joyeux*) mais, c'est Taranne ! »).
[168] Arthur Adamov : *Le Professeur Taranne*, p. 222–223.
[169] SWR, 19/12513. Script, p. 7–8. Excepté la suppression de la réplique de Taranne, texte fidèle à l'original français (cf. supra).

Les trois personnages prononcent ces répliques en riant. Une réplique du Second Monsieur, suivie de gros éclats de rire, a en outre été ajoutée lors de l'enregistrement (« Immer auf dem Laufenden meine Liebe, immer flott, immer vorne weg, was ? », 9'57–10'01).[170] Le départ en catimini de l'Inspecteur, décrit par le récitant, est à nouveau accompagné par de la musique métallique qui se fait de plus en plus menaçante (10'02–10'20).

5. L'entrée en scène des trois nouveaux personnages, la Femme du monde et deux autres Messieurs, est intensifiée par des bruits de pas, de portes, et de nouveaux éclats de rire (10'29–10'33). Face aux exclamations de retrouvailles (« Nein, so was ! » ; « Die Welt ist klein ! »,[171] 10'33–10'39), Taranne reste impuissant. Il connaît un court instant de fausse joie lorsque la Femme du monde croit le reconnaître, mais en réalité le confond. Les autres personnages réagissent immédiatement en démontrant qu'il ne peut s'agir de Ménard. Lorsque Taranne s'explique enfin, plus personne ne lui prête attention, un fait accentué dans l'enregistrement par le départ de la Journaliste que celle-ci annonce sur un ton tranchant (« Ich muß jetzt gehen »,[172] 11'55–11'57). Dans le texte français, cette réplique apparaît seulement après la didascalie « *Le Professeur Taranne a parlé dans le vide, personne ne l'a écouté* ».[173] En intervertissant les deux, la version radiophonique renforce l'impression que le sort et l'identité de Taranne n'intéressent personne.

6. Le premier tableau s'achève sur un bref monologue de Taranne. Alors que la didascalie de la pièce indique que l'on entend la « *voix du Professeur Taranne, des coulisses* »,[174] l'enregistrement de la SDR indique que la voix de Taranne provient de dehors (« aus dem Raum hinaus »,[175] 12'45–13'22) et sa voix porte effectivement vers une autre direction que le micro. La didascalie qui fait le passage du premier au second tableau[176] est accompagnée d'un son métallique, des bruits de talons de la Gérante, de sons de déplacements de meubles et de papiers (13'23–14'05). Le départ de la Gérante est marqué par un claquement de porte, suivi par une brève note basse jouée par un instrument à vent (14'06).

---

170 Ibid. : « Toujours au courant de tout, ma chère, toujours aux aguets, toujours aux premières loges, n'est-ce pas ? ».
171 Ibid., p. 8. Texte fidèle à l'original français (Arthur Adamov : *Le Professeur Taranne*, p. 223 : « Par exemple ! » ; « Le monde est petit ! »).
172 Ibid., p. 9. Texte fidèle à l'original français (Arthur Adamov : *Le Professeur Taranne*, p. 224 : « Je dois m'en aller maintenant »).
173 Arthur Adamov : *Le Professeur Taranne*, p. 224.
174 Ibid., p. 225.
175 SWR, 19/12513. Script, p. 10 : « À l'extérieur de la pièce ».
176 Ibid.

**Deuxième tableau**

7. Tout comme le premier, le deuxième tableau s'ouvre sur un bref monologue de Taranne (14'23–14'35). La didascalie qui indique que Taranne « *marche de long en large* »,[177] encore présente au sein du script, a été remplacée lors de l'enregistrement par un commentaire soulignant la nervosité du professeur (« Er wird nervös »,[178] 14'17–14'20).

8. L'apparition de deux policiers est annoncée par le bruit d'une porte qui s'ouvre puis se referme (14'36–14'42). Taranne est le premier à prendre la parole, demandant d'un ton interloqué aux nouveaux venus de s'identifier. S'ouvre alors un long dialogue à trois, dans lequel dominent toutefois les tirades de Taranne. Dans l'une d'elles, ce dernier sombre dans des réflexions sur son métier, et fait son propre éloge de professeur de faculté. Le comédien récite les propos d'un ton rêveur et absent, les deux policiers disparaissant totalement de l'action (18'35–20'23). Une des accusations portées contre Taranne concerne un cahier retrouvé par les policiers : alors qu'il affirme en être l'auteur, il ne parvient pas à en déchiffrer l'écriture. Lorsque le second policier articule un début de phrase (« Man könnte fast sagen ... », 21'24–21'26), Taranne ne lui laisse pas le temps de terminer et explique d'une voix terrorisée que falsifier son écriture n'aurait eu aucun sens (« ... daß ich meine Schrift verstellen wollte ? Aber warum denn ? Und wozu ? », 21'27–21'33).[179] Le comédien prononce le pronom interrogatif « pourquoi » (« warum » ; « wozu ») en criant. Taranne supplie ensuite les policiers qu'on lui rende son cahier, or ceux-ci s'exclament d'un ton moqueur et infantilisant qu'il lui suffit d'être patient (« Nur Geduld, mein Herr, nur Geduld ... »,[180] 21'42–21'45). L'enregistrement opère ici une coupure par rapport au script et la partie consacrée aux pages blanches au centre du cahier, un fait que Taranne ne peut expliquer, est supprimée.

9. Le départ des policiers est rendu audible par des bruits de chaises que l'on repousse (21'45–21'48) et par le commentaire du récitant, qui explique que le professeur se retrouve seul (« Der Professor entdeckt, daß er allein ist »,[181] 22'31–22'37), accompagné en arrière-fond du son métallique. Le ton de déses-

---

[177] Arthur Adamov : *Le Professeur Taranne*, p. 225.
[178] SWR, 19/12513. Script, p. 10 : « Il devient nerveux ».
[179] Ibid., p. 15. Texte fidèle à l'original français (Arthur Adamov : *Le Professeur Taranne*, p. 229 : « On dirait presque ... » ; « Que j'ai voulu prendre une autre écriture ? Mais pourquoi ? Dans quel intérêt ? »).
[180] Ibid., p. 16 : « Un peu de patience, Monsieur, un peu de patience ... ». Le script indique pourtant que seul le premier policier s'exclame « Geduld ! ». Texte fidèle à l'original français (Arthur Adamov : *Le Professeur Taranne*, p. 229 : « Un peu de patience ! »).
[181] Ibid., p. 17 : « Le Professeur découvre qu'il est tout seul ».

poir de Taranne fait écho à celui du premier tableau. Il implore les deux policiers, déjà partis, d'attendre pour qu'il puisse signer sa déclaration (« Warten Sie ... Warten Sie doch ! Ich habe meine Erklärung noch nicht unterschrieben ... »,[182] 22'37–22'45). Puis, d'un ton larmoyant, il se plaint de ne même pas avoir reçu de stylo à plume pour la signer (« Sie haben nicht einmal einen Federhalter dafür gegeben ... »,[183] 22'48–22'53). Son dernier appel aux policiers (« Hören Sie mich ... ? Meine Herren ! »,[184] 23'12–23'20) est lancé dans une grande pièce vide, et seul l'écho de sa propre voix lui répond.

10. Lors des didascalies suivantes lues par le récitant, le son métallique se fait plus aigu. Après la courte intervention de la Gérante, la phrase du récitant indiquant que la réceptionniste part elle aussi (« Die Empfangsdame zieht sich zurück »,[185] 24'30–24'36) est accompagnée par le son d'un gong (24'34–24'36) qui semble indiquer que le sort de Taranne est scellé dès lors qu'il a accepté de prendre connaissance des propos de la Gérante.

11. L'entrée en scène de Jeanne, qui *« ne manifeste aucun étonnement et contourne la carte pour ne pas marcher dessus »*,[186] marque le dernier dialogue de Taranne avec un autre personnage. Jeanne ne prend pas au sérieux Taranne lorsqu'il affirme avec véhémence ne jamais avoir réservé de place à bord du paquebot « Président-Welling » et le somme d'une voix autoritaire d'être reconnaissant qu'on lui ait attribué une place d'honneur. Jeanne remet ensuite une lettre à Taranne, que celui-ci reconnaît d'après le timbre comme venant de Belgique. Jeanne s'exprime calmement, détache chaque syllabe lorsqu'elle déchiffre le timbre (« Unterhalb der Statue steht ‹ Land der Unabhängigkeit › »,[187] 27'45–27'50). Cette attitude contraste avec celle de Taranne qui devient impatient puis agressif et proclame qu'un tel timbre n'existe pas (« Das gibt's ja gar

---

[182] Ibid. Texte fidèle à l'original français (Arthur Adamov : *Le Professeur Taranne*, p. 230 : « Attendez ... Je n'ai pas signé ma déclaration »).

[183] Ibid. Texte fidèle à l'original français (Arthur Adamov : *Le Professeur Taranne*, p. 230 : « Vous ne m'avez même pas donné de porte-plumes »).

[184] Ibid. Texte fidèle à l'original français (Arthur Adamov : *Le Professeur Taranne*, p. 230 : « Vous m'entendez ? Messieurs ! »).

[185] « La dame de l'accueil se retire ». Le texte du script est légèrement différent. SWR, 19/12513. Script, p. 18 : « Die Empfangsdame verläßt die Halle ». « La Gérante quitte le foyer ». L'original français est lui aussi légèrement différent. Arthur Adamov : *Le Professeur Taranne*, p. 231 : « *La Gérante sort* ».

[186] Arthur Adamov : *Le Professeur Taranne*, p. 231.

[187] SWR, 19/12513. Script, p. 20. Texte fidèle à l'original français (Arthur Adamov : *Le Professeur Taranne*, p. 233 : « Au-dessous de la statue, c'est écrit (*lisant*) : Territoire de l'Indépendance »).

nicht, eine solche Inschrift auf einer Briefmarke ! Gib den Brief her ! »,[188] 27'51–27'57). Taranne en déduit avec joie qu'il s'agit de la lettre tant attendue du Recteur. Jeanne insiste pour la lire, « *d'un ton neutre dont elle ne se départira pas jusqu'à la fin de la pièce* ».[189] L'ouverture de l'enveloppe, parfaitement audible, annonce la lecture de la lettre.

12. À partir de cet instant, tous les commentaires et toutes les remarques de Taranne sont adressés à lui-même et non à Jeanne, dont l'unique fonction sur scène consiste en la lecture de cette lettre. Au cours de ce dialogue de sourds, Taranne ne cesse de couper la parole à Jeanne : à plusieurs moments de l'enregistrement, la lecture de la lettre par Jeanne et les réactions spontanées de Taranne se superposent. On entend ainsi à la fois Jeanne lire la lettre et Taranne réagir en s'exclamant (« [...] genugsam erklärt zu haben [...] », « [...] Gewiß, ich hätte ihn [...] »,[190] 28'45–28'47). De même, la reprise de la lecture de la lettre coupe court aux interjections de Taranne, puisque Jeanne continue imperturbablement à lire (« [...] und die nötigen Schritte für mich unternehmen könnten [...] », « Ich muß Ihnen ebenfalls sagen [...] »,[191] 29'20–29'22).

Arrivée à la fin de la lettre, dans laquelle Taranne est accusé de plagier les cours du professeur Ménard, Jeanne se lève et laisse Taranne seul sur scène. Ce départ est accompagné dans le texte de la pièce par la didascalie suivante : « Jeanne se lève, pose tranquillement la lettre sur la table et s'apprête à sortir. Le Professeur Taranne s'agrippe à la table pour ne pas tomber ».[192] Cette indication est absente de l'enregistrement radiophonique, seul le bruit d'une chaise que l'on recule et de talons qui s'éloignent font comprendre que Jeanne quitte la pièce (32'53–33'00). Parallèlement à ces bruitages, le professeur laisse libre cours à son désarroi (32'51–33'08) :

Taranne :   Warum sagt man mir das erst jetzt ? Nach so vielen Jahren ? Warum hat er es mir nicht früher gesagt ? Warum haben sie alle es mir

---

[188] SWR, 19/12513. Script, p. 20. Texte fidèle à l'original français (Arthur Adamov : *Le Professeur Taranne*, p. 233 : « Mais il n'y a jamais de telles inscriptions sur aucun timbre ! (*Tendant la main.*) Donne-la-moi »).

[189] Arthur Adamov : *Le Professeur Taranne*, p. 233.

[190] SWR, 19/12513. Script, p. 21. Texte fidèle à l'original français (Arthur Adamov : *Le Professeur Taranne*, p. 234 : « [...] vous avoir suffisamment expliqué [...] » ; « [...] Évidemment, j'aurais dû lui [...] »).

[191] SWR, 19/12513. Script, p. 21-22. Texte fidèle à l'original français (Arthur Adamov : *Le Professeur Taranne*, p. 234 : « [...] de faire des démarches pour moi [...] » : « Je dois aussi vous dire [...] »).

[192] Arthur Adamov : *Le Professeur Taranne*, p. 236.

nicht früher gesagt ? Sowas sieht man doch ! Sowas spürt man doch auf den ersten Blick ![193]

Ces paroles semblent être l'aveu de Taranne d'avoir falsifié son identité. L'ultime réplique lue par le récitant est accompagnée de deux sons métalliques : le premier se fait entendre en même temps que le début de la réplique (33'11–33'41), le second accompagne les phrases qui peuvent faire germer le doute auprès de l'auditeur, puisque Taranne commence, lentement, à se déshabiller (« Professor Taranne betrachtet sie eine ganze Weile und beginnt dann ganz langsam, sich auszuziehen. Er steht im Hemd in der Halle »,[194] 33'41–33'55). Les phrases suivantes du récitant, absentes de la pièce d'origine, confirment la folie du personnage éponyme et sont accompagnées d'un son encore plus aigu, presque insupportable (33'56–34'01). La dernière phrase telle qu'elle est écrite dans le script et qui indique que Taranne ouvre la bouche comme pour crier (« Er reißt den Mund auf, als wolle er schreien »,[195] 34'02–34,05) n'est pas lue entièrement par le récitant, qui se tait après la première moitié pour laisser place au chant, ou plutôt aux cris de coq émis par Taranne, aigus, longs, et angoissants (« Kikerikii ! Kikerikii ! Kikerikii ! »,[196] 34'06–34'17). Cette fin alternative, très certainement imaginée par Enzensberger qui adapta la pièce pour la radio, fait preuve d'ingéniosité. Astucieusement conçue pour un auditeur radiophonique, cette nouvelle fin s'achève sur un élément sonore qui fait référence à la culture française – le coq gaulois – et à un classique du cinéma allemand – *L'Ange bleu* de Josef von Sternberg – et parvient ainsi à combiner des références de ces deux pays. Enfin, l'enregistrement se clôt sur une annonce finale (« Absage »), qui contient également la liste des comédiens et de l'équipe technique.[197]

---

[193] SWR, 19/12513. Script, p. 25. Texte fidèle à l'original français (Arthur Adamov : *Le Professeur Taranne*, p. 236 : « Pourquoi me dire ça maintenant, après tant d'années ? Pourquoi ne me l'a-t-il pas dit plus tôt ? Pourquoi ne me l'ont-ils pas dit, tous ? Puisque ça se voit ! Puisque ça saute aux yeux du premier coup ! »).
[194] SWR, 19/12513. Script, p. 25. Texte fidèle à l'original français (Arthur Adamov : *Le Professeur Taranne*, p. 237 : « *Professeur Taranne, dos au public, la regarde un long moment, puis très lentement commence à se déshabiller* »).
[195] Ibid. : « Il ouvre la bouche comme pour crier ».
[196] Ibid. : « Cocoricooo !! Cocoricoo ! Cocoricoo ! ».
[197] SWR, 19/12513. Script, deuxième page insérée avant le début de la pièce. « Absage für Professor Taranne. Dies, verehrte Hörer, war die erste der beiden französischen Premieren, die Ihnen das Spätprogramm der Redaktion Radio-Essay in diesem Sommer bringt. ‹*Professor Taranne*›, eine Farce von Artur [sic] Adamov. Ins Deutsche übertragen von Manfred Fusten. […] ». « Annonce finale pour le Professeur Taranne. Ceci, chers auditeurs, était la pre-

Ainsi, la première allemande du *Professeur Taranne* eut le mérite de traduire par le seul recours à des moyens acoustiques une ambiance inquiétante, gonflée jusqu'au cauchemardesque. Bien que la pièce n'ait pas été écrite à l'origine pour la radio, l'examen combiné d'aspects textuels de la pièce d'Adamov d'une part, d'aspects acoustiques de la réalisation de Wilimzig et de l'adaptation de Enzensberger d'autre part, montre combien l'œuvre se prête au genre artistique des pièces radiophoniques.

## 5.4 Espace télévisuel : Beckett à la chaîne SDR (1966–1986)

Beckett réalisa six pièces télévisuelles dans les studios de la chaîne Süddeutscher Rundfunk à Stuttgart : *Dis Joe* (première version diffusée le 13 avril 1966, seconde version diffusée le 13 septembre 1979), *Trio du Fantôme* et *... que nuages ...* (diffusion le 1er novembre 1977), *Quad I et II* (diffusion le 13 avril 1981), *Nacht und Träume* (diffusion le 19 mai 1983) et *Quoi où* (diffusion le 13 avril 1986).

Bien qu'il existe un grand nombre de travaux consacrés à cette œuvre télévisuelle,[198] une de ses particularités n'a pas encore été étudiée dans son entier par la critique : le rôle majeur que l'écrivain accorda aux cinq sens humains, aussi bien ceux des personnages de l'écran que ceux des téléspectateurs devant l'écran. L'étude des pièces télévisuelles de Beckett est effectuée à la lumière de ce leitmotiv qui parcourt chaque film de l'auteur dramatique.[199]

### 5.4.1 L'intérêt de Beckett pour le média télévisuel

Beckett est l'un des rares, peut-être le seul écrivain chez qui s'est opéré un glissement du théâtre vers le cinéma puis du cinéma vers la télévision. Il s'intéressa très tôt au septième art, découvrant entre 1923 et 1926 les films muets avec Buster Keaton et Charlie Chaplin, les deux acteurs qui à ses yeux auraient été les incarnations idéales de Vladimir et Estragon. Au milieu des années

---

mière des deux premières françaises que vous propose cet été le programme du soir de la rédaction Radio-Essay. ‹ *Professeur Taranne* ›, une farce d'Artur [sic] Adamov. Traduction allemande de Manfred Fusten. [...] ».

**198** Cf. état de la recherche consacré à Beckett dans l'introduction.
**199** Les films réalisés par Beckett à la SDR sont disponibles en DVD. Samuel Beckett : *He, Joe, Quadrat I und II, Nacht und Träume, Geister-Trio, Not I, ... nur noch Gewölk ..., Was, Wo. Filme für den SDR*. DVD mit einem Essay von Gilles Deleuze. Frankfurt am Main : Filmedition Suhrkamp 2008.

1930, il envisagea de s'inscrire à l'Institut National du Film à Moscou et écrivit à Sergeï Eisenstein en le priant de l'accepter comme élève. Sa lettre étant demeurée sans réponse, Beckett s'appropria les techniques du langage cinématographique par lui-même et son premier contact avec l'art audiovisuel ne s'opéra qu'en 1963, lors de l'écriture puis de la réalisation à New York par Alan Schneider du film muet intitulé *Film*, dont l'unique personnage « O » fut interprété par Buster Keaton, alors âgé de plus de 70 ans.[200]

*Film* et sa devise « esse est percipi » (« être, c'est être perçu »), empruntée à l'Évêque Berkeley, annonce la thématique des pièces écrites pour la télévision, celle de la conscience humaine s'observant elle-même, celle du regardant et du regardé. La télévision, que Beckett qualifiait d'« art de trou de serrure » (« key-hole-art »), lui permettait de se rapprocher au plus près de l'homme, l'observant froidement d'un regard inquisiteur et féroce par cet objectif qu'il appelait « l'œil fauve » (« the savage eye »). Dans un article consacré à *Trio du Fantôme*, Véronique Védrenne explique que la différence essentielle entre les pièces télévisuelles et le théâtre filmé[201] consiste en « la constitution d'une véritable écriture cinématographique travaillant à l'avènement de la ‹ langue III ›, celles des ‹ images › d'après Deleuze », précisant que « les procédés cinématographiques utilisés ne viennent pas se surajouter *a posteriori* aux intentions scéniques, mais, fortement liés à une problématique spéculaire, sont, en tant que tels et en eux-mêmes, signifiants ».[202]

Les possibilités techniques de la télévision permettaient à Beckett d'ôter à ses pièces leur caractère théâtral, d'aller plus loin dans le morcellement du corps et la déréalisation de l'espace et de créer ainsi, comme il le déclara lui-même lors d'un entretien avec Bernard-Marie Koltès, « une zone spatiale d'une qualité différente ».[203] Beckett utilisa pour ce faire des moyens propres à

---

[200] Charlie Chaplin, Zero Mostel et Jack Mac Gowran n'étaient pas disponibles lors du tournage. Dans le script, le personnage est désigné par « O » (« object ») et la caméra par « E » (« eye »).

[201] « Beckett on Film », produit par le directeur artistique du Gate Theatre de Dublin Michael Colgan et le producteur de télévision Alan Moloney, est un projet de captation filmique de mises en scène. La série composée de 19 pièces fut diffusée en mars 2001 par la chaîne irlandaise RTÉ, en juin 2001 par la chaîne britannique Channel 4 et en septembre 2001 au cinéma du Barbican Centre à Londres.

[202] Véronique Védrenne : Images beckettiennes : De la mise en scène du corps à l'effacement du sujet dans *Trio de fantômes*. In : Angela Moorjani/Carola Veit (éds.) : *Samuel Beckett : Endlessness in the year 2000/Samuel Beckett : Fin sans fin en l'an 2000*. Amsterdam/New York : Rodopi 2001 (Samuel Beckett Today/Aujourd'hui, vol. 11), p. 331–341, p. 331.

[203] Propos tenus par Beckett à Bernard-Marie Koltès. Cité in : Jean-Paul Gavard-Perret : L'œuvre télévisuelle de Samuel Beckett, p. 15.

l'image cinétique,[204] tel que le rétrécissement du champ visuel, le gros plan et le plan continu, une technique utilisée dans la majorité de ses films au moyen d'une caméra unique. Grâce à l'apparition sur le marché en 1965 de la production vidéo, les films étaient enregistrés avec une caméra électronique, une méthode d'enregistrement plus pratique et moins onéreuse qu'une caméra à bobine. De cette façon, les prises pouvaient être répétées jusqu'à ce que Beckett soit satisfait du résultat. Les films étaient tournés en couleur, mais l'écrivain privilégiait une diffusion en noir et blanc puisque selon lui, la couleur racontait une histoire à même de distraire et de divertir le téléspectateur, ce qui n'avait pas lieu d'être dans ses pièces. De plus, les conditions spécifiques de réception du média télévisuel attiraient l'écrivain : alors que le théâtre et le cinéma sont reçus par un grand nombre de personnes en même temps, l'individu seul devant la télévision connaît une expérience solitaire, le « quatrième mur » disparaît et l'œil du téléspectateur s'immisce dans la vie privée des personnages de l'écran.

### 5.4.2 Leitmotiv de l'expérience sensorielle

Beckett confronte ses personnages à des expériences d'ordre sensitif et filme au plus près leurs réactions qui se limitent le plus souvent à des actes minimalistes. « L'œil fauve » de la technique, sans cesse aux aguets, enregistre ce qu'ils voient et entendent, touchent et effleurent, oscillant entre le rêve et la réalité. Au fil des bobines, les personnages ne sont plus différenciés, l'auteur les dépouille de toutes leurs spécificités jusqu'à ce qu'ils ne se définissent plus que par leur présence sensorielle et que seule persiste la représentation d'un monde sensible fait de sons et d'images. Par ailleurs, contrairement à ce qui se déroule dans l'espace scénique théâtral, ces films n'offrent pas au téléspectateur l'immédiateté du vécu sensoriel, mais le donnent à voir à travers la perspective du « trou de serrure », ce qui déclenche l'impression dérangeante de s'introduire tel un voyeur dans l'univers émotionnel d'autrui. Par cette sensation de proximité à laquelle le public ne peut se dérober et grâce à l'utilisation de certaines techniques filmiques, les sens des spectateurs sont à leur tour mis à rude épreuve et leurs perceptions stimulées. De ce fait, les pièces télévisuelles de Beckett se situent dans la tradition de divers mouvements cinématographiques allemands des années 1920, notamment du cinéma absolu et du caligarisme.

---

204 On se reportera à l'article de Jean-Paul Gavard-Perret cité ci-dessus.

Le terme d'expérience, ambigu parce qu'il ne correspond pas à une notion unique, désigne « le fait de provoquer un phénomène dans l'intention de l'étudier ».[205] Une expérience est liée à un facteur d'incertitude et d'indétermination puisque le sujet concerné est placé dans une situation dont il ne connaît pas l'issue. Dans la mesure où Beckett confronte ses personnages à des phénomènes d'ordre visuel ou sonore et filme leurs réactions, il les soumet à des tests dont le résultat est incertain et leur fait ainsi vivre des expériences sensorielles. Les protagonistes des six pièces télévisuelles de Beckett sont filmés sous des angles et dans des types d'espaces bien particuliers. Au début de *Dis Joe*, *Trio du Fantôme*, *... que nuages ...*, et *Quad I et II*, les personnages sont montrés à travers un plan large qui englobe toute la pièce et ils apparaissent comme un accessoire qui doit faire corps avec l'espace scénique. L'influence des films muets est frappante, et ce que le théoricien des arts et sociologue des médias Rudolf Arnheim écrivait en 1932 de l'acteur de cinéma dans *Le Cinéma est un art* (*Film als Kunst*) est encore vrai chez Beckett :

> Die letzte Entwicklung ging [...] dahin, das Mienenspiel immer mehr einzuschränken und den Schauspieler wie ein Requisit zu behandeln, das man charakteristisch auswählt und durch sein bloßes Dasein wirken läßt, indem man es an der richtigen Stelle einsetzt.[206]

Dans son roman *On tourne* (*Il turno*) de 1915, Luigi Pirandello thématisait déjà cet exil de l'acteur sur le plateau de tournage, un retrait qui pour un réalisateur comme Beckett allait de soi. Les comédiens de Beckett s'effacent en effet de plus en plus, les personnages qu'ils incarnent perdent toute leur individualité et ne sont plus différenciés par des noms propres, à l'exception de Joe dans *Dis Joe*. Le personnage masculin dans *Trio du Fantôme* demeure immobile sur un tabouret au fond de la pièce et n'est filmé de près qu'après la description des éléments qui composent l'espace par une voix off féminine, comme si le personnage n'était lui aussi qu'un meuble ou un objet. *Nacht und Träume* montre en revanche le personnage dès la première séquence à travers un plan rapproché, l'espace cinétique n'existant qu'à travers lui et son rêve. La spécificité du réalisateur Beckett reste néanmoins le gros plan qu'il utilise dans la majorité de ses films, une technique qui encourage à l'observation détaillée du visage humain comme le déclarait Fritz Lang, qui affirmait que « le premier

---

**205** Alain Rey : *Dictionnaire culturel en langue française*. Paris : Dictionnaires Le Robert 2005, p. 808.
**206** Rudolf Arnheim : *Film als Kunst*. Frankfurt am Main : Suhrkamp 2002, p. 146 : « La dernière évolution [...] fut de restreindre de plus en plus le jeu des mimiques et de traiter le comédien comme un accessoire, choisi selon ses caractéristiques et qu'on laisserait agir par sa seule présence, en l'employant au bon endroit ».

cadeau significatif que nous devons au film [...] est dans une certaine mesure la redécouverte du visage humain ».[207] Le film *Quoi où* bénéficie quant à lui d'un statut spécial puisque seules les quatre têtes des personnages apparaissent sur fond noir, disposées de façon asymétrique par rapport au centre du cadre. Ce positionnement désaxé est voulu : l'œil doit faire un effort puisqu'il est naturellement attiré par le centre, ce qui renforce la concentration du spectateur.

L'espace dans lequel évoluent les personnages comporte également une dimension acoustique, et des voix off féminines (*Dis Joe*, *Trio du Fantôme*) et masculines (*... que nuages ...*) résonnent à travers les pièces. Elles se calent au rythme des changements de plans de la caméra, et de plus semblent les diriger, l'espace visuel devenant ainsi tributaire de l'espace sonore régi par les voix off. Des percussions accompagnent l'entrée en scène de chaque personnage dans *Quad I*, ce qui remodèle sans cesse l'espace acoustique. En outre, *Nacht und Träume* est bâti en deux temps, sur le fredonnement puis sur le chant des sept dernières mesures du Lied de Schubert *Nacht und Träume* (Opus 43 n° 2), composé sur un poème de Heinrich Joseph von Collin : les sept dernières mesures du Lied correspondent aux deux derniers vers du poème « Kehre wieder, heilige Nacht / Holde Träume, kehret wieder » (« Reviens, sainte nuit / Doux rêves, revenez »). Et enfin dans *Trio du Fantôme*, la caméra se rapproche du personnage par un travelling au moment où celui-ci place son oreille contre un magnétophone et écoute le deuxième mouvement du Trio de Beethoven pour piano, violon et violoncelle dit *Le Fantôme* (Opus 70 n° 1), comme si « l'œil fauve » attendait la survenue de la musique pour que l'espace filmé se referme sur le personnage.

Du reste, les personnages de l'écran semblent privés de leur propre voix. Dans *Dis Joe*, un homme âgé d'environ cinquante ans est tourmenté par une voix féminine tenant le rôle de la mauvaise conscience, qui lui retrace le suicide de son amante. Joe ressent d'emblée sa présence : il tire brusquement les rideaux, se penche par les trois fenêtres et regarde sous le lit pour voir si quelqu'un l'épie. Au moment où il commence à se détendre et veut enlever ses chaussures, surgit une « voix cristalline »[208] qui le martèle de reproches. Joe ne

---

[207] Anton Kaes : Das bewegte Gesicht : Zur Großaufnahme im Film. In : Claudia Schmölders/Gilman L. Sander (éds.) : *Gesichter der Weimarer Republik : Eine physiognomische Kulturgeschichte*. Köln : DuMont 2000, p. 156–174, p. 142. (« Das erste bedeutende Geschenk, das wir dem Film verdanken, [...] ist gewissermaßen die Wiederentdeckung des menschlichen Gesichts »).
[208] Samuel Beckett : *Collected Shorter Plays*. London : Farber and Farber 2006, p. 203. (« Voice like flint glass »).

prononce pas un seul mot et seule la main crispée sur le col de son manteau, puis posée sur son front trahit son trouble. Si Joe se tait, c'est pour mieux jouer de ses regards : lorsque tarit le flot de paroles qui dans un chuchotement s'est déversé sur lui et que le zoom sur son visage devient insoutenable pour le téléspectateur, il se tourne vers la caméra et la fixe en souriant d'un air diabolique, comme pour signifier au public qu'il est conscient du voyeurisme dont il est victime. Beckett a dû improviser cette image finale puisque le sourire de Joe n'est pas écrit dans le script et n'apparaît ni dans la version anglaise ni dans la seconde version du film réalisée par l'auteur en 1979. Par ailleurs, dans … *que nuages* … la voix du personnage-narrateur existe certes, mais uniquement en voix off. Dans *Trio du Fantôme* en revanche, une voix off féminine parle directement à la place du personnage masculin et rend compte de ses espoirs, ses attentes et ses déceptions. Lui-même ne peut s'exprimer qu'à travers des sons : la porte et la fenêtre grincent de façon exagérée lorsqu'il les ouvre et les referme comme pour signifier son désarroi, et la sonate de Beethoven cesse lorsque qu'il lève la main.

Le sens de la vue est omniprésent dans les six films. À l'instar de *Dis Joe*, les personnages se sentent observés et observent à leur tour. Dans *Trio du Fantôme*, un homme recroquevillé sur un tabouret au fond de la pièce attend en vain la venue d'une femme. Quand la voix off annonce : « Il va maintenant croire qu'il entend la femme approcher »[209] l'homme se lève, obéissant comme un pantin aux ordres de cette voix : « Personne. […] Encore. […] Maintenant jusqu'à la porte. […] Personne. […] Ouvrir ».[210] Il regarde par le trou de la serrure, puis ouvre la porte, passe la tête à travers et la referme. Le même schéma se répète avec la fenêtre : il l'ouvre, se penche, la referme et retourne bredouille vers la porte pour y reproduire les mêmes gestes. La silhouette masculine s'efforce de voir apparaître la femme ou de la faire surgir à travers son simple regard – une thématique similaire à … *que nuages* … – mais ne l'apercevra jamais : cette expérience visuelle peut se répéter à l'infini, sans issue possible.

Enfin, les sens du toucher, du goût et de l'odorat sont particulièrement présents dans *Nacht und Träume*. L'auteur s'est tourné à nouveau vers ses premiers intérêts, vers le monde de la musique et de la peinture, délaissant celui des mots auxquels il ne pouvait plus se fier. Les cinq éléments suivants composent la pièce : « Lumière du soir. Rêveur (A). Tel qu'il se rêve (B). Mains dont il rêve D (droite) et G (gauche). Les sept dernières mesures du Lied de Schubert, *Nacht und Träume* ».[211] La dimension tactile est suscitée par trois éléments reli-

---

209 Samuel Beckett : « *Quad* » *et autres pièces pour la télévision*, p. 27.
210 Ibid.
211 Ibid., p. 51.

gieux qui se trouvent au cœur du rêve du Rêveur, puisque tous trois effleurent le corps de son double perçu comme dans un rêve : le calice qu'il porte à ses lèvres ; les *manus dei*, les mains réconfortantes qui se penchent vers lui, image de consolation et de bénédiction divine ; ainsi que le bout de tissu avec lequel ces mains épongent son front, une référence au voile de Véronique.

La portée olfactive est quant à elle suggérée par la ressemblance des plans de *Nacht und Träume* avec des peintures flamandes du XVIIe siècle. Le film commence par une image immobile, presque un tableau, dans laquelle apparaissent le calice et le voile. Comme le fait remarquer la chercheuse Therese Fischer-Seidel, cette image préliminaire, qui n'est d'ailleurs pas indiquée dans le script, fait songer aux natures mortes des Néerlandais Willem Kalf (*Dessert*, 1653–54. Musée de l'Ermitage, Saint-Pétersbourg) ou Willem Claesz Heda (*Stilleben mit vergoldetem Pokal*, 1635. Rijksmuseum, Amsterdam) ;[212] sur des tables jonchées de plateaux de fruits et de restes de plats, s'étalent des coupes et des calices, des nappes et des serviettes en tissu. Cette affinité avec des œuvres picturales, qui parvient à créer un sentiment d'apaisement et de recueillement, montre à quel point le travail télévisuel de Beckett est marqué par une évolution du raffinement technique. L'écrivain a ainsi su réunir dans son dernier film les cinq sens de l'homme dans leur totalité puisqu'au-delà du monde de la musique et de la peinture, *Nacht und Träume* fait naître un univers tactile et olfactif.

Les sens en alerte, le téléspectateur accède ainsi à une perception médiatisée et scénarisée de l'action. Aux chapitres huit et neuf de *L'Œuvre d'art à l'époque de sa reproductibilité technique* (*Das Kunstwerk im Zeitalter seiner technischen Reproduzierbarkeit*) publié en 1935, Walter Benjamin explique de quelle manière le média filmique bouleverse la relation entre acteurs et spectateurs, en quoi cela influence la dépendance de ces derniers vis-à-vis de ce qu'il nomme « l'appareil » et que « la prise de vue en studio a ceci de particulier qu'elle substitue l'appareil au public ».[213] En effet, l'acteur de films ne peut plus juger du type de public auquel il fait face et n'est plus en mesure de s'adapter à lui,

---

[212] Therese Fischer-Seidel : Samuel Becketts Abschied : Nacht und Träume und das deutsche Fernsehen. In : Therese Fischer-Seidel/Marion Fries-Dieckmann (éds.) : *Der unbekannte Beckett : Samuel Beckett und die deutsche Kultur*, p. 319–339, p. 329.
[213] Walter Benjamin : *Das Kunstwerk im Zeitalter seiner technischen Reproduzierbarkeit*. Frankfurt am Main : Suhrkamp 1977, p. 25. Walter Benjamin : L'Œuvre d'art à l'époque de sa reproductibilité technique. Trad. Maurice de Gandillac. In : *Essais 2*. Paris : Denoël-Gonthier 1983, p. 87–126. (« Das Eigentümliche der Aufnahme im Filmatelier aber besteht darin, daß sie an die Stelle des Publikums die Apparatur setzt »).

mais doit au contraire ajuster son jeu aux exigences de la technique, son travail s'effectuant devant des spécialistes qui peuvent à tout instant intervenir dans son jeu. Selon Benjamin, l'acteur est donc sans cesse soumis à des tests d'ordre optique : il est présenté sous différents angles et éclairages, jaugé sous différentes prises de vue, filmé à travers des plans rapprochés ou éloignés. Le public de télévision ou de cinéma est placé dans une toute autre situation que celui de théâtre : au lieu de pouvoir s'identifier au personnage incarné par l'acteur, il devient complice de la technique et soumet le comédien aux mêmes tests que « l'appareil ».

Tributaire de la technique, le spectateur est donc susceptible d'être pris de malaise en visionnant les films de Beckett. Il peut s'agir d'une gêne psychologique due à sa position de voyeur, particulièrement forte lorsque les personnages filmés semblent reconnaître le public qui les observe, comme à la fin de la première version de *Dis Joe*. De même les techniques filmiques employées peuvent malmener le corps des spectateurs, le vécu visuel immédiat engendre alors un malaise physique. Rudolf Arnheim soutient que la disparition de la continuité spatio-temporelle ainsi que le montage peuvent provoquer « un malaise allant jusqu'au mal de mer ».[214] L'« apparition étonnante » de telles « sensations de vertige » est due selon lui au fait que « les yeux seuls, sans l'assistance du reste de l'appareil sensoriel, doivent percevoir »[215] ce qui se passe à l'écran sans tirer parti de l'ouïe, du toucher, de l'odorat et du goût. Dans ses pièces télévisuelles, Beckett renforce consciemment cet impact corporel, un projet qui fait songer à divers mouvements cinématographiques des années 1920.[216]

La thématique du corps mis à mal rappelle fortement le courant avant-gardiste du cinéma abstrait, appelé en Allemagne « cinéma absolu » (« Absoluter Film »), une catégorie du cinéma expérimental. Cette école se développa en Allemagne autour de Oskar Fischinger (*Studien 1–4*, 1921–1925), Viking Eggeling (*Diagonal-Symphonie*, 1923–1924), Walter Ruttmann (*Opus 1–4*, 1921–1925) et Hans Richter (*Rhythmus 21*, 1921–1924). En France, son représentant majeur fut Henri Chomette (*Jeux des reflets et de la vitesse*, 1923), qui rebaptisa ce courant « cinéma pur ». Influencés par des mouvements musicaux ou artis-

---

214 Rudolf Arnheim : *Film als Kunst*, p. 39. (« Unbehagen, ja Seekrankheit »).
215 Ibid., p. 41. (« Schwindelgefühle » ; « [...] wenn einmal die Augen allein, ohne die Unterstützung des übrigen Sinnesapparats, wahrnehmen sollen »).
216 On se reportera à l'article de Gaby Hartel : No stone unturned : Samuel Beckett sucht und findet ästhetische Anregungen im frühen deutschen Film. In : Therese Fischer-Seidel/Marion Fries-Dieckmann (éds.) : *Der unbekannte Beckett : Samuel Beckett und die deutsche Kultur*, p. 296–319.

tiques contemporains comme le Bauhaus, s'intéressant aux critères physiques de la perception et à leurs effets sur le public, ces cinéastes firent notamment usage de formes géométriques, de jeux de sons et de contrastes de lumière, autant de procédés que l'on retrouve chez Beckett et qui témoignent de l'influence que ce cinéma put exercer sur lui.

L'utilisation de palettes de gris ou de clairs-obscurs est récurrente dans les six films de l'écrivain. L'apparition du protagoniste de *... que nuages ...* dans le champ de vision de la caméra en est un exemple frappant. Le personnage sort de l'obscurité et entre à pas feutrés dans un cercle de lumière très restreint, au centre duquel il se tient immobile durant deux secondes, avant de se fondre à nouveau dans la pénombre. Il est vêtu d'un manteau sombre et d'un chapeau noir. Lorsqu'il réapparaît dans le halo de lumière, il porte une chemise de nuit très blanche qui lui descend jusqu'aux mollets ainsi qu'un bonnet de nuit blanc à pompon blanc, ce qui engendre un effet de contraste et de grotesque réussi. En outre, le halo de lumière qui se trouve au centre de l'écran se divise en plusieurs teintes de gris, allant du gris très clair et éblouissant jusqu'au gris très foncé.

La forme géométrique domine quant à elle dans la scénographie de *Trio du Fantôme*. Au commencement du film, la caméra est placée au centre, on aperçoit le mur d'en face et à égale distance les deux murs latéraux. Puis la voix off féminine invite le spectateur à aller voir de plus près et entame une description de la pièce. La caméra effectue alors des coupes franches de plans rapprochés du sol, du mur, de la porte, de la fenêtre et du grabat, comme par exemple : « Coupe franche sur gros plan de la fenêtre en son entier. Plaque de verre opaque, 0,70 m × 1,50 m. Imperceptiblement entrouverte. Pas de poignée. 5 secondes ».[217] Cette structure géométrique plonge le spectateur dans une ambiance oppressante. La pièce de six mètres sur cinq ne contient qu'un lit et un tabouret ; la caméra est posée près du sol, ce qui limite fortement la hauteur de prise de vue et on n'aperçoit ni la fenêtre ni la porte.

Ce traitement minimaliste de l'espace véhicule ainsi un sentiment d'étroitesse digne du « film de chambre » (« Kammerspielfilm ») des années 1920. D'autres points communs avec ces films de réalisme expressionniste peuvent être soulignés : les personnages de *Trio du Fantôme* n'ont pas de noms, ne parlent pas – ce qui peut correspondre à l'absence d'intertitres dans les films de chambre – et sont enfermés dans une pièce, livrés à leurs combats intérieurs. Par ailleurs *Trio du Fantôme* met à l'épreuve les sens de l'ouïe et de la vue. Ainsi la voix off féminine s'adresse au spectateur en le prévenant qu'il

---

[217] Samuel Beckett : *« Quad » et autres pièces pour la télévision*, p. 23.

devra faire des efforts pour l'entendre : « Bonsoir. Ma voix doit être un murmure à peine audible. Veuillez régler votre récepteur en conséquence ».[218] Discerner correctement ce qui se déroule à l'écran n'est pas non plus chose aisée : « Lumière : faible, omniprésente. Pas de source visible. Luminosité globale, dirait-on. Faible luminosité ».[219]

La volonté de parler d'abord au système nerveux et dans un second temps seulement à l'intellect domine les pièces *Quad I et II*. La gestuelle beckettienne de la répétition de mouvements ou de sons identiques y exerce un pouvoir d'aspiration presque hypnotique et malmène la perception des spectateurs. L'écrivain a décidé de garder deux versions du film, la première en couleurs avec accompagnement musical et la seconde en noir et blanc, sans musique et enregistrée au ralenti. Alors que la caméra reste fixe et immobile comme l'œil d'un spectateur de théâtre, quatre personnages vêtus de tuniques de couleurs différentes entrent à la suite sur le plateau constitué d'un carré éclairé. Les danseurs suivent une trajectoire précise sur les bords et les diagonales de ce losange, de telle sorte qu'ils n'entrent jamais en collision. Dans *Quad I*, chacun est accompagné par un instrument de percussion et la musique varie en fonction de leurs entrées ou sorties respectives. La chorégraphie dure neuf minutes, jusqu'à ce que toutes les combinaisons de déplacements possibles en fonction de la couleur des interprètes aient été effectuées. Les yeux rivés à l'écran, le téléspectateur assiste à un cercle vicieux, à une marche infernale qui semble retenir les personnages à jamais. Diffusé juste après, *Quad II* plonge le spectateur dans une ambiance lugubre et étrange (« unheimlich ») comme pour suggérer à quoi ressemblerait un monde privé de couleurs et de musique.

Les films de Beckett peuvent également faire songer au « caligarisme ». Ce terme utilisé à partir de 1919 désigne les films expressionnistes qui placent l'individu et ses états d'âmes, la recherche du moi et de l'autre, au cœur de leurs thématiques. Comme les films du cinéma absolu, ils visent la manipulation du spectateur tout en exerçant une action ciblée sur ses émotions. Le décor graphique, souvent peint et axé sur le déséquilibre des formes, reflète alors le mal-être des personnages.

Enfin, le film *... que nuages ...* est plongé dans une atmosphère onirique créée grâce à trois tableaux qui alternent entre eux, raccordés par un fondu-enchaîné. Chacun de ces tableaux montre une facette du personnage-narrateur, qui se souvient des apparitions d'une femme. Le premier tableau offre un plan rapproché du personnage masculin, qui penché sur une table, la tête posée sur l'avant bras, est totalement immobile. Dans le second tableau

---

**218** Ibid., p. 21.
**219** Ibid.

décrit plus haut, l'apparition et la disparition du personnage dans un halo de lumière créent une esthétique digne d'un film caligariste. L'éclairage obscur de la scène reflète le sentiment de solitude et de détresse du personnage, exprimé alors en ces termes :

Puis, recroquevillé là, dans mon petit sanctuaire, dans le noir, où personne ne pouvait me voir, je commençais à la supplier, elle, d'apparaître, de m'apparaître. Telle fut longtemps mon habitude coutumière. Aucun son, une supplique de l'esprit, à elle, qu'elle apparaisse, m'apparaisse. Au plus profond du cœur de la nuit, jusqu'à ce que je me lasse et cesse.[220]

Le troisième tableau est constitué d'un gros plan sur le visage impassible d'une jeune femme qui ne bat même pas des paupières, et l'on peut alors songer au visage de Cesare dans *Le Cabinet du Docteur Caligari* de Robert Wiene. Lorsque les lèvres de cette femme articulent « nur noch Gewölk » (« que nuages »), aucun son ne sort de sa bouche et la voix off du narrateur prononce ces mots à sa place. Cette phrase énigmatique et qui donne son titre à la pièce fait référence au poème *La Tour* de William Butler Yeats qui thématise la perte des êtres aimés, un aspect récurrent dans l'œuvre de l'écrivain. Plus que ses autres films, ... *que nuages* ... fait ainsi appel au vécu émotif du spectateur.

L'œuvre télévisuelle de Beckett s'articule ainsi pleinement autour des cinq sens de l'homme, d'une part au sein de l'espace scénique du plateau de tournage, puisque sont filmées les réactions sensorielles des personnages, et d'autre part devant l'écran de télévision, le spectateur étant en prise à un malaise physique imputable aux moyens techniques mis en œuvre. À la bibliothèque John J. Burns Library du Boston College se trouve un court poème de l'écrivain conservé dans sa forme manuscrite :

> The heart well worn on the sleeve
> Is one of the fairest sights
> But please oh please don't dangling leave
> The liver and the lights.[221]

Aux yeux de Beckett, il serait donc juste de porter ses sentiments à cœur ouvert (« to wear the heart on the sleeve »), mais trop s'exposer au regard des autres pourrait devenir dangereux ou grotesque : il ne faut que faiblement éclairer

---

[220] Ibid., p. 43.
[221] Mary Bryden : « The liver and the lights » : Beckett und Musik. In : Therese Fischer-Seidel/ Marion Fries-Dieckmann (éds.) : *Der unbekannte Beckett : Samuel Beckett und die deutsche Kultur*. Frankfurt am Main : Suhrkamp 2005, p. 282–296, p. 282.

ses états d'âme, nous met en garde l'auteur à travers le jeu de mots sur le terme de « light ». En effet notre foie (« liver ») et nos poumons (un sens inusité du mot « lights ») ne concernent pas autrui et ils doivent rester à leur place (« don't dangling leave »), il faut donc savoir éviter les épanchements émotifs abusifs. Dans ses pièces télévisuelles cependant, Beckett porte à nu le vécu sensoriel des personnages et met les sens des spectateurs sens dessus-dessous, tournant en dérision ses propres préceptes.

Ainsi, le théâtre « de l'absurde » venu de France, présent en ses débuts au théâtre et, grâce à Adamov, à la radio, trouva finalement par l'entremise de Beckett également sa place à la télévision. Cet élargissement à d'autres médias ne s'effectua pas en France et si l'on en croit les propos de Beckett sur la BBC,[222] la Grande-Bretagne non plus n'était pas parvenue à offrir une terre d'accueil aussi chaleureuse aux expériences radiophoniques et télévisuelles de ces auteurs. La République Fédérale fut donc un moteur essentiel dans l'évolution des supports artistiques du mouvement théâtral « de l'absurde ».

---

[222] Lors d'un projet mené avec la BBC aux Ealing Film Studios, Beckett déplorait le manque de sérieux et de concentration de l'équipe technique britannique. James Knowlson : *Damned to Fame*, p. 632.

# 6 Conclusion

Clov
*Fini, c'est fini, ça va finir,*
*ça va peut-être finir.*

Samuel Beckett, *Fin de Partie*[1]

Le paysage théâtral ouest-allemand a été une culture d'accueil propice pour la renommée et la transposition scénique des pièces du répertoire français « de l'absurde ». Les auteurs dramatiques Adamov, Beckett, Genet et Ionesco, regroupés sous cette même dénomination problématique, y ont suivi des parcours individuels spécifiques et une trajectoire commune en même temps. D'une réflexion sur les modalités de la réception de ce mouvement théâtral outre-Rhin, le travail s'est orienté vers l'hypothèse d'une réception plurielle : le passage de ces œuvres de la France vers la RFA s'est fait dans un même mouvement de transfert culturel et théâtral avec des réceptions distinctes et hétérogènes.

Interrogé sur les liens entre Adamov, Ionesco et Beckett, le metteur en scène français Roger Blin expliquait percevoir comme caractéristique commune « tout au plus une osmose avec l'époque ».[2] Pourtant, les scènes ouest-allemandes ont embrassé sans sourciller ce groupe d'écrivains que l'on disait appartenir à une même mouvance théâtrale, poussées par la nécessité de trouver écoute et considération au-delà des frontières germanophones. Pour renaître, le théâtre ouest-allemand avait besoin d'exceller dans la représentation d'un ensemble d'écrivains, l'appartenance à un groupe assurait une portée médiatique plus conséquente que des auteurs épars. La fiction d'une école « de l'absurde » a ainsi permis une réception forte dans le temps en République Fédérale, où l'image d'une « vague absurde » (« absurde Welle ») déferlant sur les scènes de théâtre a marqué les esprits. Dans un article paru dans la *Frankfurter Allgemeine Zeitung* à l'occasion de la création d'*En attendant Godot* par George Tabori en 1984, le critique Hans Schwab-Felisch soulignait le potentiel d'une telle dénomination qui permettait de saisir ces œuvres :

---

[1] Samuel Beckett : *Fin de partie, suivi de Acte sans paroles I*. Paris : Éditions de Minuit 1957, p. 15.
[2] Roger Blin, cité in : René Gaudy : *Arthur Adamov*, p. 52.

> [*Warten auf Godot*] ist mit der Zeit gewachsen. Aus dem Avant-Garde Drama von damals wurde wenig später eine scheinbar modische Clownerie. Sie ließ sich einordnen ; man konnte etwas mit ihr anfangen, denn sie gehörte zur Welle des « Absurden Theaters », die sie, etwa gleichzeitig mit Ionesco und Adamov, doch erst in Bewegung gesetzt hatte.[3]

Au-delà de la théorie du transfert culturel développé par Michel Espagne et Michael Werner et du mouvement herméneutique propre à ce dernier, il y a donc lieu de considérer également les conditions de production des œuvres, autrement dit le phénomène d'aura culturelle et la fiction qui les accompagne. Le public ouest-allemand ignorait en grande partie que les auteurs du mouvement français « de l'absurde » ne se fréquentaient pas ou entretenaient pour certains des relations d'inimitié personnelle et professionnelle. En 1966, Adamov déclarait ainsi à un journaliste de la *Abendzeitung* « avoir beaucoup de respect pour Beckett, mais presque aucun pour Ionesco »[4] alors que ce dernier avait beaucoup de succès en Allemagne et particulièrement à Düsseldorf à cette époque. Mais à ses yeux, ce talent unanimement vanté était lié au goût du public allemand pour le kitsch.[5] Déçu par le manque d'attention des scènes ouest-allemandes à son égard, Adamov se lançait dans une violente diatribe dirigée contre Ionesco, le public de Düsseldorf et le théâtre ouest-allemand dans son ensemble, et détruisait l'image, courante en Allemagne, d'intellectuels français unis dans des cercles littéraires. L'interprétation ouest-allemande de ce mouvement reposait donc bien en partie sur une fiction.

Il a ainsi été nécessaire de s'intéresser en détail aux créations scéniques et à leur réception pour dégager ce qu'il y avait d'artificiel dans cette image d'un groupe d'intellectuels français. Grâce aux précisions apportées, il a été possible

---

[3] Hans Schwab-Felisch : Was bleibt, ist Warten. In : *Frankfurter Allgemeine Zeitung* (9 janvier 1984). TWS Wahn. « *En attendant Godot* a grandi avec le temps. Le drame avant-gardiste d'autrefois s'est transformé en peu de temps en une clownerie apparemment à la mode. On pouvait la classifier ; on pouvait en faire quelque chose, car elle appartenait à la ‹ vague absurde › qu'elle avait, presque simultanément avec Ionesco et Adamov, déclenchée ».

[4] Anonyme : Paris vor der Premiere von *Der Hunger und der Durst* : Lieben Sie Ionesco ? In : *Abendzeitung* (6 février 1966). TM Düsseldorf. (« Ich habe großen Respekt vor Beckett, aber vor Ionesco so gut wie gar keinen »).

[5] Ibid. : « Allerdings – und besonders in Ihrem Lande, und ganz besonders in einer Stadt mit dem Namen Düsseldorf. Das ist eine Stadt – ich will nicht das Wort snobistisch gebrauchen wie die Dummköpfe, sondern eher das englische Wort ‹ cheap › (billig) oder das deutsche Wort ‹ kitschig ›. Düsseldorf ist eine schrecklich kitschige Stadt ». « Et comment – et notamment dans votre pays, et tout particulièrement dans une ville qui a pour nom Düsseldorf. C'est une ville – je ne veux pas utiliser le mot ‹ snob › comme le font les imbéciles, mais plutôt le mot anglais de ‹ cheap › (bon marché) ou le mot allemand de ‹ kitsch ›. Düsseldorf est une ville terriblement kitsch ».

d'établir des différences majeures entre les réceptions de ces quatre écrivains, ce qui a permis d'éviter les écueils d'une vision globalisante ou la fiction d'une réception homogène. Les résultats de cette étude montrent en effet que chaque auteur, à l'image de droites parallèles, évoluait dans l'espace théâtral sans jamais véritablement croiser ses confrères. La vision scientifique de cette étude a été de séparer la fiction de la réalité, mettant au jour la tension entre le mouvement commun d'auteurs appartenant à un groupe prétendu homogène et les chemins individuels suivis en réalité par chacun d'entre eux. Le schéma linéaire tel qu'il a été utilisé au sein de ce travail fait donc défaut à l'évolution distincte et souple de la réception des pièces d'Adamov, Beckett, Genet et Ionesco en République Fédérale.

Bien qu'il soit de ce fait délicat de poser des conclusions unanimes et univoques, il y a lieu de s'interroger sur la possibilité d'une trajectoire collective, de s'efforcer de trouver des dénominateurs communs et des tendances parallèles dans ces différentes réceptions. Les traits prédominants de chaque bloc chronologique esquissés ci-dessous retracent les étapes essentielles d'un tel mouvement conjoint.

Alors que le théâtre allemand se trouvait en 1945, à la mesure du pays tout entier, dans un état de délabrement physique et moral sans précédent après douze ans de national-socialisme, il procéda à sa lente reconstruction par l'intégration forte et paradoxale des représentants principaux d'un nouveau théâtre d'avant-garde en provenance de France. La découverte de ces auteurs était le fait de multiples médiateurs et passeurs entre les deux pays, les éditeurs et traducteurs jouant un rôle décisif en la matière. Le rapprochement entre les deux ennemis d'hier profitait grandement de ces initiatives personnelles. Des hommes politiques ou des hommes de lettres allemands avaient leur part dans cette réception, puisqu'ils organisaient des festivals et invitaient des troupes théâtrales et des personnalités littéraires françaises chez eux. Enfin, les auteurs eux-mêmes étaient à l'origine de nombreux échanges. Adamov par exemple tissa des liens entre hommes de théâtres français et allemands et, par ses traductions, fit découvrir aux lecteurs français des œuvres-phares du théâtre allemand contemporain. En Allemagne de l'Ouest, en Suisse et en Autriche, les éditeurs mettaient les pièces des quatre auteurs en bonne place dans leur catalogue et œuvraient pour une diffusion rapide. Soucieux de la qualité du texte allemand, ils faisaient appel à une nouvelle génération de traducteurs et multipliaient les contacts avec les auteurs pour une adéquation maximale avec l'œuvre originale.

Les pièces françaises entrèrent en deux temps au répertoire des théâtres ouest-allemands. Elles apparurent en premier lieu à l'affiche de petites scènes expérimentales et ces créations à fort retentissement entraînèrent, dans un second temps, une large diffusion dans les grands théâtres. Seule l'œuvre de Beckett fut directement jouée dans l'un des théâtres majeurs de Berlin-Ouest, au Schloßpark-Theater, avec la première allemande d'*En attendant Godot* le 8 septembre 1953. À la fin des années 1950, les œuvres de ces quatre auteurs avaient toutes été découvertes et jouées sur des scènes petites et grandes, leur succès et les scandales qui parfois les accompagnaient variant selon les pièces, les années et les lieux de représentation.

Après cette première phase de découverte débuta la période des grandes mises en scène. Celles-ci étaient contemporaines à la montée du théâtre documentaire, développé par des écrivains germanophones et dont la portée politique semblait mettre en péril le maintien du succès des œuvres avant-gardistes françaises. Or, contre toute attente, le théâtre de Beckett, Ionesco et Genet, dorénavant qualifié d'« absurde » à la suite de la parution de l'essai de Martin Esslin en 1961, parvint à pleinement s'épanouir en République Fédérale. Seule l'œuvre d'Adamov, sujette dès 1955 à une réorientation stylistique et idéologique profonde, suivit une trajectoire spécifique en RDA, ce qui freina considérablement la réception de l'écrivain en RFA. La conciliation de trois phénomènes permit à ces auteurs de se maintenir à l'affiche des théâtres au cours des années 1960. Les créations étaient de plus en plus riches de détails, les décors et costumes adaptés, et la durée de certaines représentations en faisaient de véritables événements théâtraux. Il n'était pas rare que deux créations de la même pièce soient montées en même temps dans deux grands théâtres par des metteurs en scène de renom. De plus, il arrivait que les scènes ouest-allemandes se trouvent aux premières loges du théâtre européen, profitant d'un traitement de faveur de la part des écrivains puisque ceux-ci leur accordaient le droit de représenter certaines pièces en créations mondiales. Se mesurant au paysage théâtral français, le théâtre ouest-allemand devança alors ce dernier et entra dans l'histoire du théâtre européen grâce à des premières mondiales comme celle des *Âmes mortes* d'Adamov et de *Rhinocéros* de Ionesco en 1959, des *Paravents* de Genet en 1961 ou encore de *Comédie* de Beckett en 1963, un aspect qui a pu être ignoré mais qui fait l'intérêt du présent travail. Qui plus est, les supports artistiques variaient et l'élargissement de ce mouvement à la radio et à la télévision assura une diffusion plus large encore à certains auteurs. Une fois de plus, il s'agissait d'un processus qui mettait en valeur la vie culturelle ouest-allemande : c'est dans les locaux de la chaîne radiophonique Süddeutscher Rundfunk à Stuttgart qu'Adamov développa un important répertoire de pièces radiophoniques et que Beckett réalisa ses six pièces télévisuelles. Au regard des moyens mis en œuvre pour proposer de nouvelles lectures et formes d'expressions à ces pièces et pour laisser la parole aux auteurs eux-mêmes, les années 1960 furent pour ces derniers une glorieuse décennie en Allemagne de l'Ouest.

Entre la fin des années 1960 et le début des années 1970, le paysage théâtral ouest-allemand fut marqué par des changements structurels substantiels, liés à la survenue d'une nouvelle génération de metteurs en scène. Les œuvres de ce répertoire français n'en furent pas pour autant délaissées par les jeunes metteurs en scène, qui en proposèrent de nouvelles interprétations adaptées à leur temps. Deux lectures principales dominaient, d'une part l'amplification des portées métaphoriques des pièces et d'autre part une approche réaliste, des visions qui parfois se rejoignaient. Au cours des deux dernières décennies de la partition allemande, ce furent avant tout les créations de pièces de Beckett et de Genet qui rencontrèrent le plus de succès. Les œuvres de Ionesco, qui continuaient certes à être montées régulièrement par de petits théâtres, ne firent plus l'objet de grandes créations et seule une pièce d'Adamov fut représentée. Enfin, excepté l'œuvre dramatique de ce dernier, les pièces de Beckett, Ionesco et Genet étaient largement considérées comme des classiques du répertoire à la fin des années 1980, raison pour laquelle il a été pertinent d'analyser les mises en scène jusqu'en 1989.

Un diaporama du nombre de créations de chaque auteur entre 1949 et 1989 permet de conclure par des données factuelles précises et un retour quantitatif sur la chronologie.[6] Concernant Adamov, on recense huit créations de *L'Invasion*, six de *Ping-Pong*, six des *Retrouvailles*, trois de *Paolo Paoli*, trois de *La Parodie*, trois du *Professeur Taranne*, deux de *Tous contre tous*, deux d'*Off Limits*, une des *Âmes mortes*, une de *Comme nous avons été*, une de *La Grande et la petite manœuvre*, ainsi qu'en RDA une création de *Paolo Paoli* et une de *La Politique des restes*. *Les Âmes mortes* a été donnée en première mondiale en RFA.

Parmi les pièces de Beckett, on dénombre 143 mises en scène pour *En attendant Godot*, 72 pour *Fin de partie*, 69 pour *Oh les beaux jours*, 68 pour *La Dernière Bande*, 17 pour *Comédie*, 13 pour *Pas*, 11 pour *Cette fois*, dix pour *Pas moi*, huit pour *Acte sans paroles I*, huit pour *Va et vient*, sept pour *Souffle*, six pour *Acte sans paroles II*, six pour *Catastrophe*, six pour *Fragment de Théâtre I et II*, quatre pour *Berceuse*, trois pour *Mercier et Camier* (lecture), deux pour *Ohio Impromptu*, une pour *Tous ceux qui tombent*, une pour *Textes pour rien* (lecture), une pour *Quoi où*, une pour *Solo* et une pour *Le Dépeupleur* (lecture). Les pièces *Comédie*, *Va et vient* et *Tous ceux qui tombent* ont été données en première mondiale.

---

6 Le nombre de créations est issu de mes propres recherches. Cf. tableaux de statistiques de créations ouest-allemandes en annexe.

Pour Ionesco, on compte 113 créations pour *Les Chaises*, 72 pour *La Leçon*, 66 pour *La Cantatrice chauve*, 56 pour *Rhinocéros*, 53 pour *Le Roi se meurt*, 34 pour *Victimes du devoir*, 16 pour *Délire à deux*, 16 pour *L'Impromptu de l'Alma*, 14 pour *Le Nouveau Locataire*, dix pour *Jacques ou La soumission*, huit pour *Le Tableau*, sept pour *La Soif et la Faim*, six pour *Jeux de massacre*, six pour *La Jeune Fille à marier*, six pour *Macbett*, cinq pour *Amédée ou Comment s'en débarrasser*, cinq pour *Le Salon de l'automobile*, quatre pour *L'Avenir est dans les œufs*, trois pour *Le Piéton de l'air*, trois pour *Ce formidable bordel !*, deux pour *Tueur sans gages*, une pour *Le Maître* et une pour *L'Homme aux valises*. Les pièces *Tueur sans gages*, *Rhinocéros*, *Le Piéton de l'air*, *La Soif et la Faim*, *Jeux de massacre* ont été données en première mondiale.

Enfin, pour Genet on dénombre 103 mises en scène des *Bonnes*, 17 de *Haute Surveillance*, 15 du *Balcon*, trois des *Paravents*, deux des *Nègres* et une du ballet *'adame Miroir*. Les *Paravents* a été donnée en première mondiale.

L'analyse de ce transfert culturel s'est accompagnée d'une réflexion sur les divers facteurs qui ont assuré sa réussite et qu'il est utile de rappeler.

Dans la perspective du théâtre ouest-allemand, s'ouvrir à des écrivains d'autres nationalités après douze ans de censure et rattraper le retard en la matière a été une décision indispensable. Jouer les pièces d'auteurs francophones a permis de participer au rapprochement franco-allemand par le biais artistique et de retrouver une part active dans le dialogue théâtral européen. Qui plus est, l'absence de nouvelles pièces d'auteurs dramatiques germanophones au début des années 1950 a laissé une place libre dans les répertoires, que les auteurs avant-gardistes français sont venus combler. Au cours des années 1950 et 1960, ces œuvres ont été comprises comme des métaphores du totalitarisme et du monde moderne. Durant les deux décennies suivantes, l'apport des pièces a été reconsidéré au regard des changements socio-culturels, à travers des relectures politiques, comme dans la mise en scène d'*En attendant Godot* par Tabori, ou encore le changement des mœurs, comme le montre l'acceptation du langage des personnages de Genet qui ne déclenchait plus d'émeutes parmi les spectateurs.

De plus, ces auteurs n'ignoraient pas que les conditions de représentation de leurs œuvres étaient meilleures en République Fédérale. Leurs pièces y étaient montées dans des salles modernes et spacieuses, le financement suivait, on s'assurait d'une publicité efficace en invitant de nombreux critiques allemands ou étrangers lors des premières et les écrivains étaient chaleureusement accueillis lorsqu'ils venaient mettre en scène leurs pièces en RFA. La situation matérielle et les contacts humains étaient donc particulièrement bénéfiques pour le bon aboutissement de l'importation de leurs œuvres.

Enfin, l'engagement et la motivation des auteurs ont été un facteur de réussite majeur. La dimension multiculturelle du parcours des écrivains et le bilinguisme ou le trilinguisme de la plupart d'entre eux ont grandement facilité le rapprochement et les rapports avec les hommes de théâtre ouest-allemands. L'apport culturel et biographique de ce travail ne revêt donc pas une dimension anecdotique, mais est inséparable de l'étude sur la production et la réception des œuvres. Si la synthèse des différentes informations et pratiques s'en voit complexifiée, c'est par là même qu'est restauré l'équilibre entre les différentes dimensions des auteurs et des pièces étudiés.

Le refus des auteurs de se limiter à un seul espace théâtral et la volonté de dépasser les frontières nationales a permis à leurs œuvres d'être déplacées à travers des systèmes référentiels et des frontières géographiques, linguistiques et culturelles, alors que leur réception, lointaine dans l'espace mais immédiate dans le temps, a été soumise au passage de frontières conceptuelles. Le paysage théâtral ouest-allemand est devenu une nouvelle terre d'accueil pour ces pièces lues, jouées et reçues d'une façon autre qu'en France. Cette acception diverse des œuvres et des parcours des écrivains est profondément marquante, tant et si bien que ces auteurs dramatiques ne semblent plus pouvoir être appréhendés sans leur contrepartie, leur « doubles allemands ». Le phénomène inverse est vrai lui aussi : les scènes ouest-allemandes se sont grandement identifiées à ces auteurs, certains théâtres déclarant que leur ville jouissait d'un statut privilégié avec l'auteur, comme cela a été le cas pour Ionesco et Düsseldorf ou encore Beckett et Berlin-Ouest, qualifiée de « ville allemande de Beckett ».[7] Accueillant à bras ouverts ces écrivains, allant jusqu'à les adopter, les théâtres ouest-allemands n'ont pourtant jamais oublié qu'ils charriaient avec eux diverses langues et cultures. Les critiques dramatiques ont ainsi régulièrement rappelé aux spectateurs que le français n'était pas la langue « maternelle », mais bien la langue d'écriture de chacun des écrivains. Que leurs œuvres aient été transposées dans une langue différente encore, l'allemand, leur a apporté un enrichissement et un déplacement supplémentaire.

Le foisonnement de créations scéniques a obéi à deux mouvements différents, l'un exogène et l'autre endogène. Le premier a été extérieur aux frontières ouest-allemandes, son point de départ s'est situé dans les pays d'origine des écrivains, il est ensuite passé par la France et a trouvé son point d'arrivée en République Fédérale. Un second mouvement a animé les échanges entre les espaces de représentation à l'intérieur des frontières ouest-allemandes, débu-

---

7 Jürgen Beckelmann : Verfall, leiblich und geistig. In : *Frankfurter Rundschau* (octobre 1969). TWS Wahn. (« West-Berlin, die deutsche Beckett-Stadt »).

tant dans de petites villes comme Pforzheim (*L'Invasion* d'Adamov), Bochum (*Amédée* de Ionesco) ou Bonn (*Les Bonnes* de Genet), ou bien à Berlin-Ouest (*En attendant Godot* de Beckett), pour se répandre à un rythme plus ou moins rapide vers les autres villes ouest-allemandes. L'Allemagne a donc été la troisième grande étape dans le parcours de ces œuvres, après leur genèse créatrice dans les pays d'origine des auteurs et leur écriture en France. Cette étude s'est ainsi concentrée sur le transfert de ces écrivains de la France vers la RFA puisqu'il s'agissait de la frontière la plus poreuse et productive. En Suisse et en Autriche, ces auteurs ont eu bien moins d'impact, et en RDA il a fallu attendre le milieu des années 1980 pour que leurs pièces soient autorisées. Seul Adamov est parvenu à passer la frontière est-allemande, qui s'est pourtant rapidement refermée sur lui.

Il convient également de rappeler qu'il n'y a pas eu de mouvement inverse avec un retour vers la France. Les productions ouest-allemandes n'y ont pas été représentées, et seule la tournée parisienne au Festival des Nations de la création mondiale de *Rhinocéros* par la troupe du Düsseldorfer Schauspielhaus les 1$^{er}$ et 2 avril 1960 fait figure d'exception. Il ne serait ainsi pas étonnant que cet important succès outre-Rhin ait bousculé l'historiographie française. Après que les œuvres de Sartre, Camus, Anouilh et Giraudoux ont été montées pendant l'immédiat après-guerre, le relais assuré par celles d'Adamov, Beckett, Genet et Ionesco au cours des années 1950 a contribué à asseoir la renommée du théâtre français. En France, il n'a pas été fait grand cas de l'accueil triomphal ou de la collaboration artistique de ces écrivains dans d'autres pays. Peut-on ainsi aller jusqu'à affirmer que l'épanouissement de ce répertoire en République Fédérale a mis à mal la position dominante des créations scéniques françaises, au point que la France ait voulu oublier ou passer sous silence le succès de ces auteurs en Allemagne ? Ce travail n'est donc pas exempt d'une dimension polémique, certes non intentionnelle, mais qui contribue à l'intérêt du sujet.

Après la chute du Mur de Berlin en 1989, qui présentait une césure tant sur le plan politique que socio-culturel, le rattachement des nouveaux Länder remodela le paysage théâtral. Tandis que les théâtres est-allemands disparaissaient ou se redéfinissaient, les auteurs dramatiques est-allemands devaient s'affirmer au sein des programmations. Le transfert de ces écrivains vers les théâtres de l'Allemagne réunifiée fut accueilli avec intérêt, le caractère documentaire de leurs pièces et l'importance attribuée aux considérations politiques s'accordant avec l'air du temps. Une nouvelle piste de réflexion se dégage ainsi de ce brassage venu marquer le processus de réconciliation allemande : la question de savoir si Beckett, Ionesco et Genet sont parvenus à maintenir leur position privilégiée peut faire l'objet de recherches ultérieures. Dans cette optique, il convient de noter que l'accès au matériel archivistique de mises en scène postérieures à 1989 est plus aisé. L'élaboration de catalogues précis de productions, la présence d'archives multimédias et la proximité temporelle avec les créations facilitent grandement l'analyse. Il serait ainsi fructueux de continuer l'étude chronologique de ce transfert en l'élargissant aux théâtres de l'Allemagne réunifiée. La création en première mondiale de la pièce *Splendid's* de Genet (1993, publication posthume) le 9 mars 1994 à la Schaubühne de Berlin, dans une traduction de Peter Handke, des décors d'Eduardo Arroyo et une mise en scène de Klaus Michael Grüber, fut un événement marquant qui semble indiquer que ces auteurs récoltaient encore une attention particulière.

En somme, la réception ouest-allemande des œuvres d'Adamov, Beckett, Genet et Ionesco est marquée par un intérêt accru pour les riches expériences culturelles et linguistiques qui résultent de leur transfert. L'Allemagne de l'Ouest est parvenue à forger sa propre acception du théâtre « de l'absurde », celui d'auteurs cosmopolites aux divers héritages culturels venus relever le théâtre ouest-allemand des ruines de l'après-guerre et l'aidant à retrouver sa place en Europe.

Une volonté commune de brassage des langues et des traditions théâtrales animait des hommes de nationalités française, irlandaise, roumaine, arménienne, allemande, suisse, autrichienne et bien d'autres encore, qui avaient connu la guerre et la censure. Ces hommes n'ont pas bénéficié de subventions particulières mais ont été guidés par leur détermination, leur engagement et un regard porté au-delà des frontières du pays. Ils sont parvenus à offrir une terre d'accueil à des textes qui s'y sont épanouis à travers de nombreuses créations qui n'étaient pas limitées à la scène théâtrale, mais s'étendaient également aux univers radiophonique et télévisuel. De la part des hommes de théâtre allemands, il ne s'agissait ni de condescendance ni de culpabilité, mais peut-être d'un certain exotisme et assurément d'une remarquable ouverture d'esprit. De leur côté, les quatre écrivains ont agi en tant que véritables figures de proue, allant jusqu'à devancer les démarches de politiques culturelles françaises et ouest-allemandes et, renouant les liens avec l'ancien occupant dès l'aube des années 1950, ont préludé à un nouvel horizon européen. Cette capacité à penser en dehors des cadres nationaux constitue le caractère unique de ce mouvement et le dénominateur commun des auteurs étudiés. Le concept de théâtre « de l'absurde », artificiel et factice, ou la « vague absurde » allemande, accommodante et maniable, n'ont fait que masquer une réalité bien plus complexe. Lors de trois mises en scène de pièces de Beckett et de Ionesco au printemps 1975, le critique Benjamin Henrichs est revenu sur la chimère de cette dénomination :

> Die Rückkehr des absurden Theaters ? Bestimmt nicht. [...] Was einmal « absurdes Theater » genannt wurde, ist so tot wie schon vor Jahren. Vielleicht hat es das absurde Theater auch nie gegeben, war es immer nur eine Kritiker- und Philologenerfindung. Das Theater des Absurden, wie es Martin Esslin und andere definiert haben, war immer eine Art theatralische Theologie.[8]

Le théâtre « de l'absurde » repose essentiellement sur l'arbitraire d'une « théologie théâtrale » qui permet, sans le recours à nul autre jugement, de classer, de regrouper, de subordonner à la création d'archétypes une série d'œuvres hétérogènes, dont la force réside en ce qui n'est pas analysable. Si les différentes langues en présence sont le substrat des pièces, il a fallu s'efforcer d'aller au-delà de la surface des critères linguistiques pour considérer le théâtre non comme ordre raisonné de mots ou d'expressions, mais comme expérience sensitive : le vécu émotionnel des acteurs et des témoins de ce transfert forme ainsi le cœur silencieux de ce travail. Ce qui fait le propre des œuvres d'Adamov, Beckett, Genet et Ionesco, ce sont en effet ces expériences émotionnelles d'un côté et de l'autre de la scène, celles du spectateur et celles des médiateurs et passeurs, déployées dans un pays où on ne les aurait pas crues possibles à l'orée des années 1950 et durablement jusqu'à la chute du Mur de Berlin en 1989.

---

[8] Benjamin Henrichs : Arbeit am Spaß. In : *Die Zeit* (21 mars 1975). TWS Wahn. « Le retour du théâtre de l'absurde ? Certainement pas. [...] Ce qui a pu être nommé ‹ théâtre de l'absurde › est aujourd'hui aussi mort qu'autrefois. Peut-être que le théâtre de l'absurde n'a jamais existé, ou a seulement été l'invention de critiques et de philologues. Le théâtre de l'absurde, comme l'avaient défini Martin Esslin et d'autres, a toujours été une sorte de théologie théâtrale ».

# 7 Bibliographie

## 7.1 Sources

### 7.1.1 Collections archivistiques

#### Collections nationales

| | |
|---|---|
| ADK | Stiftung Akademie der Künste Berlin, Archiv Darstellende Kunst (Erwin-Piscator-Center, Hans-Lietzau-Archiv, Herbert-Ihering-Archiv, Boleslaw-Barlog-Archiv, Bernhard-Minetti-Archiv, Martin-Held-Archiv, Reinhard-Baumgart-Archiv, Marna-King-Sammlung, George-Tabori-Archiv, Charles-Regnier-Archiv, AdK-O, AVM) Robert-Koch-Platz 10, 10115, Berlin. |
| IMEC | Institut Mémoires de l'Édition Contemporaine (fonds Arthur Adamov ADM, fonds Roger Blin BLN) Abbaye d'Ardenne, 14280 Saint-Germain-la-Blanche-Herbe. |

#### Collections régionales et municipales

| | |
|---|---|
| SA Essen | Stadtarchiv Essen / Haus der Essener Geschichte (Bestand 615, Felsens) Ernst-Schmidt-Platz 1, 45128 Essen. |
| SA F/Main | Stadtarchiv / Institut für Stadtgeschichte Frankfurt am Main (Sammlungen S3 Ortsgeschichte, S 3/10.003, S 3/10.013) Münzgasse 9, 60311 Frankfurt am Main. |
| SA Pforzheim | Stadtarchiv Pforzheim (Bestand B46 2013–117 52, B46 2013–117 54, S3–1181) Kronprinzstr. 28, 75177 Pforzheim. |
| SA Bochum | Stadtarchiv Bochum (Beleuchtungsbücher, Kritikenarchiv) Wittenerstr. 47, 44789 Bochum. |
| SA Leipzig | Stadtarchiv Leipzig (Bestand Städtisches Theater D1299) Torgauerstr. 74, 04318 Leipzig. |
| SA Bonn | Stadtarchiv Bonn (Programmheftarchiv) Berliner Platz 2, 53111 Bonn. |
| SA Bielefeld | Stadtarchiv Bielefeld (Bestand 107,6) Kavalleriestr. 17, 33602 Bielefeld. |
| SA Celle | Stadtarchiv Celle (Programmheftarchiv, Kritikenarchiv) Westercellerstr. 4, 29227 Celle. |

#### Collections universitaires

| | |
|---|---|
| TWS Wahn | Theaterwissenschaftliche Sammlung, Institut für Medienkulturwissenschaften und Theater, Universität zu Köln (Kritikenarchiv, Programmheftarchiv, Bildarchiv) Schloß Wahn, Burgallee 2, 51147 Köln. |

https://doi.org/10.1515/9783110589184-008

| | |
|---|---|
| TS F/Main | Theatersammlung der Universitätsbibliothek J. C. Senckenberg Frankfurt am Main, Abteilung Theater und Medien (Städtische Bühnen Ffm. Schauspiel, Inszenierungsmappen) Bockenheimer Landstr. 134–138, 60325 Frankfurt am Main. |
| TS Darmstadt | Theatersammlung der Universitäts- und Landesbibliothek Darmstadt (Kritikenarchiv, Bildarchiv) Magdalenenstr. 8, 64289 Darmstadt. |

### Collections de musées de théâtre

| | |
|---|---|
| SAPA Bern | SAPA, Schweizer Archiv der Darstellenden Künste (Kritikenarchiv, Programmheftarchiv, Bildarchiv) Stadtbach, 3008 Bern. |
| TM Düsseldorf | Theatermuseum der Landeshauptstadt Düsseldorf, Dumont-Lindemann-Archiv (K.H.S Archiv, Programmheftarchiv, Kritikenarchiv, Textbucharchiv, Bildarchiv, Videoarchiv) Merowingerstr. 88, 40225 Düsseldorf. |
| TM München | Deutsches Theatermuseum München (Kritikenarchiv, Programmheftarchiv, Bildarchiv) Galeriestr. 4a, 80539 München. |
| TM Hannover | Theatermuseum Hannover (Kritikenarchiv) Prinzenstr. 9, 30159 Hannover. |

### Collections de théâtres, maisons d'édition et radios

| | |
|---|---|
| T Essen | Bühnen der Stadt Essen (Kritikenarchiv) Opernplatz 10, 45128 Essen. |
| T Pforzheim | Theater Pforzheim (Programmheftarchiv) Am Waisenhausplatz 5, 75172 Pforzheim. |
| T Celle | Schloßtheater Celle (Programmheftarchiv) Schloßplatz 1, 29221 Celle. |
| V Desch | Theater-Verlag Desch GmbH Hardenbergstr. 6, 10623 Berlin. |
| SWR | Südwestrundfunk Historisches Archiv (Nachlass Artur Müller, Korrespondenz mit Autoren, Korrespondenz Heißenbüttel, Radio Essay Korrespondenz, Hörspieldramaturgie, Manuskripte, Tonbandaufnahmen) Neckarstr. 230, 70190 Stuttgart. |

### Collections privées

| | |
|---|---|
| CP Stroux | Collection privée de Madame Eva Stroux. |
| CP Tophoven | Collection privée de Madame Erika Tophoven. |
| CP Stauffacher | Collection privée de Monsieur Daniel Stauffacher. |

## Correspondances et entretiens

| | |
|---|---|
| Andreas J. Meyer | Entretien réalisé le 9 septembre 2013 à Gumpendorf. Correspondance entre le 7 août 2013 et le 13 avril 2014. |
| Christine Razum | Correspondance entre le 13 avril et le 15 mai 2014. |
| Daniel Stauffacher | Entretien réalisé le 6 mai 2014 à Zurich. |
| Eva Stroux | Entretiens réalisés le 19 février 2010, le 23 novembre 2013 et le 2 avril 2014 à Düsseldorf. |
| Stephan Stroux | Entretien réalisé le 12 décembre 2013 à Berlin. |
| Erika Tophoven | Entretien réalisé le 9 janvier 2014 à Berlin. |

## 7.1.2 Documents inédits

### Articles de presse

### Articles anonymes, classés par date

Anonyme : Von einer deutschen Erstaufführung. In : *Württembergisches Abendblatt Pforzheim* (23 février 1952). TWS Wahn.

Ha. : Paris – Brüssel – Pforzheim. In : *Württembergisches Abendblatt Pforzheim* (3 mars 1952). TWS Wahn.

By : Aus der Rumpelkammer der Seele. In : *Deutsche Zeitung* (5 mars 1952). TWS Wahn.

Anonyme : *Wir warten auf Godot* : Westdeutsche Erstaufführung im Badischen Staatstheater. In : *Badische Neueste Nachrichten* (8 septembre 1953). TWS Wahn.

L. M. : Handlung Fehlanzeige. In : *Spandauer Volksblatt* (10 septembre 1953). CP Stroux.

Dr. St. : Diagnose der Zeit und Ruf zur Umkehr. *Wir warten auf Godot* im Kölner Studio. In : *Kölner Rundschau* (22 novembre 1953). TWS Wahn.

E. H. : « Circulus vitiosus » der Angst und Verfolgung. In : *Pforzheimer Kurier* (23 novembre 1953). SA Pforzheim, B46 2013–117 54.

Ha. : *Alle gegen alle* – ein Spiegelbild unserer Zeit. In : *Pforzheimer Zeitung* (23 novembre 1953). SA Pforzheim, B46 2013–117 54.

Dr. I. P. : Endloses Spiel der Menschheit. In : *Westdeutsche Rundschau* (12 janvier 1954). TWS Wahn.

Hs. : Nochmals *Warten auf Godot*. In : *Rheinpfalz* (12 février 1954). TWS Wahn.

Anonyme : *Abendzeitung* (2 juin 1954). TWS Wahn.

H. W. : Adamovs *Ping-Pong*. In : *Hamburger Abendblatt* (7 décembre 1955). ADK Berlin, Hans-Lietzau-Archiv 169.

B. E. : *Ping-Pong* im Steglitzer Schloßpark-Theater. In : *BZ am Abend*, Berlin-Ost (1er février 1956). ADK Berlin, Hans-Lietzau-Archiv 169.

Anonyme : Pfiffe in Darmstadt. In : *Der Spiegel* (15 mai 1957). TWS Wahn.

Anonyme : *Die Hausmädchen* in Bonn erstaufgeführt. In : *Hanauer Anzeiger* (1er août 1957). TWS Wahn.

H. : Ionesco vor den Toren. In : *Darmstädter Echo* (12 mars 1958). TS Darmstadt.

W. W. : Ein Realist aus Paris. In : *Hamburger Echo* (23 février 1959). TWS Wahn.

E. M. : In den Spielplan 1959/60 aufgenommen : Arthur Adamovs Schauspiel *Paolo Paoli*. In : *Sächsisches Tageblatt Leipzig* (5 août 1959). IMEC, ADM 15.10.

S. : Nur einer will kein Nashorn sein. In : *Westfälische Rundschau* (16 novembre 1959). TM Düsseldorf.
Anonyme : Nur der Durchschnitt zählt. In : *Vorwärts* (12 décembre 1959). TM Düsseldorf.
Anonyme : Unfrei nach Gogol. In : *Der Spiegel* (16 décembre 1959). TWS Wahn.
Anonyme : Die Düsseldorfer *Nashörner* in Berlin. In : *Rheinische Post* (4 octobre 1960). TM Düsseldorf.
Vh. : Jede neue Inszenierung ist ein neues Examen. In : *Abendpost* (9 mars 1962). TS F/Main, Schauspiel, Inszenierungsmappen, Spielzeit 1961/62, Mappe 8A.
E. K-r : Balkon zwischen Schein und Nichts. In : *Frankfurter Rundschau* (2 avril 1962). TWS Wahn.
I. : In der Spiegelwelt der Illusionen. In : *Hanauer Anzeiger* (6 avril 1962). TWS Wahn.
G. R. : Wer gähnt da ? Eine Diskussion über Genets *Balkon* im Kleinen Haus. In : *Frankfurter Allgemeine Zeitung* (30 avril 1962). SA F/Main. Sammlungen S3 Ortsgeschichte, S 3/ 10.013.
Hpr : *Balkon*-Diskussion. Genet-Stück im Kreuzfeuer. In : *Frankfurter Nachtausgabe* (30 avril 1962). TS F/Main, Schauspiel, Inszenierungsmappen, Spielzeit 1961/62, Mappe 8A.
O. T. : Düsseldorf. In : *Théâtre. Drame, musique, danse* n° 40 (février 1963). TM Düsseldorf.
Gk. : Gespräch über Samuel Becketts *Spiel*. In : *Schwäbische Donauzeitung* (14 juin 1963). TWS Wahn.
F. H. : Der «Jedermann» des Atomzeitalters. In : *Hamburger Morgenpost* (19 novembre 1963). TWS Wahn.
I. F. : Ionesco im Schauspielhaus. In : *Rheinische Post* (2 mars 1964). TM Düsseldorf.
J. Sch. : Die Kritiker streiten. In : *Der Mittag* (6 janvier 1965). TM Düsseldorf.
Anonyme : Paris vor der Premiere von *Der Hunger und der Durst* : Lieben Sie Ionesco ? In : *Abendzeitung* (6 février 1966). TM Düsseldorf.
Anonyme : Gast aus Frankreich lobt Berufsgewissen der Mimen. In : *Essener Tageblatt* (9 novembre 1967). IMEC, BLN 1.3.
Cl : Plötzlich saß Genet im Parkett des Theaters. In : *WAZ* (17 novembre 1967). SA Essen, Bestand 615.
Anonyme : So ist das Leben, man stirbt. In : *Düsseldorfer Nachrichten* (26 janvier 1970). TM Düsseldorf.
Anonyme : *Triumph des Todes*. In : *Neue Züricher Zeitung* (27 janvier 1970). TM Düsseldorf.
N. : Vergilbter Ulk. In : *Düsseldorfer Nachrichten* (27 avril 1970). TM Düsseldorf.
B. K. : Die Kirchenzeitung fordert den Kopf des Intendanten. In : *TZ* (17 novembre 1976). ADK Berlin, Marna-King-Sammlung 124.
Anonyme : Jesuit half dem Intendanten. In : *Aachener Volkszeitung* (30 octobre 1978). TWS Wahn.
Gbs. : Audienz bei Herrn Minetti. In : *Wiesbadener Tageblatt* (6 octobre 1987). ADK Berlin, Bernhard-Minetti-Archiv 2148.

## Articles signés, classés par ordre alphabétique

Adamov, Arthur : *Frühling 1971*. Vier Bilder und zwei Guignols aus dem dritten Akt. In : *Sinn und Form*, Berlin (mars 1961), p. 420–438. ADK Berlin, AdK-O 0057.
– : Gespräch mit Wilhelm Girnus. In : *Sinn und Form*, Berlin (janvier–février 1965), p. 98–101. ADK Berlin, AdK-O 0057.
– : *Heiliges Europa*. In : *Sinn und Form*, Berlin (janvier 1968), p. 54–133. ADK Berlin, AdK-O 0057.

Aichinger, Gerhard : Keine Auskunft über Godot. In : *Rheinischer Merkur* (21 mars 1975). TWS Wahn.

Allio, René : Arthur Adamov, Roger Planchon, René Allio : Wie stehen wir zu Brecht ? In : *Sinn und Form*, Berlin (mai–juin 1961), p. 938–947. ADK Berlin, AdK-O 0057.

Amerbacher, Kurt : *Die Invasion* von Arthur Adamov. In : *Schwarzwälder Bote* (3 mars 1952). SA Pforzheim, B46 2013–117 52.

Anouilh, Jean : *Godot* ou le Sketch des *Pensées* de Pascal traité par les Fratellini. In : *Arts* n° 400 (27 février 1953–5 mars 1953). CP Stroux.

Bablet, Marie-Louise : Du *Rhinocéros* français à l'allemand. In : *La Tribune de Genève* (2 avril 1960). TM Düsseldorf.

Bachmann, Claus-Henning : Ionesco baut eine Brücke. In : *Deutsches Volksblatt Stuttgart* (19 décembre 1962). TM Düsseldorf.

Balduin : Zurück nach Mainz. In : *Ruhr Nachrichten* (20 novembre 1967). SA Essen, Bestand 615.

Baroni, Walter : *Die Invasion* – ein gelungenes Wagnis. In : *AZ* (3 mars 1952). SA Pforzheim, B46 2013–117 52.

Baukloh, Friedhelm : « Schluß mit dem Unterhaltungstheater ». In : *Aachener Nachrichten* (26 août 1957). TWS Wahn.

– : Ionesco – Erbe Chaplins. In : *Echo der Zeit Recklinghausen* (23 décembre 1962). TM Düsseldorf.

Baumgart, Reinhard : Zerstörtes Leben, zu schöne Zerstörung. In : *Süddeutsche Zeitung* (3 octobre 1972). ADK Berlin, Reinhard-Baumgart-Archiv 83.

– : Vorsicht, die Komödianten kommen. In : *Der Spiegel* n° 5 (1984). ADK Berlin, Reinhard-Baumgart-Archiv 97.

Beckelmann, Jürgen : Verfall, leiblich und geistig. In : *Frankfurter Rundschau* (octobre 1969). TWS Wahn.

Beckmann, Heinz : Vorbeugender Beifall für Genet. In : *Rheinischer Merkur* (24 novembre 1967). SA Essen, Bestand 615.

Berndt, Hans : Wortschlangen ins Nichts. In : *Weser-Kurier* (19 novembre 1963). TWS Wahn.

Borngässer, Rose-Marie : *Pingpong* mit Pausen. In : *Die Welt* (6 janvier 1984). TM München.

Buckwitz, Harry : Theater im Umbruch. In : *Frankfurter Rundschau* (11 décembre 1963). SA F/Main. Sammlungen S3 Ortsgeschichte, S 3/10.003.

Buschkiel, Jürgen : *Alle gegen alle*. Adamov spart nicht mit Effekten. In : *Die Welt* (24 novembre 1953). TWS Wahn.

Castagne, Helmut : Kein Schock durch den *Balkon*. In : *Frankfurter Neue Presse* (2 avril 1962). TWS Wahn.

Clément, Alain : Création triomphale à Düsseldorf du *Rhinocéros* d'Eugène Ionesco. In : *Le Monde* (7 novembre 1959). TM Düsseldorf.

De Haas, Helmut : Sei der letzte Mensch – kapituliere nie. In : *Die Welt* (2 novembre 1959). TM Düsseldorf.

– : Heiter beginnt es – dann die Apokalypse. In : *Die Welt* (19 décembre 1962). TM Düsseldorf.

Drews, Wolfgang : Pfiffe in den Kammerspielen. In : *Frankfurter Allgemeine Zeitung* (31 mars 1954). TWS Wahn.

Eichholz, Armin : Ist das die Wende in Becketts Warte-Raum ? In : *Münchner Merkur* (7–8 janvier 1984). TM München.

Emigholz, Erich : Am König vorbei. In : *Bremer Nachrichten* (19 novembre 1963). TWS Wahn.

– : Abrechnung mit Sein und Zeit. In : *Bremer Nachrichten* (26 mai 1973). ADK Berlin, Bernhard-Minetti-Archiv 2147.
Feiler, Max Christian : Fritz Kortner inszeniert *Warten auf Godot*. In : *Münchner Merkur* (29 mars 1954). TWS Wahn.
Fischbach, Ute : *Warten auf Godot*, in München. In : *Münchner Merkur* (4 janvier 1984). TM München.
Fischbad, Emil : Lettre non titrée au Schloßpark-Theater. In : *Tagesspiegel* (12 avril 1959). TWS Wahn.
Fischer, Thea : Pariser Esprit und Bochumer Schliff. In : *Westfälische Rundschau* (27 mars 1956). SA Bochum.
Grack, Günther : Der Ruf der Wildnis. In : sans indication de lieu de parution de l'article (4 octobre 1960). TM Düsseldorf.
– : Auf dem Weg zur Endstation. In : *Der Tagesspiegel* (3 octobre 1976). TWS Wahn.
– : Die Schwarzen und die Weißen. In : *Tagesspiegel* (21 juin 1983). ADK Berlin, Marna-King-Sammlung 344.
Grindel, Gerhard : Bittere Gewohnheit des Daseins. In : *Der Abend* (9 septembre 1953). CP Stroux.
Groos, Georg : Der Dichter, der das Böse will. In : *Christ und Welt* (2 juin 1961). TWS Wahn.
Hahn, Eduard : *Die Invasion* – eine deutsche Erstaufführung. In : *Pforzheimer Kurier* (3 mars 1952). SA Pforzheim, B46 2013–117 52.
Hansen, Frank : Der skandalöse Herr Ionesco.. In : *Die andere Zeitung* (23 mai 1957). TWS Wahn.
Hehn, Roland : Roger Blin in Deutschland. In : *Frankfurter Rundschau* (20 novembre 1967). SA Essen, Bestand 615.
Henrichs, Benjamin : Arbeit am Spaß. In : *Die Zeit* (21 mars 1975). TWS Wahn.
– : Der Zauberer im Sarg. In : *Die Zeit* (24 juin 1983). ADK Berlin, Marna-King-Sammlung 344.
Hensel, Georg : Theaterschau des Westens. In : *Darmstädter Echo* (12 septembre 1953). CP Stroux.
– : Angenehmes Alpdrücken. In : *Darmstädter Echo* (16 avril 1958). TS Darmstadt.
– : Haß : die Antwort auf Haß. In : *Darmstädter Echo* (1er juin 1964). TS Darmstadt.
– : Nochmals *Die Wände* von Genet. In : *Darmstädter Echo* (24 février 1968). ADK Berlin, Hans-Lietzau-Archiv 86.
– : Noch warten auf Godot ? In : *Frankfurter Allgemeine Zeitung* (10 mars 1975). TWS Wahn.
– : Die Bordellwelt als Weltbordell. In : *Frankfurter Allgemeine Zeitung* (21 mars 1983). ADK Berlin, Bernhard-Minetti-Archiv 2448.
– : Schönheit des Hasses. In : *Frankfurter Allgemeine Zeitung* (20 juin 1983). ADK Berlin, Marna-King-Sammlung 344.
– : Jenseits vom Glück. In : *Frankfurter Allgemeine Zeitung* (6 octobre 1987). ADK Berlin, Bernhard-Minetti-Archiv 2148.
Hübner, Paul : Auch Hans ohne Glück ist ein Spaziergänger der Luft. In : sans indication de lieu ni de date de parution. TM Düsseldorf.
– : Vielleicht werden die Gärten ... die Gärten ... In : *Rheinische Post* (17 décembre 1962). TM Düsseldorf.
– : Pestkarren mit Blaulicht. In : sans indication de lieu de parution de l'article (13 février 1970). TM Düsseldorf.
Iden, Peter : Das Abenteuer des Spiels. In : *Frankfurter Rundschau* (9 juin 1973). ADK Berlin, Bernhard-Minetti-Archiv 2147.
– : Träumend ... von Liebe. In : *Frankfurter Rundschau* (10 octobre 1978). TWS Wahn.

– : Abgegangen, schon vor langem. In : *Frankfurter Rundschau* (6 octobre 1987). ADK Berlin, Bernhard-Minetti-Archiv 2148.
Ihering, Herbert : Literatur oder Unterhaltung ? In : *Der Sonntag* (25 décembre 1955). TWS Wahn.
– : Chaplin, Brecht, Adamov. In : *Die Andere Zeitung* (16 avril 1959). ADK Berlin, Herbert-Ihering-Archiv 6400.
Ionesco, Eugène : Stroux. In : *Cahiers Renaud-Barrault* n° 61 (mai 1967). CP Stroux.
Jacobi, Johannes : Ionescos *Mörder ohne Bezahlung*. In : *Die Zeit* (24 avril 1958). TWS Wahn.
– : Nun auch synchronoptisches Theater. In : *Der Tagesspiegel* (1$^{er}$ avril 1959). TWS Wahn.
– : Beckett in Berlin. In : *Die Zeit* (6 octobre 1967). TWS Wahn.
– : Saint Genet im Kohlenpott. In : *Der Tagesspiegel* (6 décembre 1967). TWS Wahn.
Jansen, Hans : So ist das Leben : man stirbt. In : *Westdeutsche Allgemeine* (26 janvier 1970). TM Düsseldorf.
Jenny, Urs : Theatralische Totenfeste. In : *Der Spiegel* (27 juin 1983). TWS Wahn.
Kaiser, Joachim : Ionesco und kein Ende. In : *Süddeutsche Zeitung* (16 avril 1958). TWS Wahn.
– : Ionescos Höhenflug ins politische Theater. In : *Süddeutsche Zeitung* (17 décembre 1962). TM Düsseldorf.
– : König Becketts Kraft. In : *Süddeutsche Zeitung* (28 septembre 1967). TWS Wahn.
– : Was man tut, wenn man nichts tut. In : *Süddeutsche Zeitung* (7–8 janvier 1984). TM München.
Karasek, Hellmuth : Beckett inszeniert Beckett. In : *Die Zeit*, sans indication de date de parution de l'article. ADK Berlin, Martin-Held-Archiv 71.
– : Dramen ohne Dialog. In : sans indication de lieu de parution de l'article (20 juin 1963). TWS Wahn.
Karsch, Walther : Literarischer Erfolg im Schloßpark-Theater. In : *Der Tagesspiegel*, sans indication de date de parution de l'article. TWS Wahn.
– : Theater ohne Handlung. In : *Rheinische Post* (11 septembre 1953). CP Stroux.
– : Das Haus der Illusionen. In : *Der Tagesspiegel* (26 mars 1959). TWS Wahn.
– : Ganoven – Nashörner – Liebesleute – Literaten. In : *Der Tagesspiegel* (7 février 1960). TM Düsseldorf.
– : Ein Sieg des poetischen Theaters. In : *Der Tagesspiegel* (21 mai 1961). ADK Berlin, Hans-Lietzau-Archiv 133.
– : Beckett inszeniert Beckett. In : *Tagesspiegel* (28 septembre 1967). TWS Wahn.
Kaul, Walter : Algerisches Requiem in Steglitz. In : *Kurier-Kritik* (20 mai 1961). ADK Berlin, Hans-Lietzau-Archiv 133.
Kayser, Beate : Wer wissen will, was ein Anarchist ist – bei Genet kann er es lernen. In : *TZ* (13 octobre 1976). TWS Wahn.
Kersten, Hans Ulrich : Überflüssiger Import. In : *Münchner Merkur*, sans indication de date de parution de l'article. ADK Berlin, Hans-Lietzau-Archiv 169.
Kesting, Marianne : Das Theater der Grausamkeit. In : *Die Zeit* (24 novembre 1967). SA Essen, Bestand 615.
Koegler, Horst : Germany. In : *Plays and Players*, London (janvier 1960). TM Düsseldorf.
Kolb, Ingrid : *Wände* mit 17 Bildern. In : *Münchner Merkur* (9 février 1968). ADK Berlin, Hans-Lietzau-Archiv 86.
Königsberger, Otto : Ein Totentanz in Algerien. In : *Ruhr Nachrichten* (20 novembre 1967). SA Essen, Bestand 615.

Kotschenreuther, Hellmut : Geschäfte mit Katzenjammer. In : *Neue Rhein-Zeitung-Düsseldorf* (3 octobre 1957). ADK Berlin, Bernhard-Minetti-Archiv 2153.
– : Tritte von damals. Berlin : Beckett inszenierte Beckett. In : *Abendpost-Nachtausgabe* (5 octobre 1976). TWS Wahn.
Krämer-Badoni, Rudolf : Wenn alles gleichgültig geworden ist. In : *Die Welt* (6 octobre 1987). ADK Berlin, Bernhard-Minetti-Archiv 2148.
Lennig, Walter : Jeder gibt seinem irren Affen Zucker. In : *Sonntagsblatt* (11 juin 1961). TWS Wahn.
Lenoir, Jean-Pierre : Düsseldorf sees Ionesco Drama. In : *The New York Times* (19 janvier 1965). TM Düsseldorf.
Lietzau, Hans/Wendt, Ernst : Der Terrorist des Träumens. Zum Tode Jean Genets : Die Regisseure Hans Lietzau und Ernst Wendt. In : sans indication de lieu de parution de l'article (17 avril 1986). ADK Berlin, Hans-Lietzau-Archiv 1202.
Lietzmann, Sabina : Im Groschengrab begraben. In : *Frankfurter Allgemeine Zeitung* (8 décembre 1955). ADK Berlin, Hans-Lietzau-Archiv 169.
– : Im Salon der Illusionen. In : *Frankfurter Allgemeine Zeitung* (21 mars 1959). ADK Berlin, Hans-Lietzau-Archiv 145.
Lober, H. : Der Mensch entrinnt seinem Schicksal nicht. In : *Hamburger Echo* (18 novembre 1963). TWS Wahn.
Lohmann, Gerda : Lettre non titrée au Schloßpark-Theater. In : *Tagesspiegel* (12 avril 1959). TWS Wahn.
Luft, Friedrich : Vier Männer in steifen Hüten. In : *Die Neue Zeitung* (10 août 1953). TWS Wahn.
– : Kafka und die schlimmen Folgen. In : *Die Welt* (7 décembre 1955). ADK Berlin, Hans-Lietzau-Archiv 169.
– : Kafka, zweite Hand. In : *Süddeutsche Zeitung* (10–11 décembre 1955). TWS Wahn.
– : Wieder das gleiche Grauen, die gleiche Leere. In : *Die Welt* (2 octobre 1957). TWS Wahn.
– : Er zeigt die Faszination der Verdammnis. In : *Die Welt* (23 mai 1961). TWS Wahn.
– : Beckett contra Beckett. In : *Die Welt* (28 septembre 1967). TWS Wahn.
– : Die Erde könnte unbewohnt sein. In : *Die Welt* (7 octobre 1969). ADK Berlin, Martin-Held-Archiv 71.
– : Wollte Samuel Beckett das Theater widerlegen ? In : *Die Welt* (21 septembre 1971). TWS Wahn.
– : Enträtselter Beckett – rätselhaft. In : *Die Welt* (10 mars 1975). TWS Wahn.
– : Botschaften Becketts in Berlin. In : *Die Welt* (4 octobre 1976). TWS Wahn.
– : Tragische Arabesken überlassen ihre Deutung dem Zuschauer. In : *Berliner Morgenpost* (8 octobre 1978). TWS Wahn.
– : Das Böse weggebügelt. In : *Süddeutsche Zeitung* (21 mars 1983). ADK Berlin, Bernhard-Minetti-Archiv 2448.
Luyken, Sonja : Adamov in Celle : Kontaktlosigkeit vor ehrwürdiger Kulisse. In : *Abendpost Frankfurt* (21 mars 1958). SA Celle.
Melchinger, Siegfried : Ionesco und die Ionescose. In : *Stuttgarter Zeitung* (16 avril 1958). TWS Wahn.
Menck, Clara : Arthur Adamovs *Invasion*. In : *Die Neue Zeitung* (3 mars 1952). TWS Wahn.
Michaelis, Rolf : Triumph in Trauer. In : *Frankfurter Allgemeine Zeitung* (8 octobre 1968). ADK Berlin, Martin-Held-Archiv 71.
– : Die Sanduhr schlägt zur letzten Stunde. In : *Frankfurter Allgemeine Zeitung* (21 septembre 1971). TWS Wahn.

– : Beckett revidiert Beckett. In : *Die Weltwoche* (12 mars 1975). TWS Wahn.
– : Sichere Landung eines Traumteppichs. In : *Die Zeit* (29 octobre 1976). ADK Berlin, Marna-King-Sammlung 124.
– : Rundes Dreieck. In : *Die Zeit* (13 octobre 1978). TWS Wahn.
Minder, Irmeli : Vor Filmkarriere in Goldstadt Anker geworfen. In : *Pforzheimer Zeitung* (10 août 1989). SA Pforzheim, S3–1181.
Moschner, Manfred : Beklemmendes Spiel um gefesselten Tantalus. In : sans indication de lieu ni de date de parution. TM Düsseldorf.
Nennecke, Charlotte : Terror-Akte auf der Bühne. In : *Süddeutsche Zeitung* (9 février 1968). TWS Wahn.
Neukirchen, Alfons : Untersuchung eines Theaterskandals. In : *Düsseldorfer Nachrichten* (10 mai 1957). TWS Wahn.
– : Ein einziger wird nicht zum Nashorn. In : *Rheinische Post* (3 novembre 1959). TM Düsseldorf.
– : Der Tod des Königs Jedermann. In : *Düsseldorfer Nachrichten* (18 novembre 1963). TM Düsseldorf.
– : Verblichenes Parolentheater. In : *General-Anzeiger Wuppertal* (2 octobre 1972). TM Düsseldorf.
Niehoff, Karena : Weiß wie Neger, schwarz wie Schnee. In : *Süddeutsche Zeitung* (21 juin 1983). ADK Berlin, Marna-King-Sammlung 344.
Nillius, Manfred : Kraftvolles Spiel mit wenig Unbedingtheit. In : *Die Wahrheit* (21 juin 1983). TWS Wahn.
Nolte, Jost : Es ist nicht alles Adamov, was man so nennt. In : *Die Welt* (18 mars 1958). SA Celle.
Nyssen, Leo : In den Kammerspielen : Die Komik des Absurden. In : *Ruhr Nachrichten* (27 mars 1956). SA Bochum.
Omansen, Willibald : Es war keine Offenbarung. In : *Westdeutsche Allgemeine Zeitung* (7 décembre 1955). ADK Berlin, Hans-Lietzau-Archiv 169.
Otte, P. A. : Außenseiter der Gesellschaft. In : *Bild-Zeitung* (28 mars 1959). ADK Berlin, Hans-Lietzau-Archiv 145.
Petz, Thomas : Trauerarbeit – für ein richtiges Theater. In : *Süddeutsche Zeitung* (22 octobre 1976). TM München.
Plunien, Eo : Theater als reine Poesie. In : *Die Welt* (18 novembre 1967). SA Essen, Bestand 615.
Reck-Malleczewen, Juliane : München erlebte *Warten auf Godot*. In : *Neue Presse* (2 avril 1954). TWS Wahn.
Ritter, Heinz : Keine Angst vor Beckett. In : *Der Abend* (27 septembre 1967). TWS Wahn.
– : Schiller-Theater : *Der Balkon* (Genet). In : *Galerie des Theaters*, Rundfunkkritik, Neue Folge 871 (20 mars 1983). ADK Berlin, Bernhard-Minetti-Archiv 2448.
Roßmann, Andreas : Spiel im Spiel und Wirklichkeit. In : *Sonntags Blatt* (26 juin 1983). TWS Wahn.
Ruppel, K. H. : Kasperltheater der Weltangst. In : *Süddeutsche Zeitung* (8 mai 1957). TWS Wahn.
Salmony, George : Jean Genets *Die Wände* im Staatsschauspiel : Hans Lietzaus Höllenfahrt. In : *AZ-Feuilleton* (12 février 1968). ADK Berlin, Hans-Lietzau-Archiv 86.
– : Hans Lietzau inszenierte Genet und Anouilh. In : *AZ* (18 juin 1969). TM München.
– : Im Tollhaus der Illusionen. In : *Abendzeitung* (22 octobre 1976). TWS Wahn.

Schäble, Gunter : Schwarz geschminkt. In : *Stuttgarter Zeitung* (2 juin 1964). TWS Wahn.
Schäfer, E. G. : Genet wurde Genet gestohlen. In : *Kieler Nachrichten* (23 mai 1961). TWS Wahn.
Schimming, Wolfgang : Seltsames *Ping-Pong*. In : *Rheinische Post* (14 décembre 1955). TWS Wahn.
– : Algerienkrieg als Bühnendrama. In : *Rheinische Post* (24 mai 1961). TWS Wahn.
Schmidt, Hannes : Provokation der Normalen. In : *Frankfurter Rundschau* (15 août 1957). TWS Wahn.
– : Wer will, der kann – fliegen ! In : *NRZ* (17 décembre 1962). TM Düsseldorf.
– : Ein Mandarin aus Paris. In : *Die Volksbühne Düsseldorf* n° 2 (1962–1963), p. 4–5. TM Düsseldorf.
– : *Die Wände* in Essen – hart an einem Theaterskandal vorbei. In : *NRZ* (20 novembre 1967). SA Essen, Bestand 615.
– : Sag mir, wo die Witze sind.. In : *NRZ* (27 avril 1970). TM Düsseldorf.
Schmidt, Jochen : Düsseldorf, *Off-Limits* (Adamov). In : *Galerie des Theaters*, Sender Freies Berlin, Neue Folge 313, sans indication de date de parution de l'article, TM Düsseldorf.
Schmieding, Walther : Bitte nicht zu wehe tun. In : *Ruhr Nachrichten* (29 décembre 1959). TM Düsseldorf.
Schnabel, Dieter : Reportage eines liederlichen Lebens. In : *Bonner Rundschau* (19 juin 1963). TWS Wahn.
Schneiders, Heinz-Ludwig : Faszination des Spiegelbildes. In : *Handelsblatt Düsseldorf* (22 décembre 1964). TWS Wahn.
Schödel, Helmut : Das Glück am Ende des Tunnels. In : *Die Zeit* (13 janvier 1984). TWS Wahn.
Schreiber, Ulrich : Ein Schritt in die Gegenwart. In : *Frankfurter Rundschau* (4 octobre 1972). TWS Wahn.
Schröter, Werner H. : Genets *Wände* oder Unmaß für Unmaß. In : *Essen Revue* n° 7 (1967). T Essen.
Schulte, Gerd : Erhabenes neben Gemeinem. In : *Die Welt* (24 février 1959). TWS Wahn.
Schulze Vellinghausen, Albert : Ionescos hintergründige Farce. In : *Frankfurter Allgemeine Zeitung* (29 mars 1956). SAPA Bern.
Schwab-Felisch, Hans : Das Totenspektakel des Jean Genet. In : *Frankfurter Allgemeine Zeitung* (21 novembre 1967). SA Essen, Bestand 615.
– : Steckt in den Träumen die Wahrheit ? In : *Frankfurter Allgemeine Zeitung* (27 janvier 1970). TM Düsseldorf.
– : Ionesco inszeniert Ionesco. In : *Frankfurter Allgemeine Zeitung* (27 avril 1970). TWS Wahn.
– : Die Lage in Düsseldorf und *Off-Limits* von Adamov. In : *Theater heute* (11 novembre 1972), p. 8–12. TWS Wahn.
– : Was bleibt, ist Warten. In : *Frankfurter Allgemeine Zeitung* (9 janvier 1984). TWS Wahn.
Seelmann-Eggebert, Ulrich : Adamov und der Neorealismus. In : sans indication de lieu ou de date de parution de l'article. TWS Wahn.
– : In Pforzheim *Die Invasion* von Arthur Adamov. In : *Süddeutsche Zeitung* (5 mars 1952). TWS Wahn.
– : Theaterskandal um Eugene Ionesco. In : *Darmstädter Echo* (7 mai 1957). TWS Wahn.
– : Nihilismus und Faustrecht. In : *Aachener Nachrichten* (28 avril 1958). TS Darmstadt.
Stone, Michael : Kleider machen Macht. In : *Frankfurter Neue Presse* (22 mars 1983). ADK Berlin, Bernhard-Minetti-Archiv 2448.
Stroux, Karl Heinz : non titré. In : *Neue Zürcher Zeitung* (23 juillet 1961). CP Stroux.

Tamms, Werner : Eine Leiche wächst ins Zimmer. In : *Bochumer Anzeiger* (27 mars 1956). SA Bochum.
Thies, Erika : Beckett oder das Traumpublikum. In : *BBZ* (25 mai 1973). ADK Berlin, Bernhard-Minetti-Archiv 2147.
Thiem, Willy H. : Die Revolution allein ist bei Jean Genet nicht abendfüllend. In : *Frankfurter Abendpost* (2 avril 1962). TWS Wahn.
– : Toleranz ist ein leicht zu gefährdender Begriff. In : *Abendpost* (30 avril 1962). TS F/Main, Schauspiel, Inszenierungsmappen, Spielzeit 1961/62, Mappe 8A.
Trilling, Ossia : Ionesco's new play proves to be his most didactic. In : *The Times* (1$^{er}$ janvier 1965). TM Düsseldorf.
Trouwborst, Rolf : Kammerspiele wagten sich an *Godot*. In : *Neue Presse* (19 janvier 1954). TWS Wahn.
Tschechne, Wolfgang : Schmetterlinge und Kanonendonner. In : *Hannoversche Rundschau* (16 février 1959). TWS Wahn.
Ulrici, Susanne : Adamovs *Invasion* in Pforzheim : Verwirrung und Einsamkeit. In : *Bremer Nachrichten* (5 mars 1952). TWS Wahn.
Van der Broecke, Adriaan : Arthur Adamov : *Alle gegen Alle*. In : *Hohenloher Tagblatt* (25 novembre 1953). TWS Wahn.
Vielhaber, Gerhard : *Hunger und Durst* von Eugène Ionesco. In : *Deutschlandfunk*, sans indication de date de parution de l'article. TM Düsseldorf.
– : Können weiße Darsteller Schwarze spielen ? In : *Rheinische Post* (2 juin 1964). TWS Wahn.
– : Jubel um Ionescos großes Massaker-Spiel. In : *Hamburger Abendblatt* (28 janvier 1970). TM Düsseldorf.
– : Vom luxuriösen Sterben. In : sans indication de lieu de parution de l'article (30 janvier 1970). TM Düsseldorf.
– : Im Schoß der Familie. In : *Frankfurter Rundschau* (1$^{er}$ mai 1970). TWS Wahn.
– : Inferno im Badezimmer-Rosa. In : *Der Tagesspiegel* (7 octobre 1972). TWS Wahn.
Vietta, Egon : Publikum gegen Ionesco. In : *Der Standpunkt* (17 mai 1957). TWS Wahn.
Von Becker, Peter : Existenzchoreographien oder Die Stunde des Komödianten. In : *Theater heute* n° 3 (mars 1984), p. 4–10. ADK Berlin, George-Tabori-Archiv 2774.
Von Scott, Ilse : Das Absonderliche reizt zum Lachen. In : *Herforder Kreisblatt*, sans indication de date de parution de l'article. ADK Berlin, Hans-Lietzau-Archiv 169.
Wanderscheck, Hermann : *Warten auf Godot* heißt warten auf Gott ? In : *Abendpost* (12 septembre 1953). CP Stroux.
– : *Wie wird man ihn los ?* wird mit einer grausigen Komik beantwortet. In : *Abendpost Frankfurt* (28 mars 1956). SA Bochum.
– : Verblüffung in Hannover : Wohin gehst du noch – Adamov ? In : *Abendpost* (18 février 1959). TWS Wahn.
– : Genet-« Sensation » bei Barlog : Applaus und Zischen für *Balkon*. In : *Hamburger Abendblatt* (21 mars 1959). TWS Wahn.
– : Durch die Papierwände des Daseins. In : *General-Anzeiger für Bonn und Umgebung* (8 juin 1961). TWS Wahn.
Weigend, Friedrich : Nach der Pest kommt das Feuer. In : *Stuttgarter Zeitung* (27 janvier 1970). TM Düsseldorf.
Wendland, Jens : Eine doppelte Biographie. In : *Süddeutsche Zeitung* (2 juin 1973). ADK Berlin, Bernhard-Minetti-Archiv 2147.

Wendt, Ernst : Drei Könige sterben. Die Aufführungen des Monats : Ionescos *Der König stirbt* in Düsseldorf, Hamburg und Zürich. In : *Theater heute* n° 1 (1964). CP Stroux.
Werth, Wolfgang : *Wände* oder Die falschen Wahrheiten. In : *Deutsche Zeitung* (23 mai 1961). ADK Berlin, Hans-Lietzau-Archiv 133.
Windelboth, Horst : Rammbock gegen Theaterroutine und Zuschauer-Müdigkeit. In : sans indication de lieu de parution de l'article (14 février 1968). ADK Berlin, Hans-Lietzau-Archiv 86.
Zschacke, Günter : Ein Reisender mit Ziel. In : *Lübecker Nachrichten* (19 novembre 1963). TWS Wahn.
Zivier, G. : Adamovs kleines Welttheater. In : *Berliner Morgenpost* (7 décembre 1955). ADK Berlin, Hans-Lietzau-Archiv 169.

## Correspondances

Adamov, Arthur : Lettre à Charles Regnier (23 juin 1951). ADK Berlin, Charles-Regnier-Archiv 338.
– : Lettre à Artur Müller (30 décembre 1951). SWR, Nachlass Artur Müller – Korrespondenz – 02/1.
– : Lettre à Artur Müller (10 février 1952). SWR, Nachlass Artur Müller – Korrespondenz – 02/1.
– : Lettre à Artur Müller (17 mai 1952). SWR, Nachlass Artur Müller – Korrespondenz – 02/1.
– : Lettre à Erwin Piscator (24 août 1952). ADK Berlin, Erwin-Piscator-Center 703.
– : Lettre à Elmar Tophoven (14 septembre 1957). CP Tophoven.
– : Lettre à Helmut Heißenbüttel (18 mai 1959). SWR, Radio-Essay Korrespondenz 1959 A–Z, 10/12463.
– : Télégramme à Gerhard Wolfram (septembre 1959). IMEC, ADM 15.10.
– : Lettre à Helmut Heißenbüttel (25 novembre 1959). SWR, Radio-Essay Korrespondenz 1960/61 A–G, 10/12464.
– : Lettre à Helmut Heißenbüttel (27 janvier 1961). SWR, Radio-Essay Korrespondenz 1960/61 A–G, 10/12464.
– : Lettre à Helmut Heißenbüttel (18 février 1961). SWR, Radio Essay Korrespondenz 1960/61 A–G, 12464.
– : Lettre à Herbert Greuèl (18 juin 1961). IMEC, ADM 10.7.
– : Lettre à Helmut Heißenbüttel (3 octobre 1961). SWR, Radio-Essay Korrespondenz 1960/61 A–G, 10/12464.
– : Lettre à Helmut Heißenbüttel (10 novembre 1962). SWR, Radio-Essay Korrespondenz 1962 A–Z, 10/12467.
– : Lettre à Erwin Piscator (19 février 1962). ADK Berlin, Erwin-Piscator-Center 703.
– : Lettre à Erwin Piscator (5 mars 1962). ADK Berlin, Erwin-Piscator-Center 703.
– : Lettre à *Sinn und Form* (8 avril 1967). ADK Berlin, AdK-O 0057.
– : Lettre à *Sinn und Form* (24 juin 1967). ADK Berlin, AdK-O 0057.
– : Lettre à *Sinn und Form* (10 juillet 1967). ADK Berlin, AdK-O 0057.
– : Lettre à *Sinn und Form* (17 mars 1968). ADK Berlin, AdK-O 0057.
Andersch, Alfred : Lettre à Arthur Adamov (4 janvier 1956). SWR, Korrespondenz Heißenbüttel 1956–58 A–E, 10/12458.
Aurich, Marina : Lettre à Arthur Adamov (25 septembre 1959). IMEC, ADM 15.10.
Barlog, Boleslaw : Lettre à Karl Heinz Stroux (2 septembre 1953). CP Stroux.
– : Lettre à Karl Heinz Stroux (6 septembre 1953). CP Stroux.
– : Lettre à Hans Lietzau (17 octobre 1955). ADK Berlin, Hans-Lietzau-Archiv 810.

– : Télégramme à Hans Lietzau (17 décembre 1955). ADK Berlin, Hans-Lietzau-Archiv 810.
Beckett, Samuel : Lettre à Karl Heinz Stroux (13 septembre 1953). CP Stroux.
Berner, (prénom inconnu) : Lettre à Karl Heinz Stroux (18 avril 1966). TM Düsseldorf, KHS III 1.2.2 7350/3.
Beßler, Albert : Lettre à Leo Mittler (3 septembre 1957). ADK Berlin, Boleslaw-Barlog-Archiv 1726.
Buckwitz, Harry : Lettre à Charlotte Schiffler (22 mars 1962). ADK Berlin, Erwin-Piscator-Center 01.1, 103.
– : Lettre à Erwin Piscator (7 avril 1962). ADK Berlin, Erwin-Piscator-Center 03.2, 2340.
Castagne, Helmut : Lettre à Karl Heinz Stroux (12 décembre 1953). CP Stroux.
Delitzsch, Walter : Lettre à la Druckerei Marquart (8 septembre 1959). IMEC, ADM 15.10.
Doufexis, Renate : Lettre à Samuel Beckett (17 septembre 1979). ADK Berlin, George-Tabori-Archiv 3241.
Échanges Franco-Allemands : Lettres à Arthur Adamov (27 avril 1961–4 décembre 1969). IMEC, ADM 9.17.
Enzensberger, Hans Magnus : Lettre à Arthur Adamov (23 mars 1956). SWR, Korrespondenz Heißenbüttel 1956–58 A–E, 10/12458.
Flora, Paul : Lettre à Hans Lietzau (17 novembre 1963). ADK Berlin, Hans-Lietzau-Archiv 403.
Genet, Jean : Lettre à Roger Blin (1966), envoyée depuis l'Atlantic Hotel de Hambourg. IMEC, BLN 4.2.
Greuèl, Herbert : Lettre à Arthur Adamov (6 mai 1959). IMEC, ADM 10.7.
– : Lettre à Arthur Adamov (20 janvier 1961). IMEC, ADM 10.7.
– : Lettre à Arthur Adamov (16 juillet 1962). IMEC, ADM 10.7.
Heilmann, Friedrich : Lettre à Arthur Adamov (27 juin 1961). IMEC, ADM 10.7.
Heißenbüttel, Helmut : Lettre à Arthur Adamov (29 septembre 1961). SWR, Radio-Essay Korrespondenz 1960/61 A–G, 10/12464.
– : Lettre à Arthur Adamov (6 décembre 1962). SWR, Radio-Essay Korrespondenz 1962 A–Z, 10/12467.
Ionesco, Eugène : Lettre à Hans Rudolf Stauffacher (14 juin 1955). CP Stauffacher.
– : Lettre à Hans Rudolf Stauffacher (non datée, estimée par Daniel Stauffacher à l'automne 1955). CP Stauffacher.
– : Lettre à Hans Rudolf Stauffacher (22 décembre 1956). CP Stauffacher.
– : Lettre à Hans Rudolf Stauffacher (25 février 1957). CP Stauffacher.
– : Lettre à Hans Rudolf Stauffacher (9 novembre 1957). CP Stauffacher.
– : Lettre à Hans Rudolf Stauffacher (12 avril 1958). CP Stauffacher.
– : Lettre à Hans Rudolf Stauffacher (4 mai 1959). CP Stauffacher.
– : Lettre à Hans Rudolf Stauffacher (10 juin 1959). CP Stauffacher.
– : Lettre à Hans Rudolf Stauffacher (7 octobre 1959). CP Stauffacher.
– : Lettre à Hans Rudolf Stauffacher (4 octobre 1961). CP Stauffacher.
– : Lettre à Hans Rudolf Stauffacher (31 décembre 1962). CP Stauffacher.
– : Lettre à Hans Rudolf Stauffacher (9 janvier 1963). CP Stauffacher.
– : Lettre à Karl Heinz Stroux (2 février 1970). TM Düsseldorf, KHS III 1.1. 6719.
Ionesco, Rodica : Lettre à Karl Heinz Stroux (11 septembre 1964). TM Düsseldorf, KHS III 1.1. 6719.
Klinger, Kurt : Lettre à Karl Heinz Stroux (8 mai 1962). TM Düsseldorf, KHS III 1.2.2 7350/3.
Lietzau, Hans : Lettre à Paul Flora (2 décembre 1963). ADK Berlin, Hans-Lietzau-Archiv 403.
Maenner, Peter : Lettre à Roger Blin (décembre 1967). IMEC, BLN 4.5.

Meyer, Andreas J. : Lettre au Schloßpark-Theater Berlin (15 novembre 1960). ADK Berlin, Hans-Lietzau-Archiv 133.
– : Lettre à Erwin Piscator (10 janvier 1962). ADK Berlin, Erwin-Piscator-Center 03.2, 1626.
– : Lettre à Marie-Christine Gay (18 septembre 2013) .
Mittler, Leo : Lettre à Boleslaw Barlog (25 juillet 1957). ADK Berlin. Boleslaw-Barlog-Archiv 1726.
– : Lettre à Albert Beßler (10 décembre 1957). ADK Berlin, Boleslaw-Barlog-Archiv 1726.
– : Lettre à Boleslaw Barlog (23 décembre 1957). ADK Berlin, Boleslaw-Barlog-Archiv 1726.
– : Lettre à Albert Beßler (9 janvier 1958). ADK Berlin, Boleslaw-Barlog-Archiv 1726.
– : Lettre à Boleslaw Barlog (24 janvier 1958). ADK Berlin, Boleslaw-Barlog-Archiv 1726.
Nagel, Ivan : Lettre à Roger Blin (15 février 1968). IMEC, BLN 4.5.
Piscator, Erwin : Lettre à Arthur Adamov (2 octobre 1952). ADK Berlin, Erwin-Piscator-Center 703.
– : Lettre à Arthur Adamov (1962). ADK Berlin, Erwin-Piscator-Center 703.
– : Lettre à Harry Buckwitz (16 avril 1962). ADK Berlin, Erwin-Piscator-Center 03.2, 2340.
Ponnelle, Mia : Lettre à Eva Stroux (21 février 1953). CP Stroux.
– : Lettre à Eva Stroux (28 février 1953). CP Stroux.
– : Lettre à Eva Stroux (5 mars 1953). CP Stroux.
Prüfer, Guntram : Lettre à Arthur Adamov (4 octobre 1952). ADK Berlin, Erwin-Piscator-Center 2065.
Rajben, Bernard : Lettre à Roger Blin (14 octobre 1966). IMEC, BLN 4.5.
Razum, Christine : Lettre à Marie-Christine Gay (18 avril 2014).
Reuter, Gerhard : Lettre à Arthur Adamov (4 mai 1959). IMEC, ADM 10.7.
– : Lettre à Arthur Adamov (15 septembre 1959). IMEC, ADM 15.10.
Richter, Hans Michael : Lettre à Arthur Adamov (13 août 1959). IMEC, ADM 15.10.
– : Lettre à Arthur Adamov (17 août 1959). IMEC, ADM 15.10.
– : Lettre à Arthur Adamov (9 septembre 1959). IMEC, ADM 15.10.
Schale, Hans-Jochen : Lettre à Arthur Adamov (20 septembre 1961). SWR, Hörspiel-dramaturgie Korrespondenz mit Autoren A–G Januar 1961–Dezember 1961, 19/2259.
– : Lettre à Arthur Adamov (16 octobre 1962). SWR, Hörspieldramaturgie Korrespondenz mit Autoren A–F Januar 1962–Dezember 1962, 19/2262.
– : Lettre à Arthur Adamov (31 mars 1964). IMEC, ADM 7.8.
Sinn und Form : Lettre à Arthur Adamov (20 avril 1967). ADK Berlin, AdK-O 0057.
Stauffacher, Hans Rudolf : Lettre à Eugène Ionesco (22 juin 1955). CP Stauffacher.
– : Lettre à Eugène Ionesco (1$^{er}$ décembre 1955). CP Stauffacher
– : Lettre à Eugène Ionesco (23 février 1957). CP Stauffacher.
– : Lettre à Eugène Ionesco (28 novembre 1957). CP Stauffacher.
– : Lettre à Karl Heinz Stroux (8 avril 1958). TM Düsseldorf, KHS III 1.2.2. 7350/1.
– : Lettre à Karl Heinz Stroux (3 février 1959). TM Düsseldorf, KHS III 1.1. 6735.
– : Lettre à Karl Heinz Stroux (27 mai 1959). TM Düsseldorf, KHS III 1.1. 6735.
– : Lettre à Karl Heinz Stroux (13 juin 1959). TM Düsseldorf, KHS III 1.1. 6735.
– : Lettre à Karl Heinz Stroux (16 octobre 1959). TM Düsseldorf, KHS III 1.2.2. 7350.
– : Lettre à Karl Heinz Stroux (10 octobre 1961). TM Düsseldorf, KHS III 1.2.2. 7350/2.
– : Lettre à Karl Heinz Stroux (12 juillet 1962). TM Düsseldorf, KHS III 1.1. 6735.
– : Lettre à Karl Heinz Stroux (30 octobre 1962). TM Düsseldorf, KHS III 1.2.2 7350/3.
– : Lettre à Karl Heinz Stroux (10 novembre 1964). TM Düsseldorf, KHS III 1.1. 6735.
– : Lettre à Karl Heinz Stroux (4 janvier 1965). TM Düsseldorf, KHS III 1.1. 6735.
– : Lettre à Karl Heinz Stroux (18 avril 1967). TM Düsseldorf, KHS III 1.2.2 7350/3.
– : Lettre à Karl Heinz Stroux (29 novembre 1967). TM Düsseldorf, KHS III 1.2.2 7350/3.

Stroux, Eva : Lettre à un destinataire inconnu (27 novembre 1953). CP Stroux.
Stroux, Karl Heinz : Lettre à Elmar Tophoven (19 juillet 1953). CP Stroux.
– : Lettre à Eugène Ionesco (5 décembre 1962). TM Düsseldorf, KHS III 1.1. 6720.
– : Lettre à Rodica Ionesco (9 septembre 1964). TM Düsseldorf, KHS III 1.1. 6720.
– : Mémorandum (21 novembre 1964). CP Stroux
Tabori, George : Lettre à Samuel Beckett (18 janvier 1981). ADK Berlin, George-Tabori-Archiv 3241.
Tophoven, Elmar : Lettre à Karl Heinz Stroux (17 juin 1953). CP Stroux.
– : Lettre à Karl Heinz Stroux (31 juillet 1953). CP Stroux.
Verlag Kurt Desch : Lettre à Arthur Adamov du 29 avril 1959. IMEC, ADM 10.7. (Expéditeur non mentionné, signature illisible).
Wolfram, Gerhard : Télégramme à Arthur Adamov (28 septembre 1959). IMEC, ADM 15.10.

## Scripts, carnets de régie et de notes

Adamov, Arthur : Script de la version radiophonique de Professor Taranne. Traduction Manfred Fusten, mise en scène Irmfried Wilimzig. 35'45". Radio-Essay Spätprogramm 01. 05. 1956–30. 10. 1956. Manuskripte, Sendung Freitag 8. Juni 1956, 19/12513. SWR.
– : Script de sa pièce radiophonique sur Büchner (non titré), diffusée le 22 janvier 1962 dans l'émission « Galerie romantique ». IMEC, ADM 7.11.
– : Script de l'adaptation radiophonique de La Politique des restes. ADK Berlin, Drehbuchsammlung 363.
Büchner, Georg : Carnet de régie de La Mort de Danton. Mise en scène Jean Vilar, annotations d'Arthur Adamov (Avignon, 1948). IMEC, ADM 6.5.
Enzensberger, Hans Magnus : Script de son texte La Cantatrice chauve. Une introduction à la nouvelle dramaturgie française (Die kahle Sängerin. Ein Hinweis auf die jüngste französische Dramaturgie). Radio-Essay Spätprogramm 01. 02. 1957–30. 04. 1957. Manuskripte, Sendung 8. April 1957, 19/12515. SWR.
Held, Martin : Notes manuscrites sur La Dernière Bande. Mise en scène Samuel Beckett (Berlin, 1969). ADK Berlin, Martin-Held-Archiv 749.
King, Marna : Notes manuscrites sur Les Nègres. Mise en scène Peter Stein (Berlin, 1983). ADK Berlin, Marna-King-Sammlung 344.
Lietzau, Hans : Carnet de régie des Paravents avec des corrections de la traduction (Berlin, 1961). ADK Berlin, Hans-Lietzau-Archiv 132.
– : Carnet de régie des Paravents avec des corrections de la traduction (Munich, 1968). ADK Berlin, Hans-Lietzau-Archiv 85.
Minetti, Bernhard : Livret du comédien de La Dernière Bande. Mise en scène Klaus Michael Grüber (Brême, 1973). Bernhard-Minetti-Archiv 2147.
–, livret du comédien de La Dernière Bande. Mise en scène Klaus Michael Grüber (Francfort-sur-le-Main, 1987). ADK, Bernhard-Minetti-Archiv 2150.
Piscator, Erwin : Notes manuscrites sur Le Balcon (Francfort-sur-le-Main, 1962). ADK Berlin, Erwin-Piscator-Center 01.1, 102.
– : Notes manuscrites « Erläuterungen zur Aufführung » sur Le Balcon (Francfort-sur-le-Main, 1962). ADK Berlin, Erwin-Piscator-Center 01.2, 2722.
Siems, Friedrich : Carnet de l'éclairagiste d'Amédée ou Comment s'en débarrasser. Mise en scène de Friedrich Siems (Bochum, 1956). SA Bochum.
Stroux, Karl Heinz : Carnet de régie d'En attendant Godot. Mise en scène Karl Heinz Stroux (Berlin, 1953). CP Stroux.

– : Carnet de régie de *Rhinocéros*. Mise en scène Karl Heinz Stroux (Düsseldorf, 1959). CP Stroux.
– : Carnet de régie du *Piéton de l'air*. Mise en scène Karl Heinz Stroux (Düsseldorf, 1962). CP Stroux.
– : Carnet de régie de *La Soif et la Faim*. Mise en scène Karl Heinz Stroux (Düsseldorf, 1964). CP Stroux.
– : Carnet de régie de *Jeux de massacre*. Mise en scène Karl Heinz Stroux (Düsseldorf, 1970). CP Stroux.
– : Carnets de régie de *Jacques ou la Soumission* et *La Cantatrice chauve*. Mise en scène Eugène Ionesco (Düsseldorf, 1970). TM Düsseldorf, Textbucharchiv.
Tabori, George : Carnet de régie d'*En attendant Godot* en partie annoté, en anglais (Munich, 1984). ADK Berlin, George-Tabori-Archiv 2772.
– : Carnet de notes (« Schreibbuch ») en anglais (Munich, 1984). ADK Berlin, George-Tabori-Archiv 2560.

## Brochures théâtrales

Bühnen der Stadt Essen (éd.) : *Das Stichwort* : *Die Wände*, 10. Jh (1967). T Essen.
Deutsches Schauspielhaus Hamburg (éd.) : *Programmheft* n° 4 (1963/64). TWS Wahn.
Düsseldorfer Schauspielhaus Karl Heinz Stroux (éd.) : *Programmheft* n° 2 (1959/60). TM Düsseldorf.
– : *Programmheft* n° 4 (1963/64). TM Düsseldorf.
– : *Programmheft* n° 7 (1963/64). TM Düsseldorf.
– : *Programmheft* sans numéro (1969/70). TM Düsseldorf.
Koegler, Horst : *'adame Miroir – Vexierspiegel von Welt und Leben*. In : Städtische Bühnen Münster (éd.) : *Programmheft/Großes Haus* (1964/65), p. 116. TWS Wahn.
Landestheater Darmstadt (éd.) : *Programmheft/Foyer* n° 15 (1963/64). TWS Wahn.
Münchner Kammerspiele (éd.) : *Programmheft/Werkraum. Heft 3* : *Warten auf Godot* (1983/84). TM München.
Otto, Franz (éd.) : *Die Szene. Pforzheimer Theaterblätter* Doppelheft 13–14 (1951/52). T Pforzheim.
Schaubühne am Lehniner Platz (éd.) : *Programmheft* : *Jean Genet, Die Neger/Les Nègres*. 1958, *Clownerie* 1982/83.
Schauspielhaus Bochum (éd.) : *Programmheft* : *Amédée oder Wie wird man ihn los*, sans numéro (1956). SAPA Bern.
Schiller-Theater (éd.) : *Programmheft* : *Der Balkon* (1982/83). ADK Berlin, Dokfonds-Theater 14558.
Schloßpark-Theater (éd.) : *Programmheft* : *Der Balkon* n° 78 (1958/59). ADK Berlin, Hans-Lietzau-Archiv 145.
Städtisches Theater Leipzig (éd.) : *Programmheft* n° 9 (1959/60). TWS Wahn.
– : *Programmheft*. Brochure de la nouvelle saison théâtrale 1965–1966. SA Leipzig, Städt. Theater D 1299.
Ulmer Theater (éd.) : *Programmheft* sans numéro (1963). TWS Wahn.
Vorweg, Heinz : Eine Art Dostojewsky des Existentialismus. In : Hoffmann Kurt (éd.) : *Blätter des Einraumtheaters Contra-Kreis* n° 23 (1957).
Wanderscheck, Hermann : Begegnungen mit Adamov. In : Landestheater Hannover (éd.) : *Ballhof* (1958/59), p. 100–101. TM Hannover.

## Documents audiovisuels

Anonyme : Szenen aus *Triumph des Todes*, Regie Karl Heinz Stroux. Fernsehfassung für 3 SAT. TM Düsseldorf, Videoarchiv.

Graf, Rüdiger : *Warten auf Godot*, Münchner Kammerspiele, Regie George Tabori. Fernsehfassung für ARD/BR. ADK Berlin, AVM 33.0747.

Ionesco, Eugène : Interview par le Hebbel-Theater Berlin après la tournée en Allemagne de la mise en scène de Karl Heinz Stroux du *Roi se meurt* . TM Düsseldorf.

Neuenfels, Hans : *Reise in ein verborgenes Leben*, BRD, 1983, Ziegler Film, 90".

Probst, Dominique : Archives du compositeur, enregistrement vidéo diffusé à l'occasion de l'exposition *Ionesco* présentée par la BnF, du 6 octobre 2009 au 3 janvier 2010.

SDR Sendereihe « Von Dichtern und Dichtung ». 19/1827. SWR.

Wilimzig, Irmfried : *Professor Taranne*. 35'45". Radio-Essay Spätprogramm 1. Mai 1956– 30. Oktober 1956. Manuskripte, Sendung Freitag 8. Juni 1956, 19/12513. SWR.


## Divers

Adamov, Arthur : Dépliants et brochures sur la tournée du Berliner Ensemble à Paris en 1954 et 1955, documents personnels. IMEC, ADM 17.8.

Asmus, Walter D. : Discussion autour de la projection de sa nouvelle version (2013) de la pièce télévisuelle de Beckett *Quoi où*. Haus der Berliner Festspiele, 14 septembre 2014.

Düsseldorfer Schauspielhaus : Dépliant de l'exposition sur Eugène Ionesco du 2 mars au 30 avril 1982. TM Düsseldorf.

Ionesco, Eugène : Texte non titré écrit à l'occasion du départ de Karl Heinz Stroux du Düsseldorfer Schauspielhaus en 1972. CP Stroux.

Städtisches Theater Leipzig : Feuille dactylographiée à l'attention d'Arthur Adamov. IMEC, ADM 15.10.

Stauffacher, Hans Rudolf : Listes des lieux de représentation des pièces de Ionesco dans l'espace germanophone tenues par la maison d'édition. CP Stauffacher / SAPA Bern.

Stroux, Karl Heinz : Débat radiophonique « Meinung gegen Meinung » (feuilles manuscrites). CP Stroux.

Verlag Kurt Desch : Dépliant au sujet d'un projet de coopération culturelle entre le théâtre de Pforzheim et le théâtre de Babylone à Paris en 1952. TWS Wahn.

– : Listes des lieux de représentation des pièces d'Adamov dans l'espace germanophone, tenues par la maison d'édition. V Desch.


## 7.2 Littérature critique

Abel, Lionel : *Metatheatre : A New View of Dramatic Form*. Clinton Mass. : The Colonial Press 1963.

Adamov, Arthur : *Théâtre I : La Parodie, L'Invasion, La Grande et la Petite Manœuvre, Le Professeur Taranne, Tous contre Tous*. Paris : Gallimard 1953.

– : *August Strindberg, dramaturge*. Paris : L'Arche 1955.

– : *Les Âmes mortes*. Paris : Gallimard 1960.

– : *Ici et maintenant*. Paris : Gallimard 1964.

– : *Théâtre III : Paolo Paoli, La Politique des restes, Sainte Europe*. Paris : Gallimard 1966.

– : *L'homme et l'enfant*. Paris : Gallimard 1968.

– : *Théâtre radiophonique*. Marseille : André Dimanche Éditeur 1998.
Adenauer, Konrad : *Erinnerungen 1953–1955*. Stuttgart : DVA 1966.
Albrecht, Thorsten/Ansull, Oskar (éds.) : *Einladung ins Welttheater : Hannes Razum 1907–1994. Intendant des Schlosstheaters Celle 1956–1972*. Celle : Celler Hefte 9–10 2013 (Schriftenreihe der RWLE Mäller Stiftung).
Arnheim, Rudolf : *Film als Kunst*. Frankfurt am Main : Suhrkamp 2002.
Arnold, Heinz Ludwig : George Tabori. In : *Text und Kritik* n° 133 (1997).
Artaud, Antonin : *Le Théâtre et son double*. Paris : Gallimard 1964.
Aslan, Odette : *Les Paravents* de Jean Genet. In : Denis Bablet/Jean Jacquot (éds.) : *Les Voies de la création théâtrale*, vol. 3. Paris : CNRS 1972, p. 13–107.
– : *Jean Genet*. Paris : Seghers 1973.
Asmus, Walter D. : Aus dem Probentagebuch von Walter D. Asmus. In : Klaus Völker (éd.) : *Beckett in Berlin : Zum 80. Geburtstag*. Berlin : Hentrich/Frölich & Kaufmann 1986, p. 121–128.
Badia, Gilbert : Das Frankreichbild der Weimarer Zeit : Faszination und Ablehnung in der deutschen Literatur. In : Franz Knipping/Ernst Weisenfeld (éds.) : *Eine ungewöhnliche Geschichte : Deutschland – Frankreich seit 1870*. Bonn : Europa Union Verlag 1988, p. 112–123.
Bair, Deirdre : *Samuel Beckett : A Biography*. Jonathan Cape : London 1978.
Barbier, Michel/Lis, Michel : *Dictionnaire du Gai Parler*. Montrond : Éditions Mengès 1980.
Barlog, Boleslaw : *Theater lebenslänglich*. Frankfurt am Main/Berlin : Ullstein Sachbuch 1990.
Barthes, Roland : Le Théâtre français d'avant-garde. In : *Écrits sur le théâtre*. Paris : Seuil 2002, p. 297–305.
Bataillon, Michel : Arthur Adamov et Roger Planchon : Un metteur en scène et son « prodigieux professeur sauvage ». In : Robert Abirached/Ernstpeter Ruhe/Richard Schwaderer (éds.) : *Lectures d'Adamov : Actes du colloque international de Würzburg 1981*. Tübingen/Paris : Gunter Narr/Éditions Jean-Michel Place 1983, p. 43–54.
Baumann, Ansbert : Entre valeurs communes, traditions d'échanges et différences irréductibles : la coopération culturelle franco-allemande depuis les années 1960. In : Hélène Miard-Delacroix/Reiner Marcowitz (éds.) : *50 ans de relations franco-allemandes*. Paris : Nouveau Monde 2012, p. 173–198.
Beckett, Samuel : *En attendant Godot*. Paris : Éditions de Minuit 1952.
– : *Fin de partie, suivi de Acte sans paroles I*. Paris : Éditions de Minuit 1957.
– : *La Dernière Bande* suivi de *Cendres*. Trad. Robert Pinget et Samuel Beckett. Paris : Éditions de Minuit 1959.
– : *Dramatische Dichtungen in drei Sprachen*. Frankfurt am Main : Suhrkamp Verlag 1963–1964.
– : *« Quad » et autres pièces pour la télévision*. Paris : Éditions de Minuit 1992.
– : *Collected Shorter Plays*. London : Farber and Farber 2006.
– : *The Complete Dramatic Works*. London : Faber and Faber 2006.
– : *He, Joe, Quadrat I und II, Nacht und Träume, Geister-Trio, Not I, … nur noch Gewölk …, Was, Wo. Filme für den SDR*. DVD mit einem Essay von Gilles Deleuze. Frankfurt am Main : Filmedition Suhrkamp 2008.
Beckett, Samuel/Canaris, Volker (éds.) : *Das letzte Band : Regiebuch der Berliner Inszenierung*. Frankfurt am Main : Suhrkamp Verlag 1970.
Beckmann, Heinz : *Nach dem Spiel : Theaterkritiken 1950–1962*. München : Langen-Müller Verlag 1963.

Bellity Peskine, Lynda/Dichy, Albert (éds.) : *La bataille des Paravents*. Paris : IMEC 1991.
Benjamin, Walter : *Das Kunstwerk im Zeitalter seiner technischen Reproduzierbarkeit*. Frankfurt am Main : Suhrkamp 1977.
– : L'Œuvre d'art à l'époque de sa reproductibilité technique. Trad. Maurice de Gandillac. In : *Essais 2*. Paris : Denoël-Gonthier 1983, p. 87–126.
Ben Jelloun, Tahar : *Beckett et Genet, un thé à Tanger*. Paris : Gallimard 2010.
Berthelot, Jean-Michel (éd.) : *Figures du texte scientifique*. Paris : PUF 2003.
Bessen, Josef : *Ionesco und die Farce : Rezeptionsbedingungen avantgardistischer Literatur*. Wiesbaden : Akademische Verlagsgesellschaft Athenaion 1978.
Beßler, Albert : *Biographie eines Theaters : Ein halbes Jahrhundert Schloßpark-Theater Berlin*. Berlin : Rembrandt-Verlag 1972.
Bishop, Tom : *From the Left Bank : Reflections on the Modern French Theater and Novel*. New York/London : New York University Press 1997.
Blüher, Karl Alfred (éd.) : *Modernes französisches Theater : Adamov-Beckett-Ionesco*. Darmstadt : Wissenschaftliche Buchgesellschaft 1982.
Bock, Hans Manfred : Transnationale Kulturbeziehungen und Auswärtige Kulturpolitik : Die deutsch-französischen Institutionen als Beispiel. In : Ulrich Pfeil (éd.) : *Deutschfranzösische Kultur- und Wissenschaftsbeziehungen im 20. Jahrhundert : Ein institutionsgeschichtlicher Ansatz*. München : Oldenbourg 2007, p. 9–31.
Bradby, David : *Adamov*. London : Grant & Cutler Ltd 1975.
– : *Modern French Drama 1940–1980*. Cambridge : Cambridge University Press 1984.
Brauneck, Manfred/Beck, Wolfgang (éds.) : *Theaterlexikon 2*. Reinbek bei Hamburg : Rowohlt Verlag 2007.
Brustein, Robert : *The Theater of Revolt : An Approach to the Modern Dram*. Boston : Little Brown 1962.
Bryden, Mary : « The liver and the lights » : Beckett und Musik. In : Therese Fischer-Seidel/ Marion Fries-Dieckmann (éds.) : *Der unbekannte Beckett : Samuel Beckett und die deutsche Kultur*. Frankfurt am Main : Suhrkamp 2005, p. 282–296.
Büchner, Georg : *La Mort de Danton*. Trad. Arthur Adamov. In : *Le Monde illustré, théâtral et littéraire* n° 35, 13 novembre 1948.
– : *Woyzeck*. Trad. Arthur Adamov. In : *Théâtre Populaire* n° 1, mai–juin 1953.
Bürger, Peter : « Racine und der Anstand » : Zur Aufnahme Racines in Deutschland. In : *Neue Deutsche Hefte* n° 11 (juillet-août 1964), p. 58–77.
Camus, Albert : *Le Mythe de Sisyphe : Essai sur l'absurde*. Paris : Gallimard 2001.
Cioran, Emil : *Précis de décomposition*. Paris : Galimard 2005.
Coe, Richard N. : *The Theater of Jean Genet : A casebook*. New York : Grove Press 1970.
Colin, Nicole : *Deutsche Dramatik im französischen Theater nach 1945 : Künstlerisches Selbstverständnis als Kulturtransfer*. Bielefeld : Transcript Verlag 2011.
– : Taktische Kürzungen : Jean Genets Paravents auf deutschen Bühnen. In : Mathias Lorenz/ Oliver Lubrich (éds.) : *Jean Genet und Deutschland*. Gifkendorf : Merlin Verlag 2014, p. 259–277.
Corvin, Michel : *Le Théâtre nouveau en France*. Paris : PUF 1963.
Daiber, Hans : *Deutsches Theater seit 1945 : Bundesrepublik Deutschland, Deutsche Demokratische Republik, Österreich, Schweiz*. Stuttgart : Reclam 1976.
Daiber, Hans/Michaelis, Friedrich : *Geschichte des deutschen Theaters*. Frankfurt am Main : Suhrkamp Taschenbuch Verlag 1989.
Damian, Michael : *Zur Geschichtlichkeit des Theater des Absurden : Versuch einer materialistischen Analyse von Dramen Becketts und Pinters unter der Berücksichtigung*

*ihrer Entstehungsbedingungen, Rezeption und Wirkungsgeschichte*. Frankfurt am Main : Haag und Herchen 1977.

Daus, Ronald : *Das Theater des Absurden in Frankreich*. Stuttgart : Metzler 1977.

Defrance, Corine : Pourquoi la culture n'est-elle pas l'objet du traité de l'Élysée ? In : Corine Defrance/Ulrich Pfeil (éds.) : *Le traité de l'Élysée et les relations franco-allemandes 1945–1963–2003*. Paris : CNRS Éditions 2005, p. 175–191.

– : Les relations culturelles franco-allemandes dans les années cinquante : Acteurs et structures des échanges. In : Hélène Miard-Delacroix/Rainer Hudemann (éds.) : *Wandel und Integration : Deutsch-französische Annäherung der fünfziger Jahre/Mutations et intégration : Les rapprochements franco-allemands dans les années cinquante*. München : Oldenbourg 2005, p. 241–257.

Defrance, Corine/Colin, Nicole/Umlauf, Joachim/Pfeil, Ulrich (éds.) : *Lexikon des deutsch-französischen Kulturaustausches seit 1945*. Tübingen : Gunter Narr 2013.

Der Spielplan. *Die monatliche Theatervorschau*. Braunschweig : Löwendruck, seit 1965.

Deutscher Bühnenverein, Bundesverband deutscher Theater (éd.) : *Wer spielte was. Bühnenrepertoire der DDR : Spieljahre 1988, 1989, 1. Halbjahr 1990*. Darmstadt : Mykenae Verlag 1993.

Dichy, Albert/Fouché, Pascal : *Jean Genet matricule 192.102 : Chronique des années 1910–1944*. Paris : Gallimard 2010.

Die deutsche Bühne. *Monatsschrift des Deutschen Bühnenvereins*. Köln : Deutscher Bühnenverein 1909–1935 und seit 1956–1957.

Dietrich, Antje : Performance as rehearsal : George Tabori's Staging of Beckett's *Waiting for Godot* and *Endgame*. In : Marius Buning/Matthijs Engelberts/Sjef Houppermans/Dirk van Hulle/Danièle de Ruyter (éds.) : *Historicising Beckett/Beckett dans l'Histoire : Issues of performance/En jouant Beckett*. Amsterdam/New York : Rodopi 2005 (Samuel Beckett Today/Aujourd'hui, vol. 15), p. 147–160.

Dietrich, Gerd : *Politik und Kultur in der SBZ 1945–1949*. Bern : Peter Lang 1993.

Döhl, Reinhard : *Das neue Hörspiel*. Darmstadt : Wissenschaftliche Buchgesellschaft 1992.

Doll, Hans Peter/Fritzsche, Max/Sawatzki, Günther (éds.) : *Woche zeitgenössischer französischer Dramatik vom 21. bis 26. März 1956 im Schauspielhaus Bochum*. Bochum : Selbstverl. 1956.

Drews, Berta : *Wohin des Wegs : Erinnerungen*. Berlin : Langen Müller 1986.

Düsseldorfer Schauspielhaus/Dumont-Lindemann-Archiv (éds.) : *Karl Heinz Stroux : Eine Dokumentation des Düsseldorfer Schauspielhauses und des Dumont-Lindemann-Archivs anläßlich der Karl-Heinz-Stroux-Ausstellung zu seinem 80. Geburtstag am 25. Februar 1988*. Düsseldorf : Selbstverl. 1988.

Elsdörfer, Matthias : *Ein tiefer Blick in « leere » Schubladen : Deutsches im Nachkriegstheater 1945–1948*. Frankfurt am Main : Peter Lang 2007.

Espagne, Michel/Werner, Michael (éds.) : *Transferts : Les relations interculturelles dans l'espace franco-allemand (XVIII$^e$ et XIX$^e$ siècles)*. Paris : Éditions Recherche sur les Civilisations 1988.

Espagne, Michel : *Les Transferts culturels franco-allemands*. Paris : PUF 1999.

Esslin, Martin : *The Theater of the Absurd*. New York : Doubleday 1961.

– : Politisches Theater in Ost und West. In : *Theater heute* n° 6 (1965), p. 52–55.

– : Das Theater des Absurden : Nachträgliche Überlegungen. In : Martin Esslin : *Jenseits des Absurden : Aufsätze zum modernen Drama*. Wien : Europa-Verlag 1972, p. 190–197.

Feinberg-Jütte, Anat : The Task is not to Reproduce the External Form, but to Find the Subtext : George Tabori's Productions of Samuel Beckett's Texts. In : S. E. Gontarksi (éd.) : *Journal of Beckett Studies* 1/2 (1992), p. 95–115.

Fischer-Lichte, Erika : Die Inszenierung der Übersetzung als kulturelle Transformation. In : Fischer-Lichte, Erika/Paul, Fritz/Schultze, Brigitte/Turk, Horst (éds.) : *Soziale und theatralische Konventionen als Problem der Dramenübersetzung*. Tübingen : Gunter Narr 1988.

Fischer-Seidel, Therese : Samuel Becketts Abschied : Nacht und Träume und das deutsche Fernsehen. In : Therese Fischer-Seidel/Marion Fries-Dieckmann (éds.) : *Der unbekannte Beckett : Samuel Beckett und die deutsche Kultur*. Frankfurt am Main : Suhrkamp 2005, p. 319–339.

Fries-Dieckmann, Marion : Beckett lernt Deutsch : The Exercise Books. In : Therese Fischer-Seidel/Marion Fries-Dieckmann (éds.) : *Der unbekannte Beckett : Samuel Beckett und die deutsche Kultur*. Frankfurt am Main : Suhrkamp 2005, p. 208–224.

Frisch, Max : *La Grande muraille*. Trad. Arthur Adamov et Jacqueline Autrusseau. Paris : Gallimard 1969.

Füger, Wilhelm : The first Berlin *Godot* : Beckett's Debut on German Stage. In : Angela Moorjani/Carola Veit (éds.) : *Samuel Beckett : Endlessness in the year 2000/Samuel Beckett : Fin sans fin en l'an 2000*. Amsterdam/New York : Rodopi 2001 (Samuel Beckett Today/Aujourd'hui, vol. 11), p. 57–63.

Gaffiot, Félix : *Dictionnaire Latin-Français*. Paris : Hachette 1934.

Garforth, Julian A. : « Unsere wichtigste Entdeckung für die deutsche Bühne ? » : Critical Reactions to the German Premieres of Samuel Beckett's Stage Plays. In : *Forum Modernes Theater* n° 12, 1997, p. 75–90.

– : « Beckett, Unser Hausheiliger ? » : Changing Critical reactions to Beckett's Directorial Work in Berlin. In : Marius Buning/Matthijs Engelberts/Onno Kosters (éds.) : *Beckett and religion : Beckett/Aesthetics/Politics. Beckett et la religion : Beckett/L'esthétique/La politique*. Amsterdam/Atlanta : Rodopi 2000 (Samuel Beckett Today/Aujourd'hui, vol. 9), p. 309–329.

Gaudy, René : *Arthur Adamov : Essai et document*. Paris : Stock 1971.

Gavard-Perret, Jean-Paul : L'œuvre télévisuelle de Samuel Beckett. In : *Communication et langages* n° 105, 3ᵉ trimestre 1995, p. 13–28.

Gay, Marie-Christine : « Nous ne parlions pas la même langue, mais nous parlions le même langage ». Ionesco et Karl Heinz Stroux. In : *Trajectoires* [en ligne], Travaux des jeunes chercheurs du CIERA n° 7, 2013. https://trajectoires.revues.org/1214

– : D'une *reductio ad absurdum* à la *catharsis* dramatique : Généalogie et réception du théâtre français « de l'absurde » en France et en Allemagne. In : *Implications philosophiques* [en ligne], juillet 2015. http://www.implications-philosophiques.org/

– : Catharsis et rééducation : La résistance allemande contre le Nazisme dans le théâtre d'après-guerre en Allemagne (1945–1949). In : Elise Petit (éd.) : *La Création artistique en Allemagne occupée (1945–1949)*. Sampzon : Édition Delatour France 2015, p. 161–183.

Genet, Jean : *Wände überall (Der Tod I)*. Trad. Hans Georg Brenner. Hamburg : Merlin Verlag 1960.

– : *Les Paravents*. Paris : L'Arbalète 1961.

– : *Die Wände*. Trad. Ernst Sander. Hamburg : Merlin Verlag 1968.

– : *Journal du voleur*. Paris : Gallimard 1982.

– : *Lettres à Olga et Marc Barbezat*. Décines : L'Arbalète 1988.

– : *Chère Madame … Sechs Briefe nach Brünn*. Gifkendorf : Merlin Verlag 1989.

– : *L'ennemi déclaré, textes et entretiens*. Édité par Albert Dichy. Paris : Gallimard 1991.

– : *Werkausgabe I : Notre-Dame-des-Fleurs*. Gifkendorf : Merlin Verlag 1998.

– : *Werkausgabe II : Wunder der Rose*. Gifkendorf : Merlin Verlag 1999.

– : *Lettres au petit Franz*. Édité par Claire Degans et François Sentein. Mayenne : Gallimard 2000.
– : *Werkausgabe* III : *Das Totenfest*. Gifkendorf : Merlin Verlag 2000.
– : *Werkausgabe* V : *Tagebuch des Diebes*. Gifkendorf : Merlin Verlag 2001.
– : *Théâtre complet*. Édité par Michel Corvin et Albert Dichy. Paris : Gallimard 2002 (Bibliothèque de la Pléiade).
– : *Werkausgabe* VII : *Gedichte*. Gifkendorf : Merlin Verlag 2003.
– : *Werkausgabe* VI : *Ein verliebter Gefangener*. Gifkendorf : Merlin Verlag 2006.
– : *Werkausgabe* VIII : *Dramen Teil 1 und 2*. Gifkendorf : Merlin Verlag 2014.
– : *Werkausgabe* IV : *Querelle de Brest*. Gifkendorf : Merlin Verlag, à paraître.
– : *Werkausgabe* IX : *Essays*. Gifkendorf : Merlin Verlag, à paraître.
– : *Werkausgabe* X : *Interviews*. Gifkendorf : Merlin Verlag, à paraître.
– : *Werkausgabe* XI : *Nachlass*. Gifkendorf : Merlin Verlag, à paraître.
Genet, Jean/Wischenbart, Rüdiger/Chahid Barrada, Leila : *Jean Genets Haus : Ein Gespräch*. Gifkendorf : Merlin Verlag 1991.
Giret, Noëlle (éd.) : *Ionesco*. Paris : Gallimard/Éditions de la BnF 2009.
Griguscheit, Kurt : *Beiträge zur Geschichte des Theaters in und um Pforzheim herum*. Pforzheim : Selbstverl. 1987.
Großens, Peter : «We do it to have fun together» : Samuel Beckett beim SDR in Stuttgart. In : *Spuren 50*, 2000, p. 1–16.
Grossvogel, David : *Four playwrights and a Postscript : Brecht, Ionesco, Beckett, Genet*. New York : Cornell University Press 1962.
Guérin, Jeanyves : Ni Rhinocéros ni Marx ni Maître. In : Marie-France Ionesco/Paul Vernois (éds.) : *Ionesco, situation et perspectives*. Paris : Pierre Belfond 1980, p. 269–285.
Guerrero, Chantal : *George Tabori im Spiegel der deutschsprachigen Kritik*. Köln : Teiresias Verlag 1999.
Gürttler, Karin R. : *Die Rezeption der DDR-Literatur in Frankreich (1945–1990) : Autoren und Werke im Spiegel der Kritik*. Bern : Peter Lang 2001.
Gussow, Mel : *Conversations with and about Beckett*. New York : Grove Press 1996.
Guthke, Karl S. : *Modern Tragicomedie : An investigation into the Nature of the Genre*. New York : Random House 1966.
Hadamczik, Dieter/Schmidt, Jochen/Schulze-Reimpell, Werner (éds.) : *Was spielten die Theater ? Bilanz der Spielpläne in der BRD 1947–1975*. Köln : Deutscher Bühnenverein Bundesverband deutscher Theater 1978.
Haerdter, Michael : Szeniker Beckett. In : Hans Mayer/Uwe Johnson (éds.) : *Das Werk von Samuel Beckett, Berliner Colloquium*. Frankfurt am Main : Suhrkamp Verlag 1975, p. 217–225.
– : Proben-Notate zum *Endspiel*. In : Klaus Völker (éd.) : *Beckett in Berlin : Zum 80. Geburtstag*. Berlin : Hentrich/Frölich & Kaufmann 1986, p. 92–98.
Hartel, Gaby : No stone unturned : Samuel Beckett sucht und findet ästhetische Anregungen im frühen deutschen Film. In : Therese Fischer-Seidel/Marion Fries-Dieckmann (éds.) : *Der unbekannte Beckett : Samuel Beckett und die deutsche Kultur*. Frankfurt am Main : Suhrkamp 2005, p. 296–319.
Hartel, Gaby/Völker, Klaus/Irmer, Thomas : The Reception of Beckett's Theatre and Television Pieces in West and East Germany. In : Mark Nixon/Matthew Feldman (éds.) : *The International Reception of Samuel Beckett*. London : Continuum 2009, p. 75–97.
Hartel, Gaby/Glasmeier, Michael (éds.) : *The Eye of Prey : Becketts Film-, Fernseh- und Videoarbeiten*. Berlin : Suhrkamp 2011.

Heller, Heinz-B. : *Untersuchungen zur Theorie und Praxis des dialektischen Theaters : Brecht und Adamov.* Bern/Frankfurt am Main : Herbert Lang/Peter Lang 1975.
Hensel, Georg : « Da es so gespielt wird ... spielen wir es eben so ». Samuel Beckett als Autor und Regisseur. In : Klaus Völker (éd.) : *Beckett in Berlin : Zum 80. Geburtstag.* Berlin : Hentrich/Frölich & Kaufmann 1986, p. 10–25.
Hertwig, Sabine/Praetor, Heike : *Analyse der Spielpläne deutscher Schauspielbühnen zwischen 1945–1956.* Mémoire de maîtrise, dactylogramme non publié. Berlin : Freie Universität Berlin 1989.
Huber, Werner : Godot, Gorba, and Glasnost : Beckett in East Germany. In : Marius Buning/Lois Oppenheim (éds.) : *Beckett in the 1990s.* Amsterdam/New York : Rodopi 1993 (Samuel Beckett Today/Aujourd'hui, vol. 2), p. 49–58.
Hubert, Marie-Claude : *Le Nouveau Théâtre 1950–1968.* Paris : Honoré Champion 2008.
Hubert, Marie-Claude/Bertrand, Michel (éds.) : *Onirisme et engagement chez Arthur Adamov.* Aix-en-Provence : Publications de l'Université de Provence 2009.
Hübner, Alfred : Probennotate zu *Glückliche Tage.* In : Klaus Völker (éd.) : *Beckett in Berlin : Zum 80. Geburtstag.* Berlin : Hentrich/Frölich & Kaufmann 1986, p. 109–110.
Hudemann, Rainer : Kulturpolitik in der französischen Besatzungszone – Sicherheitspolitik oder Völkerverständigung ? Notizen zu einer wissenschaftlichen Diskussion. In : Gabriele Clemens (éd.) : *Kulturpolitik im besetzten Deutschland 1945–1949.* Stuttgart : Franz Steiner Verlag 1994, p. 185–200.
Huwiler, Elke : *Erzähl-Ströme im Hörspiel : Zur Narratologie der elektroakkustischen Kunst.* Paderborn : Mentis 2005.
Ionesco, Eugène : *Notes et contre-notes.* Paris : Gallimard 1966.
– : *Le Solitaire.* Paris : Mercure de France 1973.
– : *Théâtre complet.* Édité par Emmanuel Jacquart. Paris : Gallimard 2002 (Bibliothèque de la Pléiade).
Jacquart, Emmanuel : *Le Théâtre de dérision : Beckett, Ionesco, Adamov.* Paris : Gallimard 1974.
Johler, Jens/Sichtermann, Barbara : Über den autoritäten Geist des deutschen Theaters. In : *Theater heute. Zeitschrift für Schauspiel, Oper, Ballett,* avril 1968.
Joost, Jörg : *Molière-Rezeption in Deutschland, 1900–1930, Carl Sternheim, Franz Blei.* Frankfurt am Main/New York/Bern : Peter Lang 1980.
Juliet, Charles : *Rencontre avec Samuel Beckett.* Montpellier : Fata Morgana 1986.
Jung, Carl Gustav : *Le Moi et l'Insconscient.* Trad. Arthur Adamov. Paris : Gallimard 1938.
Kalb, Jonathan : *Beckett in Performance.* Cambridge : Cambridge University Press 1989.
Kaes, Anton : Das bewegte Gesicht : Zur Großaufnahme im Film. In : Claudia Schmölders/Gilman L. Sander (éds.) : *Gesichter der Weimarer Republik : Eine physiognomische Kulturgeschichte.* Köln : DuMont 2000, p. 156–174.
Knilli, Friedrich : *Das Hörspiel : Mittel und Möglichkeiten eines totalen Schallpiels.* Stuttgart : W. Kohlhammer 1961.
Knipping, Franz : Que faire de l'Allemagne ? Die französische Deutschlandpolitik 1945–1950. In : Franz Knipping/Ernst Weisenfeld (éds.) : *Eine ungewöhnliche Geschichte : Deutschland-Frankreich seit 1870.* Bonn : Europa Union Verlag 1988, p. 141–156.
Knowlson, James : *Damned to Fame : The Life of Samuel Beckett.* London/Berlin/New York : Bloomsbury 1996.
Knowlson, James (éd.) : *Happy Days : Samuel Beckett's Production Notebook.* London : Faber and Faber 1985.

– : *The Theatrical Notebooks of Samuel Beckett*, vol. 2 : *Endgame*. London : Faber and Faber 1992.
– : *The Theatrical Notebooks of Samuel Beckett*, vol. 3 : *Krapp's Last Tape*. London : Faber and Faber 1992.
– : *The Theatrical Notebooks of Samuel Beckett*, vol. 1 : *Waiting for Godot*. London : Faber and Faber 1993.
– : *The Theatrical Notebooks of Samuel Beckett*, vol. 4 : *The Shorter Plays*. London : Faber and Faber 1999.
Koch, Hans Jürgen/Glaser, Hermann : *Ganz Ohr : Eine Kulturgeschichte des Radios in Deutschland*. Köln : Böhlau Verlag 2005.
Köhler, Gerald : *Das instrumentale Theater des Gustav Rudolf Sellner*. Köln : Teiresias Verlag 2002.
Kolb, Richard : *Das Horoskop des Hörspiels*. Berlin : Max Hesses Verlag 1932.
Kortner, Fritz : *Aller Tage Abend*. München : Kindler 1959.
Krause, Mine : *Drama des Skandals und der Angst im 20. Jahrhundert : Edward Albee, Harold Pinter, Eugène Ionesco, Jean Genet*. Frankfurt am Main : Peter Lang, 2010.
Kuchyts, Challier Tatsiana : Jean-Marie Boëglin, le passeur sans (ba)gages. *Les Chantiers de la création* [en ligne], mai 2012. http://lcc.revues.org/439.
Lacant, Jacques : Lessing als Kritiker des französischen Theaters und seiner Rezeption in Deutschland. In : Lothar Jordan/Bernd Kortländer/Fritz Nies (éds.) : *Interferenzen, Deutschland und Frankreich, Literatur, Wissenschaft und Sprache*. Düsseldorf : Droste Verlag 1983, p. 52–62.
Lamont, Rosette : The metaphysical farce : Beckett and Ionesco. In : *The French Review*, n° 4, vol. 32, février 1959, p. 319–328.
Lanly, André : *Le Français d'Afrique du Nord : Étude linguistique*. Paris : PUF 1962.
Latour, Bruno/Woolgar, Steve : *Laboratory Life : The social construction of scientific facts*. Beverly Hills : Sage Publications 1979.
Le Cour Grandmaison, Olivier : *De l'indigénat – Anatomie d'un monstre juridique : Le droit colonial en Algérie et dans l'Empire français*. Paris : La Découverte 2010.
Leich-Galland, Claire : *La Réception du théâtre français en Allemagne 1918–1933*. Paris : Honoré Champion 1998.
Léger, Nathalie : *Les vies silencieuses de Samuel Beckett*. Paris : Allia 2006.
Lersch, Edgar : Die Redaktion « Radio-Essay » beim Süddeutschen Rundfunk 1955–1981 im rundfunkgeschichtlichen Kontext. In : Brigitte Grimm/Jörg Hucklenbroich (éds.) : *Radio-Essay 1955–1981. Verzeichnis der Manuskripte und Tondokumente*. Stuttgart : Süddeutscher Rundfunk 1996 (Dokumentation und Archive, Historisches Archiv und Wortdokumentation, Band 5), p. 7–13.
– : Edgar Lersch im Gespräch mit Helmut Heißenbüttel (28. 8. 1981). In : Brigitte Grimm/Jörg Hucklenbroich (éds.) : *Radio-Essay 1955–1981. Verzeichnis der Manuskripte und Tondokumente*. Stuttgart : Süddeutscher Rundfunk 1996 (Dokumentation und Archive, Historisches Archiv und Wortdokumentation, Band 5), p. 15–27.
Lévi-Strauss, Claude : *De près et de loin*. Paris : Odile Jacob 2009.
Liebe, Matthias : *Alfred Andersch und sein « Radio-Essay »*. München : Europäische Hochschulschriften 1989.
– : Alfred Andersch als Gründer und Leiter des « Radio-Essays ». In : Irene Heidelberger-Leonard/Volker Wehdeking (éds.) : *Alfred Andersch : Perspektiven zu Leben und Werk*. Opladen : Westdeutscher Verlag 1994, p. 171–178.

Luft, Friedrich : *Stimme der Kritik I : Berliner Theater 1945–1965*. Frankfurt am Main/Berlin/ Wien : Ullstein 1982.
– : Wir warteten auf Godot zum ersten Mal. In : Klaus Völker (éd.) : *Beckett in Berlin : Zum 80. Geburtstag*. Berlin : Hentrich/Frölich & Kaufmann 1986, p. 38–40.
Mauriac, Claude : *L'Alittérature contemporaine*. Paris : Albin Michel 1958.
McMillan, Dougald/ Fehsenfeld, Martha : *Beckett in the Theatre : The Author as Practical Playwright and Director*. Vol. 1 : *From Waiting for Godot to Krapp's Last Tape*. London/ New York : John Calder/Riverrun Press 1988.
Mehdorn, Margarete : Deutsch-Französische Gesellschaften in Deutschland (1947–1955) : Schnittstellen zwischen Zivilgesellschaft und amtlicher französischer Kulturpolitik. In : Corine Defrance/Michael Kißener/Pia Nordblom (éds.) : *Wege der Verständigung zwischen Deutschen und Franzosen nach 1945 : Zivilgesellschaftliche Annäherung*. Tübingen : Narr Verlag 2010, p. 159–175.
Melchinger, Siegfried/Rischbieter, Henning : Theater und Politik. *Theater heute* n° 6 (1965), p. 47–49.
Mertz, Peter : *Das gerettete Theater : Die deutsche Bühne im Wiederaufbau*. Weinheim/Berlin : Quadriga Verlag 1990.
Mignon, P.-L. (éd.) : *Entretiens d'Helsinki sur le théâtre d'avant-garde*. Paris : Michel Brient 1961.
Mihailescu, Dan C. : L'architecture de l'enfance. In : Marie-France Ionesco/Norbert Dodille/ Gabriel Liiceanu (éds.) : *Lectures de Ionesco*. Paris : L'Harmattan 1996, p. 81–86.
Minetti, Bernhard : *Erinnerungen eines Schauspielers*. Reinbek bei Hamburg : Rowohlt 1988.
Mönch, Walter : *Französisches Theater im 20. Jahrhundert : Querschnitte und Horizonte*. Stuttgart : W. Kohlhammer Verlag 1965.
Müller-Freienfels, Reinhart : Erinnerung an Samuel Beckett beim SDR. In : Hermann Fünfgeld (éd.) : *Von außen besehen. Markenzeichen des Süddeutschen Rundfunks*. Stuttgart : Südfunkhefte 25 1998, p. 403–425.
Nixon, Mark : The German Diaries 1936/37 : Beckett und die moderne deutsche Literatur. In : Therese Fischer-Seidel/Marion Fries-Dieckmann (éds.) : *Der unbekannte Beckett : Samuel Beckett und die deutsche Kultur*. Frankfurt am Main : Suhrkamp 2005, p. 139–156.
– : *Samuel Beckett's German Diaries 1936–1937*. London/New York : Continuum 2011.
Paleologu, Alexandru : Plus fort que la mort. In : Marie-France Ionesco/Norbert Dodille/ Gabriel Liiceanu (éds.) : *Lectures de Ionesco*. Paris : L'Harmattan 1996, p. 73–80.
Piscator, Erwin : *Le Théâtre politique*. Trad. Arthur Adamov avec la collaboration de Claude Sebisch. Paris : L'Arche 1962.
– : Supplément au théâtre politique 1930–1960. In : *Théâtre Populaire* n° 47 (1962).
– : *Das Politische Theater*. Neubearbeitet von Felix Gasbarra. Mit einem Vorwort von Wolfgang Drews. Reinbek bei Hamburg : Rowohlt Verlag 1963.
– : *Briefe : Bundesrepublik Deutschland (1951–1954)*. Berlin : Siebenhaar 2011.
– : *Briefe : Bundesrepublik Deutschland (1955–1959)*. Berlin : Siebenhaar 2011.
– : *Briefe : Bundesrepublik Deutschland (1960–1966)*. Berlin : Siebenhaar 2011.
Pronko, Léonard C. : *Théâtre d'avant-garde : Beckett, Ionesco et le théâtre expérimental en France*. Vienne : Denoël 1963.
Pruner, Michel : L'espace dans la dramaturgie de Ionesco. In : Marie-France Ionesco/Paul Vernois (éds.) : *Ionesco, situation et perspectives*. Paris : Pierre Belfond 1980, p. 217–239.
– : *Les Théâtres de l'absurde*. Paris : Nathan 2003.
Ohngemach, Gundula : *George Tabori*. Frankfurt am Main : Fischer 1989.

Quint-Wegemund, Uschi : *Das Theater des Absurden auf der Bühne und im Spiegel der literaturwissenschaftlichen Kritik : Eine Untersuchung zur Rezeption und Wirkung Becketts und Ionescos in der Bundesrepublik Deutschland*. Frankfurt am Main : Fischer Verlag 1983.

Racine, Jean : *Œuvres complètes, Tome 1 : Théâtre-Poésie*. Édité par George Forestier. Paris : Gallimard 1999 (Bibliothèque de la Pléiade).

Rastier, François/Temkine, Valentin/Temkine, Pierre : D'où viennent tous ces cadavres ? Une lecture historique de *En attendant Godot*. [en ligne], 2008. http://www.revue-texto.net/index.php?id=88.

Rey, Alain : *Dictionnaire culturel en langue française*. Paris : Dictionnaires Le Robert 2005.

Rilke, Rainer Maria : *Le Livre de la pauvreté et de la mort*. Trad. Arthur Adamov. Alger : Charlot 1941.

Rischbieter, Henning (éd.) : *Durch den eisernen Vorhang : Theater im geteilten Deutschland 1945 bis 1990*. Berlin : Propyläen Verlag 1999.

Ross, Ciaran : Beckett's *Godot* in Berlin : New Coordinates of the Void. In : Angela Moorjani/Carola Veit (éds.) : *Samuel Beckett : Endlessness in the year 2000/Samuel Beckett : Fin sans fin en l'an 2000*. Amsterdam/New York : Rodopi 2001 (Samuel Beckett Today/Aujourd'hui, vol. 11), p. 64–73.

Rovan, Joseph : Die Grundlagen des Neubeginns. Eindrücke aus Jahren der Wirrnis und der Klärung (1945–1955). In : Franz Knipping /Ernst Weisenfeld (éds.) : *Eine ungewöhnliche Geschichte : Deutschland-Frankreich seit 1870*. Bonn : Europa Union Verlag 1988, p. 156–164.

Ruellan, Patrice : Adamov, traducteur. In : Hubert, Marie-Claude/Bertrand, Michel (éds.) : *Onirisme et engagement chez Arthur Adamov*. Aix-en-Provence : Publications de l'Université de Provence 2009, p. 105–120.

Ruhe, Ernstpeter : Cet art bizarre : Adamovs Adaptationen für Theater, Rundfunk und Fernsehen. In : Robert Abirached/Ernstpeter Ruhe/Richard Schwaderer (éds.) : *Lectures d'Adamov : Actes du colloque international de Würzburg 1981*. Tübingen/Paris : Gunter Narr/ Éditions Jean-Michel Place 1983, p. 74–87.

Rühle, Günther : *Theater in Deutschland 1945–1966 : Seine Ereignisse – seine Menschen*. Frankfurt am Main : S. Fischer 2014.

Ruprecht, Hans-George : *Theaterpublikum und Theaterauffassung : Eine testsoziologische Studie zur Aufnahme und Wirkung Eugène Scribes Theaterstücken im deutschen Sprachraum*. Bern : Peter Lang 1976.

Rutenberg, Michael E. : *Edward Albee : Playwright in Protest*. Columbia : University of South Carolina Press 1987.

Sartre, Jean-Paul : Saint Genet, Comédien et Martyr. In : Jean Genet : *Œuvres Complètes*, vol. 1. Paris : Gallimard 1952.

– : *Un théâtre de situation*. Paris : Gallimard 1973.

Schätzlein, Frank : Zwischen «körperloser Wesenheit» und «Lautaggregat» : Anmerkung zur Stimme im Hörspiel. In : Doris Kolesch/Vito Pinto/Jenny Schrödl (éds.) : *Stimm-Welten : Philosophische, medientheoretische und ästhetische Perspektiven*. Bielefeld : Transcript Verlag 2009, p. 115–127.

Schirmer, Lothar : Kunst – kein Nippes auf dem Vertigo. In : Stiftung Stadtmuseum Berlin (éd.) : *«Suche Nägel, biete gutes Theater !» Theater in Berlin nach 1945–Nachkriegszeit*. Berlin : Selbstverl. 2001, p. 10–16.

Schmidt, Walter : *Zimmerspiele Mainz/Haus am Dom : Ein Zimmertheater der Nachkriegszeit (1950–1959/60) oder Der Versuch, poetische Schwingungen zu erzeugen*. Frankfurt am Main : Peter Lang 2010.

Schmücking, Paul-Albrecht (éd.) : *Der Spielplan der deutschen Bühnen. Die monatliche Theatervorschau*. Kassel : Bärenreiter 1954-1964.
Schneider, Rolf : *Theater in einem besiegten Land : Dramaturgie der deutschen Nachkriegszeit 1945-1949*. Frankfurt am Main/Berlin : Ullstein Sachbuch 1989.
Schoell, Konrad : *Das französische Drama seit dem Zweiten Weltkrieg : Zweiter Teil*. Göttingen : Vandenhoeck & Ruprecht 1970.
Schondorff, Joachim (éd.) : *Französisches Theater der Avantgarde*. München : Albert Langen/Georg Müller 1961.
Schulze Vellinghausen, Albert : Eugène Ionesco. In : Eugène Ionesco/Albert Schulze Vellinghausen/Gustav Rudolf Sellner (éds.) : *Das Abenteuer Ionesco : Beiträge zum Theater von Heute*. Zürich : Verlag Hans Rudolf Stauffacher 1958, p. 5-19.
Schwab-Felisch, Hans : *75 Jahre Düsseldorfer Schauspielhaus 1905-1980*. Düsseldorf/Wien : Econ-Verlag 1980.
Serreau, Geneviève : *Histoire du « Nouveau Théâtre »*. Paris : Gallimard 1966.
Shattuck, Roger : *The Banquet Years*. New York : Vintage 1968.
Sievers, Wiebke : Becketts deutsche Stimmen : Zur Übersetzung und Vermittlung seiner Werke im deutschsprachigen Raum. In : Therese Fischer-Seidel/Marion Fries-Dieckmann (éds.) : *Der unbekannte Beckett : Samuel Beckett und die deutsche Kultur*. Frankfurt am Main : Suhrkamp 2005, p. 224-244.
Steiner, George : The Retreat from the Word. In : *Language and Silence : Essays 1958-1966*. London : Pengouin Books 1969, p. 12-36.
– : Silence and the Poet. In : *Language and Silence : Essays 1958-1966*. London : Pengouin Books 1969, p. 57-77.
Styan, J. L. : *The Dark Comedy : The Development of Modern Comic Tragedy*. Cambridge : Cambridge University Press 1962.
Tabori, George : *Bett und Bühne : Über das Theater und das Leben*. Berlin : Wagenbach 2007.
Theatermuseum der Landeshauptstadt Düsseldorf (éd.) : *Jahrhundert des Schauspiels : Vom Schauspielhaus Düsseldorf zum Düsseldorfer Schauspielhaus*. Düsseldorf : Droste Verlag 2006.
Thurn, Nike : « Dieses Stück Genets wird jede deutsche Bühne überfordern ». Zur Rezeption von Jean Genets *Les Nègres* in Deutschland. In : Mathias Lorenz/Oliver Lubrich (éds.) : *Jean Genet und Deutschland*. Gifkendorf : Merlin Verlag 2014, p. 277-301.
Tophoven, Erika : *Becketts Berlin*. Berlin : Nicolai 2005.
– : *Glückliche Jahre : Übersetzerleben in Paris, Gespräche mit Marion Gees*. Berlin : Matthes und Seitz 2011.
Unseld, Siegfried : *Peter Suhrkamp : Zur Biographie eines Verlegers in Daten, Dokumenten und Bildern*. Frankfurt am Main : Suhrkamp Verlag 1975.
Urban, Urs : Réception allemande. In : Marie-Claude Hubert (éd.) : *Dictionnaire Jean Genet*. Paris : Honoré Champion 2014, p. 543-547.
Védrenne, Véronique : Images beckettiennes : De la mise en scène du corps à l'effacement du sujet dans *Trio de fantômes*. In : Angela Moorjani/Carola Veit (éds.) : *Samuel Beckett : Endlessness in the year 2000/Samuel Beckett : Fin sans fin en l'an 2000*. Amsterdam/New York : Rodopi 2001 (Samuel Beckett Today/Aujourd'hui, vol. 11), p. 331-341.
Vernois, Paul : Le temps dans l'œuvre d'Eugène Ionesco. In : Marie-France Ionesco/Paul Vernois (éds.) : *Ionesco, situation et perspectives*. Paris : Pierre Belfond 1980, p. 195-217.
– : *La Dynamique théâtrale d'Eugène Ionesco*. Paris : Éd. Klincksieck 1991.
Völker, Klaus : *Hans Lietzau : Schauspieler, Regisseur, Intendant*. Berlin : Hentrich & Hentrich 1999.

- (éd.) : *Beckett in Berlin : Zum 80. Geburtstag*. Berlin : Hentrich/Frölich & Kaufmann 1986.
Volksbühne Pforzheim (éd.) : *75 Jahre Volksbühne Pforzheim 1921–1996 : Oper, Operette, Schauspiel, Ballett, Musical*. Pforzheim : Verlag Esslinger 1996.
Von Kleist, Heinrich : *La Cruche cassée*. Trad. Arthur Adamov. In : *Théâtre Populaire* n° 6, mars–avril 1954.
Wagner, Hans Ulrich : *« Der gute Wille, etwas Neues zu schaffen ». Das Hörspielprogramm in Deutschland von 1945 bis 1949*. Potsdam : Verlag für Berlin-Brandenburg 1997.
Walser, Martin : Tagtraum vom Theater. In : *Theater heute* n° 11 (1967).
Warnke, Ingo H. (éd.) : *Deutsche Sprache und Kolonialismus : Aspekte der nationalen Kommunikation 1884–1919*. Berlin/New York : De Gruyter 2009.
Wellwarth, George : *The Theater of Protest and Paradox*. New York : New York University Press 1964.
Wend Kässens (éd.) : *Der Spielmacher : Gespräche mit George Tabori*. Berlin : Klaus Wagenbach 2004.
Wendt, Ernst : *Wie es euch gefällt, geht nicht mehr : Meine Lehrstücke und Endspiele*. München/Wien : Carl Hanser 1985.
Wer spielte was ? *Werkstatistik des deutschen Bühnenvereins. Bundesrepublik Deutschland, Österreich, Schweiz*. Éditées comme supplément du périodique *Die deutsche Bühne*. Darmstadt : Mykenae seit 1955–1956.
White, Edmund : *Jean Genet*. Paris : Gallimard 1993.
Wolter, Christoph : *Jean Cocteau et l'Allemagne : Mythes et réalité de la réception de son théâtre*. Paris : L'Harmattan 2007.
Wulf, Catharina (éd.) : *The savage eye/L'œil fauve : New essays on Samuel Beckett's Television Plays*. Amsterdam/Atlanta : Rodopi (Samuel Beckett Today/Aujourd'hui, vol. 4), 1995.
Yon, Jean-Claude (éd.) : *Le théâtre français à l'étranger au XIX$^e$ siècle. Histoire d'une suprématie culturelle*. Versailles Saint-Quentin-en-Yvelines : Nouveau Monde éditions 2008.
Zipes, Jack : Beckett in Germany/Germany in Beckett. In : *New German Critique* n° 26, Cornell University, Spring 1982, p. 151–158.

# Annexe 1 : Statistiques de créations ouest-allemandes

Les tableaux de statistiques de créations ouest-allemandes ont été agencés sous forme chronologique pour chaque auteur du corpus. Ils donnent des informations sur la date de la première, le lieu de représentation, les noms du directeur du théâtre, du metteur en scène et du scénographe.

Ces listes de créations scéniques sont inédites. Elles ont été élaborées à partir de la lecture de divers périodiques de statistiques qui recensent les pièces représentées chaque jour dans les pays germanophones : *Die deutsche Bühne. Monatsschrift des deutschen Bühnenvereins* (parution mensuelle entre 1909–1935 et depuis la saison théâtrale 1956–1957), *Der Spielplan der deutschen Bühnen. Die monatliche Theatervorschau* (parution mensuelle entre 1954 et 1964), renommé à partir de 1965 *Der Spielplan. Die monatliche Theatervorschau*, ainsi que l'ouvrage synthétique *Was spielten die Theater ? Bilanz der Spielpläne in der BRD 1947–1975*, qui pourtant ne donne pas de détails quant aux dates et lieux des diverses représentations de pièces. Enfin, le mémoire de maîtrise de Sabine Hertwig et Heike Praetor datant de 1989, *Analyse der Spielpläne deutscher Schauspielbühnen zwischen 1945–1956*, non publié mais disponible aux archives de l'Université Libre de Berlin, a permis de collecter de précieuses données pour les années jusque 1954.

Les périodiques de statistiques procèdent de façon alphabétique selon le nom des villes. Il a donc fallu repérer à l'œil nu les titres des pièces d'Adamov, Beckett, Genet et Ionesco, et il est de ce fait difficile d'éviter des oublis. Les tableaux sont par ailleurs incomplets en raison du manque d'assiduité des théâtres, qui n'ont pas toujours régulièrement envoyé leur programmation aux périodiques. Les noms du directeur du théâtre, metteur en scène et scénographe n'apparaissent pas de façon systématique dans les listes et ainsi de nombreuses cases des tableaux ont été laissées en blanc. De même, les dates se limitent parfois au mois ou bien à l'année seulement. En outre, lorsque différents périodiques couvrent la même période, des dissemblances quant aux dates des premières ont pu être observées et notées entre parenthèse.

## Adamov

| Date de la première | Pièce | Ville, théâtre (salle) | Directeur du théâtre | Metteur en scène | Scéno-graphe |
|---|---|---|---|---|---|
| 29/2/52 création allemande | L'Invasion Invasion | Pforzheim Stadttheater | Franz Otto | Franz Peter Wirth | Hans Tonndorf |
| 1952 | L'Invasion Invasion | Heidelberg Zimmertheater | | | |
| 1953 | L'Invasion Invasion | Frankfurt am Main Kleine Bühne | | | |
| 1953 | L'Invasion Invasion | Darmstadt Landestheater | | | |
| 1953 | L'Invasion Invasion | Freiburg Stadttheater | | | |
| 20/11/53 création allemande | Tous contre tous Alle gegen alle | Pforzheim Stadttheater | Franz Otto | Franz Peter Wirth | Ulrich Elsässer |
| 5/12/55 création allemande | Le Ping-Pong Ping-Pong | Berlin Schloßpark-Theater | Boleslaw Barlog | Hans Lietzau | H. W. Lenneweit |
| 1956 | L'Invasion Invasion | Kiel Studentenwerk | | | |
| 8/57 | Le Ping-Pong Ping-Pong | Heidelberg Theater im Gewölbe | | | |
| 22/9/57 (1/10/1957) création allemande | Comme nous avons été Wir sind, wie wir waren | Berlin Tribüne | Frank Lothar | Walter Tappe | Alfred Franke |
| 1958 | L'Invasion Invasion | Braunschweig Staatstheater | | | |
| 15/3/58 création allemande | La Parodie Das Rendezvous | Celle Schloßtheater | Hannes Razum | Hannes Razum | Hans Günther Spornitz |
| 17/4/58 | L'Invasion Invasion | Braunschweig Staatstheater (Kleines Haus) | Hermann Kühn | | |

(suite)

| Date de la première | Pièce | Ville, théâtre (salle) | Directeur du théâtre | Metteur en scène | Scéno- graphe |
|---|---|---|---|---|---|
| 1959 | La Parodie<br>Das Rendezvous | Reutlingen<br>Theater in der Tonne | | | |
| 14/2/59<br>création allemande | Paolo Paoli<br>Paolo Paoli | Hannover<br>Landestheater<br>(Ballhof) | Kurt Erhardt | Franz Reichert | Rudolf Schulz |
| 16/9/59 | Le Ping-Pong<br>Ping-Pong | Bremen<br>Zimmertheater | | | |
| 7/11/59 | Paolo Paoli<br>Paolo Paoli | Augsburg<br>Städtische Bühnen (Kleiner Goldener Saal) | Karl Bauer | | |
| 21/11/59<br>création mondiale | Les Âmes mortes<br>Die toten Seelen | Stuttgart<br>Staatsschauspiel | Walter Erich Schäfer | Dietrich Haugk | |
| 12/1959 | Paolo Paoli<br>Paolo Paoli | Gelsenkirchen<br>Tribüne | | | |
| 1959/60 | Le Ping-Pong<br>Ping-Pong | Bremen | | | |
| 7/5/60<br>création allemande | Le Professeur Taranne<br>Professor Taranne | Kassel<br>Theater am Goetheplatz | Walther Krausbauer | Erwin Appel | |
| 11/1960 | Le Professeur Taranne<br>Professor Taranne | München<br>Intimes Theater | | Dieter Giesing | |
| 1961 | Le Professeur Taranne<br>Professor Taranne | Berlin<br>Technische Universität Studentenbühne | | | |
| 13/6/61<br>création allemande | La Grande et la petite manœuvre<br>Der Appell | Frankfurt am Main<br>Johann-Wolfgang-Goethe-Universität (Studio-Bühne) | | Wolfgang Stammler, Konrad Höller, Wolfgang Wiens | |

(suite)

| Date de la première | Pièce | Ville, théâtre (salle) | Directeur du théâtre | Metteur en scène | Scéno- graphe |
|---|---|---|---|---|---|
| 1962 | La Parodie Das Rendezvous | Göttingen Junges Theater | | | |
| 1962 | Les Retrouvailles Das Wiederfinden | Berlin Tribüne | | | |
| 1962 | Tous contre tous Alle gegen alle | Berlin Forum Theater | | Lothar Kompatzki | Lothar Kompatzki |
| 5/5/62 création allemande | Les Retrouvailles Das Wiederfinden | Bielefeld Städtische Bühnen (Studio am Alten Markt) | Joachim Klaiber | Gerhard Jelen | |
| 1967 | Les Retrouvailles Das Wiederfinden | München Modernes Theater | | | |
| 1969 | Le Ping-Pong Ping-Pong | München Modernes Theater | | Uta Emmer | |
| 1971 | Le Ping-Pong Ping-Pong | Bremen Zimmertheater | | | |
| 30/9/72 création allemande | Off Limits Off Limits | Düsseldorf Schauspielhaus (Kleines Haus) | Ulrich Brecht | Klaus Michael Grüber | Eduardo Arroyo |
| 1977 | Les Retrouvailles Das Wiederfinden | München Off-Off-Theater | | | |
| 1980 | Les Retrouvailles Das Wiederfinden | Singen Theater Die Farbe | | | |
| 25/10/81 | Les Retrouvailles Das Wiederfinden | Frankfurt am Main Schauspiel (Kammerspiel) | | Bernd Rainer Krieger | Peter Schulz |
| 1985 | Off Limits Off Limits | Bielefeld | | | |

# Beckett

| Date de la première | Pièce | Ville, théâtre (salle) | Directeur du théâtre | Metteur en scène | Scéno- graphe |
|---|---|---|---|---|---|
| 8/9/53 création allemande | En attendant Godot Wir warten auf Godot | Berlin Schloßpark- Theater | Boleslaw Barlog | Karl Heinz Stroux | Karl Gröning |
| 12/9/53 | En attendant Godot Warten auf Godot | Karlsruhe Badisches Staatstheater | | Karl-Heinz Caspari | |
| 6/10/53 | En attendant Godot Warten auf Godot | Konstanz Stadttheater | | | |
| 11/53 | En attendant Godot Warten auf Godot | Köln Studio | | Friedrich Siems | |
| 29/11/53 | En attendant Godot Warten auf Godot | Kassel Staatstheater | | Albert Fischel | |
| 10/1/54 | En attendant Godot Warten auf Godot | Wuppertal Städtische Bühnen | Helmut Henrichs | Aloys Garg | Hannah Jordan |
| 15/1/54 | En attendant Godot Warten auf Godot | Braunschweig Staatstheater (Kleines Haus) | | Helmut Geng | |
| 19/1/54 | En attendant Godot Warten auf Godot | Düsseldorf Kammerspiele (Brücke) | | Hans Jörg Utzerath | |
| 2/54 | En attendant Godot Warten auf Godot | Heidelberg | | Wolfgang von Stas | |
| 3/54 | En attendant Godot Warten auf Godot | Flensburg Städtische Bühnen | | Wolfgang Hessler | |
| 3/54 | En attendant Godot Warten auf Godot | Freiburg Zimmertheater (Kleines Theater am Wallgraben) | Claus Günther | Claus Günther | |

(suite)

| Date de la première | Pièce | Ville, théâtre (salle) | Directeur du théâtre | Metteur en scène | Scéno-graphe |
|---|---|---|---|---|---|
| 5/3/54 | En attendant Godot Warten auf Godot | Hamburg Zimmer-Theater | Helmuth Gmelin | Günther Rennert | Ita Maximowna |
| 27/3/54 | En attendant Godot Warten auf Godot | München Kammerspiele | Hans Schweikart | Fritz Kortner | |
| 9/4/54 | En attendant Godot Warten auf Godot | Osnabrück Kammerspiele | | | |
| 10/4/54 | En attendant Godot Warten auf Godot | Kiel Bühnen der Landeshauptstadt | | | |
| 17/4/54 | En attendant Godot Warten auf Godot | Dortmund Städtische Bühnen | | | |
| 1954–55 | En attendant Godot Warten auf Godot | Cuxhaven Das Schauspiel | | | |
| 1954–55 | En attendant Godot Warten auf Godot | Detmold Lippisches Landestheater | | | |
| 1954–55 | En attendant Godot Warten auf Godot | Iserlohn Schauspielstudio | | | |
| 1954–55 | En attendant Godot Warten auf Godot | Mainz Städtisches Theater | | | |
| 23/10/54 | En attendant Godot Warten auf Godot | Trier Stadttheater (Simeonstift) | | | |
| 2/2/55 | En attendant Godot Warten auf Godot | Rheydt Stadttheater | | | |
| 4/6/55 | En attendant Godot Warten auf Godot | Oldenburg Staatstheater | | | |

(suite)

| Date de la première | Pièce | Ville, théâtre (salle) | Directeur du théâtre | Metteur en scène | Scéno- graphe |
|---|---|---|---|---|---|
| 24/3/56 | *En attendant Godot* / *Warten auf Godot* | Münster Städtische Bühnen (Neues Theater) | | | |
| 30/9/57 créations allemandes | *Fin de partie Endspiel* / *Acte sans paroles 1 Akt ohne Worte 1* | Berlin Schloßpark- Theater | Boleslaw Barlog | Hans Bauer, John Beckett | Werner Klein- schmidt |
| 13/11/57 | *Fin de partie Endspiel* | Köln Bühnen der Stadt (Studio) | Herbert Maisch | | Walter Gondolf |
| 1957/58 (4/1/58) | *Fin de partie Endspiel* | Freiburg Kleines Theater am Wallgraben | Claus Günther | | |
| 1958 | *En attendant Godot Warten auf Godot* | Dortmund | | | Harry Breuer |
| 12/1/58 (5/3/58) | *En attendant Godot Warten auf Godot* | Münster Städtische Bühnen (Kammerspiele in der Annette- Schule) | Leon Epp | Günther Fleckenstein | Carl Wilhelm Vogel |
| 19/1/58 | *Fin de partie Endspiel* | Frankfurt am Main Städtische Bühnen (Kleines Haus) | Harry Buckwitz | | |
| 3/10/58 | *Fin de partie Endspiel* | Braunschweig Schauspielstudio der Evangeli- schen Akademie | Horst Kaiser | | |
| 12/12/58 | *En attendant Godot Warten auf Godot* | Hannover Landesbühne (Ratsgymnasium) | Walter Heidrich | | |

(suite)

| Date de la première | Pièce | Ville, théâtre (salle) | Directeur du théâtre | Metteur en scène | Scéno-graphe |
|---|---|---|---|---|---|
| 7/3/59 | En attendant Godot / Warten auf Godot | Düsseldorf Schauspielhaus | Karl Heinz Stroux | Karl Heinz Stroux | Mario Chiari |
| 1959/60 | En attendant Godot / Warten auf Godot | Rendsburg Landesbühne Schleswig-Holstein | Joachim von Groeling | | |
| 12/9/59 | En attendant Godot / Warten auf Godot | Hildesheim Stadttheater (Studio) | Walter Zibell | | |
| 28/9/59 création allemande | La Dernière Bande / Das letzte Band | Berlin Schiller-Theater (Werkstatt) | Boleslaw Barlog | Walter Henn | H. W. Lenneweit |
| 23/10/59 | La Dernière Bande / Das letzte Band | Baden-Baden | | | |
| 27/11/59 | Fin de partie / Endspiel | Krefeld-Mönchen Gladbach Probebühne | Herbert Decker | | |
| 9/12/59 | La Dernière Bande / Das letzte Band | Bochum Kammerspiele | Hans Schalla | | |
| 6/1/60 | La Dernière Bande / Das letzte Band | Kiel | | Hans Niederauer | |
| 17/1/60 | En attendant Godot / Warten auf Godot | Rendsburg | | | |
| 23/1/60 | Fin de partie / Endspiel | Wiesbaden Hessisches Staatstheater (Kleines Haus) | Friedrich Schramm | Jakob Jenisch | Ruodi Barth |
| 27/1/60 | En attendant Godot / Warten auf Godot | Bonn | | | |

(suite)

| Date de la première | Pièce | Ville, théâtre (salle) | Directeur du théâtre | Metteur en scène | Scéno- graphe |
|---|---|---|---|---|---|
| 21/2/60 | La Dernière Bande / Das letzte Band | Bremen Zimmertheater | | | |
| 8/4/60 | La Dernière Bande / Das letzte Band | Darmstadt Landestheater (Studio im Schloß) | Gustav Rudolf Sellner | | |
| 3/6/60 | La Dernière Bande / Das letzte Band | Düsseldorf Kammerspiele | Hansjörg Utzerath | | |
| 2/10/60 | La Dernière Bande / Das letzte Band | Schiller-Theater (Werkstatt) | Boleslaw Barlog | Walter Henn | |
| 8/10/60 | Fin de partie / Endspiel / Acte sans paroles 1 / Akt ohne Worte 1 | Kiel Schauspielhaus (Studiobühne) | Hans- Georg Rudolph | | |
| 11/12/60 | Acte sans paroles 1 / Akt ohne Worte 1 | Karlsruhe Badisches Staatstheater (Kleines Haus) | Paul Rose | | |
| 25/2/61 | La Dernière Bande / Das letzte Band | Köln Kammerspiele | Oscar Fritz Schuh | Hans-Karl Zeiser | |
| 22/3/61 création allemande (Acte sans paroles II) | Fin de partie / Endspiel / Acte sans paroles 2 / Akt ohne Worte 2 | Bielefeld Städtische Bühnen (Studio am Alten Markt) | Joachim Klaiber | Christof Bitter | Rolf Gerhardt |
| 1961–62 | La Dernière Bande / Das letzte Band | Lübeck | | Ulrich Brecht | Matthias Kralj |
| 1961–62 | Oh les beaux jours / Glückliche Tage | Münster Das Zimmer- theater (Studio) | | | |

(suite)

| Date de la première | Pièce | Ville, théâtre (salle) | Directeur du théâtre | Metteur en scène | Scéno-graphe |
|---|---|---|---|---|---|
| 12/9/61 | En attendant Godot / Warten auf Godot | Bamberg Theater am Schillerplatz | Gerd Gutbier | | |
| 16/9/61 | La Dernière Bande / Das letzte Band | Bremerhaven Stadttheater (Kleines Haus) | Erich Thormann | | |
| 26/9/61 | La Dernière Bande / Das letzte Band | Saarbrücken Stadttheater (Kammerspiele) | Hermann Wedekind | | |
| 30/9/61 création allemande | Oh les beaux jours / Glückliche Tage | Berlin Schiller-Theater (Werkstatt) | Boleslaw Barlog | Walter Henn | H. W. Lenneweit |
| 2/10/61 | La Dernière Bande / Das letzte Band | Würzburg | | | |
| 5/10/61 | En attendant Godot / Warten auf Godot | Bochum Schauspielhaus (Kammerspiele) | Hans Schalla | | |
| 12/10/61 | En attendant Godot / Warten auf Godot | Mannheim Nationaltheater (Studiobühne) | Hans Schüler | | |
| 5/11/61 | Oh les beaux jours / Glückliche Tage | Köln Kammerspiele | Oscar Fritz Schuh | | |
| 2/12/61 | Oh les beaux jours / Glückliche Tage | Kassel Staatstheater (Studio im Hermann-Schafft-Haus) | Hermann Schaffner | | |
| 3/12/61 | La Dernière Bande / Das letzte Band | Memmingen | | | |
| 17/12/61 | En attendant Godot / Warten auf Godot | Darmstadt Landestheater (Theater im Schloß) | Gerhard F. Hering | | |

(suite)

| Date de la première | Pièce | Ville, théâtre (salle) | Directeur du théâtre | Metteur en scène | Scénographe |
|---|---|---|---|---|---|
| 17/12/61 | Oh les beaux jours Glückliche Tage | Düsseldorf Schauspielhaus (Tribüne) | Karl Heinz Stroux | Karl Heinz Stroux | Pit Fischer |
| 1962 | Oh les beaux jours Glückliche Tage | Kiel | | Rolf Christiansen | |
| 27/3/62 | En attendant Godot Warten auf Godot | Hof / Saale Städtebundtheater (Studio Haus der Jugend) | Hanns Jessen | | |
| 1/6/62 | La Dernière Bande Das letzte Band | Oberhausen Städtische Bühnen (Studio 99) | Christian Mettin | | |
| 11/9/62 | La Dernière Bande Das letzte Band | Hof / Saale Städtebundtheater | Hans Jessen | | |
| 19/9/62 | En attendant Godot Warten auf Godot | Pforzheim Stadttheater (Studio im Reuchlinhaus) | Horst Alexander Stelter | | |
| 6/1/63 | En attendant Godot Warten auf Godot | Nürnberg / Furth Städtische Bühnen (Kammerspiele) | Karl Pschigode | | |
| 16/2/63 | Oh les beaux jours Glückliche Tage | München Kammerspiele (Werkraumtheater) | Hans Schweikart | | |
| 18/2/63 | En attendant Godot Warten auf Godot | Gelsenkirchen Städtische Bühnen (Kleines Haus) | Hans Hinrich | | |
| 26/3/63 | En attendant Godot Warten auf Godot | Aachen Grenzlandtheater | Karl Bauer | | |
| 11/4/63 | La Dernière Bande Das letzte Band | Kassel Staatstheater (Kleines Haus) | Günter Skopnik | | |

(suite)

| Date de la première | Pièce | Ville, théâtre (salle) | Directeur du théâtre | Metteur en scène | Scéno-graphe |
|---|---|---|---|---|---|
| 3/5/63 | Fin de partie Endspiel | Darmstadt Landestheater (Theater im Schloß) | Gerhard Friedrich Hering | | |
| 14/6/63 création mondiale (Comédie) | Acte sans paroles 2 Akt ohne Worte 2 / Acte sans paroles 1 Akt ohne Worte 1 / Comédie Spiel | Ulm Ulmer Theater | Ulrich Brecht | Deryk Mendel | Michael Raffaelli |
| 23/6/63 | Oh les beaux jours Glückliche Tage | Braunschweig Staatstheater (Kleines Haus) | Hans-Erich Kreibig | Helmut Geng | Karl Kneidl |
| 11/9/63 | En attendant Godot Warten auf Godot | Hannover Landestheater (Ballhof) | Kurt Erhardt | | |
| 10/10/63 | La Dernière Bande Das letzte Band | Pforzheim Stadttheater (Studio im Reuchlinhaus) | Harry Niemann | | |
| 20/10/63 | Oh les beaux jours Glückliche Tage | Wuppertal Studio-Theater am Malersaal | | | |
| 2/11/63 | Comédie Spiel | Dortmund Schauspielhaus | Hermann Schaffner | | |
| 16/11/63 | Comédie Spiel | Berlin Schiller-Theater (Werkstatt) | Boleslaw Barlog | Deryk Mendel | Hans-Martin Erhardt |
| 27/11/63 (2/12/63) | En attendant Godot Warten auf Godot | Saarbrücken Stadttheater (Kammerspiele) | Hermann Wedekind | | |
| 30/11/63 (27/5/64) | La Dernière Bande Das letzte Band | Bremen Theater der freien Hansestadt | Kurt Hübner | | |

(suite)

| Date de la première | Pièce | Ville, théâtre (salle) | Directeur du théâtre | Metteur en scène | Scéno- graphe |
|---|---|---|---|---|---|
| | | (Kammerspiele in der Böttcherstraße) | | | |
| 6/1/64 | *La Dernière Bande* *Das letzte Band* | Flensburg Städtische Bühnen (Kammerspiele im Deutschen Haus) | Benno Hattesen | | |
| 23/2/64 | *En attendant Godot* *Warten auf Godot* | Kiel Schauspielhaus | Joachim Klaiber | Helmut Geng | Heinz Hansen |
| 14/3/64 | *Oh les beaux jours* *Glückliche Tage* | Würzburg Städtisches Theater (Dauthendey-Saal) | Hans Scherer | | |
| 25/4/64 | *Oh les beaux jours* *Glückliche Tage* | Berlin Renaissance-Theater | | Hans-Karl Zeiser | Roger von Moellendorff |
| 11/6/64 | *Oh les beaux jours* *Glückliche Tage* | Ulm Ulmer Theater (Podium) | Ulrich Brecht | | |
| 28/6/64 | *Comédie Spiel /* *La Dernière Bande* *Das letzte Band* | Kassel Staatstheater (Kleines Haus) | | Horst Antlitz | |
| 23/9/64 | *Fin de partie* *Endspiel* | Münster Städtische Bühnen (Kammerspiele) | Erich Sistig | | |
| 29/11/64 | *En attendant Godot* *Warten auf Godot* | Wiesbaden Hessisches Staatstheater (Studio-Souterrain) | Claus Helmut Drese | | |

(suite)

| Date de la première | Pièce | Ville, théâtre (salle) | Directeur du théâtre | Metteur en scène | Scéno-graphe |
|---|---|---|---|---|---|
| 30/1/65 | En attendant Godot Warten auf Godot | Verden Landesbühne Niedersachsen-Mitte | Hannes Loges | | |
| 6/2/65 | Oh les beaux jours Glückliche Tage | Mainz Städtisches Theater (Kleine Bühne) | Georg Aufenager | | |
| 17/2/65 (25/2/65) | En attendant Godot Warten auf Godot | Berlin Schiller-Theater (Werkstatt) | Boleslaw Barlog | Deryk Mendel, Samuel Beckett | H. W. Lenneweit |
| 1965/66 | Oh les beaux jours Glückliche Tage | Frankfurt am Main | | | Franz Mertz |
| 1965/66 | En attendant Godot Warten auf Godot | Frankfurt am Main | | | Franz Mertz |
| 30/9/65 | La Dernière Bande Das letzte Band | Rheydt Stadttheater (Studio) | Knut Roennecke | | |
| 1/10/65 | En attendant Godot Warten auf Godot | Frankfurt am Main Kammerspiel | Harry Buckwitz | Stavros Doufexis | Franz Mertz |
| 2/10/65 | En attendant Godot Warten auf Godot | Heidelberg Städtische Bühnen | Hans Peter Doll | | |
| 10/10/65 | En attendant Godot Warten auf Godot | Oberhausen Städtische Bühnen (Studio 99 auf der Probebühne) | Christian Mettin | | |
| 23/10/65 | Comédie Spiel | Lübeck Bühnen der Hansestadt (Kammerspiele) | Walter Heidrich | Rudolf Birkemeyer | |

(suite)

| Date de la première | Pièce | Ville, théâtre (salle) | Directeur du théâtre | Metteur en scène | Scéno- graphe |
|---|---|---|---|---|---|
| 27/10/65 | En attendant Godot / Warten auf Godot | Essen Bühnen der Stadt (Humboldt-Aula) | Erich Schumacher | | |
| 14/11/65 | En attendant Godot / Warten auf Godot | Esslingen Württembergische Landesbühne | Joachim von Groeling | | |
| 1/1/66 | En attendant Godot / Warten auf Godot | Bremerhaven Stadttheater (Kleines Haus) | Erich Thormann | | |
| 14/1/66 création mondiale | Va-et-vient / Kommen und Gehen | München Kammerspiele (Werkraumtheater) | August Everding | Dieter Giesing | |
| 14/1/66 créations mondiales (Va-et-vient /Tous ceux qui tombent) | Acte sans paroles 2 / Akt ohne Worte 2 / Va-et-vient / Kommen und Gehen / Tous ceux qui tombent / Alle die da fallen | Berlin Schiller-Theater (Werkstatt) | Boleslaw Barlog | Deryk Mendel | Matias |
| 14/1/66 | Fin de partie / Endspiel | Hannover Landestheater (Studio im Künstlerhaus) | Reinhard Lehmann | | |
| 21/1/66 | Fin de partie / Endspiel | Pforzheim Stadttheater | Harry Niemann | | |
| 3/2/66 | En attendant Godot / Warten auf Godot | Wilhelmshaven Landesbühne im Stadttheater | Rudolf Stromberg | | |
| 4/3/66 | Oh les beaux jours / Glückliche Tage | Tübingen Zimmertheater | W. Kolneder | | |
| 11/5/66 | Fin de partie / Endspiel | Kassel Staatstheater (Kleines Haus) | Günter Skopnik | | |

(suite)

| Date de la première | Pièce | Ville, théâtre (salle) | Directeur du théâtre | Metteur en scène | Scéno-graphe |
|---|---|---|---|---|---|
| 12/5/66 | Fin de partie Endspiel / Comédie Spiel | Detmold | | | |
| 27/5/66 | En attendant Godot Warten auf Godot | Gießen Stadttheater | Willi Kowalk | | |
| 18/6/66 | En attendant Godot Warten auf Godot | Trier Theater der Stadt (Deutsch-Amerikanische Bücherei) | Rudolf Meyer | | |
| 24/9/66 | Va-et-vient Kommen und Gehen | Kassel Staatstheater (Podium) | Ulrich Brecht | | |
| 25/9/66 | En attendant Godot Warten auf Godot | Bielefeld Städtische Bühnen (Studio am Alten Markt) | | | |
| 15/10/66 | Fin de partie Endspiel | Celle Schloßtheater | Hannes Razum | Hanns Menninger | |
| 6/11/66 | Comédie Spiel | Kiel Schauspielhaus | Joachim Klaiber | | |
| 14/11/66 | Va-et-vient Kommen und Gehen | Aachen Stadttheater (Kammerspiele) | Paul Mundorf | | |
| 17/11/66 | Acte sans paroles 1 Akt ohne Worte 1 / Acte sans paroles 2 Akt ohne Worte 2 | Kassel Stadttheater (Kleines Haus) | Ulrich Brecht | | |
| 9/12/66 | En attendant Godot Warten auf Godot | Regensburg Stadttheater (Podium-Bühne) | Volker von Collande | | |

(suite)

| Date de la première | Pièce | Ville, théâtre (salle) | Directeur du théâtre | Metteur en scène | Scéno- graphe |
| --- | --- | --- | --- | --- | --- |
| 1967 | En attendant Godot Warten auf Godot | Krefeld | | Ekkehard Kröhn | |
| 4/1/67 | Oh les beaux jours Glückliche Tage | Pforzheim Stadttheater | Harry Niemann | | |
| 16/1/67 | En attendant Godot Warten auf Godot | Augsburg Städtische Bühnen (Komödie) | Karl Bauer | | |
| 16/4/67 | Oh les beaux jours Glückliche Tage | Wiesbaden Hessisches Staatstheater (Studio- Souterrain) | Claus Helmut Drese | | |
| 26/9/67 | Fin de partie Endspiel | Berlin Schiller-Theater (Werkstatt) | Boleslaw Barlog | Samuel Beckett | Matias |
| 4/10/67 | Oh les beaux jours Glückliche Tage | Köln Zimmertheater (Das Zimmer) | Marianne Jentgens, Heinz Opfinger | | |
| 22/10/67 (5/11/67) | La Dernière Bande Das letzte Band | Augsburg Städtische Bühnen (Komödie) | Karl Bauer | Hermann Kleinselbeck | Hans-Ulrich Schmückle |
| 11/67 | Fin de partie Endspiel | München Büchner-Theater | | Jan Gorzkula | |
| 3/12/67 | Comédie Spiel | Schleswig Nordmark- Landestheater | Heinz Rippert | | |
| 6/12/67 | Comédie Spiel | Hof/Saale Städtebund- theater | Hannes Keppler | | |
| 5/1/68 | La Dernière Bande Das letzte Band | Hannover Landestheater (Studio im Künstlerhaus) | Franz Reichert | | |

(suite)

| Date de la première | Pièce | Ville, théâtre (salle) | Directeur du théâtre | Metteur en scène | Scéno- graphe |
|---|---|---|---|---|---|
| 12/5/68 | En attendant Godot Warten auf Godot | Ingolstadt Stadttheater (Werkstattbühne) | Hans Joachim Klein | | |
| 2/7/68 | Comédie Spiel / La Dernière Bande Das letzte Band | Stuttgart Theater der Altstadt | Klaus Heydenreich | | |
| 9/11/68 | En attendant Godot Warten auf Godot | Köln Zimmertheater (Der Keller) | Marianne Jentgens, Heinz Opfinger | | |
| 10/11/68 | Oh les beaux jours Glückliche Tage | Augsburg Städtische Bühnen (Komödie) | Peter Ebert | | |
| 6/12/68 | La Dernière Bande Das letzte Band | Braunschweig Staatstheater (Kleines Haus) | Hans Peter Doll | | |
| 15/2/69 | Fin de partie Endspiel | Schleswig Nordmark- Landestheater (Studio) | Toni Graschberger | | |
| 1/3/69 | Oh les beaux jours Glückliche Tage | Bremerhaven Stadttheater (Kleines Haus) | Jürgen- Dieter Waidelich | | |
| 27/4/69 | Fin de partie Endspiel | Konstanz Stadttheater | Wilhelm List-Diehl | | |
| 16/5/69 | Oh les beaux jours Glückliche Tage | Trier Theater der Stadt (Studio) | Walter Pohl | | |
| 15/7/69 | En attendant Godot Warten auf Godot | Stuttgart Theater der Altstadt | Klaus Heydenreich | | |
| 4/10/69 | Acte sans paroles 2 Akt ohne Worte 2 | Darmstadt Landestheater (Mathildenhöhe) | Gerhard Friedrich Hering | | |

(suite)

| Date de la première | Pièce | Ville, théâtre (salle) | Directeur du théâtre | Metteur en scène | Scéno- graphe |
|---|---|---|---|---|---|
| 4/10/69 | Fin de partie / Endspiel | Tübingen Landestheater | Ernst Seiltgen | | |
| 5/10/69 | La Dernière Bande / Das letzte Band | Berlin Schiller-Theater (Werkstatt) | Boleslaw Barlog | Samuel Beckett | Matias |
| 9/11/69 | En attendant Godot / Warten auf Godot | Konstanz Stadttheater | Wilhelm List-Diehl | | |
| 24/2/70 | Fin de partie / Endspiel | Köln Zimmertheater | Marianne Jentgens, Heinz Opfinger | | |
| 5/4/70 | En attendant Godot / Warten auf Godot | Celle Schloßtheater (Studio im Malersaal) | Hannes Razum | | |
| 21/4/70 | Fin de partie / Endspiel | Hof/Saale Städtebundtheater | Hannes Keppler | | |
| 9/5/70 | Fin de partie / Endspiel | Nürnberg/Fürth Städtische Bühnen (Kammerspiele) | Karl Pschigode | | |
| 22/6/70 | La Dernière Bande / Das letzte Band | Coburg Landestheater | Hanns-joachim Worringen | | |
| 31/8/70 | Fin de partie / Endspiel | Frankfurt am Main Städtische Bühnen (Kammerspiel) | Ulrich Erfurth | | |
| 4/9/70 | En attendant Godot / Warten auf Godot | Koblenz Theater der Stadt | H. W. Wolff | | |
| 17/9/70 | La Dernière Bande / Das letzte Band | Trier Theater der Stadt | Walter Pohl | | |

(suite)

| Date de la première | Pièce | Ville, théâtre (salle) | Directeur du théâtre | Metteur en scène | Scéno-graphe |
|---|---|---|---|---|---|
| 25/9/70 | Oh les beaux jours / Glückliche Tage | Bielefeld Städtische Bühnen | Hans-Walther Deppisch | | |
| 27/9/70 | Fin de partie / Endspiel | Kaiserslautern | | | |
| 8/10/70 | La Dernière Bande / Das letzte Band | Heidelberg Städtische Bühnen (Zimmertheater) | Gillis van Rappard | | |
| 25/10/70 | Fin de partie / Endspiel | Kiel Bühnen der Landeshauptstadt (Studio) | Joachim Klaiber | | |
| 5/12/70 création allemande | Souffle / Atem | Hamburg Deutsches Schauspielhaus | | | |
| 4/2/71 | En attendant Godot / Warten auf Godot | Memmingen Schwäbisches Landesschauspiel | Bernd Hellmann | Helge Schupp | |
| 9/2/71 | Fin de partie / Endspiel | Braunschweig Staatstheater (Kleines Haus) | Hans Peter Doll | | |
| 11/2/71 | Oh les beaux jours / Glückliche Tage | Mönchengladbach Vereinigte Städtische Bühnen | Joachim Fontheim | Peter Lüdi | |
| 13/2/71 | Oh les beaux jours / Glückliche Tage | Bonn Theater der Stadt (Im Landes-museum) | Hans-Joachim Heyse | | |
| 20/2/71 | En attendant Godot / Warten auf Godot | Stuttgart Staatstheater | Walther Erich Schäfer | Palitzsch | |
| 27/2/71 | En attendant Godot / Warten auf Godot | Blaubeuren Theater in der Westentasche | | | |

(suite)

| Date de la première | Pièce | Ville, théâtre (salle) | Directeur du théâtre | Metteur en scène | Scéno- graphe |
|---|---|---|---|---|---|
| 20/3/71 | En attendant Godot Warten auf Godot | Paderborn Westfälische Kammerspiele (Theater am Rathausplatz) | Siegfried Bühr | Ferdinand Ludwig | |
| 28/3/71 (27/3) | La Dernière Bande Das letzte Band | Esslingen Württembergische Landesbühne (Kellertheater) | Elert Bode | Volkmar Clauß, Jürgen Wolfram | |
| 4/4/71 | Comédie Spiel | Wiesbaden Hessisches Staatstheater (Studio- Souterrain) | Alfred Erich Sistig | | |
| 10/4/71 | Souffle Atem | Wuppertal Schauspielhaus | Arno Wüstenhöfer | | |
| 16/5/71 | Fin de partie Endspiel | München Staatsschauspiel | Helmut Henrichs | Urs Jenny | |
| 2/6/71 | En attendant Godot Warten auf Godot | Coburg Landestheater | Hanns- joachim Worringen | Wolfgang Schön | |
| 4/9/71 | Fin de partie Endspiel | Bremerhaven Stadttheater (Kleines Haus) | Jürgen- Dieter Waidelich | Neidhardt Nordmann | |
| 9/9/71 | En attendant Godot Warten auf Godot | Hannover Niedersächsisches Staatstheater (Ballhof) | Franz Reichert | Stavros Doufexis | |
| 11/9/71 | En attendant Godot Warten auf Godot | Heilbronn Heilbronner Theater (Studiobühne) | Walter Bison | | |
| 17/9/71 | Oh les beaux jours Glückliche Tage | Berlin Schiller-Theater (Werkstatt) | Boleslaw Barlog | Samuel Beckett | Matias |

(suite)

| Date de la première | Pièce | Ville, théâtre (salle) | Directeur du théâtre | Metteur en scène | Scéno-graphe |
|---|---|---|---|---|---|
| 18/9/71 | En attendant Godot Warten auf Godot | Verder Landesbühne Niedersachsen-Mitte | Hans W. Loges | J. Lawrence | |
| 15/10/71 | Oh les beaux jours Glückliche Tage | Bochum Schauspielhaus (Kammerspiele) | Hans Schalla | | |
| 29/10/71 | Fin de partie Endspiel | Freiburg im Breisgau Städtische Bühnen (Podium) | Volker von Collande | | |
| 31/10/71 | Oh les beaux jours Glückliche Tage | Tübingen Zimmertheater | Salvatore Poddine | | |
| 23/11/71 | Fin de partie Endspiel | Wuppertal Schauspielhaus | Arno Wüstenhöfer | | |
| 19/3/72 (29/4/72) | En attendant Godot Warten auf Godot | Kaiserslautern Pfalztheater | Wolfgang Blum | R. W. Vespermann | |
| 15/4/72 | Fin de partie Endspiel | Reutlingen Theater in der Tonne | | Rolf-Harald Kiefer | |
| 22/4/72 | Fin de partie Endspiel | Oldenburg Staatstheater | Harry Niemann | Victor Warsitz | |
| 6/5/72 | Oh les beaux jours Glückliche Tage | Essen Bühnen der Stadt (Studiobühne) | Erich Schumacher | Claus Leininger | Erwin W. Zimmer |
| 4/10/72 | Oh les beaux jours Glückliche Tage | Paderborn Westfälische Kammerspiele | Siegfried Bühr | | |
| 12/10/72 | En attendant Godot Warten auf Godot | Osnabrück Städtische Bühnen | Jürgen Brock | Lothar Trautmann | |

(suite)

| Date de la première | Pièce | Ville, théâtre (salle) | Directeur du théâtre | Metteur en scène | Scénographe |
|---|---|---|---|---|---|
| 19/10/72 | Fin de partie / Endspiel | Bonn Theater im Bonn-Center | | | |
| 21/10/72 | En attendant Godot / Warten auf Godot | Hamburg Thalia Theater | Boy Gobert | U. Haupt | |
| 27/10/72 | Oh les beaux jours / Glückliche Tage | Kaiserslautern Pfalztheater | Wolfgang Blum | K. Götte | |
| 2/11/72 | En attendant Godot / Warten auf Godot | Kleve Theater am Niederrhein | | M. Röder | |
| 12/11/72 | Fin de partie / Endspiel | Aachen Stadttheater (Kammerspiele) | Peter Maßmann | K. Engeroff | |
| 12/12/72 (4/1/73) | En attendant Godot / Warten auf Godot | Würzburg Stadttheater | Joachim von Groeling | | |
| 15/12/72 | Oh les beaux jours / Glückliche Tage | Hamburg Deutsches Schauspielhaus | | H. Schweikart | |
| 13/1/73 | En attendant Godot / Warten auf Godot | Lüneburg Stadttheater (Studiobühne im Museum) | Hannes Houska | | |
| 20/1/73 | En attendant Godot / Warten auf Godot | Karlsruhe Schauspielhaus | Hans Georg Rudolph | W. Rohde | |
| 21/4/73 | Oh les beaux jours / Glückliche Tage | Ingolstadt Stadttheater (Werkstattbühne) | Heinz Joachim Klein | W. Trauwein | |
| 9/5/73 création allemande | Textes pour rien / Texte um Nichts | Torturmtheater Sommerhausen (Studio) | Luigi Malipiero | | |
| 16/5/73 (16/6/73) | La Dernière Bande / Das letzte Band | Bremen Theater der Freien Hansestadt | Kurt Hübner | Klaus Michael Grüber | Klaus Michael Grüber |

(suite)

| Date de la première | Pièce | Ville, théâtre (salle) | Directeur du théâtre | Metteur en scène | Scénographe |
|---|---|---|---|---|---|
| | | (Großes Haus am Goetheplatz) | | | |
| 3/7/73 | En attendant Godot / Warten auf Godot | Göttingen Junges Theater | Hans Gunther Klein | W.-D. Pahlke | |
| 6/9/73 | En attendant Godot / Warten auf Godot | Neuwied Landesbühne Rheinland-Pfalz | Conrad Dahlke | M. Oelrich | |
| 28/9/73 | Oh les beaux jours / Glückliche Tage | Münster | | P. von Wiese | |
| 6/10/73 | En attendant Godot / Warten auf Godot | Aachen Stadttheater (Kammerspiele) | Peter Maßmann | K. Engeroff | |
| 9/10/73 | En attendant Godot / Warten auf Godot | Bruchsal Badische Landesbühne | Alf André | J. Nix | |
| 13/10/73 | Fin de partie / Endspiel | Köln Bühnen der Stadt (Kammerspiele) | Claus Helmut Drese | | |
| 30/10/73 création allemande | Pas moi / Not I | Berlin Schiller-Theater (Werkstatt) | Hans Lietzau | Ernst Wendt | Johannes Schütz |
| 13/11/73 | En attendant Godot / Warten auf Godot | Bremen Theater der Freien Hansestadt | Peter Stolzenberg | | |
| 11/12/73 | En attendant Godot / Warten auf Godot | Kassel Schauspielhaus (Podium) | Peter Löffler | | |
| 13/2/74 | Fin de partie / Endspiel | Koblenz Theater der Stadt (Studiobühne im Mittelrheinmuseum am Florinsmarkt) | H. W. Wolff | | |

(suite)

| Date de la première | Pièce | Ville, théâtre (salle) | Directeur du théâtre | Metteur en scène | Scéno-graphe |
|---|---|---|---|---|---|
| 18/2/74 | La Dernière Bande / Das letzte Band | Hamburg Deutsches Schauspielhaus | Ivan Nagel | K. M. Güber | |
| 20/3/74 | En attendant Godot / Warten auf Godot | Kiel Schauspielhaus | Joachim Klaiber | H. Geng | |
| 1974 | Pas moi / Not I | Braunschweig Staatstheater | Christoph Groszer | Hartmut H. Forche | |
| 21/5/74 | Fin de partie / Endspiel | Coburg Landestheater | Hanns-joachim Worringen | G. Iffland | |
| 14/9/74 | En attendant Godot / Warten auf Godot | Darmstadt Staatstheater (Kleines Haus) | Günther Beelitz | W. Müller | |
| 26/9/74 | Oh les beaux jours / Glückliche Tage | Münster Städtische Bühnen (Kleines Haus) | Frieder Lorenz | | |
| 12/1/75 | Oh les beaux jours / Glückliche Tage | Hannover Niedersächsisches Staatstheater (Theater im Künstlerhaus) | Günther Roth | | |
| 23/1/75 | Oh les beaux jours / Glückliche Tage | Aachen Stadttheater (Kammerspiele) | Peter Maßmann | | |
| 23/1/75 | En attendant Godot / Warten auf Godot | München Staatsschauspiel (Theater Marstall) | Kurt Meisel | | |
| 8/2/75 | En attendant Godot / Warten auf Godot | Schleswig Schleswig-Holsteinisches Landestheater | Horst Mesalla | | |
| 15/2/75 | En attendant Godot / Warten auf Godot | Nürnberg Städtische Bühnen (Schauspielhaus) | | | |

Annexe 1 : Statistiques de créations ouest-allemandes

(suite)

| Date de la première | Pièce | Ville, théâtre (salle) | Directeur du théâtre | Metteur en scène | Scénographe |
|---|---|---|---|---|---|
| 19/2/75 (1/3/75) | En attendant Godot Warten auf Godot | Oldenburg Staatstheater (Spielraum im neuen Foyer) | Harry Niemann | | |
| 27/2/75 | Fin de partie Endspiel | Rottweil Zimmertheater | | | |
| 3/1975 | « ausgespielt spielen ». Soirée à thème sur Beckett. | Frankfurt am Main Schauspiel (Kleines Haus) | Peter Löscher | | |
| 8/3/75 | En attendant Godot Warten auf Godot | Berlin Schiller-Theater (Werkstatt) | Hans Lietzau | Samuel Beckett | Matias |
| 16/3/75 | La Dernière Bande Das letzte Band | Heidelberg Städtische Bühnen (Zimmertheater) | Horst Statkus | H. Kurzenberger | |
| 20/3/75 | Oh les beaux jours Glückliche Tage | Bonn Theater Central | | A. Krebs | |
| 11/4/75 | Fin de partie Endspiel | Gießen Stadttheater (Theater-Studio in der Zigarrenfabrik) | Dietrich Taube | | |
| 22/4/75 | Fin de partie Endspiel | Lüneburg | | M. Löhlein | |
| 8/5/75 | La Dernière Bande Das letzte Band | Köln Theater Der Keller | Dieter Janke, Franz Josef Michels, Karl Reichmann | | |
| 10/5/75 | Oh les beaux jours Glückliche Tage | Hof/Saale Städtebund- theater (Studio Freiheitshalle) | Toni Graschberger | | |

(suite)

| Date de la première | Pièce | Ville, théâtre (salle) | Directeur du théâtre | Metteur en scène | Scénographe |
|---|---|---|---|---|---|
| 26/5/75 | Oh les beaux jours / Glückliche Tage | Karlsruhe | | W. Rohde | |
| 12/9/75 | Oh les beaux jours / Glückliche Tage | Aachen Stadttheater (Kammerspiele) | Peter Maßmann | | |
| 19/9/75 | Fin de partie / Endspiel | Lüneburg Stadttheater (Studiobühne im Museum) | Franz Göd | | |
| 9/10/75 | Fin de partie / Endspiel | Hamburg Theater im Zimmer | | C. Roethel | |
| 5/12/75 | La Dernière Bande / Das letzte Band | Hildesheim Stadttheater (Studio) | Herbert Adler | | |
| 7/2/76 | La Dernière Bande / Das letzte Band | Flensburg Schleswig-Holsteinisches Landestheater | Horst Mesalla | | |
| 22/2/76 | En attendant Godot / Warten auf Godot | Trier Theater der Stadt Trier (Studio) | Manfred Mützel | D. Troescher | |
| 18/3/76 | En attendant Godot / Warten auf Godot | Oldenburg Staatstheater (Spielraum im Neuen Foyer) | Harry Niemann | | |
| 30/3/76 | La Dernière Bande / Das letzte Band | Frankfurt am Main Die Katakombe | Marcel Schilb | U. Heister | |
| 14/5/76 | Oh les beaux jours / Glückliche Tage | Frankfurt am Main Die Katakombe Frankfurter Kellertheater | Marcel Schilb | | |

(suite)

| Date de la première | Pièce | Ville, théâtre (salle) | Directeur du théâtre | Metteur en scène | Scéno-graphe |
|---|---|---|---|---|---|
| 25/9/76 | En attendant Godot Warten auf Godot | Lübeck Bühnen der Hansestadt (Studio) | Karl Vibach | | |
| 22/9/76 (2/10/76) | La Dernière Bande Das letzte Band / Pas Tritte | Baden-Baden Komödie am Leopoldsplatz | | W. Ruch | |
| 1/10/76 création allemande | Cette fois Damals / Pas Tritte | Berlin Schiller-Theater (Werkstatt) | Hans Lietzau | Samuel Beckett | Frida Parmeggiani |
| 5/10/76 | Cette fois Damals / Pas Tritte | Düsseldorf Schauspielhaus (Kleines Haus) | Günther Beelitz | Peter Löscher | Erich Wonder |
| 16/10/76 (21/10/76) | Oh les beaux jours Glückliche Tage | Saarbrücken Saarländisches Landestheater | Karl-Heinz Noblé | B. H. Reutler | |
| 26/10/76 | La Dernière Bande Das letzte Band | Osnabrück Städtische Bühnen (Studio 99) | Jürgen Brock | W. Nitsch | |
| 30/10/76 | Oh les beaux jours Glückliche Tage | Karlsruhe Badisches Staatstheater (Kleines Haus) | Hans Georg Rudolph | | |
| 12/11/76 | Comédie Spiel / La Dernière Bande Das letzte Band | Essen Bühnen der Stadt (Bühne 3 Studio) | Jürgen-Dieter Waidelich | | |
| 25/11/76 | Fin de partie Endspiel | Marburg Marburger Schauspiel | | H. Buchmann | |

(suite)

| Date de la première | Pièce | Ville, théâtre (salle) | Directeur du théâtre | Metteur en scène | Scéno- graphe |
|---|---|---|---|---|---|
| 27/11/76 | Fin de partie / Endspiel | Paderborn Westfälische Kammerspiele | | P. Lüdi | |
| 27/11/76 | En attendant Godot / Warten auf Godot | Tübingen Tübinger Zimmertheater | | H. Vogel | |
| 1/12/76 | Cette fois Damals / Pas Tritte | München Kammerspiele (Werkraumtheater) | Hans-Reinhard Müller | | |
| 3/12/76 | En attendant Godot / Warten auf Godot | Esslingen Württembergische Landesbühne | Achim Thorwald | G. A. Matten | |
| 29/1/77 | Cette fois Damals / Pas Tritte | Saarbrücken Saarländisches Staatstheater (Kammerspiele) | Günther Penzoldt | Günther Penzoldt | |
| 24/2/77 | Cette fois Damals / Pas Tritte | Trier Theater der Stadt Trier (Studio) | Manfred Mützel | | |
| 1/3/77 | Va-et-vient Kommen und Gehen / Oh les beaux jours Glückliche Tage / Pas Tritte | Heidelberg Städtische Bühne (Zimmertheater) | Horst Statkus | | |
| 7/4/77 | La Dernière Bande Das letzte Band | Hamburg Tik (Theater im Künstlerhaus) | | | |
| 27/5/77 | Comédie Spiel | Moers Schloßtheater | | H. Freytag | |

Annexe 1 : Statistiques de créations ouest-allemandes

(suite)

| Date de la première | Pièce | Ville, théâtre (salle) | Directeur du théâtre | Metteur en scène | Scéno-graphe |
|---|---|---|---|---|---|
| 18/9/77 | Pas moi Nicht ich / Acte sans paroles 1 Spiel ohne Worte 1 | Ulm Ulmer Theater (Podium) | Peter Borchardt | | |
| 27/9/77 | La Dernière Bande Das letzte Band | Akademie der Künste Berlin | | Rick Cluchey, Samuel Beckett | Richard Riddell, Tere Garcia |
| 14/1/78 | La Dernière Bande Das letzte Band | Augsburg Städtische Bühnen (Komödie) | Rudolf Stromberg | H. D. Lehmann | |
| 6/3/78 | La Dernière Bande Das letzte Band | Heidelberg Städtische Bühne (Zimmertheater) | Gilis van Rappard | | |
| 13/3/78 | En attendant Godot Warten auf Godot | Frankfurt am Main Schauspiel | | | |
| 22/3/78 | Fin de partie Endspiel | Münster Städtische Bühnen (Kleines Haus) | Frieder Lorenz | K.-A. Bock | |
| 23/3/78 | En attendant Godot Warten auf Godot | Ingolstadt Stadttheater | Ernst Seiltgen | M. Peter | |
| 22/4/78 | En attendant Godot Warten auf Godot | Düsseldorf Schauspielhaus (Kleines Haus) | Günther Beelitz | Peter Löscher | Peter Löscher |
| 14/9/78 | En attendant Godot Warten auf Godot | Münster Städtische Bühnen (Kleines Haus) | Frieder Lorenz | G. Moniac | A. Maschmann |

(suite)

| Date de la première | Pièce | Ville, théâtre (salle) | Directeur du théâtre | Metteur en scène | Scéno-graphe |
|---|---|---|---|---|---|
| 16/9/78 | Fin de partie / Endspiel | Berlin St.-Matthäus-Kirche am Tiergarten | | Rick Cluchey, Samuel Beckett | Rick Cluchey, Tere Garcia |
| 6/10/78 | Comédie / Spiel / Va-et-vient / Kommen und Gehen | Berlin Schiller-Theater (Werkstatt) | Hans Lietzau | Samuel Beckett | Hans Bohrer |
| 20/10/78 (4/11/78) | Fin de partie / Endspiel | Stuttgart Württembergische Staatstheater (Kleines Haus) | | A. Kirchner | A. Manthey |
| 26/10/78 | Oh les beaux jours / Glückliche Tage | Göttingen Junges Theater | Hans-Gunther Klein | E. Gallwitz | M. Holler |
| 2/11/78 (4/11/78) | Fin de partie / Endspiel | München Kammerspiele | Hans-Reinhard Müller | V. Hesse | W. Hutterli |
| 29/11/78 | La Dernière Bande / Das letzte Band / Pas / Tritte | Koblenz Theater der Stadt (Studiobühne im Mittelrheinmuseum am Florinsmarkt) | Hannes Houska | W. Regentrop | R. Cofflet |
| 21/3/79 | Pas moi / Nicht ich | Kiel Bühnen der Landeshauptsadt | Horst Fechner | C. Roethel | |
| 5/5/79 | Fragment de Théâtre 1 et 2 / Bruchstücke 1 und 2 | Hamburg Thalia Theater | | | |
| 13/5/79 | Oh les beaux jours / Glückliche Tage | Augsburg Städtische Bühnen (Studio im Oskar) | Rudolf Stromberg | | |

Annexe 1 : Statistiques de créations ouest-allemandes

(suite)

| Date de la première | Pièce | Ville, théâtre (salle) | Directeur du théâtre | Metteur en scène | Scénographe |
|---|---|---|---|---|---|
| 9/6/79 | Oh les beaux jours / Glückliche Tage | Kassel Schauspielhaus | Peter Mertz | | |
| 29/9/79 | Cette fois Damals / Pas Tritte / Pas moi Nicht ich | Darmstadt Staatstheater (Werkstattbühne) | Kurt Horres | W. D. Asmus | J. Dreier |
| 4/10/79 (21/10/79) | La Dernière Bande Das letzte Band | Münster Städtische Bühnen (Kleines Haus) | Frieder Lorenz | F. Miska | M. Marks |
| 8/11/79 | Cette fois Damals / Pas moi Nicht ich | Frankfurt am Main Städtische Bühnen (Kammerspiele) | | H. Klett | D. Niefind |
| 12/1/80 | En attendant Godot Warten auf Godot | Nürnberg Schauspielhaus | | H. Utzerath | G. Wiener |
| 16/4/80 | Comédie Spiel / La Dernière Bande Das letzte Band | Gießen Stadttheater (Theater-Studio) | R. Heissler-Remy | G. Lannan | C. Copenhaver |
| 30/5/80 | En attendant Godot Warten auf Godot | Dortmund Städtische Bühnen (Kleines Haus) | Paul Hager | A. Weißert | B. Höken |
| 9/10/80 | Oh les beaux jours Glückliche Tage | Hamburg Theater im Zimmer | | C. Roethel | N. Baginski |
| 17/10/80 | Oh les beaux jours Glückliche Tage | Köln Schauspielhaus | M. Hampe | Luc Bondy | R. Glittenberg |

(suite)

| Date de la première | Pièce | Ville, théâtre (salle) | Directeur du théâtre | Metteur en scène | Scéno-graphe |
|---|---|---|---|---|---|
| 15/11/80 | En attendant Godot Warten auf Godot | Braunschweig Staatstheater (Kleines Haus) | Mario Krüger | A. Weißert | D. Schoras |
| 23/11/80 | Cette fois Damals | Kiel Bühnen der Landeshauptsadt (Studio) | | V. Conradt, L. Kornitzer | |
| 4/12/80 | Beckett Evening 1 | München Atlas-Circus | | George Tabori | |
| 10/1/81 | La Dernière Bande Das letzte Band | Konstanz Stadttheater (Podium 99) | Hans J. Ammann | G. Burger | D. Hahn |
| 5/2/81 | Fragment de Théâtre 1 et 2 Bruchstücke 1 und 2 | Lüneburg Stadttheater (Treffpunkt Neues Theater) | A. de Montléart | | |
| 10/2/81 | Fin de partie Endspiel | Hamburg Deutsches Schauspielhaus | Niels-Peter Rudolph | P. Löscher | E. Wonder |
| 7/3/81 | En attendant Godot Warten auf Godot | Karlsruhe Theater Die Insel | | J. Hörner | F. Schneiders-mann |
| 4/4/81 | La Dernière Bande Das letzte Band | Coburg Landestheater (Studio) | T. Kleen | T. Kleen | |
| 12/4/81 | Souffle Atem | Berlin Schiller-Theater (Werkstatt) | Boy Gobert | Klaus Engeroff | Hans Bohrer |
| 18/5/81 | Mercier et Camier Mercier und Camier (Szenische Lesung) | Berlin Freie Volksbühne (Kassenhalle) | | Christian Bertram | |
| 1/7/81 | Le Dépeupleur Der Verwaiser | Bochum | | George Tabori | |
| 3/10/81 | Souffle Breath / Va-et-vient | Ulm Theater in der Westentasche | | C. Peinert | |

(suite)

| Date de la première | Pièce | Ville, théâtre (salle) | Directeur du théâtre | Metteur en scène | Scéno-graphe |
|---|---|---|---|---|---|
| | Kommen und Gehen / Pas Tritte | (Theater im Fundus) | | | |
| 13/11/81 | En attendant Godot Warten auf Godot | Freiburg im Breisgau Städtische Bühnen (Podium) | Manfred Beilharz | P.-J. Valentin | W. Perdacher |
| 1982 | Oh les beaux jours Glückliche Tage | Köln | | | Joachim Streubel |
| 7/2/82 | La Dernière Bande Das letzte Band | Paderborn Westfälische Kammerspiele | Friedrich Bremer | Friedrich Bremer | |
| 8/2/82 création allemande (Ohio Impromptu) | Ohio Impromptu Ohio Impromptu / Mercier et Camier Mercier und Camier (lecture) | Berlin Schaubühne am Lehniner Platz | | Fritz Bertram | |
| 13/3/82 | La Dernière Bande Das letzte Band | Würzburg Stadttheater (Studio in den Kammerspielen) | J. von Groeling | H. Andersen | |
| 7/4/82 | Fin de partie Endspiel | Mainz Städtische Bühnen (Kammerspiele) | D. Taube | G. Reinesch | |
| 23/5/82 | En attendant Godot Warten auf Godot | Memmingen Landestheater Schwaben | P. H. Stöhr | St. Schön | H. Buckmiller |
| 9/10/82 | Oh les beaux jours Glückliche Tage | Darmstadt Staatstheater (Werkstattbühne) | Kurt Horres | J. Pesel | E. Richter |

(suite)

| Date de la première | Pièce | Ville, théâtre (salle) | Directeur du théâtre | Metteur en scène | Scéno-graphe |
|---|---|---|---|---|---|
| 15/10/82 | « Play Beckett » | Reutlingen Theater in der Tonne | | S. Rist | |
| 4/11/82 | La Dernière Bande Das letzte Band | Marburg Marburger Schauspiel | Franzjosef Dörner | A. von Reumont | A. von Reumont |
| 18/11/82 | La Dernière Bande Das letzte Band | Göttingen Deutsches Theater (Altes Rathaus) | | M. Müller-Elmau | |
| 21/11/82 (27/11/82) | Oh les beaux jours Glückliche Tage | Marburg Marburger Schauspiel (Stadthalle) | Franzjosef Dörner | Franzjosef Dörner | G. Kleinbacher |
| 28/11/82 | Oh les beaux jours Glückliche Tage | Lübeck Bühnen der Hansestadt (Studio) | | R. Luxem | J.-D. Papalexo-pulu |
| 6/12/82 | « Beckett-Projekt » Catastrophe Katastrophe / Ohio Impromtu Ohio Impromtu / Berceuse Rockaby / La Dernière Bande Das letzte Band / Acte sans paroles 1 Akt ohne Worte 1 / Acte sans paroles 2 Akt ohne Worte 2 / Souffle Atem / Cette fois Damals / Pas Tritte / Fragment de Théâtre 1 | Frankfurt am Main Theater am Turm | | E. Lang, J. Weisser, C. Robinson, G. Czabó, L. Kompenhans, B. Kleber, M. Davies, V. Newport, M. Bergelt, I. Jansen, G. Uhlig | |

(suite)

| Date de la première | Pièce | Ville, théâtre (salle) | Directeur du théâtre | Metteur en scène | Scéno- graphe |
|---|---|---|---|---|---|
| | Bruchstücke 1 / Pas moi Nicht Ich | | | | |
| 3/3/83 | La Dernière Bande Das letzte Band | Gütersloh Theater der Stadt | Günter Ochs | | |
| 5/3/83 | La Dernière Bande Das letzte Band | Hamburg Thalia-Theater | Peter Striebeck | B. Norden | K. Stantin |
| 5/3/83 (7/4/83) | Pas moi Nicht Ich | Hamburg Theater im Zimmer | | C. Roethel | G. Blonski |
| 31/3/83 | En attendant Godot Warten auf Godot | Heidelberg Theater der Stadt | P. Stolzenberg | D. Mouchtar- Samorai | E. Fischer |
| 9/4/83 | Oh les beaux jours Glückliche Tage | Ulm Ulmer Theater (Podium) | V. Clauß | R. Milde | F. Hess |
| 7/10/83 | En attendant Godot Warten auf Godot | Moers Schloßtheater | | W. Engelhardt | H. Kunitzberger |
| 10/10/83 | Catastrophe Katastrophe / Fin de partie Endspiel | Krefeld Vereinigte Städtische Bühnen | J. Fontheim | H. G. Wagner | W. Sakowitz |
| 15/10/83 | La Dernière Bande Das letzte Band | Ingolstadt Stadttheater (Werkstattbühne) | E. Seiltgen | H. Andersen | C. Pape |
| 23/10/83 | En attendant Godot Warten auf Godot | Gießen Stadttheater | R. Heißler- Remy | H. Hohenemser | D. Bode |
| 7/11/83 | Oh les beaux jours Glückliche Tage | Coburg Landestheater (Theater am Hexenturm) | Tebbe Harms Kleen | P. Dolder | H. B. Thor |
| 19/11/83 | Pas moi Nicht Ich / | Freiburg im Breisgau | | I. Steiert | H. J. Gafert |

(suite)

| Date de la première | Pièce | Ville, théâtre (salle) | Directeur du théâtre | Metteur en scène | Scéno- graphe |
|---|---|---|---|---|---|
| | *Catastrophe* *Katastrophe* | Wallgraben- Theater | | | |
| 12/83 | *En attendant Godot* *Warten auf Godot* | Moers Schloßtheater | | Wilhelm Engelhardt, Hans- Christian Seeger | |
| 10/12/83 | *Fin de partie* *Endspiel* | Ulm Ulmer Theater (Podium) | V. Clauß | R. Milde | H.M. Böken |
| 14/12/83 | *Oh les beaux jours* *Glückliche Tage* | Baden-Baden Theater am Goetheplatz (Im alten Bahnhof) | Frieder Lorenz | F. Lorenz | H. Weygold |
| 29/12/83 | *En attendant Godot* *Warten auf Godot* | München Kammerspiele (Werkraumtheater) | Dieter Dorn | George Tabori | Kasuko Watanabe |
| 1/84 | *En attendant Godot* *Warten auf Godot* | Karlsruhe Badisches Staatstheater | | Walter D. Asmus | |
| 23/2/84 | *En attendant Godot* *Warten auf Godot* | Hamburg Theater im Zimmer | | Christoph Roethel | Masuth |
| 21/3/84 (27/3/84) | *La Dernière Bande* *Das letzte Band* | Oldenburg Staatstheater (Großes Haus) | Harry Niemann | K.-H. Eschrich | J. Streubel |
| 26/4/84 créations allemandes (*Solo / Berceuse*) | *Solo Ein Stück Monolog / Berceuse Rockaby / Catastrophe Katastrophe* | Berlin Schiller-Theater (Werkstatt) | | Klaus Engeroff | Andrea Kleber |
| 19/5/84 | *En attendant Godot* *Warten auf Godot* | München Theater der Jugend | | H. Betschart | L. Edenhofer |

**Annexe 1 : Statistiques de créations ouest-allemandes**

(suite)

| Date de la première | Pièce | Ville, théâtre (salle) | Directeur du théâtre | Metteur en scène | Scéno- graphe |
|---|---|---|---|---|---|
| 25/9/84 | Fin de partie / Endspiel | Heidelberg Theater der Stadt (Studio) | P. Stolzenberg | J. Wieler | P. Bohl |
| 5/10/84 | En attendant Godot / Warten auf Godot | Hannover Niedersächsisches Staatstheater (Theater am Aegi) | Hans-Peter Lehmann | U. Reiher | D. Stegmann |
| 5/10/84 | Oh les beaux jours / Glückliche Tage | Wuppertal Schauspielhaus (Foyer) | Jürgen Fabritius | R. W. Kunze | C. Doderer |
| 11/10/84 | Oh les beaux jours / Glückliche Tage | Bochum Schauspielhaus | | V. Jeker | T. Dreißigacker |
| 12/10/84 | Oh les beaux jours / Glückliche Tage | Wiesbaden Hessisches Theater (Studio) | C. Groszer | F. Rosa | R. Wust |
| 9/11/84 | Catastrophe / Katastrophe | Bremen Schauspielhaus | Arno Wüsenthofer | G. Krämer | F. Firmbach |
| 13/11/84 | Fin de partie / Endspiel | Pforzheim Stadttheater (Podium) | M. Berben | P. Löwenheck | K. Abendroth |
| 17/11/84 | En attendant Godot / Warten auf Godot | Köln Schauspielhaus | Volker Canaris | J. Gosch | A. Manthey |
| 9/1/85 | Oh les beaux jours / Glückliche Tage | Berlin Vaganten Bühne | Rainer Behrend, Jens-Peter Behrend | B. Meise | R. Terweg |
| 12/1/85 | En attendant Godot / Warten auf Godot | Bremerhaven Stadttheater (Großes Haus) | Siegfried Wittig | R. Zollner | A. Fanken- Wassilewa |
| 30/1/85 (31/1/85) | Fin de partie / Endspiel | Hannover Nieder- sächsisches Staatstheater (Ballhof) | Hans-Peter Lehmann | D. Hufschmidt | H. Schrader |

(suite)

| Date de la première | Pièce | Ville, théâtre (salle) | Directeur du théâtre | Metteur en scène | Scéno- graphe |
|---|---|---|---|---|---|
| 10/3/85 | Fin de partie Endspiel | Esslingen Württembergische Landesbühne (Podium) | Achim Thorwald | V. Mugur | H. Stürmer |
| 29/3/85 | La Dernière Bande Das letzte Band | Erlangen Markgraftheater (Theater in der Garage) | | | |
| 13/4/85 | En attendant Godot Warten auf Godot | Konstanz Stadttheater | Hans-J. Amann | P. J. Valentin | P. Schlösser, P. J. Valentin |
| 18/5/85 | Fin de partie Endspiel | Dortmund Städtische Bühnen (Studio) | Dieter Geske | H. Florin | G. Howland |
| 1/6/85 | Fin de partie Endspiel | Bonn Bühnen der Stadt (Dresdner Bank) | Jean-Claude Riber | N. Büchel | H. Günther |
| 4/6/85 | Fragment de Théâtre 1 et 2 Bruchstücke 1 und 2 / Cette fois Damals | Frankfurt am Main Theater am Turm | Michael Gielen | G. Thomas | D. Thomas |
| 22/6/85 | Fin de partie Endspiel | Nürnberg Städtische Bühnen (Neue Kammerspiele) | Willi Eck | Hansjörg Utzerath | |
| 10/9/85 | En attendant Godot Warten auf Godot | Paderborn Westfälische Kammerspiele (Foyer) | Friedrich Bremer | E. Riuf | E. Ruf |
| 21/9/85 | La Dernière Bande Das letzte Band | Aachen Stadttheater (Kammerspiele) | | S. Horn, D. Jacobsen | H.-J. Tilke |

**Annexe 1 : Statistiques de créations ouest-allemandes**

(suite)

| Date de la première | Pièce | Ville, théâtre (salle) | Directeur du théâtre | Metteur en scène | Scénographe |
|---|---|---|---|---|---|
| 25/10/85 | Fin de partie Endspiel | München Kammerspiele (Werkraum) | Dieter Dorn | T. Schulte-Michels | S. Thaler |
| 2/11/85 | Oh les beaux jours Glückliche Tage | Frankfurt am Main Schauspiel (Kammerspiele) | Günther Rühle | V. Jeker | T. Dreißigacker |
| 10/1/86 | Fragment de Théâtre 1 et 2 Bruchstücke 1 und 2 | Berlin Freies Schauspiel | | D. Goergen | A. Selski |
| 12/1/86 | En attendant Godot Warten auf Godot | Krefeld Vereinigte Städtische Bühnen (Theaterzelt Peterssche Fabrik) | Eike Gramss | C. Trafic | C. Wagenknecht |
| 17/1/86 (18/1/86) | Fin de partie Endspiel | Bremen Schauspielhaus | Tobias Richter | H. Falár | A. Reinhardt |
| 25/1/86 | Oh les beaux jours Glückliche Tage | Gießen Stadttheater (Theaterstudio Zigarrenfabrik) | R. Heißler | F. Winter | T. Pekny |
| 31/1/86 | En attendant Godot Warten auf Godot | Kaiserslautern Pfalztheater (Studio Kik) | | G. Burger | W. Hardt |
| 5/2/86 | En attendant Godot Warten auf Godot | Mainz Theater der Landeshauptsadt (Theater in der Schillerstraße) | D. Taube | G. Reinesch | P. Boysen |
| 1/3/86 | En attendant Godot Warten auf Godot | Münster Wilhelm-Borchert-Theater | | D. Zimmer | |

(suite)

| Date de la première | Pièce | Ville, théâtre (salle) | Directeur du théâtre | Metteur en scène | Scéno-graphe |
|---|---|---|---|---|---|
| 4/3/86 | Fin de partie Endspiel | Coburg Landestheater (Theater in der Reithalle) | Tebbe Harms Kleen | P. Dolder | J. Janecek |
| 8/3/86 | Fin de partie Endspiel | Karlsruhe Badisches Staatstheater (Kleines Haus) | G. Könemann | K. Weise | G. Rohde |
| 9/3/86 (13/4/86) | Oh les beaux jours Glückliche Tage | München Münchner Kammerspiele (Werkraum) | Dieter Dorn | George Tabori | Jürgen Rose |
| 26/3/86 | Fragment de Théâtre 1 et 2 Bruchstücke 1 und 2 | Berlin Schiller-Theater (Werkstatt) | Heribert Sasse | Frank Arnold | Gert Rohde |
| 12/4/86 | En attendant Godot Warten auf Godot | Kassel Schauspielhaus | Manfred Beilharz | V. Jeker | B. Holzapfel |
| 22/5/86 | Fin de partie Endspiel | Göttingen Deutsches Theater (Tiefgarage) | | D. Gravenhorst | S. Kloiber |
| 13/6/86 | En attendant Godot Warten auf Godot | Paderborn Westfälische Kammerpiele (Studio) | Friedrich Bremer | E. Ruf | E. Ruf |
| 8/11/86 | Mercier et Camier Mercier und Camier (Szenische Lesung) | Mannheim Nationaltheater (Studio Werkhaus) | | R. Kowalski | H. Tröger |
| 21/1/87 | En attendant Godot Warten auf Godot | Aachen Stadttheater (Großes Haus) | Klaus Schultz | F. Matthiae | T. Dreißigacker |

(suite)

| Date de la première | Pièce | Ville, théâtre (salle) | Directeur du théâtre | Metteur en scène | Scéno-graphe |
|---|---|---|---|---|---|
| 1/2/87 | Catastrophe Katastrophe | Dortmund Theater (Museum Hansastraße) | Horst Fechner | A. Weissert | |
| 13/3/87 | Pas Tritte / Berceuse Rockaby / Souffle Atem | Köln Severins-Burg-Theater (Im Atelier) | | B. Schmiester | P. Strohrer, B. Schmiester |
| 5/5/87 | Acte sans paroles 1 Akt ohne Worte 1 / Berceuse Rockaby | München Theater am Sozialamt | | W. Osborne | W. Osborne |
| 15/5/87 | En attendant Godot Warten auf Godot | Landshut Südostbayrisches Städtetheater | Klaus Schlette | K. Schlette | K. Schlette |
| 15/5/87 | En attendant Godot Warten auf Godot | Stuttgart Theater der Altstadt (Studio) | | W. Baer | W. Baer |
| 21/5/87 | Fin de partie Endspiel | Darmstadt Stadttheater (Werkstattbühne) | Peter Brenner | | |
| 13/6/87 | Oh les beaux jours Glückliche Tage | Konstanz Stadttheater (Theatercafé) | | H. J. Ammann | H. G. Schäfer |
| 4/10/87 | La Dernière Bande Das letzte Band | Frankfurt am Main Schauspiel (Kammerspiel) | Gary Bertini | Klaus Michael Grüber | Klaus Michael Grüber, Max von Vequel-Westernach |
| 12/10/87 | Comédie Spiel / Cette fois Damals | Heidelberg Theater der Stadt (Studio) | P. Stolzenberg | C. Hechler | A. Steiner |

(suite)

| Date de la première | Pièce | Ville, théâtre (salle) | Directeur du théâtre | Metteur en scène | Scénographe |
|---|---|---|---|---|---|
| 23/10/87 | Oh les beaux jours / Glückliche Tage | Lüneburg Statdttheater (Studio) | Thomas Bayer | K. Carius | G. Wehnert |
| 17/11/87 | En attendant Godot / Warten auf Godot | Heilbronn Theater Heilbronn (Kammerspiel) | Klaus Wagner | H. Adamec | T. Pekny |
| 26/11/87 | En attendant Godot / Warten auf Godot | Göttingen Deutsches Theater | Heinz Engels | K. Kusenberg | G. Hellweg |
| 15/12/87 | En attendant Godot / Warten auf Godot | Marburg Marburger Schauspiel | Fj. Dörner | Fj. Dörner | V. Benninghoff |
| 18/12/87 | Fin de partie / Endspiel | Darmstadt Stadttheater (Werkstattbühne) | Peter Brenner | D.W. Hübsch | J. Dreier |
| 22/12/87 | En attendant Godot / Warten auf Godot | Hamburg Thalia-Theater | Jürgen Flimm | | |
| 10/1/88 | En attendant Godot / Warten auf Godot | Coburg Landestheater (Theater in der Reithalle) | T. H. Kleen | T. H. Kleen | J. Janecek |
| 26/1/88 | La Dernière Bande / Das letzte Band | Stuttgart Staatstheater (Kammertheater) | Wolfgang Gönnenwein | P. Palitzsch | H. Kapplmüller |
| 30/1/88 (4/2/88) | Fin de partie / Endspiel | Stuttgart Staatstheater (Kleines Haus) | Wolfgang Gönnenwein | N. P. Rudolph | L. Hegi |
| 4/2/88 | Oh les beaux jours / Glückliche Tage | Ingolstadt Stadttheater (Studio im Herzogskasten) | E. Seiltgen | L- Prütting | C. Pape |
| 5/3/88 | En attendant Godot / Warten auf Godot | Celle Schloßtheater | Eberhard Johow | C. Gutbier | E. Schweitzer |

(suite)

| Date de la première | Pièce | Ville, théâtre (salle) | Directeur du théâtre | Metteur en scène | Scéno-graphe |
|---|---|---|---|---|---|
| 19/3/88 | Souffle Atem / La Dernière Bande Das letzte Band | Moers Schloßtheater (Studio) | Holk Freytag | M. Lachmann | M. Lachmann |
| 26/4/88 (18/5/88) | Oh les beaux jours Glückliche Tage | Krefeld-Mönchengladbach Vereinigte Städtische Bühnen (Studio) | Eike Gramss | F. Winter | W. Groß |
| 26/4/88 | Fin de partie Endspiel | Memmingen Landestheater Schwaben (Studio) | | J. Charvat | J. Charvat |
| 24/6/88 | La Dernière Bande Das letzte Band | Düsseldorf Schauspielhaus (Kleines Haus) | Volker Canaris | Gabriele Jakobi | Florian Etti |
| 12/9/88 | Oh les beaux jours Glückliche Tage | Paderborn Westfälische Kammerspiele (Foyer) | Friedrich Krämer | W. Hünnemeyer | E. Ruf |
| 15/9/88 | En attendant Godot Warten auf Godot | Pforzheim Stadttheater (Podium) | M. Berben | | |
| 30/9/88 | La Dernière Bande Das letzte Band | Mainz Theater der Landeshauptsadt (Theater in der Schillerstraße) | D. Taube | H.-C. Wächter | G. Spahlinger |
| 27/10/88 | La Dernière Bande Das letzte Band | Berlin Schiller-Theater (Werkstatt) | Heribert Sasse | | |
| 7/1/89 | Pas Tritte | Köln Schauspiel (Kammerspiel) | | J. Weisser | H. Neubecker |

(suite)

| Date de la première | Pièce | Ville, théâtre (salle) | Directeur du théâtre | Metteur en scène | Scéno- graphe |
|---|---|---|---|---|---|
| 10/1/89 | En attendant Godot Warten auf Godot | Mülheim Theater an der Ruhr (Stadthalle) | | R. Ciulli | G.-E. Habben |
| 10/3/89 | Oh les beaux jours Glückliche Tage | Hof Städtebundtheater (Studio) | Reinhold Röttger | M. Ritz | G. Bahnmüller |
| 12/3/89 | En attendant Godot Warten auf Godot | Düsseldorf Schauspielhaus | Volker Canaris | Fred Berndt | Fred Berndt |
| 15/3/89 | Fin de partie Endspiel | Mannheim Nationaltheater (Kleines Haus) | A. Petersen | B. Klimek | T. Armster |
| 19/5/89 | Va-et-vient Kommen und Gehen / Quoi où Was wo / Pas moi Nicht ich | Frankfurt am Main Städtische Bühnen (Kammerspiel) | Gary Bertini | | |
| 20/9/89 | Fin de partie Endspiel | Lübeck Bühnen der Hansestadt (Studio) | | | |
| 14/10/89 | En attendant Godot Warten auf Godot | Bamberg E. T.A.-Hoffmann- Theater | Rainer Lewandowski | W. Bauschmidt | W. Clausnitzer |
| 8/12/89 | En attendant Godot Warten auf Godot | Kiel Schauspielhaus | Volkmar Clauß | S. Richter | R. Schachte- beck |

## Genet

| Date de la première | Pièce | Ville, théâtre (salle) | Directeur du théâtre | Metteur en scène | Scénographe |
|---|---|---|---|---|---|
| 30/7/57 création allemande | Les Bonnes Die Zofen | Bonn Kontra Kreis Theater | Karl Pempelfort | Kurt Hoffmann | |
| 10/57 | Les Bonnes Die Zofen | Düsseldorf Kammerspiele | | Hans Jürgen Utzerath | Frank Ulrich Schmidt |
| 1/10/58 | Les Bonnes Die Zofen | Berlin Tribüne | | Hermann Herrey | Hermann Herrey |
| 6/12/58 | Les Bonnes Die Zofen | Braunschweig Schauspielstudio der Evangelischen Akademie | Horst Kaiser | Horst Kaiser | |
| 10/12/58 | Les Bonnes Die Zofen | Hof/Saale Städtebundtheater (Studio) | Hans Jessen | | |
| 1/59 | Les Bonnes Die Zofen | Freiburg Wallgrabentheater | | | |
| 2/59 | Les Bonnes Die Zofen | Hamburg Theater 53 | | | |
| 3/59 | Les Bonnes Die Zofen | Frankfurt am Main Städtische Bühnen | | Anton Krilla | |
| 1/3/59 | Les Bonnes Die Zofen | Kassel Kleines Theater am Goetheplatz | Walther Krausbauer | | |
| 8/3/59 | Jean-Genet-Matinée | Berlin Schloßpark-Theater | Boleslaw Barlog | | |
| 18/3/59 création allemande | Le Balcon Der Balkon | Berlin Schloßpark-Theater | Boleslaw Barlog | Hans Lietzau | A. N. Vargas |
| 2/5/59 | Les Bonnes Die Zofen | München Kammerspiele (Werkraumtheater) | Hans Schweikart | Ernst Seiltgen | Jörg Zimmermann |

(suite)

| Date de la première | Pièce | Ville, théâtre (salle) | Directeur du théâtre | Metteur en scène | Scéno-graphe |
|---|---|---|---|---|---|
| 3/5/59 | Les Bonnes Die Zofen | München Kammerspiele (Werkraumtheater) | Hans Schweikart | Ernst Seiltgen | |
| 6/1/60 création allemande | Haute surveillance Unter Aufsicht | Kiel Bühnen der Landeshauptstadt (Studiobühne im Schauspielhaus) | Rudolf Meyer | Hans Niederauer | |
| 2/2/60 | Haute surveillance Unter Aufsicht | Berlin Vaganten Bühne | Horst Behrend | Paul Albert Krumm | Paul Albert Krumm |
| 6/3/60 | Les Bonnes Die Zofen | Iserlohn Schauspiel (Studio) | Ferdinand Held-Magney | | |
| 9/4/60 | Les Bonnes Die Zofen | Mainz Dachbodenbühne | | Lothar Köster | Hans-Joachim Strehlow |
| 1/6/60 | Haute surveillance Unter Aufsicht | Bremen Zimmertheater | | | |
| 24/9/60 | Les Bonnes Die Zofen | Bremerhaven Stadttheater (Kleines Haus) | Hans Herbert Pudor | | |
| 26/12/60 | Les Bonnes Die Zofen | Kiel Schauspielhaus (Studio Bühne) | Hans-Georg Rudolph | | Rolf Christiansen |
| 15/1/61 | Les Bonnes Die Zofen | Heidelberg Städtische Bühnen (Zimmertheater) | C. Helmut Drese | | |
| 19/5/61 création mondiale | Les Paravents Wände überall | Berlin Schloßpark-Theater | Boleslaw Barlog | Hans Lietzau | Hans-Heinrich Palitzsch |
| 18/6/61 | Les Bonnes Die Zofen | Ulm Städtische Bühnen (Podium in der Max-Wieland-Galerie) | Kurt Hübner | | |

**434** — Annexe 1 : Statistiques de créations ouest-allemandes

(suite)

| Date de la première | Pièce | Ville, théâtre (salle) | Directeur du théâtre | Metteur en scène | Scénographe |
|---|---|---|---|---|---|
| 8/10/61 | Haute surveillance / Unter Aufsicht | Bielefeld Städtische Bühnen (Studio am Alten Markt) | Joachim Klaiber | | |
| 8/12/61 | Les Bonnes / Die Zofen | Kiel Schauspielhaus (Studio) | Hans-Georg Rudolph | | |
| 31/3/62 | Le Balcon / Der Balkon | Frankfurt am Main Städtische Bühnen | | Erwin Piscator | Johannes Waltz, Elisabeth Urbancic |
| 4/62 | Les Bonnes / Die Zofen | Sommerhausen Torturmtheater | | Luigi Malipiero | |
| 8/9/62 | Les Bonnes / Die Zofen | Lübeck Kammerspiele (Studio) | Arno Wüstenhöfer | | |
| 9/2/63 | Les Bonnes / Die Zofen | Hildesheim Stadttheater (Studio) | Walter Zibell | Ekkehard Boesche | |
| 9/2/63 | Les Bonnes / Die Zofen | Mannheim Nationaltheater (Kunsthalle) | Hans Schüler | | |
| 21/3/63 | Les Bonnes / Die Zofen | Nürnberg / Furth Städtische Bühnen (Kammerspiele) | Karl Pschigode | | |
| 5/11/63 | Haute surveillance / Unter Aufsicht | Ulm Städtische Bühne (Podium in der Max-Wieland-Galerie) | Ulrich Brecht | | |
| 12/63 | Les Bonnes / Die Zofen | München Theater 44 | | Kelle Riedl | |
| 21/1/64 | Les Bonnes / Die Zofen | Pforzheim Stadttheater (Studio im Reuchlinhaus) | Harry Niemann | | |

(suite)

| Date de la première | Pièce | Ville, théâtre (salle) | Directeur du théâtre | Metteur en scène | Scéno-graphe |
|---|---|---|---|---|---|
| 14/2/64 | Les Bonnes<br>Die Zofen | Cuxhaven<br>Das Schauspiel | Toni<br>Graschberger | | |
| 31/5/64<br>création<br>allemande | Les Nègres<br>Die Neger | Darmstadt<br>Landestheater<br>(Orangerie) | Gerhard F.<br>Hering | Gerhard<br>F. Hering,<br>Samy<br>Molcho | Ruodi Barth |
| 12/12/64<br>création<br>allemande | 'adame Miroir<br>'adame Miroir | Münster<br>Städtische<br>Bühnen | Alfred Erich<br>Sistig | Gise<br>Furtwängler | Günter<br>Kupfer |
| 17/1/65 | Les Bonnes<br>Die Zofen | Aachen<br>Stadttheater<br>(Kammerspiele) | Paul<br>Mundorf | | |
| 27/2/65 | Les Bonnes<br>Die Zofen | Wuppertal<br>Schauspielhaus<br>(Kammerspiele) | Arno<br>Wüstenhöfer | Günter<br>Ballhausen | |
| 3/65 | Les Bonnes<br>Die Zofen | Berlin<br>Forum-Theater | | Judith<br>Malina | Julian Beck,<br>Jim Tiroff |
| 22/9/65 | Les Bonnes<br>Die Zofen | Münster<br>Zimmertheater | Hans-Louis<br>Metelmann | | |
| 29/10/65 | Les Bonnes<br>Die Zofen | Rendsburg<br>Landesbühne<br>Schleswig-<br>Holstein | Hans-<br>Walther<br>Deppisch | Werner<br>Hildenbrand | Nina<br>Riechetoff |
| 2/66 | Les Bonnes<br>Die Zofen | Frankfurt am<br>Main<br>Katakombe | Marcel<br>Schilb | Frederik<br>Ribell | |
| 3/6/66 | Haute<br>surveillance<br>Unter Aufsicht | Köln<br>Zimmertheater<br>(Der Keller) | Marianne<br>Jentgens,<br>Heinz<br>Opfinger | | |
| 11/66 | Les Bonnes<br>Die Zofen | Düsseldorf<br>Intimes Theater | | Peter<br>Thomas<br>Heydrich | |
| 14/2/67 | Les Bonnes<br>Die Zofen | Köln<br>Zimmertheater<br>(Das Zimmer) | Marianne<br>Jentgens,<br>Heinz<br>Opfinger | Marianne<br>Jentgens<br>(acteurs<br>féminins) | Marianne<br>Jentgens |

(suite)

| Date de la première | Pièce | Ville, théâtre (salle) | Directeur du théâtre | Metteur en scène | Scéno-graphe |
|---|---|---|---|---|---|
| 15/2/67 | Les Bonnes / Die Zofen | Köln Zimmertheater (Das Zimmer) | Marianne Jentgens, Heinz Opfinger | Lutz Schulze (acteurs masculins) | Marianne Jentgens |
| 16/3/67 | Les Bonnes / Die Zofen | Braunschweig Staatstheater (Kleines Haus) | Helmut Matiasek | | |
| 6/5/67 | Les Bonnes / Die Zofen | Göttingen Deutsches Theater | Günther Fleckenstein | Martin Ankermann | Hans-Heinrich Palitzsch |
| 2/6/67 | Le Balcon / Der Balkon | Darmstadt Landestheater (Orangerie) | Gerhard F. Hering | | |
| 10/9/67 | Haute surveillance / Unter Aufsicht | Mannheim Nationaltheater (Kunsthalle) | Ernst Dietz | | |
| 10/10/67 | Les Bonnes / Die Zofen | Berlin Schiller-Theater | Boleslaw Barlog | Johannes Schaaf | |
| 23/10/67 | Les Bonnes / Die Zofen | Berlin Schloßpark-Theater | Boleslaw Barlog | Günter Fischer | H. W. Lenneweit |
| 4/11/67 | Les Bonnes / Die Zofen | Celle Schloßtheater (Studio im Malersaal) | | Hans Menninger | Hans Menninger |
| 18/11/67 | Les Paravents / Die Wände | Essen Bühnen der Stadt | Erich Schumacher | Roger Blin | André Acquart |
| 23/1/68 | Haute surveillance Unter Aufsicht / Les Bonnes Die Zofen | Darmstadt Landestheater (Theater im Schloß) | Gerhard F. Hering | | |
| 2/2/68 | Les Bonnes / Die Zofen | Bielefeld Städtische Bühnen (Studio am Alten Markt) | | | |

(suite)

| Date de la première | Pièce | Ville, théâtre (salle) | Directeur du théâtre | Metteur en scène | Scéno- graphe |
|---|---|---|---|---|---|
| 9/2/68 | Les Paravents<br>Die Wände | München<br>Residenztheater | Helmut<br>Henrichs | Hans<br>Lietzau | Jürgen Rose |
| 9/4/68 | Les Bonnes<br>Die Zofen | Bielefeld<br>Studio | | Manfred<br>Raymund<br>Richter | Karl Ernst<br>Herrmann |
| 28/4/68 | Le Balcon<br>Der Balkon | Köln<br>Schauspielhaus | Arno<br>Assmann | | |
| 24/9/68 | Les Bonnes<br>Die Zofen | Saarbrücken<br>Stadttheater<br>(Kammerspiele) | Hermann<br>Wedekind | | |
| 11/68 | Les Bonnes<br>Die Zofen | München<br>Zimmertheater | | Hedi<br>Kullmann-<br>Fenn | |
| 14/3/69 | Les Bonnes<br>Die Zofen | Kleve<br>Theater am<br>Niederrhein | Josef Wirtz | | |
| 15/3/69 | Les Bonnes<br>Die Zofen | Wilhelmshaven<br>Landesbühne im<br>Stadttheater | Rudolf<br>Stromberg | | |
| 26/3/69 | Les Bonnes<br>Die Zofen | Trier<br>Theater der<br>Stadt (Studio) | Walter Pohl | | |
| 15/6/69 | Les Bonnes<br>Die Zofen | München<br>Residenztheater | Helmut<br>Henrichs | Hans<br>Lietzau | Jürgen Rose |
| 8/9/69 | Les Bonnes<br>Die Zofen | Oldenburg<br>Staatstheater<br>(Spielraum<br>Kleines<br>Augusteum) | Harry<br>Niemann | | |
| 18/10/69 | Les Bonnes<br>Die Zofen | Schleswig<br>Nordmark-<br>Landestheater<br>(Studio) | Toni<br>Graschberger | | |
| 26/4/70 | Les Bonnes<br>Die Zofen | Flensburg<br>Städtische<br>Bühnen | Benno<br>Hattesen | | |

(suite)

| Date de la première | Pièce | Ville, théâtre (salle) | Directeur du théâtre | Metteur en scène | Scéno- graphe |
|---|---|---|---|---|---|
| 22/6/70 | *Les Bonnes* / *Die Zofen* | Coburg Landestheater | Hanns- joachim Worringen | | |
| 7/11/70 | *Les Bonnes* / *Die Zofen* | Wiesbaden Hessisches Staatstheater (Studio- Souterrain) | Alfred Erich Sistig | | |
| 30/1/71 | *Haute surveillance* / *Unter Aufsicht* | Esslingen Württembergische Landesbühne (Kellertheater) | Elert Bode | Jürgen Wolfram | |
| 27/2/71 | *Les Bonnes* / *Die Zofen* | Stuttgart Staatstheater | Walther Erich Schäfer | Helm Bindseil | |
| 7/4/71 | *Haute surveillance* / *Unter Aufsicht* | Münster Zimmertheater | Hans-Louis Metelmann | Herbert Vogt | |
| 26/4/71 | *Les Bonnes* / *Die Zofen* | Coburg Landestheater | Hannsjoachim Worringen | Wolfgang Schön | |
| 12/5/71 | *Les Bonnes* / *Die Zofen* | Essen Bühnen der Stadt (Studio) | Erich Schumacher | | |
| 25/9/71 | *Les Bonnes* / *Die Zofen* | Krefeld Vereinigte Städtische Bühnen | Joachim Fontheim | | |
| 27/4/72 | *Les Bonnes* / *Die Zofen* | Augsburg Städtische Bühnen (Komödie) | Peter Ebert | Horst Braun | |
| 25/8/72 | *Le Balcon* / *Der Balkon* | Kiel Schauspielhaus | Joachim Klaiber | Dieter Reible | |
| 13/9/72 | *Les Bonnes* / *Die Zofen* | Wuppertal Schauspielhaus (Kammerspiele) | Arno Wüstenhöfer | Wolfgang Eisenbach | |

(suite)

| Date de la première | Pièce | Ville, théâtre (salle) | Directeur du théâtre | Metteur en scène | Scéno- graphe |
|---|---|---|---|---|---|
| 7/1/73 | Les Bonnes Die Zofen | Hannover Staatstheater (Studio im Künstlerhaus) | Franz Reichert | | |
| 22/3/73 | Le Balcon Der Balkon | Hamburg Das junge Theater | | K. Paryla | |
| 30/3/73 | Les Bonnes Die Zofen | Berlin Schloßpark-Theater | Hans Lietzau | Dieter Dorn | Wilfried Minks |
| 8/9/73 | Les Bonnes Die Zofen | Rottweil Zimmertheater | Friedhelm Bärsch | | |
| 29/9/73 | Les Bonnes Die Zofen | Mainz Städtische Bühnen (Theater im Gutenberg-Museum) | Wolf-Dieter Ludwig | J. Kaehler (acteurs féminins) | |
| 2/10/73 | Les Bonnes Die Zofen | Lüneburg Stadttheater (Studio im Museum) | Hannes Houska | M. Kiesewetter | |
| 6/10/73 | Les Bonnes Die Zofen | Mainz Städtische Bühnen (Theater im Gutenberg-Museum) | Wolf-Dieter Ludwig | R. Lenkey (acteurs masculins) | |
| 25/10/73 | Les Bonnes Die Zofen | Bonn Theater Central | | C. Krones | |
| 27/1/74 | Le Balcon Der Balkon | Wiesbaden Hessisches Staatstheater (Kleines Haus Studio-Souterrain) | Alfred Erich Sistig | G. Büch | |
| 27/1/74 | Le Balcon Der Balkon | Mannheim Nationaltheater (Kleines Haus) | Michael Hampe | K. Hack | |

(suite)

| Date de la première | Pièce | Ville, théâtre (salle) | Directeur du théâtre | Metteur en scène | Scéno-graphe |
|---|---|---|---|---|---|
| 15/5/74 | *Les Bonnes* / *Die Zofen* | Baden-Baden Theater der Stadt | Günther Penzoldt | J. U. Jensen | |
| 10/9/74 | *Les Bonnes* / *Die Zofen* | Pforzheim Stadttheater (Podium) | Heiner Bruns | | |
| 14/9/74 | *Les Bonnes* / *Die Zofen* | Freiburg im Breisgau Städtische Bühnen (Podium) | Volker von Collande | | |
| 12/10/74 | *Les Bonnes* / *Die Zofen* | Kiel Schauspielhaus | Joachim Klaiber | | |
| 20/11/74 | *Les Bonnes* / *Die Zofen* | Münster Das Zimmertheater | Hans-Louis Metelmann | H. G. Wagner | |
| 29/11/74 | *Les Bonnes* / *Die Zofen* | Regensburg Stadttheater (Podium-Bühne) | Horst Alexander Stelter | | |
| 14/12/74 | *Les Bonnes* / *Die Zofen* | Kiel Bühnen der Landeshauptsadt | Joachim Klaiber | | |
| 19/12/74 | *Les Bonnes* / *Die Zofen* | Kaiserslautern Pfalztheater | Wolfgang Blum | | |
| 25/1/75 | *Les Bonnes* / *Die Zofen* | Verden Landestheater Niedersachsen-Mitte | Hans W. Lodges | | |
| 6/2/75 | *Les Bonnes* / *Die Zofen* | Hamburg Thalia-Theater | Boy Gobert | | |
| 13/2/75 | *Les Bonnes* / *Die Zofen* | Hildesheim Stadttheater (Studio) | Walter Zibell | | |
| 1/9/75 | *Les Bonnes* / *Die Zofen* | Detmold Landestheater (Studio-Bühne) | Otto Hans Böhm | | |

(suite)

| Date de la première | Pièce | Ville, théâtre (salle) | Directeur du théâtre | Metteur en scène | Scéno-graphe |
|---|---|---|---|---|---|
| 11/9/75 (9/10/75) | Les Bonnes Die Zofen | Köln Bühnen der Stadt (Kammerspiele) | | | |
| 20/2/76 | Haute surveillance Unter Aufsicht | Moers Schloßtheater | | H. Freytag | |
| 15/4/76 (17/4/76) | Le Balcon Der Balkon | Bochum Schauspielhaus | | Wilfried Minks | Wilfried Minks |
| 3/10/76 (6/10/76) | Les Bonnes Die Zofen | Bonn Theater der Stadt (Werkstattbühne) | Hans-Joachim Heyse | A. Gerstenberg | |
| 20/10/76 | Le Balcon Der Balkon | München Kammerspiele | Hans-Reinhard Müller | Ernst Wendt | Johannes Schütz |
| 22/10/76 | Les Bonnes Die Zofen | Landshut Südostbayrisches Städtetheater | | F. Fink | |
| 3/3/77 | Les Bonnes Die Zofen | Karlsruhe Theater Die Insel | Werner Wedekind | | |
| 24/3/77 | Les Bonnes Die Zofen | Ingolstadt Stadttheater | | A. Goetze | |
| 15/10/77 | Les Bonnes Die Zofen | Koblenz Theater der Stadt (Studiobühne im Mittelrheinmuseum am Florinsmarkt) | Hannes Houska | W. Regentrop | |
| 20/1/79 | Haute surveillance Unter Aufsicht | Kiel Jugendtheater (Theater in der Kneipe) | Horst Fechner | M. Repp | M. Repp |
| 2/3/79 | Le Balcon Der Balkon | Saarbrücken Saarländisches Landestheater | | A. Krämer | W. Heisig |

(suite)

| Date de la première | Pièce | Ville, théâtre (salle) | Directeur du théâtre | Metteur en scène | Scéno-graphe |
|---|---|---|---|---|---|
| 31/3/79 (5/4/79) | Le Balcon / Der Balkon | Stuttgart Württemberg. Staatstheater (Kleines Haus) | Hans-Peter Doll | Christoph Nel | Ilona Freyer |
| 5/7/79 | Les Bonnes / Die Zofen | München Kammerspiele (Werkaumtheater) | Hans-Reinhard Müller | W. Gropper | J. Lageder |
| 12/7/79 | Les Bonnes / Die Zofen | Frankfurt am Main Städtische Bühnen (Kammerspiele) | | L. Stefanek, G. Jakobi | V. Dorn |
| 4/3/80 | Le Balcon / Der Balkon | Oldenburg Staatstheater (Großes Haus) | H. Niemann | Gerhard Jelen | |
| 11/7/80 | Les Bonnes / Die Zofen | Mannheim Nationaltheater (Studio Werkhaus) | | M. Mierswa | S. Titze |
| 26/9/80 | Les Bonnes / Die Zofen | Lüneburg Stadttheater | | R. Kämper | G. Wehnert |
| 7/12/80 | Les Bonnes / Die Zofen | Rendsburg Schleswig-Holsteinisches Landestheater (Werkstatt-Studio) | | W. Ehrler | M. Roscher |
| 5/9/81 | Haute surveillance / Unter Aufsicht | Hamburg Theater im Künstlerhaus | Peter Striebeck | J. Kauenhowen | F. Lehr |
| 11/9/81 | Les Bonnes / Die Zofen | Saarbrücken Saarländisches Staatstheater (Theater im Stiefel) | M. Kuntsch | | |
| 4/10/81 | Les Bonnes / Die Zofen | Coburg Landestheater (Studio) | | J. Biesewig | J. Janecek |

(suite)

| Date de la première | Pièce | Ville, théâtre (salle) | Directeur du théâtre | Metteur en scène | Scénographe |
|---|---|---|---|---|---|
| 4/10/81 | Les Bonnes / Die Zofen | Moers Schloßtheater (Studio) | | J. Martin | C. Walter |
| 2/6/82 | Haute surveillance / Unter Aufsicht | Stuttgart Staatstheater | H.-P. Doll | E. Lang | E. Lang |
| 19/3/83 | Le Balcon / Der Balkon | Berlin Schiller-Theater | Boy Gobert | Hans Neuenfels | Hans Neuenfels |
| 11/6/83 | Les Nègres / Die Neger | Berlin Schaubühne am Lehniner Platz | J. Schitthelm, K. Weiffenbach | Peter Stein | Karl-Ernst Herrmann |
| 7/12/83 | Les Bonnes / Die Zofen | Bamberg E. T. A.-Hoffmann-Theater | Harry Walther | M. Buckup | M. Engel |
| 9/2/84 | Les Bonnes / Die Zofen | Bamberg E. T. A.-Hoffmann-Theater | Harry Walther | P.-C. Gerloff | M. Engel |
| 25/2/84 | Haute surveillance / Unter Aufsicht | Freiburg im Breisgau Städtische Bühnen (Kammertheater) | Ulrich Brecht | M. Guindani | L. Lindenmaier |
| 3/10/84 | Les Bonnes / Die Zofen | Marburg Schauspiel (Theater im Afföller) | | S. Roon | V. Benninghoff |
| 2/3/86 | Haute surveillance / Unter Aufsicht | Frankfurt am Main Schauspiel (Kammerspiele) | Gary Bertini | F. Moritz | G. Jäkel |
| 8/3/86 | Les Bonnes / Die Zofen | Köln Theater im Bauturm | | C. Krones | C. Krones |
| 21/4/88 | Les Bonnes / Die Zofen | Oberhausen Theater Oberhausen (Studio 99) | F. Gerhards | J. E. Krämer | I. Lazarus |

(suite)

| Date de la première | Pièce | Ville, théâtre (salle) | Directeur du théâtre | Metteur en scène | Scéno-graphe |
|---|---|---|---|---|---|
| 27/5/88 | Les Bonnes / Die Zofen | Münden Theater in der Altstadt (Welfenschloß) | | S. Rist | |
| 4/6/88 | Les Bonnes / Die Zofen | Bremen Schauspielhaus | Tobias Richter | B. Maier | A. Reinhardt |
| 26/11/88 | Les Bonnes / Die Zofen | Dortmund Schauspielhaus (Studio) | Horst Fechner | L. Hemmleb | D. Payen |
| 19/1/89 | Les Bonnes / Die Zofen | Stuttgart Theater im Westen | | C. Mayer | C. Mayer |
| 10/2/89 | Le Balcon / Der Balkon | Düsseldorf Schauspielhaus | Volker Canaris | Axel Manthey | Axel Manthey |
| 23/2/89 | Haute surveillance / Unter Aufsicht | Karlsruhe Theater Die Insel (Studio) | W. Wedekind | | |
| 8/10/89 | Les Bonnes / Die Zofen | Würzburg Stadttheater (Kammerspiele) | T. H. Kleen | M. Balaun | E. Wegenast |

## Ionesco

| Date de la première | Pièce | Ville, théâtre (salle) | Directeur du théâtre | Metteur en scène | Scéno-graphe |
|---|---|---|---|---|---|
| 25/3/56 création allemande | Amédée ou Comment s'en débarrasser Wie wird man ihn los | Bochum Schauspielhaus Kammerspiele | Hans Schalla | Friedrich Siems | Max Fritzsche |
| 6/56 création allemande | La Leçon Die Nachhilfe-stunde | Mainz Zimmerspiele (Haus am Dom) | | Rudolf Jürgen Bartsch | |
| 5/5/57 | La Leçon Die Unterrichts-stunde / Victimes du devoir Opfer der Pflicht | Darmstadt Landestheater (Orangerie) | Gustav Rudolf Sellner | Gustav Rudolf Sellner | Franz Mertz |
| 7/7/57 création allemande | La Cantatrice chauve Die kahle Sängerin | Mainz Zimmerspiele (Haus am Dom) | | Rudolf Jürgen Bartsch | Ernst Birkheimer |
| 22/9/57 création allemande | Les Chaises Die Stühle | Berlin Tribüne | Frank Lothar | Herrmann Herrey | |
| 8/12/57 (15/12/57) création allemande (Le Nouveau Locataire) | Le Nouveau Locataire Der neue Mieter / Les Chaises Die Stühle | Hannover Landestheater (Studio Leibnizschule) | Kurt Erhardt | | |
| 1958 | Les Chaises Die Stühle | Freiburg Stadttheater | | | |
| 1958 | L'Impromptu de l'Alma Impromptu | Essen Städtische Bühnen | | | |
| 1958 | L'Impromptu de l'Alma Impromptu | Hamburg Kammerspiele | | | |
| 1/58 | Victimes du devoir Opfer der Pflicht | Tübingen Thespiskarren | | | |

(suite)

| Date de la première | Pièce | Ville, théâtre (salle) | Directeur du théâtre | Metteur en scène | Scéno-graphe |
|---|---|---|---|---|---|
| 18/1/58 | Les Chaises / Die Stühle | Frankfurt am Main Städtische Bühnen (Kleines Haus) | Harry Buckwitz | | |
| 19/1/58 | Les Chaises / Die Stühle | Flensburg | Heinrich Steiner | | |
| 2/2/58 | La Cantatrice chauve / Die kahle Sängerin | Frankfurt am Main Städtische Bühnen (Kleines Haus) | Harry Buckwitz | | |
| 3/58 | Le Nouveau Locataire / Der neue Mieter | Heidelberg Theater im Gewölbe | | | |
| 3/58 | Victimes du devoir / Opfer der Pflicht | Freiburg Studiobühne | | | |
| 6/3/58 | Les Chaises / Die Stühle | Heidelberg Zimmertheater | | | |
| 13/3/58 | Le Nouveau Locataire / Der neue Mieter / Victimes du devoir / Opfer der Pflicht | Karlsruhe Die Insel | Werner Wedekind | | |
| 16/3/58 | Les Chaises / Die Stühle | Bonn | | | |
| 26/3/58 (29/3/58) création allemande | Le Tableau / Das Gemälde | Stuttgart Staatstheater | | | |
| 11/4/58 création allemande (Impromptu de l'Alma) | L'Impromptu de l'Alma / Impromptu / Les Chaises / Die Stühle | München Kammerspiele Werkraumtheater | Hans Schweikart | Hans Schweikart | Hannes Meyer |
| 14/4/58 création mondiale | Tueur sans gages / Mörder ohne Bezahlung | Darmstadt Landestheater (Orangerie) | Gustav Rudolf Sellner | Gustav Rudolf Sellner | Franz Mertz |

(suite)

| Date de la première | Pièce | Ville, théâtre (salle) | Directeur du théâtre | Metteur en scène | Scénographe |
|---|---|---|---|---|---|
| 19/4/58 | La Cantatrice chauve / Die kahle Sängerin | Braunschweig Schauspielstudio der Evangelischen Akademie | Horst Kaiser | | |
| 20/4/58 | Victimes du devoir / Opfer der Pflicht | Ulm Städtische Bühnen (Podium in der Max-Wieland-Galerie) | Peter Wackernagel | | |
| 24/5/58 | Les Chaises / Die Stühle | Gießen Stadttheater | Friedrich Brandenburg | | |
| 7/6/58 | Les Chaises / Die Stühle | Lübeck | | | |
| 1958/59 | Les Chaises / Die Stühle | Essen | | | Fritz Huhnen |
| 9/58 | L'Impromptu de l'Alma / Impromptu | Bremen Zimmertheater | | | |
| 10/58 | Le Nouveau Locataire / Der neue Mieter | Freiburg Kleines Theater | | | |
| 1/10/58 (2/10/58) création allemande | Jacques ou la Soumission / Jacques oder Sich fügen | Berlin Tribüne | | Hermann Herrey | |
| 4/10/58 | La Cantatrice chauve / Die kahle Sängerin | Berlin Hebbel-Theater Städtische Bühnen | | Heinrich Koch | |
| 11/58 | L'Impromptu de l'Alma / Impromptu | Mainz Zimmerspiele | | | |
| 19/11/58 | La Cantatrice chauve / Die kahle Sängerin / Les Chaises / Die Stühle | Kiel Studio-Bühne | Rudolf Meyer | | |

(suite)

| Date de la première | Pièce | Ville, théâtre (salle) | Directeur du théâtre | Metteur en scène | Scéno-graphe |
|---|---|---|---|---|---|
| 23/11/58 | Les Chaises / Die Stühle | Münster Städtische Bühnen (Kammerspiele) | Leon Epp | | |
| 5/12/58 | Les Chaises / Die Stühle | Freiburg Städtische Bühnen (Kammertheater) | Reinhard Lehmann | | |
| 1959 | Les Chaises / Die Stühle | Mainz Stadttheater | | | |
| 16/1/59 | Jacques ou la Soumission / Jacob oder der Gehorsam | Darmstadt Landestheater (Orangerie) | Gustav Rudolf Sellner | | |
| 18/1/59 | Les Chaises / Die Stühle | Bielefeld Theater am Alten Markt | Joachim Klaiber | | |
| 20/1/59 | Les Chaises / Die Stühle | Saarbrücken Stadttheater (Kammerspiele) | Günther Stark | | |
| 28/2/59 | Les Chaises / Die Stühle | Ulm Städtische Bühne (Podium in der Max-Wieland-Galerie) | | | |
| 21/3/59 | La Leçon / Die Unterrichtsstunde | Wiesbaden | | | |
| 4/4/59 | La Cantatrice chauve / Die kahle Sängerin / Le Nouveau Locataire / Der neue Mieter | Münster Städtische Bühnen (Kammerspiele) | Leon Epp | | |
| 11/4/59 | La Leçon / Die Unterrichtsstunde | Düsseldorf Schauspielhaus | Karl Heinz Stroux | Karl Heinz Stroux | H. Boehm |

(suite)

| Date de la première | Pièce | Ville, théâtre (salle) | Directeur du théâtre | Metteur en scène | Scéno- graphe |
|---|---|---|---|---|---|
| 24/5/59 | La Leçon Die Unterrichts- stunde / Les Chaises Die Stühle | Oldenburg Schloßtheater | Ernst Dietz | | |
| 27/9/59 | La Leçon Die Unterrichts- stunde | Bremerhaven Stadttheater (Kleines Haus) | Hans Herbert Pudor | | |
| 10/59 | Jacques ou la Soumission Jacob oder der Gehorsam | Aachen Stadttheater | | | |
| 10/59 | L'Impromptu de l'Alma Impromptu | Kiel Bühnen der Stadt | | | |
| 2/10/59 | Victimes du devoir Opfer der Pflicht | Aachen Stadttheater (Kammerspiele) | Paul Mundorf | | |
| 31/10/59 création mondiale | Rhinocéros Die Nashörner | Düsseldorf Schauspielhaus | Karl Heinz Stroux | Karl Heinz Stroux | Mario Chiari |
| 5/11/59 | La Cantatrice chauve Die kahle Sängerin | Stuttgart Theater der Altstadt | | | |
| 2/12/59 création allemande (L'avenir est dans les oeufs) | Jacques ou la Soumission Jacob oder der Gehorsam / L'avenir est dans les œufs Die Zukunft liegt in den Eiern | Köln Theater am Dom | | | |
| 1960 | Les Chaises Die Stühle | Hamburg Theater 53 | | | |
| 1960 | La Cantatrice chauve Die kahle Sängerin | Darmstadt Landestheater | | | |

Annexe 1 : Statistiques de créations ouest-allemandes

(suite)

| Date de la première | Pièce | Ville, théâtre (salle) | Directeur du théâtre | Metteur en scène | Scéno-graphe |
|---|---|---|---|---|---|
| 1960 | La Leçon  Die Unterrichts-stunde | München Studiotheater | | | |
| 1/60 | Amédée ou Comment s'en débarrasser  Amédée oder Wie wird man ihn los | Hamburg Theater im Zimmer | | | |
| 1/60 | L'Impromptu de l'Alma  Impromptu | Würzburg Städtisches Theater | | | |
| 5/2/60 | Rhinocéros  Die Nashörner | Frankfurt am Main Städtische Bühnen (Großes Haus) | Harry Buckwitz | | |
| 18/2/60 | Le Tableau  Das Gemälde | Augsburg Städtische Bühnen (Komödie) | Karl Bauer | | |
| 17/3/60 | Tueur sans gages  Mörder ohne Bezahlung | Braunschweig Staatstheater (Kleines Haus am Stadtpark) | Hermann Kühn | | |
| 22/3/60 | Rhinocéros  Die Nashörner | Hannover Landestheater (Ballhof) | Kurt Erhardt | Kurt Erhardt | Friedhelm Strenger |
| 26/3/60 | La Leçon  Die Unterrichts-stunde | Lübeck Kammerspiele | Arno Wüstenhöfer | | |
| 30/3/60 | Les Chaises  Die Stühle | Hof/Saale | | | |
| 3/4/60 | Rhinocéros  Die Nashörner | Karlsruhe Staatstheater | | | |
| 6/4/60 | Les Chaises  Die Stühle | Bamberg | | | |
| 21/4/60 | Rhinocéros  Die Nashörner | Bremen Kammerspiele | Albert Lippert | | |

(suite)

| Date de la première | Pièce | Ville, théâtre (salle) | Directeur du théâtre | Metteur en scène | Scéno- graphe |
|---|---|---|---|---|---|
| 5/5/60 (12/5/60) | Rhinocéros Die Nashörner | Freiburg im Breisgau Städtische Bühnen | Reinhard Lehmann | | |
| 18/5/60 | Rhinocéros Die Nashörner | Gießen Stadttheater | Wolf Dietrich von Winterfeld | | |
| 30/5/60 | L'Impromptu de l'Alma Impromptu | Hamburg Theater 53 | | | |
| 11/6/60 | Rhinocéros Die Nashörner | Göttingen Deutsches Theater | Heinz Hilpert | | |
| 19/6/60 | Victimes du devoir Opfer der Pflicht | Bremen Zimmertheater | | | |
| 5/7/60 | Rhinocéros Die Nashörner | Nürnberg – Fürth Schauspielhaus | Karl Pschigode | | |
| 7/7/60 | La Cantatrice chauve Die kahle Sängerin | Berlin Theater A 18 | | | |
| 2/9/60 | Rhinocéros Die Nashörner | Braunschweig Staatstheater (Großes Haus) | Hermann Kühn | | |
| 20/9/60 | Rhinocéros Die Nashörner | Bielefeld Städtische Bühnen (Theater am Alten Markt) | Joachim Klaiber | Harry Niemann | |
| 22/9/60 | Rhinocéros Die Nashörner | Kassel Staatstheater | Hermann Schaffner | | |
| 23/9/60 | Rhinocéros Die Nashörner | München Residenztheater | Helmut Henrichs | Kurt Meisel | Kurt Hallegger |
| 2/10/60 | La Leçon Die Unterrichts- stunde | Karlsruhe Kammertheater | | | |

(suite)

| Date de la première | Pièce | Ville, théâtre (salle) | Directeur du théâtre | Metteur en scène | Scéno- graphe |
|---|---|---|---|---|---|
| 14/10/60 | Rhinocéros *Die Nashörner* | Münster Städtische Bühnen | Alfred Erich Sistig | | |
| 27/10/60 | La Leçon *Die Unterrichts- stunde* | Stuttgart Theater der Altstadt | | | |
| 30/10/60 | Rhinocéros *Die Nashörner* | Schleswig Nordmark- Landestheater | Karl Vibach | | |
| 3/11/60 | La Cantatrice chauve *Die kahle Sängerin* | München Intimes Theater | | Dieter Giesing | |
| 3/11/60 | Rhinocéros *Die Nashörner* | Augsburg Stadttheater | Karl Bauer | Ernst Seiltgen | Heinz Gerhard Zircher |
| 4/11/60 | Rhinocéros *Die Nashörner* | Baden-Baden Theater der Stadt | Hannes Tannert | | |
| 10/11/60 | La Leçon *Die Unterrichts- stunde* | Mannheim Kellertheater | | | |
| 11/11/60 | Les Chaises *Die Stühle* | Stuttgart Württembergisches Staatstheater (Studioabend im Kammertheater) | Walter Erich Schäfer | | |
| 12/11/60 | Rhinocéros *Die Nashörner* | Heidelberg Städtische Bühnen | C. Helmut Drese | | |
| 27/11/60 | Les Chaises *Die Stühle* | Karlsruhe Badisches Staatstheater | Paul Rose | | |
| 27/12/60 | Rhinocéros *Die Nashörner* | Kiel Schauspielhaus | Hans- Georg Rudolph | | Philipp Blessing |
| 1961 | Le Nouveau Locataire *Der neue Mieter* | Rheydt Stadttheater (Studio) | | Knut Roenneke | Roswitha Bormann- Schubert |

(suite)

| Date de la première | Pièce | Ville, théâtre (salle) | Directeur du théâtre | Metteur en scène | Scéno- graphe |
|---|---|---|---|---|---|
| 1961 | La Cantatrice chauve Die kahle Sängerin | Lübeck Bühnen der Hansestadt | | | |
| 1961 | La Leçon Die Unterrichts- stunde | Baden-Baden Theater der Stadt | | | |
| 1961 | La Leçon Die Unterrichts- stunde | Göttingen Deutsches Theater | | | |
| 1961 | La Leçon Die Unterrichts- stunde | Münster Zimmertheater | | | |
| 6/1/61 | La Leçon Die Unterrichts- stunde / La Cantatrice chauve Die kahle Sängerin | Berlin Vaganten Bühne | Horst Behrend | Georg Müller | Günther Naumann |
| 8/1/61 création allemande | La Jeune Fille à marier Das heiratsfähige Mädchen | Bremerhaven Stadttheater | | | |
| 15/1/61 | La Leçon Die Unterrichts- stunde | Heidelberg Städtische Bühnen (Zimmertheater) | C. Helmut Drese | | |
| 21/1/61 | La Leçon Die Unterrichts- stunde | Hildesheim Stadttheater (Studio) | Walter Zibell | | |
| 26/1/61 | Rhinocéros Die Nashörner | Lübeck Bühnen der Hansestadt (Kammerspiele) | Arno Wüsten- höfer | | |
| 29/1/61 | Rhinocéros Die Nashörner | Oldenburg Staatstheater (Schloßtheater) | Ernst Dietz | Jochen Bernauer | Irmgard Weiher |

(suite)

| Date de la première | Pièce | Ville, théâtre (salle) | Directeur du théâtre | Metteur en scène | Scéno-graphe |
|---|---|---|---|---|---|
| 4/2/61 | Rhinocéros / Die Nashörner | Wiesbaden Hessisches Staatstheater (Kleines Haus) | Friedrich Schramm | | |
| 18/2/61 | Les Chaises / Die Stühle | Trier Theater der Stadt (In der Deutsch-Amerikanischen Bücherei) | Rudolf Meyer | Helmut Kissel | Jo Giersch |
| 22/2/61 | Victimes du devoir / Opfer der Pflicht | Rendsburg Landesbühne Schleswig-Holstein | Joachim von Groeling | | |
| 25/2/61 | La Cantatrice chauve / Die kahle Sängerin / La Leçon / Die Unterrichts-stunde / Rhinocéros / Die Nashörner | Wilhelmshaven Landesbühne Niedersachsen-Nord | Rudolf Stromberg | Werner Baer-Boutin | |
| 11/3/61 | Rhinocéros / Die Nashörner | Hamburg Thalia-Theater | Willy Maertens | Franz Reichert | Fritz Brauer |
| 15/3/61 (21/4/61) | Rhinocéros / Die Nashörner | Detmold Landestheater | Otto Will-Rasing | | |
| 19/3/61 | Les Chaises / Die Stühle | Schleswig Nordmark-Landestheater | Karl Vibach | | |
| 5/4/61 | Rhinocéros / Die Nashörner | Flensburg Stadttheater | Benno Hattesen | | |
| 11/4/61 | Rhinocéros / Die Nashörner | Hof/Saale Städtebundtheater | Hanns Jessen | | |
| 12/4/61 | La Leçon / Die Unterrichts-stunde | Ulm Städtische Bühne (Podium in der Max-Wieland-Galerie) | Kurt Hübner | | |

(suite)

| Date de la première | Pièce | Ville, théâtre (salle) | Directeur du théâtre | Metteur en scène | Scénographe |
|---|---|---|---|---|---|
| 28/4/61 | Rhinocéros / Die Nashörner | Tübingen Landestheater Württemberg-Hohenzollern | Fritz Herterich | | |
| 14/5/61 | La Cantatrice chauve / Die kahle Sängerin | Gießen Stadttheater | Wolf Dietrich von Winterfeld | Rainer Hauer | Hans Hamann |
| 6/61 | Victimes du devoir / Opfer der Pflicht | Frankfurt am Main Studio-Bühne der Johann-Wolfgang-Goethe-Universität | | | |
| 14/6/61 | Rhinocéros / Die Nashörner | Bonn Theater der Stadt (Theater in der Kronprinzenstraße) | Karl Pempelfort | | |
| 30/6/61 | Victimes du devoir / Opfer der Pflicht | München Intimes Theater | | Jean Launay | |
| 7/61 | Victimes du devoir / Opfer der Pflicht | Berlin Freie Universität (Die andere Bühne) | | Harald Kristian Reinke | |
| 1/9/61 | La Cantatrice chauve / Die kahle Sängerin / La Leçon / Die Unterrichtsstunde | Konstanz Stadttheater (Studio Foyer) | Theo Stachels | | Paul Josef Komanns |
| 6/9/61 | L'Impromptu de l'Alma / Impromptu | Göttingen Junges Theater | | | |
| 10/61 | Victimes du devoir / Opfer der Pflicht | Frankfurt am Main Studiobühne | | | |
| 3/10/61 | Rhinocéros / Die Nashörner | Marburg | | | |

(suite)

| Date de la première | Pièce | Ville, théâtre (salle) | Directeur du théâtre | Metteur en scène | Scéno-graphe |
|---|---|---|---|---|---|
| 7/10/61 | La Cantatrice chauve Die kahle Sängerin | Trier Theater der Stadt (Studio) | Rudolf Meyer | | |
| 17/11/61 | Rhinocéros Die Nashörner | Klagenfurt Stadttheater | | | |
| 10/12/61 | La Leçon Die Unterrichts-stunde | Oberhausen Städtische Bühnen | Christian Mettin | | |
| 28/12/61 | Les Chaises Die Stühle | Rendsburg Landesbühne Schleswig-Holstein (Studio) | Joachim von Groeling | | |
| 1962 | Les Chaises Die Stühle | Bochum Schauspielhaus | | | |
| 1962 | La Leçon Die Unterrichts-stunde | Tübingen Zimmertheater | | | |
| 1/1/62 | Les Chaises Die Stühle | Rendsburg Landesbühne Schleswig-Holstein (Studio) | Joachim von Groeling | Joachim von Groeling | |
| 15/1/62 | Rhinocéros Die Nashörner | Berlin Theater am Kurfürstendamm (Haus der Freien Volksbühne) | | Wolfgang Spier | Ekkehard Grübler |
| 26/1/62 | La Leçon Die Unterrichts-stunde / La Cantatrice chauve Die kahle Sängerin | Pforzheim Stadttheater | Horst Alexander Stelter | | |
| 26/1/62 | Les Chaises Die Stühle | Düsseldorf Schauspielhaus (Tribüne) | Karl Heinz Stroux | Jean-Pierre Ponnelle | Jean-Pierre Ponnelle |

(suite)

| Date de la première | Pièce | Ville, théâtre (salle) | Directeur du théâtre | Metteur en scène | Scéno-graphe |
|---|---|---|---|---|---|
| 28/1/62 | Rhinocéros<br>Die Nashörner | Dortmund<br>Städtische<br>Bühnen<br>(Theater am<br>Ostwall) | Walter<br>Jacob | Heinz<br>Wilhelm<br>Schwarz | Adolf<br>Mahnke |
| 3/62 | Victimes du devoir<br>Opfer der Pflicht | Kiel<br>Bühnen der<br>Landeshauptstadt<br>(Studio) | | Hans Pabst | Rolf<br>Christian-<br>sen |
| 15/3/62 | Rhinocéros<br>Die Nashörner | Cuxhaven<br>Das Schauspiel | Toni<br>Grasch-<br>berger | Toni<br>Grasch-<br>berger | Melchior<br>Schedler |
| 28/3/62 | Victimes du devoir<br>Opfer der Pflicht | Kiel<br>Städtische<br>Bühnen | | | |
| 25/8/62 | La Cantatrice chauve<br>Die kahle Sängerin | Nürnberg-Fürth<br>Städtische<br>Bühnen | | | |
| 31/8/62 | Rhinocéros<br>Die Nashörner | Ulm<br>Städtische Bühne<br>(Theater in der<br>Wagnerschule) | Ulrich<br>Brecht | | |
| 1962–63 | La Cantatrice chauve<br>Die kahle Sängerin | Osnabrück<br>Theater am<br>Domhof | | Rainer<br>Lübbren | Rolf Cofflet |
| 11/9/62 | La Cantatrice chauve<br>Die kahle Sängerin | Hof/Saale<br>Städtebundtheater | Hans<br>Jessen | | |
| 15/9/62 | Le Nouveau Locataire<br>Der neue Mieter | Frankfurt am Main<br>Katakombe | | | |
| 14/10/62 | La Jeune Fille à marier<br>Das heiratsfähige Mädchen | Ulm<br>Städtische Bühne<br>(Theater in der<br>Wagnerschule) | Ulrich<br>Brecht | | |

(suite)

| Date de la première | Pièce | Ville, théâtre (salle) | Directeur du théâtre | Metteur en scène | Scéno-graphe |
|---|---|---|---|---|---|
| 11/11/62 | La Leçon / Die Unterrichtsstunde | Bielefeld Städtische Bühnen (Studio am Alten Markt) | Joachim Klaiber | | |
| 14/11/62 | Victimes du devoir / Opfer der Pflicht | Göttingen Junges Theater | | | |
| 29/11/62 | Le Nouveau Locataire / Der neue Mieter | Reutlingen Theater in der Tonne | | | |
| 15/12/62 création mondiale | Le Piéton de l'air / Fußgänger der Luft | Düsseldorf Schauspielhaus | Karl Heinz Stroux | Karl Heinz Stroux | Teo Otto |
| 28/12/62 | Victimes du devoir / Opfer der Pflicht | Berlin Vaganten Bühne | Horst Behrend | | |
| 1963 | La Jeune Fille à marier / Das heiratsfähige Mädchen | Freiburg Zum Wallgraben | | | |
| 1963 création allemande | Le Maître / Der Meister | Berlin Theater A 18 | | | |
| 1963 | La Jeune Fille à marier / Das heiratsfähige Mädchen | München Theater 44 | | | |
| 1963 | La Jeune Fille à marier / Das heiratsfähige Mädchen | Verden Landesbühne | | | |
| 1963 | Le Roi se meurt / Der König stirbt | Lübeck Stadttheater | | | |
| 1963 | Les Chaises / Die Stühle | Dinslaken | | | |
| 1963 | La Leçon / Die Unterrichtsstunde | Münster Zimmertheater | | | |

(suite)

| Date de la première | Pièce | Ville, théâtre (salle) | Directeur du théâtre | Metteur en scène | Scéno- graphe |
|---|---|---|---|---|---|
| 1963 | La Leçon / Die Unterrichts- stunde | Mannheim Kellertheater | | | |
| 1963 | La Leçon / Die Unterrichts- stunde | Bonn Theater der Stadt | | | |
| 1963 | La Leçon / Die Unterrichts- stunde | Sommerhausen Torturm Theater | | | |
| 1963 | La Leçon / Die Unterrichts- stunde | Blaubeuren Theater in der Westentasche | | | |
| 1963 | La Leçon / Die Unterrichts- stunde | München Theater 44 | | | |
| 20/1/63 | Victimes du devoir / Opfer der Pflicht | Berlin Vaganten Bühne | | Moritz Milar | Günther Naumann |
| 31/1/63 (5/2/63) | Le Piéton de l'air / Fußgänger der Luft | Berlin Schiller-Theater | Boleslaw Barlog | Walter Henn | H. W. Lenneweit |
| 6/4/63 | Jacques ou la Soumission / Jacob oder der Gehorsam | Bremen Zimmertheater | | | |
| 28/5/63 | Le Piéton de l'air / Fußgänger der Luft | Nürnberg/Fürth Schauspielhaus | Karl Pschigode | | |
| 12/6/63 | Les Chaises / Die Stühle | Tübingen Landestheater (Zimmertheater) | Fritz Herterich | | |
| 1963–64 | Le Roi se meurt / Der König stirbt | München Kammerspiele | | Detlef Sierck | |
| 12/9/63 | Les Chaises / Die Stühle | Wiesbaden Hessisches Staatstheater (Studio- Souterrain) | Claus Helmut Drese | | |

Annexe 1 : Statistiques de créations ouest-allemandes

(suite)

| Date de la première | Pièce | Ville, théâtre (salle) | Directeur du théâtre | Metteur en scène | Scénographe |
|---|---|---|---|---|---|
| 2/10/63 | Rhinocéros Die Nashörner | Wilhelmshafen Landesbühne Niedersachsen-Nord | Rudolf Stromberg | | |
| 16/11/63 création allemande | Le Roi se meurt Der König stirbt | Düsseldorf Schauspielhaus | Karl Heinz Stroux | Karl Heinz Stroux | Teo Otto |
| 17/11/63 | Le Roi se meurt Der König stirbt | Hamburg Schauspielhaus | Oscar Fritz Schuh | Hans Lietzau | Paul Flora |
| 23/11/63 | Le Roi se meurt Der König stirbt | Wiesbaden Hessisches Staatstheater (Kleines Haus) | Claus Helmut Drese | | |
| 2/12/63 | Les Chaises Die Stühle | Gelsenkirchen Städtische Bühnen (Kleines Haus) | Hans Hinrich | Rolf Niehus | |
| 3/12/63 | L'Impromptu de l'Alma Impromptu | Hannover Hochschule für Theater | | | |
| 5/12/63 | La Cantatrice chauve Die kahle Sängerin | Freiburg im Breisgau Städtische Bühnen (Kammertheater) | Hans-Reinhard Müller | | |
| 14/12/63 création allemande | Délire à deux Delirium zu zweit | Dortmund Schauspielhaus | Hermann Schaffner | | |
| 1964 créations allemandes | Les Salutations Die Begrüßung / Scène à quatre Szene zu viert | Berlin Studentenbühne | | | |
| 1964 | Délire à deux Delirium zu zweit | Tübingen Landestheater | | | |
| 1964 | Délire à deux Delirium zu zweit / Les Chaises Die Stühle | Oberhausen Stadttheater | | | |

(suite)

| Date de la première | Pièce | Ville, théâtre (salle) | Directeur du théâtre | Metteur en scène | Scénographe |
|---|---|---|---|---|---|
| 1964 | Délire à deux / Delirium zu zweit | Gelsenkirchen Stadttheater | | | |
| 1964 | Le Roi se meurt / Der König stirbt | Frankfurt am Main Städtische Bühnen | | | |
| 1964 | Le Roi se meurt / Der König stirbt | Landhut Städtebundtheater | | | |
| 1964 | Le Roi se meurt / Der König stirbt | Kaiserslautern | | | |
| 1964 | Le Roi se meurt / Der König stirbt | Baden-Baden | | | |
| 1964 | Les Chaises / Die Stühle | Münster Stadttheater | | | |
| 1964 | Amédée ou Comment s'en débarrasser / Amédée oder Wie wird man ihn los | München Theater Leopoldstraße | | | |
| 1964 | La Cantatrice chauve / Die kahle Sängerin | Kreuznach Neues Theater | | | |
| 1964/65 | Le Roi se meurt / Der König stirbt | Marburg | | | |
| 2/2/64 | Le Roi se meurt / Der König stirbt | Hannover Landestheater (Ballhof) | Kurt Erhardt | Walter Knaus | Walter Gondolf |
| 2/2/64 | Le Roi se meurt / Der König stirbt | Köln Schauspielhaus | Arno Assmann | Gerhard Klingenberg | |
| 5/2/64 | La Cantatrice chauve / Die kahle Sängerin / L'Impromptu de l'Alma Impromptu | Tübingen Zimmertheater | Helmut Allischewski | | |

(suite)

| Date de la première | Pièce | Ville, théâtre (salle) | Directeur du théâtre | Metteur en scène | Scénographe |
|---|---|---|---|---|---|
| 8/2/64 | Le Roi se meurt / Der König stirbt | Göttingen Deutsches Theater | Heinz Hilpert | | |
| 13/2/64 | Le Roi se meurt / Der König stirbt | Augsburg Städtische Bühnen (Komödie) | Karl Bauer | Rolf Johanning | Heinz-Gerhard Zircher |
| 21/2/64 | L'Impromptu de l'Alma / Impromptu | Berlin Vaganten Bühne | Horst Behrend | | |
| 21/2/64 | Le Roi se meurt / Der König stirbt | Ulm Ulmer Theater | Ulrich Brecht | | |
| 29/2/64 | Le Roi se meurt / Der König stirbt | München Residenztheater | Helmut Henrichs | Detlef Sierck | Siegfried Stepanek |
| 1/3/64 | Les Chaises / Die Stühle | Esslingen Württembergische Landesbühne | Joachim von Groeling | Joachim von Groeling | Dieter Klonk |
| 10/3/64 | Délire à deux / Delirium zu zweit | Tübingen Landestheater (Studio III) | Fritz Herterich | | |
| 13/3/64 | Le Roi se meurt / Der König stirbt | Heidelberg Städtische Bühnen (Zimmertheater) | Hans Peter Doll | | |
| 21/3/64 | Le Roi se meurt / Der König stirbt | Mannheim Nationaltheater (Kleines Haus) | Ernst Dietz | | |
| 1964 | Le Roi se meurt / Der König stirbt | Bonn Kammerspieltheater der Universität | | Olaf Tschierschke | Sibille Alken-Markus |
| 7/4/64 | La Leçon / Die Unterrichtsstunde | Rheydt Stadttheater (Studio) | Fritz Kranz | | |
| 10/4/64 | Le Roi se meurt / Der König stirbt | Gießen Stadttheater | Willi Kowalk | | |

(suite)

| Date de la première | Pièce | Ville, théâtre (salle) | Directeur du théâtre | Metteur en scène | Scénographe |
|---|---|---|---|---|---|
| 11/4/64 | *Délire à deux* / *Delirium zu zweit* | Gelsenkirchen Städtische Bühnen (Kleines Haus) | Hans Hinrich | | |
| 11/4/64 | *Rhinocéros* / *Die Nashörner* | Würzburg Städtisches Theater | Hans Scherer | | |
| 14/4/64 | *Le Roi se meurt* / *Der König stirbt* | Braunschweig Staatstheater (Kleines Haus) | Heribert Esser | | |
| 15/4/64 | *Le Roi se meurt* / *Der König stirbt* | Kaiserslautern Pfalztheater | Willie Schmitt | | |
| 5/64 | *La Cantatrice chauve* / *Die kahle Sängerin* | Castrop-Rauxel Landestheater | | Jürgen Brock, Ekkerhard Dittrich, Wolfgang Krebs | |
| 3/5/64 | *Le Roi se meurt* / *Der König stirbt* | Berlin Schloßpark-Theater | Boleslaw Barlog | Vlado Habunek | Boska Rasika |
| 10/5/64 | *La Cantatrice chauve* / *Die kahle Sängerin* | Gelsenkirchen Städtische Bühnen (Kleines Haus) | Hans Hinrich | | |
| 23/5/64 | *Le Roi se meurt* / *Der König stirbt* | Karlsruhe Badisches Staatstheater (Probebühne) | Hans Georg Rudolph | | |
| 27/5/64 | *Les Chaises* / *Die Stühle* | Bremen Theater der freien Hansestadt (Kammerspiele in der Böttcherstraße) | Kurt Hübner | | |
| 12/6/64 | *Le Roi se meurt* / *Der König stirbt* | Nürnberg/Fürth Städtische Bühnen (Kammerspiele) | Karl Pschigode | | |

(suite)

| Date de la première | Pièce | Ville, théâtre (salle) | Directeur du théâtre | Metteur en scène | Scéno- graphe |
|---|---|---|---|---|---|
| 15/6/64 | Le Roi se meurt Der König stirbt | Coburg Landestheater | Kurt Erlich | | |
| 18/9/64 | La Leçon Die Unterrichts- stunde / La Cantatrice chauve Die kahle Sängerin | Wuppertal Theater am Malersaal (Opernhaus) | Arno Wüstenhöfer | | |
| 20/10/64 | Le Roi se meurt Der König stirbt | Frankfurt am Main Städtische Bühnen (Kammerspiel) | Harry Buckwitz | Jean-Pierre Ponnelle | Jean-Pierre Ponnelle |
| 30/10/64 | Rhinocéros Die Nashörner | Verden Landesbühne Niedersachsen- Mitte | Hannes Loges | | |
| 30/12/64 création mondiale | La Soif et la Faim Hunger und Durst | Düsseldorf Schauspielhaus | Karl Heinz Stroux | Karl Heinz Stroux | Teo Otto |
| 1965 | Le Roi se meurt Der König stirbt | Kiel Stadttheater | | | |
| 1965 | Le Roi se meurt Der König stirbt | Bremen Zimmertheater | | | |
| 1965 | Le Roi se meurt Der König stirbt | Bochum Schauspielhaus | | | |
| 1965 | Le Roi se meurt Der König stirbt | Bremen Bremerhaven | | | |
| 1965 | Les Chaises Die Stühle | München Theater 44 | | | |
| 21/1/65 | L'avenir est dans les œufs Die Zukunft liegt in den Eiern | Bremen Hochschule | | | |
| 30/1/65 | L'Impromptu de l'Alma Impromptu | Düsseldorf Kammerspiele | | | |

(suite)

| Date de la première | Pièce | Ville, théâtre (salle) | Directeur du théâtre | Metteur en scène | Scéno- graphe |
|---|---|---|---|---|---|
| 6/2/65 | La Leçon / Die Unterrichts- stunde | Nürnberg Neues Theater | | | |
| 13/4/65 | Le Roi se meurt / Der König stirbt | Aachen Stadttheater (Kammerspiele) | Paul Mundorf | | |
| 13/4/65 | Le Roi se meurt / Der König stirbt | Würzburg Städtisches Theater | Hans Scherer | | |
| 12/5/65 | La Cantatrice chauve / Die kahle Sängerin | Ulm Ulmer Theater (Podium) | Ulrich Brecht | | |
| 1/9/65 | Amédée ou Comment s'en débarrasser / Wie wird man ihn los | Berlin Forum-Theater | | Horst Köppen | Hans A. Redlbach |
| 21/10/65 | La Leçon / Die Unterrichts- stunde | Berlin Galerie Diogenes | | | |
| 1966 | Le Roi se meurt / Der König stirbt | Iserlohn Schauspiel | | | |
| 1966 création allemande | La Lacune / Die Lücke | Berlin Galerie Diogenes | | | |
| 1/66 | Jacques ou la Soumission / Jacob oder der Gehorsam / L'avenir est dans les œufs / Die Zukunft liegt in den Eiern | Marburg Studiobühne | | | |
| 14/1/66 création allemande | Le Salon de l'automobile / Der Automobil- salon | München Kammerspiele (Werkraumtheater) | August Everding | Dieter Giesing | Dieter Bußmann |

(suite)

| Date de la première | Pièce | Ville, théâtre (salle) | Directeur du théâtre | Metteur en scène | Scéno-graphe |
|---|---|---|---|---|---|
| 25/2/66 | La Leçon / Die Unterrichts-stunde | Kiel Bühnen der Stadt | | | |
| 6/3/66 | La Cantatrice chauve / Die kahle Sängerin | Rendsburg Landesbühne Schleswig-Holstein | Hans-Walther Deppisch | | |
| 8/3/66 | Le Tableau / Das Gemälde | Schabing Büchner Theater | | Gulden | |
| 22/3/66 | La Leçon / Die Unterrichts-stunde | Stuttgart Theater der Altstadt | | | |
| 5/4/66 | Les Chaises / Die Stühle | Darmstadt Landestheater | Gerhard F. Hering | | |
| 27/4/66 | Rhinocéros / Die Nashörner | Neuwied Landesbühne | | | |
| 13/5/66 | La Leçon / Die Unterrichts-stunde / La Cantatrice chauve / Die kahle Sängerin | Berlin Vaganten Bühne | | | |
| 25/5/66 | La Leçon / Die Unterrichts-stunde | Bremen Zimmertheater | | | |
| 11/7/66 | Le Salon de l'automobile / Der Automobilsalon | Hamburg Studentenbühne | | | |
| 21/9/66 | Les Chaises / Die Stühle | München Residenztheater | Helmut Henrichs | Hans Lietzau | Jürgen Rose |
| 24/9/66 | Le Roi se meurt / Der König stirbt | Saarbrücken Staatstheater | Hermann Wedekind | | |
| 24/9/66 | La Cantatrice chauve / Die kahle Sängerin | Kassel Staatstheater (Podium) | Ulrich Brecht | | |

(suite)

| Date de la première | Pièce | Ville, théâtre (salle) | Directeur du théâtre | Metteur en scène | Scénographe |
|---|---|---|---|---|---|
| 8/10/66 | Rhinocéros / Die Nashörner | Rendsburg Landesbühne Schleswig-Holstein | Volker von Collande | | |
| 16/10/66 | Les Chaises / Die Stühle | Kaiserslautern Pfalztheater | Günter Könemann | | |
| 26/10/66 | Le Roi se meurt / Der König stirbt | Lüneburg Stadttheater | Heinz Zimmermann | | |
| 6/11/66 | La Cantatrice chauve / Die kahle Sängerin | Bregenz Theater für Vorarlberg | | | |
| 17/11/66 | Les Chaises / Die Stühle | Kassel Stadttheater (Kleines Haus) | Ulrich Brecht | | |
| 4/12/66 | Rhinocéros / Die Nashörner | Mannheim Nationaltheater (Kleines Haus) | Ernst Dietz | | |
| 7/12/66 | La Cantatrice chauve / Die kahle Sängerin | München Modernes Theater | | | |
| 1967 | Délire à deux / Delirium zu zweit | Würzburg Stadttheater | | | |
| 1967 | Délire à deux / Delirium zu zweit | Bremen Zimmertheater | | | |
| 1967 | Délire à deux / Delirium zu zweit | Schleswig-Holstein Landestheater | | | |
| 1967 | Le Roi se meurt / Der König stirbt | Detmold Landestheater | | | |
| 1967 | Les Chaises / Die Stühle | Celle Schloßtheater | | | |
| 1967 | Les Chaises / Die Stühle | Aachen Grenzlandtheater | | | |
| 1967 | La Lacune / Die Lücke | Karlsruhe Die Insel | | | |

(suite)

| Date de la première | Pièce | Ville, théâtre (salle) | Directeur du théâtre | Metteur en scène | Scéno- graphe |
|---|---|---|---|---|---|
| 12/1/67 | La Cantatrice chauve Die kahle Sängerin | Marburg Marburger Schauspiel | Heinrich Buchmann | | |
| 17/1/67 (20/1/67) | La Soif et la Faim Hunger und Durst | Frankfurt am Main Städtische Bühnen (Kammerspiele) | Harry Buckwitz | | |
| 18/1/67 | Victimes du devoir Opfer der Pflicht | Esslingen Württembergische Landesbühne | Joachim von Groeling | | |
| 29/1/67 | Victimes du devoir Opfer der Pflicht | Nürnberg Städtische Bühnen | | | |
| 12/2/67 | La Cantatrice chauve Die kahle Sängerin | Bonn Contra Kreis Theater | | | |
| 1/3/67 | La Cantatrice chauve Die kahle Sängerin | Hannover Neues Theater | James v. Berlepsch | | |
| 16/3/67 | Les Chaises Die Stühle | Braunschweig Staatstheater (Kleines Haus) | Helmut Matiasek | | |
| 6/4/67 | La Leçon Die Unterrichts- stunde | Bochum Schauspielhaus (Kammerspiele) | Hans Schalla | | |
| 3/6/67 | L'Impromptu de l'Alma Impromptu | Frankfurt am Main Katakombe | | | |
| 1967–68 | Les Chaises Die Stühle | Konstanz | | | Paul Josef Komanns |
| 29/9/67 | La Leçon Die Unterrichts- stunde | München Büchnertheater | | | |
| 5/10/67 | La Leçon Die Unterrichts- stunde | Ingolstadt Stadttheater | Heinz Joachim Klein | | |

(suite)

| Date de la première | Pièce | Ville, théâtre (salle) | Directeur du théâtre | Metteur en scène | Scénographe |
|---|---|---|---|---|---|
| 3/12/67 | Délire à deux / Delirium zu zweit | Schleswig Nordmark-Landestheater | Hannes Keppler | | |
| 6/12/67 | Délire à deux / Delirium zu zweit | Hof/Saale Städtebundtheater | | | |
| 31/12/67 | Le Tableau / Das Gemälde | Karlsruhe Die Insel | | | |
| 1968 | Le Salon de l'automobile / Der Automobilsalon | Lübeck | | | |
| 1968 | Délire à deux / Delirium zu zweit | Hof Landestheater | | | |
| 4/1/68 | Rhinocéros / Die Nashörner | Hildesheim Stadttheater | Walter Zibell | Willi Rohde | Philipp Blessing |
| 31/1/68 | Les Chaises / Die Stühle | Köln Kammerspiele | Arno Assmann | | |
| 20/2/68 | La Cantatrice chauve / Die kahle Sängerin | Braunschweig Staatstheater (Kleines Haus) | Hermann Kühn | | |
| 2/3/68 | Les Chaises / Die Stühle / La Cantatrice chauve / Die kahle Sängerin | Göttingen Deutsches Theater | Günther Fleckenstein | | |
| 20/4/68 | Le Nouveau Locataire / Der neue Mieter / La Cantatrice chauve / Die kahle Sängerin | Düsseldorf Kellertheater | | | |
| 8/6/68 | Victimes du devoir / Opfer der Pflicht | München Off-Off-Theater | | | |
| 9/7/68 | Scène à quatre / Szene zu viert | Darmstadt Landestheater (Theater im Schloß) | Gerhard F. Hering | | |

(suite)

| Date de la première | Pièce | Ville, théâtre (salle) | Directeur du théâtre | Metteur en scène | Scéno-graphe |
|---|---|---|---|---|---|
| 29/9/68 | Les Chaises / Die Stühle | Ingolstadt Stadttheater (Werkstattbühne) | Heinz Joachim Klein | | |
| 6/10/68 (24/11/68) | Rhinocéros / Die Nashörner | Bochum Schauspielhaus | Hans Schalla | | |
| 30/10/68 | Le Roi se meurt / Der König stirbt | Flensburg Städtische Bühnen (Studio) | Benno Hattesen | | |
| 20/11/68 | Les Chaises / Die Stühle | Kiel Bühnen der Landeshauptstadt (Studio) | Joachim Klaiber | | |
| 1969 | Le Salon de l'automobile / Der Automobilsalon | Köln | | | |
| 4/1/69 | Rhinocéros / Die Nashörner | Celle Schloßtheater | Hannes Razum | | |
| 30/1/69 | Les Chaises / Die Stühle | Osnabrück Theater am Domhof (Kammerspiele im Schloß) | Jürgen Brock | | |
| 4/2/69 | Le Nouveau Locataire / Der neue Mieter | Neuwied Landesbühn Rheinland-Pfalz | | | |
| 13/3/69 | La Cantatrice chauve / Die kahle Sängerin | Köln Zimmertheater (Das Zimmer) | Marianne Jentgens, Heinz Opfinger | | |
| 5/5/69 | La Leçon / Die Unterrichtsstunde | München Theater für Bayern | | | |
| 7/5/69 | La Cantatrice chauve / Die kahle Sängerin | München Büchnertheater | | | |

(suite)

| Date de la première | Pièce | Ville, théâtre (salle) | Directeur du théâtre | Metteur en scène | Scéno-graphe |
|---|---|---|---|---|---|
| 28/5/69 | Le Tableau / Das Gemälde | Iserlohn Landesbühne | | | |
| 6/69 | La Leçon / Die Unterrichts-stunde | Heilbronn Theater 68 | | | |
| 5/9/69 | Les Chaises / Die Stühle | Hildesheim Stadttheater | Walter Zibell | | |
| 21/9/69 | La Cantatrice chauve / Die kahle Sängerin | Ingolstadt Stadttheater | | | |
| 5/10/69 | Le Nouveau Locataire / Der neue Mieter | Berlin Schiller-Theater (Werkstatt) | Boleslaw Barlog | Ottokar Runze | Yanita Cless |
| 30/10/69 | Rhinocéros / Die Nashörner | Kleve Theater am Niederrhein | Josef Wirtz | | |
| 31/10/69 | La Leçon / Die Unterrichts-stunde | Kreuzlingen Theater an der Grenze | | | |
| 3/11/69 | Scène à quatre / Szene zu viert | Köln Städtische Bühnen | | | |
| 28/11/69 | La Leçon / Die Unterrichts-stunde / La Cantatrice chauve / Die kahle Sängerin | Dortmund Städtische Bühnen | | | |
| 29/11/69 | Rhinocéros / Die Nashörner | München Pro-Theater | | | |
| 9/12/69 (26/12/69) | La Cantatrice chauve / Die kahle Sängerin | Stuttgart Theater der Altstadt | Klaus Heydenreich | | |
| 1970 | Les Chaises / Die Stühle | München Lore-Bronner-Bühne | | | |

(suite)

| Date de la première | Pièce | Ville, théâtre (salle) | Directeur du théâtre | Metteur en scène | Scéno- graphe |
|---|---|---|---|---|---|
| 1970 | Les Chaises / Die Stühle | Pforzheim Stadttheater | | | |
| 20/1/70 | Le Roi se meurt / Der König stirbt | Hof/Saale Städtebundtheater | Hannes Keppler | | |
| 24/1/70 création mondiale | Jeux de massacre / Triumph des Todes | Düsseldorf Schauspielhaus | Karl Heinz Stroux | Karl Heinz Stroux | Jacques Noël |
| 25/1/70 | La Leçon / Die Unterrichts- stunde | Klagenfurt Stadttheater | | | |
| 12/2/70 | La Soif et la Faim / Hunger und Durst | Hamburg Theater im Zimmer | | | |
| 9/3/70 | Rhinocéros / Die Nashörner | Hannover Landesbühne | | | |
| 26/3/70 | Jeux de massacre / Triumph des Todes | Braunschweig Staatstheater (Großes Haus) | Hans Peter Doll | | |
| 25/4/70 | La Cantatrice chauve / Die kahle Sängerin / Jacques ou la Soumission / Jacques oder Sich fügen | Düsseldorf Schauspielhaus | Karl Heinz Stroux | Eugène Ionesco | Jean-Pierre Ponnelle |
| 23/5/70 | Jeux de massacre / Triumph des Todes | Göttingen Deutsches Theater | Günther Fleckenstein | | |
| 26/6/70 | Jacques ou la Soumission / Jacob oder Der Gehorsam | Bonn Theater der Jugend | | | |
| 4/9/70 | Rhinocéros / Die Nashörner | Neuss Landestheater | | | |

(suite)

| Date de la première | Pièce | Ville, théâtre (salle) | Directeur du théâtre | Metteur en scène | Scéno- graphe |
|---|---|---|---|---|---|
| 3/10/70 | Jeux de massacre Triumph des Todes | Mannheim Nationaltheater (Kleines Haus) | Ernst Dietz | | |
| 1971 | Scène à quatre Szene zu viert | Köln Der Keller | | | |
| 1971 | Les Chaises Die Stühle | Sommerhausen Torturm Theater | | | |
| 1971 | Les Chaises Die Stühle | Bonn Center | | | |
| 21/2/71 (24/2/71) | Les Chaises Die Stühle | Münster Zimmertheater | Hans-Louis Metelmann | Herbert Vogt | |
| 11/3/71 | Rhinocéros Die Nashörner | Bamberg Bamberger Theater | Gerd Gutbier | | |
| 18/4/71 | La Cantatrice chauve Die kahle Sängerin | Klagenfurt Stadttheater | | | |
| 24/5/71 (7/6/71) | Victimes du devoir Opfer der Pflicht | Würzburg Stadttheater | Joachim von Groeling | Joachim von Groeling | |
| 23/6/71 | Scène à quatre Szene zu viert | Düsseldorf Kammerspiele | | | |
| 27/10/71 | Le Roi se meurt Der König stirbt | Bielefeld Städtische Bühnen (Theater am Alten Markt) | Bernhard Conz | Wolfgang Regentrop | |
| 4/12/71 | Le Tableau Das Gemälde / La Cantatrice chauve Die kahle Sängerin | Heilbronn Heilbronner Theater | | | |
| 1972 | Délire à deux Delirium zu zweit | Bonn Theater Central | | | |
| 1972 | Le Roi se meurt Der König stirbt | Rottweil Zimmertheater | | | |

(suite)

| Date de la première | Pièce | Ville, théâtre (salle) | Directeur du théâtre | Metteur en scène | Scéno-graphe |
|---|---|---|---|---|---|
| 20/1/72 | Le Roi se meurt / Der König stirbt | Esslingen Württembergische Landesbühne (Studio) | Elert Bode | Klaus-Dieter Wilke | |
| 19/2/72 | Les Chaises / Die Stühle | Nürnberg Schauspielhaus | | Luc Bondy | |
| 3/3/72 | Les Chaises / Die Stühle | Berlin Vaganten Bühne | Horst Behrend | | |
| 13/4/72 | Jeux de massacre / Triumph des Todes | Detmold Landestheater | Otto Hans Böhm | Franz Wirtz | |
| 24/6/72 | Les Chaises / Die Stühle | Baden-Baden Theater der Stadt | Günther Penzoldt | | |
| 13/10/72 | La Cantatrice chauve / Die kahle Sängerin | München Freies Theater | | | |
| 6/11/72 | Victimes du devoir / Opfer der Pflicht | Berlin Tribüne | | | |
| 14/12/72 | Le Nouveau Locataire / Der neue Mieter | München Residenztheater | | | |
| 1973 | Les Chaises / Die Stühle | Bremen Zimmertheater | | | |
| 1973 | Les Chaises / Die Stühle | Karlsruhe Sandkorn | | | |
| 14/2/73 | La Cantatrice chauve / Die kahle Sängerin / La Leçon / Die Unterrichtsstunde | Dinkelsbühl Städtetheater | | | |
| 24/2/73 | Victimes du devoir / Opfer der Pflicht | Ulm Ulmer Theater (Podium) | Detlof Krüger | J. v. Goeling | |
| 20/3/73 | Le Roi se meurt / Der König stirbt | Bruchsal Badische Landesbühne | Alf André | | |

(suite)

| Date de la première | Pièce | Ville, théâtre (salle) | Directeur du théâtre | Metteur en scène | Scénographe |
|---|---|---|---|---|---|
| 24/3/73 création allemande | Macbett Macbett | München Kammerspiele | Liviu Ciuelei | Liviu Ciulei | |
| 1/4/73 | Victimes du devoir Opfer der Pflicht | Frankfurt am Main Städtische Bühnen | | | |
| 7/5/73 (7/6/73) | Les Chaises Die Stühle | Wuppertal Schauspielhaus | Arno Wüstenhöfer | M. Ankermann | |
| 2/6/73 | La Leçon Die Unterrichtsstunde | Flensburg Städtische Bühnen | Benno Hattesen | | |
| 2/6/73 | Victimes du devoir Opfer der Pflicht | Kaiserslautern Pfalztheater | Wolfgang Blum | | |
| 1/9/73 | Macbett Macbett | Berlin Tribüne | Hugo Affolter | Rainer Behrend | Waltraut Mau |
| 5/9/73 | Victimes du devoir Opfer der Pflicht | Heilbronn Heilbronner Theater | | | |
| 19/9/73 | La Leçon Die Unterrichtsstunde / La Cantatrice chauve Die kahle Sängerin | Remscheid Westdeutsches Tourneetheater | | | |
| 30/9/73 | Les Chaises Die Stühle | Bremerhaven | | M. Truthmann | |
| 1974 | La Jeune Fille à marier Das heiratsfähige Mädchen | Remscheid | | | |
| 1974 | Les Chaises Die Stühle | Lüneburg Stadttheater | | | |
| 1974 | Les Chaises Die Stühle | Neuenburg Gymnasium | | | |
| 1974 | Les Chaises Die Stühle | Heilbronn | | | |

(suite)

| Date de la première | Pièce | Ville, théâtre (salle) | Directeur du théâtre | Metteur en scène | Scéno-graphe |
|---|---|---|---|---|---|
| 1974 | Les Chaises Die Stühle | Marburg Schauspiel | | | |
| 1974 | Les Chaises Die Stühle | Münster Stadttheater | | | |
| 24/1/74 | Macbett Macbett | Hamburg Ernst-Deutsch-Theater (Das junge Theater) | Friedrich Schütter, Wolfgang Borchert | T. Toelle | Günter Ulikowski |
| 17/2/74 | Les Chaises Die Stühle | Flensburg Städtische Bühnen | Benno Hattesen | G. M. Ebert | |
| 23/2/74 | Le Roi se meurt Der König stirbt | Heilbronn Heilbronner Theater (Studio-Bühne) | Walter Bison | | |
| 9/11/74 création allemande | Ce formidable bordel ! Welch gigantischer Schwindel ! | Lübeck Kammerspiele | Karl Vibach | T. H. Kleen | |
| 21/11/74 (26/11/74) | Ce formidable bordel ! Welch gigantischer Schwindel ! | Dortmund Städtische Bühnen (Kleines Haus Hiltropwall) | Gert Omar Leutner | E. A. Klusen | |
| 5/12/74 | La Cantatrice chauve Die kahle Sängerin | Stuttgart Staatstheater | | Alfred Kirchner | |
| 21/12/74 | Les Chaises Die Stühle | Münster Städtische Bühnen (Kleines Haus) | Frieder Lorenz | | |
| 11/1/75 | Les Chaises Die Stühle | Osnabrück Städtische Bühnen (Studio 99) | Jürgen Brock | | |

(suite)

| Date de la première | Pièce | Ville, théâtre (salle) | Directeur du théâtre | Metteur en scène | Scéno- graphe |
|---|---|---|---|---|---|
| 9/4/75 | Le Roi se meurt Der König stirbt | Münster Das Zimmertheater | Hans-Louis Mettelmann | H. Mentzel | |
| 12/4/75 (13/4/75) | Ce formidable bordel ! Welch gigantischer Schwindel ! | Nürnberg Schauspielhaus | | H.-A Karbe | |
| 10/6/75 | La Leçon Die Unterrichts- stunde | Bonn Theater Central | | A. Krebs | |
| 9/9/75 | Les Chaises Die Stühle | Bonn Theater der Stadt (Werkstattbühne) | Hans- Joachim Heyse | | |
| 19/9/75 | Les Chaises Die Stühle | Bremen Theater der Freien Hansestadt (Concordia) | Peter Stolzenberg | | |
| 19/9/75 | Le Roi se meurt Der König stirbt | Göttingen Junges Theater | | G. Krämer | |
| 18/10/75 | La Leçon Die Unterrichts- stunde | München Off-Off-Theater | | | |
| 6/11/75 | La Cantatrice chauve Die kahle Sängerin | Darmstadt Staatstheater (Kleines Haus) | Günther Beelitz | | |
| 1976 | Délire à deux Delirium zu zweit | München Theater 44 | | | |
| 1976 | Le Roi se meurt Der König stirbt | Essen Kleines Theater | | | |
| 9/1/76 | Les Chaises Die Stühle | Karlsruhe Kellertheater | | G.-H. Seebach | |
| 10/1/76 | Les Chaises Die Stühle | Koblenz Theater der Stadt (Studiobühne im Mittelrheinmuseum am Florismarkt) | Hannes Houska | | |

(suite)

| Date de la première | Pièce | Ville, théâtre (salle) | Directeur du théâtre | Metteur en scène | Scéno-graphe |
|---|---|---|---|---|---|
| 4/2/76 (5/2/76) | Victimes du devoir Opfer der Pflicht | Köln Theater Der Keller | Dieter Janke, Franz Josef Michels, Karl Reichmann | J. von Groeling | |
| 11/2/76 | Victimes du devoir Opfer der Pflicht | Hilden Werkraumtheater | | | |
| 12/2/76 | Victimes du devoir Opfer der Pflicht | Saarbrücken Saarländisches Landestheater | | H. Baumgarten | |
| 30/5/76 | La Photo du colonel Das Photo des Colonel | Oldenburg Staatstheater (Großes Haus) | Harry Niemann | | |
| 10/76 | L'Impromptu de l'Alma Impromptu | Hamburg Piccolo Theater | | | |
| 8/10/76 | Les Chaises Die Stühle / Le Nouveau Locataire Der neue Mieter | Heidelberg Städtische Bühne | Horst Statkus | F. Günther | |
| 30/10/76 | Les Chaises Die Stühle | Karlsruhe Badisches Staatstheater (Kleines Haus) | Hans Georg Rudolph | | |
| 7/12/76 | Le Roi se meurt Der König stirbt | Koblenz Theater der Stadt | Hannes Houska | | |
| 30/1/77 | La Leçon Die Unterrichts-stunde | Saarbrücken Blaue Maus | | | |
| 19/2/77 | Le Tableau Das Gemälde | Bremerhaven Stadttheater | | | |

(suite)

| Date de la première | Pièce | Ville, théâtre (salle) | Directeur du théâtre | Metteur en scène | Scéno- graphe |
|---|---|---|---|---|---|
| 24/3/77 | Les Chaises Die Stühle | Köln Theater Der Keller | Dieter Janke, Franz Josef Michels, Karl Reichmann | J. von Groeling | |
| 15/4/77 | Le Roi se meurt Der König stirbt | Rendsburg Schleswig-Holsteinisches Landestheater | | R. Schmitz | |
| 1/5/77 | La Leçon Die Unterrichts- stunde | Krefeld Städtische Bühnen | | | |
| 4/5/77 (29/6/77) | Les Chaises Die Stühle | Stuttgart Theater der Altstadt | Klaus Heydenreich | G. Weber | |
| 11/5/77 | La Leçon Die Unterrichts- stunde | Ulm Theater in der Westentasche | | | |
| 17/9/77 | Les Chaises Die Stühle | Frankfurt am Main Die Katakombe | Marcel Schilb | | |
| 30/9/77 | Les Chaises Die Stühle | Saarbrücken Saarländisches Landestheater (Werkstadt) | Karl-Heinz Noblé | M. Liptow | |
| 15/10/77 | Les Chaises Die Stühle | Hamburg Thalia-Theater | Boy Gobert | J. Flimm | |
| 18/10/77 | Les Chaises Die Stühle | Würzburg Stadttheater (Studio in den Kammerspielen) | Joachim von Groeling | Joachim von Groeling | |
| 26/10/77 | La Leçon Die Unterrichts- stunde | München Theater am Einlaß | | | |
| 1978 | Les Chaises Die Stühle | Villach | | | |

(suite)

| Date de la première | Pièce | Ville, théâtre (salle) | Directeur du théâtre | Metteur en scène | Scénographe |
|---|---|---|---|---|---|
| 1978 | Les Chaises / Die Stühle | Rottweil Zimmertheater | | | |
| 17/1/78 | La Leçon / Die Unterrichtsstunde | Köln Theater Der Keller | Dieter Janke, Franz Josef Michels, Karl Reichmann | | |
| 21/1/78 | La Soif et la Faim / Hunger und Durst | Moers Schloßtheater | | H. P. Kurr | |
| 28/1/78 | La Cantatrice chauve / Die kahle Sängerin | Kiel Bühnen der Landeshauptsadt (Studio) | Claus H. Henneberg | R. Geske | |
| 10/2/78 | Les Chaises Die Stühle / La Leçon Die Unterrichtsstunde | Landshut Südostbayrisches Städtetheater | | W. Schröter | |
| 23/2/78 | Macbett / Macbett | Bamberg E.T.A.-Hoffmann Theater | | H. Wolff | |
| 30/3/78 | Amédée ou Comment s'en débarrasser / Amédée oder Wie wird man ihn los | Hamburg Theater im Zimmer | | D. Munck | R. Meisel |
| 4/4/78 création allemande | L'Homme aux valises / Der Mann mit den Koffern | München Kammerspiele | | Peter Lotschak | |
| 7/9/78 | Rhinocéros / Die Nashörner | Hamburg Ernst-Deutsch-Theater | | E. Zbonek | |
| 14/10/78 | Les Chaises / Die Stühle | Düsseldorf Schauspielhaus (Kleines Haus) | Günter Beelitz | K. Koch | W. Schwab |

(suite)

| Date de la première | Pièce | Ville, théâtre (salle) | Directeur du théâtre | Metteur en scène | Scéno- graphe |
|---|---|---|---|---|---|
| 18/10/78 | La Cantatrice chauve / Die kahle Sängerin | Münster Zimmertheater | Hans-Louis Metelmann | W. Trautwein | |
| 12/11/78 | La Cantatrice chauve / Die kahle Sängerin | Bremen Theater der Freien Hansestadt (Kammerspiele in der Böttcherstraße) | Arno Wüsenthofer | Wilfried Grimpe | A. Heller |
| 1979 | Les Chaises / Die Stühle | Augsburg Städtische Bühnen | | | |
| 1979 | Les Chaises / Die Stühle | Memmingen Landestheater | | | |
| 1979 | Les Chaises / Die Stühle | München Theater am Einlaß | | | |
| 5/2/79 | Jeux de massacre / Triumph des Todes | Konstanz Universitätsbühne | | | |
| 18/4/79 | La Leçon / Die Unterrichts- stunde / La Cantatrice chauve / Die kahle Sängerin | Nürnberg Schauspiel | H. Utzerath | H. Utzerath | P. Heyduck |
| 29/8/79 | Les Chaises / Die Stühle | Münster Zimmertheater | | W. Trautwein | B. Nielebock |
| 27/9/79 | La Leçon / Die Unterrichts- stunde / La Cantatrice chauve / Die kahle Sängerin | Mainz Städtische Bühnen (Kammerspiele) | | G. Reinesch- Royer | U. Meid |
| 13/10/79 | Victimes du devoir / Opfer der Pflicht | Coburg Landestheater | | G. Hünseler | H. Braune |
| 28/10/79 | Le Salon de l'automobile / Der Automobil- salon | Heidelberg Theater der Stadt | | H.-C. Scherzer, J. Kresnik | J. Weissenow |

(suite)

| Date de la première | Pièce | Ville, théâtre (salle) | Directeur du théâtre | Metteur en scène | Scéno- graphe |
|---|---|---|---|---|---|
| 17/11/79 | Les Chaises / Die Stühle | Köln Schauspiel | | J. Flimm | E. Wonder |
| 9/12/79 | La Leçon / Die Unterrichts- stunde / La Cantatrice chauve / Die kahle Sängerin | Trier Theater (Studio) | M. Mützel | A. Alihn | L. Piso |
| 20/2/80 | La Leçon / Die Unterrichts- stunde | Neuwied Landesbühne Rheinland-Pfalz | | M. Luxem- burger | M. Luxem- burger |
| 22/2/80 | Les Chaises / Die Stühle | Aachen Stadttheater (Kammerspiele) | | W. Nitsch | A. Heraeus |
| 20/9/80 | Les Chaises / Die Stühle | Schleswig Stadttheater | H. Mesalla | R. Schmitz | C. Hewitt |
| 14/11/80 | Victimes du devoir / Opfer der Pflicht | Münster Zimmertheater | W. Trautwein | W. Trautwein | K. Spanhak |
| 30/11/80 | Le Roi se meurt / Der König stirbt | München Neue Schaubühne | | K. Zanussi | E. Staro- wieyska |
| 1981 | Les Chaises / Die Stühle | Stuttgart Staatstheater | | | |
| 26/2/81 | Les Chaises / Die Stühle | Freiburg im Breisgau Städtische Bühnen (Podium) | | P. Siefert | H. Lukas- Linden- meier |
| 27/2/81 (13/3/81) | La Leçon / Die Unterrichts- stunde / La Cantatrice chauve / Die kahle Sängerin | Berlin Vaganten Bühne | Rainer Behrend, Jens-Peter Behrend | H. Köller | |
| 13/3/81 | Zwischen Himmel und Erde. Ein Kinderstück nach Geschichten und Erzählungen von Eugène Ionesco | Oberhausen Theater Oberhausen (Studio) | F. Gerhards | F. Gerhards | G. Feuerstein |

(suite)

| Date de la première | Pièce | Ville, théâtre (salle) | Directeur du théâtre | Metteur en scène | Scénographe |
|---|---|---|---|---|---|
| 17/5/81 | Rhinocéros Die Nashörner | Regensburg Stadttheater | H. A. Stelter | J. Thau | U. Hüstebeck |
| 6/6/81 | La Leçon Die Unterrichtsstunde / La Cantatrice chauve Die kahle Sängerin | München Off-Off-Theater | | | |
| 15/10/81 | Victimes du devoir Opfer der Pflicht | Unna Werkstatt-Theater | | | |
| 14/1/82 | Rhinocéros Die Nashörner | Gütersloh Theater der Stadt | Günter Ochs | | |
| 25/2/82 | La Cantatrice chauve Die kahle Sängerin | Düsseldorf Schauspielhaus (Kleines Haus) | Günther Beelitz | Jossi Wieler | Günther Walbeck |
| 18/8/82 | Jacques ou la Soumission Jacob oder Der Gehorsam | München Theaterwerkstatt Riedl | | | |
| 9/9/82 | Les Chaises Die Stühle | Tübingen Landestheater (Werkstatt) | K. Pierwoß, H. Tränkle | | |
| 29/10/82 | La Leçon Die Unterrichtsstunde | München Ensemble Kelle Riedl | | | |
| 12/2/83 | Rhinocéros Die Nashörner | Oldenburg Staatstheater (Schloßtheater) | H. Niemann | | |
| 13/5/83 | La Leçon Die Unterrichtsstunde | Bonn Theater Central | | | |
| 21/5/83 | Les Chaises Die Stühle | Mannheim Nationaltheater (Kleines Haus) | A. Petersen | H. Falár | D. Kroner |
| 4/11/83 | Les Chaises Die Stühle | Darmstadt Staatstheater (Werkstattbühne) | Kurt Horres | J. Pesel | A. Kimminus, J. Pesel |

(suite)

| Date de la première | Pièce | Ville, théâtre (salle) | Directeur du théâtre | Metteur en scène | Scéno-graphe |
|---|---|---|---|---|---|
| 8/11/83 | La Leçon<br>Die Unterrichts-stunde | Dortmund<br>Städtische Bühnen | | | |
| 14/12/83 | La Cantatrice chauve<br>Die kahle Sängerin | Karlsruhe<br>Sandkorn Theater<br>(Kellertheater) | | E. Conway | E. Conway,<br>L. Benedict |
| 1984 | Délire à deux<br>Delirium zu zweit | München<br>Theater 44 | | | |
| 3/2/84 | Les Chaises<br>Die Stühle | Ingolstadt<br>Stadttheater<br>(Werkstattbühne) | E. Seiltgen | M. Bleiziffer | K. Kuhle |
| 12/2/84 | Rhinocéros<br>Die Nashörner | Hannover<br>Niedersächsische Staatstheater<br>(Theater am Aegi) | Hans-Peter Lehmann | D. Hufschmidt | R. Rischer |
| 22/3/84<br>(1/4/84) | Rhinocéros<br>Die Nashörner | Bremen<br>Theater der Freien Hansestadt<br>(Kammerspiel Böttcherstraße) | Arno Wüsenthofer | S. Roon | G. Kupfer |
| 26/3/84 | L'Impromptu de l'Alma<br>Impromptu | Hannover<br>Niedersächsische Staatstheater | | | |
| 5/5/84 | Les Chaises<br>Die Stühle | Berlin<br>Vaganten Bühne | Rainer Behrend,<br>Jens-Peter Behrend | D. Heiland | A. Mews |
| 8/5/84 | Les Chaises<br>Die Stühle | Freiburg im Breisgau<br>Wallgraben-Theater | | B. Maier | T. Fischer |
| 18/10/84 | La Soif et la Faim<br>Hunger und Durst | Münster<br>Wolfgang-Borchert-Theater | | H.-P. Kurr | V. Magnus |
| 29/12/84 | La Leçon<br>Die Unterrichts-stunde | Kiel<br>Die Komödianten | | | |

(suite)

| Date de la première | Pièce | Ville, théâtre (salle) | Directeur du théâtre | Metteur en scène | Scénographe |
|---|---|---|---|---|---|
| 9/1/85 | Les Chaises<br>Die Stühle | Baden-Baden<br>Theater am<br>Goetheplatz<br>(Im alten<br>Bahnhof) | Frieder<br>Lorenz | F. Lorenz | H.-J.<br>Weygold |
| 22/9/85 | Rhinocéros<br>Die Nashörner | Essen<br>Theater Essen<br>(Opernhaus) | Manfred<br>Mützel | G.<br>Ballhausen | E. Kröhn |
| 29/9/85 | L'avenir est dans les œufs<br>Die Zukunft liegt in den Eiern | Bonn<br>Bühnen der Stadt | | | |
| 25/10/85 | La Cantatrice chauve<br>Die kahle Sängerin | Nürnberg<br>Theater im<br>Altstadthof | | | |
| 9/11/85 | La Cantatrice chauve<br>Die kahle Sängerin | Frankfurt am Main<br>Theater in der<br>Brotfabrik | | | |
| 21/11/85 | Macbett<br>Macbett | München<br>Theater<br>Scaramouche | | | |
| 30/1/86<br>(1/2/86) | La Soif et la Faim<br>Hunger und Durst | Freiburg<br>Freiburger Theater<br>(Podium) | Ulrich<br>Brecht | H. Wiesner | F. Parbs |
| 2/4/86 | Victimes du devoir<br>Opfer der Pflicht | Düsseldorf<br>Palindrom Theater | | | |
| 18/4/86 | La Cantatrice chauve<br>Die kahle Sängerin | München<br>Freies Theater | | | |
| 5/10/86 | Les Chaises<br>Die Stühle | Bonn<br>Bühnen der Stadt<br>(Möbellager<br>Ochel) | Jean Claude<br>Riber | | |
| 19/10/86 | Victimes du devoir<br>Opfer der Pflicht | Saarbrücken<br>Landestheater | | | |

(suite)

| Date de la première | Pièce | Ville, théâtre (salle) | Directeur du théâtre | Metteur en scène | Scéno- graphe |
|---|---|---|---|---|---|
| 9/11/86 | La Leçon / Die Unterrichts- stunde | Köln Comoedie Colonia | | | |
| 27/11/86 | Les Chaises / Die Stühle | Mainz Theater in der Schillerstraße | D. Taube | H. G. Wagner | P. Boysen |
| 10/3/87 | Macbett / Macbett | Frankfurt am Main Theater-Turm | | | |
| 23/4/87 | La Leçon / Die Unterrichts- stunde | Hamburg Kellertheater | | | |
| 5/87 | Délire à deux / Delirium zu zweit | Berlin Studiobühne | | | |
| 2/9/87 | La Leçon / Die Unterrichts- stunde | München Theaterwerkstatt Riedl | | | |
| 15/9/87 | La Leçon / Die Unterrichts- stunde / La Cantatrice chauve / Die kahle Sängerin | Stuttgart Theater im Westen | | | |
| 27/10/87 | Le Tableau / Das Gemälde | München Theater 44 | | | |
| 13/11/87 | La Soif et la Faim / Hunger und Durst | Bonn Bühnen der Stadt | | | |
| 2/7/88 | Le Nouveau Locataire / Der neue Mieter | Heidelberg Stadttheater | P. Stolzenberg | | |
| 23/9/88 | Les Chaises / Die Stühle | Neuss Rheinisches Landestheater | | N. Bauer | G. Kammerer |
| 20/10/88 | Le Roi se meurt / Der König stirbt | Celle Schloßtheater | Eberhard Johow | G. Lürssen | O. Baldszun |
| 19/11/88 | Les Chaises / Die Stühle | Köln Schauspielhaus | K. Pierwoss | T. Schulte- Michels | W. Müntzer |

(suite)

| Date de la première | Pièce | Ville, théâtre (salle) | Directeur du théâtre | Metteur en scène | Scénographe |
|---|---|---|---|---|---|
| 20/1/89 | Les Chaises<br>Die Stühle | Gießen<br>Stadttheater<br>(Theaterstudio<br>Zigarrenfabrik) | Jost<br>Miehlbradt | | |
| 22/2/89 | Le Roi se meurt<br>Der König stirbt | Dinkelsbühl<br>Fränkisch-<br>Schwäbisches<br>Stadttheater | Klaus<br>Troemer | G.<br>Baumann | |
| 28/4/89 | Les Chaises<br>Die Stühle | Krefeld-<br>Mönchengladbach<br>Vereinigte<br>Städtische<br>Bühnen<br>(Studio) | Eike<br>Gramss | M. K.<br>Hoffmann | C. Wagen-<br>knecht |
| 10/6/89 | Les Chaises<br>Die Stühle | Köln<br>Urania Theater | Kurt<br>Lambrigger | A. Sommer | |
| 22/10/89 | Le Roi se meurt<br>Der König stirbt | Freiburg<br>Städtische<br>Bühnen<br>(Podium) | Friedrich<br>Schirmer | C. Bodinus | P. A. Schulz |
| 3/11/89 | La Cantatrice<br>chauve<br>Die kahle Sängerin | Köln<br>Urania Theater | Kurt<br>Lambrigger | V. Busmann | N. Müller |
| 1/12/89 | Les Chaises<br>Die Stühle | Saarbrücken<br>Saarländisches<br>Staatstheater<br>(Kleines Haus) | Helmut<br>Beckamp | | |
| 15/12/89 | Jacques ou La<br>Soumission<br>Jacob oder Der<br>Gehorsam | München<br>Schauburg<br>(Theater der<br>Jugend) | | P. van der<br>Pas | I. Schwab |

# Annexe 2 : Photographies de mises en scène

Le corpus photographique illustre uniquement des créations analysées au sein de ce travail et dont les droits m'ont été accordés par les personnes et institutions archivistiques mentionnées ci-dessous, auxquelles j'adresse tous mes remerciements : les musées de théâtre des villes de Munich (Deutsches Theatermuseum München, Archiv Rudolf Betz, Archiv Hildegard Steinmetz) et de Düsseldorf (Theatermuseum der Landeshauptstadt Düsseldorf, Bildarchiv), les collections universitaires de Cologne (Theaterwissenschaftliche Sammlung der Universität zu Köln, Bildarchiv) et de Darmstadt (Theatersammlung der Universitäts- und Landesbibliothek Darmstadt, Bildarchiv), Eva Stroux (collection privée) ainsi que, pour son aimable autorisation, le Comité Jean Cocteau.

Les photographies sont présentées dans l'ordre chronologique des mises en scène :

Figure 1 a–c:  *En attendant Godot* de Beckett par Stroux, Berlin, 1953
Figure 2 a–d:  *En attendant Godot* de Beckett par Kortner, Munich, 1954
Figure 3 a–c:  *La Leçon* de Ionesco par Sellner, Darmstadt, 1957
Figure 4 a–c:  *Victimes du devoir* de Ionesco par Sellner, Darmstadt, 1957
Figure 5 a–d:  *Tueur sans gages* de Ionesco par Sellner, Darmstadt, 1958
Figure 6 a–g:  *Rhinocéros* de Ionesco par Stroux, Düsseldorf, 1959
Figure 7 a–b:  *Le Piéton de l'air* de Ionesco par Stroux, Düsseldorf, 1962
Figure 8 a–b:  *Le Roi se meurt* de Ionesco par Stroux, Düsseldorf, 1963
Figure 9 a:    *Le Roi se meurt* de Ionesco par Lietzau, Hambourg, 1963
Figure 10 a–d: *Les Nègres* de Genet par Hering, Darmstadt, 1964
Figure 11 a–b: *La Soif et la Faim* de Ionesco par Stroux, Düsseldorf, 1964
Figure 12 a–e: *Les Paravents* de Genet par Lietzau, Munich, 1968
Figure 13 a:   *Les Bonnes* de Genet par Lietzau, Munich, 1969
Figure 14 a:   *Jeux de massacre* de Ionesco par Stroux, Düsseldorf, 1970
Figure 15 a:   *Off Limits* d'Adamov par Grüber, Düsseldorf, 1972
Figure 16 a:   *Le Balcon* de Genet par Wendt, Munich, 1976

**Fig. 1 a–c:** *En attendant Godot* de Samuel Beckett par Karl Heinz Stroux. Schloßpark-Theater de Berlin-Ouest, 8 septembre 1953 (création allemande).
© Theaterwissenschaftliche Sammlung, Universität zu Köln, Bildarchiv.

Annexe 2 : Photographies de mises en scène —— 491

**Fig. 2 a–d:** *En attendant Godot* de Samuel Beckett par Fritz Kortner.
Münchner Kammerspiele, 27 mars 1954.
© Theaterwissenschaftliche Sammlung, Universität zu Köln, Bildarchiv.

**Fig. 3 a–c:** *La Leçon* d'Eugène Ionesco par Gustav Rudolf Sellner.
Landestheater Darmstadt, 5 mai 1957.
© Theaterwissenschaftliche Sammlung, Universität zu Köln, Bildarchiv.

Annexe 2 : Photographies de mises en scène —— 493

**Fig. 4 a–c:** *Victimes du devoir* d'Eugène Ionesco par Gustav Rudolf Sellner.
Landestheater Darmstadt, 5 mai 1957 (création allemande).
© Theaterwissenschaftliche Sammlung, Universität zu Köln, Bildarchiv.

**Fig. 5 a, b:** *Tueur sans gages* d'Eugène Ionesco par Gustav Rudolf Sellner. Landestheater Darmstadt, 14 avril 1958 (création mondiale).
© Theatersammlung der Universitäts- und Landesbibliothek Darmstadt, Bildarchiv. Photographe Pit Ludwig.

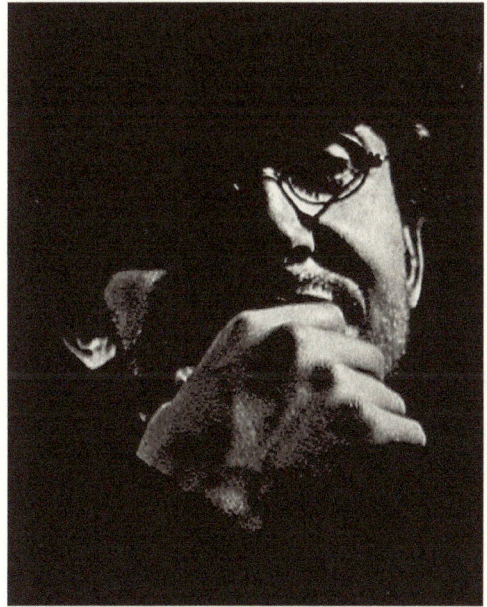

**Fig. 5 c, d:** *Tueur sans gages* d'Eugène Ionesco par Gustav Rudolf Sellner.
Landestheater Darmstadt, 14 avril 1958 (création mondiale).
© Theatersammlung der Universitäts- und Landesbibliothek Darmstadt, Bildarchiv.
Photographe Pit Ludwig.

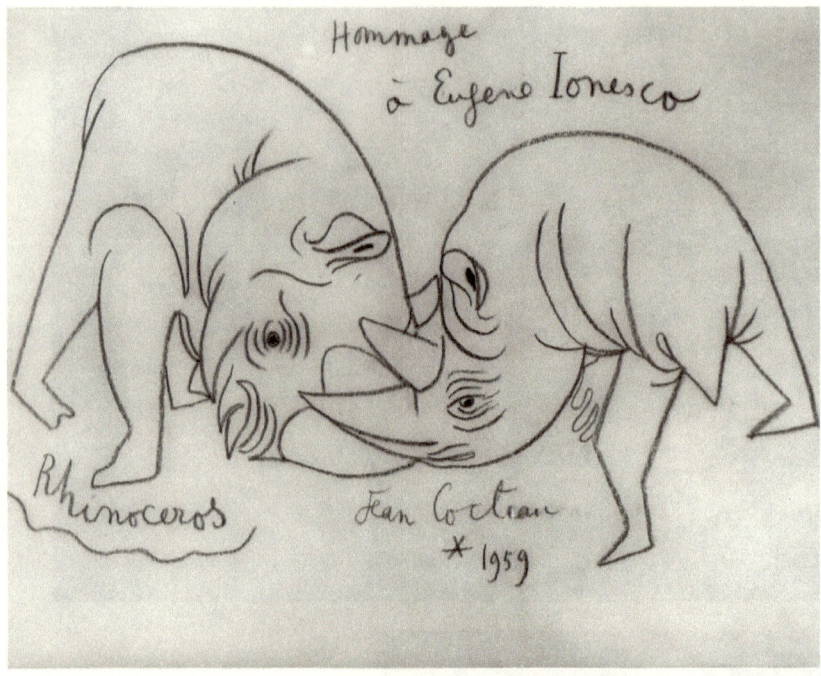

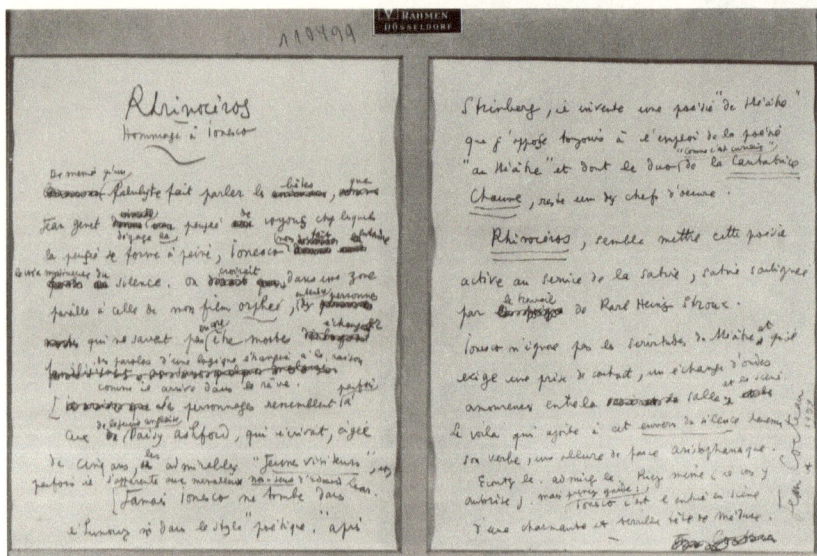

**Fig. 6 a, b:** Jean Cocteau : *Rhinocéros. Hommage à Eugène Ionesco.*
*Rhinocéros* d'Eugène Ionesco par Karl Heinz Stroux.
Düsseldorfer Schauspielhaus, 31 octobre 1959 (création mondiale).
© Collection privée Eva Stroux, avec l'aimable autorisation du Comité Jean Cocteau.

Annexe 2 : Photographies de mises en scène —— **497**

**Fig. 6 c, d:** *Rhinocéros* d'Eugène Ionesco par Karl Heinz Stroux.
Düsseldorfer Schauspielhaus, 31 octobre 1959 (création mondiale).
© Theaterwissenschaftliche Sammlung, Universität zu Köln, Bildarchiv.

**Fig. 6 e–g:** *Rhinocéros* d'Eugène Ionesco par Karl Heinz Stroux.
Düsseldorfer Schauspielhaus, 31 octobre 1959 (création mondiale).
© Theaterwissenschaftliche Sammlung, Universität zu Köln, Bildarchiv.

**Fig. 7 a, b:** *Le Piéton de l'air* d'Eugène Ionesco par Karl Heinz Stroux.
Düsseldorfer Schauspielhaus, 15 décembre 1962 (création mondiale).
© Theatermuseum der Landeshauptstadt Düsseldorf, Bildarchiv. Photographe Lore Bermbach.

**Fig. 8 a–c:** *Le Roi se meurt* d'Eugène Ionesco par Karl Heinz Stroux. Düsseldorfer Schauspielhaus, 16 novembre 1963 (création allemande).

**Fig. 8 a:** © Theatermuseum der Landeshauptstadt Düsseldorf, Bildarchiv. Photographe Lore Bermbach.
**Fig. 8 b:** Eugène Ionesco et Karl Heinz Stroux à Düsseldorf le 1er mars 1964, lors de la dernière représentation de la création du *Roi se meurt*.
© Collection privée Eva Stroux. Photographe Hans-J. Witkowski.
**Fig. 8 c:** © Collection privée Eva Stroux. Photographe Lore Bermbach.

Annexe 2 : Photographies de mises en scène —— 501

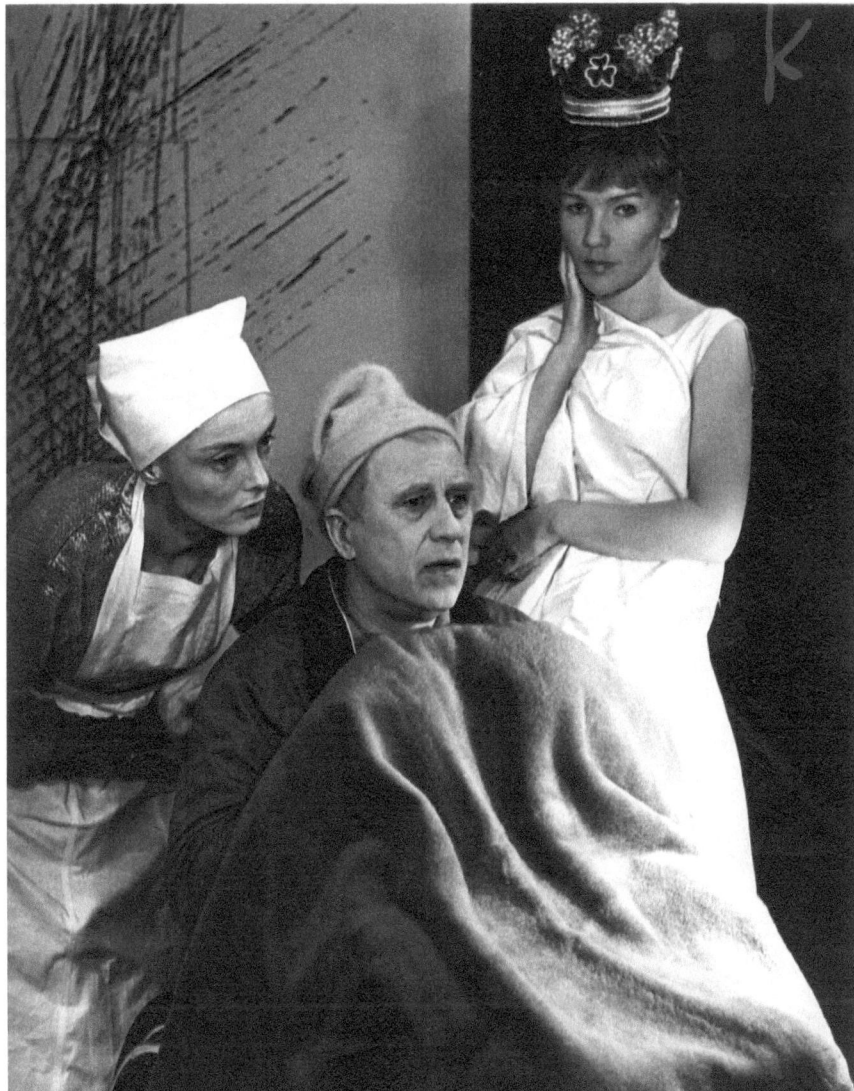

**Fig. 9 a:** *Le Roi se meurt* d'Eugène Ionesco par Hans Lietzau.
Deutsches Schauspielhaus Hamburg, 17 novembre 1963.
© Theaterwissenschaftliche Sammlung, Universität zu Köln, Bildarchiv.

**Fig. 10 a, b:** *Les Nègres* de Jean Genet par Gerhard F. Hering. Landestheater Darmstadt, 31 mai 1964 (création allemande).
© Theatersammlung der Universitäts- und Landesbibliothek Darmstadt, Bildarchiv. Photographe Pit Ludwig.

Annexe 2 : Photographies de mises en scène —— 503

**Fig. 10 c, d:** *Les Nègres* de Jean Genet par Gerhard F. Hering.
Landestheater Darmstadt, 31 mai 1964 (création allemande).
© Theatersammlung der Universitäts- und Landesbibliothek Darmstadt, Bildarchiv.
Photographe Pit Ludwig.

**Fig. 11 a, b:** *La Soif et la Faim* d'Eugène Ionesco par Karl Heinz Stroux. Düsseldorfer Schauspielhaus, 30 décembre 1964 (création mondiale).

**Fig. 11 a:** © Collection privée Eva Stroux. Photographe Lore Bermbach.
**Fig. 11 b:** © Theaterwissenschaftliche Sammlung, Universität zu Köln, Bildarchiv.

**Fig. 12 a, b:** *Les Paravents* de Jean Genet par Hans Lietzau.
Residenztheater München, 9 février 1968.
© Deutsches Theatermuseum München, Archiv Rudolf Betz. Photographe Rudolf Betz.

**Fig. 12 c, d:** *Les Paravents* de Jean Genet par Hans Lietzau.
Residenztheater München, 9 février 1968.
© Deutsches Theatermuseum München, Archiv Rudolf Betz. Photographe Rudolf Betz.

**Fig. 12 e:** *Les Paravents* de Jean Genet par Hans Lietzau.
Residenztheater München, 9 février 1968.
© Deutsches Theatermuseum München, Archiv Rudolf Betz. Photographe Rudolf Betz.

**Fig. 13 a:** *Les Bonnes* de Jean Genet par Hans Lietzau.
Residenztheater München, 15 juin 1969.
© Deutsches Theatermuseum München, Archiv Rudolf Betz. Photographe Rudolf Betz.

**Fig. 14 a:** *Jeux de massacre* d'Eugène Ionesco par Karl Heinz Stroux.
Düsseldorfer Schauspielhaus, 24 janvier 1970 (création mondiale).
© Collection privée Eva Stroux. Photographe Lore Bermbach.

**Fig. 15 a:** *Off Limits* d'Arthur Adamov par Klaus Michael Grüber.
Düsseldorfer Schauspielhaus, 30 septembre 1972 (création allemande).
© Theatermuseum der Landeshauptstadt Düsseldorf, Bildarchiv. Photographe Lore Bermbach.

**Fig. 16 a:** *Le Balcon* de Jean Genet par Ernst Wendt.
Münchner Kammerspiele, 20 octobre 1976.
© Deutsches Theatermuseum München, Archiv Hildegard Steinmetz.
Photographe Hildegard Steinmetz.

# Index des noms et des pièces du corpus

Acquart, André 151, 155, 164, 436
Acte sans paroles 1 (Samuel Beckett) 131, 349, 353, 376, 393, 395, 398, 401–402, 404, 416, 421, 428
Acte sans paroles 2 (Samuel Beckett) 131, 353, 395, 398, 401–402, 404, 421
Adamov, Arthur 3, 7–11, 13–17, 23–25, 33, 35, 38, 54, 56–66, 74–84, 86, 94–101, 109, 124–126, 147, 151, 180–181, 183, 185–192, 196–206, 209–214, 245, 247, 316–318, 320–326, 328–336, 347, 349–353, 356–359, 363, 365–377, 379, 381, 383–384, 386–388, 489, 509
Adorno, Theodor W. 42, 172
Amédée ou Comment s'en débarrasser (Eugène Ionesco) 71–72, 77, 84–87, 89, 116, 149, 289, 354, 356, 373–374, 445, 450, 461, 465, 480
Andersch, Alfred 182–183, 189–191, 370, 382
Anouilh, Jean 8, 50, 85, 88, 107, 114, 157, 285, 356, 363, 367
Arden, John 49
Ardrey, Robert 49
Arnheim Rudolf 339, 343, 376
Asmus, Walter. D. 171, 176, 179, 195, 375–376, 418, 423
Audiberti, Jacques 13–15, 71, 86, 101, 183–184

Barbezat, Marc 70, 93–94, 104, 379
Barlog, Boleslaw 41, 61, 94–96, 104–108, 110–111, 127–128, 157, 168–169, 198, 200–201, 207, 369–370, 372, 376, 388, 391, 393–396, 398, 400–401, 403, 405, 407, 432–433, 436, 459, 463, 471
Barrault, Jean-Louis 71, 127, 137, 141, 144, 151, 155
Barthes, Roland 12–13, 376
Bartsch, Rudolf Jürgen 90, 445
Bauer, Hans 97, 117, 389, 393, 397, 403, 450, 452, 462, 486
Becher, Johannes R. 48
Beckett, Samuel 3–4, 7–11, 13–21, 25–28, 33, 35, 38, 54, 61, 65–68, 73, 75–76, 81, 86, 90, 93–95, 97, 101, 107–113, 115–119, 124–125, 130–133, 143, 147, 151–152, 168–181, 183–188, 192–196, 209, 217, 221–224, 230–242, 245, 247, 285, 325–326, 336–347, 349, 351–353, 355–358, 365–367, 369, 371, 373, 375–384, 386–387, 391, 393, 400, 403, 405, 407, 412, 414, 416–417, 419, 421, 489–491
Beelitz, Günther 245, 411, 414, 416, 477, 480, 483
Benjamin, Walter 57, 228–229, 342, 357–358, 364, 377
Berceuse (Samuel Beckett) 353, 421, 423, 428
Bernhard, Thomas 105, 117, 123, 207, 221, 328, 373, 383, 473
Beßler, Albert 104–105, 108, 110, 119, 128, 253, 371–372
Blin, Roger 23, 29, 67, 101, 107, 114, 116, 118, 150–153, 155–157, 164, 197, 248, 349, 359, 364, 371–372, 436
Boëglin, Jean-Marie 57
Bollmann, Horst 169–170, 177
Bondy, François 215
Bondy, Luc 207, 418, 474
Brecht, Bertolt 15, 25, 41–43, 58, 60–61, 63, 99, 143, 159, 177, 196–198, 204, 211, 234, 244, 363, 365, 380–381
Brecht, Ulrich 131, 207, 210, 390, 395, 398–399, 402, 434, 443, 457, 462, 465–467, 485
Bremer, Claus 72, 77, 82, 122, 133, 150, 223, 363–364, 369, 420, 425, 427
Brenner, Hans Georg 78, 153, 248, 250–260, 263–268, 270, 272–282, 379, 428–429
Büchner, Georg 25, 57, 59, 61–62, 81, 83, 196, 373, 377, 466
Buckwitz, Harry 41, 145, 158, 161–163, 207, 363, 371–372, 393, 400, 446, 450, 464, 468

Camus, Albert 1, 8–11, 49, 86, 250, 356, 377
Castagne, Helmut 112, 160–161, 363, 371
Catastrophe (Samuel Beckett) 353, 421–424, 428

Ce formidable bordel ! (Eugène Ionesco) 77, 244, 354, 476–477
Cette fois (Samuel Beckett) 119, 172, 178, 222, 353, 414–415, 418–419, 421, 425, 428
Chaplin, Charlie 7, 99, 336–337, 365
Chéreau, Patrice 214
Claudel, Paul 14, 49, 85, 97, 143, 151
Cluchey, Rick 172, 416–417
Cocteau, Jean 5, 29, 49, 90, 99, 106, 138–139, 167, 186, 386
Comédie (Samuel Beckett) 15, 25, 57–58, 63, 119, 130–133, 171–172, 179, 192, 284, 318, 352–353, 398–400, 402–404, 407, 414–415, 417–418, 428
Comme nous avons été (Arthur Adamov) 97, 353, 388
Curth, Johannes 201

Délire à deux (Eugène Ionesco) 72, 77, 354, 460–463, 467, 469, 473, 477, 484, 486
Dorn, Dieter 207, 231, 423, 426–427, 439, 442
Drews, Berta 106, 118, 129, 270, 378
Drews, Wolfgang 63, 115, 363, 383
Düggelin, Werner 77, 100
Dürrenmatt, Friedrich 42, 93, 143, 285

Eisenstein, Sergeï 337
Eliot, T. S. 49
En attendant Godot (Samuel Beckett) 21, 35, 67, 76, 81, 89, 93–95, 107–108, 112–115, 117, 119–120, 131–132, 136, 151, 168–169, 171–172, 176, 230–234, 237, 240–241, 285, 325–326, 349–350, 352–354, 356, 373–374, 376, 384, 391–394, 396–416, 418–420, 422–431, 489–491
Engel, Erich 199, 443
Enzensberger, Hans Magnus 56, 183–185, 190, 318, 335–336, 371, 373
Erpenbeck, Fritz 45
Esslin, Martin 3, 7–8, 11, 18, 122, 124, 172, 352, 358, 378

Fehling, Jürgen 41
Fin de partie (Samuel Beckett) 21, 97, 117–119, 132, 151, 170, 172, 175, 231, 349, 353, 376, 393–395, 398–399, 401–417, 419–420, 422–431
Fischer, Samuel 4, 66–67, 85, 87, 109, 112, 231, 364, 383–384, 397, 422, 436, 484
Flimm, Jürgen 207, 231, 429, 479, 482
Flora, Paul 150, 371, 460
Först, Irmgard 194
Fragment de Théâtre I et II (Samuel Beckett) 353, 417, 419, 425–427
Frechtmann, Bernard 69, 103, 163–164, 248
Frisch, Max 42, 63, 143, 285, 379
Furtwängler, Gise 167–168, 435

Gatti, Armand 14
Genet, Jean 3, 5, 7, 11, 13–18, 22–23, 27–30, 33, 36, 38, 54, 61, 65, 68–70, 77–78, 91–94, 103–107, 124, 126–130, 139, 147, 151, 153–155, 157–168, 183–184, 186–187, 196, 209, 214–219, 225–227, 229, 245, 247–252, 254–256, 259–264, 267, 269, 271, 274, 278–283, 323, 349, 351–354, 356–358, 362–365, 367–369, 371, 374, 376–380, 382, 384–387, 432, 489, 502–503, 505–509
Ghelderode, Michel de 14–15, 79
Gide, André 81–82
Giesing, Dieter 133, 389, 401, 452, 465
Giraudoux, Jean 8, 50, 85, 285, 356
Girnus, Wilhelm 204, 362
Gobert, Boy 207, 409, 419, 440, 443, 479
Goethe, Johann Wolfgang von 26, 46, 55, 222, 225, 285, 318
Gogol, Nicolas 49, 62, 75, 125, 191, 362
Gorki, Maxime 44, 49, 62, 201
Gosch, Jürgen 207, 424
Gottschalk, Hans 190
Grassi, Paolo 211
Greuèl, Herbert 66, 80, 190, 200, 371
Gribojedow, Alexandre 49
Grüber, Klaus Michael 100, 126, 207, 210–214, 218, 221–225, 357, 373, 390, 409, 428, 489, 509
Gründgens, Gustaf 41, 108, 114, 135, 150, 284

Haerdter, Michael 170–172, 380
Handke, Peter 78, 123, 209, 244, 285, 357
Harnack, Falk 45
Haugk, Dietrich 125, 389

Hauptmann, Gerhard 55, 102, 177, 268-269
Haute Surveillance (Jean Genet) 78, 354
Hebbel, Christian Friedrich 45-46
Heißenbüttel, Helmut 126, 183, 190-191, 199-200, 317-318, 360, 370-371, 382
Held, Martin 174-175, 185, 189, 373
Henn, Walter 118, 394-396, 459
Henrichs, Helmut 156, 207, 228-229, 357-358, 364, 391, 407, 437, 451, 462, 466
Hensel, Georg 113, 119, 134, 156-157, 165, 170, 172, 176-177, 215-216, 221, 224, 229, 364, 381
Hering, Gerhard Friedrich 41, 100, 163, 165, 186, 396, 398, 404, 435-436, 466, 469, 489, 502-503
Herm, Klaus 169
Herrey, Hermann 97, 432, 445, 447
Heyme, Hansgünther 207
Hildesheimer, Wolfgang 132
Hochhuth, Rolf 147
Hoffmann, Kurt 91-92, 228, 374, 432, 480, 487
Holtzmann, Thomas 232-234, 237-241
Hübner, Alfred 175, 381
Hübner, Kurt 122, 131, 211, 222, 225, 398, 409, 433, 454, 463

Iden, Peter 179-180, 222, 224, 364
Ihering, Herbert 45, 61, 99, 107, 199, 284, 365
Illig, Nancy 193
Ionesco, Eugène 3-11, 13-18, 21-22, 30, 33, 35, 38, 54, 65, 70-78, 84-87, 89-90, 93-94, 97, 100-103, 116, 124-125, 133-139, 141-148, 150, 183-184, 186, 188, 196, 209-211, 242-245, 247, 283, 285-302, 304-305, 308-313, 349-358, 361-366, 368-369, 371-375, 377, 379-383, 385, 387, 445, 472, 482, 489, 492-501, 504, 508

Jacobi, Johannes 99, 114, 134-135, 153, 174, 365
Jacques ou La soumission (Eugène Ionesco) 72, 354
Jarry, Alfred 7, 15, 71, 184, 186
Jeux de massacre (Eugène Ionesco) 77, 123, 135, 144-145, 283, 287-288, 290, 302-304, 306-309, 313, 315, 354, 374, 472-474, 481, 489, 508
Jouvet, Louis 50, 85
Jung, Carl Gustav 62, 381

Kafka, Franz 10, 25, 57, 74, 94-95, 143, 186, 366
Kaiser, Joachim 114-115, 135, 142, 144, 173, 182, 187, 189, 231, 235, 316, 365, 393, 432, 447
Karasek, Hellmuth 131, 171, 174, 365
Karge, Manfred 207
Karsch, Walther 96, 106, 113, 130, 140, 174, 282, 365
Keaton, Buster 7, 336
King, Marna 166, 228, 373
Kipphardt, Heinar 199, 285
Kleist, Heinrich von 46, 61, 63, 285, 386
Koch, Heinrich Georg 41, 108, 162, 181-182, 192, 382, 447, 480
Kornell, Lore 76
Kortner, Fritz 41, 55, 113-116, 225, 364, 382, 392, 489, 491
Kroetz, Franz Xavier 123
Kupfer, Günter 167-168, 435, 484

La Cantatrice chauve (Eugène Ionesco) 77, 89-90, 184, 242, 244-245, 354, 373-374, 445-449, 451-457, 460-461, 463-477, 480-481, 482 482-487
La Dernière Bande (Samuel Beckett) 118-119, 172, 174-175, 196, 218, 221-223, 353, 373, 376, 394-400, 403-407, 409, 411-423, 425, 428-430
La Grande et la petite manœuvre (Arthur Adamov) 100, 151, 353
La Leçon (Eugène Ionesco) 71-72, 77, 89-90, 100, 102-103, 134, 136, 244, 354, 445, 448-456, 458-459, 462, 464-466, 468, 470-472, 474-475, 477-484, 486, 489, 492
La Parodie (Arthur Adamov) 3, 11, 56, 75, 97-98, 353, 375, 388-390
La Politique des restes (Arthur Adamov) 57, 66, 192, 203, 353, 373, 375
La Soif et la faim (Eugène Ionesco) 292, 354, 374
Langhoff, Matthias 207
Langhoff, Thomas 207

Langhoff, Wolfgang 41, 46
Le Balcon (Jean Genet) 17, 78, 92, 103–105, 107, 122, 156–160, 162–163, 210, 214–220, 283, 354, 373, 432, 434, 436–439, 441–444, 489, 509
Le Dépeupleur (Samuel Beckett) 231, 353, 419
Le Maître (Eugène Ionesco) 72, 77, 354, 458
Le Nouveau Locataire (Eugène Ionesco) 76, 133, 289, 354, 445–448, 452, 457–458, 469–471, 474, 478, 486
Le Piéton de l'air (Eugène Ionesco) 77, 135, 141–142, 148, 283, 286–293, 295–297, 299–303, 309, 311–312, 314, 354, 374, 458–459, 489, 499
Le Ping-Pong (Arthur Adamov) 61, 75, 94–96, 198, 353, 361, 368, 388–390
Le Professeur Taranne (Arthur Adamov) 3, 63, 75, 100, 189, 247, 316, 318–336, 353, 375, 389
Le Roi se meurt (Eugène Ionesco) 72, 147–148, 286, 500
Le Salon de l'automobile (Eugène Ionesco) 72, 354, 465–466, 469–470, 481
Le Tableau (Eugène Ionesco) 76, 354, 446, 450, 466, 469, 471, 473, 478, 486
Les Âmes mortes (Arthur Adamov) 75, 100, 125–126, 189, 192, 352–353, 375, 389
Les Bonnes (Jean Genet) 36, 69–70, 78, 91–93, 103, 105, 120, 157, 184, 196, 214, 354, 356, 432–444, 489, 508
Les Chaises (Eugène Ionesco) 72, 77, 97, 136, 244, 354, 445–450, 452, 454, 456, 458–464, 466–487
Les Nègres (Jean Genet) 17, 22–23, 29, 70, 78, 103, 157, 163–165, 167, 214, 218, 225, 227–230, 279, 354, 373–374, 385, 435, 443, 489, 502–503
Les Paravents (Jean Genet) 17, 23, 33, 38, 69, 78, 103, 126–127, 150–151, 155–157, 214, 227, 247–255, 259, 261, 270–271, 278–279, 282–283, 352, 354, 373, 376–377, 379, 433, 436–437, 489, 505–507
Les Retrouvailles (Arthur Adamov) 100, 353, 390
Lessing, Gotthold Ephraim 5, 46, 382
Lietzau, Hans 23, 35, 38, 76, 95–96, 104–105, 127, 130, 147, 149–150, 156–158, 169, 207, 218, 248, 250, 253–255, 258–259, 263, 267, 269, 272, 274, 276–277, 279, 366–367, 370–371, 373, 385, 388, 410, 412, 414, 417, 432–433, 437, 439, 460, 466, 489, 501, 505–508
L'Invasion (Arthur Adamov) 3, 11, 38, 75, 79–80, 82–83, 120, 190, 353, 356, 363–364, 366, 368–369, 375, 388
Löscher, Peter 178, 412, 414, 416, 419
Luft, Friedrich 43, 48, 87, 95, 111–113, 118, 127–130, 141, 144, 159, 173–175, 177–179, 217, 294, 300, 364, 366, 383, 458–459
Lühr, Peter 232, 234, 237–241

Macbett (Eugène Ionesco) 77, 244, 354, 475–476, 480, 485–486
MacGowran, Jack 117
Martin, Karl Heinz 3, 7–8, 18, 113, 122–124, 166, 172, 174–175, 190, 192, 284, 352, 358, 373, 378, 386, 436, 443
Mauclair, Jacques 101, 138, 148–149
Meisel, Kurt 207, 411, 451, 480
Melchinger, Siegfried 122, 134, 366, 383
Mendel, Deryk 131–133, 168–169, 193, 398, 400–401
Mercier et Camier (Samuel Beckett) 232, 353, 419–420, 427
Meyer, Andreas J. V, 30, 37–38, 68–70, 91, 127, 159, 165, 167, 220, 225, 250, 361, 372, 402, 433, 446–447, 454, 456
Michaelis, Rolf 121, 174–176, 179, 219, 366, 377
Minetti, Bernhard 105, 117, 221–224, 328, 362, 373, 383
Mittler, Leo 104–105, 371–372
Müller, Artur 190, 360, 370
Müller, Hans-Reinhard 207, 220, 231, 415, 417, 441–442, 460
Müller-Freienfels, Reinhart 20, 192–195, 383

Nagel, Ivan 155–156, 195, 207, 411
Neuenfels, Hans 207, 210, 214–217, 375, 443
Neukirchen, Alfons 103, 139, 148–149, 211, 367
Noël, Jacques 144, 304, 307, 309, 472

Off Limits (Arthur Adamov) 100, 126, 188, 209–212, 214, 353, 390, 489, 509
Oh les beaux jours (Samuel Beckett) 18, 20, 118–119, 132, 172, 175, 178, 231, 353, 395–401, 403–404, 406–415, 417–418, 420–424, 426–431
Ohio Impromptu (Samuel Beckett) 353, 420
Osborne, John 49, 428
Ostrowski, Nicolas 49
Otto, Franz 79, 81, 374, 388
Otto, Teo 141–142, 148–149, 294–296, 298–300, 305, 309, 458, 460, 464

Page, Anthony 194, 252
Pagnol, Marcel 49
Palitzsch, Peter 207, 406, 429, 433, 436
Paolo Paoli (Arthur Adamov) 57, 66, 98–100, 125, 186, 189, 191, 198–201, 203, 353, 361, 375, 389
Pas moi (Samuel Beckett) 178, 195, 243, 353, 410–411, 416–418, 422, 431
Pas (Samuel Beckett) 119, 172, 178, 195, 243, 275, 344–345, 353, 410–411, 414–418, 420–422, 428, 430–431, 487
Peymann, Claus 207–208, 225, 231
Pilowski, Paul 201
Pinter, Harold 16, 49, 382
Pirandello, Luigi 86, 102, 339
Piscator, Erwin 25, 41, 47, 55, 58–61, 63–64, 113, 155, 158–163, 199–200, 205, 219, 370–373, 383, 434
Planchon, Roger 25, 57–58, 61–63, 99, 101, 126, 204, 318, 363, 376
Ponnelle, Jean-Pierre 108, 136, 456, 464, 472
Ponnelle, Mia 108–109, 372
Prüfer, Guntram 59–61, 372

Quoi où (Samuel Beckett) 179, 192, 195, 336, 340, 353, 375, 431

Razum, Hannes 37, 56, 97–98, 207, 361, 372, 376, 388, 402, 405, 470
Regnier, Charles 56–57, 370
Reichert, Franz 99, 389, 403, 407, 439, 454
Reuter, Gerhard 100, 125, 372
Rhinocéros (Eugène Ionesco) 22, 72, 77, 84, 135–140, 142, 148, 196, 244, 283, 286–288, 302–309, 313, 315, 352, 354, 356, 363, 374, 380, 449–457, 460, 463–464, 466–467, 469–473, 480, 483–485, 489, 496–498
Richter, Hans Michael 201–202, 343, 372, 420, 426, 431, 437, 444
Rilke, Rainer Maria 62, 384
Rilla, Paul 45
Rischbieter, Henning 48, 58, 114–115, 122, 125, 145, 208–209, 383–384
Rolland, Romain 49
Rose, Jürgen 70, 157, 379, 395, 427, 437, 452, 466
Rühmann, Heinz 113–115

Salacrou, Armand 8, 49
Salmony, George 157, 219, 367
Sander, Ernst 78, 153, 208, 232, 248, 253–255, 257–260, 264–267, 269–277, 279–282, 340, 379, 381
Sartre, Jean-Paul 8–10, 49, 85, 91–93, 103, 106–107, 158, 250, 285, 356, 384
Schale, Hans-Jochen 190–192, 372
Schalla, Hans 41, 55, 85, 207, 394, 396, 408, 445, 468, 470
Schiller, Friedrich 46, 207, 285
Schleef, Einar 207
Schley, Karl Maria 136, 141–142, 144, 148, 298–299
Schmidt, Hannes 89–93, 154, 212–213, 243–244, 295, 301, 368, 380, 384, 432
Schneider, Alan 176, 205, 337, 385
Schröder, Ernst 113–114, 172–173
Schuh, Oscar Fritz 41, 150, 207, 395–396, 460
Schulze Vellinghausen, Albert 89, 101, 138, 144, 183, 368, 385
Schumacher, Erich 152, 207, 234, 401, 408, 436, 438
Schwab-Felisch, Hans 135, 146–147, 154–155, 210, 212–214, 235–236, 244, 349–350, 368, 385
Schweikart, Hans 42, 392, 397, 409, 432–433, 446
Schwerin, Christoph 77
Seelmann-Eggebert, Ulrich 77, 81–83, 134, 190, 368

Sellner, Gustav Rudolf 22, 35, 42, 55, 100–102, 133–134, 163, 207, 382, 385, 395, 445–446, 448, 489, 492–495
Shakespeare, William 7, 15, 46, 148, 284–285
Siems, Friedrich 85, 87, 116, 373, 391, 445
Simonischek, Peter 227
Simonov, Constantin 48
Solo (Samuel Beckett) 353, 423
Souffle (Samuel Beckett) 179, 353, 406–407, 419, 421, 428, 430
Spies, Werner 192, 195
Stauffacher, Hans Rudolf 1, 36–37, 70–73, 76–77, 84–85, 90, 100–101, 133, 135–138, 141, 143–145, 147–148, 242, 360–361, 371–372, 375, 385
Stauffer, Serge 77
Stein, Peter 29, 78, 167, 177, 207–209, 214, 218, 222, 225, 227–230, 373, 443
Steinbeck, John 49, 70, 285
Strehler, Giorgio 211
Strindberg, August 62, 81, 86, 95, 375
Stroux, Eva V, 36–37, 73, 77, 108–112, 133, 137, 139, 147, 149, 242, 306, 360–361, 372, 489, 496, 500, 504, 508
Stroux, Karl Heinz 21–22, 30, 33, 35, 41–42, 46, 49–50, 55, 77, 108–114, 117, 133, 135–149, 207–208, 210–211, 243–244, 248, 283–287, 292–315, 368, 370–375, 378–379, 391, 394, 397, 448–449, 456, 458, 460, 464, 472, 489–490, 496–500, 504, 508
Stroux, Stephan V, 37, 149, 207–208, 243, 286, 361
Suhrkamp, Peter 19–20, 55, 66–68, 108–109, 121, 171–172, 192, 231, 234, 237–238, 241, 336, 339, 342, 346, 376–377, 379–380, 383, 385

Tabori, George 21, 35, 230–238, 241–242, 349, 354, 373–376, 378, 380, 383, 385, 419, 423, 427
Tardieu, Jean 13–15, 71, 90, 186–188
Tchekhov, Anton 49, 62, 81
Textes pour rien (Samuel Beckett) 353, 409
Tolstoï, Léon 58–59
Tophoven, Elmar 56, 73–77, 109–111, 193, 195, 197–198, 200, 318, 370, 373

Tophoven, Erika V, 19, 25, 27, 36–37, 56, 73–77, 109–110, 360–361
Tous ceux qui tombent (Samuel Beckett) 133, 184, 353, 401
Tous contre tous (Arthur Adamov) 75, 79, 82–84, 353, 388, 390
Tragelehn, Bernhard Klaus 207
Trappe, Walter 97
Tueur sans gages (Eugène Ionesco) 22, 77, 133–134, 136, 138, 286, 289, 354, 446, 450, 489, 494–495

Unseld, Siegfried 19, 67–68, 109, 385
Urbancic, Elisabeth 160, 434

Va et vient (Samuel Beckett) 119, 133, 179, 353
Vallentin, Maxim 44, 199
Vauthier, Jean 13–14, 74, 101, 131
Victimes du devoir (Eugène Ionesco) 71, 77, 84, 90, 93, 100–103, 120, 133–134, 242, 244, 354, 445–447, 449, 451, 454–455, 457–459, 468–469, 473–475, 478, 481–483, 485, 489, 493
Vielhaber, Gerd 146, 166, 213, 243, 294, 299, 304, 369
Viertel, Berthold 41, 113
Vilar, Jean 58–62, 373

Walser, Martin 123, 190, 386
Waltz, Johannes 160, 434
Wanderscheck, Hermann 89, 98–99, 106, 113, 129, 369, 374
Wangenheim, Gustav von 46
Watanabe, Kazuko 234, 423
Wedekind, Frank 57, 102, 396, 398, 437, 441, 444, 446, 466
Weisenborn, Günther 47
Weiss, Peter 115, 145
Wendt, Ernst 149, 156, 158, 207, 218–220, 366, 370, 386, 410, 441, 489, 509
Whitelaw, Billie 194
Wilder, Thornton 49, 285
Wilimzig, Irmfried 316, 318, 336, 373, 375
Williams, Tennessee 79
Wilms, Bernd 234
Wirth, Franz Peter 75, 79–83, 388
Wolf, Friedrich 41, 47, 58, 451, 455

Zadek, Peter  92, 103, 207, 225
Zeiser, Hans Karl  221, 223, 395, 399
Zuckmayer, Carl  41, 47, 49

www.ingramcontent.com/pod-product-compliance
Lightning Source LLC
Chambersburg PA
CBHW020602300426
44113CB00007B/482